# ACÓRDÃOS DIDÁTICOS II

Jurisprudência do TST em Direito Individual e Coletivo do Trabalho

**WALMIR OLIVEIRA DA COSTA**
Ministro do Tribunal Superior do Trabalho.

# ACÓRDÃOS DIDÁTICOS II

## Jurisprudência do TST em Direito Individual e Coletivo do Trabalho

EDITORA LTDA.
© Todos os direitos reservados

Rua Jaguaribe, 571
CEP 01224-003
São Paulo, SP – Brasil
Fone (11) 2167-1101
www.ltr.com.br
Abril, 2017

Produção Gráfica e Editoração Eletrônica: LINOTEC
Projeto de Capa: FABIO GIGLIO
Impressão: GRÁFICA SANTUÁRIO

Versão impressa: LTr 5695.4 — ISBN: 978-85-361-9228-4
Versão digital:    LTr 9128.9 — ISBN: 978-85-361-9208-6

Dados Internacionais de Catalogação na Publicação (CIP)
(Câmara Brasileira do Livro, SP, Brasil)

Costa, Walmir Oliveira da
   Acórdãos didáticos II : jurisprudência do TST em direito individual e coletivo do trabalho / Walmir Oliveira da Costa. -- São Paulo : LTr, 2017.

   Bibliografia.

   1. Brasil. Tribunal Superior do Trabalho - Jurisprudência I. Título.

16-09225                                CDU-347.998:331(81)(094.9)

Índice para catálogo sistemático:
1. Brasil : Tribunal Superior do Trabalho : Jurisprudência
347.998:331(81)(094.9)

*Dedico esta obra aos meus familiares que fazem a minha vida feliz
e me dão forças para prosseguir nesta caminhada:
Meus Pais, Deuzelite e Fernando (in memoriam),
Esposa Maria dos Reis, amiga e companheira de todas as horas,
Filhos, Fernando, Aline e Elthon, meu orgulho,
Netas Maria Luísa, Manuela e Rafaela, meus tesouros,
Genro Felipe, Noras Daniely e Amanda.
Devo a vocês o meu sucesso pessoal e profissional.
Amo a todos.*

*Agradecer à LTr pelo apoio
e a todos aqueles que
colaboraram direta ou indiretamente
pela realização desta obra.*

# SUMÁRIO

PREFÁCIO ............................................................................................................................................. 13

APRESENTAÇÃO .................................................................................................................................. 15

### DIREITO INDIVIDUAL

Ação civil pública. Competência funcional.................................................................................... 19
*(Processo n. TST-RR-800385-67.2005.5.12.0037 – Ac. 1ª Turma – DeJT: 29.05.2015)*

Ação possessória. Imissão na posse de bem arrematado em juízo ............................................ 22
*(Processo n. TST-AIRR-70641-11-2008-5-03-0103 – Ac. 1ª Turma – DeJT: 06.06.2013)*

Atividade de risco. Assalto. Dano moral. Responsabilidade objetiva......................................... 25
*(Processo n. TST-RR-114600-14.2006.5.10.0004 – Ac. 1ª Turma – DeJT: 11.04.2013)*

Atividade de risco. Doença ocupacional. Construção civil ......................................................... 28
*(Processo n. TST-RR-4200-17.2006.5.17.0010 – Ac. 1ª Turma – DeJT: 03.04.2014)*

Acidente de trabalho. Agente comunitário de saúde.................................................................... 31
*(Processo n. TST-RR-205500-33.2006.5.12.0054 – Ac. 1ª Turma – DeJT: 14.04.2014)*

Acidente de trabalho. Atividade na lavoura .................................................................................. 33
*(Processo n. TST-RR-172700-87.2005.5.15.0058 – 1ª Turma – DeJT: 31.05.2012)*

Acidente de trabalho. Atleta profissional ....................................................................................... 37
*(Processo n. TST-RR-393600-47.2007.5.12.0050 – Ac. 1ª Turma – DeJT: 21.03.2014)*

Acidente de trabalho. Culpa exclusiva do empregado ................................................................. 39
*(Processo n. TST-Ag.-AIRR-102600-10.2008.5.15.0024 – Ac. 1ª Turma – DeJT: 14.11.2014)*

Acidente de trabalho. Dano moral. Parâmetros para fixação ...................................................... 44
*(Processo n. TST-RR-41900-13.2005.5.05.0134 – Ac. 1ª Turma – DeJT: 12.09.2013)*

Acidente de trabalho. Dano moral. Prescrição .............................................................................. 46
*(Processo n. TST-AIRR-57740-77-2006-5-04-0030 – Ac. 1ª Turma – DeJT: 03.04.2014)*

Acidente de trabalho. Lavoura de cana-de-açúcar. Queimada. Responsabilidade do empregador ................................. 50
*(Processo n. TST-RR-7803200-28.2005.5.09.0092 – Ac. 1ª Turma – DeJT: 13.12.2012)*

Acidente de trabalho. Morte. Dano moral...................................................................................... 52
*(Processo n. TST-RR-188900-81.2006.5.15.0076 – Ac. 1ª Turma – DeJT: 04.04.2013)*

Acidente de trabalho. Morte do empregado .................................................................................. 53
*(Processo n. TST-RR-85400-81.2009.5.08.0110 – Ac. 1ª Turma – DeJT: 22.09.2011)*

Acidente de trabalho. Responsabilidade. Risco profissional ...................................................... 56
*(Processo n. TST-RR-49100-28.2005.5.17.0008 – Ac. 1ª Turma – DeJT: 19.09.2013)*

Acidente de trabalho. Responsabilidade do empregador ............................................................ 60
*(Processo n. TST-RR-26300-57-2006-5-09-0666 – Ac. 1ª Turma – DeJT: 14.03.2013)*

Acidente de trabalho. Responsabilidade do empregador. Risco profissional .......................... 65
*(Processo n. TST-RR-272400-38.2004.5.12.0031 – Ac. 1ª Turma – DeJT: 14.04.2014)*

Atleta profissional de futebol. Acidente de trabalho ............................................................................................. 68
*(Processo n. TST-RR-393600-47-2007-5-12-0050 – Ac. 1ª Turma – DeJT: 27.02.2014)*

Atraso contumaz no pagamento de salário. Moral salarial ..................................................................... 70
*(Processo n. TST-RR-90500-63.2007.5.17.0004 – Ac. 1ª Turma – DeJT: 12.06.2015)*

Competência da justiça do trabalho. Mandado de segurança ................................................................ 80
*(Processo n. TST-RR-514-20.2013.5.04.0661 – Ac. 1ª Turma – DeJT: 25.09.2015)*

Competência internacional. Aplicação de legislação brasileira. Trabalhador contratado no Brasil ................... 82
*(Processo n. TST-AgR-AIRR-130321-42.2013.5.13.0015 – Ac. 1ª Turma – DeJT: 13.03.2015)*

Corte e queda de árvore. Falecimento do empregado .............................................................................. 85
*(Processo n. TST-RR-135685-10.2009.5.12.0032 – Ac. 1ª Turma – DeJT: 20/11/2015)*

Dano moral. Acidente automobilístico causado por terceiros ................................................................. 90
*(Processo n. TST-RR-291-88-2011-5-15-0028 – Ac. 1ª Turma – DeJT: 05.12.2013)*

Dano moral. Configuração. "Treinamento motivacional" ........................................................................ 90
*(Processo n. TST-AIRR-92040-75.2008.5.03.0013 – Ac. 1ª Turma – DeJT: 26.09.2015)*

Dano moral. Empregado constrangido a aceitar acordo em comissão de conciliação prévia ................ 92
*(Processo n. TST-AIRR-252640-09-2002-5-02-0078 – Ac. 1ª Turma – DeJT: 05.12.2013)*

Dano moral. Prescrição. Prequestionamento ficto .................................................................................... 92
*(Processo n. TST-RR-75500-49.2005.15.0036 – Ac. 1ª Turma – DeJT: 22.05.2015)*

Danos moral e material. Doença laboral ................................................................................................... 105
*(Processo n. TST-RR-20800-31.2006.5.05.0016 – Ac. 1ª Turma – DeJT: 21/11/2013)*

Danos material e moral. Perda auditiva .................................................................................................... 107
*(Processo n. TST-RR-44640-53.2006.5.04.0451 – Ac. 1ª Turma – DeJT: 14.04.2014)*

Discriminação indireta e isonomia. Banco. Critérios de admissão, promoção e remuneração de negros, mulheres e maiores de 40 anos ............................................................................................................ 110
*(Processo n. TST-AIRR-95240-03.2005.5.10.0013 – Ac. 1ª Turma – DeJT: 10.04.2015)*

Doença ocupacional. Danos morais. Risco da atividade. Responsabilidade do empregador ............... 123
*(Processo n. TST-RR-33800-77.2005.5.15.0106 – Ac. 1ª Turma – DeJT: 14.03.2013)*

Doença profissional. Depressão e síndrome do pânico ........................................................................... 125
*(Processo n. TST-RR-76500-90.2007.5.12.0006 – Ac. 1ª Turma – DeJT: 14.04.2014)*

Equiparação. Profissionais liberais. Categoria diferenciada .................................................................... 129
*(Processo n. TST-AIRR-60600-53.2012.5.17.0006 – Ac. 1ª Turma – DeJT: 11.09.2015)*

Erro de fato. Honorários advocatícios ....................................................................................................... 137
*(Processo n. TST-ED-RR-9950300-49.2006.5.09.0663 – Ac. 1ª Turma – DeJT: 13/11/2015)*

Honorários de corretagem. Desistência da transação .............................................................................. 140
*(Processo n. TST-RR-116000-69.2008.5.03.0107 – Ac. 1ª Turma – DeJT: 05.09.2014)*

Impenhorabilidade. Bem de família ........................................................................................................... 146
*(Processo n. TST-RR-2600-08.1995.5.15.0040 – Ac. 1ª Turma – DeJT: 12.12.2014)*

Impenhorabilidade. Bem de família. Eficácia preclusiva ......................................................................... 150
*(Processo n. TST-RR-84300-20.2009.5.04.0008 – Ac. 1ª Turma – DeJT: 22.05.2015)*

Indenização. Morte de empregado. Crime passional ............................................................................... 152
*(Processo n. TST-AIRR-11240-26.2005.5.15.0015 – Ac. 1ª Turma – DeJT: 23.05.2013)*

Negativa de prestação jurisdicional. Intervalo intrajornada .................................................................... 153
*(Processo n. TST-Ag-AIRR-227-67.2013.5.04.0302 – Ac. 1ª Turma – DeJT: 09.10.2015)*

Portuário. Curso de qualificação e habilitação profissional. Desnecessidade de certificação pela Marinha do Brasil ....... 156
*(Processo n. TST-RR-306-24.2011.5.08.0005 – Ac. 1ª Turma – DeJT: 21/11/2014)*

Recurso de revista. Constituição de capital.................................................................................................................. 161
*(Processo n. TST-RR-9956400-81.2005.5.09.0654 – Ac. 1ª Turma – DeJT: 14.04.2014)*

Regularidade de representação. Contrarrazões ao recurso ordinário. Nulidade ............................................... 163
*(Processo n. TST-RR-405-52.2010.5.03.0042 – Ac. 1ª Turma – DeJT: 04.12.2015)*

Representação sindical. Desmembramento .................................................................................................................. 165
*(Processo n. TST-RR-701000-19.2007.5.09.0019 – Ac. 1ª Turma – DeJT: 20.02.2015)*

Servidor público. Admissão. CLT...................................................................................................................................... 170
*(Processo n. TST-RR-1277-73.2012.5.10.0019 – Ac. 1ª Turma – DeJT: 30.04.2014)*

Sindicato. Competência em razão do lugar................................................................................................................... 172
*(Processo n. TST-RR-117600-30.2007.5.05.0035 – Ac. 1ª Turma – DeJT: 12.06.2015)*

## DIREITO COLETIVO

Ação anulatória. Convenção coletiva. Ministério Público do Trabalho ............................................................... 179
*(Processo n. TST-RO-801-56.2011.5.09.0000 – Ac. SDC – DeJT: 20.06.2013)*

Ação declaratória. Inexistência de obrigação contraída em convenção coletiva de trabalho........................... 181
*(Processo n. TST-RO-997-71.2010.5.05.0000 – Ac. SDC – DeJT: 11.04.2013)*

Ação declaratória de nulidade de convenção coletiva de trabalho. Irregularidade nos editais de convocação e das assembleias. Competência da Justiça do Trabalho ................................................................................................... 183
*(Processo n. TST-RO-178000-04.2009.5.03.0000 – Ac. SDC – DeJT: 15.12.2011)*

Ação rescisória. Inépcia da inicial. Art. 295, parágrafo único, II, do CPC............................................................ 185
*(Processo n. TST– AR-10021-93-2012-5-00-0000 – Ac. SDC – DeJT: 20.02.2014)*

Competência da Justiça do Trabalho. Dissídio coletivo de greve............................................................................ 186
*(Processo n. AgRO-1179-57-2010-5-05-0000 – Ac. SDC – DeJT: 14.06.2012)*

Competências funcional e territorial. TRT..................................................................................................................... 187
*(Processo n. AIRO-1180-42-2010-5-05-000 – Ac. SDC – DeJT: 24.05.2012)*

Dispensa coletiva. Encerramento da unidade ............................................................................................................... 188
*(Processo n. TST-RO-6-61.2011.5.05.0000 – Ac. SDC – DeJT: 21.02.2013)*

Dissídio coletivo de greve. Medida cautelar.................................................................................................................. 191
*(Processo n. TST-RO-4752-19.2012.5.02.0000 – Ac. SDC – DeJT: 14.11.2013)*

Dissídio coletivo de natureza econômica. Ausência de comum acordo................................................................ 194
*(Processo n. TST-RO-304-29.2012.5.19.0000 – Ac. SDC – DeJT: 20.03.2014)*

Greve. Abusividade. Multa.................................................................................................................................................. 195
*(Processo n. TST-RO-0000381-49.2012.5.15.0000 – Ac. SDC – DeJT: 20.02.2014)*

Greve. Não correspondência entre as atividades exercidas pela empregadora e a categoria profissional representada pelo sindicato promotor do movimento................................................................................................................................ 199
*(Processo n. TST-RO-245-48.2011.5.20.0000 – Ac. SDC – DeJT: 17.10.2013)*

Ilegitimidade *ad processum* do Sindicato Suscitante................................................................................................. 205
*(Processo n. TST-RO-25400-73.2009.5.11.0000 – Ac. SDC – DeJT: 20.10.2011)*

Instauração da instância pelo sindicato. Ilegitimidade. Arguição de ofício ......................................................... 210
*(Processo n. TST-RO-20400-54.2009.5.16.0000 – Ac. SDC – DeJT: 19.04.2012)*

Interdito proibitório com pedido de liminar de manutenção de posse.................................................................. 211
*(Processo n. TST-Pet-5473-59-2011-5-00-000 – Ac. SDC – DeJT: 29.09.2011)*

Limitação do trabalho autorizado em domingos. Pretensão de declaração de ineficácia de cláusulas convencionais ...... 212
*(Processo n. TST-RO-51398-87.2012.5.02.0000 – Ac. SDC – DeJT: 20.03.2014)*

Recurso ordinário. Dissídio de greve. Nomeação para reitor da PUC/SP. Candidata menos votada em lista tríplice ........ 215
*(Processo n. TST-RO-51534-84.2012.5.02.0000 – Ac. SDC – DeJT: 18.06.2014)*

Recurso ordinário interposto pelo MPT. Ação anulatória. Interesse processual .............................................................. 217
*(Processo n. TST-RO-36500-57.2009.5.17.0000 – Ac. SDC – DeJT: 14.06.2012)*

Recursos ordinários em dissídio coletivo de natureza econômica. Exame conjunto. Ausência de acordo ...................... 221
*(Processo n. TST-RO-6055-68.2012.5.02.0000 – Ac. SDC – DeJT: 14.04.2014)*

# PREFÁCIO

Todo livro tem como objetivo compartilhar experiências e divulgar ideias. A linguagem é o meio de colocar mentes em contato. Como ensina um dos mestres da comunicação moderna, David Ogilvy, "não interessa tanto o que você diz; interessa o que os outros compreendem".

*Acórdãos Didáticos*, do Ministro Walmir Oliveira da Costa, atende a essa exigência da comunicação moderna: tornar compreensíveis as decisões da Suprema Corte Trabalhista das quais tem participado como relator. Mais: tornar acessíveis não somente a advogados e magistrados, mas às próprias partes, as razões pelas quais ganharam ou perderam suas causas, os fundamentos pelos quais a legislação trabalhista deve ser interpretada e aplicada "assim e não assado"...

Nisso o Ministro Walmir Oliveira da Costa é mestre. Basta acompanhar as sessões dos órgãos em que atua no TST para verificar como, em seus pronunciamentos, busca esclarecer o cerne da questão em debate e os motivos determinantes pelos quais a melhor solução seria aquela que sustenta, respeitando, no entanto, outras fórmulas talvez menos eficazes de se fazer justiça esgrimidas pelos colegas.

O didatismo de seus acórdãos, quanto à redação esmerada, não é menor quando resumidos na exposição oral que faz de seus posicionamentos, sem a longa e enfadonha leitura de votos, o que mantém a atenção de todos e contribui substancialmente para formar o convencimento dos colegas.

Esse mesmo didatismo é espelhado neste 2º volume de seus acórdãos, cujos temas e forma de expor já cativaram o público especializado. A simplicidade e clareza na exposição, aliadas à capacidade de síntese e ao senso de oportunidade de quando falar e quando calar, são qualidades continuamente cultivadas pelo Ministro Walmir Oliveira da Costa, colega dileto e de reconhecidos equilíbrio decisório e envergadura intelectual.

Prefaciar este seu novo livro confunde-se com recomendá-lo vivamente à leitura e à consulta, onde poderemos aprender tanto com o fundo dos temas abordados quanto com a forma de redação de suas decisões, quer em dissídios individuais ou coletivos, quer em Direito ou Processo do Trabalho.

Enfim: Espero que a coleção prossiga, com novos volumes vindos a lume, dando continuidade às artes discente e docente, de aprender e de ensinar, desempenhadas pelo Ministro Walmir Oliveira da Costa, já que Deus o agraciou com esse dom didático, para nosso gáudio. E esse dom, em sua dupla faceta, de abertura à aprendizagem e de transmissão das experiências e conhecimentos adquiridos, é fundamental nas lides diárias de uniformização da jurisprudência no Tribunal Superior do Trabalho, buscando promover a Justiça Social e harmonizar as relações trabalhistas, compondo equilibradamente seus conflitos, pois todos aprendemos diariamente com colegas magistrados, advogados e procuradores.

Brasília (DF), 22 de outubro de 2016.

Ives Gandra da Silva Martins Filho
Ministro Presidente do Tribunal Superior do Trabalho

# APRESENTAÇÃO

Neste volume II do livro *Acórdãos Didáticos*, a pesquisa jurisprudencial foi ampliada para a inclusão de acórdãos, da minha lavra, não só em recurso de revista, oriundos da Primeira Turma, como também decisões em recurso ordinário em ações coletivas da Seção de Dissídios Coletivos (SDC) do TST, quando a integrei a partir da minha posse, como Ministro, em 14 de novembro de 2007 até maio de 2015, data em que passei a compor a Subseção I Especializada em Dissídios Individuais (SBDI-1), em virtude de minha posse na Presidência da Primeira Turma do TST.

Procurei selecionar os processos contendo temas atuais e interessantes nos quais a Justiça do Trabalho passou a ter jurisdição por força da Emenda Constitucional n. 45/2004, que ampliou sobremaneira a competência material trabalhista.

Na seara do Direito Individual do Trabalho, os temas envolvem a caracterização de doença profissional e/ou acidente de trabalho, e suas repercussões nas relações de emprego; a compensação por danos morais e materiais decorrentes de infortúnio laboral; a discriminação no ambiente de trabalho etc.

Na execução de sentença, são reproduzidos acórdãos em que a Justiça do Trabalho tem-se deparado com centenas de processos contendo, de um lado, o dilema em torno do crédito privilegiado do trabalhador e, de outro, a impenhorabilidade do imóvel que serve à residência do devedor pessoa física.

Exemplo interessante se colhe de acórdão sobre a eficácia preclusiva da coisa julgada (panprocessual), em que o imóvel já havia sido declarado, em outra ação trabalhista, bem de família protegido pela cláusula de impenhorabilidade, com decisão transitada em julgado e, assim, não mais sujeita à revisão em grau recursal. No entanto, a Justiça do Trabalho o penhorou, em outro processo. No TST houve a reforma e a liberação do imóvel.

Um processo que reputo, no mínimo, diferenciado, ante a natureza da matéria, diz respeito à ocorrência de morte de um empregado, vítima de acidente fatal, cujos familiares reclamaram na Justiça do Trabalho, em face do empregador, a indenização pelo dano moral, todavia, não lograram êxito, pois a Vara do Trabalho e o Tribunal Regional consideraram ter havido crime passional, sem conexidade com a relação de emprego.

Na seara do Direito Coletivo do Trabalho (plano dos dissídios coletivos), a pesquisa abrange as ações declaratórias (e anulatórias) de cláusulas de convenção coletiva de trabalho, a competência funcional em caso de greve, a dispensa coletiva de trabalhadores (tema em repercussão geral reconhecida pelo STF). A competência originária ou recursal nos dissídios coletivos e ações anulatórias de normas coletivas incumbe à Seção de Dissídios Coletivos do TST (SDC), instituída pela Lei n. 7.701, de 21.12.1988.

Também há acórdãos veiculando questões processuais sobre o pressuposto do comum acordo exigido no dissídio coletivo de natureza econômica (art. 114, § 2º, da CF88), a legitimidade processual do sindicato, o interdito proibitório, dentre outros temas.

Espero que essa coletânea de acórdãos seja uma fonte de consulta e de estudos, como modesta contribuição que ofereço à comunidade jurídica, notadamente aos estudantes e advogados que militam na Justiça do Trabalho.

Agradeço, sensibilizado, ao caríssimo Ministro Ives Gandra Filho, Presidente do TST, o belo Prefácio que engrandece este singelo trabalho, cujas palavras generosas são fruto de seu bondoso coração e amizade fraterna.

Brasília (DF), outubro de 2016.

Walmir Oliveira da Costa

# DIREITO INDIVIDUAL

# AÇÃO CIVIL PÚBLICA. COMPETÊNCIA FUNCIONAL

*RECURSO DE REVISTA. AÇÃO CIVIL PÚBLICA. COMPETÊNCIA FUNCIONAL. LOCAL DO DANO. VARA DO TRABALHO. DECLARAÇÃO INCIDENTAL DE NULIDADE DE CLÁUSULA DE CONVENÇÃO COLETIVA DE TRABALHO. CONTRIBUIÇÃO ASSISTENCIAL DE FILIADOS E NÃO FILIADOS AO SINDICATO. OBRIGAÇÃO DE FAZER E NÃO FAZER. ADEQUAÇÃO.*

*I – A ação civil pública poderá ter por objeto a condenação em dinheiro ou o cumprimento de obrigação de fazer ou não fazer, e será proposta no foro do local onde ocorrer o dano, cujo juízo terá competência funcional para processar e julgar a causa (n. 7.347/1985, arts. 2º e 3º; CDC, art. 93). Na Justiça do Trabalho, a delimitação da competência territorial da Vara do Trabalho é disciplinada pela Orientação Jurisprudencial n. 130 da SBDI-2 deste Tribunal, cuja ratio decidendi deixou de ser aplicada, na espécie.*

*II – É firme a jurisprudência no sentido de que a ilegalidade de determinada lei (formal ou material, caso da norma coletiva autônoma peculiar ao Direito Coletivo do Trabalho) pode ser alegada em ação civil pública, desde que a título de causa de pedir e, nesta hipótese, o controle de legalidade terá caráter incidental, sem efeito erga omnes (art. 16 da Lei n. 7.347/1985).*

*III – Na ação anulatória de cláusula coletiva não é possível cumulação do pedido de condenação em dinheiro e o de cumprimento de obrigação de fazer ou não fazer (tutela inibitória), dada a sua natureza jurídica declaratória.*

*Recurso de revista conhecido e provido.*

*(Processo n. TST-RR-800385-67.2005.5.12.0037 – Ac. 1ª Turma – DeJT: 29.05.2015)*

VOTO

CONHECIMENTO

PRESSUPOSTOS EXTRÍNSECOS

Tempestivo o recurso (fls. 324 e 325), regular a representação (Súmula n. 436/TST) e isento do preparo (Decreto-Lei n. 779/1969).

PRESSUPOSTOS INTRÍNSECOS

AÇÃO CIVIL PÚBLICA. COMPETÊNCIA FUNCIONAL. LOCAL DO DANO. VARA DO TRABALHO. DECLARAÇÃO INCIDENTAL DE NULIDADE DE CLÁUSULA DE CONVENÇÃO COLETIVA DE TRABALHO. CONTRIBUIÇÃO ASSISTENCIAL DE FILIADOS E NÃO FILIADOS AO SINDICATO. OBRIGAÇÃO DE FAZER E NÃO FAZER. ADEQUAÇÃO

O Tribunal Regional manteve a sentença que extinguira o feito, sem resolução do mérito, por carência de ação. Eis os fundamentos do acórdão:

"PRELIMINAR NULIDADE DA SENTENÇA. NEGATIVA DE PRESTAÇÃO JURISDICIONAL

Não há a nulidade sustentada.

A sentença expressamente se manifestou sobre os pedidos listados no item 4.2, letras *a*, *b*, *d*, *e* e *g*, às fls. 14-15 da petição inicial, conforme infiro à fl. 46, cujos fundamentos passo a transcrever:

*Para que este Juízo analise a procedência ou não do pedido, haja vista que o pleito de abstenção de pactuar, exigir e receber os descontos dos não associados, bem como a devolução destes descontos, é matéria consequente, é necessário que, obrigatoriamente, examine e se manifeste sobre a legalidade e a validade, ou não, da cláusula coletiva. A consequência deste exame resultaria, inexoravelmente, na declaração, ou não, da nulidade da cláusula contida na norma coletiva, cuja atribuição é de competência exclusiva dos tribunais regionais.*

Portanto, o Juízo julgou os pedidos, ainda que os considerando prejudicados, diante da carência de ação decretada em relação ao pedido que considerou principal e preliminar a todos os demais, relativo à nulidade ou não de cláusula de convenção coletiva. Mas o julgamento houve e, portanto, não há falar em negativa de prestação jurisdicional, devendo a parte, ao revés, insurgir-se, para obter o julgamento pretendido, ou contra a consideração do Juízo no sentido de que um pedido prejudica o outro ou, então, contra a carência de ação propriamente dita, como, aliás, fez em sua segunda parte do recurso, e que será examinado a seguir. Mas jamais extrair do julgamento havido a nulidade ora invocada.

Rejeita-se a preliminar.

CARÊNCIA DE AÇÃO

*Irretocável a sentença originária* (sic), *quanto à manifestação de impossibilidade de examinar-se a nulidade ou não de cláusula de instrumento coletivo, em sede de ação civil pública, ainda que em caráter incidental,* como procura fazer crer o Ministério Público.

É que, diferentemente do que sustenta a parte autora, *o pedido de declaração de nulidade da cláusula convencional, ainda que incidental, caso acolhido, terá efeito* erga omnes, *como preconiza o art. 16 da Lei n. 7.347/1985, o que, portanto, ofende, substancialmente, a competência hierárquica para apresentação de pedido nesse sentido, já que pacífica a jurisprudência de que aos Tribunais Regionais compete o exame das ações que tenham a finalidade de discutir a validade ou não de cláusula de instrumento coletivo.*

Assim, tem razão o Juízo quando pondera que o pedido em questão somente poderia ser apresentado, incidentalmente, nas ações a serem ajuizadas individualmente, pelos trabalhadores que assim o quisessem, e justamente porque, em tais casos, não se cogita dos efeitos *erga omnes* aqui referidos.

Portanto, *mantém-se a sentença, por seus idênticos fundamentos,* inclusive porque, em sendo o pedido de anulação da cláusula coletiva, de fato, prejudicial a todos os demais, não há ultrapassar o debate, se adotado equivocado remédio processual para sua apresentação" (destaquei).

No recurso de revista, o Ministério Público do Trabalho sustenta "que a ação civil pública pode ter como causa de pedir a alegação de nulidade e ilegalidade de cláusula de Convenção Coletiva de Trabalho, como antecedente à apreciação do pedido principal (art. 469, III, do CPC), desde que necessário para a tutela dos direitos e interesses difusos, coletivos e individuais homogêneos". Argumenta que a presente ação civil pública não busca, como pedido principal, a anulação da cláusula de instrumento coletivo que prevê o desconto de contribuição assistencial do trabalhador não filiado, mas apenas sua declaração *incidenter tantum*. Requer seja afastada a extinção do processo, determinando-se o retorno dos autos ao juízo de primeiro grau, para prosseguimento do feito. Indica ofensa aos arts. 2º, *caput* e parágrafo único, 3º e 11 da Lei n. 7.347/1985; 461, *caput* e parágrafos, e 469, III, do CPC e 84, *caput* e parágrafos, e 93, I e II, da Lei n. 8.078/1990; contrariedade à OJ 130/SDI-I/TST e divergência jurisprudencial.

O recurso comporta conhecimento.

O segundo aresto coligido às fls. 339-41, oriundo do TRT da 24ª Região, publicado no DOE de 06.12.2007 (inteiro teor autenticado às fls. 365-77), encerra divergência jurisprudencial válida e específica em relação ao acórdão recorrido. É o que evidenciam os seguintes trechos:

"AÇÃO CIVIL PÚBLICA. TUTELA INIBITÓRIA. COMPETÊNCIA FUNCIONAL. Tratando-se de ação civil pública com pedido inibitório consistente em impor, obrigação de não fazer aos réus – abster-se de firmar, no futuro, cláusulas em norma autônoma que infrinjam direitos trabalhistas –, a competência funcional é do órgão de primeiro grau de jurisdição, nos termos dos arts. 2º e 3º da Lei da Ação Civil Pública (Lei n. 7.347/1985), art. 93 do Código de Defesa do Consumidor (Lei n. 8.078/1990) e OJ n. 130 do SBDI-II do TST.

(...)

Em outras palavras, está-se diante de tutela jurisdicional inibitória, cujo pedido não é de nulidade de cláusula, mas de prevenir a ocorrência de ilícito, de modo que somente incidentalmente as cláusulas tidas por incompatíveis com a legislação trabalhista são analisadas pelo julgador de primeira instância, e sem força de coisa julgada.

O pleito tem por finalidade o cumprimento de obrigação de não fazer, o que o insere na órbita regencial da lei da ação civil pública.

(...)

Analisando a hipótese, constata-se que a pretensão em apreço deve ser formulada pela via da Ação Civil Pública perante o órgão julgador de primeiro grau. Assim, a ação condenatória viável à obtenção do supracitado pedido cominatório, sem sobra de dúvida, tem a natureza de dissídio individual plúrimo, cuja competência originária, obrigatoriamente, deveria ser das Juntas de Conciliação e Julgamento".

Conheço, por divergência jurisprudencial".

*Até este ponto prevaleceu o voto do Exmo. Ministro Relator de sorteio.*

MÉRITO

AÇÃO CIVIL PÚBLICA. COMPETÊNCIA FUNCIONAL. LOCAL DO DANO. VARA DO TRABALHO. DECLARAÇÃO INCIDENTAL DE NULIDADE DE CLÁUSULA DE CONVENÇÃO COLETIVA DE TRABALHO. CONTRIBUIÇÃO ASSISTENCIAL DE FILIADOS E NÃO FILIADOS AO SINDICATO. OBRIGAÇÃO DE FAZER E NÃO FAZER. ADEQUAÇÃO

No mérito, o Exmo. Ministro Hugo Carlos Scheuermann, Relator, negava provimento ao recurso, ao entendimento de que incabível a "Ação Civil Pública para obter a declaração de nulidade de cláusula de norma coletiva, ainda que em caráter incidental", ante o disposto no art. 3º da Lei n. 7.347/1985, por desafiar ação anulatória perante o juízo competente.

*Apresentei voto divergente*, no que fui acompanhado pelo Exmo. Ministro Lelio Bentes Corrêa, nos seguintes termos.

Trata-se de Ação Civil Pública, proposta pelo Ministério Público do Trabalho da 12ª Região, contendo pedido de declaração incidental de nulidade da Cláusula Trigésima Sétima (37ª) e seus §§ 1º, 2º, 3º e 4º da Convenção Coletiva de Trabalho (vigência 1ª.03.2005 a 28.02.2006) e seus efeitos, firmada pelos sindicatos réus, que estabeleceu a contribuição assistencial a todos os empregados pertencentes à categoria, nos valores, datas e condições nele estabelecidas, cumulada com a condenação dos réus a se absterem de exigir e receber das empresas integrantes da categoria econômica, os descontos da contribuição assistencial ilegal dos empregados não associados, vinculados à categoria profissional, relativas aos meses vincendos dos instrumentos com prazo em vigor, bem assim em relação aos instrumentos avençados futuramente; b) a condenação dos Sindicatos na devolução integral dos valores já recebidos, dos não associados à categoria profissional, a título de contribuição confederativa, acrescidos de juros e correção monetária.

O TRT da 12ª Região negou provimento ao recurso ordinário interposto pelo Ministério Público do Trabalho, confirmando a sentença, quanto à manifestação de impossibilidade de examinar-se a nulidade ou não de cláusula de instrumento coletivo, em sede de ação civil pública, ainda que em caráter incidental.

No entanto, o entendimento adotado na instância ordinária encontra-se superado pela jurisprudência deste Tribunal Superior.

Nessa temática, impende ser assinalado, de início, que a Constituição Federal de 1988 e a Lei Complementar n. 75/1993 outorgam legitimidade ao Ministério Público do Trabalho para promover a ação civil pública no âmbito da Justiça do Trabalho, para a proteção e defesa de interesses difusos e coletivos, quando desrespeitados os direitos sociais constitucionalmente garantidos (CF/1988, art. 129, III; LC n. 75/1993, art. 83, III; Lei n. 7.347/1985, art. 5º, I).

A ação civil pública poderá ter por objeto a condenação em dinheiro ou o cumprimento de obrigação de fazer ou não fazer (LACP, art. 3º).

A propósito da matéria em debate, é pacífico o entendimento das Cortes Superiores no sentido de que a ilegalidade de determinada lei (formal ou material, caso da norma coletiva autônoma peculiar ao Direito Coletivo do Trabalho) pode ser alegada em ação civil pública, desde que a título de causa de pedir e, nesta hipótese, o controle de legalidade terá caráter incidental, sem efeito *erga omnes* (art. 16 da Lei n. 7.347/1985).

Nesse sentido são os precedentes: STF: RE 89762/RS, Rel. Min. Thompson Flores, Tribunal Pleno, DJ-30.05.1980; STJ: AgRg no REsp n. 601.114 – MG, 1ª Turma, Redator para o

Acórdão Min. Luiz Fux, DJ-16.05.2005; REsp n. 623.197 = RS, 1ª Turma, Rel. Min. José Delgado, DJ-08.11.2004; MC n. 20.298 – MG, Rel. Min. Mauro Campbell, DJe-29.04.2013).

Assim, a ação civil pública será proposta no foro do local onde ocorrer o dano, cujo juízo terá competência funcional para processar e julgar a causa (LACP, art. 2º; CDC, art. 93).

Na Justiça do Trabalho, a delimitação da competência territorial da Vara do Trabalho é disciplinada na Orientação Jurisprudencial n. 130 da SBDI-2 deste Tribunal, cuja *ratio decidendi* deixou de ser aplicada, na espécie.

Diferentemente do entendimento adotado pelo Tribunal local, a ação anulatória de cláusula de acordo coletivo de trabalho ou de convenção coletiva de trabalho, proposta pelo Ministério Público do Trabalho (LC n. 75/1993, art. 83, IV), objetiva tão-somente retirar do mundo jurídico a cláusula coletiva que viole as liberdades individuais ou coletivas ou os direitos individuais indisponíveis dos trabalhadores.

A natureza jurídica da ação anulatória é, exclusivamente, declaratória (positiva ou negativa), não sendo admitidos pedidos de condenação em dinheiro, de cumprimento de obrigação de fazer ou não fazer ou a cominação de penalidade pelo eventual descumprimento da decisão (*astreinte*).

A competência funcional para a ação anulatória é do Tribunal Regional do Trabalho ou do Tribunal Superior do Trabalho, dependendo do âmbito de incidência da norma coletiva impugnada, mas não para a ação civil pública.

Nesse sentido a jurisprudência deste Tribunal:

"AÇÃO ANULATÓRIA DE ACORDO COLETIVO DE TRABALHO. DISPUTA DE REPRESENTAÇÃO SINDICAL CUMULADA COM OBRIGAÇÃO DE NÃO FAZER. INADEQUAÇÃO DA VIA PROCESSUAL ELEITA. EXTINÇÃO DO PROCESSO. I – Trata-se de ação anulatória proposta pela Federação Nacional dos Trabalhadores da Empresa Brasileira de Correios e Telégrafos e similares – FENTECT com vistas à invalidação do Acordo Coletivo de Trabalho firmado entre os réus quanto à Participação nos Lucros e Resultados dos anos de 2013, 2014 e 2015, cumulada com obrigação de não fazer (abstenção de a ECT realizar negociação coletiva e celebrar acordos coletivos de trabalho com os demais réus, sob pena de multa diária). II – No entanto, é firme a jurisprudência desta Seção Normativa no sentido de que a outorga de legitimação excepcional para a entidade sindical, não signatária do instrumento coletivo autônomo, postular em juízo a nulidade do ato, depende da demonstração de vício capitulado no art. 166 do Código Civil para a invalidação do negócio jurídico. III – Assim, a ação anulatória não constitui a via processual adequada para a disputa da titularidade da representação sindical da categoria, controvérsia restrita a interesses de natureza privada próprios das entidades sindicais, inconfundível com a efetiva defesa de liberdades individuais ou coletivas, ou de direitos individuais indisponíveis dos trabalhadores, nos termos do art. 86, IV, da Lei Complementar n. 75/1993. IV – Além disso, a natureza jurídica eminentemente declaratória da ação anulatória de norma coletiva não admite a cumulação de obrigação de fazer ou não fazer, nem a cominação de penalidade pelo eventual descumprimento (astreinte). Processo extinto, sem resolução de mérito, na forma do art. 267, IV, do CPC." (AACC-Pet – 28758-76.2014.5.00.0000, Relator Ministro: Walmir Oliveira da Costa, Data de Julgamento: 11.05.2015, Seção Especializada em Dissídios Coletivos, Data de Publicação: DEJT 15.05.2015)

"AÇÃO CIVIL PÚBLICA. COMPETÊNCIA FUNCIONAL DA 1ª VARA DO TRABALHO DE SÃO LUIS/MA. DECLARAÇÃO DE OFÍCIO. O Juízo da 1ª Vara do Trabalho de São Luís/MA acolheu preliminar de incompetência daquele órgão para julgar a ação, sob o fundamento de que a pretensão do autor é própria para ação anulatória e não para ação civil pública, motivo pelo qual determinou a remessa dos autos a esta Corte Superior. A decisão de primeiro grau está equivocada. A ação anulatória é o meio processual que tem por finalidade a declaração da nulidade, total ou parcial, de norma autônoma estabelecida entre as categorias profissional e patronal, quando constatado vício formal ou violação de direito indisponível do trabalhador. No caso, o autor postulou o reconhecimento da prevalência das normas estatais cogentes invocadas diante da regra normativa fruto da criação das categorias profissional e patronal e, por consequência, pediu a condenação do réu ao pagamento de verbas trabalhistas e seus respectivos reflexos. Efetivamente, não há pedido expresso de anulação de norma convencionada. Registre-se que o fato de o pedido do autor, caso seja julgado procedente, provocar a decretação da não aplicação da regra convencionada, não transforma esta demanda em ação anulatória. Essa espécie de provimento tem caráter incidental e é comum nas ações individuais, podendo ser adotado também em ação civil pública. Importante dizer ainda que a jurisprudência admite o ajuizamento de ação anulatória pelas partes convenentes desde que fundamentada em vício formal do instrumento, nos termos de lei civil. E, no caso, não há qualquer alegação do autor nesse sentido. Acrescente-se que a postulação do autor acumula pedido de ordem condenatória, que não cabe pela via da ação anulatória, em razão da natureza apenas declaratório-constitutiva dessa espécie de ação. Por fim, o efeito *erga omnes*, próprio da coisa julgada oriunda da ação civil pública, que tutela interesses metaindividuais, não traduz similitude e tampouco conduz à observância das normas de definição de competência aplicáveis ao dissídio coletivo. Esse tem por finalidade a criação ou interpretação de norma, e a competência para seu julgamento é das Cortes Trabalhistas Colegiadas, enquanto a ação civil pública, apesar da natureza coletiva, cuida da concretização de norma preexistente, e a competência originária para a sua apreciação e julgamento é do Juízo da Vara do Trabalho. Por todas essas razões, não caberia ao Juiz transmudar a espécie da ação escolhida pelo autor. Ou seja, não cabe por dedução transformar a demanda apresentada pelo autor em ação anulatória. Reformo a decisão primária para, declarando, de ofício, a competência do Juízo da 1ª Vara do Trabalho de São Luis/MA para apreciar o feito, determinar o retorno dos autos à origem (OJ n. 130 da SBDI-2), a fim de que prossiga no julgamento da ação civil pública ajuizada pelo sindicato como entender de direito." (Pet – 121700-22.2010.5.16.0001, Relatora Ministra: Kátia Magalhães Arruda, Data de Julgamento: 08.09.2014, Seção Especializada em Dissídios Coletivos, Data de Publicação: DEJT 19.09.2014)

"RECURSO DE REVISTA. AÇÃO CIVIL PÚBLICA. MINISTÉRIO PÚBLICO DO TRABALHO. LEGITIMIDADE

ATIVA. DIREITOS INDIVIDUAIS HOMOGÊNEOS. INTERESSE SOCIAL RELEVANTE. INSALUBRIDADE NO AMBIENTE E NAS CONDIÇÕES DE TRABALHO. UTILIZAÇÃO DE MAQUINÁRIO OBSOLETO. ACIDENTES DE TRABALHO, INCLUSIVE CAUSADORES DE DEFORMIDADES FÍSICAS. PRESERVAÇÃO DA SAÚDE E DA SEGURANÇA DOS TRABALHADORES. 1. A Constituição da República de 1988, em seus arts. 127 e 129, confere legitimação ativa ao Ministério Público do Trabalho para, mediante ação civil pública ajuizada na Justiça do Trabalho, promover a defesa dos interesses sociais e individuais indisponíveis (subespécie de interesse coletivo). 2. De acordo com a jurisprudência do Plenário do Supremo Tribunal Federal, "Certos direitos individuais homogêneos podem ser classificados como interesses ou direitos coletivos, ou identificar-se com interesses sociais e individuais indisponíveis. Nesses casos, a ação civil pública presta-se à defesa dos mesmos, legitimado o Ministério Público para a causa. Constituição Federal, art. 127, *caput*, e art. 129, III." (RE-195056/PR – PARANÁ, DJ 14.11.2003). 3. O interesse de agir do Ministério Público do Trabalho, ao ajuizar ação civil pública trabalhista, radica no binômio necessidade-utilidade da tutela solicitada no processo, com a finalidade de que a ordem jurídica e social dita violada pelo réu seja restabelecida, hipótese de medida de proteção à higidez física e mental dos trabalhadores envolvidos no conflito. 4. A circunstância de a demanda coletiva envolver discussão acerca de direitos que variem conforme situações específicas, individualmente consideradas, como entendeu o Tribunal Regional, não é suficiente, por si só, para impor limites à atuação do Ministério Público do Trabalho na defesa de interesses sociais, sob pena de negar-se vigência ao art. 129, III, da Constituição Federal, que credencia o "*Parquet*" a propor ação civil pública relacionada à defesa do interesse coletivo amplo, consubstanciado, na espécie, em exigir a observância das normas trabalhistas, de ordem pública e imperativa, as quais disciplinam a saúde e segurança dos trabalhadores, em relação aos empregados da ré e constituindo a origem comum do direito reivindicado na ACP. 5. Na ação coletiva, a sentença será, necessariamente, genérica, fazendo juízo de certeza sobre a relação jurídica controvertida, e a individualização do direito far-se-á por meio de ação de cumprimento pelo titular do direito subjetivo reconhecido como violado na demanda cognitiva. Recurso de revista conhecido e provido." (RR – 176440-90.2002.5.03.0026, Relator Ministro: Walmir Oliveira da Costa, Data de Julgamento: 16.12.2009, 1ª Turma, Data de Publicação: DEJT 05.02.2010)

"AÇÃO CIVIL PÚBLICA. INCOMPETÊNCIA FUNCIONAL DO TRT. DECLARAÇÃO DE OFÍCIO. RETORNO DOS AUTOS À VARA DO TRABALHO. Conforme a jurisprudência desta Corte, consubstanciada na Orientação Jurisprudencial n. 130 da SBDI-2, por aplicação analógica do art. 93 do CDC, o foro de competência originária para apreciar ação civil pública trabalhista, se da Capital do Estado ou do Distrito Federal, dependerá da extensão do dano impugnado, mas será sempre de uma Vara do Trabalho. No caso, a Juíza do Trabalho da 52ª Vara de São Paulo-SP, sob o fundamento de que a competência originária para apreciar a suspensão de efeitos de cláusulas coletivas seguia a competência para proferir sentença normativa, remeteu o processo ao TRT da 2ª Região, cuja decisão ensejou o presente recurso ordinário. A competência do Juízo constitui pressuposto processual subjetivo que antecede ao exame de todas as demais questões debatidas, cujo desrespeito implica a invalidade dos atos processuais. Assim, declara-se, de ofício, a incompetência funcional do TRT para processar e julgar originariamente a presente ação civil pública, anulando-se todos os atos processuais a partir da decisão liminar do Relator que concedeu a antecipação de tutela, e determina-se o retorno dos autos à Vara do Trabalho de origem, para prosseguir no julgamento, como entender de direito." (ROACP – 2020700-74.2006.5.02.0000, Relator Ministro: Walmir Oliveira da Costa, Data de Julgamento: 13.03.2008, Seção Especializada em Dissídios Coletivos, Data de Publicação: DJ 04.04.2008)

De tal sorte que *a ação civil pública proposta pelo Ministério Público do Trabalho mostra-se perfeitamente cabível e adequada para a obtenção do resultado almejado pelo autor*, qual seja a condenação dos sindicatos réus em obrigação de pagar, de fazer e não fazer, objeto inatingível para via da ação anulatória.

Em tal contexto, resulta inequívoca a competência funcional da Vara do Trabalho de origem para instruir e julgar a presente ação civil pública.

Ante o exposto, DOU PROVIMENTO ao recurso de revista para, reformando o acórdão recorrido, determinar o retorno dos autos à Vara do Trabalho de origem para que, afastadas as preliminares de incompetência funcional e de extinção do feito sem resolução do mérito, julgue os pedidos deduzidos na Ação Civil Pública, como entender de direito.

# AÇÃO POSSESSÓRIA. IMISSÃO NA POSSE DE BEM ARREMATADO EM JUÍZO

*AGRAVO DE INSTRUMENTO EM RECURSO DE REVISTA. AÇÃO POSSESSÓRIA. IMISSÃO NA POSSE DE BEM ARREMATADO EM JUÍZO. COMPETÊNCIA DA JUSTIÇA DO TRABALHO. CERCEAMENTO DO DIREITO DE DEFESA. ADMISSIBILIDADE DO RECURSO RESTRITA À HIPÓTESE PREVISTA NO ART. 896, § 2º, DA CONSOLIDAÇÃO DAS LEIS DO TRABALHO. SÚMULA N. 266 DO TRIBUNAL SUPERIOR DO TRABALHO.*

*I – É firme o posicionamento deste Tribunal Superior, segundo o qual o recurso de revista na ação possessória para imissão na posse de bem arrematado na execução trabalhista tem sua admissibilidade restrita à demonstração de violação direta e literal de norma da Constituição da República (art. 896, § 2º, da CLT e Súmula n. 266 do TST).*

*II – Posteriormente ao advento da Emenda Constitucional n. 45/04, o Superior Tribunal de Justiça, ao apreciar Conflitos de Competência, firmou entendimento de que compete à Justiça do Trabalho processar e julgar todas as questões decorrentes da execução trabalhista, solucionando os incidentes possessórios surgidos em decorrência direta de suas decisões, incluídos os incidentes na imissão na posse de imóvel arrematado na execução trabalhista. Violação, que não se reconhece, da literalidade do art. 114, IX, da Constituição da República.*

*III – Não configura hipótese de cerceamento do direito de defesa quando a Instância ordinária, valorando o conjunto das provas, empresta maior eficácia probatória aos documentos em confronto com as declarações da parte. Ileso, portanto, o art. 5º, LIV e LV, da CRFB/1988.*

*IV – Decisão agravada que se mantém.*

*Agravo de instrumento a que se nega provimento.*

*(Processo n. TST-AIRR-70641-11-2008-5-03-0103 – Ac. 1ª Turma – DeJT: 06.06.2013)*

AÇÃO POSSESSÓRIA. IMISSÃO NA POSSE DE BEM ARREMATADO EM JUÍZO. COMPETÊNCIA DA JUSTIÇA DO TRABALHO. CERCEAMENTO DO DIREITO DE DEFESA

Cumpre ressaltar, de início, que o juízo de prévia deliberação do recurso de revista, exercido pelo Presidente do Tribunal Regional do Trabalho, encontra seu fundamento de validade no § 1º do art. 896 da CLT, que lhe confere autorização para, mediante decisão precária e não vinculante, acolher ou denegar recurso de revista que não observa pressuposto extrínseco ou intrínseco de cabimento, sem usurpar competência do TST, ao qual incumbe analisar o acerto ou não daquela decisão, no caso de agravo de instrumento.

De igual modo, é firme o posicionamento deste Tribunal Superior, segundo o qual, tratando-se de recurso de revista interposto em ação possessória para imissão na posse de bem arrematado na execução trabalhista, sua admissibilidade é restrita à demonstração de violação direta e literal de norma da Constituição da República (art. 896, § 2º, da CLT e Súmula n. 266 do TST).

Citam-se precedentes na mesma linha:

"AGRAVO. AGRAVO DE INSTRUMENTO. RECURSO DE REVISTA. AÇÃO ANULATÓRIA DE ATOS EXECUTIVOS JUDICIAIS E IMISSÃO NA POSSE. PROCESSO PRINCIPAL EM FASE DE EXECUÇÃO. SÚMULA N. 266 DO TST. Trata-se de recurso de revista em ação anulatória incidental na execução trabalhista, visando à declaração de nulidade de atos executivos judiciais e imissão na posse, a suscitar o exame estritamente sob o prisma de violação direta e literal de norma da Constituição da República, a teor do art. 896, § 2º, da CLT e da Súmula n. 266 do Tribunal Superior do Trabalho. Precedentes. Agravo de instrumento a que se nega provimento." Processo: Ag-AIRR – 183440-31.2004.5.18.0002, Data de Julgamento: 22.09.2010, Relator Ministro: Walmir Oliveira da Costa, 1ª Turma, Data de Publicação: DEJT 1º.10.2010. AIRR-96004/2005-008-09-40, 1ª Turma, Relator Min. Lelio Bentes Corrêa, DJ 08.02.2008; RR-670/2005-014-08-00, 4ª Turma, Relator Min. Ives Gandra, DJ 20.04.2007; AIRR-1437/1998-059-03-40, 2ª Turma, Juiz Convocado Horácio Senna Pires, DJ 12.08.2005; AIRR-9733/2002-906-06-40, 2ª Turma, Relator Min. Renato de Lacerda Paiva, DJ 05.08.2005; AIRR-8040-11.2005.5.01.0044, 3ª Turma, Relator Min. Horácio Senna Pires, DJ 12.03.2010; RR-967/2006-018-03-00, 8ª Turma, Relatora Min. Maria Cristina Peduzzi, DJ 18.09.2008; RR-779895-80.2001.5.09.5555, 6ª Turma, Relator Min. Aloysio Corrêa da Veiga, DJ 16.04.2010; E-RR-2237/2003-052-02-00, Relatora Min. Maria Cristina Peduzzi, DJ 03.10.2008.

Irrelevante, portanto, se a Corte Regional analisou o recurso ordinário em lugar do agravo de petição, que é o recurso cabível nas ações incidentais propostas na fase de execução (CLT, art. 897), a exemplo da ação anulatória dos atos executórios, dos embargos de terceiro e das ações possessórias cabíveis na Justiça do Trabalho, consoante a jurisprudência dominante nesta Corte Superior acerca da matéria.

Considerando a indisponibilidade do procedimento fixado em lei, incumbe ao Tribunal Superior do Trabalho definir o enquadramento jurídico dos recursos que lhe são dirigidos, como ocorre na espécie, sendo inviável se cogitar, nesta fase, em violação de dispositivo de lei federal e/ou dissenso pretoriano.

Relativamente à arguição de incompetência da Justiça do Trabalho, o Tribunal Regional de origem rejeitou a preliminar, mediante acórdão assim ementado (fl. 70):

"COMPETÊNCIA – EXECUÇÃO – IMISSÃO DE POSSE – BEM ARREMATADO POR TERCEIRO. O art. 877 da CLT determina que é competente para a execução o Juiz ou Presidente do Tribunal que tiver conciliado ou julgado originariamente o dissídio. Assim, é deste juízo a competência para a prática de todos os atos tendentes à efetivação da sentença na execução trabalhista, inclusive para dirimir controvérsia sobre a devolução do bem ao executado por terceiro arrematante."

O art. 114, inciso IX, da CRFB/1988, tido como violado, dispõe:

"Art. 114. Compete à Justiça do Trabalho processar e julgar:

(...)

IX – outras controvérsias decorrentes da relação de trabalho, na forma da lei."

Como se pode observar, os agravantes *negam* à Justiça do Trabalho uma atribuição (poder-dever) que o preceito constitucional indicado lhe outorgou de forma expressa e clara, ou seja, inscreve-se na competência da Justiça do Trabalho o processamento e julgamento de outras controvérsias decorrentes da relação de trabalho, na forma da lei, incluídas as ações possessórias decorrentes de incidentes provocados na execução de suas próprias decisões.

Não é demasia assinalar que os precedentes invocados no recurso para sustentar a preliminar de incompetência da Justiça do Trabalho para julgar ação possessória na execução trabalhista – *não bastasse o óbice da Súmula n. 266/TST* – são *anteriores* à promulgação da EC n. 45/2004, a qual, como é cediço, ampliou a competência material trabalhista para processar, julgar, e, obviamente, executar suas próprias decisões, tanto na relação de emprego, como na relação de trabalho.

Com efeito, posteriormente ao advento da EC n. 45/2004, o Superior Tribunal de Justiça, ao apreciar Conflitos de Competência entre a Justiça Estadual e a Justiça do Trabalho, declarou a competência deste ramo especial do Poder Judiciário para processar e julgar todas as questões decorrentes da execução trabalhista, solucionando os incidentes possessórios surgidos em decorrência direta de suas decisões, incluídos os incidentes na imissão na posse de imóvel arrematado na execução trabalhista.

Nesse sentido, são os julgados do STJ, a seguir transcritos:

"PROCESSUAL CIVIL. CONFLITO POSITIVO DE COMPETÊNCIA. JUSTIÇA DO TRABALHO E JUSTIÇA COMUM ESTADUAL. IMÓVEL. AÇÃO DE MANUTENÇÃO DE POSSE PROPOSTA NA JUSTIÇA ESTADUAL. IMPOSSIBILIDADE. EXECUÇÃO TRABALHISTA. COMPETÊNCIA DA JUSTIÇA DO TRABALHO. 1. É competente a Justiça Trabalhista para a ação de manutenção de posse na qual se discute localização, demarcação e confrontações de imóvel alienado judicialmente no âmbito da Justiça Especializada. 2. A discussão está intimamente relacionada ao processo executório, porquanto se questiona, na ação possessória, aspectos relativos à validade da constrição judicial sobre o imóvel. 3. Conflito conhecido, para declarar competente a Justiça Especializada." CC 109146 / RN CONFLITO DE COMPETÊNCIA 2009/0225932-5, Relator Ministro LUIS FELIPE SALOMÃO (1140), Segunda Seção, DJe 31.03.2011.

"CONFLITO DE COMPETÊNCIA. ARREMATAÇÃO IMÓVEL. RECLAMAÇÃO TRABALHISTA. IMISSÃO NA POSSE. COMPETÊNCIA DA JUSTIÇA ESPECIALIZADA. 1. *Compete à Justiça especializada solucionar os incidentes possessórios surgidos em decorrência direta de suas decisões.* Precedentes. 2. Conflito de competência conhecido para declarar a competência do Juízo da 17ª Vara do Trabalho de Salvador – BA." CONFLITO DE COMPETÊNCIA N. 107.917 – BA (2009/0177536-0), Segunda Seção, RELATOR: MINISTRO FERNANDO GONÇALVES, DJ 23.11.2009.

"AGRAVO INTERNO. CONFLITO POSITIVO DE COMPETÊNCIA. JUSTIÇA ESTADUAL E JUSTIÇA DO TRABALHO. EXECUÇÃO TRABALHISTA. ARREMATAÇÃO DE IMÓVEL. IMISSÃO NA POSSE. EMBARGOS À ARREMATAÇÃO. DECISÕES CONFLITANTES. COMPETÊNCIA DO JUÍZO TRABALHISTA. JURISPRUDÊNCIA CONSOLIDADA NO ÂMBITO DO SUPERIOR TRIBUNAL DE JUSTIÇA. A Justiça do Trabalho é competente para processar e julgar todas as questões decorrentes da execução trabalhista. Prejudicado o arrendatário do imóvel arrematado em execução trabalhista, em razão da determinação judicial de sua entrega ao arrematante, *deve a discussão possessória permanecer no âmbito do juízo exequente*, a fim de que decisões conflitantes sejam evitadas. Precedentes da Segunda Seção. Agravo a que se nega provimento." AgRg no CONFLITO DE COMPETÊNCIA N. 57.615 – PE (2005/0206855-4) RELATOR: MINISTRO CASTRO FILHO, Segunda Seção, DJ 26.02.2007.

Logo, sendo inequívoca a competência da Justiça do Trabalho para solucionar os incidentes possessórios surgidos em decorrência direta de suas decisões, como ocorre na hipótese de imissão na posse de bem imóvel arrematado na execução trabalhista, irrelevante se torna, na definição da competência jurisdicional, perquirir sobre posse ou domínio, por se tratar de incidente a ser dirimido pelo Juízo da execução trabalhista. Razão pela qual não há falar em violação inequívoca do art. 114, IX, da Constituição da República.

No tocante à alegação de cerceamento do direito de defesa, melhor sorte não têm os agravantes. A respeito desse tema, assim decidiu a Corte de origem, fl. 121:

"Com efeito, a d. Turma validou parcialmente o contrato de f. 99/100, na medida em que os elementos de prova confirmaram que, através dele, houve a devolução apenas dos valores correspondentes às arrematações ocorridas nos processos 01-90.027/98 e 03-90.016/98. Quanto ao bem arrematado no processo 03-90.014/98, objeto de discussão nestes autos, verifica-se que o contrato de f. 99/100 não surtiu seus efeitos, não só em face do que declarou o arrematante à fl. 133, mas também ante a constatação de que, até maio de 2008, o referido bem arrematado no processo 03-90.014/98 ainda encontrava-se no domínio do autor/arrematante (f. 16/18), sendo certo que a empresa ré e seu sócio não cumpriram qualquer obrigação que denotasse a assunção dos ônus relativos ao imóvel, como, por exemplo, o pagamento do IPTU. Por isso, e como consequência lógica do raciocínio anteriormente desenvolvido, foi corretamente explicitado no v. acórdão o fundamento de que 'cabia aos réus a comprovação de que houve mesmo a devolução do valor relativo ao bem arrematado no processo 03-90.014/98, através da apresentação do recibo correspondente (R$ 20.000,00 – valor da arrematação), única hipótese capaz de validar o contrato de f. 99/100 no que se refere ao imóvel destacado, em detrimento da citada certidão cartorária de f. 16/18."

Da leitura dos fundamentos do acórdão regional, infere-se que a Corte de origem não deixou de considerar a alegada confissão do autor da ação. Apenas não emprestou às declarações da parte a eficácia probatória capaz de formar a convicção judicial quanto à validade do "contrato pelo qual os réus, executados na ação ordinária, teriam readquirido o imóvel, à falta de prova da quitação das obrigações ali previstas e pela inércia deles em providenciar o registro do bem nas novas condições" (ementa, fl. 104).

Portanto, não se configura hipótese de cerceamento do direito de defesa o fato de a Instância ordinária, valorando o conjunto das provas, empresta maior eficácia probatória aos documentos em confronto com as declarações da parte. Em consequência, não resulta violada a literalidade do art. 5º, LIV e LV, da CRFB/1988, *maxime* por depender de maltrato aos arts. 334, II, e 338, I, do CPC, em desacordo com o art. 896, § 2º, da CLT.

Deve, pois, ser confirmada a decisão de prévia delibação do recurso de revista.

No tocante ao pedido de condenação dos agravantes por litigância de má-fé, formulado na contraminuta, seu indeferimento se impõe, ante a ausência de conduta típica, visto que a parte lançou mão do meio recursal disponível à defesa de seus interesses.

Ante o exposto, NEGO PROVIMENTO ao agravo de instrumento, indeferindo o pedido de condenação dos agravantes, por litigância de má-fé, formulado na contraminuta.

# ATIVIDADE DE RISCO. ASSALTO. DANO MORAL. RESPONSABILIDADE OBJETIVA

*RECURSO DE REVISTA. INDENIZAÇÃO POR DANO MORAL. EMPREGADO DE INSTITUIÇÃO BANCÁRIA VÍTIMA DE ASSALTO. ATIVIDADE DE RISCO. RESPONSABILIDADE OBJETIVA.*

*É objetiva a responsabilidade da instituição bancária por danos causados por terceiros a seus empregados, que resultem de atos de violência decorrentes de assaltos, nos termos do art. 2º da CLT c/c o parágrafo único do art. 927 do Código Civil, porque decorre do risco imanente à atividade empresarial, independentemente da perquirição de culpa do empregador na concorrência do evento danoso. Precedentes.*

*Recurso de revista conhecido, nesse particular, e a que se nega provimento.*

(Processo n. TST-RR-114600-14.2006.5.10.0004 – Ac. 1ª Turma – DeJT: 11.04.2013)

MÉRITO

Discute-se a extensão da responsabilidade da instituição bancária por danos causados por terceiros a seus empregados, que resultem de atos de violência decorrentes de assaltos.

As instituições bancárias, por terem dentre seu objeto social a circulação de dinheiro em espécie, estão permanentemente sob a cobiça daqueles que pretendem obter recursos por meios ilícitos, valendo-se de atos de violência para essa finalidade.

Não se olvida que a Constituição Federal no art. 144 impõe ao Estado o dever de promover a segurança pública objetivando a preservação da ordem pública e da incolumidade das pessoas e do patrimônio.

Trata-se de preceito constitucional que, no entanto, não tem o alcance de afastar do particular que exerce atividade econômica, a responsabilidade de promover a segurança de seus funcionários e das pessoas que circulam no interior do seu estabelecimento, sempre que a natureza dessa atividade potencializar a exposição ao risco de atos ofensivos à integridade física dessas pessoas praticados por terceiros, como é o caso típico das instituições bancárias.

Com efeito, no âmbito da relação de trabalho, o art. 7º, inciso XXII, da Constituição Federal, erige dentre os direitos sociais dos trabalhadores urbanos e rurais a "redução dos riscos inerentes ao trabalho por meio de normas de saúde, higiene e segurança", a ser perseguida em todos os ramos da atividade econômica, na medida em que a legislação trabalhista, no art. 2º da CLT, adotou a teoria do risco da atividade empresarial ao conceituar o empregador como *"a empresa, individual ou coletiva, que, assumindo o risco da atividade econômica, admite, assalaria e dirige a prestação pessoal de serviços"*.

Ciente do risco imanente à atividade empresarial exercida pela instituição financeira, o legislador ordinário editou a Lei n. 7.102, de 20 de junho de 1983, que dispõe sobre segurança para estabelecimentos financeiros, estabelece normas para constituição e funcionamento das empresas particulares que exploram serviços de vigilância e de transporte de valores.

Os arts. 1º e 2º da mencionada lei dão as diretrizes para os procedimentos de segurança a ser obrigatoriamente implementados pelas instituições bancárias nos seguintes termos:

"Art. 1º É vedado o funcionamento de qualquer estabelecimento financeiro onde haja guarda de valores ou movimentação de numerário, que não possua sistema de segurança com parecer favorável de sua aprovação, elaborado pelo Ministério da Justiça, na forma desta lei. *(Redação dada pela Lei n. 9.017, de 1995) (Vide art. 16 da Lei n. 9.017, de 1995)*

Art. 2º O sistema de segurança referido no artigo anterior inclui pessoas adequadamente preparadas, assim chamadas vigilantes; alarme capaz de permitir, com segurança, comunicação entre o estabelecimento financeiro e outro da mesma instituição, empresa de vigilância ou órgão policial mais próximo; e, pelo menos, mais um dos seguintes dispositivos:

I – equipamentos elétricos, eletrônicos e de filmagens que possibilitem a identificação dos assaltantes;

II – artefatos que retardem a ação dos criminosos, permitindo sua perseguição, identificação ou captura; e

III – cabina blindada com permanência ininterrupta de vigilante durante o expediente para o público e enquanto houver movimentação de numerário no interior do estabelecimento."

No que se refere à responsabilidade civil no âmbito das relações trabalhistas, é sabido que a Constituição Federal no art. 7º, inciso XXVIII, estabelece que ela se dará de forma subjetiva, ou seja, calcada na aferição do dolo ou culpa do empregador para a consecução do evento danoso.

O Código Civil Brasileiro de 2002 nos arts. 186 e 927, por seu turno, embora também agasalhe como regra geral a responsabilidade subjetiva do autor do dano, como regra excepcional introduziu no ordenamento jurídico a possibilidade de que essa responsabilidade se dê de forma objetiva pela natureza da atividade desenvolvida pelo autor do dano, nos termos do parágrafo único do art. 927 do Código Civil:

"Haverá obrigação de reparar o dano, independentemente de culpa, nos casos especificados em lei, ou quando a atividade normalmente desenvolvida pelo autor do dano implicar, por sua natureza, risco para os direitos de outrem."

O *caput* do art. 7º da Constituição Federal estabelece a regra de compatibilização da responsabilidade objetiva prevista no parágrafo único do art. 927 do Código Civil com o inciso XXVIII, ao prescrever que o rol de direitos sociais mínimos assegurados aos trabalhadores não exclui a possibilidade de que outros direitos venham a ser reconhecidos, pelo ordenamento jurídico infraconstitucional, com o objetivo da melhoria da condição social do trabalhador.

No caso dos autos, o quadro fático delimitado pelo Tribunal Regional evidencia que o reclamante ficou exposto aos riscos inerentes à atividade econômica exercida pela instituição financeira para a qual prestou serviços, gerador de dano à sua integridade física e, consequentemente, à sua personalidade, ao narrar que "*a agência bancária onde trabalhava o*

*Autor foi vítima de dois assaltos consecutivos, com intervalo de menos de dois meses, sendo que nas duas ocasiões contava tão somente com um vigia, em que pese à agência fosse desprovida de porta giratória e detector de metais... Nenhuma medida foi tomada para dificultar a vida dos marginais, transformando a agência bancária em vítima fácil e certeira. Indubitavelmente, a violência é um fato social que assola o país, mas não é capaz de elidir a culpa do Reclamado. Ao contrário, só tem o condão de robustecê-la, já que na atualidade as instituições financeiras lidam com risco eminente de assalto, sendo comum contratarem seguro para fazer frente a esses eventos".*

Nesse contexto, não obstante o acórdão tenha identificado elementos suficientes para a configuração da culpa da instituição bancária, ao se omitir de tomar as providências necessárias a minimizar os riscos da exposição da agência a novos assaltos, providências essas exigidas pela legislação própria, como a adoção de portas giratórias e detector de metais, conclui-se que à margem da qualidade da política de segurança promovida pelo Estado ou do atendimento das regras de segurança previstas na Lei n. 7.102/1983 para o estabelecimento bancário e toda a dinâmica empresarial nele envolvida como o transporte de valores, *a responsabilidade da instituição financeira será sempre objetiva*, porque decorre do risco inerente à atividade empresarial independentemente da perquirição da culpa do empregador na concorrência do evento danoso.

Assim, entendo que em sendo objetiva a responsabilidade, ela estará sempre presente nas relações de trabalho firmadas com instituição bancária, independentemente do risco social apresentado pela realidade do país, ou seja, independentemente da qualidade da segurança pública garantida pelo Estado, porque, repita-se inerente à atividade empresarial.

Esta Corte Superior já teve a oportunidade de se manifestar sobre a matéria nos seguintes julgados:

"AGRAVO DE INSTRUMENTO. RECURSO DE REVISTA – DESCABIMENTO. INSTITUIÇÃO BANCÁRIA. RESPONSABILIDADE CIVIL OBJETIVA DECORRENTE DE ATIVIDADE DE RISCO. ASSALTOS. DANO MORAL. CONFIGURAÇÃO. 1. À proporção em que assaltos se tornam ocorrências frequentes, adquirem *status* de previsibilidade para aquele que explora a atividade econômica, incorporando-se ao risco do negócio (fortuito interno), cujo encargo é do empregador (art. 2º da CLT). 2. A realidade de violência que assola o Brasil atrai para a esfera trabalhista a responsabilidade civil objetiva da instituição bancária, em face da atividade de risco desempenhada pelos seus funcionários, quase que rotineiramente submetidos a atos violentos de terceiros. Incidência da cláusula geral de responsabilidade objetiva positivada no parágrafo único do art. 927 do Código Civil. 3. Na linha da teoria do *danum in re ipsa,* não se exige que o dano moral seja demonstrado: decorre, inexoravelmente, da gravidade do fato ofensivo que, no caso, restou materializado nos diversos assaltos ocorridos na agência bancária em que o autor trabalhava. Agravo de instrumento conhecido e desprovido." (AIRR – 39100-26.2006.5.04.0030, Data de Julgamento: 27.02.2013, Relator Ministro: Alberto Luiz Bresciani de Fontan Pereira, 3ª Turma, Data de Publicação: DEJT 08.03.2013)

"RECURSO DE REVISTA. INDENIZAÇÃO POR DANO MORAL. ASSALTO EM AGÊNCIA BANCÁRIA. ATIVIDADE DE RISCO. RESPONSABILIDADE OBJETIVA DO EMPREGADOR. É cabível, no processo do trabalho, a condenação em indenização por dano moral fundada na responsabilidade civil objetiva de que tratam os arts. 186 e 927, parágrafo único, do Código Civil, considerando o disposto nos arts. 2º da CLT e 932, III, do Código Civil. Recurso de revista conhecido, mas desprovido." (RR-82200-83.2006.5.19.0007, Relator Ministro Márcio Eurico Vitral Amaro, Data de Julgamento: 09.11.2011, 8ª Turma, Data de Publicação: 11.11.2011)

Apreciando situação análoga à presente relativamente ao transporte de valores, também já se pronunciou esta Corte Superior:

"AGRAVO DE INSTRUMENTO EM RECURSO DE REVISTA – TRANSPORTE DE VALORES – EMPREGADA BANCÁRIA – DANO MORAL. O transporte de numerário possui regramento específico na Lei n. 7.102/1983, que estabelece normas quanto à segurança de estabelecimentos financeiros e à constituição e funcionamento das empresas particulares que exploram serviços de vigilância e de transporte de valores. O art. 7º, XXII, da Constituição Federal dispõe que é direito do trabalhador a – redução dos riscos inerentes ao trabalho, por meio de normas de segurança, higiene e segurança. No caso, o reclamado se valeu do seu poder de mando para desviar a reclamante de função, obrigando-a a desempenhar tarefas além das suas responsabilidades e a expor sua integridade física a um grau considerável de risco, malferindo o princípio da dignidade da pessoa humana. A legislação, mediante norma de ordem pública, impôs determinadas condutas para o transporte de numerário, às quais não atendeu o Banco, incorrendo em ato ilícito. O dano moral decorre do sofrimento psicológico advindo do alto nível de estresse a que foi submetida a empregada ao transportar valores sem proteção, com exposição a perigo real de assalto e risco à vida e à integridade física. Ressalta, ainda, o nexo de causalidade entre a conduta e o dano sofrido. Com efeito, ao agir de modo contrário à lei, o reclamado colocou em risco a integridade do reclamante, impondo-lhe violência psicológica e ferindo seu patrimônio moral. A conduta revela desprezo pela dignidade da pessoa humana. Este Tribunal tem adotado, de forma reiterada, o entendimento de que a conduta da instituição financeira, de atribuir aos seus empregados a atividade de transporte de valores entre as agências bancárias, dá ensejo à reparação por danos morais pela inobservância dos estritos termos dos arts. 7º, XXII, da Constituição da República e 3º, II, da Lei n. 7.102/1983. Precedentes. Agravo de instrumento desprovido." (AIRR – 138000-56.2009.5.05.0371, Data de Julgamento: 20.02.2013, Relator Ministro: Luiz Philippe Vieira de Mello Filho, 4ª Turma, Data de Publicação: DEJT 1º.03.2013).

"AGRAVO DE INSTRUMENTO. RECURSO DE REVISTA. PROCEDIMENTO SUMARÍSSIMO. TRANSPORTE DE VALORES. DANOS MORAIS. CARACTERIZAÇÃO E VALOR DA INDENIZAÇÃO. REEXAME DE FATOS E PROVAS.

1. Nas causas sujeitas ao procedimento sumaríssimo, somente será admitido recurso de revista por contrariedade à súmula de jurisprudência uniforme do TST e violação di-

reta da Constituição da República, conforme previsão contida no art. 896, § 6º, da CLT, exceção não demonstrada na espécie.

2. A Instância ordinária, soberana na valoração de fatos e provas, firmou convicção de que a atividade imposta à reclamante, de recebimento e transporte de valores de clientes, sem habilitação específica prevista na Lei n. 7.102/1983, configura conduta antijurídica da empregadora, na medida em que a empregada ficava exposta ao risco de assaltos, o que lhe causou abalo emocional e desequilíbrio psicológico, de molde a justificar a condenação ao pagamento de indenização por dano moral, fixada em valor razoável e proporcional à lesão.

3. A alegação da agravante, no tocante à falta de prova de sua conduta ilícita e ausência de dano moral, não dá ensejo ao recurso de revista que visa o reexame de fatos e provas, ante o óbice da Súmula n. 126 do TST, tampouco a matéria se eleva ao patamar constitucional.

Agravo de instrumento a que se nega provimento." (AIRR – 472-15.2011.5.03.0096, Relator Ministro: Walmir Oliveira da Costa, 1ª Turma, Data de Publicação: DEJT 22.06.2012)

"INDENIZAÇÃO COMPENSATÓRIA. TRANSPORTE DE VALORES. EMPREGADO BANCÁRIO. Este Tribunal Superior tem adotado, de forma reiterada, entendimento no sentido de que a conduta da instituição financeira de atribuir aos seus empregados a atividade de transporte de valores entre as agências bancárias dá ensejo à compensação financeira, não só pelo acúmulo de funções, mas também pela inobservância dos estritos termos dos arts. 7º, XXII, da Constituição da República e 3º, II, da Lei n. 7.102/1983. Leva-se em consideração, para tanto, o risco à integridade física (inclusive de morte) inerente à função em exame e o desvio funcional perpetrado pelas instituições bancárias, que, ao invés de contratar pessoal especializado, consoante determina a lei específica, utilizam-se de empregados bancários comuns. Precedentes da SBDI-I e das Turmas deste Tribunal Superior. Recurso de revista não conhecido." (RR-52900-90.2002.5.09.0073, Rel. Min. Lelio Bentes Corrêa, 1ª Turma, DEJT de 17.06.2011)

A SBDI-1 desta Corte também já teve oportunidade de se pronunciar sobre a questão, especificamente sob o enfoque do transporte de valores – análogo à situação de assalto a banco, nos seguintes julgados:

"EMBARGOS EM RECURSO DE REVISTA. PUBLICAÇÃO DO ACÓRDÃO EMBARGADO SOB A ÉGIDE DA LEI N. 11.496/2007. BANCÁRIO. TRANSPORTE DE VALORES. DANO MORAL. INDENIZAÇÃO. A determinação de transporte de valores ao empregado bancário, que não possui formação profissional ou aparato de segurança para exercer tal atividade, caracteriza efetivo prejuízo extrapatrimonial, decorrente da exposição ao risco inerente a este mister, a ensejar a correspondente reparação indenizatória. Ademais, tem-se, na espécie, por parte do empregador, verdadeira violação de deveres anexos de conduta, decorrentes da boa-fé objetiva, ao determinar o desempenho de função diversa daquela para a qual contratado, considerada, ainda, a natureza da atividade. Cabe ao empregador o dever de proteção, de segurança, de zelo pela incolumidade física e mental de seus empregados, impondo-se a sua responsabilização quando se esquiva de tais obrigações. O ilícito perpetrado pelo reclamado, ao cometer ao autor atividade típica de pessoal especializado em vigilância, traduz também desrespeito aos termos da Lei n. 7.102/1983. Precedentes desta SDI-I. Recurso de embargos conhecido e não provido." (E-ED-RR – 46200-69.2008.5.03.0004, Relatora Ministra: Rosa Maria Weber, Subseção I Especializada em Dissídios Individuais, Data de Publicação: DEJT 16.09.2011)

"EMBARGOS – TRANSPORTE DE VALORES – DANO MORAL. A jurisprudência desta Corte informa que, no transporte de valores entre agências bancárias, a negligência do empregador em adotar as medidas de segurança exigidas pela Lei n. 7.102/1983 acarreta exposição do trabalhador a maior grau de risco do que o inerente à atividade para a qual fora contratado, ensejando reparação por danos morais. Precedentes. Embargos conhecidos e desprovidos." (E-ED-RR-23800-65.2009.5.03.0153, Rel. Min. Maria Cristina Irigoyen Peduzzi, DEJT de 08.04.2011)

"EMBARGOS. INDENIZAÇÃO POR TRANSPORTE DE VALORES. BANCÁRIO. DESVIO DE FUNÇÃO. REQUISITOS PARA DEFERIMENTO. A defesa do patrimônio do Banco não pode ser realizada em desrespeito aos princípios que orientam a defesa da segurança do meio ambiente de trabalho. Correta a decisão que determina a reparação, por indenização, quando há exposição de empregado a potencial risco pela realização de atividade perigosa, para a qual não foi contratado, transporte de valores, em ofensa aos dispositivos que tratam sobre a segurança no transporte de numerário. Embargos conhecidos e desprovidos." (E-ED-RR-78100-97.2005.5.09.0654, Rel. Min. Aloysio Corrêa da Veiga, DEJT de 25.02.2011)

"EMBARGOS EM RECURSO DE REVISTA. ACÓRDÃO PUBLICADO NA VIGÊNCIA DA LEI N. 11.496/2007. DANO MORAL. TRANSPORTE DE VALORES. O fato de o reclamado ter se valido do seu poder de mando para obrigar o reclamante a fazer tarefas além das suas responsabilidades e com grau considerável de risco à sua integridade constitui prática de ato ilícito, que enseja indenização. Trata-se de exercício irregular de um direito. Constata-se, ademais, que o reclamante transportava somas em dinheiro, não possuindo preparo específico para executar com segurança tal atividade, não prevista pelo contrato, cuja exigência rompe o sinalagma ínsito ao vínculo empregatício. Tendo sido provada a abusividade por parte do reclamado, tem-se patente a responsabilidade civil, ante a configuração do ato ilícito. Aplicam-se nesses casos as disposições do art. 186, *caput*, do novel Código Civil, *verbis*: – Aquele que, por ação ou omissão voluntária, negligência ou imprudência, violar direito e causar dano a outrem, ainda que exclusivamente moral, comete ato ilícito. Embargos em recurso de revista conhecido e não provido." (E-RR-5948900-05.2002.5.08.0900, Rel. Min. Horácio Raymundo de Senna Pires, DEJT de 17.12.2010)

Com estes fundamentos, NEGO PROVIMENTO ao recurso de revista.

# ATIVIDADE DE RISCO. DOENÇA OCUPACIONAL. CONSTRUÇÃO CIVIL

*RECURSO DE REVISTA. RESPONSABILIDADE OBJETIVA. CONSTRUÇÃO CIVIL. ATIVIDADE DE RISCO. DOENÇA OCUPACIONAL. DANOS MORAIS E MATERIAIS.*

*1. A controvérsia em torno da compatibilidade do art. 927, parágrafo único, do Código Civil, que estabelece as balizas da responsabilidade objetiva do empregador, com o art. 7º, XXVIII, da Constituição Federal está superada no âmbito desta Corte Superior, a qual, por sua reiterada jurisprudência, firmou o entendimento de que o caput do mencionado dispositivo, ao enunciar o rol de direitos mínimos assegurados aos trabalhadores, não exclui a possibilidade de que outros direitos venham a ser reconhecidos pelo ordenamento jurídico infraconstitucional, com o objetivo de melhoria de sua condição social. Esse preceito, na realidade, visa a dar efetividade ao art. 1º, VI, da Constituição da República, que erige a valorização do trabalho humano como um dos fundamentos do Estado Democrático de Direito e que não é implementado sem que se reconheça a necessidade de se conceder tutela jurídica plena à integridade física e mental dos trabalhadores. Assim, haverá obrigação de reparar o dano, independentemente de culpa, sempre que a atividade normalmente desenvolvida pelo autor do dano implicar, por sua natureza, risco para os direitos de outrem. Precedentes.*

*2. No caso vertente, é incontroverso que a reclamada atua na área da construção civil, ramo empresarial que sabidamente expõe a risco a integridade física e psíquica daqueles que nela trabalham, e o reclamante, na condição de auxiliar de serviços gerais, entre outras atividades que demandavam desprendimento de esforço físico, fazia uso do mangote de concretagem – instrumento sustentado por cavaletes, mas que, por vezes, segurava sozinho – vindo a padecer de lombalgia severa, com limitação de movimento, devido à excessiva sobrecarga na coluna lombar.*

*3. Configurados, pois, o dano e o nexo de causalidade com as atividades laborativas do reclamante, expressamente reconhecida pelo órgão previdenciário, mostra-se incensurável a aplicação da responsabilidade objetiva, que dispensa perquirição acerca da existência de culpa ou dolo do ofensor, exsurgindo a obrigação de o empregador compensar o prejuízo material e imaterial causado ao reclamante, mediante o pagamento de indenização fixada segundo o princípio do arbitramento equitativo, de forma razoável e equilibrada. Desse entendimento não dissentiu o acórdão recorrido, mantendo-se incólume o art. 7º, XXVIII, da Constituição Federal.*

*Recurso de revista de que não se conhece.*

*(Processo n. TST-RR-4200-17.2006.5.17.0010 – Ac. 1ª Turma – DeJT: 03.04.2014)*

O recurso, entretanto, não merece conhecimento.

Com efeito, extrai-se da fundamentação que o Tribunal Regional concluiu pela procedência do pedido de indenização por danos materiais e morais, com fundamento na responsabilidade objetiva do empregador que decorre do risco imanente ao trabalho na construção civil.

A controvérsia em torno da compatibilidade do art. 927, parágrafo único, do Código Civil, que estabelece as balizas da responsabilidade objetiva do empregador, com o art. 7º, XXVIII, da Constituição Federal está superada no âmbito desta Corte Superior, a qual, por sua reiterada jurisprudência, firmou entendimento de que o *caput* do mencionado dispositivo, ao enunciar o rol de direitos mínimos assegurados aos trabalhadores, não exclui a possibilidade de que outros direitos venham a ser reconhecidos pelo ordenamento jurídico infraconstitucional, com o objetivo de melhoria de sua condição social.

Esse preceito, na realidade, visa a dar efetividade ao art. 1º, VI, da Constituição da República, que erige a valorização do trabalho humano como um dos fundamentos do Estado Democrático de Direito, e que não é implementado sem que se reconheça a necessidade de se conceder tutela jurídica plena à integridade física e mental de seus cidadãos no âmbito das relações laborais.

Na realidade, a teoria do risco da atividade empresarial sempre esteve contemplada no art. 2º da CLT, o qual, ao dar o conceito de empregador, assim o define como *"a empresa, individual ou coletiva, que, assumindo o risco da atividade econômica, admite, assalaria e dirige a prestação pessoal de serviços"*.

Assim, o parágrafo único do art. 927 do Código Civil de 2002 veio a coroar esse arcabouço de normas jurídicas prevendo a obrigação do empregador de reparar o dano, independentemente de culpa, sempre que a atividade normalmente desenvolvida implicar, por sua natureza, risco para os direitos de outrem.

Nesse sentido, citam-se os seguintes precedentes à guisa meramente ilustrativa:

"RECURSO DE REVISTA – ACIDENTE DO TRABALHO – DANO MORAL E MATERIAL – INDENIZAÇÃO – TEORIA DO RISCO DA ATIVIDADE – ART. 927, PARÁGRAFO ÚNICO, DO CÓDIGO CIVIL 1. De acordo com a teoria do risco, é responsável aquele que dele se beneficia ou o cria, pela natureza da atividade. Inteligência do art. 927, parágrafo único, do Código Civil. 2. Entre os riscos inerentes à atividade de sinalização de obras em rodovia está o envolvimento em acidente de trânsito, ainda que causado por terceiro. 3. Assim, o Município deve ser responsabilizado pelos prejuízos causados ao autor, à sua integridade física e moral, decorrentes do exercício das atividades contratualmente fixadas. Recurso de Revista conhecido e provido." (TST-RR-73000-63.2005.5.15.0083, Data de Julgamento: 14.04.2010, Relatora Ministra: Maria Cristina Irigoyen Peduzzi, 8ª Turma, Data de Divulgação: DEJT 16.04.2010.

"RECURSO DE REVISTA. DANO MORAL. ACIDENTE DE TRABALHO. RESPONSABILIDADE OBJETIVA (ART. 927, PARÁGRAFO ÚNICO, CC). INEXISTÊNCIA DE – CULPA EXCLUSIVA DA VÍTIMA – (FATO DA VÍTIMA). A regra geral do ordenamento jurídico, no tocante à responsabilidade civil do autor do dano, mantém-se com a noção da responsabilidade subjetiva (arts. 186 e 927, *caput*, CC). Contudo, tratando-se de atividade empresarial, ou de dinâmica laborativa (independentemente da atividade da empresa), fixadoras de risco acentuado para os trabalhadores envolvidos, desponta a exceção ressaltada pelo parágrafo único do art. 927 do CC, tornando objetiva a responsabilidade empresarial por danos acidentários (responsabilidade em face do risco). Noutro norte, a caracterização da culpa exclusiva da vítima é fator de exclusão do elemento do nexo causal para efeito de inexistência de reparação civil no âmbito laboral quando o infortúnio ocorre por causa única decorrente da conduta do trabalhador, sem qualquer ligação com o descumprimento das normas legais, contratuais, convencionais, regulamentares, técnicas ou do dever geral de cautela por parte do empregador. Se, com base nos fatos relatados pelo Regional, se conclui que a conduta da vítima do acidente não se revelou como causa única do infortúnio, afasta-se a hipótese excludente da responsabilização da empregadora pelo dano causado. Recurso conhecido e provido". (RR-850/2004-021-12-40.0, 6ª Turma, Rel. Min. Maurício Godinho Delgado, DJ-12.06.2009)

"RECURSO DE REVISTA. DANO MORAL. RESPONSABILIDADE CIVIL DO EMPREGADOR. ACIDENTE DO TRABALHO. 1. O novo Código Civil Brasileiro manteve, como regra, a teoria da responsabilidade civil subjetiva, calcada na culpa. Inovando, porém, em relação ao Código Civil de 1916, ampliou as hipóteses de responsabilidade civil objetiva, acrescendo aquela fundada no risco da atividade empresarial, consoante previsão inserta no parágrafo único do art. 927. Tal acréscimo apenas veio a coroar o entendimento de que os danos sofridos pelo trabalhador, decorrentes de acidente do trabalho, conduzem à responsabilidade objetiva do empregador. 2. A atividade desenvolvida pelo reclamante – teste de pneus – por sua natureza, gera risco para o trabalhador, podendo a qualquer momento o obreiro vir a lesionar-se, o que autoriza a aplicação da teoria objetiva, assim como o fato de o dano sofrido pelo reclamante decorrer de acidente de trabalho. Inquestionável, em situações tais, a responsabilidade objetiva do empregador. 3. Recurso de revista conhecido e provido." (RR-422/2004-011-05-00.3, 1ª Turma, Rel. Min. Walmir Oliveira da Costa, DJ 20.03.2009)

"RECURSO DE REVISTA DA RECLAMADA (PRINCIPAL). INDENIZAÇÃO POR DANOS MORAIS E PENSÃO MENSAL (DANO MATERIAL). ACIDENTE DO TRABALHO. RESPONSABILIDADE OBJETIVA. O Tribunal Regional, após analisar minuciosamente as provas constantes dos autos, concluiu que restou comprovada a culpabilidade do empregador no acidente ocorrido com o reclamante, e que a regra contida no art. 7º, XXVIII, da Constituição Federal, que atribui ao empregador o dever de indenizar dano decorrente de acidente de trabalho na hipótese de dolo ou culpa, não exclui a possibilidade da reparação do dano, independentemente de culpa, quando a atividade normalmente desenvolvida pelo autor do dano implicar, por sua natureza, risco para os direitos de outrem, nos termos do art. 927, parágrafo único, do atual Código Civil. Recurso de revista não conhecido." (RR-1.018/2006-028-12-00.2, 7ª Turma, Rel. Min. Guilherme Augusto Caputo Bastos, DJ 20.02.2009)

"RECURSO DE REVISTA. DANO MATERIAL. RESPONSABILIDADE OBJETIVA. TRANSPORTE COLETIVO. MOTORISTA DE ÔNIBUS QUE TRABALHAVA EM LINHA DE TRAJETO DE RISCO E FOI VÍTIMA DE SEIS ASSALTOS NOS DOIS ÚLTIMOS MESES DO CONTRATO DE TRABALHO. PRINCÍPIO DA PRECAUÇÃO. As atividades desenvolvidas pelo empregador que tragam riscos físicos ou psicológicos aos seus empregados, ainda que potenciais, impõem-lhe o dever de preveni-los. Sua abstenção ou omissão acarreta o reconhecimento da responsabilidade objetiva pelos eventos danosos que, no caso dos autos, não apenas eram presumíveis, mas também evitáveis. As atuais preocupações reveladas pela sociedade, no que tange às questões correlatas ao meio ambiente, às condições de trabalho, à responsabilidade social, aos valores éticos e morais, bem como a dignidade da pessoa humana, exigem do empregador estrita observância do princípio da precaução. Por ele, quando houver ameaça de danos ao meio ambiente seguro e sadio do trabalho, a ausência de absoluta certeza não deve ser utilizada como meio para postergar medidas eficazes e economicamente viáveis para prevenir o dano. Mister, portanto, a adoção de critérios de prudência e vigilância a fim de evitar o dano, ainda que potencial. Trata-se de uma obrigação de resultado: a prevenção em matéria de saúde e segurança no trabalho exige do empregador o dever de antecipar e avaliar os riscos de sua atividade empresarial e a efetivação das medidas de precaução necessárias. *In casu*, a reclamada atua no ramo de transporte coletivo. O reclamante, *motorista* do ônibus, trabalhava em linha de transporte de risco, e foi vítima de seis assaltos, nos dois últimos meses do contrato de trabalho. – *Em um destes assaltos o reclamante sofreu diversas violências físicas e psíquicas, sendo-lhe colocada arma na cabeça e na boca. Foi obrigado por marginais a andar de quatro e latir dentro do coletivo.* Diante desse quadro, a empresa não ofereceu nenhum tratamento psicológico ou psiquiátrico ao trabalhador, nem buscou proteger a integridade física ou mental do seu empregado em relação ao risco a que se expunha regularmente. Em consequência o empregado apresentou patologias decorrentes do trabalho que desenvolvia: depressão, *stress* pós-traumático, ansiedade e anedonia (fl. 330). Restou comprovado o nexo de causalidade entre a conduta do empregador e o resultado danoso de que é vítima o trabalhador, configurando-se, pois, a responsabilidade civil do empregador, que é objetiva, em face da configuração do dano apresentado. Portanto, há de se manter a condenação ao pagamento de indenização por dano material, na forma de pensionamento mensal de 30% sobre 2,93 salários mínimos, desde 16.06.2005 (data da rescisão) até o reclamante completar 72 anos. Recurso de revista não conhecido. DANO MORAL. É obrigação de o empregador zelar e garantir um meio ambiente seguro e saudável aos seus trabalhadores (psicológica e materialmente), sendo seu dever a prevenção e eliminação, mesmo que potencial, do dano no decorrer da execução do contrato, sob pena de reparar consequências lesivas de que foi vítima o empregado. A reparação por danos morais deve decorrer da aferição dos prejuízos sentimentais sofridos pelo indivíduo, estes representados por seu desequilíbrio psicológico, dor, medo, angústia, depressão como se depreende do art. 186 do Código Civil. Tais sentimentos aviltam a dignidade do ser humano e no mais das vezes estão intrinsecamente ligados ao seu reconhecimento no meio social em que vive. *In casu*, o dever de indenizar o empregado nasceu do nexo de causalidade entre o trabalho desenvolvido e a doença apresentada. A omissão da reclamada no que diz respeito à adoção de medidas efetivas a fim de proteger a higidez física e mental do trabalhador, e a abstenção no tocante ao dever de prevenir o risco implicam o pagamento de indenização por danos morais no montante de R$ 40.000,00. Recurso de revista não conhecido." (TST-RR – 47000-26.2007.5.04.0030, Data de Julgamento: 03.03.2010, Relator Ministro: Aloysio Corrêa da Veiga, 6ª Turma, DEJT 12.03.2010).

E, ainda, destacam-se os seguintes julgados da SBDI-1 desta Corte:

"DANO MORAL. ACIDENTE DO TRABALHO. RISCO INERENTE À ATIVIDADE. RESPONSABILIDADE OBJETIVA. A atividade de transporte de valores em carro forte é, pela sua natureza, indubitavelmente uma atividade de risco acentuado e, de acordo com o art. 2º da CLT, os riscos da atividade econômica devem ser suportados pelo empregador. Saliente-se que, embora o art. 7º, inc. XXVIII, da Constituição da República, estabeleça a obrigação do empregador, quando incorrer em dolo ou culpa, de indenizar o empregado em razão de acidente de trabalho, o *caput* desse dispositivo ressalta que os direitos ali previstos não o são de forma taxativa, ao dispor além de outros que visem à melhoria de sua condição social. Dessa forma, não há impedimento constitucional para a incidência do art. 927 do Código Civil, que no seu parágrafo único dispõe: Haverá obrigação de reparar o dano, independentemente de culpa, nos casos especificados em lei, ou quando a atividade normalmente desenvolvida pelo autor do dano implicar, por sua natureza, risco para os direitos de outrem. Dessa forma, revela-se objetiva a responsabilidade do empregador quando há risco inerente à sua atividade. Recurso de Embargos de que se conhece e a que se dá provimento." (TST-E-RR – 84700-90.2008.5.03.0139, Data de Julgamento: 03.12.2009, Relator Ministro: João Batista Brito Pereira, Subseção I Especializada em Dissídios Individuais, DEJT 11.12.2009).

"RECURSO DE EMBARGOS NA VIGÊNCIA ATUAL DO ART. 894, II, DA CLT. ACIDENTE DE TRABALHO. DANO MORAL. RESPONSABILIDADE OBJETIVA. No caso em exame, o empregado foi vitimado enquanto trabalhava como vigilante para a reclamada, por disparos de arma de fogo, vindo a falecer no local de trabalho. Remanesce, portanto, a responsabilidade objetiva, em face do risco sobre o qual o empregado realizou suas funções, adotando a teoria do risco profissional com o fim de preservar valores sociais e constitucionais fundamentais para as relações jurídicas, em especial a dignidade da pessoa humana. Recurso de embargos conhecido e desprovido." (E-RR-1538/2006-009-12-00, Relator Ministro Aloysio Correia da Veiga, DEJT de 13.02.2009)

Pois bem.

No caso vertente, é incontroverso que a reclamada atua na área da construção civil, ramo empresarial que sabidamente expõe ao risco a integridade física e psíquica daqueles que nela trabalham.

O Tribunal Regional delimita o quadro fático de que o reclamante na condição de auxiliar de serviços gerais exerce as seguintes atividades: fazer massa de pedreiro, usando areia, cimento, água e utilizando-se de pá; fazer resto de concreto; nivelar buracos com ponteira, e auxiliar o carpinteiro a tirar forma do bloco de concreto.

Fazia, ademais, uso do mangote de concretagem – instrumento sustentado por cavaletes, mas que, por vezes, segurava sozinho – atividade que, especificamente, demandava excessivo desprendimento de esforço físico, fato que é comprovado pelo depoimento do então presidente/vice-presidente da CIPA.

As declarações do cipeiro, ademais, comprovam o grau de risco da atividade empresarial, ao elucidar que, na obra em que o autor sofreu o acidente de trabalho, todo o serviço era precedido de uma análise de risco e acompanhado por um técnico de segurança da empresa, a evidenciar que, ainda que a empresa tomasse todas as cautelas possíveis, o risco é próprio da atividade empresarial.

O exame médico concluiu que o reclamante é portador de lombalgia, com limitação de movimento, devendo evitar atividades que demandem esforços físicos e/ou sobrecarga em coluna lombar, doença de caráter ocupacional que ensejou a emissão da CAT pela empresa (por determinação de Auditor Fiscal da DRT), vindo o INSS a reconhecer o nexo de causalidade.

Configurado, pois, o dano e o nexo de causalidade com as atividades laborativas do reclamante, expressamente reconhecidos pelo órgão previdenciário. Mostra-se incensurável a aplicação da responsabilidade objetiva, que dispensa perquirição acerca da existência de culpa ou dolo do ofensor, exsurgindo a obrigação de o empregador compensar os prejuízos materiais e imateriais causados ao reclamante, mediante o pagamento de indenização fixada segundo o princípio do arbitramento equitativo, de forma razoável e equilibrada, mantendo-se incólume o art. 7º, XXVIII, da Constituição Federal.

Por conseguinte, não prospera a alegação de afronta ao art. 333, I, do CPC e 818 da CLT, visto que não há que se perquirir de dolo ou culpa do empregador.

Logo, estando a controvérsia pacificada pela reiterada jurisprudência desta Corte, não há que se perquirir de divergência de julgados, nos moldes da alínea *a* do art. 896 da CLT, porquanto alcançado o fim precípuo do recurso de revista, que é a pacificação da jurisprudência trabalhista. Incidência do óbice da Súmula n. 333 do TST e do § 4º do art. 896 da CLT.

Com estes fundamentos, NÃO CONHEÇO do recurso de revista.

# ACIDENTE DE TRABALHO. AGENTE COMUNITÁRIO DE SAÚDE

*RECURSO DE REVISTA. RESPONSABILIDADE OBJETIVA. AGENTE COMUNITÁRIO DE SAÚDE. ATIVIDADE EXTERNA. ACIDENTE OCORRIDO NO INTERREGNO DAS ATIVIDADES LABORAIS. VIOLAÇÃO DOS ARTS. 157 DA CLT E 7º, INCISO XXII, DA CONSTITUIÇÃO FEDERAL NÃO CONFIGURADA. DIVERGÊNCIA JURISPRUDENCIAL NÃO CARACTERIZADA.*

*1. O Tribunal Regional delimitou o quadro fático de que a reclamante, como agente comunitário de saúde, realizava visitas nas casas dos munícipes, vindo a se acidentar em uma dessas visitas, no desnível de uma rua em pavimentação.*

*2. Confirmou a improcedência do pedido de indenização por acidente de trabalho, com fundamento na ausência de nexo causal ínsito à responsabilidade subjetiva. Afastou, dessa forma, a possibilidade de que seja configurada a responsabilidade objetiva do Município, ao fundamento de que o acidente se deu pela conduta imprudente da vítima, que não se cercou dos cuidados necessários a evitá-lo, pois a própria autora reconhece que a rua estava sendo pavimentada, com buracos e acúmulo de lajotas, portanto, era imprescindível que caminhasse com mais cautela, para evitar possível queda. Considerou, também, que o reclamado não poderia evitar o acidente, tendo em vista que a atividade da reclamante era externa, consistindo no deslocamento entre residências com a finalidade de monitorar a situação de saúde das famílias.*

*3. Impertinente a indicação de afronta aos arts. 157 da CLT, 19, § 1º, da Lei n. 8.213/1991 e 7º, inciso XXII, da Constituição Federal para a discussão da matéria, à míngua de pertinência temática. Divergência jurisprudencial não caracterizada, mormente quanto ao quadro fático de que a atividade laboral se desenvolvia externamente e o acidente ocorreu no interregno da jornada de trabalho, atraindo o óbice da Súmula n. 296, I, do TST.*

*Recurso de revista de que não se conhece.*

(Processo n. TST-RR-205500-33.2006.5.12.0054 – Ac. 1ª Turma – DeJT: 14.04.2014)

## CONHECIMENTO

O Tribunal Regional do Trabalho da 12ª Região, por meio do acórdão de fls. 419-429, negou provimento ao recurso ordinário da reclamante, mantendo inalterada a sentença que julgou improcedentes os pedidos de indenização por danos morais, materiais e pensão mensal vitalícia com fundamento em acidente de trabalho.

Eis os fundamentos:

"INDENIZAÇÃO POR DANOS MATERIAL E MORAL. PENSÃO MENSAL VITALÍCIA

A autora insurge-se contra a sentença que julgou improcedentes os pedidos de indenização por danos material e moral e pensão mensal vitalícia, decorrentes do acidente de trabalho sofrido no decorrer da prestação de serviços.

Alega que consistia sua obrigação, como agente comunitário, realizar visitas nas casas e domicílio dos munícipes, e numa dessas visitas, ao transitar por uma rua com desníveis e sem sinalização, sofreu uma queda, batendo o joelho no acostamento da calçada, e em razão deste acidente adquiriu uma lesão nos joelhos e está até os dias atuais sem condições de trabalhar pela dificuldade de locomoção.

Pede que seja aplicada ao réu a pena de confissão *ficta*, em razão do não comparecimento à audiência em prosseguimento, na qual deveria depor, na forma do que preceitua a Súmula n. 74, I, do TST.

Alega, também, que a sentença recorrida contrariou o disposto no laudo pericial, onde o perito constatou o nexo causal entre o acidente e a doença adquirida, e que em decorrência da lesão, apresenta a autora dificuldade para caminhar, correr, subir escadas e rampas, sentido dores e enfraquecimento dos movimentos.

Afirma que quando foi admitida não tinha nenhum problema de saúde em seu joelho, pois do contrário sequer teria sido contratada, pois o seu trabalho consistia basicamente na realização de visitas domiciliares, e para chegar a tais domicílios era obrigatório o acesso pelas ruas do município, tendo o acidente ocorrido por culpa do réu, que possuía a obrigação de manter pavimentadas e sinalizadas as ruas, não só para evitar acidentes em relação a terceiros, como de seus próprios empregados.

Salienta que em nenhum momento, o réu negou que a autora sofreu acidente numa rua que estava sendo pavimentada, com desníveis e sem sinalização, tampouco que fosse de sua autoria a realização de tal obra.

Requer, caso este Regional não acolha a responsabilidade subjetiva do réu pelo acidente sofrido pela autora, seja ao menos reconhecida a responsabilidade objetiva, diante da não observância às normas mínimas de segurança no ambiente de trabalho.

Em que pesem os argumentos lançados pela autora na sua peça recursal, entendendo que não merece reparos a sentença de 1º grau.

A confissão ficta faz com que as informações contidas na peça inicial sejam presumidas como verdadeiras. Todavia, essa presunção não é absoluta, podendo ser elidida por provas em sentido contrário.

Registro que o acidente de trabalho/doença profissional sofrido pela empregada não assegura, por si só, o direito à indenização por danos moral e material.

Para que surja o dever de indenizar por parte do empregador, é necessária a conjugação de três fatores: o dano sofrido pelo empregado, a conduta ilícita do empregador (*culpa lato sensu*) e o nexo causal entre o evento danoso e o ato culposo. Assim, a obrigação reparatória do dano pressupõe a prática, pelo empregador, de um ato ilícito, por ação ou omissão, culposa ou dolosa, de forma que haja a subsunção dos fatos ao art. 186 do atual Código Civil (art. 159 do Código Civil de 1916).

Conforme alegou a autora, no dia 23-08-2005, no desempenho de suas atividades laborais, ao fazer uma visita, tropeçou e caiu, batendo o joelho no acostamento da calçada, sofrendo uma lesão no joelho esquerdo.

Na hipótese em tela, o perito constatou que em razão da queda, a autora apresenta dificuldade para caminhar, correr, subir escadas e rampas, em razão das inflamações no joelho esquerdo e lesão de ligamento colateral média, que acarretaram redução de sua capacidade laboral, em função da dor (fls. 119-120), restando assim, demonstrado o dano sofrido pela demandante.

Também concluiu o perito (fl. 120), após análise da história clínica e exame físico da autora, investigação no local de trabalho e modo de operação, a existência de nexo causal entre a apontada lesão física e as atividades exercidas pela obreira.

Entretanto, ao ser questionado se o município poderia evitar este tipo de lesão, no quesito n.4 (fl. 119), respondeu o *expert*, de forma taxativa, 'Não. *A lesão foi decorrente de queda ao solo*'. (grifei)

De fato, com base nos elementos de prova contidos no caderno processual, não é possível concluir tivesse o réu agido com dolo ou culpa a ensejar o pagamento das indenizações pretendidas.

Verifica-se que o acidente se deu pela conduta imprudente da vítima, que não se cercou dos cuidados necessários a evitá-lo, pois a própria autora reconhece que a rua estava sendo pavimentada, com buracos e acúmulo de lajotas, portanto, era imprescindível que caminhasse com mais cautela, para evitar possível queda. Por outro lado, não há como imaginar que o réu, pudesse evitar tal acidente, pois a atividade da autora era externa, consistindo no deslocamento entre residências com a finalidade de monitorar a situação de saúde das famílias (fl. 59).

Portanto, não há como acolher a pretensão recursal, pois, sendo subjetiva a responsabilidade do empregador em relação a acidente do trabalho ou doença ocupacional (art. 7º, inc. XXVIII, da Constituição), é imperiosa a comprovação de que ele tenha concorrido com dolo ou culpa para o evento, o que não é o caso dos autos.

Conforme se colhe dos ensinamentos de Sebastião Geraldo de Oliveira, *Indenização por Acidente do Trabalho ou Doença Ocupacional*, LTr, 3. ed., p. 94-95, na responsabilidade civil subjetiva, somente haverá obrigação de indenizar o empregado:

(...) se restar comprovado que o empregador teve alguma culpa no evento, mesmo que de natureza leve ou levíssima.

A ocorrência do acidente ou doença proveniente do risco normal da atividade da empresa não gera automaticamente o dever de indenizar, restando à vítima, nessa hipótese, apenas a cobertura do seguro do acidente do trabalho, conforme as normas da Previdência Social.

O substrato do dever de indenizar tem como base o comportamento desidioso do patrão que atua descuidado do cumprimento das normas de segurança, higiene ou saúde do trabalhador, propiciando, pela sua incúria, a ocorrência do acidente ou doença ocupacional. Com isso, pode-se concluir que, a rigor, o acidente não surgiu do risco da atividade, mas originou-se da conduta culposa do empregador.

Ou seja, se não restar comprovada a presença simultânea do dano sofrido pelo empregado, da conduta ilícita do empregador ("culpa *lato sensu*") e do nexo causal entre o evento danoso e o ato culposo, o empregador se exime da obrigação de indenizar por qualquer enfermidade porventura enfrentada pelo empregado.

Considerando a inexistência de culpa do réu no caso *sub judice*, indevidas as indenizações pretendidas, no que voto pela ratificação da sentença.

Nego provimento ao recurso. (Fls. 420-426, destacou-se)"

Nas razões de recurso de revista, a reclamante insiste no direito a obter do município indenização por danos morais e materiais em decorrência do acidente que alega ter sofrido. Sustenta que demonstrados os danos e o nexo causal, justifica-se a culpa presumida do empregador na forma do art. 927 do CC, eis que a ele cumpre a adoção das medidas necessárias para evitar os danos; operando-se a inversão do ônus probatório, de modo que somente manifesta prova em contrário pode ensejar a isenção da responsabilidade do empregador. Fundamenta o recurso na indicação de afronta aos arts. 7º, XXII, da Constituição Federal, 19, § 1º, da Lei n. 8.213/1991 e 157 da CLT, as disposições da Convenção n. 155 da OIT e toda a argumentação prevista na Portaria n. 3.214/1978 do Ministério do Trabalho e Emprego, especialmente a NR-17. Transcreve divergência jurisprudencial.

O recurso, entretanto, não alcança conhecimento.

O Tribunal Regional delimita o quadro fático de que a reclamante, como agente comunitária de saúde, realizava visitas nas casas dos munícipes, vindo a se acidentar em uma dessas visitas no desnível de uma calçada em pavimentação.

Confirmou a improcedência do pedido de indenização por acidente de trabalho, com fundamento na ausência de nexo causal ínsito à responsabilidade subjetiva. Afastou, dessa forma, a possibilidade de que seja configurada a responsabilidade objetiva do Município, ao fundamento de que o acidente se deu pela conduta imprudente da vítima, que não se cercou dos cuidados necessários a evitá-lo, pois a própria autora reconhece que a rua estava sendo pavimentada, com buracos e acúmulo de lajotas, portanto, era imprescindível que caminhasse com mais cautela, para evitar possível queda. Considerou, também, que o reclamado não poderia evitar o acidente, tendo em vista que a atividade da reclamante era externa, consistindo no deslocamento entre residências com a finalidade de monitorar a situação de saúde das famílias.

A invocada ofensa à literalidade do art. 7º, XXII, da Constituição Federal e do art. 157 da CLT, desserve para o fim de discutir o alcance da responsabilidade do município por dano causado aos seus empregados, visto que tratam, respectivamente, da redução dos riscos inerentes ao trabalho por meio de normas de saúde, higiene e segurança e obrigatoriedade patronal em cumprir e fazer cumprir as normas de segurança e medicina do trabalho.

Quanto ao art. 19, § 1º, da Lei n. 8.213/1991, limita-se a definir o acidente de trabalho para efeito das prestações asseguradas pela Previdência Social, bem que incumbe à empresa a adoção e uso das medidas coletivas e individuais de proteção e segurança da saúde do trabalhador, desservindo para fundamentar os limites da responsabilidade do empregador por ato ilícito.

Registre-se que, embora a recorrente tenha interpostos os embargos de declaração para prequestionar o teor do art. 927, parágrafo único, do Código Civil, não fundamentou o mérito em violação do mencionado preceito, inexistindo fundamento jurídico que viabilize a esta Corte discutir a aplicabilidade da responsabilidade objetiva ao caso ou não.

Acrescente-se que alegação de afronta a disposições da Convenção n. 155 da OIT e toda a argumentação prevista na Portaria n. 3.214/1978 do Ministério do Trabalho e Emprego, especialmente a NR-17, não ensejam recurso de revista, na forma da alínea *c* do art. 896 da CLT.

As ementas transcritas às fls. 455-457 padecem de irregularidade formal, porquanto não indicam a fonte oficial de sua publicação, atraindo o óbice da Súmula n. 337, I, do TST.

O aresto de fl. 458, oriundo do TRT da 9ª Região, embora discorra tese sobre a aplicação da teoria da responsabilidade objetiva, não se amolda ao caso concreto, porquanto não parte das mesmas particularidades fáticas dos autos, mormente quanto ao quadro fático de que a atividade laboral se desenvolvia externamente e o acidente ocorreu no interregno de sua jornada de trabalho, atraindo o óbice da Súmula n. 296 do C TST.

Também os dois últimos arestos trazidos não se prestam para o fim colimado. O aresto de fls. 459-460 é, igualmente, genérico para a discussão da matéria e o de fls. 460-461, apenas admite a aplicação da teoria da responsabilidade objetiva nas atividades em que o risco lhes é imanente, hipótese que também não se amolda ao caso dos autos.

Com estes fundamentos, NÃO CONHEÇO do recurso de revista.

## ACIDENTE DE TRABALHO. ATIVIDADE NA LAVOURA

*RECURSO DE REVISTA. ACIDENTE DE TRABALHO. ATIVIDADE NA LAVOURA DE CANA-DE-AÇÚCAR. RESPONSABILIDADE OBJETIVA DO EMPREGADOR. INDENIZAÇÃO POR DANO MORAL.*

*1. Nos termos do art. 927, parágrafo único, do Código Civil, haverá obrigação de reparar o dano, independentemente de culpa, quando a atividade normalmente desenvolvida pelo autor do dano implicar, por sua natureza, risco para os direitos de outrem. É o que a doutrina denomina de responsabilidade objetiva.*

*2. No caso vertente, a natureza da atividade desenvolvida pela reclamada – usina de açúcar e álcool – é, inequivocamente, de risco em relação ao trabalho manual no corte de cana-de-açúcar, exigindo o manuseio de ferramentas pesadas e cortantes que, não obstante a utilização de equipamento de proteção, produzem lesões no cortador de cana, situação vivenciada pelo reclamante, que sofreu lesão no tendão tibial, com sequelas físicas e psicológicas.*

*3. Da aplicação da responsabilidade objetiva, que dispensa perquirição acerca da existência de culpa ou dolo do ofensor, decorre a obrigação de o empregador compensar o prejuízo imaterial causado ao reclamante, mediante o pagamento de indenização fixada segundo o princípio do arbitramento equitativo, de forma razoável e equilibrada.*

*Recurso de revista parcialmente conhecido e provido.*

*(Processo n. TST-RR-172700-87.2005.5.15.0058 – 1ª Turma – DeJT: 31.05.2012)*

### CONHECIMENTO

O recurso merece conhecimento.

Extraem-se do acórdão recorrido as seguintes premissas: o dano sofrido pelo empregado (lesão do tendão tibial anterior esquerdo decorrente do manuseio do podão) e o nexo causalidade entre a atividade exercida e o ato danoso.

Todavia, a Corte Regional não reconheceu a responsabilidade objetiva ou subjetiva da reclamada, concluindo que a obrigação de indenizar é condicionada, além da comprovação do nexo causal entre o dano sofrido e o trabalho executado, à prática de ato ilícito pelo empregador, consubstanciada na omissão voluntária, negligência ou imprudência, que tenha dado causa à eclosão do acidente de trabalho, que, na hipótese dos autos, não restou demonstrada.

Todavia, os fatos delineados no acórdão do Tribunal Regional possibilitam sua qualificação jurídica nas disposições do art. 927, parágrafo único, do Código Civil, dispositivo que consagra a teoria do risco da atividade empresarial como fator à responsabilidade objetiva, de modo a restar dispensada a perquirição em torno da culpa da reclamada.

Não se cogita, portanto, de revisão de fatos e provas, e, sim, de novo enquadramento dos fatos revelados no acórdão recorrido ao dispositivo da lei civil que alberga a responsabilidade objetiva em atividade de risco.

A teoria do risco profissional preconiza que o dever de indenizar tem lugar sempre que o fato prejudicial é decorrência da atividade ou profissão da vítima, conforme ocorreu na espécie.

Sinale-se que o dano moral, de acordo com a teoria do *dannum in re ipsa*, é consequência do próprio fato ofensivo, de modo que, comprovado o evento lesivo, tem-se, como consequência lógica, a configuração de dano moral ensejando o cabimento de indenização.

Cumpre adentrar no exame do fundamento adotado pela Corte de origem para aferir se no caso concreto a responsabilidade da reclamada é de natureza objetiva ou subjetiva.

Consoante se extrai do art. 7º, XXII, da Constituição Federal, configura-se em direito dos empregados a "redução dos riscos inerentes ao trabalho, por meio de normas de saúde, higiene e segurança", sendo dever do empregador cumprir e fazer cumprir as normas de segurança e medicina do trabalho, além da necessidade de adotar precauções para evitar acidente do trabalho e a aquisição de doenças ocupacionais, conforme a ilação que se extrai do art. 157, I e II, da CLT.

Diante do incontroverso nexo de causalidade existente entre o acidente sofrido pelo reclamante e o trabalho por ele desempenhado na reclamada, infere-se, como consectário, a ausência do necessário respeito da reclamada às mencionadas normas que tutelam a segurança e medicina do trabalho.

Cabe assinalar que a utilização de EPI, por si só, não tem o condão afastar a responsabilidade da reclamada, mormente no caso em que o seu uso não impediu o acidente de trabalho sofrido pelo reclamante.

Ora, a teor do inciso XXVIII do art. 7º da Constituição da República, é dever do empregador custear o valor do seguro do empregado contra acidentes de trabalho, bem como arcar com a indenização decorrente de tal fato gerador, quando incorrer em dolo ou culpa.

Discute-se se tal norma impõe a responsabilidade unicamente subjetiva do empregador em casos de acidente de trabalho ou a ele equiparado, ou se são admitidas hipóteses de responsabilidade objetiva.

É certo que o *caput* do art. 7º da Lei Maior esclarece que o rol dos direitos trabalhistas elencados nos respectivos incisos não é taxativo, mas apenas apresenta, exemplificativamente, um mínimo de direitos trabalhistas que devem ser observados pelos empregadores.

Nessa linha de raciocínio, admite-se que, diante da particularidade do caso concreto e do disposto na legislação infraconstitucional, seja cabível a aplicação da responsabilidade objetiva, em caso de atividade empresarial de risco.

O art. 927, parágrafo único, do Código Civil, preceitua a obrigação de reparação do dano, independentemente de culpa, nos casos especificados em lei, bem como "quando a atividade normalmente desenvolvida pelo autor do dano implicar, por sua natureza, risco para os direitos de outrem".

No âmbito das relações de trabalho, essa norma apresenta um dos fundamentos para a adoção da responsabilidade objetiva, configurando o que é doutrinariamente conhecido como teoria do risco empresarial, em que o dever de indenizar tem lugar sempre que o fato prejudicial decorre da atividade ou profissão do trabalhador, independentemente da perquirição em torno da culpa do empregador.

Acrescente-se que, de acordo com o art. 2º da CLT, cabe ao empregador, e não ao empregado, a assunção dos riscos inerentes à atividade econômica, que, na vertente hipótese, consubstancia-se no dever de indenizar o dano moral sofrido pelo reclamante, em decorrência da lesão sofrida no exercício de sua atividade.

Em convergência com o exposto, transcrevem-se os seguintes precedentes desta Primeira Turma, em que se admitiu ser aplicável a responsabilidade objetiva da empresa, em se tratando de acidente de trabalho:

"RECURSO DE REVISTA – DANO MATERIAL E MORAL – ACIDENTE DE TRABALHO – RESPONSABILIDADE OBJETIVADO EMPREGADOR – ART. 927, PARÁGRAFO ÚNICO, DO CÓDIGO CIVIL – CONCEITO DE ATIVIDADE HABITUALMENTE DESENVOLVIDA – DIREITO DO CONSUMIDOR – DIREITO DO TRABALHO – PRINCÍPIO CONSTITUCIONAL SOLIDARISTA – INCIDÊNCIA. O sistema de responsabilidade civil adotado pelo ordenamento jurídico é um dos reflexos da preocupação do legislador com a tutela dos direitos pertencentes àqueles que não podem negociar em condições de igualdade os seus interesses com a outra parte da relação contratual. Nesse passo, o Código Civil, em seu art. 927, parágrafo único, estabelece que será objetiva a responsabilidade daquele que, em face do desenvolvimento normal de sua atividade, puder causar dano a outrem. Atividade, no sentido utilizado na norma, deve ser entendida como a conduta habitualmente desempenhada, de maneira comercial ou empresarial, para a realização dos fins econômicos visados pelo autor do dano. Entretanto, dado o caráter excepcional de que se reveste a responsabilidade objetiva em nosso ordenamento jurídico (já que a regra é de que somente haverá a imputação de conduta lesiva a alguém se provada a sua atuação culposa), somente nos casos em que os produtos e serviços fornecidos pelo causador do dano apresentarem perigo anormal e imprevisível ao sujeito que deles se utiliza, haverá espaço para a incidência do citado diploma legal. Ressalte-se, ainda, que o Código Civil, por força dos arts. 8º, parágrafo único, da CLT e 7º do CDC, ostenta a condição de norma geral em termos de responsabilidade civil, motivo pelo qual a sua aplicação aos demais ramos do direito depende da inexistência de legislação específica sobre o assunto, assim como de sua compatibilidade com os princípios inerentes ao subsistema do direito em que se pretende aplicá-la. No direito do consumidor, a responsabilidade do fornecedor pelos defeitos dos produtos e serviços oferecidos ao mercado é objetiva, independentemente de a atividade por ele normalmente desenvolvida apresentar risco a direito de outrem. Assim, afigura-se desnecessária a aplicação da norma civil às relações de consumo, dado o caráter mais benéfico desta. No art. 7º, XXVIII, da Carta Magna, determina-se, tão somente, que o empregador responderá pelos danos morais e materiais causados aos seus empregados, desde que comprovada a culpa daquele que suporta os riscos da atividade produtiva. A Constituição Federal, como se percebe, não faz menção à possibilidade de se responsabilizar objetivamente o empregador pelos aludidos danos. Apesar disso, tendo em vista o disposto no *caput* do aludido dispositivo constitucional e o princípio da norma mais benéfica, a outra conclusão não se pode chegar, senão de que não se vedou a criação de um sistema de responsabilidade mais favorável ao empregado, ainda que fora da legislação especificamente destinada a reger as relações laborais, mormente se considerarmos que o trabalhador, premido pela necessidade de auferir meios para a sua sobrevivência, apresenta-se, em relação ao seu empregador, na posição mais desigual dentre aquelas que se pode conceber nas interações humanas. Dessa forma, a fim de evitar o paradoxo de se responsabilizar o mesmo indivíduo (ora na condição de empregador, ora na condição de fornecedor) de forma diversa (objetiva ou subjetivamente) em face do mesmo evento danoso, somente pelo fato das suas consequências terem atingido vítimas em diferentes estágios da atividade produtiva, necessária se faz a aplicação do art. 927, parágrafo único, do Código Civil ao direito do trabalho, desde que, no momento do acidente, o empregado esteja inserido na atividade empresarialmente desenvolvida pelo seu empregador. A adoção de tal entendimento confere plena eficácia ao princípio constitucional solidarista, segundo o qual a reparação da vítima afigura-se mais importante do que a individualização de um culpado pelo evento danoso. Na hipótese dos autos, tendo em vista o acidente incontroversamente ocorrido em 06.09.2005, restam presentes os elementos necessários à incidência do dispositivo civilista, motivo pelo qual deve ser mantida a decisão do Tribunal Regional do Trabalho. Recurso de revista não conhecido." (TST-RR-71900-73.2006.5.05.0291, Relator Ministro Luiz Philippe Vieira de Mello Filho, 1ª Turma, DEJT 24.02.2012).

"RECURSO DE REVISTA. DANOS MATERIAIS E MORAIS. RESPONSABILIDADE CIVIL DO EMPREGADOR. ACIDENTE DO TRABALHO. ATIVIDADE DE RISCO. RESPONSABILIDADE OBJETIVA. 1. O novo Código Civil Brasileiro manteve, como regra, a teoria da responsabilidade civil subjetiva, calcada na culpa. Inovando, porém, em relação ao Código Civil de 1916, ampliou as hipóteses de responsabilidade civil objetiva, acrescendo aquela fundada no risco da atividade empresarial, consoante previsão inserta no parágrafo único do art. 927. Tal acréscimo apenas veio a coroar o entendimento de que os danos sofridos pelo trabalhador, decorrentes de acidente do trabalho, conduzem à responsabilidade objetiva do empregador. 2. Com efeito, do quadro fático delineado no acórdão recorrido constata-se que o reclamante desenvolvia a sua atividade em situação de perigo acentuado, qual seja, em andaime a 4 metros de altura. 3. Nesse contexto, sendo indiscutivelmente objetiva a responsabilidade da reclamada de reparar os danos decorrentes do acidente de trabalho sofrido pelo reclamante na queda do referido andaime, ocasionando-lhe fratura de fêmur, de costela, além de escoriações pelo corpo (dano), e o nexo de causalidade entre o acidente e o dano, visto que o acidente ocorreu no exercício da atividade funcional do empregado, resulta inafastável a procedência da pretensão deduzida pelo obreiro, com amparo no art. 5º, X, da Constituição da República. 4. Recurso de revista conhecido e parcialmente provido." (TST-RR-92300-51.2006.5.01.0055, Relator Ministro Lelio Bentes Corrêa, 1ª Turma, DEJT 21.10.2011).

"RECURSO DE REVISTA. DOENÇA PROFISSIONAL EQUIPARADA AO ACIDENTE DE TRABALHO. RESPONSABILIDADE OBJETIVA DO EMPREGADOR. TEORIA DO RISCO DA ATIVIDADE. INDENIZAÇÃO POR DANOS MATERIAL, MORAL E ESTÉTICO. 1. O Tribunal Regional entendeu que nos autos existem provas da ocorrência de danos materiais, morais e estéticos e do nexo causalidade entre o trabalho e o dano sofrido pela reclamante (labor em máquina de costura que provocou a perda da movimentação definitiva no braço direito), todavia concluiu que as provas produzidas não atestam a existência de culpa da reclamada, no evento danoso. 2. Entretanto, os fatos delineados no acórdão do Tribunal Regional possibilitam sua qualificação jurídica nas disposições do art. 927, parágrafo único, do Código Civil, dispositivo que consagra a teoria do risco da atividade empresarial como fator que desencadeia a responsabilidade objetiva, de modo a restar dispensada a perquirição em torno de culpa do empregador. 3. A teoria do risco profissional preconiza que o dever de indenizar tem lugar sempre que o fato prejudicial é decorrência da atividade ou profissão da vítima, conforme ocorreu na espécie. Recurso de revista conhecido parcialmente e provido." (TST-RR-31440-50.2005.5.15.0081, Relator Ministro Walmir Oliveira da Costa, 1ª Turma, DEJT 18.06.2010).

Indicam-se, ainda, os seguintes precedentes desta Corte Superior, específicos em relação à atividade de corte de cana-de-açúcar desempenhada pelo reclamante:

"RECURSO DE REVISTA. DANOS MORAIS E MATERIAIS. ACIDENTE DO TRABALHO. RESPONSABILIDADE OBJETIVA. TEORIA DO RISCO ACENTUADO. CORTE DE CANA-DE-AÇÚCAR. O Tribunal Regional registrou que a reclamante torceu o joelho direito, durante a atividade de corte de cana-de-açúcar, o que lhe acarretou redução da capacidade de trabalho. Apesar de reconhecer o dano e o nexo causal deste com o trabalho, aquela Corte excluiu as indenizações deferidas na sentença, porque considerou que a ré não teve dolo nem culpa pelo acidente, tendo, inclusive, prestado à empregada toda a assistência cabível. O art. 7º, XXVIII, da Constituição Federal, consagra a responsabilidade subjetiva do empregador, pelos danos decorrentes de acidente de trabalho sofrido pelo empregado. Todavia, tal preceito não exclui a aplicação do art. 927, parágrafo único, do Código Civil, que admite a responsabilidade objetiva, nos casos em que a atividade normalmente desenvolvida pelo autor do dano implique risco para o direito alheio. É justamente esta a hipótese dos autos. Com efeito, a atividade explorada pela empresa reclamada (cultivo da cana-de-açúcar) impôs à reclamante um ônus maior do que o suportado pelos demais membros da sociedade, pois fez com que a empregada, no exercício corriqueiro de suas atividades laborais, estivesse mais sujeita à ocorrência de acidentes, em razão do grande esforço físico dela demandado, bem como das dificuldades de locomoção no canavial, circunstâncias de conhecimento notório. Assim, ao afastar a aplicação da exceção prevista no art. 927, parágrafo único, do Código Civil, o Tribunal Regional ofendeu a literalidade deste preceito. Recurso de revista de que se conhece e a que se dá provimento." (TST-RR-24500-15.2006.5.09.0562, Relator Ministro Pedro Paulo Manus, 7ª Turma, DEJT 24.02.2012).

"ACIDENTE DO TRABALHO. RESPONSABILIDADE OBJETIVA DO EMPREGADOR. RISCO DA ATIVIDADE. CONFIGURAÇÃO. 1. – O *caput* do art. 7º da Constituição Federal constitui-se tipo aberto, vocacionado a albergar todo e qualquer direito quando materialmente voltado à melhoria da condição social do trabalhador. A responsabilidade subjetiva do empregador, prevista no inciso XXVIII do referido preceito constitucional, desponta, sob tal perspectiva, como direito mínimo assegurado ao obreiro. Trata-se de regra geral que não tem o condão de excluir ou inviabilizar outras formas de alcançar o direito ali assegurado. Tal se justifica pelo fato de que, não raro, afigura-se difícil, se não impossível, a prova da conduta ilícita do empregador, tornando intangível o direito que se pretendeu tutelar. Não se pode alcançar os ideais de justiça e equidade do trabalhador – ínsitos à teoria do risco –, admitindo interpretações mediante as quais, ao invés de tornar efetivo, nega-se, por equivalência, o direito à reparação prevista na Carta Magna. Consentâneo com a ordem constitucional, portanto, o entendimento segundo o qual é aplicável a parte final do parágrafo único do art. 927 do CCB, quando em discussão a responsabilidade civil do empregador por acidente de trabalho (TST-E-RR– 9951600-44.2005.5.09.0093, SDI-I, Rel. Ministra Maria de Assis Calsing, DEJT 12.11.2010). 2. Prevalecendo compreensão mais ampla acerca da exegese da norma constitucional, revela-se plenamente admissível a aplicação da responsabilidade objetiva à espécie, visto que o acidente de que foi vítima o trabalhador – que laborava no corte de cana-de-açúcar, ocorreu no exercício e em decorrência da atividade desempenhada para a reclamada, notadamente considerada de risco. Precedentes. 3. Ilesos os arts. 186 e 927 do Código Civil e 7º, XXVIII, da Lei Maior e não demonstrada divergência jurisprudencial. Revista não conhecida, no tema." (TST-ARR-52900-63.2008.5.15.0154, Relatora Ministra Rosa Maria Weber, 3ª Turma, DEJT 19.12.2011).

"RECURSO DE REVISTA. ACIDENTE DE TRABALHO. DANOS MORAIS E MATERIAIS. RESPONSABILIDADE CIVIL DO EMPREGADOR. TEORIA DO RISCO. ART. 7º, – CAPUT – E INCISO XXVIII, DA CONSTITUIÇÃO FEDERAL. RESPONSABILIDADE OBJETIVA. NATUREZA DA ATIVIDADE DESENVOLVIDA. O *caput* do art. 7º da Constituição Federal constitui-se tipo aberto, vocacionado a albergar todo e qualquer direito, quando materialmente voltado à melhoria da condição social do trabalhador. A responsabilidade subjetiva do empregador, prevista no inciso XXVIII do referido preceito constitucional, desponta, sob tal perspectiva, como direito mínimo assegurado ao obreiro. Trata-se de regra geral que não tem o condão de excluir ou inviabilizar outras formas de alcançar o direito ali assegurado. Isso se justifica pelo fato de que, não raro, afigura-se difícil, se não impossível, a prova da conduta ilícita do empregador, tornando intangível o direito que se pretendeu tutelar. Não se pode alcançar os ideais de justiça e equidade do trabalhador – ínsitos à teoria do risco – admitindo interpretações mediante as quais, ao invés de tornar efetivo, nega-se, por equivalência, o direito à reparação prevista na Carta Magna. Consentâneo com a ordem constitucional, portanto, o entendimento segundo o qual é aplicável a parte final do parágrafo único do art. 927 do CCB, quando em discussão a responsabilidade civil do empregador, por acidente de trabalho. No caso dos autos, a natureza da atividade desenvolvida é efetivamente vulnerável à ocorrência de evento danoso, consubstanciando-se, pois, em risco acentuado, principalmente pelo tipo de atividade desenvolvida pelo Autor, que consistia no corte manual de cana-de-açúcar. Nesta senda, defere-se o pagamento de indenização por danos morais e materiais. Recurso de Revista conhecido e provido. (TST-RR-137700-19.2006.5.15.0146, Relatora Ministra Maria de Assis Calsing, 4ª Turma, DEJT 30.09.2011).

"AGRAVO DE INSTRUMENTO EM RECURSO DE REVISTA. 1. INDENIZAÇÃO POR DANOS MORAIS E MATERIAIS DECORRENTES DE ACIDENTE DO TRABALHO. TEORIA DO RISCO DA ATIVIDADE. CONCAUSA. Esta Corte tem entendido que o art. 7º, XXVIII, da CF, ao consagrar a teoria da responsabilidade subjetiva, por dolo ou culpa do empregador, não obsta a aplicação da teoria da responsabilidade objetiva às lides trabalhistas, mormente quando a atividade desenvolvida pelo empregador pressupõe a existência de risco potencial à integridade física e psíquica do trabalhador e o acidente ocorreu na vigência do novo Código Civil. Efetivamente, o art. 7º da CF, ao elencar o rol de direitos mínimos assegurados aos trabalhadores, não exclui a possibilidade de que outros venham a ser reconhecidos pelo ordenamento infraconstitucional, tendo em mira que o próprio *caput* do mencionado artigo autoriza ao intérprete a identificação de outros direitos, com o objetivo da melhoria da condição social do trabalhador. De outra parte, a teoria do risco da atividade empresarial sempre esteve contemplada no art. 2º da CLT, e o Código Civil, no parágrafo único do art. 927, reconheceu, expressamente, a responsabilidade objetiva para a reparação do dano causado a terceiros. No caso dos autos, não há dúvida quanto ao risco imanente à atividade empresarial do corte de cana-de-açúcar, e o reclamante realizava trabalho que pelo seu modo de execução e pelas características do ambiente de trabalho, sujeita o trabalhador a um risco muito maior de acidentes em comparação com o trabalhador que lida em outras atividades agrícolas ou urbanas. Violações não configuradas. Súmula n. 333 do TST." (TST-AIRR – 252700-24.2007.5.15.0052, Relatora Ministra Dora Maria da Costa, 8ª Turma, DEJT 02.09.2011).

No caso vertente, cumpre frisar que a natureza da atividade desenvolvida pela reclamada – usina de açúcar e álcool – é, inequivocamente, de risco em relação ao trabalho manual no corte de cana-de-açúcar, exigindo o manuseio de ferramentas pesadas e cortantes que, não obstante a utilização de equipamento de proteção, produzem lesões no cortador de cana, situação vivenciada pelo reclamante, que sofreu lesão no tendão tibial, com sequelas físicas e psicológicas.

Da aplicação da responsabilidade civil objetiva, que dispensa perquirição acerca da existência de culpa ou dolo do ofensor, decorre a obrigação de o empregador em compensar o prejuízo imaterial causado ao reclamante, mediante o pagamento de indenização que leva em conta os princípios do arbitramento equitativo (CC, art. 944, parágrafo único), da proporcionalidade e da razoabilidade (CF, art. 5º, V e X), bem assim as circunstâncias do caso concreto.

O acórdão recorrido divergiu desse entendimento.

Com apoio nesses fundamentos, CONHEÇO do recurso de revista por violação do art. 927, parágrafo único, do Código Civil.

MÉRITO

No mérito, conhecido o recurso de revista, por violação do art. 927, parágrafo único, do Código Civil, DOU-LHE PROVIMENTO para, reformando o acórdão recorrido, condenar a reclamada a pagar ao reclamante a indenização por danos morais.

Em observância à diretriz dos incisos V e X do art. 5º da Constituição Federal e dos arts. 927, *caput*, e parágrafo único, e 944, *caput*, do Código Civil, e, em atenção ao tripé em que se esteia a teoria do valor do desestímulo (punir, compensar e prevenir) e ao princípio do arbitramento equitativo, fixa-se o valor da indenização por danos morais em R$ 28.000,00 (vinte e oito mil reais), nos limites do pedido formulado na inicial, com juros de mora a contar do ajuizamento da ação e correção monetária a partir da publicação deste acórdão.

# ACIDENTE DE TRABALHO. ATLETA PROFISSIONAL

*RECURSO DE REVISTA. ATLETA PROFISSIONAL DE FUTEBOL. ACIDENTE DE TRABALHO. INDENIZAÇÃO POR DANO MATERIAL E MORAL.*

*1. O Tribunal Regional do Trabalho da 12ª Região, não obstante reconhecer que o acidente ocorreu enquanto o autor desenvolvia sua atividade profissional em benefício do clube réu, bem como que, em virtude do infortúnio, o atleta não teve condições de voltar a jogar futebol profissionalmente, concluiu que a entidade desportiva não teve culpa no acidente de trabalho, além de haver adotado todas as medidas possíveis para tentar devolver ao autor a capacidade para o desenvolvimento de suas atividades como atleta profissional, não sendo possível a sua recuperação porque a medicina ainda não tinha evoluído ao ponto de permitir a cura total. Razões pelas quais a Corte "a quo" rejeitou o pedido de indenização por dano material e dano moral.*

*2. Ocorre, todavia, que, conforme o disposto nos arts. 34, III, e 45, da Lei n. 9.615/1998, são deveres da entidade de prática desportiva empregadora, em especial, submeter os atletas profissionais aos exames médicos e clínicos necessários à prática desportiva, e contratar seguro de vida e de acidentes pessoais, vinculado à atividade desportiva, para os atletas profissionais, com o objetivo de cobrir os riscos a que eles estão sujeitos.*

*3. Em tal contexto, incide, à espécie, a responsabilidade objetiva prevista no art. 927, parágrafo único, do Código Civil, segundo o qual, haverá obrigação de reparar o dano, independentemente de culpa, nos casos especificados em lei, ou quando a atividade normalmente desenvolvida pelo autor do dano implicar, por sua natureza, risco para os direitos de outrem.*

*4. Dessa orientação dissentiu o acórdão recorrido.*

*Recurso de revista parcialmente conhecido e provido.*

*(Processo n. TST-RR-393600-47.2007.5.12.0050 – Ac. 1ª Turma – DeJT: 21.03.2014)*

CONHECIMENTO

Ao exame.

Como se observa, o Tribunal Regional do Trabalho da 12ª Região, não obstante reconhecer que o acidente ocorreu enquanto o autor desenvolvia sua atividade profissional em benefício do clube réu, bem como que, em virtude do infortúnio, o atleta não teve condições de voltar a jogar futebol profissionalmente, concluiu que a entidade desportiva não teve culpa no acidente de trabalho, além de haver adotado todas as medidas possíveis para tentar devolver ao autor a capacidade para o desenvolvimento de suas atividades como atleta profissional, não sendo possível a sua recuperação porque a medicina ainda não tinha evoluído ao ponto de permitir a cura total. Razões pelas quais rejeitou o pedido de indenização por danos moral e material.

Ocorre, todavia, que, conforme o disposto nos arts. 34, III, e 45, da Lei n. 9.615/1998, são deveres da entidade de prática desportiva empregadora, em especial, submeter os atletas profissionais aos exames médicos e clínicos necessários à prática desportiva, e contratar seguro de vida e de acidentes pessoais, vinculado à atividade desportiva, para os atletas profissionais, com o objetivo de cobrir os riscos a que eles estão sujeitos.

Em tal contexto, incide, à espécie, a responsabilidade objetiva prevista no art. 927, parágrafo único, do Código Civil, segundo o qual, haverá obrigação de reparar o dano, independentemente de culpa, nos casos especificados em lei, ou quando a atividade normalmente desenvolvida pelo autor do dano implicar, por sua natureza, risco para os direitos de outrem.

Nem poderia ser de outro modo, dado que, na prática desportiva, o risco de lesões a que submetido o atleta profissional é tão expressivo que o legislador ordinário passou a exigir que o respectivo clube empregador contrate seguro de vida e de acidentes pessoais, com o objetivo, expresso, de "cobrir os riscos a que eles estão sujeitos".

Nesse sentido o magistério de CAVALIERI FILHO, na obra *Programa de responsabilidade civil*, Malheiros Editores, 2006, *verbis*:

"O dever de indenizar tem lugar sempre que o fato prejudicial é uma decorrência da atividade ou profissão do lesado. Foi ela desenvolvida especificamente para justificar a reparação dos acidentes ocorridos com os empregados no trabalho ou por ocasião dele, independentemente de culpa do empregador."

Por conseguinte, não há campo propício para incidência do art. 7º, XXVIII, da Constituição Federal, como entendeu a Corte de origem, mas, sim, o disposto no art. 927, parágrafo único, do Código Civil, que afasta o elemento da culpa do ofensor, na medida em que a própria legislação especial estabeleceu que a atividade do atleta profissional, por sua natureza, implica riscos à sua integridade física e gera danos psicológicos.

A propósito, é fato público e notório que a competitividade e o desgaste físico, inerentes à prática desportiva, constituem fatores que podem desvalorizar o atleta que sofrer lesões nos treinos ou nas partidas de futebol, decorrendo, daí, o correspondente dever de o clube empregador indenizar os danos morais e materiais sofridos pelo atleta.

De sorte que, fixadas no acórdão recorrido as premissas quanto à configuração dos elementos da responsabilidade civil objetiva, não há falar em falta de prova do dano moral. A dor, o sofrimento e consequente ofensa aos atributos da personalidade do empregado são consequências da doença profissional, e não causa. Em outras palavras, o dano moral, de acordo com a teoria do *dannum in re ipsa*, é consequência do próprio fato ofensivo, de modo que, comprovado o evento lesivo, como no caso em exame foram demonstradas as lesões sofridas em face do acidente de trabalho, tem-se, como consequência lógica, a configuração de dano moral ensejando o cabimento de indenização.

Acerca da desnecessidade de prova do dano moral, já decidiu esta eg. 1ª Turma nos seguintes precedentes:

"DANOS MORAIS. CONFIGURAÇÃO. DOENÇA PROFISSIONAL. COMPROVAÇÃO OBJETIVA DA LESÃO OU DOR. DESNECESSIDADE. 1. A responsabilidade civil está regulada nos arts. 186, 187 e 927 do Código Civil, sendo que, para sua configuração, devem se fazer presentes os seguintes requisitos: prova efetiva do dano, nexo causal, prática do ato ilícito, necessidade de reparação e culpa – exceto na hipótese de atividade de risco, em que a responsabilidade do empregador é objetiva, independente da caracterização de culpa. 2. Nos termos do entendimento reiterado da Subseção I Especializada em Dissídios Individuais desta Corte uniformizadora, a caracterização do dano moral prescinde da comprovação objetiva de dor, sofrimento ou abalo psicológico, especialmente diante da impossibilidade de sua comprovação material. 3. Recurso de revista conhecido e provido." Processo: RR – 64000-64.2006.5.05.0024, Data de Julgamento: 22.05.2013, Relator Ministro: Lelio Bentes Corrêa, 1ª Turma, Data de Publicação: DEJT 31.05.2013.

"INDENIZAÇÃO POR DANO MORAL. DESNECESSIDADE DE PROVA DO DANO. 1. O Tribunal Regional deu provimento ao recurso ordinário do empregado, para condenar a reclamada ao pagamento de indenização por danos morais, ao fundamento de que restou evidenciada a conduta culposa da empresa, ao exigir que o autor carregasse peso em quantidade que ocasionou a lombalgia constatada, é forçoso o dever de indenizar os danos de ordem extrapatrimonial oriundos de sua conduta. 2. Diante das premissas fáticas retratadas no acórdão regional, no sentido de que comprovado o ato lesivo praticado contra o empregado, é devido o pagamento de indenização por dano moral, sendo desnecessária, para tal fim, a prova de dano efetivo, já que, de acordo com a doutrina e a jurisprudência desta Corte, o dano moral é um dano *in re ipsa*, ou seja, é dano que prescinde de comprovação. 3. Ilesos, assim, sob o viés trazido no recurso de revista, de que não há prova contumaz da existência de dano moral, os arts. 7º, XXVIII, da Carta Magna e 333, I, do CPC. Agravo de instrumento conhecido e não provido." Processo: AIRR – 616-96.2011.5.09.0653, Data de Julgamento: 06.11.2013, Relator Ministro: Hugo Carlos Scheuermann, 1ª Turma, Data de Publicação: DEJT 14.11.2013.

"AGRAVO DE INSTRUMENTO. RECURSO DE REVISTA. EMPREGADO CONSTRANGIDO A ACEITAR ACORDO NA COMISSÃO DE CONCILIAÇÃO PRÉVIA – CCP. INDENIZAÇÃO POR DANOS MORAIS. Fixadas no acórdão recorrido as premissas quanto à configuração dos elementos da responsabilidade civil, não há falar em falta de prova do dano moral. A dor, o sofrimento e consequente ofensa aos atributos da personalidade do empregado são consequências da doença profissional, e não causa. Em outras palavras, o dano moral existe *in re ipsa*; deriva inexoravelmente do fato ofensivo, de tal modo que, provada a ofensa, "*ipso facto*" está demonstrada a lesão moral à guia de presunção normal que decorre das regras de experiência. Nesse contexto, constata-se que a agravante não pretende obter nova qualificação jurídica dos fatos da causa, mas sim reabrir o debate em torno da valoração das provas pela Instância ordinária, procedimento que sofre o óbice da Súmula n. 126 do TST. Agravo de instrumento a que se nega provimento." Processo: AIRR – 252640-09.2002.5.02.0078, Data de Julgamento: 27.11.2013, Relator Ministro: Walmir Oliveira da Costa, 1ª Turma, Data de Publicação: DEJT 06.12.2013.

"DANO MORAL. INDENIZAÇÃO. (...) 2. Em matéria de prova, o dano moral, em si, não é suscetível de comprovação, em face da impossibilidade de se fazer demonstração, em processo judicial, da dor, do sofrimento e da angústia da vítima ou seus familiares. 3. Evidenciados o fato ofensivo e o nexo causal, como no caso vertente, o dano moral ocorre *in re ipsa*, ou seja, é consequência da conduta antijurídica da empresa, do que decorre a sua responsabilidade em pagar compensação pelo prejuízo de cunho imaterial causado, o que não viola o art. 186 do Código Civil, mas sim o prestigia. Recurso de revista de que não se conhece." Processo: RR – 188900-81.2006.5.15.0076, Data de Julgamento: 03.04.2013, Relator Ministro: Walmir Oliveira da Costa, 1ª Turma, Data de Publicação: DEJT 05.04.2013.

Com apoio em tais fundamentos, CONHEÇO do recurso de revista por violação do art. 927, parágrafo único, do Código Civil.

MÉRITO

No mérito, conhecido o recurso de revista, por violação do art. 927, parágrafo único, do Código Civil, DOU-LHE PROVIMENTO para, reformando o acórdão recorrido, condenar o reclamado a pagar ao reclamante a indenização pelos danos material e moral sofridos em decorrência da lesão que o incapacitou para o exercício de sua profissão.

Considerando que a indenização mede-se pela extensão do dano, a teor do art. 944 do Código Civil, e tendo em conta que o valor atribuído à causa na petição inicial foi meramente estimativo e apenas para efeitos fiscais, requerendo o arbitramento judicial, passo a fixar o *quantum* da condenação a esse título.

Na linha dos precedentes desta Corte Superior em que houve arbitramento do valor da compensação por dano moral decorrente de acidente de trabalho sem vítima fatal, em situações análogas às do caso concreto (perda de membro ou da visão, lesão da coluna cervical com redução permanente da capacidade laboral, acidente em maquinário, tendinite, deformidade no pé esquerdo, perda auditiva total), os valores indenizatórios têm variado entre R$ 35.000,00 (trinta e cinco mil reais) e R$ 100.000,00 (cem mil reais), tendo em conta as singularidades da espécie, como também a extensão, a gravidade e a potencialidade da lesão, a situação econômica do ofensor e, finalmente, os princípios da razoabilidade e da proporcionalidade, a fim de evitar que a indenização, de um lado, seja arbitrada em valor irrisório, perdendo sua função punitivo-pedagógica, ou em valor exorbitante, que cause enriquecimento indevido da vítima e insolvência do devedor.

Diante de tais premissas, entendo ser justo e razoável arbitrar o valor da indenização por dano moral no montante de R$ 50.000,00 (cinquenta mil reais) e a indenização por dano material no importe de R$ 50.000,00 (cinquenta mil reais), levando em conta que o pedido foi formulado de forma englobada.

Sinalo que a sentença, nessa parte imutável, já deferiu "indenização correspondente às diferenças entre os valores que seriam devidos a título de benefício previdenciário e aqueles que foram pagos, considerando como parte integrante da remuneração do autor a média mensal de salário extrafolha que foi reconhecida (R$2.428,57/mês), cujo montante deverá ser apurado em liquidação de sentença", nada mais devendo a esse título.

Os juros de mora serão apurados a contar da data do ajuizamento da reclamação (CLT, art. 883) e a correção monetária a partir da data da publicação deste acórdão.

Em face de o reclamante não estar assistido por sindicato da categoria profissional, não são devidos os honorários advocatícios, com base na Súmula n. 219, I, do TST.

Custas pelo reclamado, no valor de R$ 3.000,00 (três mil reais), calculadas sobre o montante da condenação, provisoriamente arbitrado em R$ 150.000,00 (cento e cinquenta mil reais).

## ACIDENTE DE TRABALHO. CULPA EXCLUSIVA DO EMPREGADO

*AGRAVO. AGRAVO DE INSTRUMENTO. RECURSO DE REVISTA. CORTE DE FOLHAS DE EUCALIPTO. AMPUTAÇÃO DO 2º E 3º DEDOS DA MÃO ESQUERDA. DANOS MORAIS E MATERIAIS. CULPA EXCLUSIVA DO EMPREGADO. CARACTERIZAÇÃO. REEXAME DE FATOS E PROVAS.*

*Nega-se provimento a agravo em que a reclamada não consegue desconstituir os fundamentos da decisão agravada. Na hipótese, a Corte de origem, valorando fatos e provas, e em estrita observância ao princípio do livre convencimento motivado, concluiu, em decisão devidamente fundamentada, que foram demonstrados os elementos essenciais da responsabilidade subjetiva da empregadora ao pagamento da indenização por danos morais e materiais, a saber: a) o dano suportado pelo reclamante (amputação do 2º e 3º dedos da mão esquerda, ao nível da falange distal, com perda de 9% da capacidade laborativa); b) a conduta culposa da empregadora, consistente no fornecimento de luvas inadequadas para o corte e colheita de folhas de eucalipto e a ausência de orientações sobre trabalho com facão e prevenção de acidentes; c) o nexo causal (acidente ocorrido durante a execução do trabalho). A argumentação recursal, notadamente quanto à culpa exclusiva do reclamante pelo acidente sofrido, remete à revisão do acervo fático-probatório, procedimento vedado nesta fase recursal de natureza extraordinária, pela Súmula n. 126 do TST.*

*Agravo a que se nega provimento.*

(Processo n. TST-Ag.-AIRR-102600-10.2008.5.15.0024 – Ac. 1ª Turma – DeJT: 14.11.2014)

VOTO

CONHECIMENTO

Satisfeitos os pressupostos legais de admissibilidade recursal pertinentes à tempestividade e à representação processual, CONHEÇO do agravo.

MÉRITO

Conforme relatado, mediante a decisão monocrática foi negado seguimento ao agravo de instrumento interposto pela reclamada, sob os seguintes fundamentos, *verbis*:

"A Vice-Presidência do Tribunal Regional do Trabalho negou seguimento ao recurso de revista interposto, nos seguintes termos:

RESPONSABILIDADE CIVIL DO EMPREGADOR / INDENIZAÇÃO POR DANO MATERIAL / ACIDENTE DE TRABALHO

RESPONSABILIDADE CIVIL DO EMPREGADOR / INDENIZAÇÃO POR DANO MORAL / ACIDENTE DE TRABALHO

VALORES E LIMITES

PENSÃO MENSAL / PARCELA ÚNICA

CONSTITUIÇÃO DE CAPITAL

O v. julgado acolheu as indenizações por danos morais e materiais, decorrentes de acidente do trabalho. Também determinou que esta última seja paga em parcela única, revelando-se prejudicada a análise do pedido de constituição de capital.

Ao assim decidir, o v. acórdão, além de ter se fundamentado nas provas, conferiu razoável interpretação às matérias recorridas, o que torna inadmissível o apelo, de acordo com as Súmulas ns. 126 e 221, II, do C. TST.

Por outro lado, o arbitramento dos valores e limites das indenizações insere-se no poder discricionário do julgador, que dispõe de sua conveniência e oportunidade na análise do caso concreto, razão pela qual não há que falar em divergência jurisprudencial específica (Súmula n. 296, I, do C. TST), tampouco em ofensa aos dispositivos legais apontados, conforme exige a alínea c do art. 896 da CLT.

Prejudicada a aferição de dissenso das Súmulas ns. 229 do E. STF e 362 do C. STJ, porque não são hipóteses contempladas pelo art. 896 da CLT.

DIREITO PROCESSUAL CIVIL E DO TRABALHO / LIQUIDAÇÃO / CUMPRIMENTO / EXECUÇÃO / VALOR DA EXECUÇÃO / CÁLCULO / ATUALIZAÇÃO / JUROS

DIREITO PROCESSUAL CIVIL E DO TRABALHO / LIQUIDAÇÃO / CUMPRIMENTO / EXECUÇÃO / VALOR DA EXECUÇÃO / CÁLCULO / ATUALIZAÇÃO / CORREÇÃO MONETÁRIA

O C. TST firmou entendimento no sentido de que são aplicáveis as regras que regem a processualística trabalhista para a fixação dos índices dos juros de mora, assim como da correção monetária quanto às indenizações por danos morais e materiais decorrentes da relação de emprego, por se tratar de verbas de natureza trabalhista. No tocante ao termo inicial para fixar a incidência dos juros de mora, o art. 39, § 1º, da Lei n. 8.177/1991, estabelece de forma expressa a sua incidência a partir do ajuizamento da ação trabalhista. Quanto à correção monetária, deve ela incidir a partir da data da publicação da decisão judicial que reconheceu o direito à verba indenizatória independentemente do trânsito em julgado.

A interpretação conferida pelo v. acórdão recorrido está em consonância com iterativa, notória e atual jurisprudência do C. TST (RR-23400-25.2006.5.12.0050, 1ª Turma, DEJT-1º.10.2010, RR-1524500-22.2005.5.09.0029, 3ª Turma, DEJT-05.02.2010, RR-172500-73.2005.5.15.0125, 4ª Turma, DEJT-06.08.2010, RR-30100-04.2008.5.09.0091, 5ª Turma, DEJT-05.02.2010, RR-28700-37.2007.5.12.0048, 6ª Turma, DEJT-13.11.2009, RR-75740-96.2006.5.10.0018, 7ª Turma, DEJT-13.08.2010, RR-13585-63.2005.5.20.0002, 8ª Turma, DEJT-27.08.2010 e E-ED-RR-9951600-20.2005.5.09.0004, SDI-1, DEJT-23.04.2010).

Inviável, por consequência, o apelo, de acordo com o art. 896, § 4º, da CLT, c/c a Súmula n. 333 do C. TST.

CONCLUSÃO

DENEGO seguimento ao recurso de revista.

No caso concreto, verifica-se que, na minuta do agravo de instrumento, a reclamada não consegue infirmar as razões da decisão agravada, que encontra seu fundamento de validade no art. 896, § 1º, da CLT, dispositivo que autoriza o juízo primeiro de admissibilidade a mandar processar ou negar seguimento ao recurso de revista que não observa pressuposto extrínseco ou intrínseco de cabimento.

Deve, pois, ser confirmada a decisão agravada, por seus próprios e jurídicos fundamentos, não desconstituídos pela parte agravante.

Cumpre destacar que a adoção dos fundamentos constantes da decisão agravada como expressa razão de decidir atende à exigência legal e constitucional da motivação das decisões proferidas pelo Poder Judiciário (fundamentos *per relationem*), conforme entendimento sedimentado pelo STF no MS-27350/DF, Relator Min. Celso de Mello, DJ de 04.06.2008, revelando-se legítima e plenamente compatível com preceitos da Constituição Federal e da legislação infraconstitucional (arts. 93, inciso IX, da Constituição Federal, 458, inciso II, do CPC e 832 da CLT) o julgamento *per relationem*, consubstanciado na remissão a outros atos, manifestações ou peças processuais constantes dos autos.

A jurisprudência da SBDI-1 desta Corte orienta-se no sentido de conferir plena validade à referida técnica de julgamento, conforme os seguintes precedentes: E-Ed-AIRR-10307-04.2010.5.05.0000, Rel. Ministro Augusto César Leite de Carvalho, DEJT de 03.04.2012; Ag-E-ED-AgR-AIRR-92640-31.2005.03.0004, Ministro Ives Gandra Martins Filho, DEJT de 11.05.2012.

Ante o exposto, com amparo no art. 557, *caput*, do CPC e na Súmula n. 435 do TST, por ser manifestamente inadmissível o recurso de revista, NEGO SEGUIMENTO ao agravo de instrumento."

A reclamada interpõe o presente agravo. Alega que não deve subsistir sua condenação ao pagamento de indenização por danos morais e materiais, ao argumento de que não teve culpa na ocorrência da ocorrência do acidente de trabalho que lesionou os dedos da mão esquerda do autor, pois este teria agido com culpa exclusiva para o evento danoso ao, por negligência, manter "sua mão ao alcance do facão que utilizava para cortar as folhas de eucalipto". Sustenta que treinou, orientou e forneceu EPI's (luva de raspa de couro) ao reclamante para o corte e colheita de folhas de eucalipto. Aduz que o laudo emitido pelo perito afastou a perda da capacidade laboral do reclamante, tanto que, após receber "alta junto ao INSS", voltou a desempenhar normalmente sua atividade até sua demissão, sem perda salarial no período. Assevera que se mantida a condenação ao pagamento de indenização por danos materiais, a pensão mensal deve ser paga não a contar da data do acidente, mas sim após a demissão do reclamante, ocorrida um ano e oito meses após a alta obtida junto ao órgão previdenciário, até o limite de 65 anos. Insurge-se contra o valor da indenização por danos morais e materiais. Entende que o 13º salário, por possuir natureza jurídica diversa da indenização por danos morais, não deve integrar a base de cálculo da indenização. Argumenta sobre a desnecessidade de constituição de capital para a garantia do pagamento das pensões mensais. Articula no sentido de que os juros e a correção monetária devem incidir a partir da data do arbitramento do valor da indenização por danos morais, nos termos da Súmula n. 362 do STJ. Indica violação dos arts. 7º, XXVIII, da Constituição Federal, 944, 950 do Código Civil, 475-Q, § 2º, do CPC, contrariedade à Súmula n. 229 do STF e transcreve arestos.

Razão não lhe assiste, contudo.

O Tribunal Regional deu provimento parcial aos recursos ordinários interpostos pelas partes. Eis, no que interessa, os fundamentos constantes do acórdão recorrido, *in verbis*:

"RECURSO DAS RECLAMADAS

1. ACIDENTE DE TRABALHO, INDENIZAÇÃO POR DANOS MORAIS E MATERIAIS.

A prova constante dos autos assegura que o reclamante, contratado pela primeira reclamada, sofreu acidente de trabalho no dia 23.03.2005, quando laborava no corte de folhas de eucalipto em fazenda explorada pela segunda ré. Na ocasião, o facão que manipulava enroscou em cipó, desviou e veio em direção a sua mão esquerda, cortou a luva que utilizava e lesionou o 2º e 3º dedos, que sofreram amputação ao nível da falange distal.

Portanto, a matéria posta sob apreciação versa sobre acidente de trabalho típico, em razão de acontecimento de natureza súbita e imprevista, com prejuízo orgânico imediato para a vítima.

O nexo causal não impõe maiores investigações, uma vez que é incontroverso que o acidente ocorreu no exercício do mister, restando analisar as circunstâncias que envolveram o fato, para se avaliar a responsabilidade das reclamadas pelo sinistro.

Sustentam que o acidente ocorreu por culpa exclusiva da vítima que se descuidou ao utilizar o facão e, por desatenção, acertou sua mão esquerda lesionando dois dedos.

A vida, a saúde e a dignidade do ser humano são direitos fundamentais, assegurados constitucionalmente e, por esse motivo, incumbe ao empregador eliminar condições de trabalho que importem em riscos adicionais para o trabalhador.

A Constituição Federal consagra expressamente, em seu art. 170, a submissão do capital ao trabalho humano, significando dizer que o exercício da atividade econômica não deve importar em risco à integridade física e moral do trabalhador.

Partindo dessa premissa, o direito positivo vigente atribuiu ao empregador a responsabilidade pela eliminação e prevenção de qualquer efeito nocivo que sua atividade possa gerar ao ser humano.

A Lei n. 8.213/1991 estabelece em seu art. 19, § 1º, que: 'A empresa é responsável pela adoção e uso das medidas coletivas e individuais de proteção e segurança da saúde do trabalhador'.

O art. 22, II, c, da citada lei, estabelece contribuição de 3%, sobre o total da remuneração paga aos empregados, às empresas cuja atividade preponderante importe em grave risco de ocorrência de acidente de trabalho, enquanto que o anexo V do Decreto n. 3.048/1999, item 36, enquadra a atividade-fim da primeira reclamada (produção agrícola e pecuária – fl. 66) como de risco grave.

Ignorando todo esse arcabouço legal que rege a matéria, a instrução processual revelou que as reclamadas, mesmo exercendo atividade econômica que encerra grave risco de acidente de trabalho, dedicaram pouca importância às medidas de prevenção e eliminação dos agentes que poderiam vir a prejudicar a integridade física do trabalhador.

Com efeito, em depoimento o reclamante disse que no dia do acidente utilizava luvas de raspa de couro velhas e durante todo o contrato só recebeu o par de luvas que usava na ocasião (fls. 173). Esclareceu também que nunca foi orientado sobre o manuseio do facão e não participou de palestras relativas à prevenção de acidente de trabalho.

O preposto das empresas, apesar de afirmar que os trabalhadores habitualmente são orientados sobre a prevenção de acidentes, disse não ter certeza se o reclamante havia participado de palestras. Alegou desconhecer qual tipo de luva o reclamante utilizava na oportunidade, esclarecendo apenas que atualmente todo o pessoal que trabalha no corte de folhas de eucalipto recebe luvas com revestimento de aço para evitar acidentes com facão (fl. 173).

Ante o desconhecimento dos fatos pelo preposto, conclui-se que o reclamante usava luvas inadequadas para o trabalho e não recebeu orientações sobre o trabalho com facão e a prevenção de acidentes.

Acresça-se, ainda, que as reclamadas não juntaram ao feito recibo de entrega de EPIs ao reclamante.

Relevantes os argumentos do MM. Juízo de origem quanto a inadequação do uso de luvas de raspa de couro para tais atividades, com respaldo em artigo de autoria da pesquisadora da divisão de ergonomia da Fundacentro, Maria Cristina Gonzaga, transcrita parcialmente na r. sentença, aos quais peço vênia para me reportar (fls. 177-178).

Nesse passo, é forçoso reconhecer que as rés concorreram com culpa para o sinistro, ensejando, por via de consequência, reparação moral e material pelo ocorrido, uma vez que o reclamante, apesar de ter sofrido perda leve da função da mão esquerda (9%), como concluiu o perito à fl. 150, teve amputado, de forma traumática, dois dedos da mão esquerda, o que lhe ocasionou também dano estético, com o qual irá conviver por toda a vida.

A lesão acima descrita, por si só, já demonstra a existência do dano moral, pois a mutilação acarreta, sem dúvida nenhuma, sofrimento físico e emocional para qualquer ser humano.

Quanto aos danos materiais, a perda de 9% da capacidade laborativa do empregado, ainda que seja muito significativa, restringe sua colocação no mercado de trabalho, pois não o habilita para atividades que exijam "movimentos finos dos dedos afetados", como concluiu o vistor (fl. 150).

Irrelevante que o autor nunca tenha se ativado em trabalhos dessa categoria, até a data do acidente. O que importa é que nunca mais poderá fazê-lo, impedindo-o de encontrar colocação em certos segmentos do mercado de trabalho.

Sendo assim, mantenho a r. sentença de origem, que deferiu ao autor indenização por danos morais e materiais.

Quanto ao valor das indenizações, a matéria será analisada a seguir, por ocasião do recurso do autor, uma vez que este também se insurge contra as importâncias arbitradas.

2. PAGAMENTO EM PARCELA ÚNICA DA PENSÃO MENSAL VITALÍCIA – CONSTITUIÇÃO DE CAPITAL

Insurgem-se as reclamadas contra o pagamento em parcela única da pensão mensal vitalícia arbitrada.

Alegam que a r. sentença foi clara ao afastar a pretensão do trabalhador e determinar o pagamento mês a mês, ordenando inclusive a constituição de capital para garantia do pagamento deferido.

Não vinga o apelo.

Ante a omissão da r. sentença, o autor opôs embargos de declaração requerendo que o juízo se manifestasse sobre o pagamento da pensão mensal vitalícia de uma única vez (fls. 183-185).

Os embargos foram acolhidos no aspecto, e constou da decisão de fls. 218/219 que a opção deveria ser exercida pelo autor no prazo de dez dias, a contar da respectiva publicação, o que foi feito por intermédio da petição de fl. 228.

Dispõe o parágrafo único do art. 950 do Código Civil:

'O prejudicado, se preferir, poderá exigir que a indenização seja arbitrada e paga de uma só vez.'

Verifica-se que a norma é expressa ao conferir à parte lesionada a faculdade de optar pela forma de pagamento da pensão prevista pelo *caput* do dispositivo, de uma única vez.

Nesse sentido a jurisprudência abaixo:

'DANOS MATERIAIS – PENSÃO MENSAL – PAGAMENTO EM PARCELA ÚNICA – *QUANTUM DEBEATUR*. A melhor interpretação do novo dispositivo é a de que a opção pela forma de pagamento da pensão referida no *caput* do art. 950 do Código Civil, foi entregue ao lesado.' (RR – 84200-65.2005.5.12.0046, Relatora Ministra Maria Cristina Irigoyen Peduzzi, 8ª Turma, DEJT 19.02.2010.)

'INDENIZAÇÃO POR DANOS MATERIAIS DECORRENTES DE ACIDENTE DE TRABALHO. PAGAMENTO EM PARCELA ÚNICA. O art. 950, parágrafo único, do Código Civil, consagra o direito de o prejudicado optar pelo arbitramento e pagamento de indenização por danos materiais em parcela única. Ressalte-se o caráter protetivo do referido dispositivo legal, que consiste em assegurar, independentemente das futuras condições financeiras da empresa, a efetiva percepção pelo empregado do valor devido. Recurso conhecido e provido.' RR – 13700-77.2008.5.18.0053, Relator Ministro José Simpliciano Fontes de F. Fernandes, 2ª Turma, DEJT 04.12.2009.)

Entendo que o magistrado tem o poder discricionário de, em situações excepcionais, na análise do caso específico, escolher a forma de pagamento que reputar mais adequada. Atento às condições econômicas do devedor e ao interesse social consistente na proteção da vítima, poderá indeferir o pagamento único integral e determinar a constituição de capital que assegure o cumprimento da obrigação de forma mensal. Todavia, não é o caso dos autos.

Acolho, pois, a opção do autor, manifestada oportunamente.

Em consequência, como a indenização será arbitrada para pagamento em parcela única, resta prejudicada a análise do recurso quanto à obrigação de constituir capital, limitação do pagamento mensal à data em que o autor completar 65 anos de idade e afastamento da obrigação de quitar a pensão no período em que o autor permaneceu trabalhando.

(...)

RECURSO DO RECLAMANTE

1. INTEGRAÇÃO DO 13º SALÁRIO NA INDENIZAÇÃO POR DANO MATERIAL

Ante o decidido no recurso das reclamadas, quanto à opção manifestada pelo trabalhador de arbitramento e pagamento em parcela única da indenização por danos materiais, resta prejudicada a análise da matéria.

(...)

MATÉRIA COMUM AOS RECURSOS

1. VALOR DAS INDENIZAÇÕES.

É sabido que a indenização por danos morais não tem o objetivo de enriquecer a vítima, nem de lançar o ofensor à insolvência. Por essa razão, quando de sua fixação, compete ao Juiz aquilatar com razoabilidade o grau de sofrimento imputado, a extensão do dano e as possibilidades econômicas do ofensor.

Quanto à indenização por dano material, o *caput* do art. 950 do Código Civil assegura ao ofendido quantia que atenda às despesas com tratamento e lucros cessantes, não noticiadas nestes autos, além de valor que corresponda à importância do trabalho para a qual se inabilitou, na proporção da incapacidade.

As indenizações nestes autos foram fixadas pelo MM. Julgador *a quo* em R$ 10.000,00 para os danos morais e estéticos, e uma pensão mensal vitalícia de R$36,00, correspondente a 9% da última remuneração, pelos danos materiais.

O autor pretende que a indenização por dano moral seja elevada a R$ 40.000,00 e as reclamadas requerem que seja reduzida a R$ 5.000,00.

No caso em tela, entendo que o reclamante tem razão parcial. Reputo condizente com o dano estético e moral sofrido e o caráter pedagógico da medida, a quantia de R$ 20.000,00, que ora rearbitro a tal título.

No que se refere aos danos materiais, houve uma redução de 9% da capacidade do autor para o trabalho, fato que o impede apenas de exercer atividades que exijam movimentos finos dos dedos afetados. Sua última remuneração foi de R$ 400,00 em 6.11.2006 (fl. 16), que atualizada até esta data pelo índice de correção aplicado às verbas trabalhistas, importa em R$ 420,41.

Considerando os dados acima e o período após o acidente em que o autor permaneceu exercendo as mesmas atividades, sem redução salarial, assim como a expectativa de vida do brasileiro que, segundo o IBGE, está na faixa de 77 anos, arbitro a indenização em questão em R$ 27.545,26, quantia a ser quitada de uma única vez.

Destaco que o autor estava com 21 anos quando foi dispensado, faltando 56 anos para atingir os 77 anos, e na indenização arbitrada inclui-se também a gratificação natalina."

No julgamento dos embargos de declaração interpostos, assim se manifestou a Corte *a quo*, *verbis*:

"Presentes os pressupostos de admissibilidade, conheço dos embargos declaratórios.

O embargante, a rigor, não aponta nenhum dos vícios constantes dos arts. 535 do CPC e 897-A da CLT, a justificar o presente recurso.

De qualquer forma, a pretensão da embargante não merece provimento, pois se constata que a v. decisão embargada abordou de forma clara e fundamentada todas as questões relevantes discutidas no recurso das partes, sendo desnecessárias maiores considerações sobre elas, mesmo porque o julgador não é obrigado a rebater um a um os argumentos trazidos pelas partes, bastando fundamentar sua decisão de acordo com a sua convicção, embasada nos elementos probatórios dos autos, como ocorreu no presente caso.

Destaco que o v. aresto declarou prejudicada a análise da questão relativa ao termo final do pensionamento, eis que determinou o pagamento da indenização por dano material de uma única vez, no montante arbitrado em R$ 27.545,26.

Nos parâmetros adotados para o arbitramento, levou em consideração a expectativa de vida do brasileiro segundo dados constantes da Tábua Completa de Mortalidade no *site* do IBGE, considerando a idade do autor na data do acidente. A inclusão do 13º salário é de rigor, pois se trata de verba típica do contrato de trabalho, recebida todos os anos pelo trabalhador, e deve compor a indenização. Foi observada também a data de afastamento da empresa, como pode ser visto à fl. 279(verso)-280.

O que se verifica é que os embargantes se insurgem contra o valor arbitrado, por reputarem excessivo.

Todavia os embargos de declaração não se prestam à revisão do julgado.

Por outro lado, a contradição prevista nos arts. 897-A da CLT e 535, I, do Código de Processo Civil, apta a ensejar a interposição de embargos de declaração, somente se caracteriza quando a decisão apresenta proposições paradoxais, incompatíveis entre si, tornando-a incoerente. Ou seja, é aquela inerente à própria decisão embargada, considerada em si mesma, e não em relação à conclusão decorrente da análise da prova ou de posição do julgador contrária à Súmula n. 362 do E. STJ, que não tem efeito vinculante.

Pondero que mesmo para fins de prequestionamento, os embargos de declaração somente são cabíveis quando presentes os requisitos insertos no art. 535 do CPC, ou seja, obscuridade, contradição ou omissão na decisão embargada. E se não há omissão nem qualquer outra irregularidade a ser sanada no v. acórdão, descabe o prequestionamento da matéria.

Dessa forma, a alusão da embargante ao disposto na Súmula n. 297 do E. TST encontra-se totalmente desvirtuada do seu real sentido.

Improcedem, portanto, estes embargos."

Quanto aos danos morais e materiais, conforme se infere dos fundamentos do acórdão recorrido, restaram configurados os requisitos da responsabilidade civil subjetiva, a saber: a) o dano suportado pelo reclamante (amputação do 2º e 3º dedos da mão esquerda, ao nível da falange distal, com perda de 9% da capacidade laborativa); b) a conduta culposa da empregadora, consistente no fornecimento de luvas inadequadas para o trabalho de corte e colheita de folhas de eucaliptos – luvas de raspas de couro – e a ausência de orientações sobre trabalho com fação e prevenção de acidentes; c) o nexo causal (acidente ocorrido durante a execução do trabalho).

Logo, comprovado o evento lesivo, o nexo de causalidade e a culpa do ofensor, o dano moral ocorre *in re ipsa*, ou seja, é consequência do próprio fato ofensivo, tendo-se como corolário lógico o cabimento de indenização pelos danos, morais e materiais, infligidos à vítima, nos termos expressos do art. 186 do Código Civil.

Nessa contextura, constata-se que a agravante, ao argumentar no sentido de que o reclamante teve culpa exclusiva na ocorrência do acidente de trabalho e que não teve perda da capacidade laborativa, não pretende obter nova qualificação jurídica dos fatos da causa, mas sim reabrir o debate em torno da valoração das provas pela instância ordinária, procedimento que esbarra no óbice da Súmula n. 126 do TST, de modo que não há falar em afronta aos arts. 7º, XXVIII, da Constituição Federal, e 950 do Código Civil.

Quanto ao valor, acrescente-se que a função reparatória da indenização por dano moral tem como finalidade oferecer compensação à vítima e, assim, atenuar seu sofrimento, recaindo em montante razoável do patrimônio do ofensor, de tal modo que ele não persista na conduta ilícita, devendo existir equilíbrio entre o dano e o ressarcimento.

A jurisprudência em formação nesta Corte Superior, no tocante ao *quantum* indenizatório fixado pelas instâncias ordinárias, vem consolidando orientação de que a revisão do valor da indenização somente é possível quando exorbitante ou insignificante a importância arbitrada a título de reparação de dano moral e/ou estético, em flagrante violação dos princípios da razoabilidade e da proporcionalidade.

Na hipótese em apreciação, a Corte Regional, ao elevar o valor da indenização por danos morais e estéticos para R$ 20.000,00 (vinte mil reais), observou os princípios do arbitramento equitativo, da proporcionalidade e da razoabilidade, insertos no art. 5º, V e X, da CF/1988, bem como a teoria do valor do desestímulo (punir, compensar e prevenir), levando em conta a extensão do dano, a potencialidade e a gravidade da lesão (art. 944 do CCB).

Nesse diapasão, não se divisa violação direta e literal do art. 944, parágrafo único, do Código Civil, na forma prevista no art. 896, *c*, da CLT.

Quanto ao argumento de que deve ser afastado *"qualquer pagamento enquanto esteve o Agravado empregado, pois que não sofreu qualquer perda salarial nesse período"*, a agravante não tem interesse recursal. Com efeito, ao arbitrar o valor da indenização por danos materiais, para pagamento em uma única parcela, a Corte *a quo* observou que o reclamante, em período posterior ao acidente, exerceu suas atividades, sem redução de salário. Assim, consoante consta do acórdão proferido nos embargos de declaração interpostos, considerou-se, para fins de cálculo do valor arbitrado à condenação, a data de afastamento do reclamante da empresa reclamada.

No que pertine ao tópico referente à inclusão do 13º salário no cálculo da indenização por danos materiais, acrescente-se que a indicação de violação do art. 950 do Código Civil não impulsiona o apelo. Com efeito, o referido dispositivo não discrimina as parcelas que devem ser incluídas para o cálculo da indenização, tampouco enseja o conhecimento do recurso de revista, por nulidade do acórdão por negativa de prestação jurisdicional, nos termos da Orientação Jurisprudencial n. 115 da SBDI-1 do TST.

Quanto aos juros e à correção monetária, a presente pretensão recursal está fundamentada, exclusivamente, na indicação de contrariedade à súmula de jurisprudência do Superior Tribunal de Justiça, o que não atende o disposto na alínea *a* do art. 896 da CLT.

Por fim, a análise das argumentações referentes à limitação do pagamento de pensão mensal a 65 anos de idade e à constituição de capital está prejudicada, em razão da determinação do pagamento do valor arbitrado à indenização pelos danos materiais em parcela única.

Constata-se, portanto, que a agravante não expende nenhum argumento jurídico capaz de infirmar os fundamentos da decisão agravada, ficando advertida das penalidades previstas em lei à parte que se utilizar abusivamente dos meios recursais disponíveis (art. 557, § 2º, do CPC).

Ante o exposto, NEGO PROVIMENTO ao agravo.

# ACIDENTE DE TRABALHO. DANO MORAL. PARÂMETROS PARA FIXAÇÃO

RECURSO DE REVISTA. ACIDENTE DE TRABALHO. EXPOSIÇÃO À RADIAÇÃO IONIZANTE. LESÃO DO DEDO MÉDIO DA MÃO. INCAPACIDADE PARCIAL E PERMANENTE PARA O TRABALHO. DANO MORAL. VALOR DA INDENIZAÇÃO. PARÂMETROS PARA FIXAÇÃO.

1. O valor da indenização por dano moral deve se adequar às circunstâncias do caso concreto, de forma moderada e proporcional à extensão da lesão sofrida pelo empregado, mostrando-se apta a reparar o dano causado aos atributos valorativos da personalidade da vítima, sem, no entanto, lhe proporcionalizar o enriquecimento ilícito. De outra parte, deve considerar a capacidade econômica do ofensor e o grau de responsabilidade para a consecução do evento danoso; pressupostos sem os quais não é atingida a finalidade punitiva e pedagógica da indenização.

2. No caso em exame, o reclamante, no exercício da função de instrumentista Trainee, sofreu acidente de trabalho no manuseio de um aparelho denominado "difratômetro de raios-X", ficando exposto à radiação ionizante que lhe provocou a lesão do dedo médio da mão direita, gerando incapacidade parcial e permanente para o trabalho.

3. Nesse contexto, o valor arbitrado a título de indenização pelos danos morais causados ao reclamante, no importe de R$ 80.000,00 (oitenta mil reais), levou em consideração a extensão, a potencialidade e a gravidade do dano, além da capacidade econômica do ofensor, não havendo falar em violação do art. 944, parágrafo único, do Código Civil, porquanto corretamente subsumido à espécie.

Recurso de revista não conhecido.

(Processo n. TST-RR-41900-13.2005.5.05.0134 – Ac. 1ª Turma – DeJT: 12.09.2013)

EXPOSIÇÃO À RADIAÇÃO IONIZANTE. LESÃO DO DEDO MÉDIO DA MÃO DIREITA. DANO MORAL. INDENIZAÇÃO. FIXAÇÃO DO QUANTUM

Como visto dos tópicos antecedentes, o reclamante no exercício da função de instrumentista *Trainee* sofreu acidente de trabalho no manuseio de um aparelho denominado "difratômetro de raios-X", ficando exposto à radiação ionizante que lhe provocou a lesão do dedo médio da mão direita, gerando incapacidade parcial e permanente para o trabalho e significativa restrição para o exercício da função para a qual se habilitou.

Sobre o dano moral, consta do acórdão:

"DANO MORAL – para que seja indenizado o dano moral, desnecessário a prova de que o mesmo existiu. Decorre do dano material causado ao empregado, refletindo em sua autoestima e em sua imagem, perante si, sua família e sua comunidade.

A lesão causada em sua mão, especificamente, em seu dedo médio, redundou em restrição em sua atividade, podendo exercer a sua função apenas com limites determinados pelo médico que o assistiu.

Iniludivelmente *ocorreu uma violação do direito de personalidade do reclamante* a que se refere o inciso X do art. 5º da Constituição Federal. Sua imagem foi afetada eis que além das sequelas físicas, de pequena monta é bem verdade, *houve restrição ao desempenho da atividade para o qual se preparou o reclamante.*

Quanto ao valor do dano, repita-se o afirmado pelo julgador de origem, que se torna parte integrante das presentes razões:

"Porém, após a Constituição de 1988, não existe tarifação relativa ao dano moral, inclusive em relação à Lei de Imprensa, conforme já se posicionou o STJ, através da Súmula n. 281: "A indenização por dano moral não está sujeita à tarifação prevista na Lei de Imprensa".

Na fixação do valor indenizatório, há que se adotar os critérios da proporcionalidade e razoabilidade, como já entendeu o STJ:

"A indenização por danos morais deve ser fixada em termos razoáveis, não se justificando que a reparação venha a constituir-se em enriquecimento sem causa, com manifestos abusos e exageros, devendo o arbitramento operar-se com moderação, proporcionalmente ao grau de culpa e ao porte econômico das partes, orientando-se o juiz pelos critérios sugeridos pela doutrina e pela jurisprudência, com razoabilidade, valendo-se de sua experiência e do bom senso, atento à realidade da vida e às peculiaridades de cada caso. Ademais, deve ela contribuir para desestimular o ofensor a repetir o ato, inibindo sua conduta antijurídica". STJ 4ª Turma. Resp n. 265.133/RJ, Rel: Ministro Sálvio de Figueiredo Teixeira, DJ 23.10.2000.

Diante dessas premissas, levando-se em conta o dano que a atividade desenvolvida ocasionou na saúde da reclamante, bem como a capacidade econômica do ofensor, *defere-se o pedido de indenização a título de danos morais no valor de R$80.000,00 (oitenta mil reais)."*

O *recurso adesivo* do reclamante não pode ser provido. O valor definido pelo julgador fica mantido, eis que depende apenas do arbítrio do julgador, sendo considerado o valor adequado também por esta Turma.

Mantida a decisão em todos os seus termos."

Sustenta a reclamada que não houve prova do dano moral, estando violados os arts. 818 da CLT e 333, I, do CPC. Colaciona arestos para cotejo jurisprudencial.

Pugna, sucessivamente, pela redução do valor arbitrado à condenação a título de danos morais, ao argumento de que o evento danoso, ocorrido em 1995, resultou em lesão mínima e não incapacitante, tendo o reclamante continuado a trabalhar na empresa após tal data, na mesma função, por aproximadamente 9 anos. Sustenta que o valor arbitrado a título de indenização revela-se excessivo e desproporcional quando comparado a outros casos de acidente de trabalho que resultaram em indenizações fixadas em montante significativamente menor. Fundamenta o recurso na indicação de afronta ao art. 944, parágrafo único, do Código Civil e colaciona arestos para cotejo jurisprudencial.

Igualmente, quanto ao tema o recurso não enseja conhecimento.

Diante da configuração do nexo de causalidade, entre o acidente de trabalho sofrido pelo reclamante e sua atividade laborativa, bem como em face da culpa da empresa, ao ter sido omissa na observância às normas que tutelam a segurança e medicina do trabalho, tem-se como configurados os requisitos ensejadores da responsabilidade civil da reclamada.

Assim, evidenciados o fato ofensivo e o nexo de causalidade, como na hipótese vertente, o dano moral existe *"in re ipsa"*, ou seja, o dano é consequência da conduta antijurídica da empresa, do que decorre a sua responsabilidade em pagar compensação pelo prejuízo de cunho imaterial causado (teoria do desestímulo), nos termos dos arts. 186 e 927, *caput*, do Código Civil e 5º, X, da Constituição Federal. Nessa linha de raciocínio, não há falar em violação das normas que versam sobre distribuição do ônus probatório (arts. 333, I, do CPC e 818 da CLT), para fundamentar a tese de que o dano moral precisava ser provado, haja vista que tal ônus vincula-se ao ato ilícito atribuído ao ofensor e os reflexos da conduta antijurídica nos atributos valorativos daquele que sofreu a ofensa.

Indica-se o seguinte precedente desta Primeira Turma, de minha lavra, que ilustra a jurisprudência uníssona desta Corte:

"RECURSO DE REVISTA. INDENIZAÇÃO POR DANO MORAL. COMPROVAÇÃO DO PREJUÍZO MORAL. DESNECESSIDADE. 1. O dano moral em si não é suscetível de prova, em face da impossibilidade de fazer demonstração, em juízo, da dor, do abalo moral e da angústia sofridos. 2. Trata-se, pois, de *damnum in re ipsa*, ou seja, o dano moral é consequência do próprio fato ofensivo, de modo que, comprovado o evento lesivo, tem-se, como consequência lógica, a configuração de dano moral, exsurgindo a obrigação de pagar indenização, nos termos do art. 5º, X, da Constituição Federal. 3. Na hipótese, a Corte de origem asseverou que o reclamante foi mantido como refém durante rebelião dos internos de uma das unidades da reclamada. Desse modo, diante das premissas fáticas constantes do acórdão recorrido, tem-se por comprovado o evento danoso, ensejando, assim, a reparação do dano moral. Recurso de revista conhecido e provido." (RR – 230940-08.2004.5.02.0045, Relator Ministro: Walmir Oliveira da Costa, 1ª Turma, DEJT 02.07.2010).

Referenda tal posicionamento o doutrinador Sérgio Cavallieri Filho (cf. *Programa de responsabilidade civil*, 4. ed., São Paulo: Malheiros, 2003, p. 525):

"(...) por se tratar de algo imaterial ou ideal a prova do dano moral não pode ser feita através dos mesmos meios utilizados para a comprovação do dano material. Seria uma demasia, algo até impossível, exigir que a vítima comprove a dor, a tristeza ou a humilhação através de depoimentos, documentos ou perícia; não teria ela como demonstrar o descrédito, o repúdio ou o desprestígio através dos meios probatórios tradicionais, o que acabaria por ensejar o retorno à fase da irreparabilidade do dano moral em razão de fatores instrumentais.

(...)

Em outras palavras, o dano moral existe *in re ipsa*; deriva inexoravelmente do próprio fato ofensivo, de tal modo que, provada a ofensa, *ipso facto* está demonstrado o dano moral à guisa de uma presunção natural, uma presunção *hominis* ou *facti*, que decorre das regras de experiência comum."

Por conseguinte, os arestos colacionados ao cotejo de teses, ao firmarem entendimento de que o dano moral deve ser provado, mostram-se superados pela iterativa, notória e atual jurisprudência desta Corte. Incidência do óbice da Súmula n. 333 do TST e do § 4º do art. 896 da CLT.

A pretensão, sucessiva, para que seja reduzido o valor da condenação, igualmente, não alcança conhecimento.

No que se refere aos arestos colacionados a título de divergência jurisprudencial, afora aqueles formalmente inválidos, porquanto não citam a fonte ou repositório autorizado de publicação (Súmula n. 337, item I, do TST), os demais não permitem o estabelecimento do cotejo fático, com o caso em análise, cuja indenização levou em consideração, além da extensão do dano, também a capacidade econômica do ofensor. Incidência da Súmula n. 296 do TST.

De outra parte, não se configura violação da literalidade do art. 944, parágrafo único, do Código Civil.

Com efeito, o valor da indenização por dano moral deve se adequar às circunstâncias do caso concreto, de forma moderada e proporcional à extensão da lesão sofrida pelo empregado, mostrando-se apto a reparar o dano causado aos atributos valorativos da personalidade da vítima, sem, no entanto, lhe proporcionar o enriquecimento ilícito. De outra parte, o *quantum* arbitrado a título de indenização deve considerar a capacidade econômica do ofensor e o grau de responsabilidade da empresa para a consecução do evento dano, pressupostos sem os quais não é atingida a finalidade punitiva e pedagógica da indenização.

Pois bem. O Tribunal Regional delimitou o quadro fático de que o reclamante, no exercício da função de instrumentista *Trainee,* sofreu acidente de trabalho no manuseio de um aparelho denominado "difratômetro de raios-x", fabricado em 1980 e há quatro meses em desuso.

Registrou, ademais, que os danos físicos, embora não definitivos e totais, ocorreram por culpa, exclusiva, do empregador, visto que, nos termos do Relatório de Investigação e Dosimetria do Acidente Radiológico, elaborado por técnicos da Comissão de Energia Nuclear, Diretoria de Radioproteção e Segurança Nuclear e Instituto de Radioproteção e Dosimetria, o acidente teve, dentre as suas causas: a falta de manutenção em partes metálicas do equipamento de importância para a blindagem do feixe de radiações; o despreparo dos instrumentistas e supervisores da empresa, no que concerne ao funcionamento do equipamento, principalmente no desconhecimento da emissão contínua de raios-x quando o difratômetro está energizado; a inobservância dos procedimentos corretos de manutenção, calibração e de radioproteção, principalmente com relação ao bloqueio do sistema interno de segurança do equipamento; e o desconhecimento generalizado dos altíssimos níveis de radiação ionizante produzidos pelos equipamentos, e dos seus respectivos riscos potenciais.

Todos esses aspectos demonstram, à saciedade, a negligência empresarial na prevenção de acidentes de trabalho no âmbito da empresa, não obstante a atividade econômica exponha seus empregados aos riscos decorrentes do contato com radiação ionizante.

De outra parte, embora preclusa a alegação relativa ao fato de o reclamante, após o acidente, ter passado a sofrer de leucopenia – porque silente quanto a este fato, o reclamante não interpôs os embargos de declaração –, é do conhecimento geral que esse é um dos riscos inerentes à exposição à radiação ionizante.

Vale lembrar que a reclamada é empresa originalmente nacional, fundada no ano de 1966, que atua na fabricação de produtos químicos inorgânicos – segunda maior produtora do mundo de dióxido de titânio e principal produtor químico de titânio, entre outros, e, atualmente, a terceira maior produtora química norte-americana com ações cotadas no mercado em decorrência da fusão com a Lyondell Chemical Company, que detém o controle acionário (informações extraídas do site: *www.econoinfo.com.br*).

Nesse contexto, o valor arbitrado a título de indenização pelos danos morais causados ao reclamante, no importe de R$ 80.000,00 (oitenta mil reais), levou em consideração a extensão, a potencialidade e a gravidade do dano, além da capacidade econômica do ofensor, não havendo falar em violação do art. 944, parágrafo único, do Código Civil, porquanto corretamente subsumido à espécie.

Fundamentos pelos quais, NÃO CONHEÇO integralmente do recurso de revista.

---

# ACIDENTE DE TRABALHO. DANO MORAL. PRESCRIÇÃO

*AGRAVO DE INSTRUMENTO. RECURSO DE REVISTA. ACIDENTE DE TRABALHO. AÇÃO DE INDENIZAÇÃO POR DANO MORAL. PRESCRIÇÃO. REGRA DE TRANSIÇÃO.*

*1. Não se dá provimento a agravo de instrumento que pretende destrancar recurso de revista sem o preenchimento dos pressupostos intrínsecos estabelecidos no art. 896 da CLT.*

*2. A jurisprudência sedimentada no âmbito da SBDI-1 do TST firmou-se no sentido de que, tratando-se de pretensão indenizatória deduzida em ação trabalhista que tem como causa de pedir evento danoso ocorrido em acidente de trabalho, a definição do prazo prescricional, em observância à regra de transição fixada no art. 2.028 do Código Civil de 2002, dá-se a partir dos seguintes critérios: a) se, na data da entrada em vigor do novo Código Civil, já houver transcorrido mais de 10 anos da lesão, será aplicada a prescrição vintenária estabelecida no art. 177 do Código Civil de 1916; b) do contrário, o prazo será o de três anos previsto no art. 206, § 3º, V, do Código Civil de 2002, a contar do início de sua vigência.*

*3. No caso dos autos, a reclamante sofreu acidente de trabalho em 30.04.1993, portanto em data anterior à promulgação da EC n. 45/2004; e, na data da entrada em vigor do novo Código Civil, não havia transcorrido mais de dez anos da lesão.*

*4. Logo, a prescrição aplicável, à espécie, é a de três anos, a contar da vigência do novo Código Civil, em 11.01.2003. Assim, ajuizada a presente ação em 14.05.2002, não há falar em prescrição da pretensão à reparação por dano moral decorrente de acidente de trabalho. Precedentes.*

*Agravo de instrumento a que se nega provimento.*

(Processo n. TST-AIRR-57740-77-2006-5-04-0030 – Ac. 1ª Turma – DeJT: 03.04.2014)

### MÉRITO

ACIDENTE DE TRABALHO. AÇÃO DE INDENIZAÇÃO POR DANO MORAL. PRESCRIÇÃO. REGRA DE TRANSIÇÃO

Nas razões do agravo de instrumento, a reclamada postula a reforma da decisão denegatória, ao argumento de que a prescrição aplicável é a prevista no art. 7º, XXIX, da Constituição da República. Assim, tendo o contrato de trabalho sido rescindido em 1º.07.1995 e a ação ajuizada em 14.05.2002, ou seja, mais de sete anos depois, a pretensão restou fulminada pela prescrição total do direito de ação. Aponta violação dos arts. 7º, XXIX, da Constituição Federal, 206, § 3º, V, do Código Civil e 11 da CLT, transcrevendo arestos para o cotejo de teses.

A agravante não consegue viabilizar o acesso à via recursal de natureza extraordinária.

De início, registre-se que serão examinadas apenas as matérias expressamente devolvidas à apreciação no agravo de instrumento, incidindo a preclusão sobre temas e dispositivos veiculados nas razões do recurso denegado, mas não renovados na fundamentação do agravo – a exemplo do tópico acerca de honorários periciais –; valendo acrescer a ineficácia de eventuais alegações inovatórias, ante a fundamentação vinculada inerente ao agravo de instrumento, e em atenção ao princípio da delimitação recursal.

Tratando-se de pretensão indenizatória deduzida em ação trabalhista que tem como causa de pedir evento danoso ocorrido em acidente de trabalho, a definição do prazo prescricional, em observância à regra de transição fixada no art. 2.028 do Código Civil de 2002, dá-se a partir dos seguintes critérios:

a) se, na data da entrada em vigor do novo Código Civil, já houver transcorrido mais de 10 anos da lesão, será aplicada a prescrição vintenária estabelecida no art. 177 do Código Civil de 1916;

b) do contrário, o prazo será o de três anos previsto no art. 206, § 3º, V, do Código Civil de 2002, a contar do início de sua vigência.

A referendar esse posicionamento, destacam-se os seguintes precedentes da 1ª Turma e da SBDI-1 desta Corte Superior:

"RECURSO DE REVISTA INTERPOSTO PELA RECLAMADA. INDENIZAÇÃO POR DANOS MORAIS. ACIDENTE DO TRABALHO. DOENÇA PROFISSIONAL. PRESCRIÇÃO. 1. Orienta-se o entendimento da colenda SBDI-I desta Corte superior no sentido de que a regra prescricional aplicável à pretensão relativa à indenização por danos morais decorrente de acidente do trabalho é definida a partir da data em que a parte tem ciência inequívoca do evento danoso. Ocorrido o acidente ou cientificada a parte da incapacitação ou redução da sua capacidade laboral em ocasião posterior ao advento da Emenda Constitucional n. 45/2004, por meio da qual se definiu a competência da Justiça do Trabalho para processar e julgar tais demandas, a prescrição incidente é a prevista no art. 7º, XXIX, da Constituição da República, porquanto indiscutível a natureza trabalhista reconhecida ao evento. Contrariamente, verificado o infortúnio anteriormente à entrada em vigor da referida emenda constitucional, prevalece a prescrição civil, em face da controvérsia que pairava nas Cortes quanto à natureza do pleito – circunstância que não pode ser tomada em desfavor da parte. 2. Na presente hipótese, conforme reconhecido pelo egrégio Tribunal, a lesão restou configurada no momento em que o reclamante sofreu o acidente do trabalho, ocorrido em 20.05.1998 – ou seja, em data anterior à edição da Emenda Constitucional n. 45/2004. A prescrição incidente, portanto, é a civil, com a regra de transição consagrada no art. 2.028 do Código Civil de 2002, porquanto não transcorridos mais de dez anos até a data da entrada em vigor do referido Código. 3. Assim, em face da regra contida no indigitado dispositivo de lei, forçoso concluir que a prescrição aplicável, no presente caso, é a trienal, estabelecida no art. 206, § 3º, V, do novel Código Civil, iniciando-se a contagem a partir da sua entrada em vigor – ou seja, 12.01.2003 – e findando em 12.01.2006. 4. Ajuizada a presente ação em 16.11.2004, não há prescrição a ser decretada relativamente à pretensão à reparação por danos morais decorrentes de acidente do trabalho. 5. Recurso de revista de que não se conhece." (TST-RR-124000-03.2005.5.17.0001, Relator Ministro Lelio Bentes Corrêa, 1ª Turma, DEJT 22.02.2013).

"PRESCRIÇÃO. INDENIZAÇÃO POR DANOS MORAIS. LESÃO OCORRIDA ANTES DA PROMULGAÇÃO DA EMENDA CONSTITUCIONAL N. 45/2004. Depreende-se da decisão recorrida que o acidente ocorreu em outubro de 1995 e a ação foi ajuizada em 10.01.2006. Em princípio, seria aplicável a regra prescricional prevista no Código Civil de 1916. Todavia, em janeiro de 2003, entrou em vigor o novo Código Civil, o qual alterou o prazo prescricional relativo à reparação de dano. Assim, em consonância com a inteligência do art. 2.028 do Código Civil de 2002, o qual estabeleceu regra de transição, é de três anos o prazo prescricional relativo à reparação de dano, quando, pela lei anterior, não houver transcorrido mais da metade do prazo anteriormente estabelecido. Ademais, tem-se que a prescrição prevista no art. 7º, XXIX, da CF, se aplicada, causaria à embargante o prejuízo que se quis evitar com a norma de transição. Desse modo, considerando-se que, ao início da vigência do Código Civil de 2002 (12.01.2003), ainda não havia decorrido metade do lapso temporal da prescrição vintenária, há de se aplicar ao caso o prazo trienal previsto no art. 206, § 3º, V, do novo Código Civil, contado a partir da data na qual entrou em vigor, em atenção às regras de transição previstas em seu art. 2.028. Recurso de embargos conhecido e não provido." (TST-E-ED-RR – 4700-83.2006.5.15.0125, Relator Ministro Augusto César Leite de Carvalho, SBDI-1, DEJT 15.02.2013).

"INDENIZAÇÃO. DANOS MORAIS E MATERIAIS DECORRENTES DA RELAÇÃO DE EMPREGO. NÃO ORIUNDOS DE ACIDENTE DE TRABALHO. PRESCRIÇÃO. LESÃO ANTERIOR À VIGÊNCIA DA EMENDA CONSTITUCIONAL N. 45/2004. REGRAS DE TRANSIÇÃO. Tratando-se de pretensão ao recebimento de indenização por dano moral resultante de ato do empregador que, nessa qualidade, haja ofendido a honra ou a imagem do empregado, causando-lhe prejuízo de ordem moral, com a ciência inequívoca da lesão antes da vigência da Emenda Constitucional n. 45/2004, incide a prescrição trienal prevista no art. 206, § 3º, inc. V, do Código Civil. A prescrição prevista no art. 7º, inc. XXIX, da Constituição da República, incidirá somente nos casos em que a lesão se der em data posterior à vigência da Emenda Constitucional n. 45. Precedentes desta Corte. Recurso de Embargos de que se conhece e a que se dá provimento." (TST-E-ED-RR-22300-29.2006.5.02.0433, Relator Ministro João Batista Brito Pereira, SBDI-1, DEJT 22.06.2012).

Nessa perspectiva, considerando que acidente de trabalho que vitimou a reclamante ocorreu em 30.04.1993, denota inequívoca que a prescrição aplicável, à espécie, é a de três anos, a contar da vigência do novo Código Civil, em 11.01.2003.

Assim, ajuizada a presente ação em 14.05.2002, não há falar em prescrição da pretensão à reparação por dano moral decorrente de acidente do trabalho.

Logo, revelando a decisão do Tribunal *a quo* consonância com a jurisprudência iterativa, notória e atual desta Corte Superior, o recurso de revista não se viabiliza, ante os termos do art. 896, § 4º, da CLT e da Súmula n. 333 do TST. Afastada, assim, a divergência jurisprudencial, bem como a invocada violação dos arts. 7º, XXIX, da Constituição Federal, 206, § 3º, V, do Código Civil e 11 da CLT.

NEGO PROVIMENTO ao agravo de instrumento, no particular.

ACIDENTE DE TRABALHO. INDENIZAÇÃO POR DANOS MORAL, ESTÉTICO E MATERIAL

A agravante sustenta que o acidente foi causado pela negligência e imprudência da reclamante, sendo que o laudo pericial não apontou qualquer indício de que restou configurada a sua culpa no acidente ocorrido e que a lesão na mão da autora não lhe gerou incapacidade para o trabalho, não podendo ser mantida a condenação ao pagamento de indenização por dano moral e material, ante a falta de comprovação do nexo causal e sua culpa. Aduz, ainda, que os danos morais compreendem nos danos estéticos, sendo que a diferenciação e a separação feita pelo Tribunal de origem, além de equivocada, premia duplamente a reclamante com indenizações que tem o mesmo objeto, importando em *bis in idem*. Aponta violação dos arts. 7º, XXVIII, da Constituição da República, 186, 945 e 950, do Código Civil, 333, I, do CPC, 818 da CLT, transcrevendo arestos para o cotejo de teses.

Razão não lhe assiste, contudo.

O Tribunal Regional negou provimento ao recurso ordinário interposto pela reclamada e manteve a sentença que a condenou ao pagamento de indenização por dano moral, estético e material, nos seguintes termos, *verbis*:

"Quanto à caracterização do acidente de trabalho indenizável, fazem-se necessários a comprovação do dano, nexo causal e a culpa da empregadora, tendo em vista que sua responsabilidade é subjetiva. A indenização prevista no art. 7º, inc. XXVIII, da CF, decorre de ato ilícito da empregadora que resultou em dano ao empregado.

Tratando-se de responsabilidade civil em acidente do trabalho, há presunção de culpa da empregadora quanto à segurança do trabalhador, sendo da mesma o ônus de provar que agiu com a diligência e precaução necessárias a promover a inciso XXII do diminuir os riscos de lesões. A empregadora tem obrigação de redução dos riscos no ambiente de trabalho, pois de acordo com o art. 7º da Constituição Federal é direito dos trabalhadores a redução dos riscos inerentes ao trabalho, por meio de normas de saúde e higiene e segurança. Portanto, a empregadora deve cumprir as prescrições das normas regulamentadoras de medicina e segurança do trabalho, bem como fiscalizar e implementar as medidas para neutralizar os agentes nocivos e perigosos, sob pena de caracterizar culpa *in vigilando*.

No caso em apreço, a ocorrência de acidente de trabalho, consistente no fato da autora, no dia 30.04.1993, ao operar a máquina de inserção de cabos de tesoura, ter perdido a primeira falange do dedo indicador direito (dano), bem como o nexo causal são incontroversos, como se verifica pela CAT emitida pela recorrente (fl. 23), bem como pelo laudo pericial (fls. 122/125), onde o perito concluiu que (fl. 123):

(...)

Não houve nenhuma impugnação ao laudo, tendo a reclamada apenas referido, às fl. 180/181, que a prova testemunhal irá comprovar que o acidente foi causado por negligência e imprudência da reclamante. No entanto, não logrou produzir qualquer prova quanto as suas alegações, eis que não trouxe nenhuma testemunha para ser ouvida em Juízo.

Por outro lado, a prova testemunhal produzida pela autora comprova que o acidente ocorreu por omissão culposa da reclamada, não tendo a autora sequer contribuído para a ocorrência do evento danoso. Assim informou a testemunha em seu depoimento (fl. 184):

(...)

Ainda que a autora tenha referido que desde a sua admissão sempre trabalhou na mesma máquina, tal não implica em considerar tenha agido com imprudência ou negligência, como alegado pela reclamada, eis que, como já mencionado, o acidente ocorreu em razão do acionamento involuntário da "tampa" da máquina de inserção, em virtude da queda de luz no local de trabalho da reclamante, sendo que tal fato (queda de luz) já havia ocorrido anteriormente por três oportunidades, ocorrendo também o acionamento da "tampa" sem que a autora tenha apertado o botão de comando de abaixamento da "tampa". Ou seja, ainda que o fato (abaixamento da tampa) tenha ocorrido em três oportunidades anteriores àquela que ocasionou o acidente referido, a reclamada não logrou tomar as providências necessárias para evitar o acidente, eis que, embora devidamente ciente do fato ocorrido, qual seja, o acionamento involuntário da "tampa" em razão das constantes quedas de luz, não diligenciou na averiguação do problema e sequer logrou tomar as providências necessárias para evitar o infortúnio, permitindo que a autora continuasse trabalhando na máquina, embora esta oferecesse risco a sua integridade física, o que de fato, acabou por se consumar.

Na hipótese, tem-se que o contexto fático-probatório dos autos demonstra que a reclamada não diligenciou de forma eficaz para evitar o acidente de trabalho ocorrido, notadamente pelo não fornecimento, pelo menos à época do infortúnio, de máquinas dotadas de dispositivos de segurança adequados, bem como pelo fato de ter permitido, inclusive determinado que a autora continuasse a trabalhar com a máquina apesar de ciente de que oferecia risco à integridade física da mesma.

Restou demonstrado, portanto, a culpa da reclamada no acidente de trabalho sofrido pela autora, pois, embora a máquina apresentasse problemas quando da ocorrência de queda de luz, permitiu e, mais grave ainda, determinou que a autora continuasse trabalhando na mesma, sem que fossem tomadas as cautelas necessárias para evitar eventos de tal natureza, protegendo, assim, a integridade física e emocional da reclamante durante o exercício das suas atividades laborais, o que caracteriza a ilicitude da omissão da empregadora, devendo indenizar, portanto, os danos sofridos pela autora.

Restaram, assim, caracterizados os pressupostos necessários ao reconhecimento das indenizações vindicadas pelo autor, ou seja, a comprovação do acidente de trabalho, a comprovação do dano, nexo causal e a culpa do empregador.

O dano material se revela pela própria lesão sofrida pela autora, que lhe acarretou a redução parcial e permanente de sua capacidade laborativa, fixada pelo perito a razão de 5% de acordo com a tabela DPVAT (fl. 124), devendo ser objeto de indenização, nos termos do art. 950 do novo Código Civil.

Em relação ao dano moral e ao dano estético, registre-se que na inicial há pedido de forma individualizada de indenização em relação aos mesmos, tendo a autora postulado o pagamento de indenização correspondente a 100 (cem) salários mínimos para cada uma destas indenizações.

Apesar de o dano estético ser espécie do dano moral, permite-se a cumulação de valores autônomos, um fixado a título de dano moral e outro a título de dano estético, derivados do mesmo fato, quando os referidos danos podem ser apurados em separado, tendo causas inconfundíveis. No caso, o dano estético deriva das permanentes sequelas resultantes do infortúnio e o dano moral pelo sofrimento psicológico e demais consequências, experimentadas pela reclamante em razão de sua aparência ter restado prejudicada pela amputação parcial do dedo (consoante atestado pelo laudo – fl. 123). Desta forma, não prospera a insurgência da reclamada quanto à alegação da ocorrência de "*bis in idem*".

Por fim, em relação aos valores fixados a título de indenização por dano material (54 salários mínimos = R$ 20.520,00), por dano moral (40 salários mínimos = R$ 15.200,00) e por danos estéticos (10 salários mínimos = R$ 3.800,00), à época em que proferida a decisão, considerando-se os critérios de arbitramento do valor e as demais circunstâncias que envolvem a lide, tem-se que os mesmos se mostram adequadamente fixados, não merecendo, da mesma forma, reparo à decisão no particular."

Como se observa, o Tribunal Regional, valorando o conjunto fático-probatório, firmou convicção no sentido de que restaram preenchidos os pressupostos da responsabilidade civil subjetiva da reclamada, previstos nos arts. 186 e 927, do Código Civil, quais sejam: o dano (acidente de trabalho que acarretou na perda da primeira falange do dedo indicador direito da reclamante), a culpa (consubstanciada pelo não fornecimento de máquinas dotadas de dispositivos de segurança adequados, bem como pelo fato de ter permitido, inclusive determinado que a autora continuasse a trabalhar com a máquina apesar de ciente de que oferecia risco à integridade física da mesma) e o nexo causal, razão pela qual manteve a condenação ao pagamento de indenização por dano moral no valor de R$ 15.200,00 (quinze mil e duzentos reais).

Quanto ao dano material, a Corte Regional expressamente se fundamentou no art. 950 do Código Civil para manter a condenação ao pagamento da indenização em parcela única, no valor de R$ 20.520,00 (vinte mil e quinhentos e vinte reais), levando em consideração a lesão sofrida pela autora, que lhe acarretou a redução parcial e permanente de sua capacidade laborativa, fixada pelo perito a razão de 5% (cinco por cento).

Acrescente-se que, nas razões recursais, constata-se que a reclamada não pretende obter nova qualificação jurídica dos fatos apurados, mas sim reabrir o debate em torno da valoração dos fatos e das provas nos quais a Corte Regional firmou convicção para decidir pela presença dos requisitos da responsabilidade civil subjetiva.

Assim, conclui-se que a situação fática descrita no acórdão recorrido, além de não caracterizar a alegada ofensa aos arts. 7º, XXVIII, da Constituição da República, 186, 945 e 950, do Código Civil, 333, I, do CPC, 818 da CLT, desafia o óbice da Súmula n. 126 desta Corte Superior, porquanto a pretensão recursal de afastar a caracterização de acidente de trabalho, do nexo de causalidade, do ato ilícito ou de afastar o reconhecimento de sua culpa, exige o revolvimento do contexto fático-probatório dos autos, procedimento inadmitido em instância recursal de natureza extraordinária.

Por fim, no tocante à alegação de que o dano estético está subsumido ou abrangido pelo dano moral, não prevalece, porquanto, com o passar dos anos a doutrina e a jurisprudência avançaram no sentido de deferir indenizações distintas, ainda que o dano estético seja uma espécie do gênero dano moral. Nas palavras de Sebastião Geraldo de Oliveira *'O dano estético está vinculado ao sofrimento pela deformação com sequelas permanentes, facilmente percebidas, enquanto o dano moral está ligado ao sofrimento e todas as demais consequências nefastas provocadas pelo acidente.'* (In *Indenizações por Acidente do Trabalho ou Doença Ocupacional*, São Paulo, LTr, 2. ed., 2006, p. 199).

Por conseguinte, sempre que o acidente gerar deformidade morfológica permanente, há direito à indenização por danos morais cumulada com o dano estético e calculadas separadamente.

Nesse sentido, a propósito, os seguintes precedentes desta Corte:

"DANO MORAL. DANO ESTÉTICO. POSSIBILIDADE DE CUMULAÇÃO. Não obstante a divergência doutrinária a respeito da classificação do dano estético, se subdivisão do dano moral ou se espécie autônoma de dano, o entendimento do Relator é no sentido de que o dano estético é uma subdivisão do dano moral, o que não implica não deva ser ressarcido como dano moral que também é, consoante a exegese do art. 949 do Código Civil. Na verdade, são distinções conceituais, pois o dano estético funciona como um *plus* do dano moral, podendo, consoante a natureza da lesão estética e o membro atingido, dobrar o seu valor, ou seja, estar equiparado com o valor do dano moral. Isso ocorre porque a deformidade física agrava a dor moral, independentemente de o indivíduo depender de sua imagem para auferir sua subsistência. Assim, a cumulação dos danos estéticos e morais é perfeitamente possível. Precedentes. Incidência do art. 896, § 4º, da CLT e aplicação da Súmula n. 333/TST." (Processo: AIRR – 1204-49.2011.5.18.0008, Relator Ministro: Hugo Carlos Scheuermann, Data de Julgamento: 18.09.2013, 1ª Turma, Data de Publicação: DEJT 27.09.2013)

"ACIDENTE DE TRABALHO. DANO MORAL. DANO ESTÉTICO. INDENIZAÇÃO. CUMULAÇÃO. O Tribunal Regional excluiu da condenação à indenização relativa ao dano estético, por entender que tal lesão é espécie de dano moral, e com isso não se conforma o Reclamante. Quanto a esse tema, esta Corte tem-se manifestado reiteradamente pela possibilidade de cumulação da indenização devida por dano moral com aquela oriunda de dano estético, dado que distintos são seus fundamentos. Portanto, consignado pelo Tribunal de origem que o acidente de trabalho que acometeu o Autor acarretou a amputação do dedo indicador da mão direita, tem-se por configurado o dano estético, o que autoriza alguma forma de reparação, seja mediante indenização autônoma, seja mediante a ponderação do dano estético na indenização por danos morais acaso deferida. Recurso de revista de que se conhece e a que se dá provimento." (Processo: RR – 161300-38.2005.5.24.0022, Data de Julgamento: 26.05.2010, Relator Ministro: Fernando Eizo Ono, 4ª Turma, Data de Publicação: DEJT 28.06.2010)

"CUMULAÇÃO DE DANO ESTÉTICO E DANO MORAL. POSSIBILIDADE. A reparação por danos morais e estéticos, embora possam ser resultantes de um mesmo fato jurídico, devem ensejar cada qual uma reparação específica. O dano moral provoca um abalo interior, com profundo sofrimento e tristeza pela perda; o dano estético identifica-se, especificamente, com a perda objetiva de parte da sua imagem-retrato. O dano moral corresponde, assim, à projeção da lesão no âmbito interno; já o dano estético corresponde à projeção da lesão objetivamente considerada no meio social, com a deformação da sua imagem objetiva e não de risco aos traços de sua personalidade, como no caso do sofrimento que enseja o dano moral, gerador que é de instabilidades psíquicas. Portanto, embora intimamente relacionadas pela mesma causa, devem gerar reparação diversa em face de sua repercussão também diversa. Recurso de revista conhecido e, no particular, não provido." (Processo: RR – 78200-68.2005.5.09.0002, Data de Julgamento: 04.11.2009, Relator Ministro: Emmanoel Pereira, 5ª Turma, Data de Publicação: DEJT 13.11.2009).

"INDENIZAÇÃO POR DANO MORAL CUMULADA INDENIZAÇÃO POR DANO ESTÉTICO. A lesão à integridade física, com sequela irreversível, por si só, é capaz de causar dano. Ainda mais quando causa redução da capacidade para o trabalho, cabendo ressaltar os entraves à nova colocação no mercado de trabalho, vez que qualquer exame admissional sempre denunciará tal defeito. A indenização por danos morais e a indenização por danos estéticos são direitos distintos, pois uma visa a compensar o empregado pelo sofrimento psicológico, enquanto a outra, no caso, pela anomalia física. Recurso de revista não conhecido." (Processo: ED-RR – 145900-23.2005.5.12.0020, Data de Julgamento: 24.06.2009, Relator Ministro: Aloysio Corrêa da Veiga, 6ª Turma, Data de Publicação: DEJT 31.07.2009).

No mesmo sentido a Súmula n. 387 do STJ, que consagra, *verbis*: "É lícita a cumulação das indenizações de dano estético e dano moral".

Por outro lado, a agravante também não demonstra o cabimento do recurso de revista na forma do art. 896, *a*, da CLT, porque indica arestos de órgãos não elencados na alínea *a* do art. 896 da CLT.

NEGO PROVIMENTO ao agravo de instrumento, no tema.

---

## ACIDENTE DE TRABALHO. LAVOURA DE CANA-DE-AÇÚCAR. QUEIMADA. RESPONSABILIDADE DO EMPREGADOR

*RECURSO DE REVISTA. INDENIZAÇÃO POR DANOS MORAIS E MATERIAIS. ACIDENTE DE TRABALHO. LAVOURA DE CANA-DE-AÇÚCAR. QUEIMADA. ATROPELAMENTO. RESPONSABILIDADE DO EMPREGADOR AO ADOTAR AS MEDIDAS NECESSÁRIAS À NEUTRALIZAÇÃO DOS PERIGOS IMANENTES À ATIVIDADE EMPRESARIAL. CULPA NA MODALIDADE OMISSIVA.*

*O contexto fático descrito no acórdão regional evidencia a conduta omissiva – e, consequentemente culposa – do reclamado na adoção das providências necessárias à preservação da incolumidade física e mental de seus empregados no meio ambiente do trabalho, aptas a neutralizar os efeitos danosos decorrentes do cultivo de cana, os quais não se exaurem no fornecimento de EPI´s, dada a nocividade e grau de risco imanente a essa atividade empresarial. Demonstrado, portanto, o nexo de causalidade entre a conduta omissiva do reclamado e o acidente ocorrido, sujeita-se o empregador à reparação dos danos sofridos pelo reclamante, nos termos dos arts. 186 do Código Civil e 7º, XXVIII, da Constituição Federal. Recurso de revista que não se viabiliza pela hipótese da alínea c do art. 896 da CLT.*

*HONORÁRIOS ADVOCATÍCIOS. AÇÃO DE INDENIZAÇÃO DE PERDAS E DANOS ANTERIORMENTE PROPOSTA NA JUSTIÇA COMUM. ACIDENTE DE TRABALHO.*

*Esta Corte Superior vem adotando o entendimento de que não é exigível o preenchimento pelo reclamante dos pressupostos da Lei n. 5.584/1970, na hipótese de ação ajuizada na Justiça Comum, em data anterior ao advento da Emenda Constitucional n. 45/2004 – que ampliou a esfera de competência material trabalhista –, com a consequente remessa dos autos da Justiça Estadual à Justiça do Trabalho. Não se trata, por óbvio, de descumprimento da norma legal que condiciona a concessão de honorários aos litigantes assistidos pelos respectivos sindicatos profissionais, mas da impossibilidade de se impor norma processual trabalhista a litigante em processo originário de órgão jurisdicional comum, no qual se aplicam as regras do Código de Processo Civil e se exige o patrocínio advocatício.*

*Recurso de revista de que não se conhece.*
(Processo n. TST-RR-7803200-28.2005.5.09.0092 – Ac. 1ª Turma – DeJT: 13.12.2012)

CONHECIMENTO

O recurso não prospera.

Esta Corte Superior vem adotando o entendimento de que não é exigível o preenchimento pelo reclamante dos pressupostos da Lei n. 5.584/1970, na hipótese de ação ajuizada na Justiça Comum, em data anterior ao advento da Emenda Constitucional n. 45/2004 – que ampliou a esfera de competência da Justiça do Trabalho –, com a consequente remessa dos autos da Justiça Estadual a esta Justiça Especializada.

Não se trata, por óbvio, de descumprimento da norma legal que condiciona a concessão de honorários aos litigantes assistidos pelos respectivos sindicatos profissionais, mas da impossibilidade de se impor norma processual trabalhista a litigante em processo originário de órgão jurisdicional comum, no qual se aplicam as regras do Código de Processo Civil e se exige o patrocínio advocatício.

Nesse sentido, inclusive, já se manifestou esta Primeira Turma e a SBDI-1 desta Corte, conforme os seguintes precedentes:

"HONORÁRIOS ADVOCATÍCIOS. AÇÃO REPARATÓRIA DE PERDAS E DANOS ANTERIORMENTE PROPOSTA NA JUSTIÇA COMUM. DOENÇA PROFISSIONAL. VERBA DEVIDA.

Esta Corte Superior vem adotando o entendimento de que não é exigível o preenchimento pelo reclamante dos pressupostos da Lei n. 5.584/1970, na hipótese de ação ajuizada na Justiça Comum, em data anterior ao advento da Emenda Constitucional n. 45/2004 – que ampliou a esfera de competência material trabalhista –, com a consequente remessa dos autos da Justiça Estadual à Justiça do Trabalho. Não se trata, por óbvio, de descumprimento da norma legal que condiciona a concessão de honorários aos litigantes assistidos pelos respectivos sindicatos profissionais, mas da impossibilidade de se impor norma processual trabalhista a litigante em processo originário de órgão jurisdicional comum, no qual se aplicam as regras do Código de Processo Civil e se exige o patrocínio advocatício. Recurso de revista de que não se conhece." Processo: RR – 250800-51.2007.5.09.0673 Data de Julgamento: 07.12.2010, Relator Ministro: Walmir Oliveira da Costa, 1ª Turma, Data de Publicação: DEJT 17.12.2010.

"RECURSO DE EMBARGOS INTERPOSTO NA VIGÊNCIA DA LEI N. 11.496/2007. HONORÁRIOS ADVOCATÍCIOS. INDENIZAÇÃO POR DANOS MORAIS DECORRENTES DE ACIDENTE DE TRABALHO. AÇÃO ANTERIORMENTE PROPOSTA NA JUSTIÇA COMUM. NECESSIDADE DE PREENCHIMENTO DOS REQUISITOS PREVISTOS NA LEI N. 5.584/1970. *In casu*, discute-se o fato de a presente demanda ter sido ajuizada inicialmente na Justiça Comum afasta a necessidade do preenchimento dos requisitos previstos na Lei n. 5.584/1970 para o deferimento dos honorários advocatícios. De acordo com o entendimento firmado por esta Subseção, tendo havido o ajuizamento da ação perante a Justiça Comum, em virtude da controvérsia quanto à competência para apreciação das demandas relativas à indenização por dano moral decorrente de acidente de trabalho, o deferimento dos honorários advocatícios não está sujeito ao preenchimento dos requisitos previstos na Lei n. 5.584/1970 (TST-E-ED-RR-9954400-51.2005.5.09.0091, Redator Designado Aloysio Corrêa da Veiga). Recurso de Embargos conhecido e provido." Processo: E-ED-RR – 139000-41.2007.5.09.0245 Data de Julgamento: 22.06.2010, Relatora Ministra: Maria de Assis Calsing, Subseção I Especializada em Dissídios Individuais, Data de Divulgação: DEJT 06.08.2010.

"HONORÁRIOS ADVOCATÍCIOS. VIGÊNCIA DA LEI N. 11.496/2007. AÇÃO AJUIZADA NA JUSTIÇA COMUM. INEXISTÊNCIA DE *JUS POSTULANDI*. INAPLICABILIDADE DA SÚMULA N. 219 DO C. TST. Não se verifica a contrariedade à Súmula n. 219 do C. TST da decisão do Eg. Tribunal Regional que mantém honorários advocatícios, porque ausente o *jus postulandi* quando do ajuizamento da ação na Justiça Comum, em que se buscou indenização por dano moral em razão do acidente de trabalho. Embargos conhecidos e desprovidos." (E-ED-RR-9954400-51.2005.5.09.0091, SBDI-1, rel. Min. Maria de Assis Calsing, redator para acórdão Min. Aloysio Corrêa da Veiga, DEJT – 28.06.2010)

Logo, estando a decisão regional em sintonia com a jurisprudência iterativa, notória e atual desta Corte Superior, não se divisa contrariedade às Súmulas n.s 219 e 329 do TST, nos termos do art. 896, § 4º, da CLT e da Súmula n. 333 do TST.

Ante o exposto, NÃO CONHEÇO do recurso de revista interposto pela reclamada.

INDENIZAÇÃO POR DANOS MORAIS E MATERIAIS. ACIDENTE DE TRABALHO. LAVOURA DE CANA-DE--AÇÚCAR. QUEIMADA. ATROPELAMENTO. RESPONSABILIDADE DO EMPREGADOR AO ADOTAR AS MEDIDAS NECESSÁRIAS À NEUTRALIZAÇÃO DOS PERIGOS IMANENTE À ATIVIDADE EMPRESARIAL. CULPA NA MODALIDADE OMISSIVA

Ao exame.

O art. 7º, XXVIII, da Constituição Federal, estabelece a obrigação do empregador de indenizar os prejuízos morais e materiais causados ao empregado, decorrentes de acidente de trabalho (e doença profissional a ele equiparada) sempre que incorrer em culpa ou dolo na consecução do evento danoso.

O direito social tutelado no art. 7º da Constituição Federal de 1988 encontra, no art. 186 do Código Civil, os parâmetros da responsabilidade civil no ordenamento jurídico pátrio por ato ilícito, ao estabelecer que "aquele que, por ação ou omissão voluntária, negligência ou imprudência, violar direito e causar dano a outrem, ainda que exclusivamente moral, comete ato ilícito".

No caso em análise, o Tribunal Regional delimita o quadro fático de que o reclamante, na função de auxiliar de queima da cana-de-açúcar, foi vítima de atropelamento por veículo do reclamado (caminhão bombeiro), que adentrou no canavial na tentativa de conter o fogo que se alastrava na lavoura, fato que lhe ocasionou a fratura do membro inferior direito. Registra que, ainda que a reclamante mantenha os movimentos da perna, o infortúnio resultou em significativa redução de sua capacidade laborativa (cerca de 25% a 50% segundo a Classificação Internacional de Funcionalidades, Incapacidades e Saúde), em se tratando de trabalhador braçal, cuja função exige a manutenção da postura em pé.

Explicita que ficou comprovado que o reclamado fornecia aos seus empregados Equipamento de Proteção Individual – EPI´s, o que, entretanto, não se revelou suficiente para evitar o acidente, na medida em que o caminhão não possuía sirene ou iluminação diferente que viabilizasse alertar os empregados da sua proximidade; o uniforme utilizado pelo reclamante era verde, de forma que se confundia com o canavial; e, ainda que o motorista tenha dado uma buzinada ao se movimentar no talhão, não era possível ouvi-la, em razão do barulho do fogo e do caminhão.

O contexto fático descrito no acórdão recorrido pelo Tribunal Regional evidencia a conduta omissiva – e, consequentemente culposa – do reclamado na adoção das providências necessárias à preservação da segurança no meio ambiente do trabalho dos seus empregados, aptas a neutralizar os efeitos danosos decorrentes do cultivo de cana, os quais não se exaurem no fornecimento de EPI´s, dada a nocividade e grau de risco imanente a essa atividade empresarial. Por essa razão, o empregador ao assumir os riscos da atividade econômica (lavoura da cana-de-açúcar) deve tomar todas as medidas de segurança e cercar-se de todos os meios necessários a assegurar a preservação da incolumidade física e mental de seus empregados no desempenho das atividades laborativas destinadas à consecução dos fins empresariais.

Ficou, portanto, cabalmente demonstrado o nexo de causalidade entre a conduta omissiva do reclamado e o acidente ocorrido, sujeitando-se o empregador à reparação dos danos sofridos pelo reclamante, nos termos dos arts. 186 do Código Civil e 7º, XXVIII, da Constituição Federal.

Fixadas tais premissas, tenho que o recurso de revista não se viabiliza pela hipótese da alínea *c* do art. 896 da CLT.

De outra parte, as particularidades fáticas que envolvem o caso em análise inviabilizam a configuração de divergência jurisprudencial dos arestos transcritos às fls. 440-441 e 442-443, nos termos da Súmula n. 296, I, desta Corte Superior, ante a impossibilidade de configuração de identidade fática entre as controvérsias cotejadas, mormente quanto ao ambiente de trabalho no processo de queimada da cana-de-açúcar.

Diante do exposto, NÃO CONHEÇO do recurso de revista, nesse tema.

## ACIDENTE DE TRABALHO. MORTE. DANO MORAL

*RECURSO DE REVISTA. ACIDENTE DE TRABALHO. MORTE. DANO MORAL. INDENIZAÇÃO.*

*1. No caso em exame, a Corte Regional reconheceu que o acidente de trabalho, que acarretou a morte do trabalhador, decorreu de omissão patronal no cumprimento das normas de segurança do trabalho, quando permitiu que os serviços iniciassem, sem que o poste estivesse preso ao caminhão, gerando o infortúnio.*

*2. Em matéria de prova, o dano moral, em si, não é suscetível de comprovação, em face da impossibilidade de se fazer demonstração, em processo judicial, da dor, do sofrimento e da angústia da vítima ou seus familiares.*

*3. Evidenciados o fato ofensivo e o nexo causal, como no caso vertente, o dano moral ocorre "in re ipsa", ou seja, é consequência da conduta antijurídica da empresa, do que decorre a sua responsabilidade em pagar compensação pelo prejuízo de cunho imaterial causado, o que não viola o art. 186 do Código Civil, mas sim o prestigia.*

*Recurso de revista de que não se conhece.*

*(Processo n. TST-RR-188900-81.2006.5.15.0076 – Ac. 1ª Turma – DeJT: 04.04.2013)*

CONHECIMENTO

O recurso não alcança conhecimento.

A Corte de origem, valorando fatos e provas, firmou seu convencimento no sentido de que restou comprovado o acidente de trabalho que acarretou a morte do trabalhador que prestava serviços para a reclamada, quando em atividade. Enfatizou que a reclamada deixou de cumprir e fazer cumprir oportunamente as normas de segurança do trabalho. O Colegiado *a quo* registrou que o "encarregado", indicado pela reclamada, estava presente ao local dos fatos, e nenhuma medida tomou em relação ao procedimento adotado que culminou com o acidente de trabalho, tendo sido iniciado os serviços "sem que o poste estivesse 'preso ao caminhão'", enfatizando que tal prática era comum, em razão de o tempo, em que a energia permanecia desligada para a realização dos serviços, ser insuficiente para a observância a todas as medidas de segurança.

Nesse contexto, resulta claro, portanto, que não houve a aplicação da responsabilidade objetiva da reclamada, prevista no art. 927, parágrafo único, do Código Civil, mas sim, de responsabilidade subjetiva calcada na culpa, evidenciada por omissões na obrigação de proteger seus trabalhadores, no tocante à segurança e saúde no trabalho.

Diante da configuração do nexo de causalidade, entre a morte e o acidente de trabalho sofrido, bem como em face da culpa da empresa, ao ter sido omissa na adoção do necessário respeito às normas que tutelam a segurança e medicina do trabalho, tem-se como configurados os requisitos ensejadores da responsabilidade civil da reclamada, nos moldes dos arts. 186 e 927 do Código Civil.

Assim, evidenciados o fato ofensivo e o nexo de causalidade, como na hipótese vertente, o dano moral existe "*in re ipsa*", ou seja, o dano é consequência da conduta antijurídica da empresa, do que decorre a sua responsabilidade em pagar compensação pelo prejuízo de cunho imaterial causado (teoria do desestímulo), nos termos dos arts. 186, 927, *caput*, do Código Civil e 5º, X, da Constituição Federal. Nessa linha de raciocínio, não há falar em violação das normas que versam sobre distribuição do ônus probatório, para fundamentar a tese de que o dano moral precisava ser provado, haja vista que tal ônus vincula-se ao ato ilícito atribuído ao ofensor e os reflexos da conduta antijurídica nos atributos valorativos daquele que sofreu a ofensa.

Indica-se o seguinte precedente desta Primeira Turma, de minha lavra:

"RECURSO DE REVISTA. INDENIZAÇÃO POR DANO MORAL. COMPROVAÇÃO DO PREJUÍZO MORAL. DESNECESSIDADE. 1. O dano moral em si não é suscetível de prova, em face da impossibilidade de fazer demonstração, em juízo, da dor, do abalo moral e da angústia sofridos. 2. Trata-se, pois, de *damnum in re ipsa*, ou seja, o dano moral é consequência do próprio fato ofensivo, de modo que, comprovado o evento lesivo, tem-se, como consequência lógica, a configuração de dano moral, exsurgindo a obrigação de pagar indenização, nos termos do art. 5º, X, da Constituição Federal. 3. Na hipótese, a Corte de origem asseverou que o reclamante foi mantido como refém durante rebelião dos internos de uma das unidades da reclamada. Desse modo, diante das premissas fáticas constantes do acórdão recorrido, tem-se por comprovado o evento danoso, ensejando, assim, a reparação do dano moral. Recurso de revista conhecido e provido." (RR – 230940-08.2004.5.02.0045, Relator Ministro: Walmir Oliveira da Costa, 1ª Turma, DEJT 02.07.2010).

Referenda tal posicionamento o doutrinador Sérgio Cavallieri Filho (cf. *Programa de responsabilidade civil*, 4. ed., São Paulo: Malheiros, 2003, p. 525):

"(...) por se tratar de algo imaterial ou ideal a prova do dano moral não pode ser feita através dos mesmos meios utilizados para a comprovação do dano material. Seria uma demasia, algo até impossível, exigir que a vítima comprove a dor, a tristeza ou a humilhação através de depoimentos, documentos ou perícia; não teria ela como demonstrar o descrédito, o repúdio ou o desprestígio através dos meios probatórios tradicionais, o que acabaria por ensejar o retorno à fase da irreparabilidade do dano moral em razão de fatores instrumentais.

(...)

Em outras palavras, o dano moral existe *in re ipsa*; deriva inexoravelmente do próprio fato ofensivo, de tal modo que, provada a ofensa, *ipso facto* está demonstrado o dano moral à guisa de uma presunção natural, uma presunção *hominis* ou *facti*, que decorre das regras de experiência comum."

Acrescente-se que, das razões recursais, constata-se que a reclamada não pretende obter nova qualificação jurídica dos fatos apurados, mas sim reabrir o debate em torno da valoração dos fatos e das provas nos quais a Corte Regional firmou convicção para decidir pela presença dos requisitos da responsabilidade civil subjetiva.

Assim, conclui-se que a situação fática descrita no acórdão recorrido, além de não caracterizar a alegada ofensa aos arts. 186 do Código Civil e 157, I, da CLT, desafia o óbice da Súmula n. 126 desta Corte Superior, porquanto a pretensão recursal de afastar a caracterização do acidente de trabalho, do nexo de causalidade, do ato ilícito ou de demonstrar eventual culpa concorrente, exige o revolvimento do contexto fático-probatório dos autos, procedimento inadmitido em instância recursal de natureza extraordinária.

Acrescente-se que a indicação de violação do Código Brasileiro de Telecomunicações e da Lei de Imprensa não fundamenta adequadamente o apelo, diante do óbice da Súmula n. 221 do TST, na medida em que a recorrente não especificou qual o artigo entende ter sido afrontado, o que obsta o exame da tese recursal.

Ademais, o aresto indicado às fls. 537-539 sofre o óbice da Súmula n. 337 do TST, ante a ausência de indicação da fonte de publicação oficial.

Em relação à quantia atribuída à indenização decorrente do dano moral, a Corte *a quo* adotou a seguinte fundamentação, *verbis*:

"Não merece reparos, ainda, no que se refere ao *quantum* arbitrado. Na quantificação da indenização a título de dano moral o julgador deve balizar-se por certos parâmetros que assegurem, no caso concreto, a mais completa satisfação do direito violado, mas sem se esquecer do próprio caráter pedagógico que está embutido em tal condenação, a fim de que se evitem novas atitudes lesivas por parte do ofensor.

Assim, o magistrado deve pautar-se tanto pela situação econômica de ofensor e ofendido como pela própria condição social do lesado.

Não pode olvidar, ainda, o grau de culpabilidade bem como a repercussão do dano.

Nesses termos a indenização fixada em R$ 100.000,00 mostra-se razoável e consentânea com a lesão cometida.

Consigne-se, por fim, que não houve qualquer tipo de condenação por dano material (fl. 194), considerando a origem, e acertadamente, que as reclamadas portaram-se ao menos culposamente no evento que vitimou o trabalhador quando executava serviços em benefício da tomadora dos serviços."

Observa-se, portanto, que, para efeito de cumprimento do princípio do arbitramento equitativo da indenização por dano moral (CCB, art. 944, parágrafo único), a Corte de origem teve em conta a teoria do valor do desestímulo, que se assenta no tripé: compensação, punição do ofensor, de prevenção de atos danosos futuros, a extensão, gravidade e potencialidade do ato danoso, como também as circunstâncias do caso concreto.

Nesse contexto, considerando que a Corte de origem manteve o valor da indenização em R$ 100.000,00 (cem mil reais), justamente com base nos requisitos acima expostos, e em face de ter ocorrido o falecimento do trabalhador, não se divisa a apontada violação do art. 944, parágrafo único, do Código Civil, tampouco a caracterização de dissenso pretoriano, com o aresto às fls. 541-543, quando ausente o requisito da especificidade previsto na Súmula n. 296, I, deste Tribunal Superior.

Portanto, NÃO CONHEÇO do recurso de revista.

# ACIDENTE DE TRABALHO. MORTE DO EMPREGADO

*RECURSO DE REVISTA. ACIDENTE DO TRABALHO. MORTE DO EMPREGADO. INDENIZAÇÕES POR DANOS MATERIAL E MORAL. CABIMENTO.*

*1. O Colegiado de origem, valorando fatos e provas, firmou seu convencimento (art. 131 do CPC) no sentido de que o acidente de trabalho sofrido pelo companheiro da autora, ex-empregado da reclamada, possuía nexo de causalidade com o exercício das funções de eletricista, na medida em que, após ter constatado a existência de desvio de energia elétrica e ter efetuado cortes na prestação dos serviços, na residência do suposto autor do crime, foi assassinado.*

*2. A Corte Regional reconheceu que o empregado trabalhava exposto a riscos eminentes porquanto sofria constantes ameaças dos consumidores que se sentiam lesados pelos cortes de energia, aferindo a ausência de provas que demonstrassem a adoção de efetivas medidas de segurança e proteção pessoal, por parte da empresa reclamada. Concluiu, ao final, que a reclamada deveria responder por sua omissão.*

*3. Nesse contexto, a condenação da reclamada ao pagamento de indenização por danos material e moral não importa em atribuir-lhe a responsabilidade pela segurança pública, o que é incontroversamente dever do Estado. A incumbência da empresa de zelar pela segurança e proteção do trabalhador encontra previsão nos arts. 7º, XXII, da Constituição Federal e 157, I, da CLT e 19, § 1º, da Lei n. 8.213/1991.*

*4. Por tais fundamentos não se divisa violação literal e direta do art. 144 da Constituição Federal. A indicação de arestos para cotejo de teses, sem a fonte de publicação oficial, sofre o óbice da Súmula n. 337, I, a, do TST.*

*Recurso de revista de que não se conhece.*

(Processo n. TST-RR-85400-81.2009.5.08.0110 – Ac. 1ª Turma – DeJT: 22.09.2011)

CONHECIMENTO

No julgamento do recurso ordinário interposto pela autora, o Tribunal Regional deu-lhe provimento, adotando a seguinte fundamentação, *verbis*:

"A reclamante, ex-companheira do empregado falecido, não se conforma com a r. sentença que julgou improcedente a reclamação, indeferindo seu pleito de indenização por danos morais e materiais.

Trata-se de empregado que trabalhava como eletricista, fazendo cortes de energia elétrica para a empresa CELPA, através de empresa prestadora de serviços ENECOLPA ENGENHARIA ELETRIFICAÇÃO E CONSTRUÇÃO LTDA e que foi vítima de homicídio na Cidade de Pacajá/PA, local onde estava desempenhando suas funções laborais.

Apurou-se nos autos que em 30.08.2007, foi deslocada uma equipe de manutenção, da qual participara o Sr. Antonio (*de cujus*), para realizar serviços técnicos na rua Capim de Cheiro, ocasião em que foi constatada a existência de desvio de energia elétrica que estaria alimentando a residência do Sr. Adeilson Alves da Silva. A equipe retirou o desvio, sendo que naquela ocasião apenas o filho do citado senhor estava no local.

Posteriormente, por volta das 21:40 horas, ao retornar de uma churrascaria com o gerente da segunda reclamada, já dentro do veículo da Enecolpa, o Sr. Antonio foi abordado pelo Sr. Adeilson, o qual inicialmente indagou como fazia para arrumar aquele fogo que está saindo do poste em frente a sua casa, obtendo a resposta de que deveria ligar para o 0800. Então, novamente indagou ao Sr. Antonio se sabia quem havia cortado o "gato" da Rua Capim, tendo este respondido que "acho que fomos nós, porque trabalhamos naquela rua hoje", quando o Sr. Adeilson sacou um revólver e efetuou dois disparos no Sr. Antonio, que veio a falecer dois dias depois.

A primeira reclamada defendeu-se argumentando que a autora tenta construir uma suposta ligação entre o assassinato de seu ex-companheiro e a função desempenhada por ele na reclamada. Ressaltou que não há qualquer nexo de causalidade, pois o homicídio ocorreu em uma praça, na saída de uma churrascaria na qual o falecido havia jantado com amigos, isto é, fora da jornada de trabalho.

Afirmou que a conduta praticada pelo falecido em retirar a ligação clandestina foi totalmente legal, realizado corretamente e sem qualquer negligência da reclamada, tanto que o desvio de energia é tipificado como crime. Relatou que infelizmente houve uma fatalidade a que todos estão sujeitos, não havendo como a reclamada prevenir o fato, pelo que não haveria dever algum de indenizar, mormente porque não houve dolo ou culpa da empresa.

O juízo de 1º grau indeferiu o pedido de indenização por entender que *o empregado foi vítima de violência urbana*, sendo que o homicídio não ocorreu no horário de trabalho nem no local de trabalho, mas em via pública, não restando provado que a reclamada tenha tido responsabilidade sobre o homicídio, não restando caracterizada a prática de ato ilícito por parte da empresa, capaz de ensejar a indenização ora pleiteada. Entendeu o juízo que o Município de Pacajá, onde ocorreu o crime, assim como diversos outros no imenso Estado do Pará, está sujeito à violência, mas tal fato não implica o reconhecimento de que as atividades dos empregados das reclamadas sejam de risco por atuarem em área exposta à violência, até porque a violência está espalhada e descontrolada no meio em que vivemos, sendo a segurança pública obrigação primordial do Estado.

*Data venia*, entendo merecer reforma a sentença.

A meu ver, restou provado que a morte do empregado decorreu do serviço prestado para as reclamadas, independentemente de ter sido fora do expediente ou do local de trabalho, tendo ocorrido, inclusive, dentro de veículo da empresa. Nos termos do art. 19 da Lei n. 8.213/1991, é considerado acidente de trabalho aquele que ocorre *pelo exercício do trabalho a serviço da empresa* ou pelo exercício do trabalho dos segurados especiais, provocando lesão corporal ou perturbação funcional que cause a morte ou a perda ou redução, permanente ou temporária, da capacidade para o trabalho.

Quanto à responsabilidade das empresas, entendo deva ser aplicada a teoria do risco criado, com fundamento no art. 927, parágrafo único do CC, que assim está redigido:

(...)

É da própria natureza do contrato de trabalho o princípio da alteridade, onde o empregador assume os riscos da atividade econômica, riscos estes que podem dar ensejo a prejuízo, tanto a terceiros atingidos pela atividade econômica, *quanto aos empregados desta, vitimados pela execução das atividades normais do negócio*.

A ocorrência do infortúnio nas circunstâncias do risco laboral em razão da natureza do trabalho ou das condições especiais da prestação do serviço ocasionadas pela insegurança pública proporciona o reconhecimento da responsabilidade objetiva fixada no art. 927, parágrafo único, do Código Civil. A existência do liame entre o evento danoso (violência) e o trabalho é suficiente para originar o dever reparatório do empregador pelo dano sofrido pelo obreiro, de modo que o empregador deve indenizar civilmente o empregado, independentemente da natureza da conduta (lícita ou ilícita).

É correto afirmar que é impossível exigir que as reclamadas mantenham seus empregados imunes à violência urbana/rural em qualquer tempo, sobretudo em relação ao empregado falecido que desempenhava o cargo de eletricista, cujo risco se relacionava à eletricidade e não estava direcionado propriamente ou normalmente à ação de criminosos.

Contudo, entendo que devem ser analisadas as circunstâncias especiais existentes no presente caso, onde é possível verificar claramente a incidência do risco laboral, risco esse compreendido como aquele a que se expõe o trabalhador acima do risco médio da coletividade em geral.

Vejamos. A reclamante declarou (fls. 351-v):

(...)

Verifica-se nos depoimentos acima que embora normalmente a atividade de eletricista não seja exposta a riscos de violência, no caso do falecido e de seus colegas de trabalho, os mesmos eram expostos a risco eminente, porquanto eram habitualmente ameaçados pelos consumidores que se sentiam lesados e desses fatos as reclamadas tinham ciência, como se viu acima.

Assim, a atividade laboral do falecido possuía nível de exposição ao risco muito mais frequente e acentuado do que as outras atividades, proporcionando, dentro da normalidade média das ocupações laborais, maior potencialidade de ocorrência do infortúnio laboral.

Logo, tratando-se de atividade laboral que expunha o trabalhador ao risco de violência física, cabia às reclamadas garantir proteção à integridade física dos mesmos ou tentar minimizar os riscos de violência, o que não restou provado nos autos.

Não aceito a alegação da primeira reclamada de que "nada poderia fazer para evitar o homicídio", mesmo porque lhe cabia ao menos ter tentado evitar, oferecendo a seus empregados ameaçados maior proteção pessoal.

Os relatos no sentido de que as reclamadas orientam os trabalhadores para não concluir o serviço quando há ameaça de cliente, ocasião em que recomenda solicitar apoio policial, de fato demonstra relativa preocupação das reclamadas para com seus trabalhadores, ao menos no sentido de tentar minimizar a ação de possíveis bandidos no decorrer da jornada de trabalho. Contudo, essa preocupação revelou-se insuficiente, pois não há nos autos qualquer prova de que o falecido e sua equipe estivessem obtendo por parte das empresas efetivas medidas de segurança e proteção pessoal para o desempenho de suas funções laborais.

Assim, as reclamadas devem responder por sua conduta omissiva e pelo risco a que submeteu seu empregado, que acabou perdendo a vida pelo desempenho de suas funções laborais rotineiras.

Com relação à assistência posterior ao acidente, só serve como fato atenuante, mas não a exime da responsabilidade, como empregadora, de responder pelos danos sofridos por seu empregado em acidente ocorrido pelo desempenho das atividades laborais.

Reconheço, portanto, o direito do reclamante de receber da empresa uma indenização por dano moral decorrente do acidente de trabalho."

Interpostos embargos de declaração pela segunda reclamada, a Corte Regional deu-lhes provimento para imprimir efeito modificativo ao acórdão embargado, de modo a fixar as regras de incidência da correção monetária e dos juros de mora, e reconhecer a responsabilidade meramente subsidiária da segunda reclamada.

Nas razões do recurso de revista, a primeira reclamada insurge-se contra o reconhecimento de sua responsabilidade pelo óbito do seu ex-empregado. Argumenta que o crime foi praticado por terceiro, fora do horário do trabalho, quando seu empregado saía de uma churrascaria, após jantar com amigos. Assim, entende que a responsabilidade pelo infortúnio seria do Estado, nos moldes do art. 144 da Constituição Federal. Fundamenta o tema na transcrição de arestos para cotejo de teses além de indicar violação do art. 144 da Lei Maior.

A argumentação da reclamada não consegue viabilizar o conhecimento do apelo, na forma do art. 896, *a* e c, da CLT.

Trata-se de hipótese em que o Colegiado de origem, valorando fatos e provas, firmou seu convencimento (art. 131 do CPC) no sentido de que o infortúnio sofrido pelo companheiro da autora, ex-empregado da reclamada, possuía nexo de causalidade com o exercício das funções de eletricista. A Corte *a quo* registrou que, após ter constatado a existência de desvio de energia e ter efetuado cortes na prestação dos serviços, na residência do suposto autor do crime, o empregado da reclamada foi assassinado. Embora seja incontroverso que o homicídio ocorreu após o horário de trabalho, o Tribunal assentou que o então empregado encontrava-se com o gerente da recorrente e no veículo da empresa, no momento do crime.

É relevante frisar, ainda, que a Corte Regional reconheceu que o ex-empregado trabalhava exposto a riscos eminentes porquanto sofria constantes ameaças dos consumidores que se sentiam lesados pelos cortes de energia, aferindo a ausência de provas que demonstrassem a adoção de efetivas medidas de segurança e proteção pessoal, por parte da empresa reclamada, em prol do empregado. Concluiu, ao final, que a reclamada deveria responder por sua conduta omissiva.

O art. 19, *caput*, da Lei n. 8.213/1991, considera acidente do trabalho "o que ocorre *pelo exercício do trabalho* a serviço da empresa ou pelo exercício do trabalho dos segurados referidos no inciso VII do art. 11 desta Lei, provocando lesão corporal ou perturbação funcional que cause a morte ou a perda ou redução, permanente ou temporária, da capacidade para o trabalho" (sublinhei).

Nesse contexto, com amparo nas premissas descritas no acórdão recorrido, resulta cristalina a incidência do referido preceito legal ao caso em exame ante o reconhecimento, pela Corte Regional, de que o óbito decorreu do exercício do trabalho a serviço da empresa, seja por efetuar o corte de energia na residência do apontado autor do crime, seja em face da omissão da reclamada em adotar medidas efetivas que protegessem o empregado da consumação das ameaças recebidas. Restou caracterizado, portanto, o acidente do trabalho que culminou com a morte do companheiro da autora.

Ora, a teor do art. 144 da Constituição Federal, tido como violado, a segurança pública é dever do Estado, direito e responsabilidade de todos, sendo exercida para a preservação da ordem pública e da incolumidade das pessoas e do patrimônio.

Com efeito, diante das premissas constantes no acórdão recorrido, constata-se que a indicação de ofensa ao referido preceito constitucional não se revela como argumento adequado a infirmar os fundamentos adotados pelo Tribunal

Regional, ao reconhecer a omissão da reclamada em adotar efetivas medidas de proteção e segurança de seu empregado, que sofria ameaças pelo exercício de suas funções.

Nesse contexto, insta acrescentar que a condenação da reclamada ao pagamento de indenização por danos material e moral, em face do acidente do trabalho do qual resultou a morte de empregado, não importa em atribuir-lhe a responsabilidade pela segurança pública, o que é incontroversamente dever do Estado. A incumbência da empresa de zelar pela segurança do trabalhador encontra previsão nos arts. 7º, XXII, da Constituição Federal e 157, I, da CLT e 19, § 1º, da Lei n. 8.213/1991.

Por tais fundamentos não se divisa violação literal e direta do art. 144 da Constituição Federal.

Os arestos indicados às fls. 490-493 e 493-495 são inservíveis ao cotejo de teses, pois não apresentam a fonte de publicação oficial, em desacordo com a Súmula n. 337, I, *a*, do TST.

Ante o exposto, NÃO CONHEÇO do recurso de revista.

---

## ACIDENTE DE TRABALHO. RESPONSABILIDADE. RISCO PROFISSIONAL

*RECURSO DE REVISTA. ACIDENTE DE TRABALHO. RESPONSABILIDADE OBJETIVA DO EMPREGADOR. TEORIA DO RISCO PROFISSIONAL. INDENIZAÇÃO POR DANOS MATERIAL E MORAL.*

*Nos termos do parágrafo único do art. 927 do Código Civil, o dever de indenizar tem lugar sempre que o fato prejudicial é decorrente da atividade ou profissão da vítima, e independe da comprovação de culpa do ofensor, conforme ocorreu na espécie. Na atividade de operador de empilhadeira, o reclamante foi vítima de acidente de trabalho, existindo, portanto, o nexo de causalidade. Do evento danoso resultaram defeitos físicos ao trabalhador, com diminuição da sua capacidade laborativa (hipotrofia da coxa direita, edema local no joelho direito, cicatriz para-patelar medial (8 cm), limitação à extensão e flexão da perna direita, diminuição da força muscular na perna direita e marcha claudicante). Nesse contexto, impõe-se o reconhecimento da responsabilidade objetiva do empregador em compensar os danos morais e materiais decorrentes da violação de direitos da personalidade do trabalhador. Precedentes.*

*Recurso de revista parcialmente conhecido e provido.*

*(Processo n. TST-RR-49100-28.2005.5.17.0008 – Ac. 1ª Turma – DeJT: 19.09.2013)*

ACIDENTE DE TRABALHO. RESPONSABILIDADE OBJETIVA DO EMPREGADOR. TEORIA DO RISCO PROFISSIONAL. INDENIZAÇÃO POR DANOS MATERIAL E MORAL

O Tribunal de origem, quanto à indenização por danos materiais e morais, negou provimento ao recurso ordinário do autor, consignando o seguinte entendimento, fls. 737-739, *verbis*:

"Sustenta o recorrente que merece reforma o *decisum*, que indeferiu o pleito concernente à reparação dos danos, por não vislumbrar o Juízo *a quo* a existência da culpa da reclamada para a ocorrência do evento danoso.

Afirma que o conjunto probatório dos autos deixa clara a culpa da ré, ante a falta de compromisso da reclamada com a segurança e medicina do trabalho. Sustenta, ainda, desnecessária a existência da culpa, por ser objetiva a responsabilidade da reclamada.

Não lhe assiste razão, entretanto.

O autor relata, na petição inicial, que em julho de 1999, durante sua jornada de trabalho, caiu e se machucou, quando descia da máquina empilhadeira que trabalhava.

Dessa forma, entende configurado acidente de trabalho típico e requer pagamento de pensão mensal correspondente ao salário e indenização por danos materiais e morais.

A Constituição Federal no tocante às indenizações por infortúnio do trabalho, assim como a legislação infraconstitucional exigem ao menos a culpa, ainda que sob a vetusta modalidade de culpa levíssima dos antigos alfarrábios de direito.

Ainda que se pudesse concluir que no caso de operador de empilhadeira a culpa do empregador é objetiva, considerando que nesta atividade estariam ínsitos riscos à integridade física do empregado, decorrente de sua utilização, certo é que pelas alegações da inicial e do recurso e ainda em decorrência da prova oral, a conclusão a que se chega é que o acidente não ocorreu na execução da máquina.

O acidente deu-se com o reclamante descendo da empilhadeira, não havendo qualquer evidência de que decorreu de imprudência do empregador. Tanto que o recorrente já na inicial pretende a aplicação da responsabilidade civil objetiva para obter a reparação pretendida.

Quanto às alegações de existência de piso irregular, graxa e óleo e uso de chinelos de dedo, diversamente do alegado, não há que falar em sua comprovação, pois tais fatos sequer foram mencionados pelo autor em sua peça de ingresso. Ademais, conforme ressaltado pelo Juízo *a quo* a falta de harmonia entre os fatos apresentados pelo autor e os declarados pela testemunha, afastam a credibilidade do depoimento.

A ausência de culpa por parte do empregador é bastante para afastá-lo da condenação pretendida.

Nego provimento."

Aos embargos de declaração opostos, foi negado provimento, sob os seguintes fundamentos, fl. 773, *verbis*:

"O embargante aduz que lhe é devida indenização por danos morais e materiais, uma vez que restou provada a culpa da reclamada. Alega, ainda, que, mesmo sem culpa, restaria o dever de indenizar, devido à responsabilidade objetiva da embargada. Requer manifestação expressa quanto aos arts. 186, 927, 932, 944, 949, e 950 do CCB e 2º e 4º da CLT.

Ocorre que o Tribunal enunciou, de forma clara e fundamentada, que não houve culpa do empregador no acidente sofrido pelo embargante. Restou esclarecido no acórdão, ainda, que a responsabilidade, nesse caso, é subjetiva, de acordo com o disposto na Constituição Federal e na legislação infraconstitucional.

Vê-se, dessa forma, que o reclamante mais uma vez se limita a divergir da decisão impugnada, não apresentando nenhuma omissão no acórdão.

Dessa forma, nego provimento."

Nas razões do recurso de revista, o reclamante sustenta que não há que se falar em responsabilidade subjetiva, mas, sim, em responsabilidade objetiva, uma vez que a empresa não fornecia qualquer proteção ao trabalhador, sequer vestimenta adequada para o labor, expondo-o a risco peculiar de sofrer acidente. Nesse sentido, indica violação dos arts. 2º, 4º, 157 e 818, todos da CLT, 5º, V e X, da Constituição da República, 333, I e II, do CPC, 186, 927, 932, 944, 946, 949 e 950, todos do Código Civil, e transcreve arestos para o cotejo de teses.

O recurso merece conhecimento.

Trata-se de hipótese em que o Tribunal Regional reconheceu que o reclamante sofreu típico acidente de trabalho (queda ao descer da empilhadeira em que trabalhava), acarretando-lhe limitações funcionais que reduziram sua capacidade laborativa, consistindo tais sequelas nas seguintes deficiências: hipotrofia da coxa direita, edema local em joelho direito, cicatriz para-patelar medial (8 cm), limitação à extensão e flexão da perna direita, diminuição da força muscular na perna direita e marcha claudicante (fl. 581).

Contudo, o Colegiado de origem concluiu que, para a responsabilização civil do reclamado, deveria ter sido provada sua culpa, em face da responsabilidade civil subjetiva, ônus do qual o reclamante não se desincumbira.

Entendo de modo diverso, com advertência para a desnecessidade de reexaminar fatos e provas, porquanto os fatos delineados no acórdão recorrido autorizam o enquadramento jurídico pretendido pelo recorrente.

Dispõe o art. 7º, XXII, da Constituição Federal, que se configura direito dos empregados a "redução dos riscos inerentes ao trabalho, por meio de normas de saúde, higiene e segurança", além de ser dever do empregador cumprir e fazer cumprir as normas de segurança e medicina do trabalho, além da necessidade de adotar precauções para evitar acidente de trabalho e doenças profissionais, conforme a ilação que se extrai do art. 157, I e II, da CLT.

De igual modo, nos termos do inciso XXVIII do art. 7º da Constituição da República, é dever do empregador providenciar o seguro do empregado contra acidentes de trabalho, bem como arcar com a indenização decorrente de tal fato gerador, quando incorrer em dolo ou culpa.

Discute-se se tal norma impõe a responsabilidade unicamente subjetiva do empregador em casos de acidente de trabalho ou a ele equiparado, ou se são admitidas hipóteses de responsabilidade objetiva.

É certo que o *caput* do art. 7º da Lei Maior esclarece que o rol dos direitos trabalhistas elencados nos respectivos incisos não é taxativo, mas apenas apresenta, exemplificativamente, um mínimo de direitos trabalhistas que devem ser observados pelos empregadores.

A propósito da discussão em torno do art. 7º, XXVIII, da Constituição Federal/1988, recorde-se que, no julgamento da ADI 639/DF (DJ 21.10.2005), o Plenário do Supremo Tribunal fixou entendimento no sentido de que "o rol de garantias do art. 7º da Constituição não exaure a proteção dos direitos sociais". Isso significa que a previsão de responsabilidade civil subjetiva abraçada pelo art. 7º, XXVIII, da Constituição Federal, não esgota o elenco de preceitos legais que tutelam os direitos da personalidade do trabalhador vitimado por acidente de trabalho, em hipótese de responsabilidade civil objetiva decorrente dos riscos da atividade empresarial, albergada no art. 927, parágrafo único, do Código Civil e há muito já consagrada no art. 2º, § 2º, da CLT.

Por outro lado, a Norma Regulamentadora – NR 9, do Ministério do Trabalho e Emprego – MTE, estabelece a obrigatoriedade da elaboração e implementação, por parte de todos os empregadores e instituições que admitam trabalhadores como empregados, do Programa de Prevenção de Riscos Ambientais – PPRA, visando à preservação da saúde e da integridade dos trabalhadores.

Ora, nos termos do parágrafo único do art. 927 do Código Civil, o dever de indenizar tem lugar sempre que o fato prejudicial é decorrente da atividade ou profissão da vítima, e independe da comprovação de culpa do ofensor, conforme ocorreu na espécie.

Na atividade de operador de empilhadeira, o reclamante foi vítima de acidente de trabalho, existindo, portanto, o nexo de causalidade. Do evento danoso resultaram defeitos físicos ao trabalhador, com diminuição da sua capacidade laborativa (hipotrofia da coxa direita, edema local no joelho direito, cicatriz para-patelar medial (8 cm), limitação à extensão e flexão da perna direita, diminuição da força muscular na perna direita e marcha claudicante).

Nesse contexto, impõe-se reconhecer a responsabilidade objetiva do empregador em compensar os danos morais e materiais decorrentes da violação de direitos da personalidade do trabalhador.

Em convergência com o entendimento acima exposto, transcrevem-se os seguintes precedentes, em que se admitiu ser aplicável a responsabilidade objetiva do empregador, em se tratando de doença profissional e acidente de trabalho:

"RECURSO DE REVISTA. ACIDENTE DE TRABALHO. RESPONSABILIDADE DO EMPREGADOR. INDENIZAÇÃO POR DANOS MORAIS, ESTÉTICOS E MATERIAIS. A discussão em torno da responsabilidade civil objetiva ou subjetiva pelos danos material e moral decorrentes de acidente de trabalho se insere no campo da interpretação do arcabouço jurídico e da valoração de fatos e provas. De modo que não se divisa violação da literalidade dos arts. 7º, XXVIII, da Constituição Federal/1988 e 186, 927 e 945, todos do CCB/2002, mormente quando a decisão recorrida manifestou-se acerca da concorrência de culpas no evento danoso ao fixar o montante compensatório. A propósito da discussão em torno do art. 7º, XXVIII, da Constituição Federal/1988, recorde-se que, no julgamento da ADI 639/DF (DJ 21.10.2005), o Plenário do Supremo Tribunal fixou entendimento no sentido de que o rol de garantias do art. 7º da Constituição não exaure a proteção dos direitos sociais. Isso significa que a previsão de responsabilidade civil subjetiva abraçada pelo art. 7º, XXVIII, da Constituição Federal, não esgota o elenco de preceitos legais que tutelam os direitos da personalidade do trabalhador vitimado por acidente de trabalho, em hipótese de responsabilidade civil objetiva decorrente dos riscos da atividade empresarial, albergada no art. 927, parágrafo único, do Código Civil e há muito já consagrada no art. 2º, § 2º, da CLT. Precedentes. Recurso de revista de que não se conhece." Processo: RR – 2500-71.2006.5.04.0461, Data de Julgamento: 24.11.2010, Relator Ministro: Walmir Oliveira da Costa, 1ª Turma, Data de Publicação: DEJT 03.12.2010.

"RECURSO DE REVISTA. DOENÇA OCUPACIONAL. LESÕES NO OMBRO E COTOVELO. OPERADOR DE EMPILHADEIRA. CULPA PRESUMIDA (PRESUNÇÃO RELATIVA). ÔNUS DA PROVA DO EMPREGADOR RELATIVAMENTE AOS DEVERES ANEXOS AO CONTRATO DE TRABALHO LIGADOS À MEDICINA, SEGURANÇA E SAÚDE DO TRABALHADOR. O pleito de indenização por dano moral e material resultante de acidente do trabalho e/ou doença profissional ou ocupacional supõe a presença de três requisitos: a) ocorrência do fato deflagrador do dano ou do próprio dano, que se constata pelo fato da doença ou do acidente, os quais, por si sós, agridem o patrimônio moral e emocional da pessoa trabalhadora (nesse sentido, o dano moral, em tais casos, verifica-se in re ipsa); b) nexo causal, que se evidencia pela circunstância de o malefício ter ocorrido em face das circunstâncias laborativas; c) culpa empresarial, a qual se presume em face das circunstâncias ambientais adversas que deram origem ao malefício. Embora não se possa presumir a culpa em diversos casos de dano moral – em que a culpa tem de ser provada pelo autor da ação –, tratando-se de doença ocupacional, profissional ou de acidente do trabalho, essa culpa é presumida, em virtude de o empregador ter o controle e a direção sobre a estrutura, a dinâmica, a gestão e a operação do estabelecimento em que ocorreu o malefício. Pontue-se que tanto a higidez física como a mental, inclusive emocional, do ser humano são bens fundamentais de sua vida, privada e pública, de sua intimidade, de sua autoestima e afirmação social e, nesta medida, também de sua honra. São bens, portanto, inquestionavelmente tutelados, regra geral, pela Constituição (art. 5º, V e X). Assim, agredidos em face de circunstâncias laborativas, passam a merecer tutela ainda mais forte e específica da Carta Magna, que se agrega à genérica anterior (art. 7º, XXVIII, CF/1988). Registre-se que é do empregador, evidentemente, a responsabilidade pelas indenizações por dano moral, material ou estético decorrentes de lesões vinculadas à infortunística do trabalho. Na hipótese, o Tribunal Regional consignou expressamente que a perícia técnica constatou o nexo causal entre o trabalho do Autor (operador de empilhadeira) e a doença da qual é portador (lesão no ombro decorrente de tendinopatia do supraespinhoso acompanhado de bursite subdeltoide/subacromial e apicolite lateral bilateral). Extrai-se, também, do acórdão regional que o Reclamante foi admitido em 27.09.1985, tendo sido afastado para percepção de benefício beneficiário no período de junho de 2001 a janeiro de 2002 e que, em 2006, foi reconhecido na Justiça Comum o direito ao auxílio-acidente de 50%. Além disso, há informação no acórdão, extraída do laudo técnico, de que a atividade de operador de empilhadeira exige a movimentação vigorosa dos membros superiores, o que resultou nas lesões de ombro e cotovelo. Contudo, o Regional indeferiu o pleito de indenizações por danos materiais e morais, assentando que seria do Reclamante o ônus de comprovar a culpa ou dolo da Reclamada pelo descumprimento das normas de segurança e medicina do trabalho, do que não teria se desincumbido. Merece ser reformada a decisão do TRT, uma vez que, considerando-se que o empregador tem o controle e a direção sobre a estrutura, a dinâmica, a gestão e a operação do estabelecimento em que ocorreu o malefício, desponta a premissa da culpa presumida da Reclamada. Recurso de revista conhecido e provido." (RR – 175000-57.2007.5.02.0464, Relator Ministro: Mauricio Godinho Delgado, Data de Julgamento: 26.06.2013, 3ª Turma, Data de Publicação: 1º.07.2013)

"RECURSO DE REVISTA – DANO MATERIAL E MORAL – ACIDENTE DE TRABALHO – RESPONSABILIDADE OBJETIVA DO EMPREGADOR – ART. 927, PARÁGRAFO ÚNICO, DO CÓDIGO CIVIL – CONCEITO DE ATIVIDADE HABITUALMENTE DESENVOLVIDA – DIREITO DO CONSUMIDOR – DIREITO DO TRABALHO – PRINCÍPIO CONSTITUCIONAL SOLIDARISTA – INCIDÊNCIA. O sistema de responsabilidade civil adotado pelo ordenamento jurídico é um dos reflexos da preocupação do legislador com a tutela dos direitos pertencentes àqueles que não podem negociar, em condições de igualdade, os seus interesses com a outra parte da relação contratual. Nesse passo, o Código Civil, em seu art. 927, parágrafo único, estabelece que será objetiva a responsabilidade daquele que, em face do desenvolvimento normal de sua atividade, puder causar dano a outrem. Atividade, no sentido utilizado na norma, deve ser entendida como a conduta habitualmente desempenhada, de maneira comercial ou empresarial, para a realização dos fins econômicos visados pelo autor do dano. Entretanto, dado o caráter excepcional de que se reveste a responsabilidade objetiva em nosso ordenamento jurídico (já que a regra é de que somente haverá a imputação de conduta lesiva a alguém se provada a sua atuação culposa), somente nos casos em que os produtos e serviços fornecidos pelo causador do dano apresentarem perigo anormal e imprevisível ao sujeito que deles se utiliza haverá espaço para a incidência do citado diploma legal. Ressalte-se, ainda, que o Código Civil, por força dos arts. 8º, parágrafo único, da CLT e 7º do CDC, ostenta a condição de norma geral em termos de responsabilidade civil, motivo pelo qual a sua aplicação aos demais ramos do direito depende da inexistência de legislação específica sobre o assunto, assim como de sua compatibilidade com os princípios inerentes à parcela do direito a que se visa a inserção da aludida regra geral. No direito do consumidor, a responsabilidade do fornecedor pelos defeitos dos produtos e serviços despejados no mercado é objetiva, independentemente de a atividade por ele normalmente desenvolvida apresentar risco a direito de outrem. Assim, desnecessária a aplicação da norma civil às relações de consumo, dado o caráter mais benéfico desta. No Direito do Trabalho, entretanto, no art. 7º, XXVIII, da Carta Magna, determina-se, tão somente, que o empregador responderá pelos danos morais e materiais causados aos seus empregados, desde que comprovada a culpa daquele que suporta os riscos da atividade produtiva. A Constituição Federal, como se percebe, não faz menção à possibilidade de se responsabilizar objetivamente o empregador pelos aludidos danos. Apesar disso, tendo em vista o disposto no *caput* do aludido dispositivo constitucional e o princípio da norma mais benéfica, a outra conclusão não se pode chegar, senão de que não se vedou a criação de um sistema de responsabilidade mais favorável ao empregado, ainda que fora da legislação especificamente destinada a reger as relações laborais, mormente se considerarmos que o trabalhador, premido pela necessidade de auferir meios para a sua sobrevivência, apresenta-se, em relação ao seu empregador, na posição mais desigual dentre aquelas que se pode conceber nas interações humanas. Dessa forma, a fim de evitar o paradoxo de se responsabilizar o mesmo indivíduo (ora na condição de empregador, ora na condição de fornecedor) de forma diversa (objetiva ou subjetivamente) em face do mesmo evento danoso, somente pelo fato das suas consequências terem atingido vítimas em diferentes estágios da atividade produtiva, necessária se faz a aplicação do art. 927, parágrafo único, do Código Civil ao direito do trabalho, desde que, no momento do acidente, o empregado esteja inserido na atividade empresarialmente desenvolvida pelo seu empregador. A adoção de tal entendimento confere plena eficácia ao princípio constitucional solidarista, segundo o qual a reparação da vítima afigura-se mais importante do que a individualização de um culpado pelo evento danoso. Na hipótese dos autos, restam presentes os elementos necessários à incidência do dispositivo civilista, motivo pelo qual deve ser mantida a decisão do Tribunal Regional do Trabalho. Recurso de revista não conhecido." (RR-182900-34.2005.5.04.0811, 1ª Turma, Relator Ministro Vieira de Mello Filho, julgado na sessão de 07.04.2010).

"RECURSO DE REVISTA. INDENIZAÇÃO POR DANOS MORAIS E MATERIAIS. Restou incontroversa nos autos a existência do nexo de causalidade entre a doença ocupacional que acometeu a autora e o dano causado à sua saúde, resultando na aposentadoria por invalidez. Presentes o dano (lesão à saúde da trabalhadora, por doença profissional) e o nexo de causalidade, resulta inafastável a responsabilidade objetiva da empregadora, a quem incumbia zelar pela segurança e saúde no local de trabalho. Recurso de revista conhecido e provido." (RR – 39840-78.2002.5.05.0132, Redator Ministro: Lelio Bentes Corrêa, 1ª Turma, DJ 1º.08.2008).

"RECURSO DE REVISTA. (...) INDENIZAÇÃO POR DANO MORAL. DOENÇA OCUPACIONAL EQUIPARADA A ACIDENTE DE TRABALHO. RESPONSABILIDADE OBJETIVA. Se existe nexo de causalidade entre a atividade de risco e o efetivo dano, o empregador deve responder pelos prejuízos causados à saúde do empregado, tendo em vista que as atividades exercidas em favor do empregador implicam situação de risco para o trabalhador. Assim, constatada a atividade de risco exercida pelo autor, não há como se eliminar a responsabilidade do empregador, pois a atividade por ele desenvolvida causou dano ao empregado, que lhe emprestou a força de trabalho. Recurso de revista não conhecido." (RR-104700-44.2008.5.03.0032, Relator Ministro: Aloysio Corrêa da Veiga, 6ª Turma, DEJT 30.03.2010).

"RECURSO DE REVISTA. ACIDENTE DE TRABALHO. INDENIZAÇÃO POR DANOS MORAIS E ESTÉTICOS. RESPONSABILIDADE OBJETIVA. A análise dos pleitos relativos à indenização por danos morais e estéticos em virtude de acidente de trabalho se dá à luz da responsabilidade objetiva, bastando a comprovação, de acordo com a teoria do risco da atividade, do dano e do nexo de causalidade entre este e a atividade desempenhada pela vítima. Na espécie, conforme consignado no acórdão regional, restaram demonstrados o dano e o nexo causal, de modo que há de responder o reclamado pelo pagamento da indenização correspondente. Revista não conhecida, no tópico." (RR – 27400-85.2006.5.17.0161 Data de Julgamento: 02.12.2009, Relatora Ministra: Rosa Maria Weber, 3ª Turma, DEJT 18.12.2009).

Logo, comprovado o evento lesivo, o nexo de causalidade e sendo hipótese de responsabilidade objetiva, o dano moral, de acordo com a teoria do *dannum in re ipsa*, é consequência do próprio fato ofensivo, tendo-se como corolário lógico o cabimento de indenização pelos danos infligidos à vítima.

De igual modo, é incontroversa a ocorrência de dano material, em ordem a autorizar o deferimento de pensão mensal, correspondente à importância do trabalho para o qual se inabilitou, ou da depreciação que o reclamante sofreu pelo infortúnio laboral.

Nessa linha de raciocínio, forçoso é reconhecer que o acórdão do Tribunal Regional, no que reconhecera a existência dos danos sofridos, o nexo de causalidade, todavia, concluiu não serem devidas as indenizações postuladas, aplicando a responsabilidade subjetiva, em hipótese de incidência da teoria do risco profissional, violou a literalidade os arts. 927 e 950, do Código Civil.

Ainda que se pudesse admitir a responsabilidade subjetiva, para argumentar, resulta evidenciada a culpa patronal presumida ou por omissão, em ordem a assegurar a indenização requerida.

CONHEÇO do recurso de revista, por violação dos arts. 927 e 950, do Código Civil.

MÉRITO

ACIDENTE DE TRABALHO. RESPONSABILIDADE OBJETIVA DO EMPREGADOR. TEORIA DO RISCO PROFISSIONAL. INDENIZAÇÃO POR DANOS MATERIAL E MORAL

No mérito, conhecido o recurso de revista, por violação dos arts. 927 e 950, do Código Civil, seu PROVIMENTO é medida que se impõe para condenar a reclamada ao pagamento de indenização por danos morais no valor de R$ 20.000,00 (vinte mil reais), com juros e atualização monetária calculados nos termos da Súmula n. 439 do TST, bem como a pagar a indenização por danos materiais, na forma de pensão mensal, durante 461 meses, e 13ºs salários, no total de 38 remunerações, nos termos da petição inicial, com efeitos a partir da data da extinção do contrato de trabalho, com base na remuneração mensal por ele percebida na referida data, acrescidos de juros e correção monetária. Atribui-se ao acréscimo da condenação, provisoriamente, o valor de R$ 100.000,00 (cem mil reais), com custas de R$ 2.000,00 (dois mil reais), pela reclamada.

# ACIDENTE DE TRABALHO. RESPONSABILIDADE DO EMPREGADOR

*RECURSO DE REVISTA. ACIDENTE DE TRABALHO. RESPONSABILIDADE OBJETIVA DO EMPREGADOR. TEORIA DO RISCO PROFISSIONAL. INDENIZAÇÃO POR DANOS MATERIAL E MORAL.*

*A responsabilidade objetiva, sem culpa, baseada na chamada teoria do risco profissional, adotada pela legislação brasileira, no parágrafo único do art. 927 do Código Civil, preconiza que o dever de indenizar tem lugar sempre que o fato prejudicial é decorrente da atividade ou profissão da vítima, conforme ocorreu na espécie, em que a atividade de desdobramento de madeira encontra-se classificada no anexo V do Decreto n. 3.048/1999 como sendo de risco grave. Assim, restando incontroverso o acidente de trabalho sofrido pelo reclamante e o nexo de causalidade com o trabalho realizado, do que resultou a perda de seu antebraço esquerdo aos dezenove anos de idade, fica o empregador obrigado a reparar os danos morais e materiais decorrentes de sua conduta ilícita ou antijurídica. Precedentes.*

*Recurso de revista parcialmente conhecido e provido.*

(Processo n. TST-RR-26300-57-2006-5-09-0666 – Ac. 1ª Turma – DeJT: 14.03.2013)

CONHECIMENTO

ACIDENTE DE TRABALHO. RESPONSABILIDADE OBJETIVA DO EMPREGADOR. TEORIA DO RISCO PROFISSIONAL. INDENIZAÇÃO POR DANOS MATERIAL E MORAL

Trata-se de hipótese em que o Tribunal Regional reconheceu que o reclamante sofreu típico acidente de trabalho, resultando na amputação de seu antebraço esquerdo; que nos autos existem provas da ocorrência do dano sofrido pelo empregado e da existência de nexo causal entre sua atividade e a lesão, deixando expresso e claro que *"não foi determinada a realização de prova pericial em razão de ser incontroverso o acidente e o nexo de causa com o trabalho realizado, ficando controvertida apenas a questão da culpa do reclamado"*.

Contudo, o Colegiado de origem concluiu que, para a responsabilização civil do reclamado, deveria ter sido provada sua culpa, adotando a teoria da responsabilidade civil subjetiva. Assinalou que o reclamante não se desincumbiu de seu ônus de comprovar qualquer culpa da empresa pelo acidente de trabalho sofrido.

Cumpre adentrar o exame do óbice adotado pela Corte de origem para se concluir que não são devidas as indenizações postuladas, vale dizer, em se aferir, no caso concreto, a responsabilidade da empresa é de natureza objetiva ou subjetiva, sendo desnecessário reexaminar fatos e provas, porquanto os fatos delineados no acórdão recorrido autorizam o enquadramento jurídico pretendido pelo recorrente.

Conforme dispõe o art. 7º, XXII, da Constituição Federal, configura-se direito dos empregados a "redução dos riscos inerentes ao trabalho, por meio de normas de saúde, higiene e segurança", sendo dever do empregador cumprir e fazer cumprir as normas de segurança e medicina do trabalho, além da necessidade de adotar precauções para evitar acidente de trabalho e a aquisição de doenças profissionais, conforme a ilação que se extrai do art. 157, I e II, da CLT.

De igual modo, nos termos do inciso XXVIII do art. 7º da Constituição da República, é dever do empregador providenciar o seguro do empregado contra acidentes de trabalho, bem como arcar com a indenização decorrente de tal fato gerador, quando incorrer em dolo ou culpa.

Discute-se se tal norma impõe a responsabilidade unicamente subjetiva do empregador em casos de acidente de trabalho ou a ele equiparado, ou se são admitidas hipóteses de responsabilidade objetiva.

É certo que o *caput* do art. 7º da Lei Maior esclarece que o rol dos direitos trabalhistas elencados nos respectivos incisos não é taxativo, mas apenas apresenta, exemplificativamente, um mínimo de direitos trabalhistas que devem ser observados pelos empregadores.

A propósito da discussão em torno do art. 7º, XXVIII, da Constituição Federal/1988, recorde-se que, no julgamento da ADI 639/DF (DJ 21.10.2005), o Plenário do Supremo Tribunal fixou entendimento no sentido de que "o rol de garantias do art. 7º da Constituição não exaure a proteção dos direitos sociais". Isso significa que a previsão de responsabilidade civil subjetiva abraçada pelo art. 7º, XXVIII, da Constituição Federal, não esgota o elenco de preceitos legais que tutelam os direitos da personalidade do trabalhador vitimado por acidente de trabalho, em hipótese de responsabilidade civil objetiva decorrente dos riscos da atividade empresarial, albergada no art. 927, parágrafo único, do Código Civil e há muito já consagrada no art. 2º, § 2º, da CLT.

Por outro lado, a Norma Regulamentadora – NR 9, do Ministério do Trabalho e Emprego – MTE, estabelece a obrigatoriedade da elaboração e implementação, por parte de todos os empregadores e instituições que admitam trabalhadores como empregados, do Programa de Prevenção de Riscos Ambientais – PPRA, visando à preservação da saúde e da integridade dos trabalhadores.

Na mesma linha, o art. 338 do Decreto n. 3.048/1999 estabelece que a empresa é responsável pela adoção e uso de medidas coletivas e individuais de proteção à segurança e saúde do trabalhador sujeito aos riscos ocupacionais por ela gerados. Tais dispositivos normativos, sistematicamente, buscam dar efetividade ao art. 7º, XXII, da Lei Maior.

O anexo V do Decreto n. 3048/1999 contém a relação de atividades preponderantes e correspondentes graus de risco (conforme a classificação nacional de atividades econômicas – CNAE 2.0). Do exame da referida relação, conclui-se que a atividade desenvolvida pelo reclamante, desdobramento de madeira, encontra-se sob a classificação nacional de atividades econômicas – CNAE – 1610-2/01, sendo dotada de alíquota "3".

Por sua vez, o art. 202 do Decreto n. 3048/1999, ao dispor sobre a contribuição da empresa, destinada ao financiamento da aposentadoria especial e dos benefícios concedidos em razão do grau de incidência de incapacidade laborativa decorrente dos riscos ambientais do trabalho, estabelece, no inciso III, a incidência da alíquota de três por cento para a empresa em cuja atividade preponderante o risco de acidente de trabalho seja considerado grave.

Nesse contexto, forçoso reconhecer que a responsabilidade objetiva, sem culpa, baseada na chamada teoria do risco profissional, adotada pela legislação brasileira no parágrafo único do art. 927 do Código Civil, preconiza que o dever de indenizar tem lugar sempre que o fato prejudicial decorre da atividade ou profissão da vítima, conforme ocorreu na espécie, em que a atividade de desdobramento de madeira encontra-se classificada no anexo V do Decreto n. 3.048/1999 como sendo de risco grave.

Assim, restando incontroverso o acidente de trabalho sofrido pelo reclamante e o nexo de causalidade com o trabalho realizado, do que resultou a perda de seu antebraço esquerdo aos dezenove anos de idade, fica o empregador obrigado a reparar os danos morais e materiais decorrentes de sua conduta ilícita ou antijurídica. Registre-se que o autor trabalhava com desdobramento de madeira e sofreu o acidente quando operava a máquina denominada "picador".

Em convergência com o exposto, transcrevem-se os seguintes precedentes, em que se admitiu ser aplicável a responsabilidade objetiva do empregador, em se tratando de doença profissional e acidente de trabalho:

"RECURSO DE REVISTA. ACIDENTE DE TRABALHO. RESPONSABILIDADE DO EMPREGADOR. INDENIZAÇÃO POR DANOS MORAIS, ESTÉTICOS E MATERIAIS. A discussão em torno da responsabilidade civil objetiva ou subjetiva pelos danos material e moral decorrentes de acidente de trabalho se insere no campo da interpretação do arcabouço jurídico e da valoração de fatos e provas. De modo que não se divisa violação da literalidade dos arts. 7º, XXVIII, da Constituição Federal/1988 e 186, 927 e 945, todos do CCB/02, mormente quando a decisão recorrida manifestou-se acerca da concorrência de culpas no evento danoso ao fixar o montante compensatório. A propósito da discussão em torno do art. 7º, XXVIII, da Constituição Federal/1988, recorde-se que, no julgamento da ADI 639/DF (DJ 21.10.2005), o Plenário do Supremo Tribunal fixou entendimento no sentido de que o rol de garantias do art. 7º da Constituição não exaure a proteção dos direitos sociais. Isso significa que a previsão de responsabilidade civil subjetiva abraçada pelo art. 7º, XXVIII, da Constituição Federal, não esgota o elenco de preceitos legais que tutelam os direitos da personalidade do trabalhador vitimado por acidente de trabalho, em hipótese de responsabilidade civil objetiva decorrente dos riscos da atividade empresarial, albergada no art. 927, parágrafo único, do Código Civil e há muito já consagrada no art. 2º, § 2º, da CLT. Precedentes. Recurso de revista de que não se conhece." Processo: RR – 2500-71.2006.5.04.0461, Data de Julgamento: 24.11.2010, Relator Ministro: Walmir Oliveira da Costa, 1ª Turma, Data de Publicação: DEJT 03.12.2010.

"RECURSO DE REVISTA – DANO MATERIAL E MORAL – ACIDENTE DE TRABALHO – RESPONSABILIDADE OBJETIVA DO EMPREGADOR – ART. 927, PARÁGRAFO ÚNICO, DO CÓDIGO CIVIL – CONCEITO DE ATIVIDADE HABITUALMENTE DESENVOLVIDA – DIREITO DO CONSUMIDOR – DIREITO DO TRABALHO – PRINCÍPIO CONSTITUCIONAL SOLIDARISTA – INCIDÊNCIA. O sistema de responsabilidade civil adotado pelo ordenamento jurídico é um dos reflexos da preocupação do legislador com a tutela dos direitos pertencentes àqueles que não podem negociar, em condições de igualdade, os seus interesses com a outra parte da relação contratual. Nesse passo, o Código Civil, em seu art. 927, parágrafo único, estabelece que será objetiva a responsabilidade daquele que, em face do desenvolvimento normal de sua atividade, puder causar dano a outrem. Atividade, no sentido utilizado na norma, deve ser entendida como a conduta habitualmente desempenhada, de maneira comercial ou empresarial, para a realização dos fins econômicos visados pelo autor do dano. Entretanto, dado o caráter excepcional de que se reveste a responsabilidade objetiva em nosso ordenamento jurídico (já que a regra é de que somente haverá a imputação de conduta lesiva a alguém se provada a sua atuação culposa), somente nos casos em que os produtos e serviços fornecidos pelo causador do dano apresentarem perigo anormal e imprevisível ao sujeito que deles se utiliza haverá espaço para a incidência do citado diploma legal. Ressalte-se, ainda, que o Código Civil, por força dos arts. 8º, parágrafo único, da CLT e 7º do CDC, ostenta a condição de norma geral em termos de responsabilidade civil, motivo pelo qual a sua aplicação aos demais ramos do direito depende da inexistência de legislação específica sobre o assunto, assim como de sua compatibilidade com os princípios inerentes à parcela do direito a que se visa a inserção da aludida regra geral. No direito do consumidor, a responsabilidade do fornecedor pelos defeitos dos produtos e serviços despejados no mercado é objetiva, independentemente de a atividade por ele normalmente desenvolvida apresentar risco a direito de outrem. Assim, desnecessária a aplicação da norma civil às relações de consumo, dado o caráter mais benéfico desta. No Direito do Trabalho, entretanto, no art. 7º, XXVIII, da Carta Magna, determina-se, tão somente, que o empregador responderá pelos danos morais e materiais causados aos seus empregados, desde que comprovada a culpa daquele que suporta os riscos da atividade produtiva. A Constituição Federal, como se percebe, não faz menção à possibilidade de se responsabilizar objetivamente o empregador pelos aludidos danos. Apesar disso, tendo em vista o disposto no *caput* do aludido dispositivo constitucional e o princípio da norma mais benéfica, a outra conclusão não se pode chegar, senão de que não se vedou a criação de um sistema de responsabilidade mais favorável ao empregado, ainda que fora da legislação especificamente destinada a reger as relações laborais, mormente se considerarmos que o trabalhador, premido pela necessidade de auferir meios para a sua sobrevivência, apresenta-se, em relação ao seu empregador, na posição mais desigual dentre aquelas que se pode conceber nas interações humanas. Dessa forma, a fim de evitar o paradoxo de se responsabilizar o mesmo indivíduo (ora na condição de empregador, ora na condição de fornecedor) de forma diversa (objetiva ou subjetivamente) em face do mesmo evento danoso, somente pelo fato das suas consequências terem atingido vítimas em diferentes estágios da atividade produtiva, necessária se faz a aplicação do art. 927, parágrafo único, do Código Civil ao direito do trabalho, desde que, no momento do acidente, o empregado esteja inserido na atividade empresarialmente desenvolvida pelo seu empregador. A adoção de tal entendimento confere plena eficácia ao princípio constitucional solidarista, segundo o qual a reparação da vítima afigura-se mais importante do que a individualização de um culpado pelo evento danoso. Na hipótese dos autos, restam presentes os elementos necessários à incidência do dispositivo civilista, motivo pelo qual deve ser mantida a decisão do Tribunal Regional do Trabalho. Recurso de revista não conhecido." (RR-182900-34.2005.5.04.0811, 1ª Turma, Relator Ministro Vieira de Mello Filho, julgado na sessão de 07.04.2010).

"AGRAVO DE INSTRUMENTO. INDENIZAÇÃO POR DANOS MORAIS E MATERIAIS. Demonstrada a afronta ao art. 7º, XXVIII, da Constituição da República, por sua má-aplicação, nos moldes da alínea c do art. 896 da Consolidação das Leis do Trabalho, dá-se provimento ao agravo de instrumento a fim de determinar o processamento do recurso de revista. RECURSO DE REVISTA. INDENIZAÇÃO POR DANOS MORAIS E MATERIAIS. Restou incontroversa nos autos a existência do nexo de causalidade entre a doença ocupacional que acometeu a autora e o dano causado à sua saúde, resultando na aposentadoria por invalidez. Presentes o dano (lesão à saúde da trabalhadora, por doença profissional) e o nexo de causalidade, resulta inafastável a responsabilidade objetiva da empregadora, a quem incumbia zelar pela segurança e saúde no local de trabalho. Recurso de revista conhecido e provido." (RR – 39840-78.2002.5.05.0132, Redator Ministro: Lelio Bentes Corrêa, 1ª Turma, DJ 1º.08.2008).

"RECURSO DE REVISTA. (...) INDENIZAÇÃO POR DANO MORAL. DOENÇA OCUPACIONAL EQUIPARADA A ACIDENTE DE TRABALHO. RESPONSABILIDADE OBJETIVA. Se existe nexo de causalidade entre a atividade de risco e o efetivo dano, o empregador deve responder pelos prejuízos causados à saúde do empregado, tendo em vista que as atividades exercidas em favor do empregador implicam situação de risco para o trabalhador. Assim, constatada a atividade de risco exercida pelo autor, não há como se eliminar a responsabilidade do empregador, pois a atividade por ele desenvolvida causou dano ao empregado, que lhe emprestou a força de trabalho. Recurso de revista não conhecido." (RR-104700-44.2008.5.03.0032, Relator Ministro: Aloysio Corrêa da Veiga, 6ª Turma, DEJT 30.03.2010).

"RECURSO DE REVISTA. ACIDENTE DE TRABALHO. INDENIZAÇÃO POR DANOS MORAIS E ESTÉTICOS. RESPONSABILIDADE OBJETIVA. A análise dos pleitos relativos à indenização por danos morais e estéticos em virtude de acidente de trabalho se dá à luz da responsabilidade objetiva, bastando a comprovação, de acordo com a teoria do risco da atividade, do dano e do nexo de causalidade entre este e a atividade desempenhada pela vítima. Na espécie, conforme consignado no acórdão regional, restaram demonstrados o dano e o nexo causal, de modo que há de responder o reclamado pelo pagamento da indenização correspondente. Revista não conhecida, no tópico." (RR – 27400-85.2006.5.17.0161, Data de Julgamento: 02.12.2009, Relatora Ministra: Rosa Maria Weber, 3ª Turma, DEJT 18.12.2009).

Indica-se, ainda, como precedente, o acórdão proferido no julgamento do processo RR-94600-70.2006.5.12.0025, Redator: Ministro Luiz Philippe Vieira de Mello Filho, 1ª Turma, divulgado no DEJT de 20.02.2009.

Logo, comprovado o evento lesivo, o nexo de causalidade e sendo hipótese de responsabilidade objetiva, o dano moral, de acordo com a teoria do *dannum in re ipsa*, é consequência do próprio fato ofensivo, tendo-se como consequência lógica o cabimento de indenização. De igual modo, é incontroversa a ocorrência de dano material a autorizar o cabimento de pensão mensal, correspondente à importância do trabalho para que se inabilitou, ou da depreciação que ele sofreu.

Nessa linha de raciocínio, o acórdão do Tribunal Regional que reconheceu a existência dos danos sofridos, o nexo de causalidade, e concluiu não serem devidas as indenizações postuladas, aplicando-se a responsabilidade subjetiva, em hipótese de incidência da teoria do risco profissional, violou os arts. 186 e 927, parágrafo único, do Código Civil.

CONHEÇO do recurso de revista, por violação dos arts. 186 e 927, parágrafo único, do Código Civil.

MÉRITO

ACIDENTE DE TRABALHO. RESPONSABILIDADE OBJETIVA DO EMPREGADOR. TEORIA DO RISCO PROFISSIONAL. INDENIZAÇÃO POR DANOS MATERIAL E MORAL

No mérito, conhecido o recurso de revista, por violação dos arts. 186 e 927, parágrafo único, do Código Civil, seu provimento é medida que se impõe, sendo certo que, nos moldes da Súmula n. 457 do STF: "O Tribunal Superior do Trabalho, conhecendo da revista, julgará a causa, aplicando o direito à espécie".

Torna-se imperioso, dessarte, fixar os parâmetros de cálculo das indenizações por danos devidas ao empregado, em face do acidente de trabalho que resultou na amputação de seu antebraço esquerdo, reduzindo-lhe a capacidade laborativa e gerando-lhe abalo psicológico, causando-lhe prejuízos morais e materiais, ainda que decorrentes do mesmo fato lesivo. Note-se que o dano moral, na espécie, ocorre *in re ipsa*, ou seja, o dano é consequência da conduta ilícita ou antijurídica da empresa no evento danoso que vitimou o empregado, do que decorre sua responsabilidade em compensar o prejuízo extrapatrimonial causado.

Considerando que, nos termos dos arts. 5º, V e X, da CF/1988 e 944 do Código Civil, a indenização mede-se pela extensão do dano e a fixação do *quantum* devido é norteada pelos princípios da razoabilidade e da proporcionalidade, tendo em conta as circunstâncias do caso, o porte econômico da empresa e a função punitiva, pedagógica e compensatória da reparação, e, por fim, em sintonia com a jurisprudência deste Tribunal, *arbitra-se o valor da indenização por dano moral em R$ 30.000,00 (trinta mil reais)*, com juros e atualização monetária calculados nos termos da Súmula n. 439 do TST. Precedentes: RR-83500-40.2006.5.04.0511, 1ª T., Relator Ministro Vieira de Mello Filho, DJ 03.06.2011; RR-31440-50.2005.5.15.0081, 1ª T., Relator Ministro Walmir Oliveira da Costa, DJ 18.06.2010; AIRR-1531-31.2010.5.08.000, 1ª T., Relator Ministro Lelio Bentes Corrêa, DJ 08.04.2011; AIRR-76840-27.2006.5.04.0512, 2ª T., Relator Ministro Renato Paiva, DJ 03.06.2011; AIRR-277900-98.2005.5.15.0150,

3ª T., Relator Ministro Horácio Senna Pires, DJ 03.06.2011; AIRR-19661-80.2010.5.04.000, 5ª T., Relatora Ministra Kátia Arruda, DJ 08.04.2011; RR-9951000-08.2005.5.09.0001, 6ª T., Relator Ministro Aloysio Corrêa da Veiga, DJ 26.10.2010; AIRR-9952140-5.2005.5.09.0025, 7ª T., Relator Ministro Pedro Manus, DJ 28.06.2010; RR-75800-96.2006.5.04.0451, 8ª T., Relatora Ministra Dora Maria da Costa, DJ 27.05.2011.

Quanto à indenização por danos materiais (pensão vitalícia), o art. 950, *caput*, do Código Civil, assim dispõe:

"Art. 950. Se da ofensa resultar defeito pelo qual o ofendido não possa exercer o seu ofício ou profissão, ou se lhe diminua a capacidade de trabalho, a indenização, além das despesas do tratamento e lucros cessantes até ao fim da convalescença, incluirá pensão correspondente à importância do trabalho para que se inabilitou, ou da depreciação que ele sofreu."

Desse dispositivo legal infere-se que a referência a ser adotada para o valor da pensão decorrente de inabilitação para o exercício da profissão antes exercida pelo reclamante, em face da amputação de seu antebraço esquerdo, é de 60% da última remuneração do empregado, como se na ativa estivesse, exatamente como previsto naquele preceito de lei, o qual se destina a reparar a parte lesada dos valores que deixaram de ser percebidos em virtude do evento danoso. Mesmo porque, se o empregado não tivesse sofrido o acidente de trabalho, que o inabilitou para suas atividades e lhe trouxe sequelas indeléveis, efetivamente poderia estar recebendo a remuneração pelo trabalho prestado.

Corroboram esse entendimento os seguintes precedentes deste Tribunal Superior:

"RECURSO DE REVISTA. INDENIZAÇÃO POR DANOS MATERIAIS. CUMULAÇÃO COM AUXÍLIO-ACIDENTE. CABIMENTO. NATUREZA JURÍDICA DISTINTA. 1. O Tribunal Regional assinalou que a reclamante foi acometida de doença profissional, consubstanciada em tendinopatia de membro superior direito, não podendo exercer seu ofício. Registrou ter sido comprovado o nexo causal, porquanto as condições de trabalho e o material utilizado pela autora constituíram causa da moléstia e elemento de reprovabilidade da conduta patronal. A Corte de origem aferiu, ainda, a ilicitude da conduta do reclamado, ao omitir-se na adoção de medidas para prevenir e evitar o surgimento da lesão. 2. Ao concluir que o benefício previdenciário auferido em valor igual ao da remuneração da reclamante excluiria o cabimento da indenização por danos materiais, não obstante terem sido preenchidos os pressupostos para a sua incidência, o acórdão recorrido violou a literalidade do art. 950 do Código Civil, tendo em vista a natureza distinta das parcelas, uma, derivada do direito comum e, a outra, de natureza previdenciária. Inteligência do art. 7º, XXVIII, da Constituição Federal. Precedentes da SBDI-1 do TST. Recurso de revista conhecido e provido." Processo: RR – 56300-69.2006.5.24.0004, Data de Julgamento: 27.11.2012, Relator Ministro: Walmir Oliveira da Costa, 1ª Turma, Data de Publicação: DEJT 30.11.2012.

"RECURSO DE REVISTA. INDENIZAÇÃO POR DANOS MATERIAIS. LUCROS CESSANTES. AUXÍLIO-ALIMENTAÇÃO. Em relação ao auxílio-alimentação, considerando-se que a autora se viu privada da percepção da parcela em razão da aposentadoria prematura, diretamente vinculada à atividade laboral e à conduta negligente da empregadora, nos termos dos arts. 949 e 950 do Código Civil, aplicáveis às relações trabalhistas por força do art. 8º da CLT, tem-se por devido o pagamento do auxílio-alimentação a título de indenização por lucros cessantes, juntamente com a pensão mensal. Violação, que se reconhece, do art. 950 do Código Civil Brasileiro. Recurso de revista parcialmente conhecido e provido." Processo: RR – 41040-33.2006.5.10.0006, Data de Julgamento: 31.10.2012, Relator Ministro: Walmir Oliveira da Costa, 1ª Turma, Data de Publicação: DEJT 09.11.2012.

"DANO MATERIAL DECORRENTE DE DOENÇA OCUPACIONAL. VALOR DA PENSÃO MENSAL VITALÍCIA. O Tribunal Regional consignou que não há prova nos autos do exato percentual da perda da capacidade laborativa da reclamante. Entretanto, toda a fundamentação adotada pela Corte de origem é no sentido de que a perda da capacidade laboral da reclamante foi total, conforme se observa das transcrições de provas pericial e testemunhal. Nos termos do art. 950 do Código Civil, a indenização, na forma de pensão vitalícia, corresponde à importância do trabalho para o qual o empregado se inabilitou, ou seja, 100% do salário da ativa, já que a reclamante tornou-se inapta ao exercício das funções que exercia até então, o que resta corroborado, inclusive, pela concessão de sua aposentadoria, por invalidez, junto ao INSS. Violação configurada do art. 950 do Código Civil. Precedentes desta Corte. Recurso de revista da reclamante de que se conhece e a que se dá provimento." (RR-9951700-37.2006.5.09.0651, 7ª Turma, Rel. Min. Pedro Paulo Manus, DEJT de 29.06.2012).

"RECURSO DE REVISTA. (...). 5. INDENIZAÇÃO. DANO MORAL. PENSIONAMENTO. O art. 950 do CCB contempla a hipótese de pensão vitalícia por lesão que incapacite total ou parcialmente o lesado para o trabalho. No caso concreto, extrai-se dos fundamentos da decisão recorrida que o reclamante aposentou-se por invalidez, em decorrência do acidente de trabalho sofrido, o que demonstra a existência de lucros cessantes a justificar pensão mensal vitalícia, correspondente a 100% da remuneração por ele percebida, como se estivesse na ativa, exatamente como previsto naquele dispositivo, que se destina a reparar a parte lesada dos valores que deixaram de ser percebidos em virtude do evento danoso. Precedentes da SBDI-1. Incidência da Súmula n. 333 e do art. 896, § 4º, da CLT. Recurso de revista de que não se conhece." (RR-48200-83.2008.5.09.0195, 2ª Turma, Rel. Min. Caputo Bastos, DEJT de 05.08.2011).

"RECURSO DE REVISTA DO RECLAMANTE. (...). INDENIZAÇÃO POR DANOS MATERIAIS. PAGAMENTO DE PENSÃO VITALÍCIA. FIXAÇÃO DO SEU VALOR. Nos termos do que preconiza o art. 950 do CCB, para efeitos de fixação do valor devido a título de indenização por dano material decorrente de moléstia profissional, é reconhecido o direito à pensão mensal vitalícia, destacando-se que o seu valor deverá corresponder à importância do trabalho para o qual se inabilitou o ex-empregado. No caso concreto, o Tribunal Regional registra a conclusão alcançada pelo laudo pericial, no sentido de que a atividade laborativa contribuiu para o agravamento ou desencadeamento da lesão apresentada, evidenciando o nexo causal, destacando, no tocante à capacidade do Autor, sua fixação em grau percentual de 50%, em caráter permanente e vitalício. Assim, a pensão mensal vitalícia fica estipulada em 50% do valor de sua última remuneração, observados os limites definidos na fundamentação do acórdão. Revista parcialmente conhecida e provida." (RR-5000-65.2008.5.03.0042, 4ª Turma, Rel. Min. Maria de Assis Calsing, DEJT de 1º.07.2011).

"RECURSO DE REVISTA DO RECLAMANTE. DOENÇA OCUPACIONAL. DANO MATERIAL. PERDA TOTAL DA CAPACIDADE LABORATIVA. PENSÃO MENSAL. REMUNERAÇÃO INTEGRAL. O art. 950, *caput*, do Código Civil contempla a hipótese de reparação de ato ilícito de que decorra incapacidade laborativa total ou a redução dessa capacidade: 'Se da ofensa resultar defeito pelo qual o ofendido não possa exercer o seu ofício ou profissão, ou se lhe diminua a capacidade de trabalho, a indenização, além das despesas do tratamento e lucros cessantes até ao fim da convalescença, incluirá pensão correspondente à importância do trabalho para que se inabilitou, ou da depreciação que ele sofreu'. Na hipótese, embora o Colegiado regional entenda configurada a hipótese prevista no *caput* do art. 950 do Código Civil, em razão da moléstia ocupacional experimentada pelo reclamante, que lhe causou incapacidade laborativa total, manteve a sentença que fixou a pensão 'no valor da metade da última remuneração', considerando que tal valor 'atinge a finalidade da norma acima citada, sem impossibilitar o enriquecimento ilícito da embargante', conclusão que afronta o mencionado dispositivo do Digesto Civil. 'Em caso de perda total e permanente da capacidade laborativa, é reconhecido ao trabalhador o direito de receber pensão mensal vitalícia em valor igual à última remuneração à época do infortúnio, acrescida de juros e correção monetária, bem como dos reajustes convencionais da categoria profissional' (José Affonso Dallegrave Neto, Responsabilidade Civil no Direito do Trabalho, 2ª ed., São Paulo, LTr, 2007, p. 324). Precedentes. Revista conhecida e provida, no tema." (RR-37700-48.2005.5.20.0003, 3ª Turma, Rel. Min. Rosa Maria Weber, DEJT de 03.12.2010).

"RECURSO DE REVISTA DE QUE NÃO SE CONHECE. 2. RECURSO DE REVISTA INTERPOSTO PELO RECLAMANTE. INDENIZAÇÃO POR DANO MATERIAL. PENSÃO MENSAL. Se há inabilitação total para o trabalho, a indenização mensal deve corresponder à integralidade da remuneração a que tinha direito o empregado, a teor da parte final do art. 950 do Código Civil, a fim de garantir a reparação integral pelo dano sofrido, porquanto, se o empregado não tivesse sido acometido por doença profissional que o inabilitou totalmente para o trabalho, poderia trabalhar e receberia a remuneração integral. (...). Recurso de Revista de que se conhece em parte e a que se dá provimento." (RR-38200-11.2005.5.20.0005, 5ª Turma, Rel. Min. Brito Pereira, DEJT de 10.06.2011).

"EMBARGOS EM RECURSO DE REVISTA. DECISÃO EMBARGADA PUBLICADA NA VIGÊNCIA DA LEI N. 11.496/2007. EMPREGADO ACOMETIDO DE DOENÇA OCUPACIONAL E APOSENTADO POR INVALIDEZ. PENSÃO MENSAL VITALÍCIA FIXADA EM 22% DA REMUNERAÇÃO. PRETENSÃO DE AUMENTAR O VALOR DA PENSÃO PARA A INTEGRALIDADE DA REMUNERAÇÃO. PROCEDÊNCIA. Conforme julgados recentes desta e. Subseção (TST-E-ED-RR-71700-80.2005.5.20.0001, Rel. Min. João Batista Brito Pereira, DEJT 11.06.2010; TST-E-ED-RR-6000-56.2006.5.18.0009, Rel. Min. Maria de Assis Calsing, DEJT 03.09.2010), se da moléstia profissional ensejadora da condenação ao pagamento de pensão mensal vitalícia decorrer a aposentadoria por invalidez do empregado, então aquela pensão deve corresponder à integralidade da remuneração percebida na ativa. Recurso de embargos provido." (E-ED-RR-256400-63.2005.5.02.0432, SBDI-1, Rel. Min. Horácio Senna Pires, DEJT de 17.06.2011).

"RECURSO DE EMBARGOS INTERPOSTO NA VIGÊNCIA DA LEI N. 11.496/2007. INDENIZAÇÃO. DANOS MATERIAIS. PAGAMENTO DE PENSÃO VITALÍCIA. APOSENTADORIA POR INVALIDEZ. APLICAÇÃO DO ART. 950 DO CCB. Destaca-se, inicialmente, a circunstância de que, embora a Corte de origem tenha registrado o fato, estimado como incontroverso, de que houve impossibilidade de o Reclamante executar as funções para o qual foi contratado, estando ele, inclusive, aposentado por invalidez, apoiou-se ela no laudo pericial que apontava o percentual de redução da capacidade laborativa do Autor, para fins de fixar o valor da pensão. Alcançando o sentido lógico-jurídico da solução adotada pelo Tribunal Regional e perfilhada pela Turma, tem-se que o aspecto preponderante, levado em consideração, não foi a incapacidade para o trabalho contratado, já que reconhecida de forma inequívoca tal circunstância, mas a redução da capacidade laborativa em geral. O art. 950 do atual CCB, de forma diversa da legislação previdenciária, elegeu como referência ao pagamento da indenização a inaptidão ou a redução da capacidade relativa ao ofício ou à profissão da vítima. No que tange à quantificação da indenização, tal preceito prevê duas hipóteses com soluções jurídicas diversas. A primeira contempla situação em que a lesão sofrida pela vítima é de tal monta, que a impede de exercer aquele ofício ou aquela profissão quando de seu acometimento. Para tal, a pensão deverá corresponder à importância do trabalho para o qual se inabilitou. Na segunda, há, apenas, redução da capacidade de trabalho, hipótese em que o valor da pensão deverá ser proporcional, relativa, portanto, à depreciação de que sofreu a vítima. No caso concreto, o Tribunal Regional dá conta de que houve incapacidade para o trabalho, resultando na aposentadoria por invalidez do Reclamante. Vale dizer, nessa esteira, que a pensão deve corresponder à importância do trabalho para que se inabilitou o Reclamante, o que equivale a 100% de pensão relativa ao que ele percebia na ativa. Embargos conhecidos e parcialmente providos." (E-ED-RR-6000-56.2006.5.18.0009, SBDI-1, Rel. Min. Maria de Assis Calsing, DEJT de 03.09.2010).

"INDENIZAÇÃO POR DANO MATERIAL. PENSÃO MENSAL. Se há inabilitação total para o trabalho, a indenização mensal deve corresponder à integralidade da remuneração a que tinha direito o empregado, a teor da parte final do art. 950 do Código Civil, a fim de garantir a reparação integral pelo dano sofrido, porquanto, se o empregado não tivesse sido acometido por doença profissional que o inabilitou totalmente para o trabalho, poderia trabalhar e receberia a remuneração integral. Recurso de Embargos de que se conhece e a que se dá provimento." (E-ED-RR-71700-80.2005.5.20.0001, SBDI-1, Rel. Min. Brito Pereira, DEJT de 11.06.2010).

Portanto, em face da redução da capacidade laboral do reclamante, na medida em que do acidente resultou a amputação do seu antebraço esquerdo, deve a pensão mensal vitalícia, a título de indenização pelos danos materiais sofridos, ser fixada em montante correspondente à depreciação sofrida e em observância aos limites constantes na exordial. Razão pela qual se condena o reclamado a pagar ao reclamante a pensão mensal vitalícia, no valor de 60% (sessenta por cento) da última remuneração percebida, quando em atividade, acrescida dos reajustes legais e/ou convencionais supervenientes, a partir da data da ocorrência do acidente de trabalho. Tem aplicação, na espécie, a Súmula n. 439 do TST, no sentido de que, nas condenações por dano moral, a atualização monetária é devida a partir da data da decisão de arbitramento, e os juros de mora incidem desde o ajuizamento da ação, nos termos do art. 883 da CLT.

Como ainda encontra-se em vigor a Súmula n. 219 do TST, que dispõe, no seu item I, que *"na Justiça do Trabalho, a condenação ao pagamento de honorários advocatícios, nunca superiores a 15% (quinze por cento), não decorre pura e simplesmente da sucumbência, devendo a parte estar assistida por sindicato da categoria profissional e comprovar a percepção de salário inferior ao dobro do salário mínimo ou encontrar-se em situação econômica que não lhe permita demandar sem prejuízo do próprio sustento ou da respectiva família"*, e, como, no caso, o próprio reclamante admite que não se encontra assistido por sindicato profissional, não faz jus aos honorários advocatícios.

# ACIDENTE DE TRABALHO. RESPONSABILIDADE DO EMPREGADOR. RISCO PROFISSIONAL

*RECURSO DE REVISTA. ACIDENTE DE TRABALHO. RESPONSABILIDADE OBJETIVA DO EMPREGADOR. TEORIA DO RISCO PROFISSIONAL. INDENIZAÇÃO POR DANOS MATERIAL E MORAL.*

*1. O Tribunal Regional entendeu que nos autos há prova da existência de nexo causal entre a atividade do autor, o acidente de trabalho sofrido e a lombalgia crônica da qual foi acometido após o referido acidente, quando sofreu queda com impacto na coluna. Contudo, o Colegiado de origem concluiu que, para a responsabilização civil da reclamada, deveria ter sido provada sua culpa.*

*2. Os fatos delineados no acórdão do Tribunal Regional possibilitam sua qualificação jurídica nas disposições do art. 927, parágrafo único, do Código Civil, ante a responsabilidade objetiva, de modo a restar dispensada a perquirição em torno de culpa do empregador.*

*3. A teoria do risco profissional preconiza que o dever de indenizar tem lugar sempre que o fato prejudicial é decorrência da atividade ou profissão da vítima, conforme ocorreu na espécie, em que o trabalho desenvolvido pelo reclamante, no exercício da função de pedreiro, atuando na fabricação de pré-moldado, encontra-se classificado no anexo V do Decreto n. 3.048/1999 como sendo de risco grave.*

*Recurso de revista parcialmente conhecido e provido.*

*(Processo n. TST-RR-272400-38.2004.5.12.0031 – Ac. 1ª Turma – DeJT: 14.04.2014)*

Ao exame.

Trata-se de hipótese em que o Tribunal Regional reconheceu que o reclamante sofreu típico acidente de trabalho, fundamentando-se na Comunicação de Acidente de Trabalho – CAT, que assim especificou: "Quando fazia ajustamento numa placa de concreto escorregou e caiu, vindo a sentir dor na região lombar".

Infere-se dos fundamentos do acórdão recorrido, que o Tribunal Regional entendeu que nos autos existem provas da ocorrência do dano sofrido pelo reclamante, da existência de nexo causal entre a atividade do autor e a lombalgia crônica da qual foi acometido após o referido acidente, quando sofreu uma queda com impacto na coluna. Contudo, o Colegiado de origem concluiu que, para a responsabilização civil da reclamada, deveria ter sido provada a sua culpa, adotando a teoria da responsabilidade civil subjetiva. Assinalou que o reclamante não se desincumbiu do seu ônus de comprovar qualquer culpa da empresa pelo acidente de trabalho sofrido.

Cumpre adentrar no exame do óbice adotado pela Corte de origem para concluir não serem devidas as indenizações demandadas, vale dizer, em aferir se, no caso concreto, a responsabilidade da reclamada é de natureza objetiva ou subjetiva.

Consoante se extrai do art. 7º, XXII, da Constituição Federal, configura-se em direito dos empregados a "redução dos riscos inerentes ao trabalho, por meio de normas de saúde, higiene e segurança", sendo dever do empregador cumprir e fazer cumprir as normas de segurança e medicina do trabalho, além da necessidade de adotar precauções para evitar acidente de trabalho e a aquisição de doenças profissionais, conforme a ilação que se extrai do art. 157, I e II, da CLT.

A teor do inciso XXVIII do art. 7º da Constituição da República, é dever do empregador custear o valor do seguro do empregado contra acidentes de trabalho, bem como arcar com a indenização decorrente de tal fato gerador, quando incorrer em dolo ou culpa.

Discute-se se tal norma impõe a responsabilidade unicamente subjetiva do empregador em casos de acidente de trabalho ou a ele equiparado, ou se são admitidas hipóteses de responsabilidade objetiva.

Ora, é certo que o *caput* do art. 7º da Lei Maior esclarece que o rol dos direitos trabalhistas elencados nos respectivos incisos não é taxativo, mas apenas apresenta, exemplificativamente, um mínimo de direitos trabalhistas que devem ser observados pelos empregadores.

Nessa linha de raciocínio, admite-se que, diante das particularidades dos casos concretos e do disposto na legislação infraconstitucional, seja cabível a aplicação da responsabilidade objetiva.

O art. 927, parágrafo único, do Código Civil, preceitua a obrigação de reparação do dano, independentemente de culpa, nos casos especificados em lei, bem como "quando a atividade normalmente desenvolvida pelo autor do dano implicar, por sua natureza, risco para os direitos de outrem". Essa norma apresenta um dos fundamentos para a adoção da responsabilidade objetiva, configurando o que é doutrinariamente conhecido como teoria do risco.

Ora, de acordo com o art. 2º da CLT, cabe ao empregador, e não ao empregado, a assunção dos riscos inerentes à atividade econômica, que, na vertente hipótese, consubstancia-se no dever de indenizar os danos materiais e morais sofridos pelo reclamante, em decorrência da doença da qual foi acometido, após sofrer acidente de trabalho, independentemente de perquirição em torno da culpa da reclamada.

Por outro lado, a Norma Regulamentadora – NR 9, do Ministério do Trabalho e Emprego – MTE, estabelece a obrigatoriedade da elaboração e implementação, por parte de todos os empregadores e instituições que admitam trabalhadores como empregados, do Programa de Prevenção de Riscos Ambientais – PPRA, visando à preservação da saúde e da integridade dos trabalhadores. Na mesma linha, o art. 338 do Decreto n. 3.048/1999 estabelece que a empresa é responsável pela adoção e uso de medidas coletivas e individuais de proteção à segurança e saúde do trabalhador sujeito aos riscos ocupacionais por ela gerados. Tais dispositivos normativos, sistematicamente, buscam dar efetividade ao art. 7º, XXII, da Lei Maior.

No anexo V, do Decreto n. 3048/1999, consta a relação de atividades preponderantes e correspondentes graus de risco (conforme a classificação nacional de atividades econômicas – CNAE 2.0).

Do exame da referida relação, conclui-se que a atividade desenvolvida pelo reclamante, no exercício da função de pedreiro, atuando na fabricação de pré-moldado, encontra-se sob a classificação nacional de atividades econômicas – CNAE – 2330-3/01, sendo dotada de alíquota "3".

O art. 202 do Decreto n. 3048/1999, ao dispor sobre a contribuição da empresa, destinada ao financiamento da aposentadoria especial e dos benefícios concedidos em razão do grau de incidência de incapacidade laborativa decorrente dos riscos ambientais do trabalho, estabelece, no inciso III, a incidência da alíquota de três por cento para a empresa em cuja atividade preponderante o risco de acidente de trabalho seja considerado grave.

Assim, resulta inconteste que a atividade desempenhada pelo autor na reclamada, "Mineração, Artefatos de Cimentos, Britagem e Construções LTDA – SULCATARINENSE", encontra-se enquadrada como sendo de risco grave, no Decreto que regulamenta a Previdência Social.

Com base em tais fundamentos, conclui-se que os fatos delineados no acórdão do regional possibilitam sua qualificação jurídica nas disposições do art. 927, parágrafo único, do Código Civil, dispositivo que consagra a teoria do risco da atividade empresarial como fator a autorizar a responsabilidade objetiva, de modo a restar dispensada a perquirição em torno da culpa da reclamada.

A teoria do risco profissional preconiza que o dever de indenizar tem lugar sempre que o fato prejudicial é decorrência da atividade ou profissão da vítima, conforme ocorreu na espécie, na medida em que o autor era pedreiro e sofreu o acidente quando fazia ajustamento numa placa de concreto, atuando na fabricação de pré-moldado, tendo escorregado, caído e sendo vitimado de lombalgia crônica.

Em convergência com o exposto, transcrevem-se os seguintes precedentes, em que se admitiu ser aplicável a responsabilidade objetiva da reclamada, em se tratando de doença profissional e de acidente de trabalho:

"RECURSO DE REVISTA – DANO MATERIAL E MORAL – ACIDENTE DE TRABALHO – RESPONSABILIDADE OBJETIVA DO EMPREGADOR – ART. 927, PARÁGRAFO ÚNICO, DO CÓDIGO CIVIL – CONCEITO DE ATIVIDADE HABITUALMENTE DESENVOLVIDA – DIREITO DO CONSUMIDOR – DIREITO DO TRABALHO – PRINCÍPIO CONSTITUCIONAL SOLIDARISTA – INCIDÊNCIA. O sistema de responsabilidade civil adotado pelo ordenamento jurídico é um dos reflexos da preocupação do legislador com a tutela dos direitos pertencentes àqueles que não podem negociar, em condições de igualdade, os seus interesses com a outra parte da relação contratual. Nesse passo, o Código Civil, em seu art. 927, parágrafo único, estabelece que será objetiva a responsabilidade daquele que, em face do desenvolvimento normal de sua atividade, puder causar dano a outrem. Atividade, no sentido utilizado na norma, deve ser entendida como a conduta habitualmente desempenhada, de maneira comercial ou empresarial, para a realização dos fins econômicos visados pelo autor do dano. Entretanto, dado o caráter excepcional de que se reveste a responsabilidade objetiva em nosso ordenamento jurídico (já que a regra é de que somente haverá a imputação de conduta lesiva a alguém se provada a sua atuação culposa), somente nos casos em que os produtos e serviços fornecidos pelo causador do dano apresentarem perigo anormal e imprevisível ao sujeito que deles se utiliza haverá espaço para a incidência do citado diploma legal. Ressalte-se, ainda, que o Código Civil, por força dos arts. 8º, parágrafo único, da CLT e 7º do CDC, ostenta a condição de norma geral em termos de responsabilidade civil, motivo pelo qual a sua aplicação aos demais ramos do direito depende da inexistência de legislação específica sobre o assunto, assim como de sua compatibilidade com os princípios inerentes à parcela do direito a que se visa a inserção da aludida regra geral. No direito do consumidor, a responsabilidade do fornecedor pelos defeitos dos produtos e serviços despejados no mercado é objetiva, independentemente de a atividade por ele normalmente desenvolvida apresentar risco a direito de outrem. Assim, desnecessária a aplicação da norma civil às relações de consumo, dado o caráter mais benéfico desta. No Direito do Trabalho, entretanto, no art. 7º, XXVIII, da Carta Magna, determina-se, tão somente, que o empregador responderá pelos danos morais e materiais causados aos seus empregados, desde que comprovada a culpa daquele que suporta os riscos da atividade produtiva. A Constituição Federal, como se percebe, não faz menção à possibilidade de se responsabilizar objetivamente o empregador pelos aludidos danos. Apesar disso, tendo em vista o disposto no *caput* do aludido dispositivo constitucional e o princípio da norma mais benéfica, a outra conclusão não se pode chegar, senão de que não se vedou a criação de um sistema de responsabilidade mais favorável ao empregado, ainda que fora da legislação especificamente destinada a reger as relações laborais, mormente se considerarmos que o trabalhador, premido pela necessidade de auferir meios para a sua sobrevivência, apresenta-se, em relação ao seu empregador, na posição mais desigual dentre aquelas que se pode conceber nas interações humanas. Dessa forma, a fim de evitar o paradoxo de se responsabilizar o mesmo indivíduo (ora na condição de empregador, ora na condição de fornecedor) de forma diversa (objetiva ou subjetivamente) em face do mesmo evento danoso, somente pelo fato das suas consequências terem atingidos vítimas em diferentes estágios da atividade produtiva, necessária se faz a aplicação do art. 927, parágrafo único, do Código Civil, ao direito do trabalho, desde que, no momento do acidente, o empregado esteja inserido na atividade empresarialmente desenvolvida pelo seu empregador. A adoção de tal entendimento confere plena eficácia ao princípio constitucional solidarista, segundo o qual a reparação da vítima afigura-se mais importante do que a individualização de um culpado pelo evento danoso. Na hipótese dos autos, restam presentes os elementos necessários à incidência do dispositivo civilista, motivo pelo qual deve ser mantida a decisão do Tribunal Regional do Trabalho. Recurso de revista não conhecido." (RR-182900-34.2005.5.04.0811, 1ª Turma, Relator Ministro Vieira de Mello Filho, julgado na sessão de 07.04.2010).

"AGRAVO DE INSTRUMENTO. INDENIZAÇÃO POR DANOS MORAIS E MATERIAIS. Demonstrada a afronta ao art. 7º, XXVIII, da Constituição da República, por sua má-aplicação, nos moldes da alínea *c* do art. 896 da Consolidação das Leis do Trabalho, dá-se provimento ao agravo de instrumento a fim de determinar o processamento do recurso de revista. RECURSO DE REVISTA. INDENIZAÇÃO POR DANOS MORAIS E MATERIAIS. Restou incontroversa nos autos a existência do nexo de causalidade entre a doença ocupacional que acometeu a autora e o dano causado à sua saúde, resultando na aposentadoria por invalidez. Presentes o dano (lesão à saúde da trabalhadora, por doença profissional) e o nexo de causalidade, resulta inafastável a responsabilidade objetiva da empregadora, a quem incumbia zelar pela segurança e saúde no local de trabalho. Recurso de revista conhecido e provido." (RR – 39840-78.2002.5.05.0132, Redator Ministro: Lelio Bentes Corrêa, 1ª Turma, DJ 1º.08.2008).

"RECURSO DE REVISTA. (...) INDENIZAÇÃO POR DANO MORAL. DOENÇA OCUPACIONAL EQUIPARADA A ACIDENTE DE TRABALHO. RESPONSABILIDADE OBJETIVA. Se existe nexo de causalidade entre a atividade de risco e o efetivo dano, o empregador deve responder pelos prejuízos causados à saúde do empregado, tendo em vista que as atividades exercidas em favor do empregador implicam situação de risco para o trabalhador. Assim, constatada a atividade de risco exercida pelo autor, não há como se eliminar a responsabilidade do empregador, pois a atividade por ele desenvolvida causou dano ao empregado, que lhe emprestou a força de trabalho. Recurso de revista não conhecido." (RR-104700-44.2008.5.03.0032, Relator Ministro: Aloysio Corrêa da Veiga, 6ª Turma, DEJT 30.03.2010).

"RECURSO DE REVISTA. ACIDENTE DE TRABALHO. INDENIZAÇÃO POR DANOS MORAIS E ESTÉTICOS. RESPONSABILIDADE OBJETIVA. A análise dos pleitos relativos à indenização por danos morais e estéticos em virtude de acidente de trabalho se dá à luz da responsabilidade objetiva, bastando a comprovação, de acordo com a teoria do risco da atividade, do dano e do nexo de causalidade entre este e a atividade desempenhada pela vítima. Na espécie, conforme consignado no acórdão regional, restaram demonstrados o dano e o nexo causal, de modo que há de responder o reclamado pelo pagamento da indenização correspondente. Revista não conhecida, no tópico." (RR – 27400-85.2006.5.17.0161, Data de Julgamento: 02.12.2009, Relatora Ministra: Rosa Maria Weber, 3ª Turma, DEJT 18.12.2009).

Indica-se, ainda, como precedente, o acórdão proferido no julgamento do processo RR– 94600-70.2006.5.12.0025, Redator Ministro: Luiz Philippe Vieira de Mello Filho, 1ª Turma, divulgado no DEJT de 20.02.2009.

Logo, comprovado o evento lesivo, o nexo de causalidade e sendo hipótese de responsabilidade objetiva, o dano moral, de acordo com a teoria do *dannum in re ipsa*, é consequência do próprio fato ofensivo, tendo-se como consequência lógica o cabimento de indenização. De igual modo, é incontroversa a ocorrência de dano material a autorizar o cabimento de pensão mensal, correspondente à importância do trabalho para que se inabilitou, ou da depreciação que ele sofreu.

Nessa linha de raciocínio, o acórdão do Tribunal Regional que reconheceu a existência dos danos sofridos, o nexo de causalidade, e concluiu não serem devidas as indenizações postuladas, aplicando a responsabilidade subjetiva, em hipótese de incidência da teoria do risco profissional, violou os arts. 186 e 927, parágrafo único, do Código Civil.

CONHEÇO do recurso de revista por violação dos arts. 186 e 927, parágrafo único, do Código Civil.

MÉRITO

No mérito, conhecido o recurso de revista, por violação dos arts. 186 e 927 do Código Civil, DOU-LHE PROVIMENTO para, reformando o acórdão recorrido, condenar a reclamada a pagar ao reclamante as indenizações por danos material e moral decorrentes do acidente de trabalho sofrido e da doença da qual restou acometido e que lhe reduziu a capacidade laborativa, causando prejuízos morais e materiais, ainda que decorrentes do mesmo fato lesivo.

A teor da Súmula n. 457 do STF, "O Tribunal Superior do Trabalho, conhecendo da revista, julgará a causa, aplicando o direito à espécie".

Considerando que a indenização mede-se pela extensão do dano, a teor do art. 944 do Código Civil, e em observância aos princípios da razoabilidade e da proporcionalidade, arbitra-se o valor da indenização por dano moral, em R$ 20.000,00 (vinte mil reais).

O art. 950 do Código Civil vigente autoriza que, nas hipóteses em que da lesão resultar diminuição da capacidade de trabalho, a indenização deverá incluir pensão correspondente à importância do trabalho para que se inabilitou, ou da depreciação que ele sofreu.

Haja vista ser incontroversa a redução da capacidade laboral do reclamante, na medida em que, do acidente resultou a aquisição da doença lombalgia crônica, reputo ser devida a pensão postulada na petição inicial, em montante correspondente à depreciação sofrida e em observância aos limites constantes na exordial.

O parágrafo único do art. 950 do Código Civil prevê a possibilidade de pagamento da pensão mensal a título de danos materiais em uma única parcela. Assim, incumbindo ao magistrado, no exercício da jurisdição e à luz das circunstâncias evidenciadas pela prova dos autos, decidir sobre a forma mais adequada de pagamento da referida indenização, devendo se ater aos limites da lide e ao valor da causa constante na exordial, determino o seu pagamento em parcela única, no valor de R$ 30.000,00 (trinta mil reais), a título indenizatório.

Tem aplicação, na espécie, a Súmula n. 439 do TST, no sentido de que, nas condenações por dano moral, a atualização monetária é devida a partir da data da decisão de arbitramento, e os juros de mora incidem desde o ajuizamento da ação, nos termos do art. 883 da CLT.

Custas pela reclamada, no valor de R$ 1.000,00 (mil reais), calculadas sobre o montante acrescido à condenação, em R$ 50.000,00 (cinquenta mil reais). Honorários periciais a serem integralmente custeados pela reclamada, porque sucumbente, no valor de R$ 1.200,00 (mil e duzentos reais) fixado na sentença.

## ATLETA PROFISSIONAL DE FUTEBOL. ACIDENTE DE TRABALHO

*RECURSO DE REVISTA. ATLETA PROFISSIONAL DE FUTEBOL. ACIDENTE DE TRABALHO. INDENIZAÇÃO POR DANO MATERIAL E MORAL.*

*1. O Tribunal Regional do Trabalho da 12ª Região, não obstante reconhecer que o acidente ocorreu enquanto o autor desenvolvia sua atividade profissional em benefício do clube réu, bem como que, em virtude do infortúnio, o atleta não teve condições de voltar a jogar futebol profissionalmente, concluiu que a entidade desportiva não teve culpa no acidente de trabalho, além de haver adotado todas as medidas possíveis para tentar devolver ao autor a capacidade para o desenvolvimento de suas atividades como atleta profissional, não sendo possível a sua recuperação porque a medicina ainda não tinha evoluído ao ponto de permitir a cura total. Razões pelas quais a Corte "a quo" rejeitou o pedido de indenização por dano material e dano moral.*

*2. Ocorre, todavia, que, conforme o disposto nos arts. 34, III, e 45, da Lei n. 9.615/1998, são deveres da entidade de prática desportiva empregadora, em especial, submeter os atletas profissionais aos exames médicos e clínicos necessários à prática desportiva, e contratar seguro de vida e de acidentes pessoais, vinculado à atividade desportiva, para os atletas profissionais, com o objetivo de cobrir os riscos a que eles estão sujeitos.*

*3. Em tal contexto, incide, à espécie, a responsabilidade objetiva prevista no art. 927, parágrafo único, do Código Civil, segundo o qual, haverá obrigação de reparar o dano, independentemente de culpa, nos casos especificados em lei, ou quando a atividade normalmente desenvolvida pelo autor do dano implicar, por sua natureza, risco para os direitos de outrem.*

*4. Dessa orientação dissentiu o acórdão recorrido.*

*Recurso de revista parcialmente conhecido e provido.*

(Processo n. TST-RR-393600-47-2007-5-12-0050 – Ac. 1ª Turma – DeJT: 27.02.2014)

CONHECIMENTO

*Acidente de trabalho. Indenização por dano material e moral*

Ao exame.

Como se observa, o Tribunal Regional do Trabalho da 12ª Região, não obstante reconhecer que o acidente ocorreu enquanto o autor desenvolvia sua atividade profissional em benefício do clube réu, bem como que, em virtude do infortúnio, o atleta não teve condições de voltar a jogar futebol profissionalmente, concluiu que a entidade desportiva não teve culpa no acidente de trabalho, além de haver adotado todas as medidas possíveis para tentar devolver ao autor a capacidade para o desenvolvimento de suas atividades como atleta profissional, não sendo possível a sua recuperação porque a medicina ainda não tinha evoluído ao ponto de permitir a cura total. Razões pelas quais rejeitou o pedido de indenização por danos moral e material.

Ocorre, todavia, que, conforme o disposto nos arts. 34, III, e 45, da Lei n. 9.615/1998, são deveres da entidade de prática desportiva empregadora, em especial, submeter os atletas profissionais aos exames médicos e clínicos necessários à prática desportiva, e contratar seguro de vida e de acidentes pessoais, vinculado à atividade desportiva, para os atletas profissionais, com o objetivo de cobrir os riscos a que eles estão sujeitos.

Em tal contexto, incide, à espécie, a responsabilidade objetiva prevista no art. 927, parágrafo único, do Código Civil, segundo o qual, haverá obrigação de reparar o dano, independentemente de culpa, nos casos especificados em lei, ou quando a atividade normalmente desenvolvida pelo autor do dano implicar, por sua natureza, risco para os direitos de outrem.

Nem poderia ser de outro modo, dado que, na prática desportiva, o risco de lesões a que submetido o atleta profissional é tão expressivo que o legislador ordinário passou a exigir que o respectivo clube empregador contrate seguro de vida e de acidentes pessoais, com o objetivo, expresso, de "cobrir os riscos a que eles estão sujeitos".

Nesse sentido o magistério de CAVALIERI FILHO, na obra *Programa de Responsabilidade Civil* (Malheiros Editores, 2006), *verbis*:

"O dever de indenizar tem lugar sempre que o fato prejudicial é uma decorrência da atividade ou profissão do lesado. Foi ela desenvolvida especificamente para justificar a reparação dos acidentes ocorridos com os empregados no trabalho ou por ocasião dele, independentemente de culpa do empregador."

Por conseguinte, não há campo propício para incidência do art. 7º, XXVIII, da Constituição Federal, como entendeu a Corte de origem, mas, sim, o disposto no art. 927, parágrafo único, do Código Civil, que afasta o elemento da culpa do ofensor, na medida em que a própria legislação especial estabeleceu que a atividade do atleta profissional, por sua natureza, implica riscos à sua integridade física e gera danos psicológicos.

A propósito, é fato público e notório que a competitividade e o desgaste físico, inerentes à prática desportiva, constituem fatores que podem desvalorizar o atleta que sofrer lesões nos treinos ou nas partidas de futebol, decorrendo, daí, o correspondente dever de o clube empregador indenizar os danos morais e materiais sofridos pelo atleta.

De sorte que, fixadas no acórdão recorrido às premissas quanto à configuração dos elementos da responsabilidade civil objetiva, não há falar em falta de prova do dano moral. A dor, o sofrimento e consequente ofensa aos atributos da personalidade do empregado são consequências da doença profissional, e não causa. Em outras palavras, o dano moral, de acordo com a teoria do *dannum in re ipsa*, é consequência do próprio fato ofensivo, de modo que, comprovado o evento lesivo, como no caso em exame foram demonstradas as lesões sofridas em face do acidente de trabalho, tem-se, como consequência lógica, a configuração de dano moral ensejando o cabimento de indenização.

Acerca da desnecessidade de prova do dano moral, já decidiu esta eg. 1ª Turma nos seguintes precedentes:

"DANOS MORAIS. CONFIGURAÇÃO. DOENÇA PROFISSIONAL. COMPROVAÇÃO OBJETIVA DA LESÃO OU DOR. DESNECESSIDADE. 1. A responsabilidade civil está regulada nos arts. 186, 187 e 927 do Código Civil, sendo que, para sua configuração, devem se fazer presentes os seguintes requisitos: prova efetiva do dano, nexo causal, prática do ato ilícito, necessidade de reparação e culpa – exceto na hipótese de atividade de risco, em que a responsabilidade do empregador é objetiva, independente da caracterização de culpa. 2. Nos termos do entendimento reiterado da Subseção I Especializada em Dissídios Individuais desta Corte uniformizadora, a caracterização do dano moral prescinde da comprovação objetiva de dor, sofrimento ou abalo psicológico, especialmente diante da impossibilidade de sua comprovação material. 3. Recurso de revista conhecido e provido. Processo: RR – 64000-64.2006.5.05.0024, Data de Julgamento: 22.05.2013, Relator Ministro: Lelio Bentes Corrêa, 1ª Turma, Data de Publicação: DEJT 31.05.2013.

INDENIZAÇÃO POR DANO MORAL. DESNECESSIDADE DE PROVA DO DANO. 1. O Tribunal Regional deu provimento ao recurso ordinário do empregado, para condenar a reclamada ao pagamento de indenização por danos morais, ao fundamento de que restou evidenciada a conduta culposa da empresa, ao exigir que o autor carregasse peso em quantidade que ocasionou a lombalgia constatada, é forçoso o dever de indenizar os danos de ordem extrapatrimonial oriundos de sua conduta. 2. Diante das premissas fáticas retratadas no acórdão regional, no sentido de que comprovado o ato lesivo praticado contra o empregado, é devido o pagamento de indenização por dano moral, sendo desnecessária, para tal fim, a prova de dano efetivo, já que, de acordo com a doutrina e a jurisprudência desta Corte, o dano moral é um dano *in re ipsa*, ou seja, é dano que prescinde de comprovação. 3. Ilesos, assim, sob o viés trazido no recurso de revista, de que não há prova contumaz da existência de dano moral, os arts. 7º, XXVIII, da Carta Magna e 333, I, do CPC. Agravo de instrumento conhecido e não provido. Processo: AIRR – 616-96.2011.5.09.0653, Data de Julgamento: 06.11.2013, Relator Ministro: Hugo Carlos Scheuermann, 1ª Turma, Data de Publicação: DEJT 14.11.2013.

AGRAVO DE INSTRUMENTO. RECURSO DE REVISTA. EMPREGADO CONSTRANGIDO A ACEITAR ACORDO NA COMISSÃO DE CONCILIAÇÃO PRÉVIA – CCP. INDENIZAÇÃO POR DANOS MORAIS. Fixadas no acórdão recorrido as premissas quanto à configuração dos elementos da responsabilidade civil, não há falar em falta de prova do dano moral. A dor, o sofrimento e consequente ofensa aos atributos da personalidade do empregado são consequências da doença profissional, e não causa. Em outras palavras, o dano moral existe "*in re ipsa*"; deriva inexoravelmente do fato ofensivo, de tal modo que, provada a ofensa, "*ipso facto*" está demonstrada a lesão moral à guia de presunção normal que decorre das regras de experiência. Nesse contexto, constata-se que a agravante não pretende obter nova qualificação jurídica dos fatos da causa, mas sim reabrir o debate em torno da valoração das provas pela Instância ordinária, procedimento que sofre o óbice da Súmula n. 126 do TST. Agravo de instrumento a que se nega provimento. Processo: AIRR – 252640-09.2002.5.02.0078, Data de Julgamento: 27.11.2013, Relator Ministro: Walmir Oliveira da Costa, 1ª Turma, Data de Publicação: DEJT 06.12.2013.

DANO MORAL. INDENIZAÇÃO. (...) 2. Em matéria de prova, o dano moral, em si, não é suscetível de comprovação, em face da impossibilidade de se fazer demonstração, em processo judicial, da dor, do sofrimento e da angústia da vítima ou seus familiares. 3. Evidenciados o fato ofensivo e o nexo causal, como no caso vertente, o dano moral ocorre – *in re ipsa* –, ou seja, é consequência da conduta antijurídica da empresa, do que decorre a sua responsabilidade em pagar compensação pelo prejuízo de cunho imaterial causado, o que não viola o art. 186 do Código Civil, mas sim o prestigia. Recurso de revista de que não se conhece." (Processo: RR-188900-81.2006.5.15.0076, Data de Julgamento: 03.04.2013, Relator Ministro: Walmir Oliveira da Costa, 1ª Turma, Data de Publicação: DEJT 05.04.2013)

Com apoio em tais fundamentos, CONHEÇO do recurso de revista por violação do art. 927, parágrafo único, do Código Civil.

MÉRITO

ACIDENTE DE TRABALHO. INDENIZAÇÃO POR DANOS MATERIAL E MORAL

No mérito, conhecido o recurso de revista, por violação do art. 927, parágrafo único, do Código Civil, DOU-LHE PROVIMENTO para, reformando o acórdão recorrido, condenar o reclamado a pagar ao reclamante a indenização pelos danos material e moral sofridos em decorrência da lesão que o incapacitou para o exercício de sua profissão.

Considerando que a indenização mede-se pela extensão do dano, a teor do art. 944 do Código Civil, e tendo em conta que o valor atribuído à causa na petição inicial foi meramente estimativo e apenas para efeitos fiscais, requerendo o arbitramento judicial, passo a fixar o *quantum* da condenação a esse título.

Na linha dos precedentes desta Corte Superior em que houve arbitramento do valor da compensação por dano moral decorrente de acidente de trabalho sem vítima fatal, em situações análogas às do caso concreto (perda de membro ou da visão, lesão da coluna cervical com redução permanente da capacidade laboral, acidente em maquinário, tendinite, deformidade no pé esquerdo, perda auditiva total), os valores indenizatórios têm variado entre R$ 35.000,00 (trinta e cinco mil reais) e R$ 100.000,00 (cem mil reais), tendo em conta as singularidades da espécie, como também a extensão, a gravidade e a potencialidade da lesão, a situação econômica do ofensor e, finalmente, os princípios da razoabilidade e da proporcionalidade, a fim de evitar que a indenização, de um lado, seja arbitrada em valor irrisório, perdendo sua função punitivo-pedagógica, ou em valor exorbitante, que cause enriquecimento indevido da vítima e insolvência do devedor.

Diante de tais premissas, entendo ser justo e razoável arbitrar o valor da indenização por dano moral no montante de R$ 50.000,00 (cinquenta mil reais) e a indenização por dano material no importe de R$ 50.000,00 (cinquenta mil reais), levando em conta que o pedido foi formulado de forma englobada.

Sinalo que a sentença, nessa parte imutável, já deferiu "indenização correspondente às diferenças entre os valores que seriam devidos a título de benefício previdenciário e aqueles que foram pagos, considerando como parte integrante da remuneração do autor a média mensal de salário extrafolha que foi reconhecida (R$2.428,57/mês), cujo montante deverá ser apurado em liquidação de sentença", nada mais devendo a esse título.

Os juros de mora serão apurados a contar da data do ajuizamento da reclamação (CLT, art. 883) e a correção monetária a partir da data da publicação deste acórdão.

Em face de o reclamante não estar assistido por sindicato da categoria profissional, não são devidos os honorários advocatícios, com base na Súmula n. 219, I, do TST.

Custas pelo reclamado, no valor de R$ 3.000,00 (três mil reais), calculadas sobre o montante da condenação, provisoriamente arbitrado em R$ 150.000,00 (cento e cinquenta mil reais).

---

# ATRASO CONTUMAZ NO PAGAMENTO DE SALÁRIO. MORAL SALARIAL

*RECURSO DE REVISTA INTERPOSTO PELO RECLAMANTE. ATRASO CONTUMAZ NO PAGAMENTO DE SALÁRIOS. DANO MORAL. VALOR DA INDENIZAÇÃO.*

*I – O Tribunal de origem majorou o valor fixado na sentença a título de indenização por dano moral, de R$ 500,00 (quinhentos reais) para R$ 1.000,00 (mil reais).*

*II– No entanto, o quadro fático delineado no acórdão regional (mora contumaz no pagamento de salários) possibilita nova qualificação jurídica e consequente enquadramento, em recurso de revista, pois o "quantum" indenizatório fixado se mostra manifestamente irrisório, de modo a afrontar os princípios da razoabilidade e proporcionalidade, em descompasso com a jurisprudência desta Corte Superior sobre essa temática.*

*Recurso de revista conhecido e provido, no tema.*

*RECURSO DE REVISTA INTERPOSTO PELA AMBEV. RESCISÃO INDIRETA. RECONHECIMENTO EM JUÍZO. MULTA PREVISTA NO ART. 477, § 8º, DA CLT.*

*A controvérsia acerca da modalidade da rescisão contratual, na espécie à resolução indireta reconhecida em juízo, pelo descumprimento das obrigações do contrato (atraso reiterado dos salários), não afasta a incidência da multa prevista no art. 477, § 8º, da CLT, tendo em vista a inequívoca existência e liquidez do direito vindicado, não podendo a mora pelo inadimplemento das verbas rescisórias ser atribuída ao empregado. Precedentes.*

*Recurso de revista de que se conhece e a que se nega provimento, no particular.*

*(Processo n. TST-RR-90500-63.2007.5.17.0004 – Ac. 1ª Turma – DeJT: 12.06.2015)*

VOTO

RECURSO DE REVISTA INTERPOSTO PELO RECLAMANTE

CONHECIMENTO

O recurso é tempestivo (fls. 534 e 562), tem representação regular (procuração à fl. 38), não tendo sido o reclamante condenado ao pagamento de custas processuais. Satisfeitos os pressupostos extrínsecos de recorribilidade, analisam-se os específicos de admissibilidade do recurso de revista.

HORAS EXTRAS ALÉM DA 10ª DIÁRIA. PREVISÃO EM NORMA COLETIVA

A Corte Regional negou provimento ao recurso ordinário interposto pelo reclamante, mantendo o indeferimento do pedido de horas extras a partir da 10ª diária, em razão da expressa autorização em norma coletiva da adoção da jornada de 12x36. A decisão foi proferida, às fls. 510-512, nos seguintes termos:

"2.2.1. Das horas extras a partir da 10ª diária

Pugna o reclamante pela reforma da r. sentença que julgou improcedente seu pleito de horas extras a partir da 10ª diária. Aduz que a norma coletiva que implantou a jornada 12x36 não é válida, já que impõe uma jornada superior àquela estabelecida em Lei.

Não lhe assiste razão.

A Convenção Coletiva de trabalho da categoria (vigilante) é expressa ao autorizar a modalidade de escala de 12x36, de maneira que as horas excedentes à 10.ª diária não devem ser pagas como extra, sob pena de violação ao art. 7º, XXVI, da CF.

A Constituição Federal prevê a possibilidade de negociação dos direitos trabalhistas, mediante participação ativa do sindicato, cabendo a este a defesa dos direitos e interesses coletivos ou individuais da categoria (art. 8º, III). No inciso VI do art. 8º, dispõe que essa participação é obrigatória. Deu, ainda, reconhecimento às convenções e acordos coletivos de trabalho (art. 7º, XXVI).

É dizer, a Constituição assegurou a flexibilização das regras trabalhistas e atribuiu aos sindicatos, como representante da categoria profissional, o direito de negociar as normas que regem as relações de trabalho por meio de convenções e acordos coletivos, de que necessariamente participará, dando reconhecimento aos instrumentos normativos negociados.

No caso dos autos, a norma coletiva da categoria autoriza a jornada 12x36, 12x48, 12x24 combinada com 12x48, de 8 horas e 48 minutos (escala 5x2) e 6x1 (fl. 116).

Ressalte-se que a carga horária do vigilante que trabalha na escala 12x36 é de, no máximo 192 horas mensais, sendo que se for ultrapassado tal limite, as horas laboradas além das 192 serão pagas como extras.

Portanto, não há que se falar em hora extra excedente à 10ª hora diária vez que a forma contratada, escala 12x36, encontra amparo na norma coletiva e a jornada do autor não excede a 192ª hora mensal.

Assim, nego provimento."

O reclamante insurge-se contra a decisão, sustentando a nulidade da norma coletiva, ao argumento de que laborava diariamente 12 horas ininterruptamente, acima do limite máximo de 10 horas diárias, sem qualquer pausa ou intervalo para descanso e alimentação. Aduz que a norma coletiva em questão prejudica e degrada a saúde do trabalhador, que fica forçado a laborar em rigor excessivo de trabalho. Afirma que o labor extraordinário excessivo constitui matéria de ordem pública, relacionada à saúde, higiene e segurança do trabalho, fazendo jus, portanto, ao percebimento das horas extras laboradas após a 10ª diária. Alega que a parte reclamada não fez sequer prova da concessão de folga compensatória quanto ao labor extraordinário diária/semanal, devendo ser aplicado em seu desfavor a pena de confissão, ante a inversão do ônus probatório. Indica violação dos arts. 59, § 2º, 71, § 3º, e 818, da CLT; 333, do CPC; 7º, XXII e XIII, da Constituição Federal; contrariedade à Orientação Jurisprudencial n. 342 da SBDI-1 do TST e transcreve arestos para o cotejo de teses.

O recurso não alcança admissão.

Trata-se de hipótese em que o Tribunal Regional confirmou a improcedência do pleito de horas extras a partir da 10ª diária, ante a existência de norma coletiva instituindo expressamente a jornada 12x36.

O art. 58, *caput*, da CLT, estabelece que: "A duração normal do trabalho, para os empregados em qualquer atividade privada, não excederá de 8 (oito) horas diárias, desde que não seja fixado expressamente outro limite".

Por sua vez, a Constituição Federal, em seu art. 7º, inciso XIII, assegura "a duração do trabalho normal não superior a oito horas diárias e quarenta e quatro semanais, facultada a compensação de horários e a redução da jornada, mediante acordo ou convenção coletiva de trabalho".

Esta Corte Superior consagrou o entendimento de que é válida, em caráter excepcional, a jornada de trabalho de 12x36, desde que ajustada em negociação coletiva de trabalho. Nesse sentido a Súmula n. 444 do TST, *verbis*:

"JORNADA DE TRABALHO. NORMA COLETIVA. LEI. ESCALA DE 12 POR 36. VALIDADE. – Res. 185/2012, DEJT divulgado em 25, 26 e 27.09.2012 – republicada em decorrência do despacho proferido no processo TST-PA-504.280/2012.2 – DEJT divulgado em 26.11.2012

É valida, em caráter excepcional, a jornada de doze horas de trabalho por trinta e seis de descanso, prevista em lei ou ajustada exclusivamente mediante acordo coletivo de trabalho ou convenção coletiva de trabalho, assegurada a remuneração em dobro dos feriados trabalhados. O empregado não tem direito ao pagamento de adicional referente ao labor prestado na décima primeira e décima segunda horas."

Logo, ante as premissas fáticas delineadas no acórdão recorrido, notadamente a existência de norma coletiva autorizando expressamente o regime na escala 12X36, insuscetíveis de reexame em sede de recurso de revista, nos termos da Súmula n. 126 desta Corte, constata-se que a decisão recorrida foi proferida em plena sintonia com a jurisprudência iterativa, notória e atual desta Corte Superior, circunstância que inviabiliza a cognição do recurso de revista, ante os termos do art. 896, § 7º, da CLT. Afastadas, em consequência, a violação de dispositivos de lei federal e da Constituição Federal, bem como superado eventual dissenso de teses.

Acrescente-se que a Orientação Jurisprudencial n. 342 da SBDI-1 do TST (atual item II da Súmula n. 437 desta Corte) preconiza a impossibilidade de ajuste coletivo contemplando a supressão ou redução do intervalo intrajornada, não guardando pertinência temática com a discussão concernente ao extrapolamento da jornada diária de trabalho.

Pontue-se, ainda, que o Tribunal de origem não dirimiu a controvérsia pelo viés do ônus subjetivo da prova (distribuição do encargo da prova), mas sim pelo critério do ônus objetivo do encargo de provar (valoração da prova produzida por ambas as partes).

Mesmo que assim não fosse, contra a tese recursal milita o entendimento de que a regra acerca do ônus da prova é norma de julgamento e, portanto, deve ser aplicada pelo juiz no momento em que vai proferir sua decisão, não importando quem produziu as provas que, uma vez realizadas, passam a pertencer ao processo, de acordo com o princípio da aquisição processual, somente tendo relevância caso não existam outras provas nos autos, quando, então, aquele, a quem incumbia o encargo de provar, poderia sofrer as consequências de não ter se desincumbido corretamente desse mister. Ilesos, portanto, os arts. 818 da CLT e 333, II, do CPC.

NÃO CONHEÇO do recurso de revista, no particular.

**JORNADA DE 12 HORAS DE TRABALHO POR 36 DE DESCANSO. LABOR EM DOMINGOS. PAGAMENTO EM DOBRO**

O Tribunal de origem, quanto tópico, pronunciou-se, à fl. 516, nos seguintes termos:

"2.2.3. Repouso Semanal Remunerado

Válida a compensação pelo sistema 12x36, não se há de falar em pagamento de labor em dias de repouso (pois quando a escala coincide com o domingo, é certo que o empregado folga no dia seguinte).

Nego provimento."

Nas razões do recurso de revista, o reclamante sustenta que, independentemente do regime laborado, faz jus à percepção em dobro dos domingos laborados. O recorrente embasa o seu recurso de revista unicamente em divergência jurisprudencial.

O recurso não alcança conhecimento.

Os arestos transcritos, à fl. 582, não viabilizam o recurso de revista. O primeiro não cita a fonte oficial ou o repositório autorizado em que foram publicados, o que desatende a Súmula n. 337, I, *a*, desta Corte; os demais são inespecíficos, à míngua da indispensável identidade fática, porquanto não refletem o entendimento de que o labor nos domingos na jornada 12x36 deve ser remunerado em dobro, o que atrai a incidência da Súmula n. 296, I, do TST.

NÃO CONHEÇO do recurso de revista, no tema.

**ATRASO CONTUMAZ NO PAGAMENTO DE SALÁRIOS. DANO MORAL. VALOR DA INDENIZAÇÃO**

O Tribunal Regional majorou a indenização por dano moral arbitrada na sentença, mediante a seguinte fundamentação, *verbis*:

"2.2.5. Danos Morais – Apreciação conjunta do recurso do reclamante e da 2ª reclamada

A sentença deferiu a indenização por dano moral, no importe de R$ 500,00 (quinhentos reais), ante a revelia aplicada à 1ª reclamada, empregadora do autor.

Recorre o reclamante, requerendo a majoração da indenização deferida, pois tal valor não condiz com a proporção do dano sofrido, já que esse foi abonado por sua empregadora, que deixou de proceder à baixa de sua CTPS, não lhe pagou as verbas rescisórias, o impediu de receber seguro-desemprego e de sacar o FGTS.

Já a 2ª reclamada requer a exclusão da condenação, alegando que os fatos apontados pelo autor não ensejam a caracterização de dano moral.

Pois bem.

O reclamante alega que sofreu danos morais em face dos constrangimentos que a reclamada lhe causou ao deixar de pagar suas verbas rescisórias.

O dano moral indenizável é aquele que causa dor moral e até mesmo física a outrem, que sofre em seu íntimo, com dor, constrangimento, tristeza, angústia, em face de ato ou omissão injusta. Alcança valores prevalentemente ideais.

(...)

Penso que o tratamento dispensado pela empregadora e até mesmo pela segunda ré em relação ao autor foi de descaso pela dignidade do trabalhador.

Veja-se que nem mesmo a carteira de trabalho lhe foi assinada, sendo ele mantido à margem de direitos que dependem desta singela e obrigatória providência do empregador. Além disso, *deixou de lhe pagar os últimos salários, como pedido e reconhecido na sentença*, em razão de mais um descaso patronal com a revelia. No que toca à segunda ré, não podia ela permitir que sua contratada colocasse a seu serviço trabalhador em condições irregulares. (grifos acrescentados)

(...)

Pelo exposto, nego provimento ao recurso da 2ª ré, e dou provimento ao recurso obreiro para majorar a indenização para R$ 1.000,00."

O reclamante, nas razões do recurso de revista, pretende a majoração do valor arbitrado a título de indenização por dano moral, argumentando que o valor fixado foi simbólico, não alcançando o caráter punitivo, ante o grande porte das empresas reclamadas. Indica violação dos arts. 186 do Código Civil e 5º, V e X, da Constituição da República e transcreve arestos para o cotejo de teses.

O recurso alcança conhecimento.

A Corte Regional, reconhecendo a violação do princípio da dignidade do trabalhador, ante a não anotação da carteira de trabalho e o atraso reiterado no pagamento de salários, majorou o valor fixado na sentença a título de indenização por dano moral, de R$ 500,00 (quinhentos reais) para R$ 1.000,00 (mil reais).

O quadro fático delineado no acórdão regional, notadamente a mora contumaz no pagamento dos salários (atraso dos meses de janeiro, fevereiro, março e abril de 2007), possibilita nova qualificação jurídica e consequente reavaliação, em recurso de revista, pois o *quantum* indenizatório fixado se mostra manifestamente irrisório, máxime ante ao notório poder econômico da AMBEV, segunda reclamada, de modo a afrontar os princípios da razoabilidade e proporcionalidade, em descompasso com a jurisprudência em formação nesta Corte Superior sobre essa temática.

Com efeito, a jurisprudência majoritária desta Corte Superior, no tocante ao *quantum* indenizatório fixado pelas instâncias ordinárias, vem consolidando o entendimento de que a revisão do valor da indenização somente é possível quando exorbitante ou insignificante a importância arbitrada a título de reparação de dano moral, em flagrante violação dos princípios da razoabilidade e da proporcionalidade, o que ocorreu na espécie.

É certo que a jurisprudência desta Corte Superior vem firmando orientação de que a falta de anotação da CTPS, por si só, não caracteriza dano moral passível de reparação. Isso porque a providência configura-se como uma obrigação acessória decorrente do reconhecimento judicial do vínculo empregatício, que pode ser cumprida inclusive pela Secretaria da Vara do Trabalho; e, ainda, porque eventuais direitos trabalhistas decorrentes do reconhecimento do vínculo são deferidos pela própria decisão judicial, afastando-se, assim, qualquer dano ao trabalhador.

De outra parte, relativamente ao atraso reiterado no pagamento dos salários, é firme a jurisprudência desta Corte Superior de que a mora contumaz no pagamento de salários enseja, por si só, lesão aos direitos da personalidade do trabalhador, gerando o direito à reparação pecuniária.

Nesse sentido, os seguintes precedentes da SBDI-1 desta Corte:

"DANO MORAL. INDENIZAÇÃO. ATRASO REITERADO NO PAGAMENTO DE SALÁRIOS. 1. A mora salarial reiterada, mediante atrasos constantes, ainda que em meses não consecutivos, acarreta, por si só, lesão aos direitos da personalidade porque o empregado não consegue honrar compromissos assumidos e tampouco prover o sustento próprio e de sua família. A lesão à dignidade do empregado nesse caso é presumida. Precedentes da SBDI-1 do TST. 2. Embargos de que se conhece, por divergência jurisprudencial, e a que se dá provimento. (TST-E-RR-89000-56.2007.5.09.0562, Relator Ministro João Oreste Dalazen, SBDI-1, DEJT 20.02.2015).

RECURSO DE EMBARGOS REGIDO PELA LEI N. 11.496/2007. DANO MORAL. CONFIGURAÇÃO. ATRASO NO PAGAMENTO DOS SALÁRIOS. DANO *IN RE IPSA*. DIREITO FUNDAMENTAL DE ORDEM SOCIAL. Imperativo reconhecer que a mora do empregador gera *ipso facto* um dano também extrapatrimonial quando não se cuida, por exemplo, de verbas acessórias ou salário diferido, mas daquela parte nuclear do salário imprescindível para o empregado honrar suas obrigações mensais relativas às necessidades básicas com alimentação, moradia, higiene, transporte, educação e saúde. O inevitável constrangimento frente aos provedores de suas necessidades vitais configura um dano *in re ipsa*, mormente quando consignado que era reiterada a conduta patronal em atrasar o pagamento dos salários. A ordem constitucional instaurada em 1988 consagrou a dignidade da pessoa humana como princípio fundamental da República, contemplando suas diversas vertentes – pessoal, social, física, psíquica, profissional, cultural etc., e alçando também ao patamar de direito fundamental as garantias inerentes a cada uma dessas esferas. Assim, o legislador constituinte cuidou de detalhar no art. 5º, *caput* e incisos, aqueles direitos mais ligados ao indivíduo, e nos arts. 6º a 11 os sociais, com ênfase nos direitos relativos à atividade laboral (arts. 7º a 11). Dessa forma, o exercício dessa dignidade está assegurado não só pelo direito à vida, como expressão da integridade física apenas. A garantia há de ser verificada nas vertentes concretas do seu exercício, como acima delineado, mediante o atendimento das necessidades básicas indispensáveis à concretização de direitos da liberdade e de outros direitos sociais, todos eles alcançáveis por meio do trabalho. O direito fundamental ao trabalho (art. 6º, *caput*, da CF) importa direito a trabalho digno, cuja vulneração gera o direito, igualmente fundamental, à reparação de ordem moral correspondente (art. 5º, V e X, CF). A exigência de comprovação de dano efetivo, tal como inscrição nos órgãos de proteção ao crédito ou o pagamento de contas em atraso, não se coaduna com a própria natureza do dano moral. Trata-se de lesão de ordem psíquica que prescinde de comprovação. A prova em tais casos está associada apenas à ocorrência de um fato (atraso nos salários) capaz de gerar, no trabalhador, o grave abalo psíquico que resulta inexoravelmente da incerteza quanto à possibilidade de arcar com a compra, para si e sua família, de alimentos, remédios, moradia, educação, transporte e lazer. Precedentes de todas as oito Turmas da Corte. Recurso de embargos conhecido e não provido. (TST-E-RR-971-95.2012.5.22.0108, Relator Ministro Augusto César Leite de Carvalho, SBDI-1, DEJT 31.10.2014).

(...) ATRASO REITERADO NO PAGAMENTO DE SALÁRIOS. DANO MORAL. A mora reiterada no pagamento de salários gera dano moral, classificado como *in re ipsa*, pois presumida a lesão a direito da personalidade do trabalhador, consistente na aptidão de honrar compromissos assumidos e de prover o sustento próprio e da família. No caso, o reclamante experimentou atrasos no pagamento de três salários, parte do 13º salário e verbas rescisórias. Embargos de que se conhece e a que se dá provimento, no particular." (TST-E-RR-33100-66.2009.5.09.0094, Relator Ministro Márcio Eurico Vitral Amaro, SBDI-1, DEJT 24.10.2014).

No tocante ao *quantum* indenizatório, tem-se entendido razoável indenização por dano moral, na hipótese de atraso reiterado no pagamento de salários, em valores superiores ao arbitrado na decisão recorrida.

Veja-se que nos Processos n. TST-RR-1001-73.2012.5.14.0005, Relator Ministro Cláudio Mascarenhas Brandão, 7ª Turma, DEJT 22.05.2015, e n. TST-RR-84900-24.2013.5.17.0013, Relator Ministro Luiz Philippe Vieira de Mello Filho, 7ª Turma, DEJT 10.04.2015, foram fixadas indenizações por dano moral, em razão do atraso reiterado no pagamento de salários, no importe de R$ 10.000,00 (dez mil reais).

No processo n. TST-ARR-843-57.2010.5.18.0011, Relator Ministro Renato de Lacerda Paiva, 2ª Turma, DEJT 08.05.2015, foi dado provimento ao recurso de revista para restabelecer a sentença, na qual foi deferida a indenização por dano moral, no importe de R$ 10.000,00 (dez mil reais), na mesma hipótese.

Outro exemplo jurisprudencial paradigmático verifica-se no Processo-TST-RR-2167-80.2012.5.11.0052, Relator Ministro Augusto César Leite de Carvalho, 6ª Turma, DEJT 10.04.2015, na qual foi fixada *"a indenização por dano moral, no valor de R$ 10.000,00 (dez mil reais), em observância ao princípio da restauração justa e proporcional, nos exatos limites da existência e da extensão do dano sofrido e do grau de culpa, sem abandono da perspectiva econômica de ambas as partes"*.

Em hipótese idêntica à ora debatida, em que figuravam como partes as ora reclamadas, AMBEV e Estrela Azul, processo n. TST-RR-10000-04.2007.5.17.0006, Relator Ministro Mauricio Godinho Delgado, 6ª Turma, DEJT 02.12.2011, foi fixada condenação ao pagamento de indenização por dano moral no importe de R$ 5.000,00 (cinco mil reais).

Destacam-se, ainda, os seguintes precedentes que espelham na ementa valores superiores ao arbitrado na origem:

"DANOS MORAIS. ATRASO NO PAGAMENTO DOS SALÁRIOS. 1. Hipótese em que a e. Corte regional reputou indevida a indenização por danos morais, ao fundamento de que não restou demonstrado que o não percebimento de salários tenha maculado a esfera pessoal do Reclamante e provocado situações que atingiram a sua imagem ou boa conduta, ou que o tenham exposto a constrangimentos, humilhações ou vexames que caracterizassem dano a sua moral. 2. Embora os atrasos no cumprimento das obrigações trabalhistas, em regra, acarretem apenas danos patrimoniais, sanados com a condenação ao pagamento das parcelas correspondentes, no caso, configura-se também o dano moral porquanto comprovado o prolongado atraso no pagamento dos salários do reclamante (60 dias). Esse procedimento não se limita a meros dissabores, já que deixa o trabalhador em total insegurança quanto ao futuro, sem poder se programar quanto à adimplência de seus compromissos financeiros. 3. Logo, comprovado o atraso no pagamento dos salários, o procedimento adotado pela reclamada importou em abalo moral suficiente a caracterizar violação aos direitos da personalidade do reclamante, justificando a condenação da empresa no dever de indenizar, no montante ora arbitrado em R$ 5.000,00 (cinco mil reais). Recurso de revista conhecido e provido." (TST-RR-760-97.2010.5.02.0492, Relator Ministro Hugo Carlos Scheuermann, 1ª Turma, DEJT 09.05.2014).

"RECURSO DE REVISTA. DANO MORAL. ATRASO REITERADO NO PAGAMENTO DOS SALÁRIOS. CONDUTA ABUSIVA DA RECLAMADA. CARÁTER PUNITIVO-EXEMPLAR DA CONDENAÇÃO. Como cerne da responsabilidade civil, o dano, compreendido como ofensa a interesse juridicamente tutelável, orienta o pagamento de eventual indenização ou compensação. Pode ele, como é sabido, ostentar natureza patrimonial ou extrapatrimonial. Na lição de José Affonso Dallegrave Neto (In *Responsabilidade Civil no Direito do Trabalho*, 2007, 2ª ed., São Paulo, LTr, p. 151), quando o dano repercute sobre o patrimônio da vítima, entendido como aquele suscetível de aferição em dinheiro, denominar-se-á dano patrimonial. Ao revés, quando a implicação do dano violar direito geral de personalidade, atingindo interesse sem expressão econômica, dir-se-á, então, dano extrapatrimonial. Assim, resultando o dano moral da violação de direitos decorrentes da personalidade e aferível, sua ocorrência, a partir de violência perpetrada por conduta ofensiva à dignidade da pessoa humana, dispensável a prova de prejuízo concreto. Desse modo, ao ofendido impõe-se a prova apenas do evento danoso em si, do fato propriamente dito, ensejador da repercussão negativa na esfera moral. O atraso reiterado da empresa no pagamento dos salários do empregado configura descumprimento dos deveres do empregador, dentre os mais relevantes o de adimplir, oportunamente – na forma legal –, a obrigação de remunerar a prestação de serviços do empregado, a fim de propiciar que este, por sua vez, possa assumir compromissos financeiros e honrá-los em dia, atentando-se ainda para a natureza alimentar do salário. O fato de o empregador exercer de forma abusiva sua obrigação contratual, injustificadamente, implica violação dos direitos da personalidade do empregado, que se torna refém da relação de emprego. A afronta à dignidade do trabalhador, em razão da quebra da boa-fé contratual, pelo abuso de poder e descompromisso do empregador, enseja a condenação ao pagamento de compensação por dano moral, independentemente de prova de humilhação, constrangimento, angústia ou depressão. Relevância do caráter punitivo-exemplar da condenação. Ilesos os arts. 186, 187 e 188, I, do Código Civil. Dissenso jurisprudencial específico não demonstrado (Súmula n. 296, I, do TST). Revista não conhecida, no tema. DANO MORAL. *QUANTUM* INDENIZATÓRIO. A Corte de origem, para concluir pela condenação no importe de *R$ 10.000 (dez mil reais)*, sopesou as circunstâncias do fato (longa duração do contrato de trabalho), a condição econômico-financeira do autor e da empresa ré, bem como o caráter pedagógico inerente à reprimenda. Portanto, valeu-se dos princípios da razoabilidade e da proporcionalidade, não incorrendo em ofensa aos arts. 5º, V e X, da Lei Maior, 884 e 944 do Código Civil. Revista não conhecida, no tema. Revista conhecida e provida, no tema." (RR-52300-13.2009.5.09.0562, Rel. Min. Rosa Maria Weber Candiota da Rosa, 3.ª Turma, DEJT 08.04.2011).

"INDENIZAÇÃO POR DANO MORAL. ATRASO NO PAGAMENTO DE SALÁRIOS. O pagamento de salário é uma das principais obrigações do empregador com o empregado que cumpre sua obrigação de prestar serviços na justa expectativa de que receberá a contraprestação pecuniária avençada. Tal é a importância do salário no contrato de trabalho, que a Constituição, em seu artigo sétimo, determina a fixação de um valor mínimo, proteção na forma da lei e irredutibilidade salarial. Essas garantias constitucionais decorrem do reconhecimento da natureza alimentar do salário, motivo pelo qual o atraso no pagamento inevitavelmente prejudicará o sustento do empregado. Assim, os constantes atrasos de salários geraram um dano moral à trabalhadora correspondente à angústia de não poder quitar regularmente suas despesas mensais e consequente humilhação perante terceiros e sua família, caracterizando sofrimento indenizável. Nesse contexto, não prospera a alegação de que ausente sua culpa no infortúnio e o nexo causal. Correta, portanto, a indenização imposta. Precedentes. Recurso de revista não conhecido. DANO MORAL. *QUANTUM INDENIZATÓRIO*. O atraso regular no adimplemento dos salários é atitude que importa abalo moral suficiente a caracterizar violação dos direitos da personalidade do empregado, o que dispensa prova da efetiva lesão. No caso, o Tribunal de origem fixou em *R$ 10.000,00 (dez mil reais)* o valor da indenização por entender que seria medida pedagógica e proporcional à natureza e à extensão do dano moral sofrido. Nesse contexto, o valor fixado é *proporcional ao dano moral sofrido pelo trabalhador, considerando-se o porte econômico da empresa e o caráter pedagógico da sanção, de modo a coibir a prática de condutas ofensivas futuras*. Há precedentes fixando a indenização em casos que tais no valor de dez mil reais. Recurso de revista não conhecido. EM CONCLUSÃO:

Recurso de revista parcialmente conhecido e provido." (TST-RR-104200-69.2008.5.09.0562, Relator Ministro Alexandre de Souza Agra Belmonte, 3ª Turma, DEJT 19.12.2014).

"INDENIZAÇÃO POR DANOS MORAIS. ATRASO NO PAGAMENTO DE SALÁRIOS. VALOR ARBITRADO. Imperativo reconhecer que a mora salarial gera *ipso facto* um dano também extrapatrimonial quando não se cuida, por exemplo, de verbas acessórias ou salário diferido, mas sim daquela parte nuclear do salário imprescindível para o empregado honrar suas obrigações mensais relativas às necessidades básicas com alimentação, moradia, higiene, transporte, educação e saúde. O inevitável constrangimento perante os provedores de suas necessidades vitais configura um dano *in re ipsa*, mormente quando consignado ter sido reiterada a conduta patronal em não efetuar, ou mesmo atrasar, o pagamento dos salários. A ordem constitucional instaurada em 1988 consagrou a dignidade da pessoa humana como princípio fundamental da República, contemplando suas diversas vertentes, pessoal, social, física, psíquica, profissional, cultural etc. A garantia há de ser verificada nas vertentes concretas do seu exercício, como acima delineado, com atendimento das necessidades básicas indispensáveis à concretização de direitos à liberdade e a outros direitos sociais, todos eles alcançáveis por meio do trabalho. A exigência de comprovação de dano efetivo não se coaduna com a própria natureza do dano moral. Trata-se de lesão de ordem psíquica que prescinde de comprovação. A prova em tais casos está associada apenas à ocorrência de um fato (não pagamento dos salários) capaz de gerar, no trabalhador, o grave abalo psíquico que resulta inexoravelmente da incerteza quanto à possibilidade de arcar com a compra, para ele e sua família, de alimentos, remédios, moradia, educação, transporte e lazer. Há precedentes. Incidência da Súmula n. 333 do TST e do § 4º do art. 896 da CLT. O valor arbitrado a título de reparação por dano moral somente pode ser revisado na instância extraordinária nos casos em que vulnera os preceitos de lei ou Constituição que emprestam caráter normativo ao princípio da proporcionalidade. E, considerando a moldura factual definida pelo Regional é insusceptível de revisão (Súmula n. 126 do TST), *o valor atribuído (R$ 10.000,00) não se mostra irrisório ou excessivamente elevado a ponto de se o conceber desproporcional. Recurso de revista não conhecido.*" (TST-RR-2167-80.2012.5.11.0052, Relator Ministro Augusto César Leite de Carvalho, 6ª Turma, DEJT 10.04.2015).

Nessa perspectiva, depreende-se que o valor de R$ 1.000,00 (mil reais) fixado a título de indenização por dano moral se mostra manifestamente irrisório, não tendo o Tribunal de origem observado os princípios do arbitramento equitativo, da proporcionalidade e da razoabilidade, insertos no art. 5º, V e X, da CF/1988, bem como a teoria do valor do desestímulo (punir, compensar e prevenir), levando em conta a extensão e gravidade do dano suportado e a capacidade econômica do ofensor.

Logo, CONHEÇO do recurso de revista, por violação do art. 5º, V e X, da Constituição da República, na forma prevista no art. 896, *c*, da CLT.

MÉRITO

ATRASO CONTUMAZ NO PAGAMENTO DE SALÁRIOS. DANO MORAL. VALOR DA INDENIZAÇÃO

Conhecido o recurso de revista, por violação do art. 5º, V e X, da Constituição Federal, DOU-LHE PROVIMENTO para majorar a indenização por dano moral para R$ 10.000,00 (dez mil reais).

RECURSO DE REVISTA INTERPOSTO PELA RECLAMADA AMBEV

CONHECIMENTO

O recurso é tempestivo (fls. 558 e 612), tem representação regular (procuração às fls. 108-109, substabelecimento à fl. 110) e encontra-se devidamente preparado (fls. 378 e 380). Satisfeitos os requisitos extrínsecos de admissibilidade, passa-se ao exame dos intrínsecos do recurso de revista.

AUXÍLIO-ALIMENTAÇÃO. NATUREZA INDENIZATÓRIA. PREVISÃO EM NORMA COLETIVA

O Tribunal de origem deferiu a integração salarial do valor da alimentação habitualmente fornecida, proferindo, à fl. 516, o seguinte entendimento, *verbis*:

"2.2.4. *Ticket* Refeição/Integração ao Salário

O recorrente alega que não há prova de que a 1ª reclamada seja filiada ao PAT.

Prospera a insurgência do reclamante, quanto ao tópico, devendo ser reformada a sentença, incidindo, no caso dos autos, a Súmula n. 241 do Colendo TST. Não há nos autos qualquer prova de que o empregador seja filiado ao PAT, ônus que lhe pertencia.

Assim, nos termos da norma pretoriana supramencionada, é devida a integração do valor da alimentação habitualmente fornecida nas parcelas de natureza salarial e rescisórias devidas ao reclamante.

Ressalto, por fim, que a existência de cláusula coletiva dispondo acerca do cunho indenizatório da parcela, nos termos da legislação de regência (Lei n. 6.321/1976), como no caso dos autos, não desnatura o caráter salarial do auxílio-alimentação, quando este não é concedido por meio de inscrição no Programa de Alimentação do Trabalhador – PAT. Só nesse caso, por disposição legal expressa, é que inexiste natureza jurídica de salário.

Ademais, a 1ª reclamada, empregadora do reclamante, é revel, não havendo, assim, impugnação a esse pedido.

Dou provimento."

Nas razões do recurso de revista, a AMBEV, segunda reclamada, sustenta ser indevida a integração do vale refeição ao salário, ao argumento de que a parcela não era fornecida por força do contrato de trabalho, mas mediante norma coletiva, a qual excluía expressamente sua natureza remuneratória. Transcreve aresto para o cotejo de teses.

O paradigma transcrito à fl. 618, proveniente do TRT da 4ª Região, espelha o seguinte entendimento, *verbis*:

"INTEGRAÇÕES DAS PARCELAS "TICKET REFEIÇÃO" E "CESTA ALIMENTAÇÃO". Convenções coletivas da categoria estabelecendo que as parcelas não possuem natureza remuneratória. Há de ser observado, à luz do disposto no inciso XXVI do art. 7º da CF, o princípio da autonomia das vontades coletivas, que garante às categorias econômicas e de trabalhadores o direito de fazer sua própria lei, conforme suas necessidades. Recurso não provido."

A tese revela-se divergente com a adotada pela Corte Regional.

Logo, CONHEÇO do recurso de revista, por divergência jurisprudencial, na forma prevista no art. 896, *a*, da CLT.

RESCISÃO INDIRETA. RECONHECIMENTO EM JUÍZO. MULTA PREVISTA NO ART. 477, § 8º, DA CLT

A Corte de origem deu provimento ao recurso ordinário interposto pelo reclamante, para condenar as reclamadas ao pagamento da multa prevista no art. 477, § 8º, da CLT. A decisão foi proferida, às fls. 520-522, nos seguintes termos:

"2.2.6. Multa do Art. 477 da CLT

Insurge-se o reclamante contra a r. sentença que, reconhecendo a controvérsia firmada nos autos, indeferiu a multa prevista no art. 477, § 8º, da CLT.

Assiste-lhe razão.

A multa do art. 477, § 8º da CLT, é devida quando o pagamento das verbas rescisórias é realizado fora do prazo ou a menor, o que ocorre com o reconhecimento, em juízo, de parcelas não quitadas pela reclamada por ocasião da rescisão contratual.

Assim, reconhecida, por meio de sentença, a rescisão indireta do contrato de trabalho e, em consequência, havendo condenação no pagamento dos haveres trabalhistas, tem-se que não foram pagas corretamente as verbas rescisórias, impondo-se a aplicação da multa.

Ora, o texto legal não faz qualquer ressalva quanto à relação jurídica controvertida, limitando-se a isentar o empregador do pagamento da multa, apenas quando o trabalhador der causa à mora, o que não é o caso dos autos.

Nesse sentido, tem decidido o TST, como se vê, por exemplo, no aresto a seguir transcrito, *in verbis*:

MULTA – ART. 477 DA CLT – Relação de emprego controvertida. A quitação incompleta dos valores pecuniários devidos ao trabalhador, por ocasião da rescisão contratual, importa em mora salarial, sendo irrelevante o fato de o liame empregatício ter sido reconhecido em audiência ou mesmo em razão da existência de controvérsia quanto aos créditos rescisórios, pois o art. 477 da CLT não faz qualquer ressalva a esse respeito. Ademais, estar-se-ia beneficiando o mau empregador. Dessa forma, é devido o pagamento da multa. (TST – RR 578167/1999.0 – 3.ª T. Rel.ª Min. Eneida Melo Correia de Araújo – DJU 05.04.2002).

Ressalte-se, portanto, que é irrelevante para o deferimento ou não da referida multa a existência de controvérsia sobre o pagamento das verbas rescisórias.

Dou provimento."

Nas razões do recurso de revista, a segunda reclamada sustenta que a rescisão contratual indireta afasta a incidência de multa prevista no art. 477, § 8º, da CLT. Indica violação do referido dispositivo e transcreve arestos para o cotejo de teses.

O aresto colacionado à fl. 622, proveniente do TRT da 6ª Região, reflete o seguinte entendimento, *verbis*:

"MULTA DO ART. 477, DA CLT. INCABÍVEL. VERBAS RESCISÓRIAS RECONHECIDAS EM JUÍZO. Reconhecida em juízo a despedida indireta como motivo ensejador da ruptura do pacto laboral, incabível a multa do art. 477, da CLT, por inexistência de mora no pagamento das verbas objeto da controvérsia."

A tese revela divergência com o entendimento exarado pela Corte Regional.

Logo, CONHEÇO do recurso de revista, por divergência jurisprudencial, na forma prevista no art. 896, *a*, da CLT.

HONORÁRIOS ADVOCATÍCIOS. REQUISITOS

O Colegiado *a quo*, quanto aos honorários advocatícios, deu provimento ao recurso ordinário interposto pelo reclamante, adotando, à fl. 524, a seguinte fundamentação, *verbis*:

"2.2.9. Honorários Advocatícios (não há assistência sindical)

Irrelevante, ao meu entender, para apreciação do pedido de honorários advocatícios, a assistência sindical, miserabilidade jurídica ou salário inferior ao dobro do mínimo e mesmo as Súmulas ns. 219 e 329 do C. TST.

Assegurando a Constituição Federal o direito de exercício da profissão àqueles que tenham efetivamente a habilitação exigida em lei e dispondo, em seu art. 133, acerca da essencialidade da atuação do advogado em quaisquer processos, instâncias ou tribunais, induvidoso se afigura que não mais vigora o art. 791 da CLT.

Assim, aplico o art. 20 do CPC, em face da sucumbência do reclamado.

Fixo os honorários advocatícios no importe de 15%.

Isso posto, dou provimento."

Nas razões do recurso de revista, a segunda reclamada sustenta que os honorários advocatícios são indevidos, ao argumento de que o reclamante não está assistido por sindicato de classe. Aponta violação do art. 14 da Lei n. 5.584/1970, contrariedade às Súmulas ns. 219 e 329 do TST e transcreve arestos para o cotejo de teses.

Com razão a recorrente.

Na Justiça do Trabalho, para as controvérsias oriundas da relação de emprego, a condenação em honorários advocatícios está condicionada à concomitância de dois requisitos distintos, assim estabelecidos pela Lei n. 4.584/1970: assistência sindical e benefício da Justiça Gratuita, conforme o entendimento sedimentado nas Súmulas n. 219, I, e n. 329 do TST, que, respectivamente, dispõem, *verbis*:

"HONORÁRIOS ADVOCATÍCIOS. HIPÓTESE DE CABIMENTO (nova redação do item II e inserido o item III à redação) – Res. 174/2011, DEJT divulgado em 27, 30 e 31.05.2011.

I – Na Justiça do Trabalho, a condenação ao pagamento de honorários advocatícios, nunca superiores a 15% (quinze por cento), não decorre pura e simplesmente da sucumbência, devendo a parte estar assistida por sindicato da categoria profissional e comprovar a percepção de salário inferior ao dobro do salário mínimo ou encontrar-se em situação econômica que não lhe permita demandar sem prejuízo do próprio sustento ou da respectiva família." (ex-Súmula n. 219 – Res. 14/1985, DJ 26.09.1985).

"HONORÁRIOS ADVOCATÍCIOS. ART. 133 DA CF/1988 (mantida) – Res. 121/2003, DJ 19, 20 e 21.11.2003.

Mesmo após a promulgação da CF/1988, permanece válido o entendimento consubstanciado na Súmula n. 219 do Tribunal Superior do Trabalho."

Cita-se, ainda, a Orientação Jurisprudencial n. 305 da SBDI-1, desta Corte Superior, *verbis*:

"HONORÁRIOS ADVOCATÍCIOS. REQUISITOS. JUSTIÇA DO TRABALHO.

Na Justiça do Trabalho, o deferimento de honorários advocatícios sujeita-se à constatação da ocorrência concomitante de dois requisitos: o benefício da justiça gratuita e a assistência por sindicato."

Na espécie, sendo incontroverso que o reclamante está representado por advogado particular, o Tribunal Regional, ao deferir o pagamento dos honorários advocatícios, divergiu da jurisprudência uniforme desta Corte Superior.

Logo, CONHEÇO do recurso por contrariedade às Súmulas ns. 219, I, e 329 do TST, na forma prevista no art. 896, *a*, da CLT.

IMPOSTO DE RENDA. RESPONSABILIDADE PELO PAGAMENTO

O Tribunal de origem, quanto aos descontos fiscais, deu provimento ao recurso ordinário interposto pelo reclamante com amparo nos seguintes fundamentos, *verbis*:

"2.2.10. Imposto de Renda

Deve ser afastado o gravame ao trabalhador que não recebeu a contraprestação pelos seus serviços de forma correta, sendo obrigado a ajuizar demanda para satisfazer seu direito. Neste sentido cito o seguinte aresto que extraio dos Comentários à CLT, de Valentin Carrion, Ed. Saraiva, 1998, Edição em CD-ROM:

"1.826. Descontos devidos à Receita Federal. Não tendo o reclamante dado causa ao não pagamento das verbas devidas à Receita Federal, não pode, na fase executória, sofrer descontos, posto que, se recolhidas à época própria, beneficiar-se-ia o empregado de isenção ou alíquota inferior àquela aplicada na execução, cabendo à empresa infratora o recolhimento das importâncias devidas a tal título (TRT/SP, 2.940.070.282, Wilma Nogueira Vaz da Silva, Ac. SDI 7.951/95)."

Entendo que cabe ao réu, como responsável solidário no recolhimento da tributação, arcar com o ônus do pagamento porquanto, ainda aqui, o empregado não pode ser apenado com descontos que não teria se os pagamentos fossem efetuados a tempo e modo, mensalmente. É evidente que o Imposto de Renda, se ocorrente a hipótese, é devido e deve ser recolhido, como estatuído na lei regente. No entanto, o que se está determinando é que a responsabilidade é do empregador, por não ter cumprido as regras salariais na época oportuna.

A Lei Tributária (CTN, arts. 45 e 121) não exclui a possibilidade de ser responsabilizado o empregador pelo pagamento.

Assim, dou provimento."

A segunda reclamada insurge-se contra a decisão, sustentando, em síntese, que o atraso no recebimento das verbas salariais, não afasta a responsabilidade do empregado pelo pagamento do imposto de renda, não podendo a responsabilidade ser transferida ao empregador. Indica violação dos arts. 46 da Lei n. 8.571/1992, 121 e 128, do CTN, contrariedade à Súmula n. 368, II, do TST, e transcreve arestos para o cotejo de teses.

O recurso alcança conhecimento.

Na hipótese, a Corte Regional condenou as reclamadas ao pagamento exclusivo do imposto de renda, isentando o reclamante.

Sob tal contexto, ressalto que a atual, iterativa e notória jurisprudência desta Corte Superior, à luz do art. 44 da Lei n. 12.350/2010, que acresceu o art. 12-A na Lei n. 7.713/1988, e da Instrução Normativa n. 1.127/2011 da Receita Federal do Brasil, firmou-se no sentido de reconhecer que o critério para apuração do imposto de renda devido em decorrência de parcelas constantes em decisão judicial, passou a ser o do mês da competência, ou seja, aquele em que o crédito deveria ter sido pago, de modo que os descontos fiscais devem ser feitos mês a mês.

Tais fundamentos justificaram a alteração do item II da Súmula n. 368 do TST, na sessão do Tribunal Pleno realizada em 16.04.2012, estabelecendo-se que é do empregador a responsabilidade pelo recolhimento das contribuições previdenciárias e fiscais, resultantes de crédito do empregado oriundo de condenação judicial, devendo ser calculadas, em relação à incidência dos descontos fiscais, mês a mês, nos termos do art. 12-A da Lei n. 7.713, de 22.12.1988.

Por outro lado, a matéria relativa à incidência de contribuições fiscais, resultantes de crédito do empregado oriundo de condenação judicial, e o respectivo responsável pelo recolhimento e pagamento encontra-se pacificado no âmbito desta Corte pela Orientação Jurisprudencial n. 363 da SBDI-1, que estabelece, *verbis*:

"DESCONTOS PREVIDENCIÁRIOS E FISCAIS. CONDENAÇÃO DO EMPREGADOR EM RAZÃO DO INADIMPLEMENTO DE VERBAS REMUNERATÓRIAS. RESPONSABILIDADE DO EMPREGADO PELO PAGAMENTO. ABRANGÊNCIA (DJ 20, 21 E 23.05.2008)

A responsabilidade pelo recolhimento das contribuições social e fiscal, resultante de condenação judicial referente a verbas remuneratórias, é do empregador e incide sobre o total da condenação. Contudo, *a culpa do empregador pelo inadimplemento das verbas remuneratórias não exime a responsabilidade do empregado pelos pagamentos do imposto de renda devido* e da contribuição previdenciária que recaia sobre sua quota-parte."

Com efeito, embora resulte claro que o critério para apuração do imposto de renda devido em decorrência de parcelas constantes em decisão judicial, tenha passado a ser o do mês da competência, ou seja, aquele em que o crédito deveria ter sido pago, é certo que inexiste previsão legal a justificar a responsabilização exclusiva do empregador pelo pagamento do imposto de renda, conforme entendeu o Tribunal Regional.

Nessa perspectiva, restou contrariada a Súmula n. 368, item II, deste Tribunal, que se limita a atribuir ao empregador a responsabilidade pelo recolhimento das contribuições previdenciárias e fiscais, mas não o seu pagamento exclusivo.

Ante o exposto, CONHEÇO do recurso de revista por contrariedade à Súmula n. 368, II, do TST.

MÉRITO

AUXÍLIO-ALIMENTAÇÃO. NATUREZA INDENIZATÓRIA. PREVISÃO EM NORMA COLETIVA

O direito ao auxílio-alimentação não se encontra previsto em lei ou configura direito indisponível dos trabalhadores, tampouco se trata de direito relacionado à medicina, à segurança e à proteção do trabalho. Deve, pois, ser reconhecida a validade das cláusulas normativas que estabeleceram a natureza indenizatória da parcela, em observância ao disposto no art. 7º, XXVI, da Constituição da República.

Note-se que é pacífico nesta Corte Superior o entendimento de que cláusula coletiva que estabelece o caráter indenizatório do auxílio-alimentação tem amparo no art. 7º, XXVI, da Constituição Federal, devendo ser prestigiado o que foi avençado pelas partes (art. 444 da CLT).

Nesse sentido:

"I – RECURSO DE REVISTA INTERPOSTO PELA RECLAMADA. AUXÍLIO CESTA-ALIMENTAÇÃO. PREVISÃO EM NORMA COLETIVA. NATUREZA JURÍDICA INDENIZATÓRIA. O benefício denominado "auxílio cesta-alimentação", instituído por meio de acordo coletivo de trabalho, com expressa previsão indenizatória, não repercute no cálculo de parcelas de natureza salarial, tampouco integra a remuneração para quaisquer efeitos. Esse entendimento encontra-se sedimentado na Orientação Jurisprudencial Transitória n. 61 da SBDI-1 do TST, e objetiva prestigiar a autonomia da vontade coletiva das partes. Recurso de revista parcialmente conhecido e provido." (TST-RR-90300-44.2007.5.04.0028, Relator Ministro Walmir Oliveira da Costa, 1ª Turma, DEJT 03.10.2014).

"(...) AJUDA-ALIMENTAÇÃO – NATUREZA – INSTRUMENTO COLETIVO (alegação de violação ao art. 458 da Consolidação das Leis do Trabalho e contrariedade à Súmula n. 241 desta Corte). Ao entender que é válida a cláusula de instrumento coletivo que prevê a natureza indenizatória da parcela ajuda-alimentação, interpretou os instrumentos coletivos da categoria e decidiu em consonância com o art. 7º, XXVI, da Constituição Federal. Recurso de revista não conhecido." (TST-RR-431-84.2010.5.10.0000, Redator Ministro José Roberto Freire Pimenta, 2ª Turma, DEJT 08.05.2015).

"RECURSO DE REVISTA SOB A ÉGIDE DA LEI N. 13.015/2014. AUXÍLIO-ALIMENTAÇÃO. NATUREZA JURÍDICA. INTEGRAÇÃO. A natureza indenizatória do auxílio-alimentação, fixada em dissídio coletivo que o instituiu, prevalece sobre o disposto no art. 458 da CLT, ante o comando do art. 7º, XXVI, da Carta Magna. Recurso de revista não conhecido." (TST-RR-522-80.2013.5.04.0601, Relator Ministro: Alberto Luiz Bresciani de Fontan Pereira, 3ª Turma, DEJT 15.05.2015).

"AGRAVO DE INSTRUMENTO. RECURSO DE REVISTA. AUXÍLIO-ALIMENTAÇÃO. NATUREZA JURÍDICA. NORMA COLETIVA. 1. A jurisprudência do Tribunal Superior do Trabalho consolidou-se no sentido de que é válida a cláusula de norma coletiva que confere natureza indenizatória ao auxílio-alimentação, em observância ao princípio da autonomia privada coletiva (art. 7º, XXVI, da Constituição Federal). 2. Acórdão regional que se revela em harmonia com a iterativa, notória e atual jurisprudência do Tribunal Superior do Trabalho (art. 896, § 7º, da CLT e Súmula n. 333 do TST). 3. Agravo de instrumento do Reclamante a que se nega provimento." (TST-AIRR-429-65.2010.5.09.0672, Relator Ministro João Oreste Dalazen, 4ª Turma, DEJT 15.05.2015).

"AGRAVO. AUXÍLIO-ALIMENTAÇÃO. NATUREZA JURÍDICA INDENIZATÓRIA. NORMA COLETIVA. ADMISSÃO DO RECLAMANTE EM MOMENTO POSTERIOR. NÃO PROVIMENTO. O entendimento desta Corte Superior é no sentido de que o estabelecimento da natureza indenizatória ao auxílio-alimentação por meio de norma coletiva tem amparo no art. 7º, XXVI, da Constituição Federal, devendo ser aplicado ao empregado admitido após a celebração do referido instrumento normativo. Precedentes da SBDI-1. Agravo a que se nega provimento." (TST-Ag-AIRR-1491-75.2013.5.03.0067, Relator Ministro Guilherme Augusto Caputo Bastos, 5ª Turma, DEJT 29.05.2015).

"*TICKET*-ALIMENTAÇÃO. NATUREZA INDENIZATÓRIA DA PARCELA. Evidenciado que o *ticket*-alimentação possuía natureza indenizatória desde a sua origem em 1988 e tendo sido o autor admitido em 1989, irrefutável a decisão regional, no sentido de que não faz jus o reclamante à integração da parcela, ante sua natureza não salarial e ausência de previsão normativa. Recurso de revista não conhecido." (TST-ARR-940-74.2013.5.03.0074, Relator Ministro Aloysio Corrêa da Veiga, 6ª Turma, DEJT 15.05.2015).

"AUXÍLIO CESTA-ALIMENTAÇÃO. NATUREZA INDENIZATÓRIA FIXADA EM NORMA COLETIVA. Ao atribuir natureza jurídica salarial ao auxílio cesta-alimentação, instituído por norma coletiva como parcela indenizatória, o Tribunal Regional ofendeu o art. 7º, XXVI, da Constituição Federal. Acórdão reformado, no particular. Recurso de revista de que se conhece e a que se dá provimento." (TST-RR-549-08.2010.5.01.0066, Relator Ministro Cláudio Mascarenhas Brandão, 7ª Turma, DEJT 24.04.2015).

"INTEGRAÇÃO DO AUXÍLIO-ALIMENTAÇÃO. O e. Regional consignou que as normas coletivas afastaram, expressamente, a natureza salarial das verbas ajuda-alimentação e auxílio cesta-alimentação. Por conseguinte, se as partes decidiram fixar a natureza indenizatória das aludidas verbas, não se pode dar interpretação elasticada ao instrumento normativo e deferir a integração dessas parcelas na remuneração dos empregados. Destarte, diante da particularidade mencionada na decisão recorrida, não há falar em natureza salarial das parcelas mencionadas, tampouco em violação dos arts. 7º, VI e XXVI, da Constituição Federal, 457, § 1º, e 458 da CLT e contrariedade à Súmula n. 241 desta Casa. Recurso de revista não conhecido." (TST-RR-40-77.2013.5.02.0023, Relator Desembargador Convocado Breno Medeiros, 8ª Turma, DEJT 22.05.2015).

Na hipótese, a Corte de origem registrou a existência de cláusula coletiva dispondo acerca do cunho indenizatório do auxílio-alimentação.

Logo, DOU PROVIMENTO ao recurso de revista, para excluir da condenação a integração do auxílio-alimentação ao salário.

RESCISÃO INDIRETA. MULTA PREVISTA NO ART. 477, § 8º, DA CLT

A Jurisprudência desta Corte, consubstanciada na Orientação Jurisprudencial n. 351 da SBDI-1 do TST, fixou o entendimento de que a multa prevista no art. 477, § 8º, da CLT, era incabível, quando houvesse fundada controvérsia quanto à existência da obrigação cujo inadimplemento gerou a multa.

Contudo, atenta ao sentido teleológico da norma prevista no art. 477, § 8º, da CLT, que é penalizar o empregador que, sem justo motivo, deixa de efetuar o pagamento das verbas rescisórias, esta Corte Superior, por meio da Resolução n. 163/2009, cancelou a supramencionada Orientação.

O entendimento que ora prevalece nesta Corte é o de que apenas quando o trabalhador, comprovadamente, der causa à mora não será devida a multa prevista no art. 477, § 8º, da CLT.

Logo, a controvérsia acerca da modalidade da rescisão contratual, na espécie, a resolução indireta reconhecida em juízo, pelo descumprimento das obrigações do contrato (atraso reiterado dos salários), não afasta a incidência da referida multa, tendo em vista a inequívoca existência e liquidez do direito vindicado, não podendo a mora pelo inadimplemento das verbas rescisórias ser atribuída ao empregado.

Nesse sentido destacam-se os seguintes precedentes desta Corte Superior:

"RECONHECIMENTO DE VÍNCULO EMPREGATÍCIO. RESCISÃO INDIRETA DO CONTRATO DE TRABALHO. (...) MULTA DO ART. 477 DA CLT. 1. Na espécie, o e. TRT manteve a condenação ao pagamento da multa prevista no art. 477, § 8º, da CLT. Asseverou que, "independentemente da forma como foi rompido o pacto laboral", a referida multa é devida, sob o fundamento de que "restou evidente a inobservância do prazo para pagamento dos títulos rescisórios". 2. A imposição da multa em questão decorreu da aplicação e interpretação de norma infraconstitucional (art. 477, § 8º, da CLT), não havendo falar, portanto, em ofensa ao art. 5º, II, da Carta Política – que, se houvesse, seria meramente reflexa, o que não se coaduna com a dicção do art. 896, c, da CLT. De outro lado, a jurisprudência reiterada desta Corte Superior é no sentido de que a exclusão da multa prevista no § 8º do art. 477 da CLT se dá na hipótese em que a mora no pagamento das verbas rescisórias seja causada pelo empregado, de modo que o reconhecimento judicial do vínculo de emprego, por si só, não exime o empregador do pagamento da multa em exame. Precedentes. Recurso de revista integralmente não conhecido." (TST-RR-32600-89.2013.5.21.0008, Relator Ministro Hugo Carlos Scheuermann, 1ª Turma, DEJT 20.02.2015).

"MULTA DO ART. 477, § 8º, DA CLT. RESCISÃO INDIRETA. Ante o cancelamento da Orientação Jurisprudencial n. 351 da SBDI-1, aplica-se penalidade, ainda que exista controvérsia acerca da relação empregatícia, conforme o teor do § 8º do art. 477 da CLT. Com efeito, nos precisos termos desse preceito de lei, somente quando o trabalhador der causa à mora, não será devida a multa prevista no art. 477, § 8º, da Consolidação das Leis do Trabalho, o que não se verifica no caso dos autos, em que houve o reconhecimento da rescisão indireta do contrato de trabalho. Recurso de revista não conhecido." (TST-RR-116100-97.2009.5.15.0125, Relator Ministro José Roberto Freire Pimenta, 2ª Turma, DEJT 19.12.2014).

"RESCISÃO INDIRETA. RECONHECIMENTO EM JUÍZO. MULTA DO ART. 477, § 8º, DA CLT. APLICAÇÃO. Cabe a multa do art. 477, CLT, caso a rescisão indireta diga respeito a reconhecimento de ruptura precedente do contrato, por culpa empresarial – caso dos autos. Em tal situação, o atraso rescisório é manifesto. Recurso de revista conhecido e provido, no aspecto." (TST-RR-201500-64.2009.5.02.0441, Relator Ministro Mauricio Godinho Delgado, 3ª Turma, DEJT 13.12.2013).

"MULTA DO ART. 477, § 8º, DA CLT. RESCISÃO INDIRETA. O pagamento das verbas rescisórias fora do prazo fixado no art. 477, § 6º, da CLT, gera o direito à multa do art. 477, § 8º, da CLT, descabida apenas na hipótese de mora no pagamento por culpa do empregado. Assim, o reconhecimento da rescisão indireta em juízo não tem o condão de elidir de per si a aplicação da penalidade em questão. Precedentes. Recurso de revista conhecido e provido." (TST-RR-265-46.2011.5.01.00, Relator Ministro Aloysio Corrêa da Veiga, 6ª Turma, DEJT 22.05.2015).

"RECURSO DE REVISTA – MULTAS PREVISTAS NOS ARTS. 467 E 477, § 8º, DA CLT – INCIDÊNCIA – RECONHECIMENTO EM JUÍZO DE RESCISÃO INDIRETA POR CULPA DO EMPREGADOR. Nos termos do § 8º do art. 477 da CLT, o fato gerador da multa contida na aludida norma é a não observância do prazo para o pagamento das verbas rescisórias previsto no § 6º do mesmo preceito, ressalvada a hipótese em que o empregado der causa à mora. Já o art. 467 da CLT determina o pagamento da parte incontroversa das verbas rescisórias acrescidas de 50%, caso não seja adimplida na primeira audiência. No caso dos autos, a questão em debate cingiu-se à modalidade da rescisão contratual, tendo a defesa alegado dispensa imotivada e a reclamante postulado o reconhecimento de rescisão indireta, pedido obreiro que restou deferido. Dessa forma, a discussão travada nos autos não afasta a incidência das multas em questão. Isso porque o simples fato de as verbas rescisórias decorrerem de pronunciamento judicial sobre determinado litígio, no caso dos autos, o reconhecimento da rescisão indireta do contrato de trabalho, por culpa do empregador, nos termos do art. 483, d, da CLT, não afasta a incidência da multa prevista no § 8º do art. 477 da CLT, pois referido dispositivo legal assim não excepciona. Outrossim, não recai controvérsia sobre as parcelas rescisórias a serem pagas, haja vista existir correspondência das referidas verbas nas hipóteses de dispensa sem justa causa e rescisão indireta, portanto, impõe-se o pagamento da multa prevista no art. 467 da CLT. Recurso de revista conhecido e provido." (TST-RR-782-22.2012.5.01.0070, Relator Ministro Luiz Philippe Vieira de Mello Filho, 7ª Turma, DEJT 31.03.2015).

"MULTAS DOS ARTS. 467 E 477 DA CLT. RESCISÃO INDIRETA DO CONTRATO DE TRABALHO. A existência de controvérsia quanto à modalidade de rescisão do contrato de trabalho afasta a incidência da multa prevista no art. 467 da CLT. Precedentes desta Corte. No tocante à multa prevista no art. 477 da CLT, entretanto, esta Turma vem adotando o entendimento de que a penalidade em questão aplica-se sempre que houver atraso no pagamento das verbas rescisórias, independentemente da dúvida a respeito das obrigações rescisórias ter sido dirimida em juízo. Recurso de Revista parcialmente conhecido e provido." (TST-ARR-47400-84.2009.5.04.0025, Relator Ministro Márcio Eurico Vitral Amaro, 8ª Turma, DEJT 15.05.2015).

Com apoio nesses fundamentos, NEGO PROVIMENTO ao recurso de revista, no tema.

HONORÁRIOS ADVOCATÍCIOS. REQUISITOS

Conhecido o recurso de revista por contrariedade às Súmulas ns. 219, I, e 329 do TST, DOU-LHE PROVIMENTO para excluir o pagamento dos honorários advocatícios.

IMPOSTOS DE RENDA. RESPONSABILIDADE PELO PAGAMENTO

Conhecido o recurso de revista por contrariedade à Súmula n. 368, II, desta Corte, DOU-LHE PROVIMENTO para, reformando o acórdão recorrido, determinar o recolhimento do imposto de renda, a cargo do empregador, deduzindo a quota-parte de responsabilidade do empregado, mês a mês, nos termos da referida Súmula.

## COMPETÊNCIA DA JUSTIÇA DO TRABALHO. MANDADO DE SEGURANÇA

*RECURSO DE REVISTA INTERPOSTO PELO MINISTÉRIO PÚBLICO DO TRABALHO DA 4ª REGIÃO. MANDADO DE SEGURANÇA. PEDIDO DE VISTA EM INQUÉRITO CIVIL PÚBLICO. COMPETÊNCIA DA JUSTIÇA DO TRABALHO.*

*A competência material da Justiça do Trabalho para processar e julgar a ação civil pública torna preventa a jurisdição trabalhista para as ações conexas. Inteligência do parágrafo único do art. 2º da Lei n. 7.347/1985. Em tal contexto emerge a competência da Justiça do Trabalho para julgar mandado de segurança impetrado contra ato de autoridade do Ministério Público do Trabalho na condução do inquérito civil público, nas hipóteses previstas na Lei n. 12.016/09.*

*Recurso de revista não conhecido, nesse particular.*

*RECURSOS DE REVISTA INTERPOSTOS PELA UNIÃO E O MPT. PEDIDO DE VISTA EM INQUÉRITO CIVIL PÚBLICO. VIOLAÇÃO AO PRINCÍPIO DA AMPLA DEFESA. INEXISTENTE. IMPOSSIBILIDADE DE APLICAÇÃO DA SÚMULA VINCULANTE N. 14. PRECEDENTE DO PLENÁRIO DO STF.*

*O Plenário do Supremo Tribunal Federal, no julgamento de Agravo Regimental na Reclamação 8.458/ES, firmou jurisprudência no sentido de que a Súmula Vinculante n. 14 é aplicada apenas a procedimentos administrativos de natureza penal, sendo incorreta sua observância naqueles de natureza cível e inexistente violação ao princípio da ampla defesa (Rel. Ministro GILMAR MENDES, Tribunal Pleno, DJe 19.09.2013). No mesmo sentido foi a decisão proferida na Reclamação 9.677/ES (Rel. Ministro MARCO AURÉLIO, DJe 16.04.2010).*

*Recursos de revista conhecidos, no tópico, e providos.*

(Processo n. TST-RR-514-20.2013.5.04.0661 – Ac. 1ª Turma – DeJT: 25.09.2015)

VOTO

AGRAVOS DE INSTRUMENTOS INTERPOSTOS PELA UNIÃO E O MINISTÉRIO PÚBLICO DO TRABALHO DA 4ª REGIÃO – MATÉRIA COMUM. EXAME CONJUNTO

CONHECIMENTO

Interpostos a tempo e modo, CONHEÇO dos agravos de instrumento.

MÉRITO

MANDADO DE SEGURANÇA. PEDIDO DE VISTA EM INQUÉRITO CIVIL PÚBLICO. VIOLAÇÃO AO PRINCÍPIO DA AMPLA DEFESA. INEXISTENTE. IMPOSSIBILIDADE DE APLICAÇÃO DA SÚMULA VINCULANTE N. 14

A Presidência do TRT da 4ª Região negou seguimento aos recursos de revista interpostos pela União e o Ministério Público do Trabalho da 4ª Região, ao entendimento, em síntese, de que não resultou demonstrada a violação dos arts. 5º, LV, e 109, *caput*, inciso VIII, da CF, e art. 4º do CPC e da Súmula Vinculante n. 14.

Na minuta dos presentes agravos, a União e o MPT da 4ª Região argumentam, em suma, com a inaplicabilidade da Súmula Vinculante n. 14 do STF quanto ao pedido de vista do inquérito civil público formulado pelo sindicato impetrante do mandado de segurança, e que tal recusa não configura cerceamento de defesa ou violação do art. 5º, LV, da CF, nos moldes da jurisprudência do Supremo Tribunal Federal.

Com efeito, vislumbro a existência de potencial violação do art. 5º, LV, da Constituição da República e da Súmula Vinculante n. 14, à consideração da jurisprudência da Suprema Corte nessa matéria.

Do exposto, DOU PROVIMENTO aos agravos de instrumentos para determinar o julgamento dos recursos de revista, de acordo com a sistemática introduzida pela Res. Administrativa n. 928/2003 deste Tribunal Superior.

RECURSO DE REVISTA

CONHECIMENTO

PEDIDO DE VISTA EM INQUÉRITO CIVIL PÚBLICO. MANDADO DE SEGURANÇA. COMPETÊNCIA DA JUSTIÇA DO TRABALHO. TEMA DO RECURSO DO MPT

A preliminar de incompetência da Justiça do Trabalho foi suscitada unicamente pelo Ministério Público do Trabalho. Sustenta, em resumo, que: "Ao reconhecer a competência da Justiça do Trabalho para o julgamento de mandado de segurança impetrado contra ato de autoridade federal – Procurador do Trabalho –, o acórdão ora recorrido violou o disposto no art. 109, VIII, da CF", como também que "não se deve confundir o objeto das investigações conduzidas no Inquérito Civil com o pretendido pelo impetrante no presente *mandamus*", ou seja, "a concessão de vista do procedimento investigatório ao sindicato, não havendo qualquer discussão acerca das matérias arroladas no inciso III do art. 114 da CF, que fundamentou a decisão regional". Colaciona um aresto ao cotejo.

O recurso não alcança conhecimento, no tópico.

O TRT da 4ª Região confirmou a sentença que declarou a competência da Justiça do Trabalho para julgar o mandado de segurança, mediante acórdão assim ementado:

"RECURSO ORDINÁRIO EM MANDADO DE SEGURANÇA. COMPETÊNCIA. Hipótese em que a matéria objeto do procedimento investigatório realizado pelo Ministério Público do Trabalho se encontra abrangida pela competência desta Justiça Especializada, conforme previsão específica contida no art. 114, III, da Constituição Federal, atraindo também a competência da Justiça do Trabalho para a apreciação do presente mandado de segurança, nos termos do inciso IV do mesmo artigo. Recursos não providos."

Controverte-se acerca da competência jurisdicional da Justiça Comum Federal, em detrimento da Justiça do Trabalho, para julgar mandado de segurança impetrado por sindicato contra ato praticado por Procurador do Trabalho em inquérito civil público, que negara ao impetrante pedido de vista do procedimento administrativo.

Não tenho dúvidas em afirmar, com segurança, que, indubitavelmente, a competência jurisdicional é atribuída, tanto no plano legal como no constitucional, à Justiça do Trabalho, e não à Justiça Comum.

Como se sabe, a competência da Justiça do Trabalho para julgar mandado de segurança foi elevada à categoria de norma constitucional pela EC n. 45/04, *quando o ato questionado envolver matéria sujeita à sua jurisdição*. De modo que a competência do Poder Judiciário trabalhista, regra geral, é delimitada em razão da matéria (*res in judicium deducta*), e não em razão da pessoa.

De igual modo, é consabido que a Constituição Federal de 1988 legitimou o Ministério Público do Trabalho para promover o inquérito civil público (ICP) e a ação civil pública (ACP), como uma de suas funções institucionais.

Por sua vez, a Lei Complementar n. 75/1993 prevê que ao Ministério Público do Trabalho compete promover a ação civil pública no âmbito da Justiça do Trabalho, para defesa de interesses coletivos.

Consoante o disposto no parágrafo único do art. 2º da Lei n. 7.347/1985, a competência material da Justiça do Trabalho para processar e julgar a ação civil pública torna preventa a jurisdição trabalhista para as ações conexas.

A propósito da natureza jurídica do ICP, é assente na doutrina e na jurisprudência a conclusão a respeito da *natureza constitucional do inquérito civil público, com finalidade inquisitória para a propositura ou não de ações cíveis públicas*.

Em tal contexto, forçoso é reconhecer que se inscreve na competência da Justiça do Trabalho julgar mandado de segurança impetrado contra ato de autoridade do Ministério Público do Trabalho na condução do inquérito civil público, nas hipóteses previstas na Lei n. 12.016/09.

Entender-se de forma diferente, isto é, que compete à Justiça Federal comum exercer a jurisdição nessa fase de instrumentação de futura ACP, haveria indevida e inaceitável repartição da competência constitucional outorgada à Justiça do Trabalho, causando insegurança jurídica e eventuais decisões conflitantes acerca da matéria.

Resulta incólume, portanto, o art. 109, VIII, da Constituição da República.

O recurso também não alcança êxito por dissenso jurisprudencial, porquanto o único aresto colacionado ao cotejo é proveniente do Tribunal Regional Federal da 2ª Região – TRF, órgão não elencado no art. 896, *a*, da CLT.

Com apoio nesses fundamentos, NÃO CONHEÇO do recurso de revista interposto pelo MPT, nesse tema.

MANDADO DE SEGURANÇA. PEDIDO DE VISTA EM INQUÉRITO CIVIL PÚBLICO. VIOLAÇÃO AO PRINCÍPIO DA AMPLA DEFESA. INEXISTENTE. IMPOSSIBILIDADE DE APLICAÇÃO DA SÚMULA VINCULANTE N. 14

*Trata-se de tema comum aos dois recursos de revista.*

O MPT sustenta, em suma, que, "tendo em vista a própria natureza jurídica do Inquérito Civil, não há dúvidas de que se releva totalmente equivocada a aplicação do contraditório e da ampla defesa na espécie, de modo que houve violação literal ao disposto no inciso LV do art. 5º da CF". Invocando precedente do STF, afirma ter havido má aplicação da Súmula Vinculante n. 14, quando se trata de inquérito civil público conduzido pelo Ministério Público, uma vez que o alcance do citado Verbete se restringe às investigações conduzidas pela polícia civil ou federal. Colaciona aresto a cotejo.

De sua parte, a União também sustenta a inaplicabilidade da Súmula Vinculante n. 14 do STF ao inquérito civil, por ser de incidência restrita aos procedimentos administrativos de natureza penal, nos termos do art. 4º do Código de Processo Penal, em conformidade com precedente do STF.

Razão assiste aos recorrentes.

Trata-se de controvérsia em torno da aplicabilidade ou não da Súmula Vinculante n. 14 do STF ao inquérito civil público, no tocante ao direito de o representado ter vista dos autos do procedimento.

A Súmula Vinculante n. 14 dispõe:

"SÚMULA VINCULANTE 14

É direito do defensor, no interesse do representado, ter acesso amplo aos elementos de prova que, já documentados em procedimento investigatório realizado por órgão com competência de polícia judiciária, digam respeito ao exercício do direito de defesa."

Consoante o exposto no exame da arguição de incompetência da Justiça do Trabalho, é pacífica a conclusão de que o *inquérito civil é procedimento administrativo, de natureza inquisitiva e informativa, destinado à formação da convicção do Ministério Público a respeito de fatos determinados, com vistas à propositura ou não de ações civis públicas*. Em face de seu caráter meramente instrutório de futura ACP, não se admite contraditório no ICP, por não produzir prova absoluta, mas valor probante relativo.

Nesse sentido é firme a jurisprudência do Superior Tribunal de Justiça:

"PROCESSUAL CIVIL E ADMINISTRATIVO. AÇÃO CIVIL PÚBLICA. (...) INQUÉRITO CIVIL. VALOR PROBANTE RELATIVO. CONTRADITÓRIO E AMPLA DEFESA. INEXISTÊNCIA DE CONTRAPROVA. VALIDADE. PRECEDENTES. SÚMULA 83/STJ.

(...)

A jurisprudência desta Corte sedimentou-se no sentido de que as 'provas colhidas no inquérito têm valor probatório relativo, porque colhidas sem a observância do contraditório, mas só devem ser afastadas quando há contraprova de hierarquia superior, ou seja, produzida sob a vigilância do contraditório' (Recurso Especial n. 476.660-MG, relatora Ministra Eliana Calmon, DJ de 4.8.2003)." (AgRg no AREsp 572859 /RJ, Relator Ministro HUMBERTO MARTINS – SEGUNDA TURMA – DJe 03.02.2015)

Relativamente à questão de fundo, ou seja, à necessidade de obediência ao princípio constitucional da ampla defesa no procedimento do inquérito civil, o Plenário do Supremo Tribunal Federal, no julgamento de Agravo Regimental na Reclamação 8.458/ES, firmou jurisprudência no sentido de que *a Súmula Vinculante n. 14 é aplicada apenas a procedimentos administrativos de natureza penal, sendo incorreta sua observância naqueles de natureza cível e inexistente violação ao princípio da ampla defesa* (Rel. Ministro GILMAR MENDES, Tribunal Pleno, DJe 19.09.2013). Eis o teor da ementa do acórdão do STF:

"Agravo regimental em reclamação. 2. Direito Administrativo. 3. Pedido de vistas em inquérito civil público. Violação ao princípio da ampla defesa. Inexistente. 4. Súmula Vinculante n. 14. Impossibilidade de aplicação da Súmula em procedimentos de natureza cível. 5. Ausência de argumentos ou provas que possam influenciar a convicção do julgador. 6. Agravo regimental a que se nega provimento." (Rcl 8458 AgR / ES – ESPÍRITO SANTO – AG.REG. NA RECLAMAÇÃO – Relator Min. GILMAR MENDES – Julgamento: 26.06.2013 – Tribunal Pleno – DJe 19.09.2013)

Conforme o STF, o entendimento consolidado na Súmula Vinculante n. 14 visa a fazer prevalecer as garantias mínimas de exercício da ampla defesa pelo investigado, perante autoridade com competência de política judiciária, na fase inquisitorial do processo penal, garantindo o acesso do investigado e de seu defensor aos documentos e demais elementos de provas já documentados em procedimento protegido pelo sigilo previsto no art. 20 do Código de Processo Penal (Recl 19390, AgR, Rel. Ministro DIAS TOFFOLI, Segunda Turma, DJe 21-08-2015).

Assim, ao conceder a segurança para que o investigado tenha direito de vista nos autos do inquérito civil, o forçoso é reconhecer que o Tribunal Regional do Trabalho da 4ª Região dissentiu da orientação da Suprema Corte.

Razões pelas quais CONHEÇO de ambos os recursos de revista por violação do art. 5º, LV, da Constituição da República e da Súmula Vinculante n. 14 do STF, por má aplicação à espécie.

MÉRITO

MANDADO DE SEGURANÇA. PEDIDO DE VISTA EM INQUÉRITO CIVIL PÚBLICO. VIOLAÇÃO AO PRINCÍPIO DA AMPLA DEFESA. INEXISTENTE. IMPOSSIBILIDADE DE APLICAÇÃO DA SÚMULA VINCULANTE N. 14

No mérito, conhecidos os recursos de revista por má aplicação do art. 5º, LV, da Constituição da República e da Súmula Vinculante n. 14 do STF, DOU-LHES PROVIMENTO para cassar a segurança concedida.

---

# COMPETÊNCIA INTERNACIONAL. APLICAÇÃO DE LEGISLAÇÃO BRASILEIRA. TRABALHADOR CONTRATADO NO BRASIL

*AGRAVO REGIMENTAL. AGRAVO DE INSTRUMENTO. RECURSO DE REVISTA. COMPETÊNCIA INTERNACIONAL. APLICAÇÃO DA LEGISLAÇÃO BRASILEIRA. TRABALHADOR CONTRATADO NO BRASIL. LEI N. 7.064/1982.*

*I – As agravantes não apresentam argumentos novos capazes de desconstituir a juridicidade da decisão que denegou seguimento ao agravo de instrumento, no sentido de que o recurso de revista não demonstrou pressuposto intrínseco capitulado no art. 896 da CLT. Na hipótese, o Tribunal Regional, analisando a arguição de afastamento da jurisdição brasileira, confirmou a competência da Justiça do Trabalho para julgar a demanda, a partir das seguintes premissas: a) a "policitação" /proposta ter sido efetuada em território brasileiro; b) tanto a empresa Rosa dos Ventos como o grupo econômico MSC possuem domicílio em solo nacional; c) o primeiro contrato firmado entre as partes ocorreu em outubro de 2011, sendo regido pelo TAC celebrado em 2010, no qual não consta mais o item mencionado pelas reclamadas, então contido no TAC assinado em 2005; d) a aplicação do protetivo do Direito do Trabalho não deixa desguarnecidos direitos de trabalhadores nacionais, seja em território nacional, seja no estrangeiro; e) a matéria deve ser resolvida à luz da Lei n. 7.064/1992, pois o reclamante fora contratado no Brasil para prestar serviços no exterior em navio pertencente à reclamada MSC Crociere S/A, na função de assistente de cozinha.*

*II – Contexto no qual a Corte de origem aplicou o disposto nos arts. 88, I, do CPC e 651, § 2º, da CLT, entendimento alinhado à atual jurisprudência desta Corte Superior quanto à definição da Jurisdição brasileira para julgar conflitos dessa natureza. Incidência do art. 896, § 7º, da CLT.*

*Agravo regimental a que se nega provimento.*
*(Processo n. TST-AgR-AIRR-130321-42.2013.5.13.0015 – Ac. 1ª Turma – DeJT: 13.03.2015)*

VOTO

CONHECIMENTO

Satisfeitos os pressupostos legais de admissibilidade recursal pertinentes à tempestividade (fls. 868 e 876) e à representação processual (fls. 193 e 194), CONHEÇO do agravo regimental.

MÉRITO

Mediante decisão monocrática, foi negado seguimento ao agravo de instrumento interposto pelas reclamadas, com amparo no art. 557, *caput*, do CPC e na Súmula n. 435 do TST, nos seguintes termos, *verbis*:

"A Presidência do Tribunal Regional do Trabalho negou seguimento ao recurso de revista interposto pela reclamada, nos seguintes termos:

AFASTAMENTO DA JURISDIÇÃO BRASILEIRA

Alegações:

– violação dos arts. 651, § 2º, da CLT, 12, §§ 1º e 2º, da Lei de Introdução às Normas do Direito Brasileiro e 88, I, II, III, parágrafo único, 89 do CPC.

– divergência jurisprudencial.

A Turma Julgadora frisou que, sob a ótica do princípio protetivo do Direito do Trabalho e sem olvidar que a prestação de tutela jurisdicional deve alcançar sua máxima amplitude (art. 5º, inciso XXXV, da CF), competente é a Justiça do Trabalho para processar e julgar a presente causa, considerando que as recorrentes possuem domicílio no território nacional e que a demanda decorre de fatos ocorridos e praticados no Brasil (art. 88, I e III, do CPC).

Por tais fundamentos, não há que se cogitar na suscitada violação dos preceitos legais mencionados.

O aresto trazido a cotejo não indica a fonte oficial de publicação ou repositório autorizado de jurisprudência, ocorrendo o descumprimento a este aspecto formal que está expressamente previsto na Súmula n. 337 da Instância Superior Trabalhista.

APLICABILIDADE DA LEGISLAÇÃO TRABALHISTA PÁTRIA

Alegações:

– violação dos arts. 5º, II, 127 da CF.

– ofensa aos arts. 5º da Lei n. 7.347/1985, 1º da Lei n. 8.625/1993, 6º ao 9º da Lei Complementar n. 75/1993, 9º, §§ 1º e 2º, da Lei de Introdução às Normas do Direito Brasileiro, 999 e 1.000 do Código Civil e 337 do CPC.

– divergência jurisprudencial.

O entendimento adotado no acórdão questionado foi no sentido de que, na forma do art. 3º, inciso II, da Lei n. 7.064/1982, o conflito de direito internacional privado, concernente à aplicação da norma trabalhista, resolve-se pelo princípio da norma mais favorável, consideradas, em conjunto, as disposições regulativas de cada matéria ou instituto, consagrando-se a teoria do conglobamento mitigado – nessa esteira, o Tribunal Superior do Trabalho cancelou a Súmula n. 207.

Desse modo, verifica-se que não houve a alegada violação dos preceitos constitucionais e legais citados, por permanecerem incólumes as suas literalidades no acórdão questionado.

O aresto colacionado não possui a fonte oficial de publicação ou repositório autorizado de jurisprudência, resultando na inobservância à formalidade exigida pela Súmula n. 337 do Tribunal Superior do Trabalho.

CONCLUSÃO

Denego seguimento ao recurso de revista.

A reclamada reitera os argumentos expendidos no recurso de revista.

No caso concreto, verifica-se que, na minuta do agravo de instrumento, a reclamada não consegue infirmar as razões da decisão agravada, que encontra seu fundamento de validade no art. 896, § 1º, da CLT, dispositivo que autoriza o juízo primeiro de admissibilidade a mandar processar ou negar seguimento ao recurso de revista que não observa pressuposto extrínseco ou intrínseco de cabimento.

Deve, pois, ser confirmada a decisão agravada, por seus próprios e jurídicos fundamentos, não desconstituídos pela parte agravante.

Cumpre destacar que a adoção dos fundamentos constantes da decisão agravada como expressa razão de decidir atende à exigência legal e constitucional da motivação das decisões proferidas pelo Poder Judiciário (fundamentos *per relationem*), conforme entendimento sedimentado pelo STF no MS-27350/DF, Rel. Ministro Celso de Mello, DJ de 04.06.2008; AG-REG-ARE-753481, Rel. Ministro Celso de Mello, 2ª Turma, DJe de 28.10.2013 e ARE-791637, Rel. Ministro Ricardo Lewandowski, 2ª Turma, DJe de 12.03.2014, revelando-se legítima e plenamente compatível com preceitos da Constituição Federal e da legislação infraconstitucional (arts. 93, inciso IX, da Constituição Federal, 458, inciso II, do CPC e 832 da CLT) o julgamento *per relationem*, consubstanciado na remissão aos fundamentos de fato e/ou de direito que deram suporte à decisão anterior, bem como a outros atos, manifestações ou peças processuais constantes dos autos.

A jurisprudência da SBDI-1 desta Corte orienta-se no sentido de conferir plena validade à referida técnica de julgamento, conforme os seguintes precedentes: E-Ed-AIRR-10307-04.2010.5.05.0000, Rel. Ministro Augusto César Leite de Carvalho, DEJT de 03.04.2012; E-ED-AIRR-129900-34.2009.5.15.0016, Rel. Ministra Dora Maria da Costa, DEJT de 11.05.2012; Ag-E-ED-AgR-AIRR-92640-31.2005.03.0004, Ministro Ives Gandra Martins Filho, DEJT de 11.05.2012."

Na minuta do presente agravo, as reclamadas insistem no cabimento do recurso de revista por violação de dispositivos da Constituição e de lei federal, ao argumento de que o reclamante foi contratado pela MSC Crociere S.A., empresa estrangeira que não possui sede no Brasil, e não há prova da constituição de filial no território nacional, para os fins do disposto no art. 651 da CLT, razão pela qual, a Justiça do Trabalho não detém competência *ratione materiae*. Indicam ofensa aos arts. 5º, II, e 127, da Constituição Federal, 5º da Lei n. 7.347/1985, 1º da Lei n. 8.625/1993, 9º e 12, da Lei de Introdução ao Código Civil, 88 e 337, do CPC e 651 da CLT.

Todavia, as agravantes não apresentam argumentos novos capazes de desconstituir a juridicidade da decisão que denegou seguimento ao agravo de instrumento, no sentido de que o recurso de revista não demonstrou pressuposto intrínseco capitulado no art. 896 da CLT.

Na hipótese, o Tribunal Regional, analisando a arguição de afastamento da jurisdição brasileira, confirmou a competência da Justiça do Trabalho para julgar a demanda, a partir das seguintes premissas: a) a "policitação"/proposta ter sido efetuada em território brasileiro; b) tanto a empresa Rosa dos Ventos como o grupo econômico MSC possuem domicílio em solo nacional; c) o primeiro contrato firmado entre as partes ocorreu em outubro de 2011, sendo regido pelo TAC celebrado em 2010, no qual não consta mais o item mencionado pelas reclamadas, então contido no TAC assinado em 2005; d) a aplicação do protetivo do Direito do Trabalho não deixa desguarnecidos direitos de trabalhadores nacionais, seja em território nacional, seja no estrangeiro; e) a matéria deve ser resolvida à luz da Lei n. 7.064/1992, pois o reclamante fora contratado no Brasil para prestar serviços no exterior em navio pertencente à reclamada MSC Crociere S/A, na função de assistente de cozinha.

Contexto no qual a Corte de origem aplicou o disposto nos arts. 88, I, do CPC e 651, § 2º, da CLT, entendimento alinhado à atual jurisprudência desta Corte Superior quanto à definição da Jurisdição brasileira para julgar conflitos dessa natureza.

Nesse sentido:

"A) AGRAVO DE INSTRUMENTO DA RECLAMADA. RECURSO DE REVISTA. 1. PRELIMINAR DE NULIDADE. NEGATIVA DE PRESTAÇÃO JURISDICIONAL. 2. COMPETÊNCIA TERRITORIAL. 3. RECONHECIMENTO DE VÍNCULO EMPREGATÍCIO. DECISÃO DENEGATÓRIA. MANUTENÇÃO. A jurisprudência trabalhista, sensível ao processo de globalização da economia e de avanço das empresas brasileiras para novos mercados no exterior, passou a perceber a insuficiência e inadequação do critério normativo inserido na antiga Súmula n. 207 do TST (*lex loci executionis*) para regulação dos fatos congêneres multiplicados nas duas últimas décadas. Nesse contexto, já vinha ajustando sua dinâmica interpretativa, de modo a atenuar o rigor da velha Súmula 207/TST, restringido sua incidência, ao mesmo tempo em que passou a alargar as hipóteses de aplicação das regras da Lei n. 7.064/1982. Assim, vinha considerando que o critério da *lex loci executionis* (Súmula n. 207) – até o advento da Lei n. 11.962/2009 – somente prevalecia nos casos em que foi o trabalhador contratado no Brasil para laborar especificamente no exterior, fora do segmento empresarial referido no texto primitivo da Lei n. 7064/1982. Ou seja, contratado para laborar imediatamente no exterior, sem ter trabalhado no Brasil. Tratando-se, porém, de trabalhador contratado no País, que aqui tenha laborado para seu empregador, sofrendo subsequente remoção para país estrangeiro, já não estaria mais submetido ao critério normativo da Convenção de Havana (Súmula n. 207), por já ter incorporado em seu patrimônio jurídico a proteção normativa da ordem jurídica trabalhista brasileira. Em consequência, seu contrato no exterior seria regido pelo critério da norma jurídica mais favorável brasileira ou do país estrangeiro, respeitado o conjunto de normas em relação a cada matéria. Mais firme ainda ficou essa interpretação após o cancelamento da velha Súmula 207/TST. No caso concreto, ficou evidenciado que o Reclamante foi contratado no Brasil e que parte do tempo de duração do contrato de trabalho desenvolveu-se em águas territoriais brasileiras. Não há como assegurar o processamento do recurso de revista quando o agravo de instrumento interposto não desconstitui os termos da decisão denegatória, que subsiste por seus próprios fundamentos. Agravo de instrumento desprovido. B) RECURSO DE REVISTA ADESIVO DO RECLAMANTE. Em face da não admissibilidade do apelo principal, fica prejudicado o exame do recurso de revista adesivo interposto pelo Reclamante (500 do CPC). Recurso de revista cuja análise fica prejudicada." (AIRR-1789-04.2011.5.02.0443, Relator Ministro: Mauricio Godinho Delgado, Data de Julgamento: 10.12.2014, 3ª Turma, Data de Publicação: DEJT 12.12.2014).

"I – AGRAVO DE INSTRUMENTO. RECURSO DE REVISTA. EMPREGADO CONTRATADO NO BRASIL E TRANSFERIDO PARA PRESTAR SERVIÇOS NO EXTERIOR. COMPETÊNCIA PARA JULGAR DEMANDA. Constatada a possível violação do art. 651, § 3º, da CLT, dá-se provimento ao Agravo de Instrumento. II – RECURSO DE REVISTA. EMPREGADO CONTRATADO NO BRASIL E TRANSFERIDO PARA PRESTAR SERVIÇOS NO EXTERIOR. COMPETÊNCIA PARA JULGAR DEMANDA. Nos termos do art. 651, § 3º, da CLT, tratando-se de empregador que promove a realização de atividades fora do lugar da contratação, a competência territorial define-se a partir do foro da celebração do pacto ou do da prestação de serviços. Na hipótese, consoante se infere do acórdão Regional, o local da contratação está sob jurisdição brasileira, país em que fora ajuizada a demanda. Recurso de Revista conhecido e provido." (RR-46500-02.2008.5.05.0028, Relatora Juíza Convocada: Maria Laura Franco Lima de Faria, Data de Julgamento: 26.09.2012, 8ª Turma, Data de Publicação: DEJT 28.09.2012).

"AGRAVO DE INSTRUMENTO. RECURSO DE REVISTA. EMPREGADO CONTRATADO NO BRASIL PARA PRESTAR SERVIÇOS NO EXTERIOR. LEI BRASILEIRA. INCIDÊNCIA 1. Aplica-se a lei brasileira aos contratos de trabalho celebrados no Brasil que tenham por objeto a prestação de serviços em diversos países, tal como ocorre em empresas que exploram atividades circenses. Entretanto, a legislação pátria somente incidirá sobre o contrato de trabalho caso seja mais benéfica ao empregado, se comparada com normas estrangeiras. Inteligência da Lei n. 7.064/1982. 2. Agravo de instrumento de que se conhece e a que se nega provimento." (AIRR-817-02.2011.5.04.0371, Relator Ministro: João Oreste Dalazen, Data de Julgamento: 10.12.2014, 4ª Turma, Data de Publicação: DEJT 19.12.2014).

"AGRAVO DE INSTRUMENTO. RECURSO DE REVISTA. EMPREGADO CONTRATADO NO BRASIL E QUE DESENVOLVEU PARTE DO CONTRATO DE TRABALHO EM ÁGUAS TERRITORIAIS BRASILEIRAS. INCIDÊNCIA DA LEGISLAÇÃO BRASILEIRA. INAPLICABILIDADE DA AN-

TIGA SÚMULA 207/TST (HOJE, INCLUSIVE, JÁ CANCELADA). A jurisprudência trabalhista, sensível ao processo de globalização da economia e de avanço das empresas brasileiras para novos mercados no exterior, passou a perceber a insuficiência e inadequação do critério normativo inserido na antiga Súmula n. 207 do TST (*Lex loci executionis*) para regulação dos fatos congêneres multiplicados nas duas últimas décadas. Nesse contexto, já vinha ajustando sua dinâmica interpretativa, de modo a atenuar o rigor da velha Súmula 207/TST, restringido sua incidência, ao mesmo tempo em que passou a alargar as hipóteses de aplicação das regras da Lei n. 7.064/1982. Assim, vinha considerando que o critério da *lex loci executionis* (Súmula n. 207) – até o advento da Lei n. 11.962/2009 – somente prevalecia nos casos em que foi o trabalhador contratado no Brasil para laborar especificamente no exterior, fora do segmento empresarial referido no texto primitivo da Lei n. 7064/1982. Ou seja, contratado para laborar imediatamente no exterior, sem ter trabalhado no Brasil. Tratando-se, porém, de trabalhador contratado no País, que aqui tenha laborado para seu empregador, sofrendo subsequente remoção para país estrangeiro, já não estaria mais submetido ao critério normativo da Convenção de Havana (Súmula n. 207), por já ter incorporado em seu patrimônio jurídico a proteção normativa da ordem jurídica trabalhista brasileira. Em consequência, seu contrato no exterior seria regido pelo critério da norma jurídica mais favorável brasileira ou do país estrangeiro, respeitado o conjunto de normas em relação a cada matéria. Mais firme ainda ficou essa interpretação após o recente cancelamento da velha Súmula 207/TST. No caso concreto, ficou evidenciado que o Reclamante foi contratado no Brasil e que parte do tempo de duração do contrato de trabalho desenvolveu-se em águas territoriais brasileiras. Não há como assegurar o processamento do recurso de revista quando o agravo de instrumento interposto não desconstitui a decisão denegatória, que subsiste por seus próprios fundamentos. Agravo de instrumento desprovido." (TST-AIRR-110800-64.2008.5.02.0445, Relator Ministro Mauricio Godinho Delgado, 3ª Turma, DEJT 16.08.2013).

Confirmada resulta, dessarte, a conclusão de que não resultam vulnerados na literalidade os dispositivos indicados pelas agravantes, em face da natureza da controvérsia solucionada na Instância ordinária.

Ante o exposto, NEGO PROVIMENTO ao agravo regimental.

---

# CORTE E QUEDA DE ÁRVORE. FALECIMENTO DO EMPREGADO

*RECURSO DE REVISTA. ACIDENTE DE TRABALHO. OPERADOR DE MOTOSSERRA. CORTE E QUEDA DE ÁRVORE (EUCALIPTO). FALECIMENTO DO EMPREGADO. RESPONSABILIDADE OBJETIVA DO EMPREGADOR. TEORIA DO RISCO PROFISSIONAL. INDENIZAÇÃO POR DANOS MORAL E MATERIAL.*

*1. Normatizando a responsabilidade civil objetiva por danos (morais, estéticos e materiais), dispõe o parágrafo único do art. 927 do Código Civil: "Haverá obrigação de reparar o dano, independentemente de culpa, nos casos especificados em lei, ou quando a atividade normalmente desenvolvida pelo autor do dano implicar, por sua natureza, risco para os direitos de outrem".*

*2. Sob essa perspectiva, em hipótese na qual o operador de motosserra foi vítima de queda de árvore, que lhe causou a morte, a jurisprudência deste Tribunal de uniformização vem reconhecendo a responsabilidade objetiva do empregador, não sob o enfoque da culpa, mas com apoio no risco profissional.*

*3. Violação, que se reconhece, do art. 927, parágrafo único, do Código Civil.*

*Recurso de revista conhecido e provido.*

(Processo n. TST-RR-135685-10.2009.5.12.0032 – Ac. 1ª Turma – DeJT: 20/11/2015)

VOTO

CONHECIMENTO

Satisfeitos os pressupostos extrínsecos de admissibilidade, o recurso é tempestivo (fls. 878 e 882), tem representação regular (fls. 44 e 46) e sendo dispensado o preparo, passa-se ao exame dos intrínsecos do recurso de revista.

ACIDENTE DE TRABALHO. OPERADOR DE MOTOSSERRA. CORTE E QUEDA DE ÁRVORE (EUCALIPTO). FALECIMENTO DO EMPREGADO. RESPONSABILIDADE OBJETIVA DO EMPREGADOR. TEORIA DO RISCO PROFISSIONAL. INDENIZAÇÃO POR DANOS MORAL E MATERIAL

O TRT da 12ª Região negou provimento ao recurso ordinário interposto pelos autores para manter a sentença que indeferiu o pagamento de indenização por danos moral e material decorrentes de acidente de trabalho que causou a morte do empregado, mediante os seguintes fundamentos, *verbis*:

"Voto prevalecente da Redatora:

Em que pesem os ponderáveis argumentos lançados pelo Juiz Relator, não vejo como modificar a sentença no caso em apreço.

Inicialmente, preconizo que a responsabilidade civil invocada segue a regra aquiliana, porquanto assim está prevista na Constituição da República. Logo, o elemento culpa é indispensável ao dever de reparação.

Seguindo adiante, assinalo que do exame do contexto probatório, em que pese o dano experimentado tenha sido o mais grave possível, o falecimento do trabalhador, o sinistro que o vitimou efetivamente não resultou de qualquer ação ou omissão de seu empregador.

A prova dos autos evidencia que o trabalhador utilizava os EPIs necessários ao desenvolvimento de suas atribuições e que estava plenamente capacitado para os misteres que lhes foram confiados, já que dotado de elevada experiência no corte de árvores.

Desta forma, ratifico, com uma pequena correção, a pergunta formulada pelo juízo sentenciante: qual ato a empresa DEVERIA ter praticado para impedir ou evitar o acidente?

Sabendo que vivemos num Estado Democrático de Direito, em que a conduta humana deve ser orientada pelo princípio da legalidade, surge nova indagação: qual norma legal foi violada pelo empregador e que, com isso, proporcionou o acidente que vitimou o trabalhador?

A resposta, de acordo com os elementos contidos nos autos, não pode ser outra: nenhuma.

Então, inexistindo ilícito patronal, não há falar em dever de reparação.

O evento que vitimou o trabalhador, ao que sobressai dos autos, foi, efetivamente, uma fatalidade, resultante de circunstâncias alheias a qualquer conduta das partes.

Por estes motivos, mantenho a sentença revisanda.

Nego provimento ao apelo."

Os recorrentes defendem a aplicação da responsabilidade objetiva do empregador, à hipótese, tendo em vista a atividade exercida pelo empregado, operador de motosserra, ser de risco, tanto que a queda de árvore veio a causar a morte. Apontam violação dos arts. 7º, XXVIII, da Constituição da República, 19 da Lei n. 8.213/1991, 927, parágrafo único, e 932 do Código Civil, bem como colacionam arestos para cotejo de teses.

Razão lhes assiste.

Da leitura do quadro fático descrito no acórdão proferido pelo TRT da 12ª Região são extraídas as seguintes premissas: a) a vítima, operador de motosserra e responsável pelo corte de árvores para a ré, encontrava-se nessa atividade desde as 10 horas da manhã, de forma solitária, quando, às 18 horas do dia 18.02.2008, sobreveio o acidente que o vitimou, quando caiu sobre ele uma árvore de eucalipto, de uma espessura de 20/25 cm de diâmetro, que lhe ocasionou a morte de forma instantânea; b) o dano experimentado foi o mais grave possível, ou seja, o falecimento do trabalhador; c) o Tribunal Regional afastou a responsabilidade civil da empresa por entender que "inexistindo ilícito patronal, não há falar em reparação.

Essas premissas fáticas autorizam que o TST, em grau de recurso de revista, proceda à nova qualificação jurídica dos fatos, mediante sua subsunção ao dispositivo de lei que rege a responsabilidade objetiva do ofensor em hipótese em que o dano é resultado da atividade do trabalhador – teoria do risco profissional.

Normatizando a responsabilidade civil objetiva por danos (morais, estéticos e materiais), dispõe o parágrafo único do art. 927 do Código Civil: "Haverá obrigação de reparar o dano, independentemente de culpa, nos casos especificados em lei, ou quando a atividade normalmente desenvolvida pelo autor do dano implicar, por sua natureza, risco para os direitos de outrem".

Sob essa perspectiva, em hipótese na qual o operador de motosserra foi vítima de queda de árvore, que lhe causou a morte, a jurisprudência deste Tribunal de uniformização vem reconhecendo a responsabilidade objetiva do empregador não sob o enfoque da culpa, mas com apoio no risco profissional.

Nesse sentido:

"AGRAVO DE INSTRUMENTO. RECURSO DE REVISTA. ACIDENTE DE TRABALHO. OPERADOR DE MOTOSSERRA (CORTE DE MADEIRA EM REFLORESTAMENTO). RESPONSABILIDADE OBJETIVA DO EMPREGADOR. TEORIA DO RISCO PROFISSIONAL. INDENIZAÇÃO POR DANO MORAL. A agravante não apresenta argumentos novos capazes de desconstituir a juridicidade da decisão agravada, uma vez que o recurso de revista não demonstrou pressuposto intrínseco previsto no art. 896 da CLT. A Corte de origem, valorando o conjunto fático-probatório, firmou convicção acerca da caracterização da responsabilidade objetiva da empresa em reparar o dano sofrido pelo reclamante. Os fatos delineados no acórdão recorrido, quais sejam fraturas de ossos da mão direita do autor em pleno exercício de suas funções, bem como a inexistência de prova de que o sinistro teria resultado de ato inseguro da vítima, autorizam o enquadramento jurídico nas disposições do art. 927, parágrafo único, do Código Civil, preceito que consagra a teoria do risco da atividade como fator a desencadear a responsabilidade objetiva, de modo a restar dispensada a perquirição de culpa da reclamada. A argumentação recursal, notadamente quanto à culpa exclusiva do reclamante pelo acidente sofrido, remete à revisão do acervo fático-probatório, procedimento que sofre o óbice da Súmula n. 126 desta Corte Superior. Agravo de instrumento a que se nega provimento." (AIRR – 134440-66.2007.5.03.0134, Relator Ministro: Walmir Oliveira da Costa, Data de Julgamento: 14.10.2015, 1ª Turma, Data de Publicação: DEJT 16.10.2015)

"EMBARGOS EM RECURSO DE REVISTA. (...) DANOS MORAIS E MATERIAIS. ACIDENTE DE TRABALHO. MORTE. OPERADOR DE MÁQUINA LAMINADORA EM SIDERÚRGICA. ATIVIDADE DE RISCO. RESPONSABILIDADE OBJETIVA DA EMPREGADORA. CULPA EXCLUSIVA DA VÍTIMA NÃO DEMONSTRADA. Introduzida no ordenamento jurídico a norma insculpida no art. 927 do Código Civil em 2002, prevendo a responsabilidade objetiva em razão do risco do empreendimento, responde o empregador, nos termos do art. 2º, *caput*, da CLT, pelos danos advindos de acidente do trabalho sofrido pelo empregado no exercício de atividade que o expõe a tal risco. No caso dos autos, a atividade desenvolvida pelo empregado (operação de máquina laminadora no ramo da siderurgia) enquadra-se perfeitamente no rol de atividades de risco, em razão da sua potencialidade de provocar dano, em situação de exposição a risco mais elevado do que estão submetidos os demais membros da sociedade. Por outro lado, se registrados fatores não imputáveis à vítima para a ocorrência do dano, afasta-se a culpa exclusiva da vítima. Precedentes. Embargos conhecidos e não providos." (E-ED-ED-ED-RR-26640-22.2006.5.03.0034, Relator Ministro: Márcio Eurico Vitral Amaro, Data de Julgamento: 14.08.2014, Subseção I Especializada em Dissídios Individuais, Data de Publicação: DEJT 22.08.2014)

"DANOS MORAIS E MATERIAIS. ACIDENTE DE TRABALHO. MORTE. OPERADOR DE MÁQUINA LAMINADORA EM SIDERÚRGICA. ATIVIDADE DE RISCO. RESPONSABILIDADE OBJETIVA DA EMPREGADORA. CULPA EXCLUSIVA DA VÍTIMA NÃO DEMONSTRADA. Introduzida no ordenamento jurídico a norma insculpida no art. 927 do Código Civil em 2002, prevendo a responsabilidade objetiva em razão do risco do empreendimento, responde o empregador, nos termos do art. 2º, *caput*, da CLT, pelos danos advindos de acidente do trabalho sofrido pelo empregado no exercício de atividade que o expõe a tal risco. No caso dos autos, a atividade desenvolvida pelo empregado (operação de máquina laminadora no ramo da siderurgia) enquadra-se perfeitamente no rol de atividades de risco, em razão da sua potencialidade de provocar dano, em situação de exposição a risco mais elevado do que estão submetidos os demais membros da sociedade. Por outro lado, se registrados fatores não imputáveis à vítima para a ocorrência do dano, afasta-se a culpa exclusiva da vítima. Precedentes. Embargos conhecidos e não providos." (TST-E-ED-ED-ED-RR-26640-22.2006.5.03.0034, Relator Ministro Márcio Eurico Vitral Amaro, SBDI-1, DEJT 22.08.2014).

"DANO MORAL E MATERIAL. INDENIZAÇÃO. ACIDENTE DE TRABALHO. ÓBITO DO EMPREGADO. ATIVIDADE PROFISSIONAL DE RISCO. RESPONSABILIDADE DO EMPREGADOR 1. Acórdão turmário que julga procedente pedido de indenização por dano moral e material, formulado por viúva de ex-empregado falecido em decorrência de acidente de trabalho em atividade profissional de encarregado de manutenção elétrica, que o submeteu a descarga elétrica de grande intensidade, levando-o a óbito. Aplicação, pela Turma, da responsabilidade objetiva do empregador, amparada nas disposições do parágrafo único do art. 927 do Código Civil. 2. A atividade profissional de encarregado de manutenção elétrica que submete o empregado a contato direto com rede elétrica de alta tensão, sujeita-o a uma maior probabilidade de sofrer grave acidente de trabalho. Cuida-se de atividade de risco, nos termos da norma inscrita no parágrafo único do art. 927 do Código Civil, a impor ao empregador a respectiva obrigação de reparar, independentemente de culpa, o dano moral causado à família do empregado falecido no exercício das atividades laborais. 3. A ocorrência do sinistro antes da entrada em vigor do Código Civil de 2002 não inviabiliza a aplicação da teoria da responsabilidade objetiva no âmbito da relação de emprego. A atribuição de responsabilidade sem culpa ao empregador, no caso de acidente de trabalho em atividade profissional de risco, advém da interpretação sistêmica de todo o arcabouço histórico, legal e doutrinário sobre o tema, de que, ao final, se valeu o legislador na elaboração do novo Código Civil de 2002. Precedentes da SBDI-1 do TST. 4. Embargos de que se conhece, por divergência jurisprudencial, e a que se nega provimento." (E-ED-RR– 170100-91.2008.5.07.0032, Relator Ministro: João Oreste Dalazen, Data de Julgamento: 15.05.2014, Subseção I Especializada em Dissídios Individuais, Data de Publicação: DEJT 30.05.2014)

"RECURSO DE REVISTA. (...) INDENIZAÇÃO POR DANOS MORAIS. ACIDENTE DE TRABALHO. RESPONSABILIDADE OBJETIVA. POSSIBILIDADE. Recurso fundamentado em violação do art. 7º, XXVIII, da Constituição Federal. Segundo o e. TRT da 4ª Região, o falecido empregado foi vítima de um acidente fatal em 29.05.2007, quando, no exercício de corte de mato em propriedade da empresa recorrente, foi atingido por uma árvore que tombou como decorrência do trabalho de um colega (de alcunha "Alemão"). Conforme consta do Boletim de Ocorrência das fls. 68, Alemão teria desobedecido a ordem de seu superior hierárquico e passado a ceifar em local inadequado, causando o evento danoso. A única testemunha ouvida nos autos, presente no momento do acidente, confirma que 'André (Alemão) cortou uma árvore, e esta, em vez de cair para o lado de dentro, atravessou a estrada, caindo em cima de outra árvore, cuja ponta quebrou e atingiu o reclamante (...)' (fls. 247). E prossegue, esclarecendo que 'com o capacete e o protetor auricular, assim como a motosserra ligada, não é possível ouvir avisos referentes ao corte de outras árvores (...)'. Ora, o pedido de indenização por danos morais decorrente de acidente de trabalho necessita de três requisitos: I) o dano ou o fato que resultou no dano; II) o nexo de causalidade entre a atividade exercida e o acidente; III) a culpa da empresa. Há casos em que a responsabilidade objetiva está expressamente prevista na Lei – Exemplo: art. 14, § 1º, da Lei n. 6.938/1981 (dano causado ao meio ambiente). Em outras situações, a responsabilidade objetiva não está prevista na lei, mas dada a natureza da atividade, o dano é esperado, ainda que garantidas todas as medidas gerais de cautela. São as chamadas atividades de risco. Em Sessão do dia 4/11/2010, ao examinar o Processo n. TST-9951600-43.2006.5.09.0664, a SBDI-1 decidiu que a responsabilidade é objetiva em caso de acidente em trabalho de risco acentuado, restando estabelecido que não é a atividade da empresa, mas o específico labor do empregado que define o risco. A Constituição Federal, no *caput* do art. 7º, XXVIII, dispõe que a responsabilidade do empregador será subjetiva. No entanto, a mesma Constituição Federal consagrou o princípio da dignidade da pessoa humana, segundo o qual – as pessoas deveriam ser tratadas como um fim em si mesmas, e não como um meio (objetos) – (Immanuel Kant). Nesse contexto, conclui-se que a regra prevista no art. 7º, XXVIII, da Constituição Federal, deve ser interpretada de forma sistêmica aos demais direitos fundamentais, e a partir dessa compreensão, admite-se a adoção da teoria do risco. De outra parte, a aplicação da responsabilidade civil objetiva aos infortúnios decorrentes das relações de trabalho não se baseia exclusivamente no art. 927, parágrafo único, do Código Civil de 2002. De se notar que a própria CLT, desde 1943, no *caput* do art. 2º, prevê que os riscos da atividade econômica devem ser suportados pelo empregador. Ante o alinhado, prevalecendo compreensão mais ampla acerca da exegese da norma constitucional, revela-se plenamente admissível a aplicação da responsabilidade objetiva à espécie, considerando a morte do trabalhador diretamente vinculada às atividades desempenhadas na empresa. Saliente-se que a e. SBDI-1 tem-se posicionado no sentido de que, nas hipóteses de acidente do trabalho ou doença profissional, a responsabilidade é sim objetiva ou, na pior das hipóteses, presume-se a culpa do empregador, a quem incumbe zelar pela segurança e saúde no ambiente de trabalho. Recurso de revista não conhecido." (RR – 159600-85.2007.5.04.0451, Relator Ministro: Alexandre de Souza Agra Belmonte, Data de Julgamento: 04.12.2013, 3ª Turma, Data de Publicação: DEJT 06.12.2013)

"RECURSO DE REVISTA – DANO MATERIAL E MORAL – ACIDENTE DE TRABALHO – ÓBITO DO EMPREGADO – OPERADOR DE MOTOSSERRA – DERRUBADA DE ÁRVORES – RESPONSABILIDADE OBJETIVA – ART. 927, PARÁGRAFO ÚNICO, DO CÓDIGO CIVIL. O art. 7º, *caput*, da Carta Magna, ao instituir os direitos dos trabalhadores de nossa nação, deixa expresso que aquele rol é o patamar civilizatório mínimo assegurado a quem disponibiliza a sua força de trabalho no mercado econômico, razão pela qual a regra inserta no inciso XXVIII do referido dispositivo constitucional não elide a incidência de outro sistema de responsabilidade civil mais favorável ao empregado, como é a hipótese do art. 927, parágrafo único, do Código Civil, que deve incidir todas as vezes em que a atividade desenvolvida pelo empregado, como parte do empreendimento empresarial, acarretar riscos inerentes à saúde daquele que colabora com o sucesso da empresa, pois seria contrário ao postulado da isonomia qualquer distinção que excluísse apenas os empregados de sistema de responsabilidade civil mais benéfico do que aquele trazido pela Carta Magna. Na hipótese dos autos, como bem consignado no acórdão recorrido, a atividade exercida pelo empregado – derrubada de árvores com uso de motosserra – se revestia de alta periculosidade, tanto que nem a experiência que o obreiro possuía no manuseio da máquina pôde evitar que fosse atingido na cabeça por uma das árvores que cortava, o que levou o trabalhador a óbito. Recurso de revista conhecido e provido." (RR – 18700-52.2008.5.14.0091, Relator Ministro: Luiz Philippe Vieira de Mello Filho, Data de Julgamento: 06.06.2012, 4ª Turma, Data de Publicação: DEJT 15.06.2012)

"AGRAVO DE INSTRUMENTO EM RECURSO DE REVISTA. OPERADOR DE MOTOSSERRA. ACIDENTE DE TRABALHO. RESPONSABILIDADE OBJETIVA. ART. 927, PARÁGRAFO ÚNICO, DO CÓDIGO CIVIL. Não merece ser provido agravo de instrumento que visa a liberar recurso de revista que não preenche os pressupostos contidos no art. 896 da CLT. Agravo de instrumento não provido." (AIRR – 1883-38.2011.5.18.0141, Relatora Ministra: Delaíde Miranda Arantes, Data de Julgamento: 28.05.2014, 2ª Turma, Data de Publicação: DEJT 06.06.2014)

"RECURSO DE REVISTA. 1. ACIDENTE DO TRABALHO. OPERADOR DE MOTOSSERRA. ACIDENTE DE TRABALHO. ATIVIDADE DE RISCO. RESPONSABILIDADE OBJETIVA. INDENIZAÇÃO POR DANOS MORAIS E ESTÉTICOS. O pleito de indenização por dano moral e material resultante de acidente do trabalho e/ou doença profissional ou ocupacional supõe a presença de três requisitos: a) ocorrência do fato deflagrador do dano ou do próprio dano, que se constata pelo fato da doença ou do acidente, os quais, por si sós, agridem o patrimônio moral e emocional da pessoa trabalhadora (nesse sentido, o dano moral, em tais casos, verifica-se *in re ipsa*); b) nexo causal, que se evidencia pela circunstância de o malefício ter ocorrido em face das circunstâncias laborativas; c) culpa empresarial, a qual se presume em face das circunstâncias ambientais adversas que deram origem ao malefício (excluídas as hipóteses de responsabilidade objetiva, em que é prescindível a prova da conduta culposa patronal). Frise-se que tanto a higidez física como a mental, inclusive emocional, do ser humano são bens fundamentais de sua vida, privada e pública, de sua intimidade, de sua autoestima e afirmação social e, nesta medida, também de sua honra. São bens, portanto, inquestionavelmente tutelados, regra geral, pela Constituição (art. 5º, V e X). Agredidos em face de circunstâncias laborativas, passam a merecer tutela ainda mais forte e específica da Carta Magna, que se agrega à genérica anterior (art. 7º, XXVIII, CF/1988). A regra geral do ordenamento jurídico, no tocante à responsabilidade civil do autor do dano, mantém-se com a noção da responsabilidade subjetiva (arts. 186 e 927, *caput*, CC). Contudo, tratando-se de atividade empresarial, ou de dinâmica laborativa (independentemente da atividade da empresa), fixadoras de risco para os trabalhadores envolvidos, desponta a exceção ressaltada pelo parágrafo único do art. 927 do Código Civil, tornando objetiva a responsabilidade empresarial por danos acidentários (responsabilidade em face do risco). No caso vertente, consta do acórdão regional que o Reclamante, no desempenho de suas atividades laborais – operador de motosserra –, fraturou a perna esquerda em decorrência da queda de um galho. Consta, também, que o laudo pericial confeccionado evidenciou a existência de sequelas decorrentes do citado acidente (claudicação leve, dor ao realizar atividades de esforço e edema na perna esquerda), concluindo o perito pela inaptidão do Autor para o exercício da função de operador de motosserra. Ressaltou o Tribunal *a quo* que a atividade desempenhada pelo obreiro, indiscutivelmente, o expunha a risco considerável, sendo aplicável ao caso a responsabilidade civil objetiva. Nesse contexto, é de fato, devido o pagamento de indenização pelos danos causados ao Autor. Por outro lado, para se chegar a uma conclusão fática diversa seria necessário revolver o conjunto probatório constante dos autos, propósito insuscetível de ser alcançado nessa fase processual, diante do óbice da Súmula 126/TST. Desse modo, o recurso de revista não preenche os requisitos previstos no art. 896 da CLT, pelo que inviável o seu conhecimento. Recurso de revista não conhecido quanto ao tema. 2. AÇÃO AJUIZADA NA JUSTIÇA DO TRABALHO APÓS A EC N. 45/2004. ASSISTÊNCIA SINDICAL. NECESSIDADE. HONORÁRIOS ADVOCATÍCIOS. PERDAS E DANOS. INAPLICABILIDADE. O entendimento desta Corte é no sentido de serem inaplicáveis os arts. 389 e 404, do Código Civil, em face da evidência de, na Justiça do Trabalho, não vigorar o princípio da sucumbência insculpido no Código de Processo Civil, estando a referida verba regulada pelo art. 14 da Lei n. 5.584/1970. Os honorários advocatícios estão condicionados estritamente ao preenchimento dos requisitos indicados na Súmula n. 219 do TST, ratificada pela Súmula n. 329 da mesma Corte, devendo a parte estar assistida por sindicato da categoria profissional e comprovar a percepção de salário inferior ao dobro do mínimo legal ou encontrar-se em situação econômica que não lhe permita demandar sem prejuízo do próprio sustento ou de sua família, entendimento confirmado pela Orientação Jurisprudencial n. 305 da SBDI-1, não se havendo falar em perdas e danos. Recurso de revista conhecido e provido, no particular." (RR – 321-03.2012.5.14.0001, Relator Ministro: Mauricio Godinho Delgado, Data de Julgamento: 30.10.2013, 3ª Turma, Data de Publicação: DEJT 08.11.2013)

"DANO MORAL E MATERIAL. INDENIZAÇÃO. ACIDENTE DE TRABALHO. ÓBITO DO EMPREGADO. ATIVIDADE PROFISSIONAL DE RISCO. RESPONSABILIDADE DO EMPREGADOR 1. Acórdão turmário que julga procedente pedido de indenização por dano moral e material, formulado por viúva de ex-empregado falecido em decorrência de acidente de trabalho em atividade profissional de – encarregado de manutenção elétrica –, que o submeteu a descarga elétrica de grande intensidade, levando-o a óbito. Aplicação, pela Turma, da responsabilidade objetiva do empregador, amparada nas disposições do parágrafo único do art. 927 do Código Civil. 2. A atividade profissional de encarregado de manutenção elétrica que submete o empregado a contato direto com rede elétrica de alta tensão, sujeita-o a uma maior probabilidade de sofrer grave acidente de trabalho. Cuida-se de atividade de risco, nos termos da norma inscrita no parágrafo único do art. 927 do Código Civil, a impor ao empregador a respectiva obrigação de reparar, independentemente de culpa, o dano moral causado à família do empregado falecido no exercício das atividades laborais. 3. A ocorrência do sinistro antes da entrada em vigor do Código Civil de 2002 não inviabiliza a aplicação da teoria da responsabilidade objetiva no âmbito da relação de emprego. A atribuição de responsabilidade sem culpa ao empregador, no caso de acidente de trabalho em atividade profissional de risco, advém da interpretação sistêmica de todo o arcabouço histórico, legal e doutrinário sobre o tema, de que, ao final, se valeu o legislador na elaboração do novo Código Civil de 2002. Precedentes da SBDI-1 do TST. 4. Embargos de que se conhece, por divergência jurisprudencial, e a que se nega provimento." (E-ED-RR – 170100-91.2008.5.07.0032, Relator Ministro: João Oreste Dalazen, Data de Julgamento: 15.05.2014, Subseção I Especializada em Dissídios Individuais, Data de Publicação: DEJT 30.05.2014)

"RECURSO DE EMBARGOS INTERPOSTO SOB A ÉGIDE DA LEI N. 11.496/2007. DANO MORAL, ESTÉTICO E MATERIAL. ACIDENTE DO TRABALHO. TRANSPORTE RODOVIÁRIO DE CARGAS. ATIVIDADE DE RISCO. MOTORISTA DE CAMINHÃO. RESPONSABILIDADE OBJETIVA DO EMPREGADOR. 1. O novo Código Civil Brasileiro manteve, como regra, a teoria da responsabilidade civil subjetiva, calcada na culpa. Inovando, porém, em relação ao Código Civil de 1916, ampliou as hipóteses de responsabilidade civil objetiva, acrescendo aquela fundada no risco da atividade empresarial, consoante previsão inserta no parágrafo único do art. 927. Tal acréscimo apenas veio a coroar o entendimento de que os danos sofridos pelo trabalhador, decorrentes de acidente do trabalho, conduzem à responsabilidade objetiva do empregador quando a atividade laboral é considerada de risco. 2. A atividade de condutor de veículo rodoviário (motorista de caminhão – transporte de cargas) expõe o trabalhador rodoviário à ocorrência de sinistros durante as viagens, como no caso dos autos, em que ocorreu acidente de trânsito seguido de morte do empregado. Em tais circunstâncias, deve o empregador responder de forma objetiva na ocorrência de acidente de trabalho no trânsito, por se tratar de evento danoso ao direito da personalidade do trabalhador. Incidência do parágrafo único do art. 927 do Código Civil. 3. Recurso de embargos a que se nega provimento." (E-ED-RR – 96600-26.2008.5.04.0662, Relator Ministro: Lelio Bentes Corrêa, Data de Julgamento: 09.10.2014, Subseção I Especializada em Dissídios Individuais, Data de Publicação: DEJT 07/11/2014)

"RECURSO DE REVISTA. ASSALTO A COBRADOR DE ÔNIBUS. MORTE DO TRABALHADOR. RESPONSABILIDADE OBJETIVA. INDENIZAÇÃO POR DANOS MATERIAIS. O art. 144 da Constituição prediz ser a segurança pública dever do Estado, direito e responsabilidade de todos, é exercida para a preservação da ordem pública e da incolumidade das pessoas e do patrimônio. Direito e responsabilidade de todos, inclusive do empregador. Quando trata do meio ambiente, o art. 200, VIII, da Constituição, lembra serem as questões ambientais abrangentes do ambiente de trabalho, e o art. 225 reitera que o direito fundamental a um meio ambiente ecologicamente equilibrado deve ser provido pelo Estado e pela coletividade, porquanto essencial à sadia qualidade de vida. Há fundamento constitucional, portanto, para atribuir-se ao empregador, integrante qualificado da coletividade e investido em poder social, a obrigação de prover a segurança do trabalhador, sem poder escudar-se na eventual inapetência do Estado para expor o empregado, impunemente, à insegurança dos espaços públicos. Se a empresa desenvolve atividade econômica que somente se viabiliza ante a exposição de empregados ao risco de assaltos, *a consequência jurídica é a obrigação de reparar a lesão sofrida pelo trabalhador, conforme prescrito no art. 927 do Código Civil*. O atual Código Civil impõe a responsabilidade objetiva do empregador nos casos em que a situação envolve um risco potencial, fato notório quando se trata de empresas de transporte coletivo. Recurso de revista conhecido e provido." (RR – 255600-78.2005.5.02.0062, Relator Ministro: Augusto César Leite de Carvalho, Data de Julgamento: 20.03.2013, 6ª Turma, Data de Publicação: DEJT 26.03.2013)

É, pois, forçoso reconhecer que o Tribunal local dissentiu da jurisprudência iterativa, atual e notória do TST, violando o disposto no art. 927, parágrafo único, do Código Civil.

Ante o exposto, CONHEÇO do recurso de revista na forma da alínea *c*, da CLT.

MÉRITO

No mérito, conhecido o recurso de revista por violação do art. 927, parágrafo único, do Código Civil, DOU-LHE PROVIMENTO para, reformando o acórdão recorrido, declarar a responsabilidade civil/trabalhista da empresa recorrida pelos danos morais e materiais causados e, considerando a controvérsia existente em torno da quantificação das indenizações requeridas, determino o retorno dos autos ao Tribunal Regional do Trabalho da 12ª Região, para que prossiga no julgamento do recurso ordinário interposto pelos autores, como entender de direito.

## DANO MORAL. ACIDENTE AUTOMOBILÍSTICO CAUSADO POR TERCEIROS

*RECURSO DE REVISTA. INDENIZAÇÃO POR DANOS MORAIS. ACIDENTE AUTOMOBILÍSTICO CAUSADO POR TERCEIRO. CONTRATO DE TRANSPORTE. RESPONSABILIDADE OBJETIVA DO EMPREGADOR.*

*A jurisprudência desta Corte Superior tem se orientado no sentido de reconhecer a responsabilidade objetiva do empregador que assume direta ou indiretamente o transporte de seus empregados, na hipótese de ocorrer acidente de trabalho de que resulte danos à integridade física e psíquica do trabalhador transportado, como no caso dos autos, conforme dispõem os arts. 734 e 735, do Código Civil.*

*Recurso de revista conhecido e provido.*

(Processo n. TST-RR-291-88-2011-5-15-0028 – Ac. 1ª Turma – DeJT: 05.12.2013)

INDENIZAÇÃO POR DANOS MORAIS. ACIDENTE AUTOMOBILÍSTICO CAUSADO POR TERCEIRO. CONTRATO DE TRANSPORTE. RESPONSABILIDADE OBJETIVA DO EMPREGADOR

A responsabilidade objetiva da reclamada, decorrente do acidente de trabalho, acarreta a obrigação de indenizar os danos morais causados (*damnum in re ipsa*), tratando-se, portanto, de matéria eminentemente de direito, para os efeitos do art. 515, § 3º, do CPC, que encerra a *teoria da causa madura*.

Com efeito, está a causa em condições de imediato julgamento do pedido de indenização por danos morais e do *quantum* a ser considerado a título de compensação.

Assim, considerando as circunstâncias do caso, em atenção aos princípios da razoabilidade e proporcionalidade, justiça e equidade, considerando as condições pessoais da reclamante e da reclamada, as circunstâncias do acidente, a gravidade das lesões e intensidade do sofrimento, o caráter compensatório e pedagógico, condeno a reclamada a pagar à reclamante indenização em pecúnia em face dos danos morais no importe de R$ 15.000,00 (quinze mil reais), levando em conta os precedentes.

Apesar da concessão da gratuidade de justiça, a reclamante não comprovou estar assistida por advogado credenciado pela entidade sindical. Assim, indefiro os honorários advocatícios, conforme Súmula n. 219, I, do TST.

Ante o exposto, conhecido o recurso de revista por violação dos arts. 734 e 735 do Código Civil, o seu PROVIMENTO é medida que se impõe, razão pela qual, condena-se a reclamada a indenizar a reclamante pelos danos morais experimentados em face do acidente de trabalho descrito nos autos, no importe de R$ 15.000,00 (quinze mil reais). Custas em reversão no valor de R$ 300,00 (trezentos reais), inclusive para os efeitos da Súmula n. 25 do Tribunal Superior do Trabalho.

---

## DANO MORAL. CONFIGURAÇÃO. "TREINAMENTO MOTIVACIONAL"

*AGRAVO DE INSTRUMENTO. RECURSO DE REVISTA. HORAS EXTRAORDINÁRIAS. TRABALHO EXTERNO.*

*Nega-se provimento a agravo de instrumento em que o reclamante não logra desconstituir os fundamentos da decisão agravada, no sentido de que não evidenciada a violação literal e direta do art. 62, I, da CLT. O Tribunal Regional firmou a convicção de que o reclamante, no exercício de atividades externas, não estava submetido a nenhuma forma de controle ou de fiscalização da jornada. Resta inafastável o óbice da Súmula n. 126 desta Corte. Os arestos transcritos revelam-se inservíveis, nos moldes da Súmula n. 296, I, desta Corte.*

*Agravo de instrumento a que se nega provimento.*

(Processo n. TST-AIRR-92040-75.2008.5.03.0013 – Ac. 1ª Turma – DeJT: 26.09.2015)

### VOTO

### CONHECIMENTO

Satisfeitos os pressupostos de admissibilidade pertinentes à tempestividade (fls. 03 e 17) e à representação processual (fl. 19), e encontrando-se devidamente instruído, com o traslado das peças essenciais previstas no art. 897, § 5º, I e II, da CLT e no item III da Instrução Normativa n. 16/1999 do TST, CONHEÇO do agravo de instrumento.

MÉRITO

Incialmente, serão examinadas apenas as matérias expressamente devolvidas à apreciação no presente agravo de instrumento, incidindo a preclusão sobre os dispositivos tidos como violados nas razões do recurso de revista, mas que não foram renovados na fundamentação do agravo de instrumento. Precedentes: AIRR – 30400-10.2008.5.15.0087, Rel. Min. Walmir Oliveira da Costa, 1ª Turma, DEJT 25/11/2011, AIRR – 81840-31.2008.5.06.0011, Rel. Min. Barros Levenhagen, 4ª Turma, DEJT 07.05.2010, AIRR – 73541-46.2005.5.08.0001, Rel. Min. Márcio Eurico Vitral Amaro, 8ª Turma, DEJT 21.05.2010, AIRR – 133140-80.2004.5.01.0053, Rel. Min. José Simpliciano Fontes de F. Fernandes, 2ª Turma, DEJT 24.10.2008, ED-AIRR – 34900-21.2002.5.17.0008, Rel. Min. Rosa Maria Weber Candiota da Rosa, 3ª Turma, DJ 12.09.2008, AIRR – 162240-19.2004.5.02.0032, Rel. Min. Kátia Magalhães Arruda, 5ª Turma, DJ 14.12.2007, AIRR – 94040-88.2004.5.01.0063, Rel. Min. Horácio Raymundo de Senna Pires, 6ª Turma, DEJT 19.12.2008, AIRR – 82040-58.2006.5.05.0036, Rel. Min. Augusto César Leite de Carvalho, 6ª Turma, DEJT 23.04.2010, AIRR – 186041-73.2004.5.02.0028, Rel. Min. Pedro Paulo Manus, 7ª Turma, DEJT 18.12.2009.

A Vice-Presidência do Tribunal Regional do Trabalho da 3ª Região negou seguimento ao recurso de revista interposto pelo reclamante, sob os seguintes fundamentos, *verbis*:

"RECURSO DE: GRIMALDO LUCAS DE SOUZA

CONTRIBUIÇÃO PREVIDENCIÁRIA

HORA EXTRA – TRABALHO EXTERNO

DANO MORAL – INDENIZAÇÃO

VALOR DA CONDENAÇÃO – CRITÉRIO DE FIXAÇÃO

Constata-se que a parte recorrente, em seus temas e desdobramentos, não conseguiu demonstrar divergência jurisprudencial válida e específica, muito menos a violação de qualquer dispositivo de lei federal e/ou da Constituição da República, como exige o art. 896, alíneas *a* e *c*, da Consolidação das Leis do Trabalho.

CONCLUSÃO

DENEGO seguimento ao recurso de revista."

Nas razões do agravo de instrumento, o agravante alega que o recurso de revista preenchia os pressupostos de admissibilidade. Insiste na competência da Justiça do Trabalho para executar, de ofício, as contribuições previdenciárias sobre os salários extrafolha. Assevera não está enquadrado na exceção contida no art. 62, I, da CLT, fazendo jus à remuneração, como extraordinárias, das horas excedentes à jornada normal de trabalho. Renova a indicação de violação dos arts. 7º, XIII e XVI, 114, § 3º, 195, *a* e II, da Constituição da República; 62, I, da CLT; 28, I, da Lei n. 8.212/1991 e sustenta a especificidade dos arestos apresentados para confronto de teses.

À análise.

Constata-se que foi determinado o recolhimento das contribuições previdenciárias sobre as diferenças salariais reconhecidas, inclusive no tocante aos reflexos do salário "por fora". Todavia, foi declarada a incompetência da Justiça do Trabalho em relação às parcelas previdenciárias sobre os salários extrafolha pagos na contratualidade.

A jurisprudência desta Corte, quanto à matéria em questão, está firmada no item I da Súmula n. 368 desta Corte, *verbis*:

"DESCONTOS PREVIDENCIÁRIOS E FISCAIS. COMPETÊNCIA. RESPONSABILIDADE PELO PAGAMENTO. FORMA DE CÁLCULO (redação do item II alterada na sessão do Tribunal Pleno realizada em 16.04.2012) – Res. 181/2012, DEJT divulgado em 19, 20 e 23.04.2012.

I – A Justiça do Trabalho é competente para determinar o recolhimento das contribuições fiscais. A competência da Justiça do Trabalho, quanto à execução das contribuições previdenciárias, limita-se às sentenças condenatórias em pecúnia que proferir e aos valores, objeto de acordo homologado, que integrem o salário de contribuição. (ex-OJ n. 141 da SBDI-1 – inserida em 27/11/1998)"

O Plenário do Supremo Tribunal Federal, em 11.09.2008, por unanimidade, negou provimento ao Recurso Extraordinário 569.056-3 – Pará, interposto pelo INSS, sob a relatoria do Ministro Menezes Direito, declarando a incompetência da Justiça do Trabalho para executar, de ofício, as contribuições previdenciárias decorrentes de todo o período laboral, com base em decisão que apenas declare a existência de vínculo empregatício, mediante a interpretação do sentido e alcance do art. 114, § 3º (atual inciso VIII), da Constituição da República.

Nos termos da decisão da Suprema Corte, essa cobrança somente pode incidir sobre o valor pecuniário já definido em condenação trabalhista ou em acordo quanto ao pagamento de verbas salariais que possam servir como base de cálculo para a contribuição previdenciária, aplicando-se o princípio da impossibilidade da execução sem título.

Conforme se observa, o Plenário do STF adotou o entendimento constante do item I da já citada Súmula n. 368 desta Corte.

Portanto, o acórdão recorrido foi proferido em sintonia com o referido verbete sumular.

No aspecto, encontrando-se o acórdão do Tribunal Regional em sintonia com Súmula desta Corte Superior, nos moldes transcritos acima, os presentes agravos não se viabilizam, nos termos do art. 896, § 4º, da CLT, porquanto já alcançado o objetivo precípuo do recurso de revista, que é a uniformização da jurisprudência dos Tribunais Regionais do Trabalho.

Quanto às horas extraordinárias, o Tribunal *a quo* firmou a sua convicção de que o reclamante, no exercício de atividades externas, não estava submetido a nenhuma forma de controle ou de fiscalização da jornada. Consta na decisão recorrida: "Infere-se, pelo cotejo dos depoimentos, que não havia obrigatoriedade de manter a reclamada informada das datas e horários das visitas às empresas. Sendo que os telefonemas para os supervisores não demonstram o propósito de fiscalizar".

Para se entender pela existência de controle e fiscalização de jornada e pela consequente violação do art. 62, I, da CLT, conforme alegado pelo agravante, efetivamente, faz-se imprescindível o reexame de fatos e provas, incabível em recurso de revista, nos termos da Súmula n. 126 desta Corte.

Considerando-se o quadro fático delineado no acórdão recorrido, evidencia-se a inespecificidade dos arestos apresentados para confronto de teses, nos moldes da Súmula n. 296, I, desta Corte.

Portanto, a agravante não logra desconstituir os fundamentos da decisão agravada.

Diante do exposto, NEGO PROVIMENTO ao agravo de instrumento.

## DANO MORAL. EMPREGADO CONSTRANGIDO A ACEITAR ACORDO EM COMISSÃO DE CONCILIAÇÃO PRÉVIA

*AGRAVO DE INSTRUMENTO. RECURSO DE REVISTA. EMPREGADO CONSTRANGIDO A ACEITAR ACORDO NA COMISSÃO DE CONCILIAÇÃO PRÉVIA – CCP. INDENIZAÇÃO POR DANOS MORAIS.*

*Fixadas no acórdão recorrido as premissas quanto à configuração dos elementos da responsabilidade civil, não há falar em falta de prova do dano moral. A dor, o sofrimento e consequente ofensa aos atributos da personalidade do empregado são consequências da doença profissional, e não causa. Em outras palavras, o dano moral existe "in re ipsa"; deriva inexoravelmente do fato ofensivo, de tal modo que, provada a ofensa, "ipso facto" está demonstrada a lesão moral à guia de presunção normal que decorre das regras de experiência. Nesse contexto, constata-se que a agravante não pretende obter nova qualificação jurídica dos fatos da causa, mas sim reabrir o debate em torno da valoração das provas pela Instância ordinária, procedimento que sofre o óbice da Súmula n. 126 do TST.*

*Agravo de instrumento a que se nega provimento.*

(Processo n. TST-AIRR-252640-09-2002-5-02-0078 – Ac. 1ª Turma – DeJT: 05.12.2013)

### DANO MORAL. INDENIZAÇÃO

O Tribunal Regional, valorando fatos e provas, firmou seu convencimento no sentido de que o autor foi "ludibriado pela empregadora, que forjou uma situação que o obrigou a dar a indesejada quitação do contrato de trabalho mediante o pagamento de quantia incontroversa", enfatizando, ainda, que "as provas dos autos não deixam dúvida de que obreiro foi constrangido a aceitar o acordo".

Das premissas do acórdão regional extrai-se que o reconhecimento do dano moral não decorreu do mero atraso no pagamento das verbas rescisórias, como sustenta a reclamada, mas sim do fato de o reclamante ter sido constrangido e ludibriado.

Fixadas no acórdão recorrido as premissas quanto à configuração dos elementos da responsabilidade civil, não há falar em falta de prova do dano moral. A dor, o sofrimento e consequente ofensa aos atributos da personalidade do empregado são consequências da doença profissional, e não causa. Em outras palavras, o dano moral existe "*in re ipsa*"; deriva inexoravelmente do fato ofensivo, de tal modo que, provada a ofensa, "*ipso facto*" está demonstrada a lesão moral aos direitos da personalidade do reclamante à guia de presunção normal que decorre das regras de experiência, gerando ao empregador a consequente obrigação de pagar uma compensação pecuniária.

Nesse contexto, constata-se que a agravante não pretende obter nova qualificação jurídica dos fatos da causa, mas sim reabrir o debate em torno da valoração das provas pela Instância ordinária, procedimento que sofre o óbice da Súmula n. 126 do TST.

O art. 5º, X, da Constituição Federal, estabelece que "são invioláveis a intimidade, a vida privada, a honra e a imagem das pessoas, assegurado o direito a indenização pelo dano material ou moral decorrente de sua violação". Assim, a indicação de violação dessa norma não se revela suficiente a infirmar a fundamentação do acórdão recorrido, nem ampara a tese recursal, no sentido de que não teria sido provado o dano moral.

No concernente à indicação de ofensa ao art. 333, I, do CPC, assinale-se que a Corte de origem valorou toda a prova produzida para formar seu convencimento. Ora, não importa quem produziu tais provas, porquanto, após realizadas, passam a pertencer ao processo, de acordo com o princípio da aquisição processual. Nessa linha de raciocínio, restam ilesos o art. 333, I, do CPC.

O aresto indicado para cotejo de teses carece da fonte de publicação oficial, estando em desacordo com a Súmula n. 337 do TST.

Ante o exposto, NEGO PROVIMENTO ao agravo de instrumento.

---

## DANO MORAL. PRESCRIÇÃO. PREQUESTIONAMENTO FICTO

*RECURSO DE REVISTA. ASSALTO À AGÊNCIA BANCÁRIA EM QUE O RECLAMANTE PRESTAVA SERVIÇOS. INDENIZAÇÃO POR DANO MORAL. PRESCRIÇÃO. PREQUESTIONAMENTO FICTO. NORMA APLICÁVEL.*

*1. Interpostos embargos de declaração objetivando o pronunciamento do Tribunal Regional quanto à prescrição do pedido de indenização por dano moral, sob o prisma do art. 206, § 3º, V, do Código Civil, ainda que omisso o julgado sobre o ponto, considera-se fictamente prequestionada a matéria, em face de seu caráter eminentemente jurídico. Inteligência da Súmula n. 297, III, desta Corte.*

*2. Tratando-se de pretensão de reparação por dano moral decorrente da relação de emprego, tendo como causa de pedir evento danoso ocorrido em data anterior à edição da Emenda Constitucional n. 45/2004, a definição do prazo prescricional dá-se, em observância a regra de transição fixada no art. 2.028 do Código Civil de 2002, a partir dos seguintes critérios: a) se, na data da entrada em vigor do novo Código Civil, já houver transcorrido mais de 10 anos da lesão, será aplicada a prescrição vintenária estabelecida no art. 177 do Código Civil de 1916; b) do contrário, o prazo será o de três anos, previsto no art. 206, § 3º, V, do Código Civil de 2002, a contar do início de sua vigência, em 12.01.2003, findando em 12.01.2006.*

*3. Na hipótese, o evento danoso (assalto à agência bancária em que o reclamante prestava serviços) ocorreu em março/2001, portanto, anteriormente à promulgação da EC n. 45/04; e, na data da entrada em vigor do novo Código Civil, não havia transcorrido mais de dez anos da lesão.*

*4. Logo, a prescrição aplicável, à espécie, é de três anos, a contar da vigência do novo Código Civil, em 11.01.2003. Assim, ajuizada a ação em 2005, não há falar em prescrição.*

*Recurso de revista de que não se conhece, no particular.*

*(Processo n. TST-RR-75500-49.2005.15.0036 – Ac. 1ª Turma – DeJT: 22.05.2015)*

VOTO

CONHECIMENTO

O recurso é tempestivo (fls. 1477 e 1479), tem representação regular (procuração à fl. 1081, substabelecimentos às fls. 1079, 1083 e 1399) e encontra-se devidamente preparado (fls. 1335, 1337 e 1579). Atendidos os pressupostos extrínsecos de admissibilidade, passa-se ao exame dos intrínsecos do recurso de revista.

TRANSCENDÊNCIA DA CAUSA

A aplicação do princípio da transcendência, previsto no art. 896-A da CLT, acrescentado pela Medida Provisória n. 2.226, de 04.09.2001, depende, ainda, de regulamentação por esta Corte Superior, na forma do seu art. 2º, o que torna prejudicado o exame do tema.

NULIDADE. NEGATIVA DE PRESTAÇÃO JURISDICIONAL

O reclamado suscita a preliminar de nulidade por negativa de prestação jurisdicional, sob o argumento de que o Tribunal Regional, mesmo instado por meio de embargos de declaração, não se manifestou quanto à prescrição do pedido de indenização por dano moral, consoante o disposto no art. 203, § 3º, V, do Código Civil.

Em decorrência do articulado, indica violação dos arts. 832 da CLT, 131, 165, 458, II, 535, do CPC, 5º, II, XXXV, LIV e LV, e 93, IX, e 114, *caput*, da Constituição Federal; contrariedade à Súmula n. 297 e à Orientação Jurisprudencial n. 115 da SBDI-1, ambas do TST; e transcreve arestos para o cotejo de teses.

O recurso não alcança admissão.

Inicialmente, assinale-se que o conhecimento do recurso de revista, em relação à arguição de nulidade por negativa de prestação jurisdicional, restringe-se à observância da Orientação Jurisprudencial n. 115 da SBDI-1 do TST, ou seja, indicação de violação dos arts. 832 da CLT, 458 do CPC ou 93, IX, da Carta Magna. Assim, afasta-se, de plano, o conhecimento do apelo por outros dispositivos normativos e por divergência jurisprudencial.

Consoante o entendimento sedimentado no item III da Súmula n. 297 desta Corte Superior, considera-se prequestionada a questão jurídica invocada no recurso principal sobre a qual se omite o Tribunal de pronunciar tese, não obstante opostos embargos de declaração.

Nesse contexto, ainda que o Tribunal Regional, instado por embargos de declaração, não tenha se manifestado acerca da prescrição da pretensão de indenização por dano moral, sob o prisma do art. 206, § 3º, V, do Código Civil, considera-se o tema fictamente prequestionado, em face do seu caráter eminentemente jurídico.

De outra parte, o art. 794 da CLT dispõe que só haverá nulidade quando resultar dos atos inquinados manifesto prejuízo às partes litigantes. Assim, não evidenciado prejuízo para o reclamado, uma vez que é possível o prosseguimento da discussão no recurso de revista, resulta inviável decretar a nulidade do julgado, por negativa de prestação jurisdicional.

Nesse sentido os seguintes precedentes desta 1ª Turma:

"NULIDADE. NEGATIVA DE PRESTAÇÃO JURISDICIONAL. PREQUESTIONAMENTO FICTO. A omissão sobre questão jurídica, não obstante a interposição de embargos de declaração, não inviabiliza o debate do tema na via recursal extraordinária nem causa prejuízo à parte e, portanto, não enseja a decretação da nulidade do acórdão por negativa de prestação jurisdicional. Hipótese de incidência da Súmula n. 297, III, desta Corte superior. Recurso de revista não conhecido. (...) (TST-RR – 302900-59.2003.5.02.0465, Relator Ministro Lelio Bentes Corrêa, 1ª Turma, DEJT 27.02.2015).

AGRAVO DE INSTRUMENTO. RECURSO DE REVISTA. NULIDADE. NEGATIVA DE PRESTAÇÃO JURISDICIONAL. INOCORRÊNCIA. SÚMULA N. 297, III, DO TST. Opostos embargos declaratórios com o fito de obter o pronunciamento da Corte de origem sobre questão jurídica sobre a qual a parte reputa silente o acórdão regional, considera-se prequestionada a matéria, a teor item III da Súmula n. 297/TST. Ausente o prejuízo, não há falar em decretação de nulidade por negativa de prestação jurisdicional. Inteligência do art. 794 da CLT. (...) (TST-AIRR-972-05.2010.5.02.0465, Relator Ministro Hugo Carlos Scheuermann, 1ª Turma, DEJT 05.07.2013).

AGRAVO DE INSTRUMENTO. RECURSO DE REVISTA EM EXECUÇÃO. NULIDADE POR NEGATIVA DE PRESTAÇÃO JURISDICIONAL NÃO CARACTERIZADA.

1. Nos termos da Súmula n. 297, III, do TST: – Considera-se prequestionada a questão jurídica invocada no recurso principal sobre a qual se omite o Tribunal de pronunciar tese, não obstante opostos embargos de declaração.

2. Desse modo, ainda que o Tribunal Regional, mesmo instado por intermédio de embargos de declaração, não tenha se manifestado acerca do fato gerador das contribuições previdenciárias, considera-se implicitamente prequestionada a questão, em face do seu caráter eminentemente jurídico.

3. Não evidenciado, portanto, prejuízo para a União, uma vez que é possível o prosseguimento da discussão no recurso de revista, resulta inviável a decretação da nulidade do julgado por negativa de prestação jurisdicional (art. 794 da CLT), restando ileso o art. 93, IX, da Constituição Federal.

4. Deve ser mantida, portanto, a decisão agravada. Agravo de instrumento a que se nega provimento. (TST-AIRR-65140-60.1998.5.02.0069, Relator Ministro Walmir Oliveira da Costa, 1ª Turma, DEJT 21.10.2011).

Incólumes, pois, os arts. 832 da CLT, 458 do CPC e 93, IX, da Constituição Federal.

NÃO CONHEÇO do recurso de revista, no particular.

JORNADA DE TRABALHO. HORAS EXTRAS. PREVALÊNCIA DA PROVA TESTEMUNHAL SOBRE A DOCUMENTAL

O Tribunal Regional do Trabalho, quanto às horas extras, manifestou-se, às fls. 1448-1449, nos seguintes termos:

"DAS HORAS EXTRAS – ADICIONAL DE 50% – REFLEXOS – DA VALIDADE DAS FOLHAS INDIVIDUAIS DE PRESENÇA – DA SUPREMACIA DA PROVA DOCUMENTAL SOBRE A TESTEMUNHAL – DOS DIAS DE PICO

Insurge-se o ora recorrente contra o *r. decisum* que o condenou ao pagamento de horas extras com adicional de 50% e reflexos.

Alega o reclamado que acostou aos autos as Folhas Individuais de Presença do reclamante, onde consta a jornada normal de trabalho, bem como as anotações das horas extras cumpridas pelo mesmo, documentos que eram diariamente assinados, conferindo-lhes, portanto, veracidade, nos termos do art. 368 do CPC.

Aduz que os registros lançados em tais folhas eram feitos pelo próprio empregado e se foram registrados incorretamente, a culpa é única e exclusiva do obreiro, vez que as anotações estavam a seu cargo, ressaltando que não pode prevalecer a prova testemunhal sobre as provas documentais colacionadas pelo banco reclamado.

Assevera que tal prova documental é reconhecida como válida através dos Acordos Coletivos de Trabalho.

Alega, ainda, que no caso presente a procedência parcial do pedido foi fundamentada unicamente na prova testemunhal, ignorando a vasta documentação acostada aos autos pelo ora recorrente.

Aduz que o MM. Juízo *a quo* fixou como de pico os sete primeiros dias úteis de cada mês, olvidando-se que a grande maioria dos clientes efetuam as transações nos terminais de autoatendimento, o que significa dizer que não existe mais pico no atendimento à clientela.

Assevera que, deste modo, os dias de pico deferidos estão muito além do que podem ser considerados, ressaltando que já se firmou nesta Justiça Laboral o justo e sensato entendimento de que o chamado "pico" nos estabelecimentos bancários ocorre praticamente às segundas-feiras, ou seja, são assim considerados apenas 4 ou 5 dias por mês devendo ser tais dias excluídos da condenação ou, na pior das hipóteses, reduzidos a 3 ou 4 dias por mês.

Alega, ainda, que a jornada de trabalho é aquela assinalada em sua folha de presença, ressaltando que a partir de 20 de dezembro de 2000 foi implantado o sistema de "ponto eletrônico" na agência em que trabalhava o obreiro, sendo que a partir de referida data os horários de entrada e saída estão rigorosamente de acordo com os praticados pelo autor.

Requer a reforma do *r. decisum*.

*Razão não assiste ao ora recorrente.*

O pedido de horas extras é matéria eminentemente de prova devendo ser robusta para formar o convencimento do Juízo de sua prestação, ressaltando que os documentos preenchidos e assinados pelas partes, em especial a prova documental pré-constituída em virtude de exigência legal, como é o caso da folha de ponto, gozam de presunção de idoneidade, nos termos dos arts. 131 do CCB, 368 do CPC e 465 da CLT, competindo àquele que contesta a fé dos documentos por si assinados, o ônus da prova da existência de vício no preenchimento/conteúdo dos mesmos.

O ora recorrente não se desincumbiu do ônus de comprovar satisfatoriamente suas alegações.

Ressalte-se que nosso entendimento a respeito da questão da prevalência ou não do controle de horário em confronto com a prova testemunhal tem sido reiterado no sentido de que esta espécie de prova deve prevalecer para comprovação do fato constitutivo.

A posição do reclamado, adotada no *r. decisum* quanto à prevalência dos controles de ponto encontra óbice no Princípio do Livre Convencimento vez que constitui faculdade judicial legítima fundamentar uma sentença com base nesta ou naquela espécie de prova, tudo dependendo do contexto sob exame.

Aliás, os controles de ponto nas entidades bancárias não tem credibilidade absoluta, vez que é comum a manipulação no sentido de ocultar a verdadeira jornada dos bancários.

Portanto, se nos afigura manifestamente injúrica a fundamentação do apelo quanto à imprestabilidade da prova testemunhal.

Correto, pois, o *r. decisum*.

Nego provimento."

Nas razões do recurso de revista, o reclamado pretende a exclusão da condenação ao pagamento de horas extras. Para tanto, sustenta que labor extraordinário foi devidamente pago, conforme comprovam as folhas de presença, os relatórios de ponto eletrônico e as folhas de pagamento carreadas aos autos, não podendo tais documentos, reconhecidos por sucessivos acordos coletivos de trabalho, ser desconstituídos em juízo por prova testemunhal, sob pena de violação do princípio da legalidade e do ato jurídico perfeito. Indica violação dos arts. 74, § 2º, e 818, da CLT, 219 do Código Civil, 128, 333, I, 368, 390, 401 e 460 do CPC, 5º, II, XXXVI, LIV e LV, e 7º, XXVI, da Constituição Federal, contrariedade à Súmula n. 338 do TST e transcreve arestos para o cotejo de teses.

O recurso não alcança conhecimento.

A Corte Regional, valorando o conjunto fático-probatório e em estrita observância ao princípio do livre convencimento motivado (CPC, art. 131), manteve a condenação ao pagamento de horas extras, por concluir que a prova testemunhal foi suficiente para elidir a presunção de veracidade dos controles de jornada.

A natureza fática da controvérsia atrai o óbice da Súmula n. 126 deste Tribunal, suficiente a impedir a cognição do recurso de revista.

Com efeito, não seria possível infirmar a conclusão da Corte de origem sem proceder ao reexame dos fatos e provas, sendo certo que a presunção de veracidade da jornada de trabalho, ainda que prevista em instrumento normativo, pode ser elidida por prova em contrário, o que se verificou na espécie.

Dessarte, diante do quadro fático registrado pelo Tribunal de origem, insuscetível de reexame em recurso de revista, nos termos da já mencionada Súmula n. 126 desta Corte, o acórdão recorrido, ao contrário do que argumenta o reclamado, foi proferido em consonância com a Súmula n. 338, II, desta Corte Superior, *verbis*:

"JORNADA DE TRABALHO. REGISTRO. ÔNUS DA PROVA (incorporadas as Orientações Jurisprudenciais n.s 234 e 306 da SBDI-1) – Res. 129/2005, DJ 20, 22 e 25.04.2005

(...)

II – A presunção de veracidade da jornada de trabalho, ainda que prevista em instrumento normativo, pode ser elidida por prova em contrário. (ex-OJ n. 234 da SBDI-1 – inserida em 20.06.2001)

No mesmo sentido, os seguintes precedentes:

"AGRAVO DE INSTRUMENTO EM RECURSO DE REVISTA – BANCO DO BRASIL – HORAS EXTRAORDINÁRIAS – FIPs – PROVA TESTEMUNHAL – PREVALÊNCIA. Conquanto válidos os registros de ponto utilizados pelo reclamado (FIPs), se, na prova testemunhal, há evidência de que o conteúdo respectivo não condizia com a realidade da prestação de serviços, a decisão que, privilegiando a prova oral, é favorável ao deferimento das horas extraordinárias revela sintonia com a Súmula n. 338 do TST. Agravo de instrumento desprovido." (TST-AIRR-26441-74.1998.5.04.0382, Relator Ministro Luiz Philippe Vieira de Mello Filho, 1ª Turma, DEJT 28.10.2010).

"RECURSO DE REVISTA DO BANCO DO BRASIL S.A. (SUCESSOR DO BANCO NOSSA CAIXA S.A.). HORAS EXTRAS. PREVALÊNCIA DA PROVA TESTEMUNHAL SOBRE A PROVA DOCUMENTAL. SÚMULA N. 338, ITEM II, DO TST. No caso, o Regional, com base na prova testemunhal produzida nos autos, entendeu que os horários registrados nos cartões de ponto apresentados pelo banco não refletiam a real jornada de trabalho do empregado. Assim, mediante a demonstração cabal da realidade laboral e o descompasso entre os registros de ponto e a prova oral produzida, é possível o reconhecimento de jornada de trabalho diversa da anotada nos controles de ponto eletrônico. Nesse sentido, firmou-se a jurisprudência desta Corte, nos termos do item II da Súmula n. 338 desta Corte, segundo a qual "a presunção de veracidade da jornada de trabalho, ainda que prevista em instrumento normativo, pode ser elidida por prova em contrário". Dessa forma, a desconsideração dos registros de frequência para a apuração das horas extras prestadas não acarretou a violação do art. 368 do CPC. Incidência da Súmula n. 333 do TST e do art. 896, § 4º, da CLT." (TST-RR-102700-60.2007.5.15.0036, Relator Ministro José Roberto Freire Pimenta, 2ª Turma, DEJT 31.03.2015).

"AGRAVO DE INSTRUMENTO EM RECURSO DE REVISTA. HORAS EXTRAS. CONTROLES DE PONTO. INVALIDADE. SÚMULA N. 338, ITEM II, DO TST. A questão relativa à possibilidade de prevalência da prova testemunhal sobre a documental, a fim de demonstrar o labor extraordinário, está pacificada na Súmula n. 338, item II, deste c. TST. No caso, a prova testemunhal demonstrou que a jornada registrada nos cartões de ponto não correspondia à real jornada laborada." (TST-AIRR-1110-79.2010.5.24.0005, Relator Ministro Alexandre de Souza Agra Belmonte, 3ª Turma, DEJT 10.10.2014).

"HORAS EXTRAS. APLICAÇÃO DA SÚMULA N. 338 DO TST. A condenação do reclamado ao pagamento de horas extras vem alicerçada pelo Regional no acervo probatório, especialmente na prova testemunhal. Nesse particular, conclusão diversa, no sentido de aferir o real conteúdo da prova documental e de verificar sua prevalência sobre a prova testemunhal, demandaria o necessário reexame do conjunto fático-probatório, o que é vedado nesta instância recursal, a teor da Súmula n. 126 do c. TST. Havendo, pois, decisão com base na prova produzida, não há que se discutir a quem incumbe o ônus da prova, na hipótese *sub judice*. Logo, não se há falar em violação dos arts. 818 da CLT e 333, I, do CPC. Recurso de revista não conhecido." (TST-RR-106400-92.2007.5.04.0022, Relator Ministro Augusto César Leite de Carvalho, 6ª Turma, DEJT 26.10.2012).

"AGRAVO DE INSTRUMENTO EM RECURSO DE REVISTA. HORAS EXTRAS. PREVALÊNCIA DA PROVA TESTEMUNHAL. O Tribunal Regional, soberano no exame de fatos e provas, consignou que a prova testemunhal foi suficiente para infirmar as folhas de presença apresentadas. Decisão em harmonia com a Súmula n. 338 desta Corte não enseja o destrancamento do recurso de revista. Incidência do art. 896, §§ 4º e 5º, da CLT. Agravo de instrumento a que se nega provimento." (TST-AIRR-109140-58.2000.5.04.0801, Relator Ministro Pedro Paulo Manus, 7ª Turma, DEJT 07.04.2009).

"PROVA DOCUMENTAL – PROVA TESTEMUNHAL – HIERARQUIA. Não cabe, no Direito do Trabalho, suscitar a prevalência, *per se*, da prova documental ante os princípios da persuasão racional (art. 131 do CPC) e da primazia da realidade. A decisão do magistrado não se vincula a nenhuma hierarquia de provas, podendo o juiz formar seu convencimento de acordo com os elementos que sejam verossímeis. Agravo de Instrumento a que se nega provimento." (TST-AIRR e RR-4856400-45.2002.5.04.0900, Relatora Ministra Maria Cristina Irigoyen Peduzzi, 8ª Turma, DJ 08.08.2008).

Logo, ante o óbice da Súmula n. 126 do TST e, ainda, da diretriz fixada na Súmula n. 338, II, desta Corte, a pretensão recursal não se viabiliza. Incidência do art. 896, § 7º, da CLT. Afastadas, em consequência, a violação dos arts. 74, § 2º, e 818, da CLT, 219 do Código Civil, 128, 333, I, 368, 390, 401 e 460 do CPC, 5º, II, XXXVI, LIV e LV, e 7º, XXVI, da Constituição Federal; bem como superados os arestos colacionados para o cotejo de teses.

NÃO CONHEÇO do recurso de revista, no tópico.

GRATIFICAÇÃO SEMESTRAL. INTEGRAÇÃO NAS HORAS EXTRAS

A Corte Regional, quanto à pretensão de exclusão da gratificação semestral na base de cálculo das horas extras, negou provimento ao recurso ordinário interposto pelo Banco reclamado, pronunciando-se, à fl. 1455, nos seguintes termos, *verbis*:

"DA COMPOSIÇÃO DA BASE DE CÁLCULO – GRATIFICAÇÃO SEMESTRAL

Alega o ora recorrente que das verbas deferidas no r. decisum para composição da base de cálculo deve ser excluída a gratificação semestral, pois não possui caráter salarial, sendo verba reflexa.

Aduz que é entendimento pacífico que referida verba não pode ser computada na base de cálculo para apuração das horas extras.

Requer a reforma do r. decisum a fim de que seja excluída da condenação a gratificação semestral da base de cálculo para remuneração de eventuais horas extras.

*Razão não assiste ao ora recorrente.*

A gratificação semestral tem embasamento em duas fontes de direito, a fonte legal exteriorizada no parágrafo 1º do art. 457 da CLT e a fonte regulamentar sendo paga de acordo com as instruções internas e correspondendo a 25% do salário do empregado.

Sendo tal gratificação ajustada de modo expresso torna-se desnecessário o implemento do requisito da habitualidade ou periodicidade do pagamento.

Ressalte-se que o intuito originário, que era de estabelecer contratualmente uma verdadeira participação nos lucros se desnaturou.

A desnaturação é facilmente explicável vez que passou a ser paga em valores exatos com base na média salarial auferida pelo bancário no exercício anual, o que, por si só, afasta a possibilidade de correlação com os lucros do estabelecimento bancário.

Face à contumácia, habitualidade e uniformidade, passou a ter caráter salarial, vez que com o tempo se tornou insubsistente o caráter de liberalidade, exsurgindo a sua natureza derivante de condição resolutiva tácita.

Ressalte-se que inaplicável, no caso presente o disposto na Súmula n. 253 do C. TST, que cuida tão somente das gratificações pagas semestralmente, sem lastro de habitualidade.

Quanto aos reflexos, sendo configurada a natureza salarial do benefício, são devidos face a Jurisprudência Iterativa.

A Súmula n. 115 do C. TST dispõe:

'HORAS EXTRAS. GRATIFICAÇÕES SEMESTRAIS – *O valor das horas extras habituais integra a remuneração do trabalhador para o cálculo das gratificações semestrais.*' (grifo nosso).

Correto, pois, o r. decisum.

Nego provimento."

Nas razões do recurso de revista, o Banco reclamado sustenta que a gratificação semestral, mesmo paga mensalmente, trata-se de uma verba reflexa, não podendo ser incluída na base de cálculo de eventuais horas extras. Indica violação dos arts. 457, da CLT e 5º, II, da Constituição Federal e contrariedade à Súmula n. 253 do TST.

O recurso não alcança conhecimento.

A Corte Regional manteve a integração da gratificação semestral na base de cálculo das horas extras, por concluir que a verba, em face da contumácia, habitualidade e uniformidade, passou a ter caráter salarial, sendo inaplicável a Súmula n. 253 do TST, que cuida tão somente das gratificações pagas semestralmente sem lastro de habitualidade.

No mesmo sentido orienta-se a jurisprudência desta Corte Superior, conforme demonstram os seguintes precedentes:

"GRATIFICAÇÃO SEMESTRAL. PAGAMENTO MENSAL. INTEGRAÇÃO. BASE DE CÁLCULO DAS HORAS EXTRAS. Paga a gratificação de forma mensal, não há falar em aplicação da Súmula 253/TST. Percebida mensalmente, a gratificação tem natureza salarial, segundo o disposto no art. 457, § 1º, da CLT, integrando a base de cálculo das horas extras, conforme entendimento cristalizado na Súmula 264/TST. Precedentes. Embargos conhecidos e providos, no tema." (TST-E-ED-RR-781025-36.2001.5.12.0014, Relatora Ministra Rosa Maria Weber, SBDI-1, DEJT 12.08.2011).

"GRATIFICAÇÃO SEMESTRAL. PAGAMENTO MENSAL. INTEGRAÇÃO À BASE DE CÁLCULO DAS HORAS EXTRAS. Paga a gratificação de forma mensal, não há falar em aplicação da Súmula 253/TST. Percebida mensalmente, a gratificação tem natureza salarial, segundo o disposto no art. 457, § 1º, da CLT, integrando a base de cálculo das horas extras, conforme entendimento cristalizado na Súmula 264/TST. Precedentes. Óbice da Súmula 333/TST e do art. 896, § 4º, da CLT." (TST-AIRR-1650-05.2010.5.10.0010, Relator Ministro Hugo Carlos Scheuermann, 1ª Turma, DEJT 12.12.2014).

"AGRAVO DE INSTRUMENTO EM RECURSO DE REVISTA. BASE DE CÁLCULO DAS HORAS EXTRAS. EXCLUSÃO DA GRATIFICAÇÃO SEMESTRAL DA BASE DE CÁLCULO DAS HORAS EXTRAS. DECISÃO EM CONSONÂNCIA COM A ITERATIVA, NOTÓRIA E ATUAL JURISPRUDÊNCIA DESTA CORTE. PRECEDENTES. INCIDÊNCIA DA SÚMULA N. 333, TST E DO ART. 896, § 4º, DA CLT. DESPROVIMENTO DO APELO. Esta Corte Superior Trabalhista já firmou entendimento de que a parcela denominada – gratificação semestral –, *paga mensalmente*, integra a base de cálculo das horas extras, ante o seu nítido caráter salarial, não se aplicando ao caso em tela o que preconiza a Súmula n. 253, TST, em face da periodicidade mensal da intitulada – gratificação semestral. Logo, como nos termos da Súmula n. 264 desta Corte – *A remuneração do serviço suplementar é composta do valor da hora normal, integrado por parcelas de natureza salarial e acrescido do adicional previsto em lei, contrato, acordo, convenção coletiva ou sentença normativa*, diante da natureza salarial da parcela em questão, deve integrar a base de cálculo das horas extras. Portanto, a decisão Regional está em consonância com a jurisprudência pacífica desta Corte, restando inviável o processamento do recurso de revista, a teor do art. 896, § 4º, da CLT e da Súmula n. 333, desta Corte. Além disso, a apuração da veracidade das afirmações do agravante importaria em revolvimento de fatos e provas, iniciativa infensa ao recurso de revista, a teor da Súmula n. 126, TST. Agravo de instrumento desprovido." (TST-AIRR-1513-43.2012.5.10.0013, Relator Ministro Cláudio Armando Couce de Menezes, 2ª Turma, DEJT 29.08.2014).

"INTEGRAÇÃO DA GRATIFICAÇÃO PAGA MENSALMENTE NA BASE DE CÁLCULO DAS HORAS EXTRAS.

Reconhecido o pagamento mensal da gratificação semestral, não há que se falar em aplicação dos termos da Súmula n. 253 desta Corte. Recurso de revista não conhecido." (TST-RR-1743-71.2012.5.24.0021, Relator Ministro Alberto Luiz Bresciani de Fontan Pereira, 3ª Turma, DEJT 19.12.2014).

"RECURSO DE REVISTA. GRATIFICAÇÃO SEMESTRAL. PAGAMENTO MENSAL. NATUREZA JURÍDICA. INTEGRAÇÃO À BASE DE CÁLCULO DAS HORAS EXTRAS. O Tribunal Regional consignou que, apesar de paga mensalmente pelo empregador, a gratificação semestral não integra a base de cálculo das horas extras, porque tem natureza indenizatória e porque se aplica ao caso o entendimento consagrado na Súmula n. 253 desta Corte. Entretanto, esta Corte Superior tem decidido de forma reiterada que a gratificação semestral paga mensalmente adquire natureza jurídica salarial e integra a base de cálculo das horas extras. Tem-se entendido que a Súmula n. 253 deste Tribunal não se aplica a essa hipótese, porque seu pressuposto é o pagamento da gratificação com frequência semestral, premissa diversa daquela consignada nos presentes autos (pagamento mensal). Recurso de revista de que se conhece e a que se dá provimento." (TST-RR-35000-55.2008.5.15.0158, Relator Ministro: Fernando Eizo Ono, 4ª Turma, DEJT 03.08.2012).

"GRATIFICAÇÃO SEMESTRAL. REPERCUSSÃO EM HORAS EXTRAS. CONTRARIEDADE À SÚMULA N. 253 DO TST. A parcela denominada "Gratificação Semestral", paga de forma mensal, afasta a aplicação da Súmula n. 253 desta Corte e integra a base de cálculo das horas extras. Recurso de Revista de que se conhece e a que se dá provimento." (TST-ARR-1976-21.2011.5.18.0102, Relator Ministro João Batista Brito Pereira, 5ª Turma, DEJT 24.05.2013).

"GRATIFICAÇÃO SEMESTRAL. INTEGRAÇÃO NA COMPLEMENTAÇÃO DE APOSENTADORIA DA AUTORA. A delimitação do eg. Tribunal Regional é de que a verba paga sob o título de gratificação semestral era mensal, constituindo-se, portanto, em parcela de natureza contraprestativa, com a incorporação ao salário e repercussão nas demais parcelas trabalhistas. Descaracterizada a verba como típica gratificação semestral, descabe a alegação de contrariedade à Súmula n. 253 do TST. Recurso de revista não conhecido." (TST-RR-51485-10.2009.5.12.0052, Relator Ministro Aloysio Corrêa da Veiga, 6ª Turma, DEJT 1º.07.2014).

"GRATIFICAÇÃO SEMESTRAL. INTEGRAÇÃO NAS HORAS EXTRAS. O pagamento mensal da gratificação semestral afasta a aplicação do entendimento contido na Súmula n. 253 do TST em face da alteração da natureza jurídica da verba, que por sua habitualidade passa a ter índole salarial. Precedentes. Recurso de revista conhecido e provido." (TST-RR-121900-46.2007.5.05.0193, Relatora Ministra Delaíde Miranda Arantes, 7ª Turma, DEJT 24.05.2013).

"GRATIFICAÇÃO SEMESTRAL. PAGAMENTO MENSAL. NATUREZA SALARIAL. INTEGRAÇÃO NA BASE DE CÁLCULO DAS HORAS EXTRAS. O entendimento desta Corte Superior é o de que, caracterizada a natureza salarial da gratificação semestral, paga mensalmente, não se aplica à espécie o disposto na Súmula n. 253 do TST, a qual impede a repercussão da gratificação semestral no cálculo das horas extras. Precedentes. Recurso de revista não conhecido." (TST-RR-133-69.2013.5.10.0006, Relatora Ministra Dora Maria da Costa, 8ª Turma, DEJT 21/11/2014).

Logo, revelando a decisão do Tribunal Regional em consonância com a jurisprudência iterativa, notória e atual desta Corte Superior, a pretensão recursal não se viabiliza, ante os termos do art. 896, § 7º, da CLT. Não se reconhece, pois, a indicada violação do art. 457, da CLT, tampouco a contrariedade à Súmula n. 253 do TST.

A alegação de ofensa ao art. 5º, II, da Constituição Federal, não viabiliza o acesso à via recursal extraordinária. Isso porque a violação do referido dispositivo constitucional não se configura, em regra, de forma direta e literal, somente se aferindo por via reflexa, a partir de eventual ofensa à norma de natureza infraconstitucional. Nesse sentido, a Súmula n. 636 do STF.

NÃO CONHEÇO do recurso de revista, no tema.

CORREÇÃO MONETÁRIA. ÉPOCA PRÓPRIA

Quanto à correção monetária, o Tribunal de origem proferiu, às fls. 1455-1456, o seguinte entendimento, *verbis*:

"DOS JUROS DE MORA E CORREÇÃO MONETÁRIA

Alega o ora recorrente que caso seja mantido o *r. decisum*, os juros de mora e a correção monetária deverão incidir sobre o principal líquido, ou seja, após todas as deduções cabíveis e de direito.

Aduz que o reclamante obviamente não pode usufruir dos juros de mora e correção monetária aplicados sobre parcelas e valores que não lhe pertencem, como é o caso das contribuições previdenciárias e fiscais (INSS e IRRF), pois estaria locupletando-se ilicitamente.

*Razão não assiste ao ora recorrente.*

A questão da correção monetária é pacífica neste Tribunal, como podemos comprovar através da Súmula n. 16:

'*CORREÇÃO MONETÁRIA. ÉPOCA PRÓPRIA. MÊS DO EFETIVO PAGAMENTO. O índice de correção monetária do débito trabalhista é o do mês do efetivo pagamento.*' (grifo nosso).

(...)

Nego provimento."

Nas razões do recurso de revista, o Banco recorrente sustenta que a atualização monetária deve ser calculada a partir do mês subsequente ao da prestação de serviço. Aponta violação dos arts. 459, parágrafo único, da CLT, 2º, do Decreto Lei n. 75/1966, contrariedade à Súmula n. 381 do TST e transcreve aresto para o cotejo de teses.

Assiste razão ao recorrente.

Esta Corte Superior, ao interpretar o art. 459 da CLT, fixou como marco inicial da correção monetária o primeiro dia do mês posterior à prestação de serviços, editando a Orientação Jurisprudencial n. 124 da SBDI-1, convertida na atual Súmula n. 381, que preconiza, *verbis*:

"CORREÇÃO MONETÁRIA. SALÁRIO. ART. 459 DA CLT (conversão da Orientação Jurisprudencial n. 124 da SBDI-1) – Res. 129/2005, DJ 20, 22 e 25.04.2005.

O pagamento dos salários até o 5º dia útil do mês subsequente ao vencido não está sujeito à correção monetária. Se essa data limite for ultrapassada, incidirá o índice da correção monetária do mês subsequente ao da prestação dos serviços, a partir do dia 1º. (ex-OJ n. 124 da SBDI-1 – inserida em 20.04.1998)"

O fato de o salário ser pago, por liberalidade, no próprio mês trabalhado, não altera o termo final do prazo para cumprimento da obrigação previsto no art. 459, § 1º, CLT.

Nesse sentido, destacam-se os seguintes precedentes, em casos envolvendo a correção monetária dos débitos trabalhistas de bancário, cujo pagamento do salário é feito no mês da prestação dos serviços:

"RECURSO DE REVISTA DO RECLAMADO. CORREÇÃO MONETÁRIA. ÉPOCA PRÓPRIA. 1. O e. Tribunal regional entendeu, com base em entendimento Sumulado naquela e. Corte (Súmula n. 16) que a correção monetária dos créditos trabalhistas incidiria no mesmo mês de pagamento em que prestado o trabalho. 2. A diretriz cristalizada na Súmula n. 381/TST estabelece que o índice da correção monetária é o do mês subsequente ao da prestação dos serviços, a partir do dia 1º quando ultrapassado o limite temporal estabelecido no art. 459, § 1º, da CLT. 3. A jurisprudência do Tribunal Superior do Trabalho firmou-se no sentido de que a Súmula 381/TST incide nos casos em que o pagamento dos salários é realizado no próprio mês da prestação laboral, hipótese dos autos, razão pela qual a decisão recorrida contraria esse Verbete sumular. Precedentes.

Recurso de revista conhecido e provido, no tema." (TST-RR-166300-98.2006.5.15.0033, Relator Ministro Hugo Carlos Scheuermann, 1ª Turma, DEJT 05.10.2012).

"4. CORREÇÃO MONETÁRIA. ÉPOCA PRÓPRIA. Consoante o disposto no parágrafo único do art. 459 da CLT, é facultado ao empregador o pagamento do salário, quando estipulado por mês, até o quinto dia útil do mês subsequente ao trabalhado. Logo, se antes daquela data o salário ainda não era exigível pelo empregado, não há porque incidir a correção monetária anteriormente, mesmo que o salário tenha sido recebido no próprio mês do labor. Inteligência da Súmula n. 381. Recurso de revista não conhecido." (TST-RR-258300-03.2007.5.02.0015, Relator Ministro Guilherme Augusto Caputo Bastos, 2ª Turma, DEJT 03.04.2012).

"CORREÇÃO MONETÁRIA. ÉPOCA PRÓPRIA. SALÁRIOS PAGOS NO MÊS DA PRESTAÇÃO DE SERVIÇOS. IRRELEVÂNCIA. SÚMULA N. 381 DO TST. ART. 459, PARÁGRAFO ÚNICO, DA CLT. O entendimento de que a época própria para correção monetária deve ser o mês seguinte ao da efetiva prestação de serviços, a partir do dia primeiro, cristalizado na Súmula n. 381 do TST, aplica-se indistintamente aos casos em que os salários eram pagos, quando da vigência do contrato, durante o mês trabalhado ou dentro do prazo previsto pelo art. 459, parágrafo único, da CLT, pois o termo final do prazo para cumprimento da obrigação de pagar os salários, que é previsto em lei, não pode ser alterado pela mera prática da relação de emprego. Recurso de revista conhecido por violação do art. 459, parágrafo único, da CLT e provido." (TST-RR-229086-79.2002.5.12.0009, Relator Ministro Alexandre de Souza Agra Belmonte, 3ª Turma, DEJT 1º.07.2013).

"CORREÇÃO MONETÁRIA. ÉPOCA PRÓPRIA (MATÉRIA EXCLUSIVA DO RECURSO DE REVISTA INTERPOSTO PELA RECLAMADA CEF). A jurisprudência da Corte é no sentido de que a correção salarial incide apenas quando o empregador não satisfaz o pagamento do salário até o 5º dia útil do mês subsequente ao da prestação de serviços, ainda que, por liberalidade, tenha se obrigado a efetuar o pagamento no próprio mês trabalhado. Inteligência da Súmula n. 381 do TST. Recurso de revista de que se conhece e a que se dá provimento." (TST-RR-118200-41.2007.5.15.0110, Redator Ministro Fernando Eizo Ono, 4ª Turma, DEJT 03.04.2012).

"CORREÇÃO MONETÁRIA. ÉPOCA PRÓPRIA. A Súmula n. 381 do TST, expressamente aplicada pelo TRT, dispõe que o pagamento dos salários até o 5º dia útil do mês subsequente ao vencido não está sujeito à correção monetária, cabendo sua incidência apenas se essa data-limite for ultrapassada. Aplica-se esse entendimento, ainda que os salários sejam habitualmente pagos dentro do próprio mês trabalhado. Superados os paradigmas cotejados. Recurso de revista de que não se conhece." (TST-RR-98200-77.2003.5.02.0027, Relatora Ministra Kátia Magalhães Arruda, 5ª Turma, DEJT 09.12.2011).

Nessa perspectiva, o Tribunal de origem, ao entender que o índice de correção monetária do débito trabalhista é o do mês do efetivo pagamento, divergiu da jurisprudência desta Corte Superior.

Logo, CONHEÇO do recurso de revista, no particular, por contrariedade à Súmula n. 381 do TST.

ASSALTO À AGÊNCIA BANCÁRIA EM QUE O RECLAMANTE PRESTAVA SERVIÇOS. INDENIZAÇÃO POR DANO MORAL. PRESCRIÇÃO. PREQUESTIONAMENTO FICTO. REGRA APLICÁVEL

Conforme assinalado na análise da preliminar de nulidade por negativa de prestação jurisdicional, tendo sido interpostos embargos de declaração objetivando o pronunciamento quanto à prescrição do pedido de indenização por dano moral, sob o prisma do art. 206, § 3º, V, do Código Civil, ainda que omisso o Tribunal Regional, considera-se fictamente prequestionada a matéria, em face do seu caráter eminentemente jurídico. Inteligência da Súmula n. 297, III, desta Corte.

Nas razões do recurso de revista, o reclamado sustenta que a pretensão de reparação por dano moral, cujo evento ocorreu em 2001, encontra-se prescrita, considerando a regra do art. 206, § 3º, V, do Código Civil.

O recurso não alcança admissão.

Tratando-se de pretensão indenizatória deduzida em ação trabalhista que tem como causa de pedir evento danoso ocorrido em data anterior à vigência da Emenda Constitucional n. 45/2004, a definição do prazo prescricional, em observância à regra de transição fixada no art. 2.028 do Código Civil de 2002, dá-se a partir dos seguintes critérios:

a) se, na data da entrada em vigor do novo Código Civil, já houver transcorrido mais de 10 anos da lesão, será aplicada a prescrição vintenária estabelecida no art. 177 do Código Civil de 1916;

b) do contrário, o prazo será o de três anos previsto no art. 206, § 3º, V, do Código Civil de 2002, a contar do início de sua vigência, ou seja, em 12.01.2003, findando em 12.01.2006.

A referendar esse posicionamento, destacam-se os seguintes precedentes:

"INDENIZAÇÃO. DANOS MORAIS E MATERIAIS DECORRENTES DA RELAÇÃO DE EMPREGO. NÃO ORIUNDOS DE ACIDENTE DE TRABALHO. PRESCRIÇÃO. LESÃO ANTERIOR À VIGÊNCIA DA EMENDA CONSTITUCIONAL N. 45/2004. REGRAS DE TRANSIÇÃO. Tratando-se de pretensão ao recebimento de indenização por dano moral resultante de ato do empregador que, nessa qualidade, haja ofendido a honra ou a imagem do empregado, causando-lhe prejuízo de ordem moral, com a ciência inequívoca da lesão antes da vigência da Emenda Constitucional n. 45/2004, incide a prescrição trienal prevista no art. 206, § 3º, inc. V, do Código Civil. A prescrição prevista no art. 7º, inc. XXIX, da Constituição da República, incidirá somente nos casos em que a lesão se der em data posterior à vigência da Emenda Constitucional n. 45. Precedentes desta Corte. Recurso de Embargos de que se conhece e a que se dá provimento." (TST-E-ED-RR-22300-29.2006.5.02.0433, Relator Ministro João Batista Brito Pereira, SBDI-1, DEJT 22.06.2012).

"RECURSO DE REVISTA. DANOS MORAIS E MATERIAIS. ASSALTO À AGÊNCIA BANCÁRIA EM QUE O RECLAMANTE PRESTAVA SERVIÇOS. PRESCRIÇÃO APLICÁVEL. 1. Consta do acórdão do Tribunal Regional que a rescisão ocorreu em 04-03-2009 tendo a ação sido ajuizada em 18.06.2010, bem assim que o autor foi vítima de assalto no posto de trabalho em 1º.07.1997. O Tribunal Regional, em análise quanto à prescrição da pretensão ao ressarcimento pelos prejuízos sofridos pelo empregado, compreendeu que seria aplicável o prazo previsto no Código Civil vigente à época do assalto, observada a regra de transição fixada no Código Civil atual. Nesse contexto, compreendeu que dispunha o autor de 3 anos da data da vigência do referido Código para ajuizar a presente ação, ou seja, até 11.01.2006, razão pela qual, considerando que ação foi ajuizada somente em 18.06.2010, resta prescrito seu direito de ação. 2. A jurisprudência desta Corte firmou-se no sentido de que, ocorrendo a ciência do fato em data anterior à vigência da Emenda Constitucional n. 45/2004 – caso dos autos, em que a data da lesão registrada no v. acórdão recorrido, qual seja, 1º.07.1997, não é questionada pelo reclamante – aplica-se o prazo prescricional previsto no Código Civil às pretensões de indenização por dano moral e/ou material decorrente de acidente de trabalho ou doença profissional, observada a regra de transição do art. 2.028 do CCB/2002. 3. Noutro giro, não decorrida a metade do lapso temporal da prescrição vintenária (art. 177 do CCB de 1916), ao tempo da entrada em vigor do novo Digesto, em 12.01.2003, incide o prazo prescricional de três anos, previsto no seu art. 206, § 3º, inciso V, aplicável especificamente às ações de reparações cíveis, contado da vigência do novo código (regra de transição contida no art. 2.028 do CCB). 4. Assim, está prescrita a pretensão autoral, dada a propositura desta demanda em 18.06.2010. 5. Não se divisa, portanto, divergência jurisprudencial hábil a impulsionar o conhecimento da revista, a teor do art. 896, § 4º, da CLT e da Súmula 333/TST. Violação dos arts. 5º, V e X, e 7º, IX, da CF e, 205 e 206, § 3º, V, do CC não caracterizada. Recurso de revista não conhecido." (TST-RR-4008-11.2010.5.12.0034, Relator Ministro Hugo Carlos Scheuermann, 1ª Turma, DEJT 31.10.2014).

"INDENIZAÇÃO POR DANOS MORAIS. PRESCRIÇÃO. FATO OCORRIDO ANTERIORMENTE À EMENDA CONSTITUCIONAL N. 45/2004. INDEFINIÇÃO DA COMPETÊNCIA TRABALHISTA. PRESCRIÇÃO CÍVEL. Cinge-se a controvérsia em definir o prazo prescricional em relação ao pleito de indenização por danos morais, na hipótese em que a lesão ocorreu em 21.02.2000, antes, portanto, da vigência no Código Civil de 2002 e da promulgação da Emenda Constitucional n. 45/2004 – a rescisão do contrato de trabalho se deu em 23.10.2003 e o ajuizamento da ação ocorreu em 31.08.2005. O recente entendimento desta SBDI-1 é no sentido de que, sendo essa regra a mais favorável ao empregado, ajuizada a ação de indenização de dano moral decorrente da relação de trabalho antes da promulgação da Emenda Constitucional n. 45/2004, o prazo prescricional a ser observado é o previsto no Código Civil, e não o do art. 7º, inciso XXIX, da Constituição Federal de 1988 (E-RR51700-59.2000.5.02.0446, Rel., Ministro Horácio de Senna Pires, e E-ED-RR-156240-49.2005.5.02.0070 – Rel. Ministra Rosa Maria Weber, julgados em 18.11.2010). O art. 2.028 do novo Código Civil, ao estabelecer regra de transição, preconiza que somente continuará aplicável o prazo da lei anterior se, na data da entrada em vigor do novo Código, já houver transcorrido mais da metade do tempo então estabelecido no Código anterior, a contar da data de ocorrência da lesão. Caso não transcorrido mais da metade do prazo prescricional previsto no Código Civil de 1916, aplica-se o preconizado no novo Código Civil, contando-se o prazo a partir da vigência deste novo diploma legal. Na hipótese, o fato ocorreu em 21.02.2000 e a ação foi proposta em 31.08.2005. Assim, aplicável é o prazo previsto no art. 206, § 3º, inciso V, do Código Civil – três anos a contar da vigência do novo CC –, razão pela qual não se encontra prescrita a pretensão. Recurso de revista não conhecido." (TST-RR-120000-15.2005.5.15.0033, Relator Ministro José Roberto Freire Pimenta, 2ª Turma, DEJT 03.04.2012).

"DANO MORAL. FATO OCORRIDO ANTES DA PROMULGAÇÃO DA EC N. 45/2004. PRESCRIÇÃO APLICÁVEL. REGRA DE TRANSIÇÃO. Recurso calcado em violação constitucional e legal. A pretensão deduzida em juízo diz respeito à indenização por danos morais decorrentes de assalto à agência bancária ocorrido em 05.07.2002. Com efeito, a jurisprudência deste c. Tribunal firmou-se no sentido de que a pretensão relativa à indenização por dano moral ou material decorrente de acidente no trabalho em hipóteses ocorridas antes da promulgação da EC-45/2004 está sujeita ao prazo prescricional do Código Civil e não ao do art. 7º, XXIX, da CF. Nesse contexto, considerando-se que na data em que o Código Civil de 2002 entrou em vigor ainda não havia decorrido mais de 10 anos do evento danoso, deve ser aplicado o prazo prescricional de 3 (três) anos contado do dia 10.01.2003 (data em que entrou em vigor o Código Civil de 2002). Ou seja, o autor deveria ter ajuizado a ação até o dia 10.01.2006. No entanto, tal ajuizamento ocorreu em 1º.08.2007, fato que leva à conclusão de que o direito de ação do empregado se encontra prescrito. Recurso de revista conhecido por violação do art. 206, § 3º, V, do Código Civil de 2002 e provido." (TST-RR-81140-24.2007.5.23.0009, Relator Ministro Alexandre de Souza Agra Belmonte, 3ª Turma, DEJT 13.12.2013).

"RECURSO DE REVISTA DO BANCO RECLAMADO. PRESCRIÇÃO. DANOS MATERIAIS. EMPREGADO VÍTIMA DE ASSALTO DURANTE A SUA ATIVIDADE LABORAL. AÇÃO AJUIZADA APÓS A EC N. 45/04. APLICAÇÃO DA PRESCRIÇÃO DA LEI CIVIL. DANO OCORRIDO EM 2000. INCIDÊNCIA DA PRESCRIÇÃO TRIENAL PREVISTA NO ART. 206, § 3º, V, DO CÓDIGO CIVIL DE 2002. RECURSO PROVIDO. É pacífico nesta Corte que o prazo prescricional para se postular reparação por danos moral e material decorrentes de acidente de trabalho pode observar as regras do Direito Comum, desde que comprovado ter o dano ocorrido antes da entrada em vigor da EC n. 45/04. Na hipótese dos autos, conforme premissa fática registrada pelo Regional, o dano alegado pela parte reclamante ocorreu no ano de 2000, o que autoriza, em princípio, a aplicação das regras prescricionais civis. Na forma do art. 2.028 do Código Civil de 2002, serão mantidos os prazos prescricionais do Código Civil de 1916 se, à época da sua entrada em vigor, tiver decorrido mais da metade do prazo prescricional. – *In casu* –, verifica-se que não houve o transcurso de mais da metade do prazo prescricional vintenário, previsto no art. 177 do Código Civil de 1916, até a entrada em vigor do Código Civil de 2002 – 11/1/2003 –, de forma a se poder aplicar a diretriz do art. 2.028 do Código Civil de 2002. Assim sendo, o prazo prescricional rege-se pelo art. 206, § 3º, V, do CC/2002, que prevê o prazo de três anos para o ajuizamento de demanda, na qual se postula reparação civil, contado esse da data de entrada em vigor do Código Civil de 2002. Tendo a parte reclamante ajuizado a presente demanda em 2007, depois de esgotado o prazo trienal, previsto no art. 206, § 3º, V, do Código Civil de 2002, operou-se a prescrição. Recurso de Revista conhecido e provido, no particular." (TST-ARR-444385-63.2007.5.12.0001, Relatora Ministra Maria de Assis Calsing, 4ª Turma, DEJT 19.10.2012).

"RECURSO DE REVISTA. RECLAMANTE. INDENIZAÇÃO POR DANOS MORAIS. PRESCRIÇÃO. ASSALTO. 1. A jurisprudência firmada pela SBDI-1 estabelece que, aos acidentes ocorridos posteriormente à EC n. 45/2004, por meio da qual foi definida a competência da Justiça do Trabalho para processar e julgar tais demandas, a prescrição incidente é a prevista no art. 7º XXIX, da Constituição Federal. No entanto, se o acidente é anterior à EC n. 45/2004, prevalece a prescrição civil. No caso, o assalto, do qual foi vítima o reclamante, ocorreu em 23.12.1998, e deve ser aplicada a prescrição civilista, observada a regra de transição prevista no art. 2.028 do Código Civil em vigor, respeitando-se o princípio da irretroatividade das regras jurídicas. 2. Na data do início da vigência do novo Código Civil, havia transcorrido menos da metade do prazo prescricional previsto na lei civil anterior. Assim, é aplicável o prazo prescricional de três anos, previsto no art. 206, § 3º, V, do atual CCB, a contar de 10.01.2003. Ajuizada a ação em 08.03.2007, está prescrita a pretensão do reclamante. Precedentes. 3. Recurso de revista de que não se conhece." (TST-RR-164385-82.2007.5.12.0026, Relatora Ministra Kátia Magalhães Arruda, 6ª Turma, DEJT 21.02.2014).

"RECURSO DE REVISTA DO BANCO DO BRASIL – PRESCRIÇÃO– INDENIZAÇÃO POR DANOS MORAIS DECORRENTES DE ASSALTO– LESÃO ANTERIOR À VIGÊNCIA DA EMENDA CONSTITUCIONAL N. 45/2004 – APLICAÇÃO DA PRESCRIÇÃO DO DIREITO CIVIL EM DETRIMENTO DO PRAZO PRESCRICIONAL TRABALHISTA. A jurisprudência recente desta Corte tem entendido que a prescrição aplicável, nos casos de acidente do trabalho, há de ser considerada em face da data da lesão, se ocorrida antes ou depois da Emenda Constitucional n. 45/2004, pois somente após a sua promulgação é que se reconheceu a competência da Justiça do Trabalho para processar e julgar as ações de reparação por danos materiais, morais e estéticos oriundos de acidentes de trabalho ou doenças profissionais. Essa norma, no entanto, restou obtemperada em nome da segurança jurídica, vindo a ser solucionada por decisão do Supremo Tribunal Federal (CC n. 7204-1, publicado em 9.12.2005). Dessa forma, em se tratando de pretensão à indenização por danos morais e materiais ocorridos antes da vigência do Código Civil de 2002, que se deu em 11/1/2003 (art. 2.044, do CC), se já havia transcorrido mais de dez anos (metade do tempo previsto no art. 177 do Código Civil de 1916), aplica-se a prescrição vintenária, conforme regra de transição estabelecida no art. 2.028 do referido diploma legal. Caso não transcorrida a metade do prazo prescricional vintenário, incide a prescrição trienal, prevista no art. 206, § 3º, do Código Civil. Frise-se que a prescrição prevista no art. 7º, XXIX, da Constituição da República, somente não irá incidir nos casos em que o evento danoso ou a ciência da lesão se deram antes da decisão do Supremo Tribunal Federal no Conflito de Competência n. 7.204/MG, que interpretou a Emenda Constitucional n. 45/2004 e resolveu, definitivamente, deslocar a competência para o exame de matéria para a Justiça do Trabalho. Se o acidente de trabalho ou a doença ocupacional ocorreu antes da edição da Emenda Constitucional n. 45/2002 e da decisão do Supremo Tribunal Federal no Conflito de Competência n. 7.204/MG, deve ser aplicada a prescrição civil, porque a competência material para o julgamento da lide era da Justiça dos Estados e do Distrito Federal, e não da Justiça do Trabalho. No caso vertente, o evento danoso (assalto) ocorreu em 10/11/2004. Assim, como o ajuizamento da reclamação trabalhista se deu apenas em 27/11/2007, afigura-se prescrita a pretensão obreira de percebimento de indenização por danos morais oriundos do assalto sofrido. Regendo-se o referido prazo pela regra civilista, foram ultrapassados os três anos após a ocorrência do evento danoso, como estabelece o art. 206, § 3º, V, do CCB. Recurso de revista conhecido e provido." (TST-RR-887785-62.2007.5.12.0001, Relator Ministro Luiz Philippe Vieira de Mello Filho, 7ª Turma, DEJT 10.04.2015).

"RECURSO DE REVISTA. 1. PRESCRIÇÃO. DANOS MORAIS DECORRENTES DE ASSALTO. INCIDENTE OCORRIDO NA VIGÊNCIA DO CÓDIGO CIVIL DE 1916. AÇÃO PROPOSTA APÓS A EMENDA CONSTITUCIONAL N. 45/2004. Esta Corte pacificou entendimento a respeito dos danos morais e materiais decorrentes de acidente de trabalho, no sentido de que, quando a lesão for anterior à Emenda Constitucional n. 45/2004, aplica-se a prescrição civil, observando-se a regra de transição prevista no art. 2.028 do Código Civil de 2002. No caso vertente, o assalto que originou a pretensão de danos morais ocorreu em 24.07.1998, portanto, antes da vigência da EC 45/2004. Desse modo, deve ser aplicada a prescrição civil prevista no art. 206, § 3º, V, do CC de 2002, qual seja de três anos contados do início da vigência do diploma (11.01.2003), findando, por conseguinte, em 11.01.2006. Ajuizada, pois, a ação em 21/11/2011, a pretensão do reclamante encontra-se prescrita. Recurso de revista não conhecido." (TST-RR-4114-73.2011.5.12.0054, Relatora Ministra Dora Maria da Costa, 8ª Turma, DEJT 06.09.2013).

Nessa perspectiva, considerando que o evento danoso (assalto à agência bancária que originou a pretensão de indenização por dano moral) ocorreu em março de 2001, denota inequívoca que a prescrição aplicável, à espécie, é a de três anos, a contar da vigência do novo Código Civil, em 11.01.2003.

Assim, sendo fato incontroverso que a presente reclamação foi ajuizada em 2005, não há falar em prescrição da pretensão à reparação por dano moral. Ileso, pois, o art. 206, § 3º, V, do Código Civil.

NÃO CONHEÇO do recurso de revista, no particular.

INDENIZAÇÃO POR DANO MORAL. ASSALTO DURANTE A PRESTAÇÃO DOS SERVIÇOS. *QUANTUM* INDENIZATÓRIO

A Corte Regional manteve a sentença quanto à condenação ao pagamento de indenização por dano moral, bem como em relação ao *quantum* indenizatório, adotando às fls. 1456-1461, a seguinte fundamentação, *verbis*:

"DA INDENIZAÇÃO POR DANOS MORAIS – DO VALOR ARBITRADO

Insurge-se o ora recorrente contra o *r. decisum* que o condenou ao pagamento de indenização por danos morais.

Alega que os documentos acostados aos autos pelo próprio reclamante comprovam que não existe nexo causal para tal condenação, ressaltando que o obreiro não trouxe a menor prova dos danos que supostamente sofreu.

Requer a reforma do r. *decisum* a fim de que seja excluído da condenação o pagamento da indenização por danos morais.

Requer, ainda, caso este não seja o entendimento do Tribunal, que seja arbitrado valor menor para tal condenação, fixando novos valores mediante critérios que não propiciem o enriquecimento ilícito do ora recorrido.

Razão não assiste ao ora recorrente.

(...)

DANO MORAL NO DIREITO DO TRABALHO

HIPÓTESE DOS AUTOS

No caso em tela, restou cabalmente demonstrado o dano moral sofrido pelo reclamante.

O MM. Juízo de Primeiro Grau decidiu tão sabiamente a questão, que pedimos vênia para transcrever trecho da mesma:

'São pressupostos gerais da responsabilidade civil subjetiva: a ação ou omissão do agente (não só por transgressão do dever legal, mas também quando o ato fuja de sua finalidade social, ocasionando abuso de direito), além da existência de culpa ou dolo, bem como do nexo causal entre a ação e o dano e, por fim, a ocorrência do próprio dano. O dano pode ser definido como a diminuição ou destruição de um bem ou interesse jurídico causado a determinada pessoa, contra sua vontade e devido a um certo evento. Para que seja indenizável, devem concorrer alguns requisitos, entre os quais a certeza ou efetividade do dano, a existência de prejuízo em relação à pessoa determinada, a inexistência de reparação espontânea, a causalidade entre o dano e o fato e a legitimidade do requerente. De resto, em se tratando a hipótese de fato ocorrido na vigência do Código Civil de 1916, acolhe-se a teoria da responsabilidade subjetiva do empregador, segundo a qual a comprovação da culpa afigura-se imprescindível para o surgimento da obrigação indenizatória. Com efeito, há que estar caracterizada a imperícia, imprudência ou negligência do empregador.

Na situação em apreço, tem-se que o reclamante sofrera constrangimento psicológico decorrente de um roubo ao estabelecimento no qual estivera lotado, ocorrido em março de 2001, ocasião em que os criminosos o tomaram como refém, obrigando-o a abrir o cofre da agência, cujo segredo estava em sua posse, fatos, estes, confirmados pelos depoimentos colhidos em audiência. Presume-se, pois, a ocorrência de efeitos negativos na órbita subjetiva do autor, restando configurada a existência do dano, em que pese ter o reclamante retomado normalmente suas atividades após o infortúnio. Com efeito, o sofrimento de dano moral não obsta necessariamente à execução de tarefas contratuais.

Por outro lado, também restou caracterizada a conduta omissiva do empregador, o qual estava obrigado a oferecer segurança física adequada e efetiva ao empregado, no exercício de suas funções, por se tratar de instituição bancária, alvo em potencial de empreitadas criminosas de tal natureza, sendo certo que a agência onde ocorreu o assalto estava em reforma e não contava com sistema de alarme, segundo informou o preposto ouvido às fls. 527, fato que evidentemente conferiu vulnerabilidade ao estabelecimento bancário, oferecendo risco à integridade física dos respectivos empregados e certamente facilitando a prática do crime.

De resto, o direito ao desenvolvimento de atividade laboral em ambiente equilibrado, isento de insalubridade ou riscos, no qual esteja preservada a incolumidade físico-psíquica do trabalhador, trata-se de direito fundamental, assentado, sobretudo, nos princípios da proteção à dignidade da pessoa humana e do valor social do trabalho, conforme se extrai do art. 170 da Constituição Federal de 1988.

A omissão referente à devida implementação de medidas de segurança efetivas, portanto, caracteriza a culpa do empregador, não havendo que se cogitar, por conseguinte, de eventual culpa concorrente por parte da vítima ou da culpa exclusiva de terceiros. Também não se pode dizer que o infortúnio fuja à esfera de responsabilidade do empregador, por se tratar de uma questão de segurança pública, uma vez que os estabelecimentos financeiros estão obrigados, por força de lei, a implementar, efetivamente, plano de segurança compreendendo vigilância ostensiva e sistema de alarme, nos termos dos arts. 1º e 2º da Lei n. 7.102/1983, sendo certo que, no que diz respeito ao alarme, a negligência do empregador restou indiscutivelmente caracterizada.

Reconhece-se, pois, a existência do dano moral alegado, da culpa do empregador e do nexo causal entre um e outro. Por conseguinte, com fulcro nos escopos punitivos, compensatórios, satisfativos e pedagógicos das indenizações em questão, defere-se ao postulante o pagamento de R$ 30.000,00 (trinta mil reais), a título de reparação por danos morais, a cargo do empregador, atualizável a partir do ajuizamento da ação'.

Correto, pois, o *r. decisum*.

Nego provimento."

O reclamado insurge-se contra a decisão, pretendendo a exclusão da condenação ao pagamento da indenização por dano moral, ao argumento de que não restaram configurados os requisitos necessários à configuração da responsabilidade civil, quais sejam a culpa ou dolo, a ocorrência simultânea do dano ou prejuízo e o nexo causal entre ambos, pressupostos da obrigação de indenizar. Sucessivamente, requer a redução do *quantum* indenizatório, sob o argumento de que o valor arbitrado foi excessivo e desproporcional, configurando enriquecimento ilícito do reclamante. Indica violação dos arts. 818 da CLT, 333, I, do CPC, 186, 188, I, e 944, *caput*, do Código Civil e 5º, V e X, da Constituição Federal e transcreve aresto para o cotejo de teses.

O recurso não alcança conhecimento.

A Corte de origem, valorando fatos e provas, firmou convicção acerca da caracterização da responsabilidade civil subjetiva capaz de ensejar a reparação por danos, porquanto comprovados o dano suportado pelo reclamante (constrangimento psicológico decorrente de assalto durante a prestação de serviços em agência bancária, ocasião em que os criminosos o tomaram como refém), a conduta culposa do empregador (omissão quanto ao oferecimento de segurança física adequada e efetiva ao empregado no exercício de suas funções) e o nexo de causalidade.

Ressalte-se que o dano moral não é suscetível de prova, em face da impossibilidade de fazer demonstração, em juízo, da dor, do abalo moral e da angústia sofridos.

Trata-se de *damnum in re ipsa*, ou seja, o dano moral é consequência do próprio fato ofensivo, de modo que, comprovado o evento lesivo, tem-se, como consequência lógica, a configuração de dano moral, exsurgindo a obrigação de pagar indenização, nos termos do art. 5º, X, da Constituição Federal.

Nessa contexto, a pretensão da reclamada de excluir a indenização por dano moral, sob o argumento de inexistência de comprovação do abalo sofrido, não se sustenta. Incólumes os arts. 818 da CLT e 333, I, do CPC.

De outra parte, a argumentação recursal de que não restou configurada a culpa patronal, reveste-se de contornos nitidamente fático-probatórios, cujo reexame é vedado nesta instância recursal de natureza extraordinária pela Súmula n. 126 do TST.

Se não bastasse, a jurisprudência deste Tribunal tem se firmado no sentido de atribuir responsabilidade objetiva ao empregador, em relação aos danos decorrentes de assaltos sofridos pelos empregados no exercício de atividades laborativas como as descritas nos autos, conforme evidenciam os seguintes julgados:

"AGRAVO. AGRAVO DE INSTRUMENTO. RECURSO DE REVISTA. INDENIZAÇÃO POR DANO MORAL. EMPREGADA DE INSTITUIÇÃO BANCÁRIA VÍTIMA DE ASSALTO. ATIVIDADE DE RISCO. RESPONSABILIDADE OBJETIVA. Nega-se provimento a agravo em que o reclamado não consegue desconstituir os fundamentos da decisão proferida no agravo de instrumento. Consoante a jurisprudência deste Tribunal, é objetiva a responsabilidade da instituição bancária por danos causados por terceiros a seus empregados, que resultem de atos de violência decorrentes de assaltos, nos termos do art. 2º da CLT c/c o parágrafo único do art. 927 do Código Civil, porque decorre do risco imanente à atividade empresarial, independentemente da perquirição de culpa do empregador na concorrência do evento danoso. Agravo a que se nega provimento." (TST-Ag-AIRR-3664100-59.2009.5.09.0651, Relator Ministro Walmir Oliveira da Costa, 1ª Turma, DEJT 25.10.2013).

"INDENIZAÇÃO POR DANOS MORAIS. ACIDENTE DO TRABALHO. ATIVIDADE DE RISCO. ASSALTO A AGÊNCIA BANCÁRIA. TEORIA DA RESPONSABILIDADE OBJETIVA. O Regional constatou que o reclamante exercia a função de caixa de agência bancária e, com fundamento na prova produzida nos autos, constatou a existência do dano moral sofrido pelo reclamante e do nexo causal com o assalto ocorrido enquanto desempenhava as suas atividades. Não há como afastar, pois, a responsabilidade da reclamada pelo evento danoso. O art. 927, parágrafo único, do Código Civil de 2002, c/c o parágrafo único do art. 8º da CLT, autoriza a aplicação, no âmbito do Direito do Trabalho, da teoria da responsabilidade objetiva do empregador, nos casos de acidente de trabalho quando as atividades exercidas pelo empregado são de risco, conforme é o caso em análise. Recurso de revista conhecido e provido." (TST-RR-125900-91.2005.5.04.0030, Relator Ministro José Roberto Freire Pimenta, 2ª Turma, DEJT 03.04.2012).

"INDENIZAÇÃO POR DANOS MORAIS. ABALO PSICOLÓGICO ADQUIRIDO APÓS A OCORRÊNCIA DE ASSALTO A AGÊNCIA BANCÁRIA. TEORIA DA RESPONSABILIDADE OBJETIVA. ATIVIDADE DE RISCO DO EMPREGADOR. Em que pese a não haver norma expressa a disciplinar a responsabilidade objetiva do empregador, entende esta Corte Superior que a regra prevista no art. 7º, XXVIII, da Constituição Federal, deve ser interpretada de forma sistêmica aos demais direitos fundamentais, e a partir dessa compreensão, admite a adoção da teoria do risco (art. 927, parágrafo único, do Código Civil), sendo, portanto, aplicável à espécie a responsabilização objetiva do empregador no âmbito das relações de trabalho para as chamadas atividades de risco da empresa. Assim, prevalece no Direito do Trabalho a Teoria do Risco Negocial, que enseja a atribuição da responsabilidade objetiva ao empregador, impondo a este a obrigação de indenizar os danos sofridos pelo empregado, independentemente de culpa, quando a atividade normal da empresa propicie, por si só, riscos à integridade física do empregado. Restou comprovado que o autor trabalhava na agência bancária, sendo vítima de assalto durante a jornada de trabalho, assim, independentemente de a empresa ter culpa ou não no assalto, não cabe ao trabalhador assumir o risco do negócio, ainda mais se considerando que o referido infortúnio ocorreu quando o empregado prestava serviços para o empregador. Portanto, no caso dos autos, verifica-se a responsabilidade do Banco do Brasil S.A. pelo dano psicológico sofrido pelo trabalhador e, via de consequência, o dever de indenizar o dano moral sofrido. A decisão regional, ao afastar o direito do trabalhador de ver reconhecido o dano moral e de receber indenização por tais danos, deixou de dar efetividade ao comando inserto no parágrafo único do art. 927 do Código Civil Brasileiro, em face da atividade de risco exercida. Recurso de revista conhecido por violação do art. 927 do Código Civil e provido." (TST-RR-446485-88.2007.5.12.0001, Relator Ministro Alexandre de Souza Agra Belmonte, 3ª Turma, DEJT 15.08.2014).

"BANCÁRIO. ASSALTO À AGÊNCIA. CULPA OBJETIVA DO EMPREGADOR. RESPONSABILIDADE CIVIL. INDENIZAÇÃO POR DANOS MORAIS. A regra geral no Direito Brasileiro é a responsabilidade subjetiva, que pressupõe a ocorrência concomitante do dano, do nexo causal e da culpa do empregador. Sem a conjugação de todos esses requisitos, não há de se falar em responsabilidade. É o que se extrai da exegese do art. 186 do Código Civil. Tratando-se, todavia, de acidente de trabalho em atividade de risco, há norma específica para ser aplicada à responsabilidade objetiva (independente de culpa), conforme se extrai do parágrafo único do art. 927 do Código Civil. Desse modo, nos casos em que a atividade empresarial implique risco acentuado aos empregados, admite-se a responsabilidade objetiva, ou seja, independe de culpa do empregador, já que a exigência de que a vítima comprove erro na conduta do agente, nessas hipóteses, quase sempre inviabiliza a reparação. No caso em tela, a empregada trabalhava em uma agência bancária, portanto, em situação de risco acentuado, o que, em tese, possibilita a aplicação do parágrafo único do art. 927 do Código Civil, conforme reiteradas decisões desta Corte. Provido. Recurso de Revista parcialmente conhecido e provido." (TST-RR-761885-98.2009.5.12.0001, Relatora Ministra Maria de Assis Calsing, 4ª Turma, DEJT 14.06.2013).

"REPARAÇÃO POR DANOS MORAIS. ASSALTO À AGÊNCIA BANCÁRIA. SOFRIMENTO PSICOLÓGICO. AUSÊNCIA DE ADOÇÃO DE MEDIDAS DE SEGURANÇA. RESPONSABILIDADE CIVIL OBJETIVA. A indenização por dano moral é devida quando o empregado sofre trauma decorrente de assalto a mão armada na agência bancária, em face do risco a que foi submetido. O abalo sofrido pelo risco de morte e a responsabilidade do Banco para se acautelar em face da atividade econômica, a lhe impor o zelo pela segurança não apenas do seu patrimônio, como também de seus empregados, é suficiente para considerar cumprido o requisito relativo à culpa, no caso presumida. Basta que tenha ocorrido falha na segurança para se imputar a responsabilidade ao banco, pelo dano moral que, *in casu*, é presumido. Recurso de revista não conhecido." (TST-ARR-7800-41.2008.5.04.0009, Relator Ministro Aloysio Corrêa da Veiga, 6ª Turma, DEJT 22/11/2013).

"RECURSO DE REVISTA. DANO MORAL. ASSALTO NA AGÊNCIA BANCÁRIA. Esta Turma já firmou posicionamento no sentido de que a responsabilidade do empregador, pela reparação de danos morais e materiais, decorrentes de acidente do trabalho sofrido pelo empregado, é subjetiva, nos exatos termos do art. 7º, XXVIII, da Constituição Federal. Entretanto, entende-se, também, que pode ser aplicada a Teoria da Responsabilidade Objetiva quando a atividade desenvolvida pelo autor do dano causar ao trabalhador um ônus maior do que aquele imposto aos demais membros da coletividade, conforme previsão inserta no parágrafo único do art. 927 do Código Civil. Na hipótese, o Tribunal Regional consignou que a reclamante trabalhava na agência bancária, sendo que foi vítima de assalto durante a jornada de trabalho. Assim, independentemente de o recorrente ter culpa ou não no assalto que importou em lesão, não cabe a ela, empregada, assumir o risco do negócio, ainda mais se considerando que o referido infortúnio ocorreu quando ela prestava serviços para o reclamado. Desse modo, a atividade normal da empresa oferece risco à integridade física de seus empregados, porquanto, estão sempre em contato com dinheiro. Precedentes desta Corte. Recurso de revista de que não se conhece." (TST-RR-106200-90.2009.5.04.0030, Relator Ministro Pedro Paulo Manus, 7ª Turma, DEJT 19.04.2013).

"INDENIZAÇÃO POR DANOS MORAIS. ASSALTO À AGÊNCIA BANCÁRIA. RESPONSABILIDADE OBJETIVA. Segundo a atual jurisprudência desta Corte Superior, a instituição bancária responde de forma objetiva quanto aos danos causados aos seus empregados em situações que envolvam assaltos em suas agências. Precedentes. Agravo de instrumento conhecido e não provido." (TST-AIRR-2749-61.2011.5.02.0086, Relatora Ministra Dora Maria da Costa, 8ª Turma, DEJT 06.02.2015).

Logo, sob qualquer ângulo que se enfoque a questão, o recurso de revista não se viabiliza.

Relativamente ao valor da indenização, a Corte Regional confirmou a sentença que, com fulcro nos escopos punitivos, compensatórios, satisfativos e pedagógicos, deferiu ao reclamante o pagamento de R$ 30.000,00 (trinta mil reais) a título de reparação por dano moral.

Depreende-se que a Corte Regional manteve o valor arbitrado na sentença, observando os princípios do arbitramento equitativo, da proporcionalidade e da razoabilidade, insertos no art. 5º, V e X, da CF/1988, bem como a teoria do valor do desestímulo (punir, compensar e prevenir), levando em conta a extensão do dano, a potencialidade e a gravidade da lesão (art. 944 do CCB).

Cabe ressaltar, com o fito de estancar a discussão, que a jurisprudência em formação nesta Corte Superior, no tocante ao *quantum* indenizatório fixado pelas instâncias ordinárias, vem consolidando orientação de que a revisão do valor da indenização somente é possível quando exorbitante ou insignificante a importância arbitrada a título de reparação de dano moral, em flagrante violação dos princípios da razoabilidade e da proporcionalidade, o que não ocorreu na espécie.

Nesse sentido, destacam-se os seguintes precedentes desta 1ª Turma:

"DANOS MORAIS. FIXAÇÃO DO *QUANTUM* INDENIZATÓRIO. 1. Diante da ausência de critérios objetivos norteando a fixação do *quantum* devido a título de indenização por danos morais, cabe ao julgador arbitrá-lo de forma equitativa, pautando-se nos princípios da razoabilidade e da proporcionalidade, bem como nas especificidades de cada caso concreto, tais como: a situação do ofendido, a extensão e gravidade do dano suportado e a capacidade econômica do ofensor. Tem-se, de outro lado, que o exame da prova produzida nos autos é atribuição exclusiva das instâncias ordinárias, cujo pronunciamento, nesse aspecto, é soberano. Com efeito, a proximidade do julgador, em sede ordinária, com a realidade cotidiana em que contextualizada a controvérsia a ser dirimida, habilita-o a equacionar o litígio com maior precisão, sobretudo no que diz respeito à aferição de elementos de fato sujeitos a avaliação subjetiva, necessária à estipulação do valor da indenização. Conclui-se, num tal contexto, que não cabe a esta instância superior, em regra, rever a valoração emanada das instâncias ordinárias em relação ao montante arbitrado a título de indenização por danos morais, para o que se faria necessário o reexame dos elementos de fato e das provas constantes dos autos. Excepcionam-se, todavia, de tal regra as hipóteses em que o *quantum* indenizatório se revele extremamente irrisório ou nitidamente exagerado, denotando manifesta inobservância aos princípios da razoabilidade e da proporcionalidade, aferível de plano, sem necessidade de incursão na prova. 2. No caso dos autos, o Tribunal Regional, ao fixar o valor atribuído à indenização devida por danos morais, levou em consideração a gravidade do dano, a culpa do empregador e, ainda, a condição econômica das reclamadas, resultando observados os critérios da proporcionalidade e da razoabilidade. Hipótese em que não se cogita na revisão do valor da condenação, para o que se faria necessário rever os critérios subjetivos que levaram o julgador à conclusão ora combatida, à luz das circunstâncias de fato reveladas nos autos. 3. Agravo de instrumento a que se nega provimento." (TST-AIRR-8200-92.2003.5.02.0039, Relator Ministro Lelio Bentes Corrêa, 1ª Turma, DEJT 20.02.2015).

"*QUANTUM* INDENIZATÓRIO. 1. O Tribunal de origem compreendeu que, para a fixação do valor da indenização em comento, deve ser considerada a repercussão da ofensa, a posição social, familiar e profissional do ofendido, assim como a intensidade do sofrimento da vítima, o dolo do ofensor e a situação econômica deste. Além disso, a indenização deve ser fixada observando-se o seu duplo efeito, qual seja, compensar o empregado que sofreu o dano pela violação do seu patrimônio moral e desestimular o empregador de praticar a ação reputada abusiva. Sob tal prisma, e considerando ainda os princípios da razoabilidade e proporcionalidade, fixo o valor da indenização em R$ 10.000,00 (dez mil reais). 2. O entendimento desta Corte é no sentido de que a revisão do montante arbitrado na origem, em compensação pelo dano moral sofrido, dá-se, tão somente, em hipóteses em que é nítido o caráter irrisório ou exorbitante da condenação, de modo tal que sequer seja capaz de atender aos objetivos estabelecidos pelo ordenamento para o dever de indenizar. 3. Com base nas circunstâncias da espécie e levando em consideração, sobretudo, que o valor fixado (R$ 10.000,00) visa compensar o abalo sofrido pelo empregado, sem descurar da vedação ao enriquecimento ilícito (art. 884 do CC/02), não diviso a notória desproporcionalidade passível de ensejar a redução do *quantum*. 3. Ileso o art. 5º, V e X, da CF/1988. 4. Os arestos coligidos sequer retratam a hipótese de revista pessoal, o que evidencia a ausência de especificidade. Incidência da Súmula 296/TST. Recurso de revista não conhecido." (TST-RR-1129-19.2013.5.09.0322, Relator Ministro Hugo Carlos Scheuermann, 1ª Turma, DEJT 12.12.2014).

"RECURSO DE REVISTA. DOENÇA PROFISSIONAL. DANO MORAL. VALOR DA INDENIZAÇÃO. A Corte Regional, registrando que a indenização por dano moral não deve ser arbitrada em valor irrisório, a ponto de não atingir seu intuito pedagógico e inibitório, tampouco em valor abusivo, sob pena de converter-se em enriquecimento sem causa da vítima, concluiu que o valor da indenização de R$ 11.500,00 (onze mil e quinhentos reais), fixado na sentença, não atendia a tais parâmetros, por excessivo, reduzindo-o para R$ 4.600,00 (quatro mil e seiscentos reais). A decisão regional, nos termos em que posta, não viola a literalidade dos arts. 118 da Lei n. 8.213/1991, 186 e 932, III, do Código Civil e 7º, I, da Constituição Federal, na forma prevista no art. 896, *c*, da CLT, notadamente porque referidos dispositivos não guardam pertinência com matéria atinente ao valor da indenização por dano moral. Ressalte-se que a jurisprudência desta Corte Superior, no tocante ao *quantum* indenizatório fixado pelas instâncias ordinárias, vem consolidando orientação de que a revisão do valor somente é possível quando exorbitante ou insignificante a importância arbitrada a título de reparação de dano moral, o que não se observou na espécie. Recurso de revista de que não se conhece." (TST-RR-7900-36.2007.5.24.0021, Relator Ministro Walmir Oliveira da Costa, 1ª Turma, DEJT 08.08.2014).

Incólumes, pois, os arts. 186, 188, I, e 944, *caput*, do Código Civil e 5º, V e X, da Constituição Federal.

No tocante à pretendida divergência jurisprudencial, o aresto colacionado às fls. 1567-1569 é proveniente do STJ, órgão não elencado na alínea *a* do art. 896 da CLT, revelando-se imprestável para a configuração de dissenso pretoriano.

NÃO CONHEÇO do recurso de revista, no tópico.

MULTA POR EMBARGOS DE DECLARAÇÃO PROTELATÓRIOS

A Corte Regional, examinando os embargos de declaração interpostos pelo reclamado, reconheceu o caráter protelatório do recurso, aplicando a multa do art. 538, parágrafo único, do CPC.

Nas razões de recurso de revista, o reclamado sustenta que os embargos de declaração interpostos tinham por objetivo sanar omissão e prequestionar a matéria a ensejar a interposição de recurso de revista. Indica violação dos arts. 535, I e II, e 538, parágrafo único, do CPC, 5º, II, XXXV e LV, da Constituição Federal.

O recurso alcança conhecimento.

Não obstante ser atribuição do Magistrado, na condução do processo, coibir conduta protelatória com aplicação de penalidade ao litigante, mediante avaliação subjetiva inserida em seu poder discricionário, entendo que, na hipótese, os embargos de declaração interpostos pelo reclamado não tiveram intuito protelatório, mas visavam sanar a omissão e prequestionar a matéria atinente à prescrição da pretensão ao pagamento de pedido de indenização por dano moral formulado pelo reclamante, em face do disposto no art. 206, § 3º, V, do Código Civil.

A multa a que se refere o art. 538, parágrafo único, do CPC, possui função inibitória, visando a coibir abuso processual e a obstar o exercício irresponsável do direito de recorrer, neutralizando, dessa maneira, a atuação censurável do *improbus litigator*, o que não se verificou na hipótese vertente, ante a necessidade do recurso de integração interposto pelo reclamado.

Logo, CONHEÇO do recurso de revista por violação do art. 538, parágrafo único, do CPC.

MÉRITO

CORREÇÃO MONETÁRIA. ÉPOCA PRÓPRIA

Conhecido o recurso de revista por contrariedade à Súmula n. 381 do TST, DOU-LHE PROVIMENTO para, reformando o acórdão recorrido, determinar que o cálculo da correção monetária sobre os créditos devidos ao reclamante seja efetuado nos termos da referida Súmula.

MULTA POR EMBARGOS DE DECLARAÇÃO PROTELATÓRIOS

Conhecido o recurso de revista por violação do art. 538, parágrafo único, do CPC, DOU-LHE PROVIMENTO para excluir a multa por embargos de declaração protelatórios.

---

## DANOS MORAL E MATERIAL. DOENÇA LABORAL

*RECURSO DE REVISTA. INDENIZAÇÃO POR DANO MORAL E MATERIAL. SÍNDROME DO TÚNEL DO CARPO. DOENÇA RELACIONADA COM O TRABALHO. DECRETO N. 3.048/1999.*

*O Tribunal Regional reconheceu que a Síndrome do túnel do carpo ficou evidenciada pelo exame de eletroneuromiografia, além de registrar ser incontroversa a inaptidão da autora para o exercício de suas funções, contudo, entendeu inexistir nexo de causalidade e, assim, seriam indevidas as indenizações postuladas. Todavia, a Síndrome do túnel do carpo é classificada pela legislação previdenciária dentre as doenças do sistema nervoso relacionadas ao trabalho, que têm como agente etiológico ou fator de risco de natureza ocupacional as posições forçadas e os gestos repetitivos. Diante da existência de previsão normativa correlacionando essa patologia ao trabalho, inclusive em se tratando do exercício das funções de bancária, não há falar em ausência de nexo de causalidade e, consequentemente, violado restou o art. 927 do Código Civil.*

*Recurso de revista parcialmente conhecido e provido.*

(Processo n. TST-RR-20800-31.2006.5.05.0016 – Ac. 1ª Turma – DeJT: 21/11/2013)

De plano, assinale-se que o Tribunal Regional, valorando fatos e provas, não reconheceu a depressão e o vitiligo como patologias com gênese no trabalho executado, premissa que se revela insuscetível de ser infirmada, a partir do delineamento constante no acórdão recorrido, diante do óbice da Súmula n. 126 do TST. Assim, no aspecto, não se divisa responsabilidade civil do reclamado a ensejar o pagamento de indenização por dano moral e material tendo como fatos geradores a depressão e o vitiligo, uma vez que não restou evidenciada sua correlação com o trabalho.

Por outro lado, no tocante à Síndrome do túnel do carpo, pode-se chegar à conclusão diversa, na medida em que, embora o Colegiado *a quo* tenha concluído que essa patologia não possui correlação com o trabalho, é certo que constam premissas no acórdão regional que viabilizam dar um enquadramento jurídico distinto.

Com efeito, a Corte *a quo* reconheceu que a Síndrome do túnel do carpo restou evidenciada pelo exame de eletroneuromiografia, além de registrar ser incontroverso que houve a inaptidão da autora para o exercício de suas funções.

Assinale-se que a circunstância de o exame clínico não demonstrar a exacerbação dos sintomas não elide a configuração da responsabilidade civil do reclamado, uma vez que houve o reconhecimento da Síndrome do túnel do carpo, pela eletroneuromiografia.

A Síndrome do túnel do carpo é classificada pela legislação previdenciária dentre as doenças do sistema nervoso relacionadas ao trabalho, que têm como agente etiológico ou fatores de risco de natureza ocupacional as posições forçadas e os gestos repetitivos, nos moldes do Anexo II, lista B (dentro do Grupo VI da CID-10), do Decreto n. 3.048/1999 (alterado pelo Decreto n. 6.042/2007).

No caso vertente, é incontroverso que a reclamante é bancária, tendo sido acometida de doença relacionada ao trabalho, que exige gestos repetitivos, já tendo, inclusive, sido considerada inapta para o exercício de suas funções.

Logo, forçoso é reconhecer que se fazem presentes os requisitos da responsabilidade civil, a saber, o nexo de causalidade entre a moléstia e a atividade laboral; em sendo hipótese de responsabilidade objetiva.

A jurisprudência desta Corte tem se firmado em reconhecer que, diante da elevada frequência com que trabalhadores bancários são acometidos por doença ocupacional relacionada ao trabalho – DORT e por lesões por esforços repetitivos – LER, há o risco eminente de essa categoria funcional vir a sofrer dessas patologias em decorrência da natureza das funções desempenhadas. Esse entendimento encontra respaldo na proteção legislativa prevista no Decreto n. 6.042/2007, que alterou o Decreto n. 3.048/1999, introduzindo a Síndrome do túnel do carpo, como sendo uma patologia correlacionada ao trabalho. Nesse contexto, é imperioso reconhecer tratar-se de hipótese de responsabilidade objetiva, afastando-se, portanto, a perquirição em torno da culpa do reclamado.

Em sintonia com o exposto, indica-se o seguinte precedente da Subseção I Especializada em Dissídios Individuais, proferido em hipótese semelhante à debatida nestes autos, em que se reconheceu a responsabilidade objetiva de um Banco, em se tratando de doença ocupacional decorrente de lesão por esforço repetitivo, no desempenho das atribuições funcionais, *verbis*:

"INDENIZAÇÃO POR DANO MORAL. ACIDENTE DE TRABALHO. RESPONSABILIDADE DA EMPRESA. LER/DORT. O art. 7º, inciso XXVIII, da Constituição Federal fixa a obrigatoriedade de pagamento, pelo empregador, de indenização por acidente de trabalho na hipótese deste incorrer em dolo ou culpa. É a chamada responsabilidade subjetiva que impõe, para que haja condenação à reparação civil, a comprovação da culpa. Esta Subseção, entretanto, adota entendimento pelo qual, considerando a frequência com que bancários são acometidos pelas doenças LER/DORT, infere-se que a atividade de bancário é atividade de risco acentuado, e uma vez demonstrado que o dano ocorreu pela natureza das atividades da empresa, ou seja, naquelas situações em que o dano é potencialmente esperado, não há como se negar a responsabilidade objetiva do empregador, com a consequente paga da indenização por danos morais. O referido preceito constitucional é interpretado de forma sistêmica com os demais direitos fundamentais, dentre eles o princípio da dignidade da pessoa humana. Embargos conhecidos por divergência jurisprudencial e desprovidos." (E-ED-RR-17300-43.2007.5.01.0012, Relator Ministro: Carlos Alberto Reis de Paula, Subseção I Especializada em Dissídios Individuais, DEJT 27.04.2012)

Destacam-se, ainda, os julgados de Turmas deste Tribunal Superior, em que foi reconhecida a responsabilidade civil do empregador, em se tratando de Síndrome do túnel do carpo, estando em convergência, dessarte, com o posicionamento ora adotado:

"RECURSO DE REVISTA. INDENIZAÇÃO POR DANO MORAL. SÍNDROME DO TÚNEL DO CARPO. DOENÇA DO SISTEMA NERVOSO RELACIONADA COM O TRABALHO. DECRETO N. 3.048/1999. O Tribunal Regional do Trabalho entendeu inexistir nexo de causalidade entre as atividades da reclamante e a Síndrome do túnel do carpo de que ela é portadora, porque a literatura médica a considera doença sistêmica, não laboral. Todavia, a Síndrome do túnel do carpo é classificada pela legislação previdenciária dentre as doenças do sistema nervoso relacionadas ao trabalho, decorrentes de posições forçadas e gestos repetitivos, constantes do Anexo II, lista B, do Decreto n. 3.048/1999 (alterado pelo Decreto n. 6.042/2007). Recurso de revista conhecido e provido." (RR-59000-41.2005.5.01.0441, Relator Ministro: Walmir Oliveira da Costa, 1ª Turma, DEJT 07.06.2013).

"RECURSO DE REVISTA. INDENIZAÇÃO POR DANOS MORAIS. DOENÇA OCUPACIONAL. CONCAUSA. SÍNDROME DO TÚNEL DO CARPO. Demonstrado que as atividades desenvolvidas pelo reclamante (desossa de coxas, separação e pesagem de moelas) atuaram como concausa na evolução da doença ocupacional (Síndrome do túnel do carpo), contribuindo para o seu agravamento, é devida a indenização por dano moral. Recurso de revista conhecido e provido." (RR – 645-48.2011.5.12.0012, Relator Ministro Aloysio Corrêa da Veiga, 6ª Turma, Data de Publicação 07.12.2012).

"AGRAVO DE INSTRUMENTO. RECURSO DE REVISTA. DOENÇA OCUPACIONAL. RESPONSABILIDADE CIVIL DO EMPREGADOR. CONCAUSA. DANOS MORAIS E MATERIAIS. DECISÃO DENEGATÓRIA. MANUTENÇÃO. O pleito de indenização por dano moral e material resultante de acidente do trabalho e/ou doença profissional ou ocupacional supõe a presença de três requisitos: a) ocorrência do fato deflagrador do dano ou do próprio dano, que se constata pelo fato da doença ou do acidente, os quais, por si só, agridem o patrimônio moral e emocional da pessoa trabalhadora (nesse sentido, o dano moral, em tais casos, verifica-se *in re ipsa*); b) nexo causal, que se evidencia pela circunstância de o malefício ter ocorrido em face das circunstâncias laborativas; c) culpa empresarial, a qual se presume em face das circunstâncias ambientais adversas que deram origem ao malefício. Embora não se possa presumir a culpa em diversos casos de dano moral – em que a culpa tem de ser provada pelo autor da ação –, tratando-se de doença ocupacional, profissional ou de acidente do trabalho, essa culpa é presumida, em virtude de o empregador ter o controle e a direção sobre a estrutura, a dinâmica, a gestão e a operação do estabelecimento em que ocorreu o malefício. Pontue-se que tanto a higidez física como a mental, inclusive emocional, do ser humano são bens fundamentais de sua vida, privada e pública, de sua intimidade, de sua autoestima e afirmação social e, nesta medida, também de sua honra. São bens, portanto, inquestionavelmente tutelados, regra geral, pela Constituição (art. 5º, V e X). Agredidos em face de circunstâncias laborativas, passam a merecer tutela ainda mais forte e específica da Carta Magna, que se agrega à genérica anterior (art. 7º, XXVIII, CF/1988). Por outro lado, desde a edição do Decreto n. 7.036/1944, o ordenamento jurídico pátrio admite a teoria da concausa prevista, expressamente, na atual legislação, art. 21, I, da Lei n. 8.213/1991. Assim, se as condições de trabalho a que se submetia o trabalhador, embora não tenham sido a causa única, contribuíram diretamente para a redução ou perda da sua capacidade laborativa, deve-lhe ser assegurada a indenização pelos danos sofridos. Na hipótese, o dano e o nexo causal foram devidamente comprovados, pois o laudo pericial constatou a existência de doença (Síndrome do túnel do carpo) que se agravou a partir da atividade laborativa da Reclamante, ajudante de frigorífico, evidenciando-se a concausa. Quanto à culpa, esta emergiu da conduta negligente em não implementar as necessárias medidas preventivas exigidas pela ordem jurídica em matéria de segurança e saúde no trabalho – deveres anexos ao contrato de trabalho (arts. 6º e 7º, XXII, da CF; 157 da CLT e 19, §§ 1º e 3º, da Lei n. 8.213/1991). Devido, portanto, o pagamento da indenização por danos morais e materiais, em razão do preenchimento dos requisitos legais exigidos (dano – *in re ipsa* –, nexo causal e culpa empresarial). Desse modo, não há como assegurar o processamento do recurso de revista quando o agravo de instrumento interposto não desconstitui as razões expendidas na decisão denegatória que, assim, subsiste pelos seus próprios fundamentos. Agravo de instrumento desprovido." (AIRR – 1081-41.2010.5.12.0012, Relator Ministro Mauricio Godinho Delgado, 3ª Turma, Data de Publicação 21.09.2012).

"RECURSO DE REVISTA – RESPONSABILIDADE CIVIL – DOENÇA OCUPACIONAL – NEXO DE CONCAUSALIDADE. Não obstante o diagnóstico, ainda em 1999, da Síndrome do Carpo Bilateral, o Autor permaneceu no exercício da função de Operador de Manutenção, com rodízios de tarefas de hora em hora, bem como a utilização de parafusadeiras elétricas para 'dar o torque' em determinadas tarefas, o que revela a existência de culpa patronal ao mantê-lo na referida função de 1999 a agosto de 2005. Somente em agosto de 2005 é que o Reclamante passou a exercer as atividades de Eletricista, sendo que a partir de 2007 predominaram as tarefas de cunho intelectual, relacionadas a '*softwares*'. Diante desse contexto, o Laudo Pericial registrou a presença de nexo de concausalidade e afirmou que o Reclamante apresenta incapacidade para atividades que exijam utilização das mãos em tarefas que envolvam o dorso, flexão forçada nos punhos e impacto ou compressão na região do Túnel do Carpo, sob pena de recrudescimento de sintomas e agravamento da doença. Assim, ao contrário do afirmado pelo Regional, o fato de existirem várias causas possíveis para a patologia, ainda que de cunho degenerativo, não afasta, por si só, o nexo causal, pois dúvida não há de que se as atividades laborativas não desencadearam a doença, ao menos contribuíram para o seu agravamento. Recurso de Revista conhecido e provido." (RR – 384-94.2010.5.03.0036, Relatora Juíza Convocada Maria Laura Franco Lima de Faria, Data de Julgamento 05.09.2012, 8ª Turma, Data de Publicação 10.09.2012).

"RECURSO DE REVISTA. DANO MORAL. DOENÇA PROFISSIONAL. CONCAUSA. INDENIZAÇÃO. O Tribunal Regional reconheceu expressamente que as atividades exercidas na empresa foram uma das concausas que contribuíram para as enfermidades da reclamante. Desta forma, mesmo considerando que essas atividades tiveram atuação somente parcial no desenvolvimento das doenças (síndrome do túnel do carpo bilateralmente, síndrome do desfiladeiro torácico bilateralmente, síndrome dolorosa miofascial de trapézios e fibromialgia), tal circunstância não afasta a caracterização do dano sofrido como acidente de trabalho. Aliás, a previsão contida no art. 21, I, da Lei n. 8.213/1991, tem entendimento diametralmente oposto. Ademais, esta Corte vem se posicionando no sentido de que a concausa ligada ao contrato de trabalho, no desenvolvimento de moléstia profissional, gera direito à indenização por danos morais e materiais. Precedentes. Incidência do art. 896, § 4º, da CLT e da Súmula n. 333 do TST." (RR – 32500-50.2008.5.12.0012, Relator Ministro Pedro Paulo Manus, Data de Julgamento 09.05.2012, 7ª Turma, Data de Publicação 11.05.2012).

Finalmente, é imperioso reconhecer o dano moral infligido à empregada em razão de ter sido acometida de doença laboral equiparada em lei ao acidente de trabalho; dano esse que ocorre *in re ipsa*, ou seja, prescinde de efetiva prova do fato lesivo aos direitos da personalidade da reclamante, gerando ao empregador a consequente obrigação de pagar uma compensação pecuniária.

Não se trata, portanto, de revolvimento de fatos e provas, por ser notadamente de direito a operação judicial de qualificação ou enquadramento jurídico dos fatos litigiosos delineados no acórdão regional, para efeito de conhecimento do recurso de revista (art. 896 da CLT).

Dessarte, sendo demonstrado que a reclamante restou incapacitada para o exercício de suas funções, e que foi vítima de Síndrome do túnel do carpo, classificada pela legislação previdenciária como doença do trabalho, deve-lhe ser assegurada também a indenização pelos danos morais sofridos.

Conclui-se que o Colegiado Regional divergiu da jurisprudência iterativa, notória e atual desta Corte Superior acerca da matéria em debate e violou o art. 927 do Código Civil, razão pela qual, CONHEÇO do recurso de revista, na forma do art. 896, c, da CLT.

MÉRITO

INDENIZAÇÃO POR DANOS MORAL E MATERIAL. SÍNDROME DO TÚNEL DO CARPO. DOENÇA RELACIONADA COM O TRABALHO. DECRETO N. 3.048/1999

No mérito, conhecido o recurso de revista por violação do art. 927 do Código Civil, DOU-LHE PROVIMENTO para reconhecer a Síndrome do túnel do carpo como doença do trabalho, os consequentes danos sofridos pela reclamante e o seu direito às indenizações por danos material e moral, determinando o retorno dos autos à Vara do Trabalho de origem, a fim de que prossiga no exame dos pedidos constantes na petição inicial, inclusive no tocante aos honorários periciais e advocatícios, fixando os valores das indenizações postuladas, uma vez que não é possível a aplicação do art. 515, § 3º, do CPC, por não versar questão exclusivamente de direito e por não estar em condições de imediato julgamento. Prejudicado o exame dos temas recursais remanescentes. Custas ao final.

# DANOS MATERIAL E MORAL. PERDA AUDITIVA

*RECURSO DE REVISTA. DOENÇA PROFISSIONAL. PERDA AUDITIVA. NEXO DE CONCAUSALIDADE. INDENIZAÇÃO POR DANO MORAL E MATERIAL.*

*A legislação previdenciária (Lei n. 8.213/1991 e Decreto n. 3.048/1999, listas A e B, do Anexo II,) considera a exposição a ruído agente etiológico ou fator de risco de natureza ocupacional, suscetível de causar "Perda da Audição" (CID 10). Assim, evidenciado o nexo de causalidade entre o trabalho exercido e a perda auditiva, a existência de outras concausas não é suficiente para elidir a responsabilidade civil da ré pelo pagamento de inde-*

nização em razão dos danos material e moral sofridos pelo autor, quando presentes os requisitos legais.

Recurso de revista parcialmente conhecido e provido.

(Processo n. TST-RR-44640-53.2006.5.04.0451 – Ac. 1ª Turma – DeJT: 14.04.2014)

*Doença profissional. Perda auditiva. Nexo de concausalidade. Indenização por dano moral e material*

De plano, assinale-se que o Tribunal Regional, no julgamento dos embargos de declaração, deixou claro que a prova emprestada foi juntada aos autos com a contestação, momento em que a ré formulou o pleito para a sua adoção.

Logo, não há falar que a adoção da prova emprestada, como um dos fundamentos do acórdão recorrido, tenha se dado fora dos limites da lide, razão pela qual, no aspecto, não se cogita de julgamento *ultra* ou *extra petita*, estando ilesos, pois, os arts. 128, 460, do CPC e 769 da CLT.

Nos moldes constantes no acórdão regional, trata-se de hipótese em que o autor prestou serviços para a ré, GERDAU AÇOS ESPECIAIS, por mais de 17 (dezessete) anos, tendo sido acometido da perda auditiva permanente, do tipo híbrido.

O Colegiado Regional firmou seu convencimento no sentido de que o autor apresentou quadro de perda auditiva, sendo o ruído ocupacional uma das suas causas e que as demais concausas seriam a diabete; a idade, que caracteriza a presbiacusia; a hipertensão arterial sistêmica; e o uso de medicação betabloqueadora, como tratamento da hipertensão arterial. Assim, por concluir que o autor reconheceu ter recebido equipamento de proteção individual e que a perda auditiva, mesmo sendo permanente, não decorreu exclusivamente da relação com o trabalho, nem de culpa exclusiva da ré, absolveu-a da condenação pelo pagamento das indenizações por dano moral e material, deferidas na sentença, julgando improcedentes os pedidos formulados na ação.

Não se trata, na espécie, de revisão de fatos e provas, mas de enquadramento jurídico dos fatos narrados no acórdão recorrido, operação admitida em recurso de revista, sem esbarrar no óbice da Súmula n. 126 deste Tribunal.

O anexo II do Decreto n. 3.048/1999 indica os agentes patogênicos causadores de doenças profissionais, conforme previsto no art. 20 da Lei n. 8.213/1991. Na Lista A, do referido anexo, constata-se no item XXI o "Ruído e afecção auditiva", dentre os agentes etiológicos ou fatores de risco de natureza ocupacional. A legislação previdenciária prevê que o contato com tais agentes ou fatores de risco pode ensejar, como doenças causalmente relacionadas (denominadas e codificadas segundo a CID-10), a "Perda da Audição Provocada pelo Ruído".

Por outro lado, na Lista B, do anexo II do referido Decreto n. 3.048/1999, também se considera como doenças do ouvido relacionadas com o trabalho, os "efeitos do ruído sobre o ouvido interno/Perda da Audição Provocada pelo Ruído e Trauma Acústico (H83.3)" que possui como agente etiológico ou fator de risco de natureza ocupacional a "Exposição ocupacional ao Ruído".

O art. 20, I, da Lei n. 8.213/1991, considera acidente do trabalho, a doença profissional, assim entendida a produzida ou desencadeada pelo exercício do trabalho peculiar a determinada atividade e constante da respectiva relação elaborada pelo Ministério do Trabalho e da Previdência Social.

Resulta patente, portanto, que, à luz da legislação previdenciária, a perda auditiva sofrida pelo autor possui nexo de causalidade direto com trabalho prestado à ré, diante da presença da "Exposição ocupacional ao Ruído" como sendo o "agente etiológico ou fator de risco de natureza ocupacional".

Assim, considerando que o Tribunal Regional reconheceu que o autor trabalhava exposto a ruídos e que houve perda permanente da audição, conclui-se que o nexo de causalidade entre o trabalho e a lesão sofrida resulta evidente.

Nessa linha de raciocínio, faz-se cabível examinar a presença de concausa, por ter sido o óbice erigido pela Corte *a quo* para a responsabilidade civil da ré.

Em se tratando de doença ocupacional equiparada a acidente do trabalho, no tocante ao reconhecimento de concausa, tem-se a incidência, por analogia, do disposto no art. 21, I, da Lei n. 8.213/1991, de seguinte teor, *verbis*:

"Art. 21. Equiparam-se também ao acidente do trabalho, para efeitos desta Lei:

I – o acidente ligado ao trabalho que, embora não tenha sido a causa única, haja contribuído diretamente para a morte do segurado, para redução ou perda da sua capacidade para o trabalho, ou produzido lesão que exija atenção médica para a sua recuperação."

Segundo o magistério de Cavalieri Filho, na obra "Programa de Responsabilidade Civil – Malheiros Editores, 2006" (fl. 84), *verbis*:

"(...) Concausas são circunstâncias que concorrem para o agravamento do dano, mas que não têm a virtude de excluir o nexo causal desencadeado pela conduta principal, nem de, por si sós, produzir o dano.

O agente suporta esses riscos porque, não fosse a sua conduta, a vítima não se encontraria na situação em que o evento danoso a colocou."

Nesse contexto, a circunstância de a Corte de origem ter reconhecido a existência de mais quatro concausas suscetíveis de causar ou de agravar a perda auditiva, não elide a responsabilidade civil da ré pelos danos sofridos pelo autor, em razão da patologia irreversível a que foi acometido no exercício de suas funções, uma vez que não se encontra rompido o nexo de causalidade.

Em convergência com o exposto, indicam-se os seguintes precedentes desta Corte Superior, em que se reconheceu a responsabilidade civil em se tratando de nexo de concausalidade, *verbis*:

"RECURSO DE REVISTA. INDENIZAÇÃO POR DANOS MORAIS. DOENÇA PROFISSIONAL. CONCAUSA. SÍNDROME DO TÚNEL DO CARPO. Demonstrado que as condições de trabalho a que a reclamante era submetida, como digitadora, contribuíram diretamente para a redução de sua capacidade laborativa em decorrência de Síndrome do túnel do carpo, classificada pela legislação como doença do trabalho, deve ser assegurada a indenização pelos danos morais sofridos. Recurso de revista conhecido e provido." (RR –

194600-82.2004.5.12.0014, Relator Ministro: Walmir Oliveira da Costa, 1ª Turma, DEJT 19.04.2013).

"AGRAVO DE INSTRUMENTO EM RECURSO DE REVISTA. DANOS MATERIAIS. INDENIZAÇÃO. PENSÃO MENSAL. PARCELA ÚNICA. INCAPACITAÇÃO PARCIAL PARA A FUNÇÃO DESEMPENHADA. 1. O Tribunal Regional verificou incontroversa nos autos a ocorrência do acidente de trabalho que vitimou o reclamante, causando-lhe diversos traumas em seu braço esquerdo, ocasionando o afastamento para gozo de benefício previdenciário até 31.05.2009. Consoante perícia elaborada por ocasião de reclamatória anterior, restou demonstrado que a lesão sofrida pelo reclamante é de natureza grave, havendo incapacidade laboral parcial para a função que anteriormente exercia. Indiscutível, pois, o dano e o nexo causal entre a lesão e a atividade laboral. Todavia, a conclusão da Corte de origem foi a de que não ficou configurada a culpa da reclamada. 2. Por se vislumbrar a existência de culpa da empresa, prudente o provimento deste agravo para o exame de possível violação do art. 927 do Código Civil. Agravo de instrumento conhecido e provido. RECURSO DE REVISTA. DANOS MATERIAIS. INDENIZAÇÃO. PENSÃO MENSAL. PARCELA ÚNICA. INCAPACITAÇÃO PARCIAL PARA A FUNÇÃO DESEMPENHADA. 1. O Tribunal Regional verificou incontroversa nos autos a ocorrência do acidente de trabalho que vitimou o reclamante, causando-lhe diversos traumas em seu braço-esquerdo, ocasionando o afastamento para gozo de benefício previdenciário até 31.05.2009. Consoante perícia elaborada por ocasião de reclamatória anterior, restou demonstrado que a lesão sofrida pelo reclamante é de natureza grave, havendo incapacidade laboral parcial para a função que anteriormente exercia. Indiscutível, pois, o dano e o nexo causal entre a lesão e a atividade laboral. Todavia, a conclusão da Corte de origem foi a de que não restou configurada a culpa da reclamada. 2. Extrai-se do acórdão que a culpa da reclamada restou configurada, tendo em vista a inadequação do uniforme utilizado na empresa, que foi puxado pela máquina e gerou o acidente com o autor, além do fato de que a retirada de resíduos da esteira ocorre normalmente com ela em movimento e que o equipamento só é paralisado quando o resíduo passa do alcance do empregado ou quando ocorre de ter caído o resíduo para outro lado de fora da esteira. Verifica-se, ainda, que o risco promovido pela máquina não parece ter sido esclarecido a contento aos empregados, consoante se denota da incerteza das testemunhas quanto à efetiva distância a ser mantida em relação ao equipamento. 3. Diante do contexto fático ofertado no acórdão, em que trazidos a lume a prova do dano, o nexo causal e a culpa da empresa, entende-se que, ao reformar a decisão de primeiro grau que deferiu o pleito indenizatório, o e. TRT violou o art. 927 do Código Civil, sendo, portanto, imperativo o restabelecimento da sentença, em que estabelecida a pensão em parcela única no valor de R$ 70.096,00 (setenta mil e noventa e seis reais). Recurso de revista conhecido e provido." (RR – 430-43.2012.5.08.0014, Relator Ministro: Hugo Carlos Scheuermann, Data de Julgamento: 19.02.2014, 1ª Turma, Data de Publicação: DEJT 07.03.2014)

"AGRAVO DE INSTRUMENTO. DANOS MATERIAIS E MORAIS. DOENÇA PROFISSIONAL. LOMBALGIA. SINTOMAS. AGRAVAMENTO. CONCAUSA. CARACTERIZAÇÃO. Demonstrada a violação do art. 21, I, da Lei n. 8.213/1991, dá-se provimento ao agravo de instrumento para determinar o processamento do recurso de revista. RECURSO DE REVISTA. DANOS MATERIAIS E MORAIS. DOENÇA PROFISSIONAL. LOMBALGIA. SINTOMAS. AGRAVAMENTO. CONCAUSA. CARACTERIZAÇÃO. 1. Conforme o art. 21, I, da Lei n. 8.213/1991, para o reconhecimento das doenças equiparadas a acidente do trabalho consideram-se todas as circunstâncias que contribuíram para seu surgimento ou agravamento. 2. No caso, com base na prova pericial, constatou-se que as atividades da reclamante (limpeza) agravaram a sintomatologia dolorosa da doença (dor lombar), o que é suficiente para reconhecê-las como concausa do agravamento da própria doença, uma vez que o quadro de dor é o que define a doença (dor lombar baixa, código CID M54.5). 3. Violação de dispositivo de lei demonstrada. 4. Recurso de revista conhecido e provido." (RR – 175-64.2011.5.09.0088, Relator Ministro: Lelio Bentes Corrêa, 1ª Turma, DEJT 07.02.2014).

"INDENIZAÇÃO EM FACE DA MOLÉSTIA OCUPACIONAL. DIMINUIÇÃO DA ACUIDADE AUDITIVA. Conforme registrado pelo Regional, foi comprovado, pela análise das provas constantes dos autos, o nexo de causalidade (concausa) entre a conduta da reclamada e a perda auditiva sofrida pelo autor, de modo que é possível concluir que o trabalho do autor na reclamada, durante quase 12 anos, como motorista, contribuiu para a evolução da doença, estando evidenciado o nexo de causalidade. Entender de forma diversa, como pretende a reclamada, no sentido de que não há o mencionado nexo de causalidade, enseja o revolvimento de fatos e provas do processo, o que, nos termos da Súmula n. 126 desta Corte é vedado a esta instância revisora de natureza extraordinária, pelo que não se pode entender como violados os arts. 7º, inciso XXVIII, da Constituição Federal, 818 da CLT, 333, inciso I, do CPC e 950 do Código Civil. Recurso de revista não conhecido. (...) INDENIZAÇÃO POR DANOS MATERIAIS. *QUANTUM* INDENIZATÓRIO. PARCELA ÚNICA (R$ 5.000,00). A Corte regional, ao condenar a reclamada ao pagamento de indenização por danos materiais, utilizou como critério a perda média da capacidade auditiva sofrida pelo autor, levando-se em conta os dois ouvidos. Considerou, ainda, que o dano causado foi apenas concausa da desídia da reclamada, razão pela qual entendeu pela fixação de valor único para a indenização por danos materiais em R$ 5.000,00. Da forma como posta a condenação, infere-se claramente a ocorrência de permanente incapacidade, mesmo que parcial, para o desempenho das atividades laborais anteriormente exercidas, razão pela qual não se pode entender como violados os arts. 818 da CLT e 333, inciso I, do CPC, pois o autor desincumbiu-se de seu ônus em provar o que alegou. Assim, o único fato trazido pela reclamada para impugnar o valor da condenação em danos materiais – a não demonstração de incapacidade para o trabalho – esbarraria na necessidade de nova análise fático-probatória dos autos, vedada a esta instância extraordinária nos termos da Súmula n. 126 do TST. Recurso de revista não conhecido." (RR-117400-36.2005.5.04.0030, Relator Ministro: José Roberto Freire Pimenta, 2ª Turma, DEJT 08.11.2013).

"RECURSO DE REVISTA. INDENIZAÇÃO POR DANOS MORAIS. DOENÇA OCUPACIONAL. CONCAUSA. SÍNDROME DO TÚNEL DO CARPO. Demonstrado que as atividades desenvolvidas pelo reclamante (desossa de coxas, separação e pesagem de moelas) atuaram como concausa na evolução da doença ocupacional (Síndrome do túnel do carpo), contribuindo para o seu agravamento, é devida a indenização por dano moral. Recurso de revista conhecido e provido." (RR – 645-48.2011.5.12.0012, Relator Ministro Aloysio Corrêa da Veiga, 6ª Turma, Data de Publicação 07.12.2012).

"RECURSO DE REVISTA. DANO MORAL. DOENÇA PROFISSIONAL. CONCAUSA. INDENIZAÇÃO. O Tribunal Regional reconheceu expressamente que as atividades exercidas na empresa foram uma das concausas que contribuíram para as enfermidades da reclamante. Desta forma, mesmo considerando que essas atividades tiveram atuação somente parcial no desenvolvimento das doenças (síndrome do túnel do carpo bilateralmente, síndrome do desfiladeiro torácico bilateralmente, síndrome dolorosa miofascial de trapézios e fibromialgia), tal circunstância não afasta a caracterização do dano sofrido como acidente de trabalho. Aliás, a previsão contida no art. 21, I, da Lei n. 8.213/1991 tem entendimento diametralmente oposto. Ademais, esta Corte vem se posicionando no sentido de que a concausa ligada ao contrato de trabalho, no desenvolvimento de moléstia profissional, gera direito à indenização por danos morais e materiais. Precedentes. Incidência do art. 896, § 4º, da CLT e da Súmula n. 333 do TST." (RR – 32500-50.2008.5.12.0012, Relator Ministro Pedro Paulo Manus, Data de Julgamento 09.05.2012, 7ª Turma).

Assinale-se que o fornecimento de equipamento de proteção individual, nos moldes constantes no acórdão regional, também não se revela como óbice ao reconhecimento da culpa da ré, na medida em que restou incontroverso que a exposição a ruído excessivo, de natureza ocupacional, foi uma das causas da lesão sofrida pelo autor, donde se pode concluir que o protetor auricular não foi suficiente para evitar os danos padecidos.

Logo, é forçoso reconhecer que se fazem presentes os requisitos da responsabilidade civil subjetiva, a saber, o ato danoso, o nexo de concausalidade entre a moléstia e a atividade laboral, além da culpa da ré.

Finalmente, também é imperioso reconhecer o dano moral infligido ao autor, em razão de ter sido acometido de doença laboral equiparada em lei ao acidente de trabalho; dano esse que ocorre *in re ipsa*, ou seja, prescinde de efetiva prova do fato lesivo aos direitos da personalidade do autor, gerando ao empregador a consequente obrigação de pagar uma compensação pecuniária.

Dessarte, sendo demonstrado que o autor sofreu perda auditiva permanente, classificada pela legislação previdenciária como doença do trabalho, deve-lhe ser assegurada também a indenização pelos danos morais sofridos.

Conclui-se que o Colegiado Regional, ao absolver a ré da condenação, violou o art. 927, *caput*, do Código Civil, razão pela qual, CONHEÇO do recurso de revista, na forma do art. 896, *c*, da CLT.

MÉRITO

DOENÇA PROFISSIONAL. PERDA AUDITIVA. NEXO DE CONCAUSALIDADE. INDENIZAÇÃO POR DANOS MORAL E MATERIAL

No mérito, conhecido o recurso de revista por violação do art. 927, *caput*, do Código Civil, DOU-LHE PROVIMENTO para restabelecer a sentença, em que deferida, a título de indenização por dano moral, o montante de R$ 6.000,00 (seis mil reais), e de indenização por dano material (pensão mensal vitalícia), no valor equivalente a 5% da remuneração percebida pelo autor à época da rescisão contratual, consideradas todas as parcelas salariais habitualmente pagas, inclusive o 13º salário e o terço constitucional de férias, a contar da data da dispensa; bem como no tocante à determinação de constituição de capital, consoante a Súmula n. 313 do STJ e o disposto no art. 475-Q do CPC, por se tratar de norma que autoriza ao magistrado ordenar ao devedor a constituição de capital, cuja renda assegure o pagamento do valor mensal da pensão, em hipóteses, como a vertente.

Os juros e atualização monetária nos moldes da Súmula 439/TST.

Invertido o ônus da sucumbência, e considerando que a ação de indenização por danos morais e materiais foi ajuizada na Justiça Comum, condeno a ré ao pagamento dos honorários advocatícios, nos moldes do art. 5º da Instrução Normativa n. 27 do TST, no percentual de 15% (quinze por cento), calculados na forma da Orientação Jurisprudencial n. 348 da SBDI-1 do TST.

Para efeito de novo recurso, fixa-se custas, pela ré, no valor de R$ 240,00 (duzentos e quarenta reais), calculadas sobre o valor então arbitrado à condenação (R$ 12.000,00 – doze mil reais).

---

# DISCRIMINAÇÃO INDIRETA E ISONOMIA. BANCO. CRITÉRIOS DE ADMISSÃO, PROMOÇÃO E REMUNERAÇÃO DE NEGROS, MULHERES E MAIORES DE 40 ANOS

*AGRAVO DE INSTRUMENTO. RECURSO DE REVISTA. AÇÃO CIVIL PÚBLICA. DISCRIMINAÇÃO INDIRETA. DISPARIDADE ESTATÍSTICA NO CONFRONTO ENTRE A POPULAÇÃO ECONOMICAMENTE ATIVA DO DISTRITO FEDERAL E O QUADRO DE EMPREGADOS DO BANCO RÉU QUANTO AOS CRITÉRIOS DE ADMISSÃO, PROMOÇÃO E REMUNERAÇÃO DE NEGROS, MULHERES E MAIORES DE 40 ANOS.*

*I – O Ministério Público do Trabalho não apresenta argumentos capazes de desconstituir a juridicidade da decisão de prelibação do recurso de revista, à míngua de demonstração de pressuposto intrínseco previsto no art. 896, a e c, da CLT.*

*II – Na hipótese vertente, o Tribunal Regional reconheceu inexistir discriminação indireta, em face de o Banco réu ter demonstrado a adoção de critérios meritórios e impessoais na admissão, promoção e remuneração de seus empregados. Diante desse dado fático, insuscetível de reexame nesta instância extraordinária recursal, por óbice da Súmula n. 126 do TST, é inviável incursionar na discussão acerca da possibilidade de a prova estatística ser apta a demonstrar a prática de discriminação indireta.*

*III – Além disso, conforme a jurisprudência do Supremo Tribunal Federal e desta Corte Superior, não é possível o Poder Judiciário atuar como legislador positivo, implementando ações afirmativas de "cotas" ou metas para correção das alegadas disparidades estatísticas, encontradas nos quadros de empregados do Banco em cotejo com a população economicamente ativa do Distrito Federal, quanto aos critérios de admissão, promoção e remuneração dos empregados negros, mulheres ou maiores de 40 anos de idade.*

*Agravo de instrumento a que se nega provimento.*

(Processo n. TST-AIRR-95240-03.2005.5.10.0013 – Ac. 1ª Turma – DeJT: 10.04.2015)

VOTO

CONHECIMENTO

O agravo de instrumento é tempestivo (fls. 3 e 205) e encontra-se devidamente instruído, com o traslado das peças essenciais previstas no art. 897, § 5º, I e II, da CLT e no item III da Instrução Normativa n. 16/1999 do TST. Atendidos os pressupostos legais de admissibilidade recursal, CONHEÇO do agravo de instrumento.

MÉRITO

O juízo primeiro de admissibilidade negou seguimento ao recurso de revista do Ministério Público do Trabalho, com amparo nos fundamentos a seguir reproduzidos:

"PRESSUPOSTOS EXTRÍNSECOS

Tempestivo o recurso (decisão publicada em 1º.07.2008 – fl. 971; recurso apresentado em 16.07.2008 – fl. 972).

Regular a representação processual (nos termos da OJ 52/SDI-I/TST).

Isento de preparo (CLT, art. 790-A e DL n. 779/1969, art. 1º, IV).

PRESSUPOSTOS INTRÍNSECOS

PRELIMINAR DE NULIDADE – NEGATIVA DE PRESTAÇÃO JURISDICIONAL

Alegação(ões):

– violação do art. 93, IX, da CF.

– ofensa aos arts. 832 da CLT e 458 do CPC.

O autor insiste na nulidade do acórdão por negativa de prestação jurisdicional, questão arguida nos embargos de declaração, ao argumento de que a Eg. Turma incidiu nas seguintes omissões: quanto à aplicação da Convenção n. 111 da OIT, o conceito de discriminação indireta e sua caracterização pelos resultados apresentados; quanto às provas apresentadas no que se refere à disparidade estatística nos âmbitos da admissão, ascensão e remuneração; quanto à inconsistência dos processos de seleção e encarreiramento do Unibanco; necessidade de inversão do ônus da prova; análise dos pedidos feitos pelo MPT.

Dispõe o art. 93, IX, da Constituição Federal, que todos os julgamentos dos órgãos do Poder Judiciário serão públicos e fundamentadas todas as decisões.

Da leitura do acórdão proferido às fls. 870/884, complementado às fls. 949/968, verifico que a controvérsia firmada pelas partes foi apreciada fundamentalmente. Os conceitos da Convenção n. 111 da OIT a respeito da discriminação foram apreciados às fls. 879 e 953/957; as provas colacionadas aos autos foram reapreciadas, inclusive levando à conclusão de que "a disparidade estatística apresentada nos presentes autos é impactante e revela a necessidade de ações afirmativas para sanar o problema" (fls. 883); quanto aos processos de seleção no banco entendeu-se não haver qualquer irregularidade por pautarem-se em critérios meritórios e adequação das capacidades de cada um às funções exigidas (fl. 959); os pedidos foram julgados improcedentes. Quanto ao requerimento de inversão dos ônus da prova, desnecessário o procedimento pois os elementos constantes dos autos foram suficientes a formar o convencimento do juízo a respeito da regularidade na administração de pessoal do banco.

Restaram observadas as prescrições contidas nos arts. 93, IX, da CF, 832 da CLT e 458 do CPC, não havendo que se falar em negativa de prestação jurisdicional.

AÇÃO CIVIL PÚBLICA. DISCRIMINAÇÃO INDIRETA. DISPARIDADE ESTATÍSTICA. AÇÕES AFIRMATIVAS.

Alegação(ões):

– violação do(s) art(s). 3º, I e IV; 5º, *caput*, XIII, XXXV, LXI e § 1º; 7º, XXX da CF;

– ofensa ao art. 1º, itens 1, *a*, e 2, da Convenção n. 111 da OIT.

A Eg. 2ª Turma, por meio do v. acórdão proferido às fls. 870/884, complementado às fls. 949/968, reiterou a improcedência da ação civil pública, na qual se postulou obrigação de fazer e de não fazer, além de indenização como forma de corrigir discriminação indireta contra mulheres, negros e trabalhadores mais velhos à contratação e administração de pessoal nos quadros do Unibanco. Pontuou que cabe ao Poder Judiciário a missão precípua de apreciar a legalidade das ações afirmativas implementadas por lei ou por ato administrativo, mediante provocação, mas não a de estabelecer discriminações positivas, por meio de cotas (...), sob pena de o julgador atuar como verdadeiro legislador positivo. Nesse sentido, precedente do excelso STF (Liminar n. 60/SP, Min. Nelson Jobim, DJU de 18.02.2005).

Contra tal decisão, insurge-se o Ministério Público, por meio das razões de recurso de revista às fls. 972/1.010. Sustenta que a decisão incidiu em desfiguração dos conceitos contidos na Convenção n. 111 da OIT, especialmente o de discriminação indireta, violando o art. 1º da Convenção n. 111 da OIT e os arts. 3º, IV, 5º, *caput*, § 1º e 7º, XXX, da CF; impertinente a invocação das exigências de qualificação que descaracterizam a discriminação, nos termos do art. 1º, item

2, da Convenção n. 111 da OIT, como forma de justificar o maior percentual de brancos nos quadros de pessoal do banco, violando o art. 5º, *caput*, XIII, § 1º e 7º, XXX, da CF. Aduz que a discriminação indireta constitui hipótese de responsabilidade objetiva, dispensando a comprovação do elemento volitivo, nos termos do art. 1º da Convenção n. 111 da OIT c/c art. 927, parágrafo único, do CCB. Por fim, defende que a ausência de imposição de regras claras para contratação, ascensão e remuneração baseadas em qualificações profissionais gera o risco juridicamente proibido de discriminar e insiste nos pleitos de imposição de obrigação de não discriminar, de desconstrução do quadro discriminatório e na indenização por dano moral coletivo.

De plano, registro a impossibilidade de processamento do recurso de revista quanto à alegação de ofensa ao art. 1º, itens 1, *a*, e 2, da Convenção n. 111 da OIT, porque o diploma não está contemplado na espécie normativa aludida na alínea *c* do art. 896 da CLT.

Em segundo lugar, pontuo a impossibilidade de reexaminar os dados estatísticos e as demais provas colacionadas aos autos, a teor da Súmula n. 126 do Colendo TST.

Quanto à alegação de violação do art. 3º, I e IV, que dispõe ser objetivo fundamental da República Federativa do Brasil a construção de uma sociedade livre, justa e solidária, provendo o bem de todos, sem preconceitos de origem, raça, sexo, cor, idade e quaisquer outras formas de discriminação, além do caráter principiológico do preceito, vale registrar que, conforme delineado no v. acórdão, a disparidade estatística verificada nos quadros de pessoal do Unibanco não decorreu de qualquer ato discriminatório, talvez constitua reflexo do problema social de baixo nível de escolaridade e qualificação nas camadas sociais historicamente vítimas de alguma exclusão, não cabendo ao Poder Judiciário impor à empresa a implementação de ações afirmativas de modo a concretizar os objetivos fundamentais do Brasil.

Quanto ao princípio da isonomia, inscrito, dentre outros, nos arts. 5º, *caput*, e 7º, XXX da CF, não há de se falar em violação, pois os critérios utilizados na contratação e administração de pessoal do Unibanco, segundo análise probatória da Eg. Turma, baseiam-se em méritos de qualificação dissociados de pertinência a grupos étnicos, etários ou de gênero, não havendo qualquer vedação implícita ou explícita a grupos de sujeitos. Consignou a Eg. Turma que as coletas estatísticas trazidas pelo autor foram generalizantes, sem descrever grupos específicos segundo as exigências para o exercício das diversas funções na empresa.

Também não há de se falar em violação do art. 5º, XIII, que trata da liberdade do exercício profissional, pois justamente observada a restrição na parte final do dispositivo quanto à qualificação profissional.

De outro lado, o direito de ação está sendo amplamente exercido, não havendo de se falar em violação ao art. 5º, XXXV, da Constituição Federal.

Por fim, também não vislumbro potencial violação do § 1º do art. 5º da CF, pois o v. acórdão não questionou a necessidade de concretização dos direitos fundamentais ou a sua máxima efetividade, apenas firmou o entendimento de que não cabe ao Judiciário a instituição de ações afirmativas de modo a transferir o espelho regional da população economicamente ativa para o âmbito empresarial, na esteira da jurisprudência do Excelso STF.

CONCLUSÃO

Ante o exposto, DENEGO seguimento ao recurso de revista."

Inconformado, o Ministério Público do Trabalho interpõe agravo de instrumento reiterando o que se segue:

NULIDADE DO ACÓRDÃO DO TRIBUNAL REGIONAL POR NEGATIVA DE PRESTAÇÃO JURISDICIONAL

O Ministério Público do Trabalho sustenta a nulidade do acórdão do Tribunal Regional por negativa de prestação jurisdicional. Afirma que a Corte de origem, ao julgar os embargos de declaração interpostos, deixou de sanar omissões apontadas, pois apenas adotou as razões de decidir do voto proferido pelo Juiz Revisor, que padeciam das mesmas omissões do voto do Juiz Relator. Renova a arguição de violação dos arts. 93, IX, da Constituição Federal, 832 da CLT e 458 do CPC, pela negativa de prestação jurisdicional quanto aos seguintes aspectos:

*a) omissão quanto à aplicação da Convenção n. 111 da OIT e ao conceito de discriminação indireta* – que exige somente a demonstração da exclusão, preferência ou distinção sobre determinados grupos, sem a necessidade de demonstração de dolo e culpa por parte do discriminador, mas apenas o efeito negativo –, sem enfrentamento dos arts. 3º, I, 5º, *caput*, XII e § 1º e 7º, XXX, da Constituição Federal;

*b) omissão quanto às provas apresentadas em relação à disparidade estatística nos âmbitos da admissão, ascensão e remuneração.* Afirma que a principal prova da discriminação indireta é a estatística, e a prestação jurisdicional não foi completamente entregue, pois esses fatos e dados não constaram do acórdão do Tribunal Regional. Alega que demonstrou que a não discriminação, na hipótese sustentada, independe de norma secundária que obste formalmente essa conduta, pois há base constitucional suficiente para isso. Colaciona decisões do STF em que foram adotadas posições ativistas, de modo a exemplificar a possibilidade de adoção de posições progressistas;

*c) omissão quanto à inconsistência dos processos de seleção e encarreiramento do banco.* Afirma que o banco não se desincumbiu do ônus de provar que o seu processo seletivo é isento de critérios discriminatórios. Alega que não passa de meras suposições a conclusão do Tribunal Regional de ausência de discriminação na seleção, ascensão e remuneração, pois não há nos autos qualquer prova dos critérios admissionais claros e transparentes utilizados pelo banco recorrido. Sustenta que é indispensável a manifestação expressa sobre os critérios, pois, segundo seu entendimento, a ausência de qualquer regramento claro e objetivo para a contratação no âmbito do banco recorrido configuraria a discriminação indireta;

*d) não enfrentamento da tese quanto à necessidade de inversão do ônus da prova.* Afirma que nas razões de seu recurso ordinário e dos embargos de declaração, a inversão foi amplamente fundamentada, com referência na doutrina e na jurisprudência norte-americana que a inverte nos casos de discriminação indireta;

*e) ausência de análise dos pedidos feitos pelo MPT.* Afirma que, embora a improcedência do pedido, nos casos de cumulação de pedidos, cada um deles exige manifestação judicial autônoma e isso não ocorreu.

Ao exame.

Verifica-se não existir negativa de prestação jurisdicional a ser declarada. Isso porque o Tribunal Regional da 10ª Região, embora tenha rejeitado os embargos de declaração opostos, emitiu juízo de mérito sobre todas as questões invocadas pelo *Parquet*, conforme a seguir transcrito:

"III. 1 – CONSIDERAÇÕES INICIAIS

Trata-se de Recurso Ordinário interposto contra a r. sentença de primeiro grau, que julgou improcedentes os pedidos formulados na Ação Civil Pública proposta pelo Ministério Público do Trabalho, com a finalidade de fazer cessar a discriminação indireta levada a efeito pelo Reclamado, supostamente comprovada pela metodologia da disparidade estatística.

Esclareço que o Recurso do Sindicato-assistente em muito se assemelha ao Recurso do *parquet*, até mesmo porque ambos têm objeto idêntico, razão pela qual serão analisados em conjunto.

Em ordem a julgar improcedente o pleito exordial, o MM. Juízo de origem consignou que o Autor, ao tecer apurações meramente estatísticas, não identifica quais as causas do resultado discriminatório obtido, não apontando nenhuma conduta ilícita do agente. Ademais, os dados estatísticos evidenciam o dano, mas não o nexo de causalidade, uma vez que as distorções nos quadros de pessoal da Reclamada representam as desigualdades históricas da própria sociedade brasileira.

O Ministério Público do Trabalho esclarece inicialmente, nas razões do seu Recurso Ordinário (fls. 631 e seguintes), que não se trata de ação comum, mas de ação inédita no Brasil em vários aspectos. Em primeiro lugar, a discussão tem por objeto a DISCRIMINAÇÃO INDIRETA, conceito ainda não sedimentado na doutrina e na jurisprudência pátrias. Outro aspecto inovador reside na utilização da estatística como meio de prova, por meio do conceito de DISPARIDADE ESTATÍSTICA, para demonstrar (ou servir de forte indício) a discriminação.

Acena o *parquet*, em seguida, com a *discriminação indireta* levada a efeito pela Reclamada, contra negros, mulheres e trabalhadores mais velhos, no tocante à admissão, ascensão e remuneração, o que se demonstra, principalmente, mediante a metodologia da *disparidade estatística*, realizada tomando-se por objeto a totalidade do quadro de pessoal do Banco-Reclamado no Distrito Federal. Em razão desse cenário, pugna pela reforma da r. sentença recorrida que, desconsiderando a feição probatória da metodologia utilizada, julgou improcedentes os pedidos, por falta de prova.

III. 2 – DISPARIDADE ESTATÍSTICA COMO PROVA DA DISCRIMINAÇÃO INDIRETA.

O cerne do presente Recurso reside na validade da disparidade estatística como principal meio de prova da discriminação indireta, além dos limites inerentes ao Poder Judiciário no controle das ações afirmativas.

Para tanto, faz-se necessário mencionar, de forma superficial, alguns conceitos, os quais foram estudados e organizados de forma minudente nas razões recursais do *parquet*.

Como já referido, a Convenção n. 111 da OIT conceitua a discriminação em seu art. 1º, a seguir transcrito:

'Art. 1º – 1. Para fins da presente Convenção o termo discriminação compreende: *a) toda distinção, exclusão ou preferência fundada em raça, cor, sexo, religião, opinião política, ascendência nacional, origem social ou outra distinção, exclusão ou preferência especificada pelo Estado-Membro interessado, qualquer que seja sua origem jurídica ou prática e que tenha por fim anular ou alterar a igualdade de oportunidades ou de tratamento no emprego ou profissão.*'

Ao passo em que a *discriminação direta* é aquela pela qual o tratamento desigual funda-se em critérios proibidos; a *discriminação indireta* é aquela que se reveste de imparcialidade, mas que traz prejuízos e desvantagens para um determinado grupo.

O *parquet*, com fulcro em Manual da OIT, distingue ainda a chamada *discriminação institucional* (fl. 638), que resulta do preconceito arraigado no próprio comportamento coletivo ou institucional, de modo não necessariamente consciente, mas reprodutor das desigualdades sociais.

Por outro lado, há também a *discriminação positiva*, que visa à proteção de determinados grupos discriminados da população, por meio da criação de mecanismos de tratamento diferenciado na ordem jurídica, ou seja, das chamadas *ações afirmativas*.

A discriminação indireta, por apresentar fumos de legalidade, é muito difícil de ser comprovada, pois seria necessário fazer prova de *atos de destituição velada ou alteração na igualdade de oportunidades*, razão pela qual o enfoque probatório há que ser dado nos seus efeitos ou resultados.

Dentro desse contexto, acena o Recorrente, com fulcro na doutrina de Joaquim Barbosa Gomes (Ação Afirmativa e Princípio Constitucional da Igualdade, Ed. Renovar) com a estatística, mediante comprovação de *disparidade estatística* como modalidade de prova por excelência da discriminação indireta, além da inversão do ônus da prova nas ações envolvendo discriminação.

III. 3 – DA POSSIBILIDADE DE O PODER JUDICIÁRIO IMPLEMENTAR AÇÕES AFIRMATIVAS.

O Ministério Público do Trabalho, nas razões do seu Recurso, aduz que o Poder Judiciário, como um dos Poderes do Estado, tem igual responsabilidade na tutela dos direitos e garantias fundamentais, especialmente no combate à discriminação.

Para reforçar essa premissa, o *parquet* colacionou arestos que trazem a atuação dos Tribunais brasileiros no combate à discriminação a portadores de HIV, idosos e afrodescendentes.

Quanto ao tema, necessário tecer algumas considerações.

O Poder Judiciário tem a função precípua de exercer o controle jurisdicional das ações afirmativas que lhe são submetidas, à luz dos princípios da proporcionalidade e da razoabilidade.

Todavia, na hipótese de o próprio julgador estabelecer cotas de discriminação, em ordem a concretizar determinada ação afirmativa, remete a instituto já maduro e consagrado no direito americano, denominado *court-ordered affirmative action programs*, ou seja, programas de ação afirmativa concebidos e implementados em razão de ordem judicial (Jaccoud, Luciana e Nathalie Beghin, *Desigualdades raciais no Brasil: um balanço da intervenção governamental*. IPEA, Brasília, 2002).

O instituto da *court-ordered affirmative action programs* está condicionado a determinados requisitos, inclusive o esgotamento das vias administrativas.

No Brasil, a Jurisprudência do excelso STF vem acenando com a impossibilidade de o Poder Judiciário instituir ações afirmativas, pois, assim fazendo, estaria atuando como legislador positivo, senão vejamos:

"A causa tem natureza constitucional (Art. 2º, art. 5º, II, e art. 206, VI). Conheço do pedido. Examino a lesão à ordem pública. Na ordem pública está compreendida a ordem jurídico-constitucional e jurídico-administrativa (PET 2066 AgR, VELLOSO, DJ 28.02.2003). A decisão questionada impõe à Autarquia Estadual obrigação não prevista em lei. O requerente demonstra que o deferimento da liminar causa grave lesão à ordem à administração públicas quando o Judiciário interfere na condução pelo Estado das políticas públicas para a educação. *Além disso, conforme orientação do STF, não cabe ao Poder Judiciário atuar como legislador positivo*. Em razão do exposto, defiro a suspensão da decisão liminar proferida na Ação Civil Pública n. 2.622/2003." (STF, Liminar n. 60/SP, Min. Nelson Jobim, DJU de 18.02.2005).

Assim, cabe ao Poder Judiciário apreciar a legalidade e a constitucionalidade das ações afirmativas implementadas por lei ou por ato administrativo, mediante provocação, mas não de estabelecer discriminações positivas, por meio de cotas, sem que esse procedimento esteja mais sedimentado em nosso ordenamento jurídico, como ocorre no direito americano, sob pena de vulneração da segurança jurídica e da harmonia entre os Poderes.

III. 4 – ANÁLISE DO CASO CONCRETO.

Incontroverso que a disparidade estatística se revela como um importante indício da discriminação indireta. Inclusive, nesse sentido, ambos os Recorrentes tecem minudentes considerações em ordem a validar os dados estatísticos coletados.

Não obstante, este egrégio Tribunal, na análise de situações semelhantes, vem entendendo que a conduta discriminatória ilícita, apta a ensejar a indenização por dano moral coletivo, deve ser comprovada de forma mais robusta, revelando-se insuficiente a metodologia da disparidade estatística.

'EMENTA: AÇÃO AFIRMATIVA. AUSÊNCIA DE DEMONSTRAÇÃO DE ATOS DISCRIMINATÓRIOS CONCRETOS. DANO MORAL COLETIVO. NÃO CARACTERIZAÇÃO. Não evidenciada qualquer situação concreta de preterição, exclusão ou preferência de empregados, fundada em gênero, idade ou raça, levadas a efeito pela instituição acionada, inviável se torna a imposição de condenação pecuniária a título de dano moral coletivo. A mera ausência de correspondência entre a composição dos empregados do demandado e a taxa de composição da População Economicamente Ativa do DF não se revela suficiente a evidenciar qualquer conduta discriminatória, ainda que inconsciente, por parte da demandada. Ainda que se pudesse vislumbrar a ocorrência de discriminação indireta, inexiste no ordenamento jurídico brasileiro instrumento legal que determine a observância de regime de cotas ou metas na admissão de empregados, seja por órgãos da administração pública, seja por empresas de natureza privada (art. 5º, II da CF).' (TRT – 10ª Região, RO n. 00930-2005-016-10-00-7, Ac. 1ª Turma, Red. Desig. Juíza MARIA REGINA MACHADO GUIMARÃES, DJ de 27.04.2007).

'EMENTA: DISCRIMINAÇÃO NA CONTRATAÇÃO DE EMPREGADOS. PROVA FUNDADA EM DADOS ESTATÍSTICOS. IMPOSSIBILIDADE. Não se pode imputar a uma empresa a prática da discriminação racial pela simples observância de incongruência na formação de seu quadro de empregados em relação à composição populacional do Estado, quando se sabe que este falha violentamente no respeito aos direitos e garantias fundamentais, e mais especificamente no tocante à formação educacional, negando semelhantes oportunidades de desenvolvimento aos cidadãos.' (TRT – 10ª Região, RO n. 00936-2005-012-10-00-9, Ac. 1ª Turma, Red. Desig. Juiz OSWALDO FLORÊNCIO NEME JUNIOR, DJ de 30.03.2007).

A disparidade estatística apresentada nos presentes autos é impactante e revela a necessidade de ações afirmativas para sanar o problema, à luz dos princípios insculpidos na Constituição Federal de 1988. Não obstante, o já referido instituto da *court-ordered affirmative action programs* ainda não se encontra sedimentado no Brasil, esbarrando ainda, como retrata o precedente do STF mencionado no tópico anterior, no princípio da legalidade.

Por oportuno, registro que a presente discussão demonstra o relevante papel do Ministério Público do Trabalho na consagração dos direitos fundamentais, os quais, segundo Paulo Gustavo Gonet Branco, representam o próprio grau de democracia de uma sociedade (Aspectos de teoria geral de direitos fundamentais, In: MENDES, Gilmar Ferreira; COÊLHO, Inocêncio Mártires e BRANCO, Paulo Gustavo Gonet. *Hermenêutica Constitucional e Direitos Fundamentais*, Brasília: Brasília Jurídica, 2002, p. 104).

Dentro desse contexto, e considerando que o MM. Juízo originário julgou improcedentes os pedidos, por insuficiência de provas, mantenho incólume a r. decisão recorrida, até mesmo porque, segundo a exegese do art. 103 do CDC, na hipótese de reforço do conjunto fático-probatório, nada impede que esta ação seja novamente ajuizada.

Nego provimento aos Recursos.

CONCLUSÃO

Diante do exposto, conheço dos Recursos e nego-lhes provimento, nos termos da fundamentação."

Os embargos de declaração opostos pelo Ministério Público do Trabalho foram providos apenas para sanar omissão sem, contudo, atribuir efeito modificativo ao julgado, adotando as razões de decidir lançadas na declaração de voto proferido pelo Juiz Alexandre Nery de Oliveira quando do julgamento do recurso ordinário, *verbis*:

"Acenou o embargante com a existência de omissão, obscuridade e contradição no v. acórdão turmário, de relatoria da Exma. Juíza Heloísa Pinto Marques. Aduziu que a r. decisão embargada não se manifestou sobre pontos relevantes para o deslinde da questão, especificamente para os dados estatísticos por ele apresentados, não enfrentando a questão à luz dos arts. 5º, *caput*, XIII, §§ 1º e 2º, e 7º, XXX, ambos da Constituição Federal, pelo que pugna sejam sanados os vícios apontados, para não restarem violados os dispositivos legais e constitucionais indicados. Requer ainda, manifestação para efeito de prequestionamento do art. 3º, inciso I; art. 5º, *caput*, e inciso XIII; e art. 7º, inciso XXX, da Constituição Federal.

Os arts. 535 do CPC e 897-A da CLT autorizam a oposição de embargos declaratórios, quando for necessário sanar na decisão omissão, obscuridade ou contradição. Esses são os vícios ensejadores do remédio aclareador. Há, outrossim, a possibilidade de serem manejados embargos no intuito de prequestionar certa matéria, viabilizando sua análise por instância superior.

*Esclarece-se que o Juiz que ora relata estes embargos não participou da sessão de julgamento dos recursos ordinários manifestados pelas partes, de modo que procede ao exame dos embargos declaratórios apenas por razões regimentais, em virtude da redistribuição dos processos anteriormente distribuídos à Exma. Juíza HELOÍSA PINTO MARQUES.*

*No caso presente, entendo que o v. acórdão padece dos vícios indicados, razão pela qual, dentro desse contexto, dou provimento aos embargos opostos pelo Ministério Público para adotar como parte integrante do julgado as razões lançadas pelo Exmo. Juiz Alexandre Nery de Oliveira, no voto proferido nestes autos, in verbis:*

'O Juiz, ao apreciar a norma, não pode descuidar dos valores sociais vigentes que permitem reinterpretar o Direito para estabelecer o Justo.

Mas não pode, o Juiz, invocar seus próprios valores e conceitos para instituir ou reescrever a norma vigente, substituindo os meios democráticos de reordenação do contrato social pela imposição da sua vontade individual.

Não por menos, o reinterpretar cotidianamente a norma jurídica permite revalidar seus conceitos aos valores vigentes na sociedade, sem que necessariamente haja que se estabelecer uma quebra do sistema.

Nessa atuação afirmativa do Direito em prol da consubstanciação da Justiça, o Juiz pode adotar os conceitos agora estabelecidos na sociedade em detrimento de outros anteriores (preconceitos) que não mais se justificam pela nova realidade.

Afinal, o Estado-Juiz, como componente da estrutura representativa das vontades nacionais, não pode ser compreendido como alijado dos processos de transformação social ou de convalidação de novos sistemas jurídicos, ainda quando mantido o ordenamento vigente por releitura e readequação dos preceitos ao exigido pelo novo cotidiano, assim compreendida a consubstanciação dos valores adequados à consagração de uma Sociedade mais justa, na forma, aliás, do que preceitua a Constituição Federal, arts. 1º, III e IV, 3º, incisos I e IV, 5º, I, 7º, XX e XXX, 170, VII e VIII, e 193.

O Poder Judiciário não caminha a reboque do Poder Legislativo e do Poder Executivo, mas, ainda que não lhe caiba estabelecer políticas governamentais, atividades próprias dos agentes eleitos regularmente, inclusive porque não age por impulso próprio, mas quando provocado, compete-lhe buscar a norma ou o princípio adequado à solução do conflito apresentado, ainda que para isso tenha que enunciar o divórcio da regra com o valor maior descrito na Constituição, mesmo quando reinterpretada em seus dizeres aparentemente inabaláveis: à Constituição real, decorrente do cotidiano social, deve conformar-se à letra da Constituição formal, ainda quando pela mera releitura dos preceitos constitucionais.

Como coautor e também ator das transformações sociais inerentes à atividade estatal, o Poder Judiciário deve pautar-se pelas regras inerentes a seu funcionamento, baseado na (re)interpretação das normas jurídicas segundo os valores adequados à validação das vontades manifestas ou latentes da Sociedade, assim declaradas, sobretudo, na Constituição e nas leis que se editem em complemento.

A busca, pois, deve dirigir-se à conformação das normas existentes aos valores efetivos que estabeleçam o conceito de Justiça Social, segundo as próprias premissas lançadas no contrato manifesto na Constituição, inclusive a devida ordenação de funções estatais próprias de cada esfera governamental, assim as atividades do Poder Judiciário não se podendo imiscuir naquelas próprias dos demais Poderes da República: ou seja, não pode o Juiz, para alcançar o fim pretendido, desviar-se da atividade jurisdicional, de dizer o Direito, para a de estabelecer a própria norma legal que lhe cabia interpretar ou adequar aos preceitos valorativos supremos.

A exordial é inequívoca quando pretende que o Réu fosse inibido, por ordem de obrigação de não fazer, a não proceder à contratação ou promoção de brancos, homens e jovens que pudessem agravar as estatísticas que, segundo expõe o Ministério Público, estariam a denunciar procedimento discriminatório no âmbito da empresa.

Não há dúvidas de que tal procedimento pretendido pela exordial envolveria, ainda que com qualquer outro nome, a instituição de cotas, já que, doutro modo, persistiriam ou as vagas improvidas à falta de candidatos selecionáveis, ou o provimento à margem da regra pretendida pelo *Parquet*. Na linha empreendida pela exordial, apenas com a instituição de cotas para mulheres, negros e idosos seria possível reequilibrar as estatísticas apresentadas, transferindo o espelho regional para o âmbito específico da empresa acionada. Não fosse tal a compreensão, ou seja, a admitir-se pedido de mera indicação de metas, e a exordial resultaria inepta ou inócua, já que o Ministério Público não elencou, na longa petição inicial, como deveria dar-se a inibição pretendida, enquanto apenas enuncia uma "desconstrução da discriminação", sem descrever onde estariam os pilares a serem inicialmente desmontados e o que deveria erguer-se no lugar.

Nesse sentido, a pretensão ministerial, ainda que fundada em diversos preceitos constitucionais, não se mostra adequada, no caso concreto, por não se vislumbrar a necessidade de conformação da norma a valor exigido pela Constituição, nem, diretamente fundada na Carta Suprema, a enunciação de prática exigida para fazer-se ou abster-se de modo a conformar-se à vontade constitucional.

Ao contrário, baseada em suposto desvio estatístico dos quadros internos da empresa Ré àqueles macrossociais, quanto aos grupos ora tutelados, o Ministério Público do Trabalho pretende verdadeira enunciação de norma a descrever cotas e metas de preenchimento de cargos e funções, assim como de valoração salarial, sem que a efetiva ocorrência de discriminação tenha sido configurada, num presumir a mera postulação abstrata própria da atuação legislativa, e não a atuação concreta judiciária, ainda quando na seara dos direitos meta, transindividuais e difusos pertinentes à ação civil pública.

Noto, nesse divagar de ideias, que o conceito de discriminação no trabalho, para os fins previstos na Constituição Federal, deve ser aquele contido na Convenção n. 111 da OIT – Organização Internacional do Trabalho, conforme aprovada pelo Decreto Legislativo n. 104, de 24/11/1964 e promulgada pelo Decreto n. 62.150, de 19.01.1968, e que tem o seguinte teor: "Art. 1º 1 – Para fins da presente Convenção, o termo "discriminação" compreende: a) toda a distinção, exclusão ou preferência fundada na raça, cor, sexo, religião, opinião política, ascendência nacional ou origem social que tenha por efeito destruir ou alterar a igualdade de oportunidades ou de tratamento em matéria de emprego e profissão; b) qualquer outra distinção, exclusão ou preferência que tenha por feito destruir a igualdade de oportunidades e tratamento em matéria de emprego e profissão, que poderá ser especificada pelo membro interessado depois de consultadas as organizações representativas de empregadores e trabalhadores, quando existam, e outros organismos adequados.

2 – As distinções, exclusões ou preferências fundadas em qualificações exigidas para um determinado emprego não serão consideradas como discriminação.

3 – Para os fins da presente Convenção, as palavras "emprego" e "profissão" incluem acesso à formação profissional, ao emprego e diferentes profissões, bem como às condições de emprego.

Art. 2º Qualquer membro para o qual a presente Convenção se encontre em vigor compromete-se a formular e aplicar uma política nacional que tenha por fim promover, por métodos adequados às circunstâncias e aos usos nacionais, a igualdade de oportunidades e de tratamento em matéria de emprego e profissão, com o objetivo de eliminar toda discriminação nessa matéria.

Art. 3º Qualquer membro para o qual a presente Convenção se encontre em vigor deve, por métodos adequados às circunstâncias e aos usos nacionais: a) esforçar-se para obter a colaboração das organizações de empregadores e trabalhadores e de outros organismos apropriados, com o fim de favorecer a aceitação e aplicação desta política; b) promulgar leis e encorajar os programas de educação próprios a assegurar esta aceitação e esta aplicação; c) revogar todas as disposições legislativas e modificar todas as disposições ou práticas administrativas que sejam incompatíveis com a referida política; d) assegurar a referida política no que diz respeito a empregos dependentes de controle direto de uma autoridade nacional; e) assegurar a aplicação da referida política nas atividades dos serviços de orientação profissional, formação profissional e colocação, dependentes do controle de uma autoridade nacional; f) indicar, nos seus relatórios anuais sobre a aplicação da Convenção, as medidas tomadas em conformidade com esta política e os resultados obtidos.

Art. 4º Não são consideradas como discriminação quaisquer medidas tomadas em relação a uma pessoa que, individualmente, seja objeto de uma suspeita legítima de se entregar a uma atividade prejudicial à segurança do Estado, ou cuja atividade se encontre realmente comprovada, desde que a referida pessoa tenha direito de recorrer a uma instância competente estabelecida de acordo com a prática nacional.

Art. 5º 1 – As medidas especiais de proteção ou de assistência previstas em outras convenções ou recomendações adotadas pela Conferência Internacional do Trabalho não são consideradas como discriminação.

2 – Qualquer membro pode, depois de consultadas as organizações representativas de empregadores e de trabalhadores, quando estas existam, definir como não discriminatórias quaisquer outras medidas especiais que tenham por fim salvaguardar as necessidades particulares de pessoas em relação as quais a atribuição de uma proteção ou assistência especial seja, de uma maneira geral, reconhecida como necessária, por razões tais como o sexo, a invalidez, os encargos de família ou o nível social ou cultural.

Art. 6º Qualquer membro que ratificar a presente Convenção compromete-se a aplicá-la aos territórios não metropolitanos, de acordo com as disposições da Constituição da Organização Internacional do Trabalho.

Art. 7º As ratificações formais da presente Convenção serão comunicadas ao diretor geral da Repartição Internacional do Trabalho e por ele registradas.

Art. 8º 1 – A presente Convenção somente vinculará os membros da Organização Internacional do Trabalho cuja ratificação tiver sido registrada pelo diretor geral.

2 – A Convenção entrará em vigor 12 meses após registradas as ratificações de dois dos membros pelo diretor geral.

3 – Em seguida, esta Convenção entrará em vigor, para cada membro, 12 meses após a data do registro da respectiva ratificação.

Art. 9º 1 – Qualquer membro que tiver ratificado a presente Convenção poderá denunciá-la no término de um período de 10 anos após a data da entrada em vigor inicial da Convenção, por um ato comunicado ao diretor geral da Repartição Internacional do Trabalho e por ele registrado. A denúncia só produzirá efeito um ano após ter sido registrada.

2 – Qualquer membro que tiver ratificado a presente convenção, no prazo de um ano depois de expirado o período de 10 anos mencionados no parágrafo anterior, e que não fizer uso da faculdade de denúncia prevista no presente artigo, ficará vinculado por um novo período de 10 anos e em seguida, poderá denunciar a presente Convenção no término de cada

período de 10 anos, observadas as condições estabelecidas no presente artigo.

Art. 10 1 – O diretor geral da Repartição Internacional do Trabalho notificará a todos os membros da Organização Internacional do Trabalho o registro de todas as ratificações e denúncias que lhe forem comunicadas pelos membros da organização.

2 – Ao notificar os membros da organização o registro da segunda ratificação que lhe tiver sido comunicada, o diretor geral chamará a atenção dos membros da organização para a data em que a presente Convenção entrará em vigor.

Art. 11 O diretor geral da Repartição Internacional do Trabalho comunicará ao secretário geral das Nações Unidas para efeito de registro, de acordo com o art. 102, da Carta das Nações Unidas, informações completas a respeito de todas as ratificações e todos os atos de denúncia que tiver registrado, nos termos dos artigos precedentes.

Art. 12 Sempre que o julgar necessário, o Conselho de Administração da Repartição Internacional do Trabalho apresentará à Conferência Geral um relatório sobre a aplicação da presente Convenção e decidirá da oportunidade de inscrever na ordem do dia da conferência a questão da sua revisão total ou parcial.

Art. 13 1 – No caso da Conferência adotar uma nova convenção que implique em revisão total ou parcial da presente Convenção, e salvo disposição em contrário da nova convenção: a) a ratificação da nova convenção de revisão por um membro implicará, *ipso juri*, a denúncia imediata da presente convenção, não obstante o disposto no art. 9º, e sob reserva de que a nova convenção de revisão tenha entrado em vigor; b) a partir da data da entrada em vigor da nova convenção, a presente Convenção deixa de estar aberta à ratificação dos membros.

2 – A presente Convenção continuará, todavia, em vigor na sua forma e conteúdo para os membros que a tiverem ratificado e que não ratificarem a convenção de revisão.

Art. 14 As versões francesa e inglesa do texto da presente Convenção fazem igualmente fé." (grifei)

Conquanto tenha o Governo brasileiro, em 1995, durante a 83ª Conferência Internacional do Trabalho, ocorrida em Genebra/Suíça, assumido oficialmente a existência de discriminação no mercado de trabalho e assim a sua inobservância aos comandos da Convenção 111/OIT, não significa, com isso, estabelecer-se a generalização da situação declarada nem presumir-se que, passados mais de dez anos, nada se tenha modificado.

Não bastasse isso, a Convenção 111/OIT é clara quando, após conceituar a discriminação no trabalho, enaltece, no art. 1º, § 3º, que: "As distinções, exclusões ou preferências fundadas em qualificações exigidas para um determinado emprego não serão consideradas como discriminação", pelo que a existência de processos seletivos, para a admissão ou para a progressão funcional, que não denunciem uma prática tendente a estabelecer desigualdade de oportunidade segundo o sexo, a raça ou a idade, não se configuram como prática discriminatória a ser condenada.

No caso presente, a exordial funda toda a pretensão em estatísticas apresentadas no sentido de que os quadros funcionais da empresa Ré se mostram em desacordo com os retratos da população economicamente ativa (PEA), enquanto a defesa insiste que tal desconformidade não decorre de ingerência ativa ou passiva da empresa, mas do resultado de processos seletivos segundo critérios meritórios dissociados de qualquer análise envolvendo sexo, raça ou idade.

Não é possível vislumbrar a discriminação efetiva por parte da empresa baseada na mera premissa estatística, tanto mais quando generalizante, sem descrever os grupos específicos segundo as exigências para as diversas funções ocupadas no âmbito empresarial.

Aliás, na própria audiência inaugural, conforme registrado em ata, o Ministério Público reconheceu que não havia discriminação direta no âmbito da empresa Ré, insistindo numa "discriminação indireta" ou "discriminação inconsciente", conforme a estatística que compreendia como reveladora do fato discriminatório.

Contudo, a alegação ministerial de que há discriminação indireta ou inconsciente por parte da empresa Ré, sob o manto de escolha não aleatória, sucumbe quando se percebe, inclusive, a partir dos documentos apresentados, que a escolha de currículos se mostra de modo impessoal, a resultar em elemento não influente para a contratação, nem se estabelecendo elementos como raça, cor ou idade, efetivamente, a partir do verificado nos autos, como condição para a progressão funcional.

A própria existência, no quadro funcional da empresa, de mulheres, negros e pessoas de idade em cargos e funções questionados pelo Ministério Público do Trabalho faz indagar onde residiria a discriminação se possível, ainda que em menor número, perceber-se que o Réu não agiu com práticas discriminatórias para inibir tais trabalhadores de galgar os postos referidos, mas apenas não houve, segundo as seleções efetivadas, ainda o número de eleitos suficientes a adequar os parâmetros entendidos como corretos, segundo estatísticas frias que não podem, numa metodologia científica precária, caracterizar a necessária transposição para cada grupo das realidades numéricas que venha aferir.

A lógica das afirmações nem sempre é precisa no sentido imaginado pelas premissas iniciais.

Cabe perceber, ademais, que o ativismo judicial, ainda que salutar quando percebida a necessidade de preencher o vazio normativo exigido pela Constituição, não pode substituir a ação afirmativa do princípio constitucional para a enunciação geral da inobservância ao preceito valorado pela Carta Suprema, sob pena de se transformar o Juiz no criador de provimentos abstratos e genéricos, próprios da seara do Legislador.

Por isso, insisto, não me convenço que as estatísticas apresentadas possam retratar uma evidência lógica da discriminação de gênero, raça e idade imputada pelo Ministério Público do Trabalho à empresa Ré.

Não há vedação alguma para que o empregador possa adotar meios seletivos segundo o merecimento e a adequação das capacidades de cada um às funções exigidas, se não se indica nenhuma vedação, explícita ou implícita a grupos de sujeitos, que pudesse, assim, evidenciar prática discriminatória, ainda que velada.

Nesse sentido, a própria Constituição Federal enaltece, em várias ocasiões, o respeito ao mérito, e assim também a Consolidação das Leis do Trabalho ao regulamentar o preceituado no art. 7º, XXX, da Constituição, sobretudo a partir do art. 461 consolidado, estabelecendo premissas de correção, no plano individual, das distorções eventualmente havidas quanto a salário ou aos meios de admissão e progressão no trabalho. E assim, cabe repetir, também é a própria Convenção 111/OIT, integrada ao ordenamento jurídico pátrio, que, ao instante em que conceitua a discriminação no ambiente de trabalho, estabelece que os procedimentos seletivos por mérito não envolvem discriminação, sempre que não se efetivem separações por grupos de indivíduos segundo raça, cor, sexo, religião, opinião política, ascendência nacional ou origem social (art. 1º, § 3º).

A invocação de existência de discriminação silente no âmbito da Sociedade brasileira não é suficiente a caracterizar a prática de ato discriminatório, ainda que inconsciente, por parte da empresa Ré.

É necessário não apenas pressupor e partir para a investigação consciente e inequívoca da existência de ato de constrangimento, ainda que velado, para que se possa chegar ao exame do pedido de inibição da referida conduta.

Mas se não há o ato discriminatório, não parece possível deferir-se, apenas à conta de suposição de conduta, o pedido de obrigação de não fazer, resultando daí outra discriminação, em que a empresa passa a responder por prática não reconhecida judicialmente, com consequências negativas na ordem econômico-social, a partir da propaganda negativa resultante da condenação imprópria.

Por ora, pelo menos, segundo o contido nos autos, não há retrato fiel de prática discriminatória a ser inibida em relação à empresa Ré, no ambiente de trabalho, em relação a mulheres, negros e pessoas de idade.

Com a devida vênia, estatística não é prova de fato existente ou havido.

As estatísticas revelam possibilidades e não efetividades.

O resultado estatístico envolvendo um grupo permite avaliar condutas, mas não é capaz de conduzir, sempre, ao retrato da realidade em relação a outro grupo, ainda que substrato do primeiro analisado, porque, não necessariamente, ao partir-se o conjunto, o subconjunto estabelecido resultará nas mesmas premissas estatísticas antes delimitadas.

A estatística não é ciência exata para a afirmação de certo fato, mas apenas a enunciação dos preceitos da Matemática quanto a certas probabilidades: a possibilidade de ocorrência e não a verificação do ocorrido.

Com efeito, fosse assim, e o Homem não teria chegado à Lua, porque a estatística, considerando as médias decorrentes das órbitas elípticas e desprezando outros movimentos e influências físicas, resultaria definir a Lua muito aquém ou além do ponto onde deveria estar para o pouso pioneiro. Na verdade, o Homem chegou à Lua não por obra ou pelos cálculos dos estatísticos, mas fundado na obra de Einstein secundada pelo princípio da incerteza de Heisenberg. Nesse sentido, o ponto da análise não se pode aferir por percentuais ou médias, já que toda conclusão matemática resta influenciada pela observação e pelo tempo decorrido. Tudo é relativo quando se ignoram todas ou algumas das variáveis. Nada pode ser precisado por análise estatística, desprovida das variáveis incidentes nas apurações.

Num outro exemplo do absurdo que o apego exagerado às hipóteses estatísticas pode gerar, a análise de que praticamente a metade da população é de homens e a outra é de mulheres não pode conduzir à conclusão de que, num grupo de duas pessoas, sempre haja um homem e uma mulher.

A análise matemática envolvida na compreensão estatística, portanto, exige mais que a mera transposição numérica para a percepção dos dados segundo as especificidades dos subconjuntos criados a partir de cada conjunto anteriormente analisado, para verificar-se se as premissas iniciais persistem, todas elas, íntegras para conduzir ao mesmo e necessário resultado.

Matematicamente nada mais se pode revelar, pelo exame estatístico, que a mera probabilidade de repetição do resultado aferido no conjunto maior em relação ao subconjunto dele resultante.

Nesse sentido, analisando caso similar, o acórdão oriundo da Egrégia Primeira Turma deste Tribunal Regional que, ao manter sentença da minha lavra, proferida ainda como titular do MM. Juízo do Trabalho da 12ª Vara de Brasília/DF, assim decidiu: "Ementa: DISCRIMINAÇÃO NA CONTRATAÇÃO DE EMPREGADOS. PROVA FUNDADA EM DADOS ESTATÍSTICOS.

IMPOSSIBILIDADE.

Não se pode imputar a uma empresa a prática da discriminação pela simples observância de incongruência na formação de seu quadro de empregados em relação à composição populacional do Estado, quando se sabe que este falha violentamente no respeito aos direitos e garantias fundamentais, e mais especificamente no tocante à formação educacional, negando semelhantes oportunidades de desenvolvimento aos cidadãos." TRT – 10ª Região – 1ª Turma, Redator Juiz Oswaldo Florêncio Neme Júnior RO-00936-2005-012-10-00-9, Acórdão publicado no DJU-3 de 30.03.2007. Como salienta o precedente, o observador não pode desconsiderar outros elementos para a verificação do ponto de incoerência, desprezando os disparates socioeconômicos, educacionais e culturais. Ao adotar a estatística fria sem a consideração dos subgrupos que tem mais ou menos grau de escolaridade, maior ou menor histórico cultural, maior ou menor condição socioeconômica, há o resultado impreciso que emerge da probabilidade do fato, mas não à sua ocorrência.

As estatísticas não observam, para cada grupo selecionado na empresa, os níveis de escolaridade exigidos, a formação cultural apropriada para a aferição do merecimento, nem ainda o histórico sociocultural que conduz a tais condições, como se a apuração da culpa estivesse no resultado e não na causa determinante de tal situação desprestigiada, nem considera, ainda, os esforços de muitos indivíduos para a superação pessoal das dificuldades no sentido de galgar posição social mais elevada e assim deterem capacidade de agregar a seus descendentes outros níveis na sociedade, cada vez mais, pela repetição dos esforços e não pelo mero estabelecimento de vagas predestinadas, numa inequívoca inversão da discriminação, em que os mais esforçados e capazes cedem espaços aos que aguardam a vez baseados em situações históricas, ao invés de ultrapassá-las e deixá-las apenas no passado pelo empenho pessoal ou grupal na demonstração de suas qualidades.

No caso, a falta de efetiva prova por parte do Autor, que se limitou a basear-se em desvios estatísticos, sem conseguir indicar um único caso de efetiva discriminação no âmbito empresarial, denota a falta de efetiva desoneração do ônus probatório que competia ao Ministério Público, ainda que em sede de ação civil pública. As estatísticas apresentadas, com a devida vênia, continham um inequívoco vício de análise ao tentar-se transferir para subgrupos a mesma percepção do grupo maior, numa deturpação do significado.

O preconceito dissimulado não dispensa a prova de sua ocorrência, ainda que por evidências que, somadas, conduzam à constatação de que algo há atrás da máscara. Mas não se pode, com base em premissas não confirmadas, partir-se para a desconstrução de algo que não se mostra construído, como pretendido pela exordial.

Nos Estados Unidos da América, há mais de cinquenta anos, um fato enunciou a evidência do que lá sequer era dissimulado: Rosa Parker negou-se a emprestar seu lugar num ônibus a um branco pelo simples fato de ser negra.

Iniciaram-se batalhas judiciais para afirmar um direito que não se conformava, segundo a recalcitrante, com a isonomia descrita na Constituição norte-americana nem na Declaração de Direitos. E ainda assim, toda uma discussão tomou conta daquele País para verificar se da Constituição emergia ou não a repulsa à instituição de barreiras segmentárias. Os Juízes puderam julgar a questão não porque algo era suposto, mas porque o fato preciso estava descrito como inaceitável perante a Constituição e havia sido levado ao exame das Cortes.

No Brasil, há pouco mais de cem anos, quebraram-se amarras da escravidão, e nem por isso há ainda as condições sociais que dignificam negros. No início do século, a sociedade patriarcal colocara as mulheres em total menosprezo, submetidas à mera colaboração como donas de casa, situação que na década de 1960 ainda era clara, e há pouco têm as mulheres conseguido, em vários rincões, mais que a mera condição de esposas e mães. Não faz muito e o Estatuto do Idoso, passados mais de dez anos da instituição de dispositivo constitucional sem regulamentação, descreveu direitos àqueles com idade mais avançada.

O tempo anda diversamente para cada sociedade, e assim o Direito.

Mas numa marca, a lembrança de Rosa Parker deve servir ao presente caso: a desconstrução de um modelo preconceituoso começou com a demonstração inequívoca de sua existência, e não a mera conjectura de sua possível ocorrência, e assim com sua submissão a uma Corte de Justiça.

Não se há que ter a História como álibi para o preconceito, mas como explicação social para ainda haver desajustes nos quantitativos de pessoas agregadas ao mercado de trabalho, a par do gênero sexual, da cor e raça, ou da idade.

Nisso, percebe-se que o Tempo é um dos caminhos para que os quantitativos se ajustem e não o contrário, estabelecendo outras discriminações como forma de equacionar alguma apenas suposta.

Inexistindo prática discriminatória demonstrada no âmbito da coletividade tutelada, não há campo para o pedido ministerial de imposição de comando inibitório para tal ato, sob pena de constituir-se uma inequívoca condenação de preconceitos que gerariam, inclusive, a necessária representação para outras consequências, inclusive na seara criminal.

Não se há, com isso, que resultar uma declaração de inexistência de prática discriminatória pela empresa Ré em relação a algum sujeito específico, campo impróprio da via eleita e, ainda assim, sequer cogitado à falta de especificação de atingidos por discriminação havida como generalizada, segundo o relato ministerial.

No caso sob exame, apenas não se demonstrou o fato essencial: a existência de práticas discriminatórias no âmbito da empresa Ré.

Improvado isso, não há como determinar-se a correção jurídica do ato inexistente.

Essa foi a conclusão do julgado recorrido.

Por isso, ao expressar a sentença, o Judiciário não envolve de mantos as discriminações existentes, não desconhece haver o preconceito mascarado, não inibe as práticas desconstrutivas da segregação, ao contrário, as incentiva, mas não lhe cabe, no âmbito restrito de sua atuação, supor o fato para chegar-se ao comando inibitório pretendido pelo Ministério Público. É preciso mais, e tal não se fez demonstrado, segundo a conclusão judicial. Noutro caso, noutra situação fática, quiçá.

Aos juízes não se permite ditar as normas para a sociedade, mas impedir que as normas estabelecidas sejam esquecidas, e assim o Direito, porque onde não impera o Direito também não impera o Justo.

A Justiça, pois, deve emergir da consagração dos preceitos jurídicos que, ainda quando impostos pela maioria de uma sociedade, não inibam a movimentação social das minorias.

A desconstrução da desigualdade, já dizia Rousseau, ainda que noutra época e sob outro enfoque histórico, apenas se perfaz em se tratando desigualmente os desiguais, porque igualdade entre desiguais é persistir à desigualdade, e não tentar estabelecer um manto de isonomia entre os indivíduos.

Mas é preciso, também, não pressupor a desigualdade onde possa não estar ocorrendo.

Porque a mera instituição de premissas gerais atingirá também aqueles que, supostamente discriminados, já não o são: as mulheres, os negros, os idosos que conseguiram galgar seus postos por mérito, e que verão isso ser desmontado sob o indevido viés de que tudo alcançado apenas o foi porque eram mulheres, porque eram negros, porque eram idosos, e não porque mereceram, apesar da condição de gênero, raça ou idade ostentadas.

Nisso está a verdadeira desconstrução dos preconceitos: que todos possam descrever seus sucessos, sem que nenhuma condição tenha sido descrita que não o mérito e as qualidades de cada indivíduo. Nada mais.

Nesse sentido, o julgamento antes concluído, nesta data, pela Egrégia Segunda Turma Regional, em acórdão assim ementado:

'EMENTA: AÇÃO CIVIL PÚBLICA. PEDIDO DE ORDEM INIBITÓRIA DE PRÁTICA DISCRIMINATÓRIA PELA EMPRESA EM RELAÇÃO À ADMISSÃO, PROMOÇÃO E REMUNERAÇÃO DE EMPREGADOS POR RAZÃO DE SEXO, RAÇA, COR OU IDADE. ATUAÇÃO DO MINISTÉRIO PÚBLICO DO TRABALHO. POSSIBILIDADE JURÍDICA. ADEQUAÇÃO DA VIA ELEITA. ATIVISMO JUDICIAL. LIMITES. AÇÃO AFIRMATIVA. NECESSIDADE DE PROVA DO ATO ILÍCITO. ANÁLISES ESTATÍSTICAS: MERA PRESUNÇÃO POR POSSIBILIDADE MATEMÁTICA. MARGEM DE ERRO ADMISSÍVEL. FALTA DE PROVAS. IMPROCEDÊNCIA.

A mera afirmação da prática de ato discriminatório por empresa, em relação à admissão, promoção e remuneração de seus empregados, baseada em critérios de sexo, raça, cor ou idade, não pode dar-se apenas com base em transposição de situações havidas ou existentes, consubstanciadas em estatísticas gerais, já que envolvem mera possibilidade matemática e não efetividade do fato apresentado noutro substrato de sujeitos, não se configurando a estatística como prova. Necessidade da análise de elementos que evidenciem prática discriminatória pela empresa, mais que a mera divergência entre os grupos retratados no quadro funcional em relação ao conjunto macrossocial nacional, regional ou local, se há especificidades entre um e outro que os diferem.

Não há vedação alguma para que o empregador possa adotar meios seletivos segundo o merecimento e a adequação das capacidades de cada um às funções exigidas, se não se indica nenhuma vedação, explícita ou implícita, a grupos de sujeitos que pudesse, assim, evidenciar prática discriminatória.

A própria Constituição Federal enaltece, em várias ocasiões, o respeito ao mérito, e assim também a própria CLT, ao regulamentar, pelo art. 461, o art. 7º, XXX, da CF, além da Convenção 111/OIT, no respectivo art. 1º e parágrafos, quando, ao mesmo instante em que conceitua a discriminação no ambiente de trabalho, estabelece que os procedimentos seletivos por mérito não envolvem discriminação, sempre que não se efetivem separações por grupos de indivíduos segundo raça, cor, sexo, religião, opinião política, ascendência nacional ou origem social.

Inexistindo prática discriminatória demonstrada no âmbito da coletividade tutelada, não há campo para o pedido ministerial de imposição de comando inibitório: improcedência dos pedidos exordiais.

Recursos do Ministério Público do Trabalho e do Sindicato obreiro assistente conhecidos e desprovidos: sentença mantida." TRT – 10ª Região – 2ª Turma, Rel. Juiz Alexandre Nery de Oliveira, RO-00943-2005-015-10-00-0, Julgado em 13.02.2008.

Nesse sentido, e com os presentes acréscimos de fundamentação, resulta correta a r. sentença primária que julgou improcedentes os pedidos formulados.

Nego provimento aos apelos.'

Nesses termos, dou provimento aos embargos.

Os dispositivos constitucionais invocados estão prequestionados, para fins de submissão à instância superior.

CONCLUSÃO

Pelo exposto, conheço dos embargos declaratórios opostos pelo Ministério Público do Trabalho, e, no mérito, dou– lhes provimento, para adotar como parte integrante do v. acórdão as razões lançadas pelo Exmo. Juiz Alexandre Nery de Oliveira no voto proferido nestes autos, tendo por prequestionados os dispositivos constitucionais invocados, nos termos da fundamentação.

É como voto."

Constata-se, pois, que o Tribunal Regional não foi omisso, uma vez que expressamente se manifestou sobre todos os pontos levantados pelo agravante, pelo que não há falar em negativa de prestação jurisdicional.

Ressalte-se que pelo princípio do livre convencimento motivado, insculpido no art. 131 do CPC, o julgador, ao proferir a decisão, não está obrigado a fazer menção expressa da tese adotada pela parte, se outra é a sua, tampouco refutar, um a um, os argumentos por ela enumerados bastando demonstrar, de forma fundamentada, as razões jurídicas que fundamentam a decisão, o que ocorreu, na hipótese, inexistindo qualquer contradição com o não acolhimento da arguição de nulidade.

Assim, não estando configurada a negativa de prestação jurisdicional, mostra-se insubsistente a invocada violação dos arts. 93, IX, da Constituição Federal, 832 da CLT e 458 do CPC.

NEGO PROVIMENTO.

AÇÃO CIVIL PÚBLICA. DISCRIMINAÇÃO INDIRETA. DISPARIDADE ESTATÍSTICA NO CONFRONTO ENTRE A POPULAÇÃO ECONOMICAMENTE ATIVA DO DISTRITO FEDERAL E O QUADRO DE EMPREGADOS DO BANCO EM RELAÇÃO AOS CRITÉRIOS DE ADMISSÃO, PROMOÇÃO E REMUNERAÇÃO DE NEGROS, MULHERES E MAIORES DE 40 ANOS

Nas razões do agravo de instrumento, o Ministério Público do Trabalho sustenta, em síntese, a existência de discriminação indireta de gênero, raça e idade na seleção, ascensão e remuneração. Argumenta que tal discriminação se evidenciou pela análise estatística que demonstrou disparidade entre o número de negros, mulheres e pessoas acima de 40 anos empregadas pelo banco e a população economicamente ativa do Distrito Federal.

Afirma que a discriminação indireta, prevista na Convenção n. 111 da OIT, ocorre sem que haja a intenção de discriminar, sendo práticas aparentemente imparciais, mas que causam prejuízo e desvantagens aos integrantes de determinado grupo. Diante disso, sustenta que a discriminação indireta é hipótese de responsabilidade objetiva.

Assevera que o Tribunal Regional, ao consignar que o procedimento de seleção para contratação e ascensão funcional são eminentemente calcados no merecimento dos selecionados, não demonstrou que prova ou elementos fáticos embasaram sua conclusão, pois o banco não apresentou suas regras de admissão, ascensão e remuneração de forma clara e razoável em relação a esses processos. Assim, afirma que a ausência de critérios de admissão, ascensão e remuneração baseados em qualificações profissionais gera risco juridicamente proibido de discriminar, devendo, por isso, o banco responder pela disparidade encontrada pelo agravante.

Defende, ainda que não reconhecida a existência de dano, os dados apresentados nesta ação civil pública devem, no mínimo, servir para impor ao recorrido a obrigação de conferir publicidade e clareza às suas regras de contratação e ascensão, a fim de conferir vigência à Convenção n. 111 da OIT.

Aduz que não propõe a instituição de cota empregatícia para corrigir as disparidades em relação aos empregados negros, às mulheres e aos que possuem mais de 40 anos de idade, mas, sim, a inserção de meta, em prazo não inferior a cinco anos, nos programas de diversidade já em funcionamento no âmbito da instituição bancária.

Argumenta que a Constituição Federal possui dispositivos de aplicação imediata que vedam a discriminação indireta. E que tal discriminação somente pode ser reparada com a intervenção do Poder Judiciário.

Diante disso, postula a imediata cessação da discriminação baseada em sexo, cor/raça e idade com a condenação do Banco para que se abstenha de discriminar, bem como o pagamento de indenização pelo dano moral coletivo no valor de R$ 30.000.000,00 (trinta milhões de reais), com fundamento na inexistência de regras claras e públicas quanto aos critérios de admissão, remuneração e ascensão.

Renova a arguição de violação dos arts. 3º, I e IV, 5º, *caput*, XIII e XXXV, e §§ 1º e 2º, 7º, XXX, da Constituição Federal, 1º, item 2, da Convenção n. 111 da OIT, 927, parágrafo único, do Código Civil.

Razão não lhe assiste.

Conforme se infere da decisão agravada, o Tribunal Regional adotou dois fundamentos para negar provimento ao recurso ordinário do Ministério Público do Trabalho.

O primeiro refere-se à impossibilidade de utilização de prova estatística para demonstração de práticas de discriminação indireta no âmbito do Banco réu e que critérios meritórios não importam em discriminação.

O segundo relaciona-se à impossibilidade de o Poder Judiciário atuar como legislador positivo, por meio de implementação de ações afirmativas de "cotas" ou metas para correção das alegadas disparidades encontradas nos quadros de empregados do Banco em relação à admissão, promoção e remuneração dos empregados negros, mulheres ou pessoas acima de 40 anos de idade.

O Tribunal Regional, às fls. 2011/2013, concluiu, valorando fatos e provas, que os critérios de contratação e promoção eram impessoais e não se baseavam em critérios de cor e idade, mas em critérios meritórios, *in verbis*:

"Contudo, a alegação ministerial de que há discriminação indireta ou inconsciente por parte da empresa Ré, sob o manto de escolha não aleatória, sucumbe quando se percebe, inclusive, *a partir dos documentos apresentados*, que a escolha de currículos se mostra de modo impessoal, a resultar em elemento não influente para a contratação, nem se estabelecendo elementos como raça, cor ou idade, efetivamente, *a partir do verificado nos autos*, como condição para a progressão funcional.

(...)

Não há vedação alguma para que o empregador possa adotar meios seletivos segundo o merecimento e a adequação das capacidades de cada um às funções exigidas, se não se indica nenhuma vedação, explícita ou implícita a grupos de sujeitos, que pudesse, assim, evidenciar prática discriminatória, ainda que velada." (grifos nosso)

Verifica-se que a Corte de origem, soberana no exame da prova, reconheceu a inexistência de discriminação indireta, em face de o Banco réu ter demonstrado a adoção de critérios meritórios e impessoais na admissão e promoção de seus empregados. Diante desse dado fático, insuscetível de reexame nesta instância extraordinária, por óbice da Súmula n. 126 do TST, é desnecessário incursionar na discussão acerca da possibilidade de a prova estatística ser apta a demonstrar a prática de discriminação indireta. Do mesmo modo, não há falar em violação dos arts. 3º, I e IV, 5º, *caput*, XIII e XXXV, e §§ 1º e 2º, 7º, XXX, da Constituição Federal, 1º, item 2, da Convenção n. 111 da OIT, 927, parágrafo único, do Código Civil, sobretudo pelo conteúdo genérico de tais regras.

Além disso, a jurisprudência do Supremo Tribunal Federal é firme quanto à impossibilidade de o Poder Judiciário atuar como legislador positivo, conforme os seguintes precedentes:

"Embargos de declaração em recurso extraordinário. 1. Conversão dos embargos de declaração em agravo regimental. Princípio da fungibilidade. 2. Adicional de insalubridade. Base de cálculo. Lei Complementar n. 126/03. 3. Acórdão recorrido não divergente da jurisprudência desta Corte. 4. *Poder Judiciário. Legislador positivo. Impossibilidade.* Precedentes. 5. Agravo regimental a que se nega provimento. (ARE 810559 ED, Rel. Min. Gilmar Mendes, 2ª Turma, Acórdão Eletrônico DJe-158 divulgado em 15.08.2014, publicado em 18.08.2014)

RECLAMAÇÃO – ALEGADA TRANSGRESSÃO À AUTORIDADE DA DECISÃO PROFERIDA, COM EFEITO VINCULANTE, NO EXAME DA ADPF 53-MC/PI E SUPOSTO DESRESPEITO AO ENUNCIADO CONSTANTE DA SÚMULA VINCULANTE N. 04 – INOCORRÊNCIA – *ATUAÇÃO DO PODER JUDICIÁRIO COMO LEGISLADOR POSITIVO – INADMISSIBILIDADE – DOUTRINA – PRECEDENTES* – RECURSO DE AGRAVO IMPROVIDO. (Rcl 14075 AgR, Rel. Min. Celso de Mello, Tribunal Pleno, Processo Eletrônico DJe-179 divulgado em 15.09.2014, publicado em 16.09.2014)

EMBARGOS DE DIVERGÊNCIA – PRESSUPOSTOS FORMAIS DE SUA UTILIZAÇÃO – JURISPRUDÊNCIA DO PLENÁRIO DO SUPREMO TRIBUNAL FEDE-

RAL QUE SE CONSOLIDOU, POSTERIORMENTE, EM SENTIDO OPOSTO AO DO ACÓRDÃO EMBARGADO – DIVERGÊNCIA DE TESES CONFIGURADA – SERVIDOR PÚBLICO – VANTAGEM PECUNIÁRIA DE ORDEM FUNCIONAL – SÚMULA VINCULANTE N. 4/ STF – *IMPOSSIBILIDADE DE O JUDICIÁRIO, ATUANDO COMO LEGISLADOR POSITIVO, ESTABELECER, DE MODO INOVADOR, MEDIANTE UTILIZAÇÃO DE CRITÉRIO PRÓPRIO, INDEXADOR DIVERSO – CONSEQUENTE INADMISSIBILIDADE DE JUÍZES E TRIBUNAIS FIXAREM, COMO BASE DE CÁLCULO DE VANTAGEM PECUNIÁRIA DE NATUREZA FUNCIONAL, OUTRO FATOR DE INDEXAÇÃO* – ADOÇÃO, PELO SUPREMO TRIBUNAL FEDERAL, NO "*LEADING CASE*" (RE 565.714/SP), DE SOLUÇÃO TRANSITÓRIA DESTINADA A OBSTAR A OCORRÊNCIA DE INDESEJÁVEL ESTADO DE "*VACUUM LEGIS*", ATÉ QUE SOBREVENHA LEGISLAÇÃO PERTINENTE OU, SE VIÁVEL, CELEBRAÇÃO DE ACORDO COLETIVO OU CONVENÇÃO COLETIVA DE TRABALHO – RECURSO DE AGRAVO IMPROVIDO. (RE 208684 EDv-AgR-segundo, Rel. Min. Celso de Mello, Tribunal Pleno, julgado em 08.05.2013, Acórdão Eletrônico DJe-098 divulgado em 23.05.2013, publicado 24.05.2013)

EMBARGOS DE DECLARAÇÃO NO RECURSO EXTRAORDINÁRIO COM AGRAVO. CONVERSÃO EM AGRAVO REGIMENTAL. DIREITO ADMINISTRATIVO. ADICIONAL DE INSALUBRIDADE. BASE DE CÁLCULO. SALÁRIO MÍNIMO. LEI COMPLEMENTAR N. 432/1985 DO ESTADO DE SÃO PAULO. NÃO RECEPÇÃO. CONGELAMENTO. IMPOSSIBILIDADE. MANUTENÇÃO DA BASE DE CÁLCULO VIGENTE ATÉ QUE SEJA EDITADA LEI DISCIPLINANDO A QUESTÃO. ALEGADA LEI SUPERVENIENTE. FATO NOVO. ART. 462 DO CPC. INAPLICABILIDADE EM SEDE DE RECURSO EXTRAORDINÁRIO. AGRAVO REGIMENTAL DESPROVIDO. 1. Os embargos de declaração opostos objetivando reforma da decisão do relator, com caráter infringente, devem ser convertidos em agravo regimental, que é o recurso cabível, por força do princípio da fungibilidade. (Precedentes: Pet 4.837-ED, rel. Min. CÁRMEN LÚCIA, Tribunal Pleno, DJ 14.03.2011; Rcl 11.022-ED, rel. Min. CÁRMEN LÚCIA, Tribunal Pleno, DJ 7.4.2011; AI 547.827-ED, rel. Min. DIAS TOFFOLI, 1ª Turma, DJ 09.03.2011; RE 546.525-ED, rel. Min. ELLEN GRACIE, 2ª Turma, DJ 05.04.2011). 2. *Ao Poder Judiciário não é dado atuar como legislador positivo, razão pela qual, a despeito da impossibilidade de vinculação do adicional de insalubridade ao salário mínimo ante a vedação constitucional, deve ser mantida essa base de cálculo até que seja editada lei disciplinando a questão. Precedentes*: AI 714.188-AgR, Rel. Min. Ricardo Lewandowski, Primeira Turma, DJe de 31.01.2011; RE 597.910-AgR, Rel. Min. Cármen Lúcia, Primeira Turma, DJe de 23.02.2011; AI 344.269-AgR, Rel. Min. Celso de Mello, Segunda Turma, DJe de 06.08.2009; e RE 463.635-AgR, Rel. Min. Eros Grau, Segunda Turma, DJe de 09.10.2008. 3. A superveniência de lei no âmbito estadual fixando nova base de cálculo para o adicional de insalubridade não tem o condão de influenciar no deslinde da controvérsia, porquanto a jurisprudência desta Suprema Corte firmou orientação no sentido de que é inviável a apreciação de fato novo em sede de recurso extraordinário. Precedentes. 4. *In casu*, o acórdão originariamente recorrido assentou: 'ADICIONAL DE INSALUBRIDADE. Ação ajuizada por servidores públicos estaduais que se insurgem contra os critérios previstos na Lei Complementar Estadual n. 432/1985. Alegação de inconstitucionalidade da vinculação de qualquer vantagem ao salário mínimo com o pedido para que seja fixada judicialmente nova base de cálculo para o adicional. Previsão no art. 7º, inciso IV, da Constituição Federal, que veda qualquer espécie de vinculação ao salário mínimo. Não recepção do regramento estadual pela Constituição Federal. Impossibilidade, ademais, de fixação de nova base de cálculo pelo Judiciário sob pena de violação ao princípio da separação dos Poderes. Súmula Vinculante n. 4. Análise dos precedentes que comprovam a plena aplicabilidade ao caso do enunciado vinculante do E. STF. Recurso não provido.' 5. Agravo regimental desprovido." (ARE 670497 ED, Rel. Min. Luiz Fux, 1ª Turma, Acórdão Eletrônico DJe-226 divulgado em 16/11/2012 e publicado em 19/11/2012)

Da mesma forma, é a jurisprudência desta Corte:

"RECURSO DE REVISTA. ADICIONAL DE INSALUBRIDADE. BASE DE CÁLCULO. SÚMULA VINCULANTE N. 04.

É firme a jurisprudência do STF no sentido da impossibilidade de a Justiça do Trabalho estabelecer, como base de cálculo para o adicional de insalubridade, a remuneração ou salário-base em substituição ao salário mínimo, pois é inviável ao Poder Judiciário modificar esse indexador, sob o risco de atuar como legislador positivo e, assim, contrariar a Súmula Vinculante n. 04. (RR-100700-51.2009.5.04.0771, Rel. Min. Walmir Oliveira da Costa, 1ª Turma, DEJT 27/2/2015)

INTERVALO PREVISTO NO ART. 384 DA CLT. JORNADA DA MULHER. EXTENSÃO AOS HOMENS. INVIABILIDADE. NÃO CONHECIMENTO. Por disciplina judiciária, curvo-me à maioria e adoto o entendimento proferido pelo Tribunal Pleno que declarou a constitucionalidade do art. 384 da CLT, que trata do intervalo de 15 minutos garantido às mulheres trabalhadoras que tenham que prestar horas extraordinárias (TST-IIN-RR-1.540/2005-046-12-00.5), bem como decidiu que a concessão de condições especiais à mulher não fere o princípio da igualdade entre homens e mulheres contido no art. 5º, I, da Constituição Federal. *Não obstante, se, por um lado, essa vantagem concedida à mulher não viola o princípio da igualdade jurídica entre homens e mulheres, por outro, não se pode considerar que esse mesmo princípio da igualdade justifique a extensão de tal direito ao trabalhador do sexo masculino. Isso porque é vedado ao Poder Judiciário, na interpretação do ordenamento jurídico, atuar como legislador positivo*. Com efeito, caso patente a necessidade de que aos trabalhadores seja conferido período de descanso físico e mental pré-jornada extraordinária, cumpre ao legislador ordinário disciplinar a questão de forma igualitária para ambos os sexos. Recurso de revista de que não se conhece." (RR-75900-66.2009.5.12.0049, Rel. Min. Guilherme Augusto Caputo Bastos, 5ª Turma, DEJT 06.03.2015)

"AGRAVO DE INSTRUMENTO EM RECURSO DE REVISTA. BASE DE CÁLCULO DO ADICIONAL DE INSALUBRIDADE. A Corte Regional fixou a premissa de que a base de cálculo para apuração do adicional de insalubridade é o salário mínimo, nos termos do art. 192 da CLT. Observa-se que o acórdão regional, seguiu o posicionamento firmado a partir do julgamento do RE-565.714-SP, sob o pálio da repercussão geral da questão constitucional. Nessa oportunidade, o E. STF firmou posicionamento utilizando-se da técnica, oriunda do Direito Alemão, de declaração de inconstitucionalidade sem pronúncia de nulidade, pela qual, embora reconheça a inconstitucionalidade da norma, a mantém até que outra seja edita em seu lugar, ante a proibição de o Judiciário agir como legislador positivo. Solução diversa acarretaria o esvaziamento do direito ao adicional de insalubridade e a redução do patamar civilizatório alcançado pelos trabalhadores, violando a cláusula de vedação de retrocesso social (efeito *cliquet*). Não há, portanto, afronta à Súmula Vinculante n. 04 do STF ou violação ao art. 7º, VI e XXIII, da CF/1988. Ressalta-se que a Súmula n. 228 do TST se encontra com a eficácia suspensa por decisão liminar do Supremo Tribunal Federal, conforme registrou a Resolução n. 185/2012 do TST, não servindo de parâmetro para a admissibilidade do Recurso de Revista. Da mesma forma, a Súmula n. 17 do TST foi cancelada por meio da Resolução n. 148/2008 do TST, inocorrendo a repristinação em decorrência da suspensão da eficácia da Súmula n. 228 do TST. Agravo de Instrumento não provido." (AIRR-48-76.2012.5.04.0203, Rel. Des. Conv. Américo Bedê Freire, 6ª Turma, DEJT 19.12.2014)

Assim, conforme a jurisprudência do Supremo Tribunal Federal e desta Corte superior, não é possível o poder judiciário atuar como legislador positivo, implementando ações afirmativas de "cotas" ou metas para correção das alegadas disparidades estatísticas, encontradas nos quadros de funcionários do banco em cotejo com a população economicamente ativa do Distrito Federal, quanto aos critérios de admissão, promoção e remuneração dos empregados negros, mulheres ou maiores de 40 anos de idade.

Depreende-se, pois, que a parte agravante não consegue infirmar os fundamentos dos acórdãos proferidos pela Corte Regional e da decisão agravada e, consequentemente, demonstrar violação de dispositivo de lei federal, da Constituição da República, divergência jurisprudencial, ou mesmo contrariedade à súmula do TST, que ensejasse a admissibilidade do recurso de revista, na forma prevista no art. 896, *a* e *c*, da CLT.

Ante o exposto, NEGO PROVIMENTO ao agravo de instrumento.

---

# DOENÇA OCUPACIONAL. DANOS MORAIS. RISCO DA ATIVIDADE. RESPONSABILIDADE DO EMPREGADOR

*RECURSO DE REVISTA. DOENÇA OCUPACIONAL. INDENIZAÇÃO POR DANOS MORAIS. RISCO DA ATIVIDADE. RESPONSABILIDADE OBJETIVA DO EMPREGADOR.*

*1. Nos termos do art. 927, parágrafo único, do Código Civil, haverá obrigação de reparar o dano, independentemente de culpa, quando a atividade normalmente desenvolvida pelo autor do dano implicar, por sua natureza, risco para os direitos de outrem. É o que a doutrina denomina de responsabilidade objetiva.*

*2. No caso vertente, a utilização de EPI, por si só, não tem o condão de afastar a responsabilidade da reclamada, mormente no caso em que o uso do equipamento de proteção não impediu a lesão sofrida pelo reclamante.*

*3. Da aplicação da responsabilidade objetiva, que dispensa perquirição acerca da existência de culpa ou dolo do ofensor, decorre a obrigação de o empregador compensar o prejuízo imaterial causado ao reclamante, mediante o pagamento de indenização fixada segundo o princípio do arbitramento equitativo, de forma razoável e equilibrada.*

*Recurso de revista conhecido e provido.*

*(Processo n. TST-RR-33800-77.2005.5.15.0106 – Ac. 1ª Turma – DeJT: 14.03.2013)*

Discute-se nos autos a possibilidade de condenação da reclamada ao pagamento de indenização por dano moral oriundo de doença ocupacional adquirida ou agravada no curso da relação de emprego.

No caso em exame, o Tribunal Regional deixa claro que o reclamante padece de doença ocupacional consubstanciada na perda neurossensorial nos ouvidos esquerdo e direito concluindo, entretanto, que a reclamada não incorreu na culpa subjetiva, suficiente a gerar direito à reparação por dano moral, tendo em vista o fornecimento e uso dos EPI's.

A Corte Regional não reconheceu a responsabilidade objetiva ou subjetiva da reclamada, concluindo que a obrigação de indenizar é condicionada, além da comprovação do nexo causal entre o dano sofrido e o trabalho executado, à prática de ato ilícito pelo empregador, consubstanciada na omissão voluntária, negligência ou imprudência, que tenha dado causa à lesão sofrida, que, na hipótese dos autos, não restou demonstrada.

Todavia, os fatos delineados no acórdão do Tribunal Regional possibilitam sua qualificação jurídica nas disposições do art. 927, parágrafo único, do Código Civil, dispositivo que consagra a teoria do risco da atividade empresarial como fator à responsabilidade objetiva, de modo a restar dispensada a perquirição em torno da culpa da reclamada.

Não se cogita, portanto, de revisão de fatos e provas, e, sim, de novo enquadramento dos fatos revelados no acórdão recorrido ao dispositivo da lei civil que alberga a responsabilidade objetiva em atividade de risco.

A teoria do risco profissional preconiza que o dever de indenizar tem lugar sempre que o fato prejudicial é decorrência da atividade ou profissão da vítima, conforme ocorreu na espécie.

Sinale-se que o dano moral, de acordo com a teoria do *dannum in re ipsa*, é consequência do próprio fato ofensivo, de modo que, comprovado o evento lesivo, tem-se, como consequência lógica, a configuração de dano moral ensejando o cabimento de indenização.

Cumpre adentrar no exame do fundamento adotado pela Corte de origem para aferir se no caso concreto a responsabilidade da reclamada é de natureza objetiva ou subjetiva.

Consoante se extrai do art. 7º, XXII, da Constituição Federal, configura-se o direito dos empregados à "redução dos riscos inerentes ao trabalho, por meio de normas de saúde, higiene e segurança", sendo dever do empregador cumprir e fazer cumprir as normas de segurança e medicina do trabalho, além da necessidade de adotar precauções para evitar acidente do trabalho e a aquisição de doenças ocupacionais, conforme a ilação que se extrai do art. 157, I e II, da CLT.

Diante do incontroverso nexo de causalidade existente entre a lesão sofrida pelo reclamante e o trabalho por ele desempenhado na reclamada, infere-se, como consectário, que a redução da capacidade auditiva decorreu da natureza da atividade desempenhada.

Cabe assinalar que a utilização de EPI, por si só, não tem o condão de afastar a responsabilidade da reclamada, mormente no caso em que o seu uso não impediu a lesão sofrida pelo reclamante.

Ora, a teor do inciso XXVIII do art. 7º da Constituição da República, é dever do empregador custear o valor do seguro do empregado contra acidentes de trabalho, bem como arcar com a indenização decorrente de tal fato gerador, quando incorrer em dolo ou culpa.

Discute-se se tal norma impõe a responsabilidade unicamente subjetiva do empregador em casos de acidente de trabalho ou a ele equiparado, ou se são admitidas hipóteses de responsabilidade objetiva.

É certo que o *caput* do art. 7º da Lei Maior esclarece que o rol dos direitos trabalhistas elencados nos respectivos incisos não é taxativo, mas apenas apresenta, exemplificativamente, um mínimo de direitos trabalhistas que devem ser observados pelos empregadores.

Nessa linha de raciocínio, admite-se que, diante da particularidade do caso concreto e do disposto na legislação infraconstitucional, seja cabível a aplicação da responsabilidade objetiva, em caso de atividade empresarial de risco.

O art. 927, parágrafo único, do Código Civil, preceitua a obrigação de reparação do dano, independentemente de culpa, nos casos especificados em lei, bem como "quando a atividade normalmente desenvolvida pelo autor do dano implicar, por sua natureza, risco para os direitos de outrem".

No âmbito das relações de trabalho, essa norma apresenta um dos fundamentos para a adoção da responsabilidade objetiva, configurando o que é doutrinariamente conhecido como teoria do risco empresarial, em que o dever de indenizar tem lugar sempre que o fato prejudicial decorre da atividade ou profissão do trabalhador, independentemente da perquirição em torno da culpa do empregador.

Acrescente-se que, de acordo com o art. 2º da CLT, cabe ao empregador, e não ao empregado, a assunção dos riscos inerentes à atividade econômica, que, na vertente hipótese, consubstancia-se no dever de indenizar o dano moral sofrido pelo reclamante, em decorrência da lesão sofrida no exercício de sua atividade.

Em convergência com o exposto, transcrevem-se os seguintes precedentes desta Primeira Turma, em que se admitiu ser aplicável a responsabilidade objetiva da empresa, em se tratando de acidente de trabalho:

"RECURSO DE REVISTA – DANO MATERIAL E MORAL – ACIDENTE DE TRABALHO – RESPONSABILIDADE OBJETIVA DO EMPREGADOR – ART. 927, PARÁGRAFO ÚNICO, DO CÓDIGO CIVIL – CONCEITO DE ATIVIDADE HABITUALMENTE DESENVOLVIDA – DIREITO DO CONSUMIDOR – DIREITO DO TRABALHO – PRINCÍPIO CONSTITUCIONAL SOLIDARISTA – INCIDÊNCIA. O sistema de responsabilidade civil adotado pelo ordenamento jurídico é um dos reflexos da preocupação do legislador com a tutela dos direitos pertencentes àqueles que não podem negociar em condições de igualdade os seus interesses com a outra parte da relação contratual. Nesse passo, o Código Civil, em seu art. 927, parágrafo único, estabelece que será objetiva a responsabilidade daquele que, em face do desenvolvimento normal de sua atividade, puder causar dano a outrem. Atividade, no sentido utilizado na norma, deve ser entendida como a conduta habitualmente desempenhada, de maneira comercial ou empresarial, para a realização dos fins econômicos visados pelo autor do dano. Entretanto, dado o caráter excepcional de que se reveste a responsabilidade objetiva em nosso ordenamento jurídico (já que a regra é de que somente haverá a imputação de conduta lesiva a alguém se provada a sua atuação culposa), somente nos casos em que os produtos e serviços fornecidos pelo causador do dano apresentarem perigo anormal e imprevisível ao sujeito que deles se utiliza haverá espaço para a incidência do citado diploma legal. Ressalte-se, ainda, que o Código Civil, por força dos arts. 8º, parágrafo único, da CLT e 7º do CDC, ostenta a condição de norma geral em termos de responsabilidade civil, motivo pelo qual a sua aplicação aos demais ramos do direito depende da inexistência de legislação específica sobre o assunto, assim como de sua compatibilidade com os princípios inerentes ao subsistema do direito em que se pretende aplicá-la. No direito do consumidor, a responsabilidade do fornecedor pelos defeitos dos produtos e serviços oferecidos ao mercado é objetiva, independentemente de a atividade por ele normalmente desenvolvida apresentar risco a direito de outrem. Assim, afigura-se desnecessária a aplicação da norma civil às relações de consumo, dado o caráter mais benéfico desta. No art. 7º, XXVIII, da Carta Magna, determina-se, tão somente, que o empregador responderá pelos danos morais e materiais causados aos seus empregados, desde que comprovada a culpa daquele que suporta os riscos da atividade produtiva. A Constituição Federal, como se percebe, não faz menção à possibilidade de se responsabilizar objetivamente o empregador pelos aludidos danos. Apesar disso, tendo em vista o disposto no *caput* do aludido dispositivo constitucional e o princípio da norma mais benéfica, a outra conclusão não se pode chegar, senão de que não se vedou a criação de um sistema de responsabilidade mais favorável ao empregado, ainda que fora da legislação especificamente destinada a reger as relações laborais, mormente se considerarmos que o trabalhador, premido pela necessidade de auferir meios para a sua sobrevivência, apresenta-se, em relação ao seu empregador, na posição mais desigual dentre aquelas que se pode conceber nas interações humanas. Dessa forma, a fim de evitar o paradoxo de se responsabilizar o mesmo indivíduo (ora na condição de empregador, ora na condição de fornecedor) de forma diversa (objetiva ou subjetivamente) em face do mesmo evento danoso, somente pelo fato das suas consequências terem atingido vítimas em diferentes estágios da atividade produtiva, necessária se faz a aplicação do art. 927, parágrafo único, do Código Civil, ao direito do trabalho, desde que, no momento do acidente, o empregado esteja inserido na atividade empresarialmente desenvolvida pelo seu empregador. A adoção de tal entendimento confere plena eficácia ao princípio constitucional solidarista, segundo o qual a reparação da vítima afigura-se mais importante do que a individualização de um culpado pelo evento danoso. Na hipótese dos autos, tendo em vista o acidente incontroversamente ocorrido em 06.09.2005, restam presentes os elementos necessários à incidência do dispositivo civilista, motivo pelo qual deve ser mantida a decisão do Tribunal Regional do Trabalho. Recurso de revista não conhecido." (TST-RR-71900-73.2006.5.05.0291, Relator Ministro Luiz Philippe Vieira de Mello Filho, 1ª Turma, DEJT 24.02.2012).

"RECURSO DE REVISTA. DANOS MATERIAIS E MORAIS. RESPONSABILIDADE CIVIL DO EMPREGADOR. ACIDENTE DO TRABALHO. ATIVIDADE DE RISCO. RESPONSABILIDADE OBJETIVA. 1. O novo Código Civil Brasileiro manteve, como regra, a teoria da responsabilidade civil subjetiva, calcada na culpa. Inovando, porém, em relação ao Código Civil de 1916, ampliou as hipóteses de responsabilidade civil objetiva, acrescendo aquela fundada no risco da atividade empresarial, consoante previsão inserta no parágrafo único do art. 927. Tal acréscimo apenas veio a coroar o entendimento de que os danos sofridos pelo trabalhador, decorrentes de acidente do trabalho, conduzem à responsabilidade objetiva do empregador. 2. Com efeito, do quadro fático delineado no acórdão recorrido constata-se que o reclamante desenvolvia sua atividade em situação de perigo acentuado, qual seja, em andaime a 4 metros de altura. 3. Nesse contexto, sendo indiscutivelmente objetiva a responsabilidade da reclamada de reparar os danos decorrentes do acidente de trabalho sofrido pelo reclamante na queda do referido andaime, ocasionando-lhe fratura de fêmur, de costela, além de escoriações pelo corpo (dano), e o nexo de causalidade entre o acidente e o dano, visto que o acidente ocorreu no exercício da atividade funcional do empregado, resulta inafastável a procedência da pretensão deduzida pelo obreiro, com amparo no art. 5º, X, da Constituição da República. 4. Recurso de revista conhecido e parcialmente provido." (TST-RR-92300-51.2006.5.01.0055, Relator Ministro Lelio Bentes Corrêa, 1ª Turma, DEJT 21.10.2011).

"RECURSO DE REVISTA. DOENÇA PROFISSIONAL EQUIPARADA AO ACIDENTE DE TRABALHO. RESPONSABILIDADE OBJETIVA DO EMPREGADOR. TEORIA DO RISCO DA ATIVIDADE. INDENIZAÇÃO POR DANOS MATERIAL, MORAL E ESTÉTICO. 1. O Tribunal Regional entendeu que nos autos existem provas da ocorrência de danos materiais, morais e estéticos e do nexo causalidade entre o trabalho e o dano sofrido pela reclamante (labor em máquina de costura que provocou a perda da movimentação definitiva no braço direito), todavia concluiu que as provas produzidas não atestam a existência de culpa da reclamada, no evento danoso. 2. Entretanto, os fatos delineados no acórdão do Tribunal Regional possibilitam sua qualificação jurídica nas disposições do art. 927, parágrafo único, do Código Civil, dispositivo que consagra a teoria do risco da atividade empresarial como fator que desencadeia a responsabilidade objetiva, de modo a restar dispensada a perquirição em torno de culpa do empregador. 3. A teoria do risco profissional preconiza que o dever de indenizar tem lugar sempre que o fato prejudicial é decorrência da atividade ou profissão da vítima, conforme ocorreu na espécie. Recurso de revista conhecido parcialmente e provido." (TST-RR-31440-50.2005.5.15.0081, Relator Ministro Walmir Oliveira da Costa, 1ª Turma, DEJT 18.06.2010).

Dessa orientação divergiu o acórdão recorrido ao reformar a sentença condenatória, no particular.

Com estes fundamentos, DOU PROVIMENTO ao recurso de revista para, restabelecendo a sentença, condenar a reclamada ao pagamento de indenização por dano moral.

## DOENÇA PROFISSIONAL. DEPRESSÃO E SÍNDROME DO PÂNICO.

*RECURSO DE REVISTA. INDENIZAÇÃO POR DANO MORAL. RESPONSABILIDADE OBJETIVA DA EMPREGADORA. DOENÇA PROFISSIONAL. DEPRESSÃO E SÍNDROME DO PÂNICO. ASSALTOS. VENDA E ENTREGA DE CIGARROS COM VEÍCULO DA RECLAMADA.*

*O acórdão recorrido foi proferido em consonância com a jurisprudência desta Corte, firmada no sentido de que é objetiva a responsabilidade da empregadora por danos causados por terceiros a seus empregados, que resultem de atos de violência decorrentes de assaltos, nos termos do art. 2º da CLT e do parágrafo único do art. 927 do Código Civil, porque decorre do risco imanente à atividade empresarial, independentemente da perquirição de culpa do empregador na concorrência do evento danoso. Precedentes. Incidência da Súmula n. 333 do TST. Violação dos arts. 144 da Constituição Federal e 186 do Código Civil não caracterizada.*

*Recurso de revista de que não se conhece.*

(Processo n. TST-RR-76500-90.2007.5.12.0006 – Ac. 1ª Turma – DeJT: 14.04.2014)

CONHECIMENTO

Verifica-se que o Tribunal *a quo* entendeu pela responsabilização da reclamada de forma objetiva, nos termos do art. 927 do Código Civil, porquanto o risco decorre do próprio exercício das atividades do reclamante – venda e entrega de cigarros, utilizando veículo da empresa, com o logotipo e marca que ela representa.

Além disso, com fulcro no art. 157 da CLT entendeu pela responsabilização da reclamada, ante a ausência de comprovação de que tenha tomado providências que tivessem por objetivo assegurar a integridade física do reclamante.

Os arestos apresentados para confronto de teses não abarcam a dupla fundamentação, de forma que não ensejam o conhecimento do recurso de revista, nos termos da Súmula n. 23 desta Corte.

Considerando-se a fundamentação referida, expendida pela Corte Regional, que registrou que o reclamante, no exercício de suas atividades profissionais, foi vítima de três assaltos, violentos, em razão dos quais resultou o desenvolvimento do quadro clínico de depressão e síndrome do pânico, não se caracteriza violação dos arts. 144 da Constituição Federal e 186 do Código Civil.

Acresce que a jurisprudência deste Tribunal tem se firmado no sentido de atribuir responsabilidade objetiva ao empregador, em relação aos danos decorrentes de assaltos sofridos pelos empregados no exercício de atividades laborativas como as descritas nos autos, conforme evidenciam os seguintes julgados:

"RECURSO DE REVISTA – DANO MORAL – ATIVIDADE DE TRANSPORTE E ENTREGA DE MERCADORIAS VISADAS POR ASSALTANTES – ASSALTO CONTRA VEÍCULO DA EMPRESA CONDUZIDO PELO RECLAMANTE – RESPONSABILIDADE CIVIL OBJETIVA. Diante da atual situação da segurança pública, tem-se que a maior frequência de assaltos a transportadoras, em especial de produtos de fácil receptação, enseja razoável previsibilidade de que referidas atividades absorvem risco do negócio, cujo encargo é do empregador (art. 2º da CLT). Incidência da cláusula geral de responsabilidade objetiva inscrita no parágrafo único do art. 927 do Código Civil. Conforme se orienta a teoria do *danum in re ipsa*, não se exige que o dano moral seja demonstrado, por decorrer, inexoravelmente, da gravidade do fato ofensivo que, no caso, restou materializado no assalto ocorrido. O sistema de responsabilidade civil vigente no País deve refletir os avanços tecnológicos incidentes nas relações sociais, sob pena de se ter um ordenamento jurídico inapto a disciplinar as mencionadas relações e incapaz de concretizar os direitos e garantias fundamentais previstos na Constituição da República, em patente menoscabo à força normativa do diploma que representa a decisão política fundamental do povo brasileiro. Nessa senda, o Código de Defesa do Consumidor, atento à realidade de produção em massa inerente à sociedade industrial, instituiu o sistema de responsabilidade objetiva pelos defeitos existentes nos produtos e serviços disponibilizados no mercado de consumo (arts. 12 a 14 do CDC). Assim o fez, pois o consumidor ostenta posição de hipossuficiência em relação ao fornecedor, uma vez que este detém todas as informações inerentes aos produtos e serviços que comercializa, o que torna inviável à outra parte da avença provar os mencionados defeitos. Além disso, não se pode ignorar que, por mais que o fornecedor se esmere na adoção de medidas destinadas a prevenir o mencionado defeito, ele inevitavelmente ocorrerá, causando dano à esfera juridicamente protegida de outrem, que ficaria desprovido de qualquer tutela jurídica, caso tivesse de provar a existência de uma culpa que, de fato, não se verificou. Tal não pode ser tolerado por um Estado Democrático de Direito, cuja finalidade consiste em promover o bem-estar de todos (art. 3º, inciso IV, da Constituição da República), por importar distribuição desigual dos riscos oriundos de atividade que se afigura proveitosa para toda a sociedade. Observando a evolução do instituto da responsabilidade civil, o legislador infraconstitucional, ao editar o novo Código Civil, determinou, no art. 927, parágrafo único, do referido diploma legal, que será objetiva a responsabilidade do autor do dano se a atividade por ele normalmente desenvolvida lesar a esfera juridicamente protegida de outrem. Assim o fez, pois não é de difícil constatação que nas relações consumeristas existe a hipossuficiência que dá ensejo à tutela da outra parte contratual, razão pela qual deve haver uma regra geral no sistema jurídico brasileiro apta a suprir a carência do sistema de responsabilidade civil subjetiva, quando ela for ineficaz à tutela dos direitos e garantias previstos na Constituição Federal. Nessa senda, o art. 7º, *caput*, da Constituição da República, ao instituir os direitos dos trabalhadores de nossa nação, deixa expresso que aquele rol é o patamar civilizatório mínimo assegurado a quem disponibiliza a sua força de trabalho no mercado econômico, razão pela qual a regra inserta no inciso XXVIII do referido dispositivo constitucional não elide a incidência de outro sistema de responsabilidade civil mais favorável ao empregado, como é a hipótese do art. 927, parágrafo único, do Código Civil, que deve incidir todas as vezes em que a atividade desenvolvida pelo empregado na empresa ocasionar riscos superiores àqueles inerentes ao trabalho prestado de forma subordinada, como ocorre na hipótese dos autos, em que o transporte de cargas de alta incidência de assalto, mesmo com a utilização de todos os meios preventivos recomendados pelas autoridades de segurança pública, permitiu a ocorrência de lesão à integridade do obreiro quando da ocorrência de violento assalto com uso de arma de fogo. O dano psicológico e o trauma moral que sucede ao assalto são notórios e exsurgem evidenciados no próprio ato, independentemente de qualquer avaliação ou da necessidade de perícia médica. Assim, ainda que, de fato, o reclamante não tenha sofrido nenhum dano físico, são imensuráveis as variadas espécies e manifestações de transtornos psicológicos que o cidadão normal sofre enquanto está sendo assaltado, cujas sequelas, por vezes, o acompanham por longos anos. Recurso de revista conhecido e provido. TRABALHO EXTERNO – PREVISÃO EM NORMA COLETIVA. Não há como se concluir pela violação do art. 62, I, da CLT e 7º, XIII, da Constituição Federal, uma vez que o acórdão recorrido consignou que o trabalho do reclamante era exercido externamente e sem controle de jornada, conforme pactuado em acordo coletivo, fazendo viger o art. 7º, XXVI, da Constituição Federal. Recurso de revista não conhecido. RESCISÃO INDIRETA – MOTORISTA DE CARGA DE CIGARROS. Ainda que se vislumbre a responsabilidade objetiva da empregadora quanto ao assalto vivenciado pelo reclamante, não se descortina, de forma incontinente, a prática de ato pela reclamada que configurasse alteração das condições contratuais pactuadas, em especial quando a ocorrência retratada não decorreu de nenhum preposto ou representante da empresa, mas de terceiros estranhos à relação contratual. De sorte que não se divisa a desatenção do julgador regional aos termos do art. 483 da CLT. Recurso de revista não conhecido." (RR-39640-14.2008.5.04.0771, Relator Ministro Luiz Philippe Vieira de Mello Filho, 1ª Turma, DEJT 31.05.2013)

"AGRAVO DE INSTRUMENTO. DANO MORAL. CONDUTOR DE VEÍCULO RODOVIÁRIO (MOTORISTA). ROUBO. USO DE ARMA. RESPONSABILIDADE OBJETIVA. Demonstrada a violação do art. 927 do Código Civil, dá-se provimento ao agravo de instrumento a fim de determinar o processamento do recurso de revista. RECURSO DE REVISTA (...) DANO MORAL. CONDUTOR DE VEÍCULO RODOVIÁRIO (MOTORISTA DE CAMINHÃO). ROUBO. USO DE ARMA. RESPONSABILIDADE OBJETIVA. 1. O novo Código Civil Brasileiro manteve, como regra, a teoria da responsabilidade civil subjetiva, calcada na culpa. Inovando, porém, em relação ao Código Civil de 1916, passou a prever, expressamente, a responsabilidade civil objetiva do empregador, com fundamento no risco gerado pela atividade empresarial (art. 927, parágrafo único, do Código Civil). Tal acréscimo apenas veio a coroar o entendimento de que os danos sofridos pelo empregado, em razão da execução do contrato de emprego, conduzem à responsabilidade objetiva do empregador quando a atividade laboral é considerada de risco. 2. A atividade de condutor de veículo rodoviário (motorista de caminhão), diante da crítica situação da segurança pública e, especialmente, da crescente quantidade de roubos com uso de arma praticados nas rodovias do país, expõe o trabalhador rodoviário à ocorrência de sinistros durante as viagens, como no caso dos autos, em que o reclamante foi vítima de roubo com uso de arma. Em tais circunstâncias, deve o empregador responder de forma objetiva na ocorrência de assalto, por se tratar de evento danoso ao direito da personalidade do trabalhador. Incidência do parágrafo único do art. 927 do Código Civil. 3. Recurso de revista conhecido e provido." (RR-165840-76.2005.5.04.0252, Relator Desembargador Convocado José Maria Quadros de Alencar, 1ª Turma, DEJT 29/11/2013)

"RECURSO DE REVISTA. 1. INDENIZAÇÃO POR DANO MORAL. ASSALTO DURANTE O TRABALHO. CULPA POR OMISSÃO. Quando o empregador, indiferente à segurança do obreiro, concorrer para caracterização do evento danoso, com dolo ou culpa, por ação ou omissão, estará obrigado a repará-lo, nos exatos limites dos arts. 186, 187 e 927 do Código Civil. Recurso de revista conhecido e desprovido." (RR-71100-30.2006.5.04.0402, Relator Ministro Alberto Luiz Bresciani de Fontan Pereira, 3ª Turma, DEJT 29.04.2011)

"RECURSO DE REVISTA. INDENIZAÇÃO POR DANOS MORAIS. TRABALHADOR AUTÔNOMO. ACIDENTE OCORRIDO DURANTE A PRESTAÇÃO DE SERVIÇOS. ESCOLTA DE CAMINHÃO QUE TRANSPORTAVA MERCADORIAS. Consoante à moldura fática delineada nos autos, o Reclamante, ao realizar a escolta de mercadorias da Empresa Reclamada, fabricante e vendedora de cigarros, foi vítima de assalto e baleado na perna. Não apresentou, todavia, nenhuma incapacidade laborativa posterior. Conquanto não tenha ficado o Autor incapacitado para o trabalho em decorrência do sinistro ocorrido durante a prestação dos serviços, não se pode afastar, "a priori", a responsabilização da Empresa, visto que o próprio evento em si pode ocasionar dano de ordem moral e material à parte. Inicialmente, cumpre registrar que, mantida a decisão quanto à inexistência do vínculo de emprego, o pedido de indenização por danos morais e materiais decorre da prestação de serviço autônomo, o que atrai a aplicação dos arts. 186 e 927, *caput* e parágrafo único, do Código Civil. A primeira questão a ser analisada diz respeito à responsabilidade a ser imputada à parte reclamada, se subjetiva ou objetiva. Na hipótese dos autos, há de ser aplicada a responsabilidade objetiva, com base na parte final do parágrafo único do art. 927 do Código Civil. De fato, embora a atividade da Empresa – fabricação e venda de cigarros – não possa ser considerada como de risco, aquela desenvolvida pelo Reclamante em prol da Reclamada, escolta de caminhão que transporta cigarros, deve sim ser considerada como de risco, devido ao alto valor da mercadoria transportada. De fato, é público e notório tanto o valor de mercado do produto quanto a grande incidência de roubos dessas cargas. Ademais, diversamente do sustentado pelo Regional, não há de se falar na prova do dano moral, visto que a lesão a direitos da personalidade configura dano "*in re ipsa*". Assim, havendo a comprovação da lesão (ferimento a bala na perna) e do nexo causal (atividade de escolta desempenhada na empresa), há de ser deferida a indenização por dano moral, nos termos dos arts. 186 e 927, *caput* e parágrafo único, do Código Civil. Dessarte, levando-se em consideração que o infortúnio não causou incapacidade, mas apenas abalo moral decorrente do ferimento a bala, fixa-se o valor da indenização no montante de R$ 15.000,00 (quinze mil reais). Recurso de Revista conhecido em parte e provido em parte." (RR-159900-76.2009.5.08.0124, Relatora Ministra Maria de Assis Calsing, 4ª Turma, DEJT 21.03.2014)

"RECURSO DE REVISTA 1 – ASSALTO DURANTE O TRANSPORTE DE CARGA. MOTORISTA. CARRETEIRO. ATIVIDADE DE RISCO. RESPONSABILIDADE CIVIL DO EMPREGADOR. INDENIZAÇÃO POR DANOS MORAIS. 1.1 A jurisprudência desta Corte é no sentido de ser possível a aplicação da teoria da responsabilidade objetiva mesmo na hipótese do infortúnio ter ocorrido antes da vigência do Código Civil de 2002. 1.2 – No quadro fático delineado pelo Tribunal Regional é incontroverso que o reclamante, motorista de caminhão de cargas, foi vítima de assalto enquanto estava em serviço. 1.3 – Este Tribunal Superior tem se posicionado no sentido de que o exercício da função de motorista carreteiro configura atividade de risco potencial à integridade física e psíquica do trabalhador, atraindo a responsabilidade objetiva do empregador. 1.4 – Nesse contexto, a decisão do Tribunal Regional merece ser mantida. Recurso de revista não conhecido. 2 – INDENIZAÇÃO POR DANO MORAL. REDUÇÃO DO VALOR ARBITRADO. A Corte de origem, ao arbitrar o montante indenizatório, já observou a proporcionalidade entre a gravidade da ocorrência e os efeitos do dano sofrido. Assim sendo, não se verifica a alegada afronta ao art. 5º, V, da Constituição Federal. Inespecífica, por sua vez, a divergência jurisprudencial, uma vez que o arbitramento do dano moral é questão que enseja análise casuística das circunstâncias dos arts. 5º, V e X, da Constituição Federal, e 944 do Código Civil, sendo impertinente apontar dissenso jurisprudencial para suscitar a subida do apelo com fulcro na alínea *a* do art. 896 da CLT. Incidência da Súmula n. 296, I, do TST. Recurso de revista não conhecido." (RR-23585-94.2003.5.12.0009, Relatora Ministra Delaíde Miranda Arantes, 7ª Turma, DEJT 14/11/2013)

Dessa forma, verifica-se que o acórdão recorrido foi proferido em consonância com a jurisprudência desta Corte, atraindo a incidência do óbice preconizado na Súmula n. 333 do TST.

NÃO CONHEÇO do recurso de revista, no tema.

INDENIZAÇÃO POR DANO MORAL. VALOR

A Corte Regional condenou a reclamada ao pagamento de indenização por dano moral no valor de R$ 100.000,00 (cem mil reais), manifestando-se nos seguintes termos:

"5 – INDENIZAÇÃO POR DANOS MORAIS E MATERIAIS DECORRENTES DE ACIDENTE DO TRABALHO/ DOENÇA PROFISSIONAL

(...)

Danos morais e materiais. Valor

Almeja o autor obter a condenação da ré ao pagamento de indenização por danos morais e materiais, referentes ao prejuízo que sofreu em face da doença que adquiriu em decorrência dos assaltos dos quais foi vítima no período em que trabalhou para a empresa.

Quanto ao dano, ao nexo de causalidade e à culpa da empresa, a matéria já foi apreciada em tópico precedente, pelo que nenhuma discussão ainda remanesce relativamente à sua comprovação.

Estão presentes nos autos as condições da responsabilidade civil para a condenação da ré ao pagamento de indenização a título de danos morais causados à autora.

O dano moral decorre da lesão à integridade física do trabalhador, não se cogitando da análise do traço subjetivo do lesante ou da prova do prejuízo moral que se evidencia do próprio fato (*ipso facto*).

Não há parâmetro objetivamente construído para a avaliação do dano moral.

Como leciona Valdir Florindo em sua obra *Dano Moral e o Direito do Trabalho*, é bem verdade que o dinheiro não paga o preço da dor, mas também não é menos verdade que enseja ao lesado, indiretamente, sensações outras, de euforia, capazes, portanto, de amenizar, pelo menos, a manifestação angustiante e penosa, resultantes do dano moral perpetrado, demonstrando, assim, seu efeito compensatório.

O empregador infringiu normas elementares de proteção à saúde e segurança física do obreiro, e sua conduta configura a culpa.

A reparação leva em consideração o que segue: a extensão do dano e a repercussão em relação ao ofendido e ao seu meio social, pois se trata de depressão e síndrome do pânico; a conduta da empregadora caracteriza culpa grave, porquanto não demonstrada a adoção de normas de saúde e de segurança; o fato de a demandada ser indiscutivelmente uma empresa de grande porte econômico com grande número de empregados e ao que tudo indica não demonstra preocupação com a saúde e segurança dos trabalhadores; cumpre o aspecto pedagógico, visto que a natureza sancionatória da indenização tem sido reconhecida amplamente pela doutrina e pela jurisprudência, devendo ser prestigiada; os valores violados dizem respeito à integridade física e psíquica do trabalhador, já que o trabalho é um meio de ganhar, e não de perder a vida; o estado doentio do trabalhador a importar lesão em sua honra subjetiva e a abstenção da ré, que não tomou medidas suficientes e adequadas para afastá-la do risco; a existência do dano e o nexo causal com as atividades laborais (vendedor externo de produtos da ré), que impõem a obrigação de indenizar, nos moldes do art. 927 do Código Civil.

Num contexto em que há prova de agressão à integridade física, o prejuízo moral é presumível, dispensando a prova dos sentimentos de angústia decorrentes do infortúnio (CRFB, art. 5º, inc. X).

Dessarte, dou provimento ao recurso, no particular, e fixo a indenização a título de danos morais no valor de R$ 100.000,00.

Já no que pertine ao pagamento de indenização por danos materiais, o pedido do autor é absolutamente genérico e, ao que tudo indica, está englobado no presente título."

Nas alegações de recurso de revista, a reclamada busca a redução do valor fixado a título de indenização por dano moral. Indica divergência jurisprudencial, transcrevendo arestos para confronto de teses.

Os arestos paradigmas são inespecíficos, nos moldes da Súmula n. 296, I, desta Corte, uma vez que não partilham da indispensável identidade de premissas fáticas, principalmente quanto à extensão do dano e à repercussão em relação ao ofendido e ao seu meio social, por se tratar de depressão e síndrome do pânico; quanto ao reconhecimento de que a conduta da empregadora caracteriza culpa grave, porquanto não demonstrada a adoção de normas de saúde e de segurança; e quanto ao fato de a demandada ser indiscutivelmente uma empresa de grande porte econômico com grande número de empregados e que não demonstra preocupação com a saúde e segurança dos trabalhadores.

Diante do exposto, NÃO CONHEÇO do recurso de revista.

# EQUIPARAÇÃO. PROFISSIONAIS LIBERAIS. CATEGORIA DIFERENCIADA

*AGRAVO DE INSTRUMENTO INTERPOSTO PELA PETROBRAS. RECURSO DE REVISTA. CONTRIBUIÇÃO SINDICAL. EMPREGADOS ENGENHEIROS. PROFISSIONAIS LIBERAIS EQUIPARADOS AOS PROFISSIONAIS PERTENCENTES À CATEGORIA DIFERENCIADA.*

*1. A parte agravante não apresenta argumentos capazes de desconstituir a juridicidade da decisão monocrática que denegou seguimento ao recurso de revista, à míngua de demonstração de pressuposto intrínseco previsto no art. 896, a e c, da CLT.*

*2. O Direito do Trabalho elegeu como critério para o enquadramento sindical, a atividade preponderante da empresa, exceção feita aos empregados integrantes de categoria diferenciada, que ostentam essa condição por exercerem profissões ou funções diferenciadas por força de estatuto profissional especial ou em consequência de condições de vida singulares (art. 511, § 3º, da CLT).*

*3. O quadro de atividades e profissões a que se refere o art. 577 da CLT não enquadra os engenheiros como categoria profissional diferenciada, mas como profissionais liberais, integrantes da Confederação Nacional das Profissões Liberais – Grupo 6º.*

*4. Contudo, por força da Lei n. 7.316/1985, que atribuiu às entidades sindicais que integram a Confederação Nacional das Profissões Liberais o mesmo poder de representação dos sindicatos representativos das categorias profissionais diferenciadas, os profissionais liberais, dentre eles os engenheiros, regidos pela Lei n. 4.950-A/1966 – estatuto profissional especial –, equiparam-se à categoria profissional diferenciada.*

*5. Logo, a Corte Regional, ao reconhecer que os profissionais de engenharia contratados por empresa petrolífera constituem categoria diferenciada e, em consequência, condenar a Petrobras ao repasse da contribuição sindical em favor do Sindicato dos Engenheiros no Estado, proferiu decisão que confere efetividade aos arts. 511, § 3º, e 579 da CLT e 1º da Lei n. 7.316/1985. Precedentes.*

*Agravo de instrumento a que se nega provimento.*

*AGRAVO DE INSTRUMENTO INTERPOSTO PELO SINDICATO DOS ENGENHEIROS DO ESTADO DO ESPÍRITO SANTO – SENGE/ES. RECURSO DE REVISTA. NULIDADE POR NEGATIVA DE PRESTAÇÃO JURISDICIONAL.*

*Não se dá provimento ao agravo de instrumento que pretende destrancar recurso de revista desprovido dos requisitos intrínsecos previstos no art. 896 da CLT. Na espécie, o Tribunal de origem adotou tese explícita, fundamentada e coerente acerca do motivo pelo qual indeferiu os pedidos de pagamento das contribuições sindicais de exercícios pretéritos e da multa prevista no art. 600 da CLT, qual seja a natureza controversa da matéria, pelo que não resulta configurada a negativa de prestação jurisdicional, mas, tão somente, decisão contrária aos interesses da parte. Incólumes os arts. 832 da CLT, 458 do CPC e 93, IX, da Constituição Federal, únicos dispositivos suscetíveis de exame quanto à preliminar de nulidade por negativa de prestação jurisdicional, nos termos da Súmula n. 459 do TST.*

*Agravo de instrumento a que se nega provimento.*

(Processo n. TST-AIRR-60600-53.2012.5.17.0006 – Ac. 1ª Turma – DeJT: 11.09.2015)

VOTO

AGRAVO DE INSTRUMENTO INTERPOSTO PELA PETROBRAS

CONHECIMENTO

O agravo de instrumento é tempestivo (fls. 845 e 863), tem representação regular (procuração às fls. 830-831, substabelecimentos às fls. 832, 833 e 834), foi processado nos autos principais, conforme permitido pela Resolução Administrativa n. 1.418/2010, e se encontra devidamente preparado, na forma exigida pelo art. 899, § 7º, da CLT. Satisfeitos os pressupostos legais de admissibilidade recursal, CONHEÇO do agravo de instrumento.

MÉRITO

NULIDADE POR NEGATIVA DE PRESTAÇÃO JURISDICIONAL. CONTRIBUIÇÃO SINDICAL. EMPREGADOS ENGENHEIROS. PROFISSIONAIS LIBERAIS EQUIPARADOS AOS PROFISSIONAIS PERTENCENTES À CATEGORIA DIFERENCIADA

A Presidência do Tribunal Regional do Trabalho da 17ª Região denegou seguimento ao recurso de revista interposto pela Petrobras, adotando, às fls. 841-844, a seguinte fundamentação, *verbis*:

"DIREITO PROCESSUAL CIVIL E DO TRABALHO / Atos Processuais / Nulidade / Negativa de prestação jurisdicional.

Alegação(ões):

– violação do(s) art(s). 5º, II, LIV, LV, 93, IX da CF.

– violação do(s) art(s). 458 do CPC; 832 da CLT.

– divergência jurisprudencial.

Sustenta que a decisão não conheceu integralmente da matéria que a recorrente trouxe nas contrarrazões.

Inviável o recurso, contudo, porquanto se verifica que as questões oportunamente suscitadas e essenciais à resolução da controvérsia foram analisadas pelo Eg. Regional, de forma motivada, razão por que não se vislumbra, em tese, a apontada afronta aos arts. 832 da CLT, 458 do CPC e 93, IX da CF/1988.

Quanto à alegada violação aos demais preceitos, inviável o recurso, ante o entendimento consubstanciado na Orientação Jurisprudencial n. 115 da SDI-I, do Eg. TST.

Ressalte-se, ainda, que a negativa de oferta jurisdicional há que ser aferida caso a caso, não cabendo ser invocada pela via do dissenso interpretativo, sob pena de incidência da hipótese elencada na Súmula 296/TST.

DIREITO PROCESSUAL CIVIL E DO TRABALHO / Formação, Suspensão e Extinção do Processo.

DIREITO PROCESSUAL CIVIL E DO TRABALHO / Formação, Suspensão e Extinção do Processo / Extinção do Processo Sem Resolução de Mérito / Legitimidade para a Causa.

Alegação(ões):

– violação do(s) art(s). 5º, XXXV, LIV, IV da CF.

– violação do(s) art(s). 606 da CLT, 47, 283, 514, 586 do CPC.

Sustenta a inadequação do meio eleito, bem como a necessidade de regularização do polo passivo.

Consta do v. acórdão:

'*As contrarrazões ofertadas pela reclamada (fls. 525/553) devem ser consideradas apenas no tocante ao tópico "da inexistência de hipótese tributária que determine o recolhimento de contribuição sindical ao SENGE/ES: impossibilidade de ser destinatário do tributo" (fls. 533/546). Quanto às demais matérias expostas na peça de resistência, não devem ser consideradas, por retratarem mera reprodução da contestação acostada às fls. 424/448. Há, portanto, no particular, afronta aos princípios da dialeticidade e o da impugnação específica.*'

A matéria não foi analisada à luz dos fundamentos recursais, o que obsta o apelo, por ausência de prequestionamento.

Direito Sindical e Questões Análogas / Contribuição Sindical.

Alegação(ões):

– contrariedade à(s) Súmula(s) 374/TST.

– violação do(s) art(s). 5º, II, 8º, I, II da CF.

– violação do(s) art(s). 511, § 3º, 580, 581, §§ 1º, 2º, 583, 584, 585, 586-591, 818 da CLT; 121, 124 do CTN; 333, I do CPC.

– divergência jurisprudencial.

Ante o exposto, tendo a C. Turma manifestado entendimento no sentido de que é correto o enquadramento dos profissionais de engenharia como categoria diferenciada, não se verifica, em tese, violação à literalidade dos dispositivos legais e constitucionais invocados, conforme exige a alínea *c* do art. 896 Consolidado.

Ademais, os arestos das fls. 669-70, provenientes de órgãos não elencados na alínea *a*, do art. 896, da CLT, mostram-se inservíveis à demonstração do pretendido confronto de teses, o que inviabiliza o prosseguimento do recurso, no aspecto.

Outrossim, o aresto transcrito à fl. 672 não indica a fonte oficial ou o repositório autorizado em que foi publicado, nem há, nos autos, certidão ou cópia autenticada do acórdão paradigma, o que obsta o seguimento do recurso de revista, nos termos da Súmula n. 337, I, *a*, do TST.

Já a ementa das fls. 671-2 mostra-se inespecífica à configuração da pretendida divergência interpretativa, porquanto não aborda situação como a dos autos, em que se trata de categoria diferenciada (S. 296/TST).

Por fim, não demonstrada a divergência com o aresto colacionado (fls. 671), que contempla a mesma tese defendida no v. acórdão, no sentido de que categoria diferenciada não tem seu enquadramento de acordo com a atividade desenvolvida pelo empregado.

CONCLUSÃO

DENEGO seguimento ao recurso de revista."

A Petrobras postula a reforma da decisão denegatória, ao argumento de que o recurso de revista preencheu os pressupostos de admissibilidade previstos no art. 896, *a* e *c*, da CLT. Alega que o Tribunal Regional, ao negar seguimento ao recurso de revista, com o exame do mérito, usurpou a competência jurisdicional do TST, afrontou a garantia constitucional do duplo grau de jurisdição e incorreu em negativa de prestação jurisdicional, violando os arts. 818, 832 e 896 da CLT, 5º, XXXV, e 93, IX, da Constituição Federal.

Sustenta, nas razões do agravo de instrumento, que a Corte Regional:

– não apreciou alguns tópicos das contrarrazões apresentadas, restando caracterizada a negativa de prestação jurisdicional e, em consequência, a violação dos arts. 5º, II, XXXV, LIV e LV, 8º, I e II, e 93, IX, da Constituição Federal;

– também não apreciou a violação dos arts. 580, 585, 606 e 818 da CLT e 586 do CPC, na medida em que as cobranças, como as pretendidas com a propositura da presente reclamação, devem ser efetivadas mediante ações executivas, devendo ser criado um título executivo em favor do demandante;

– violou o disposto nos arts. 580 e 585 da CLT, no sentido de que a empresa deverá recolher contribuição sindical para o sindicato representativo da sua atividade preponderante, sendo facultado ao profissional liberal empregado contribuir para o sindicato representativo de sua profissão, o que permite asseverar que os empregados profissionais liberais ficam dispensados do recolhimento ao sindicato da categoria preponderante ligado à atividade econômica desenvolvida pelo empregador, sendo referido recolhimento, uma faculdade e não uma obrigatoriedade;

– violou os arts. 586, 589, II, *d*, e 591 da CLT, pois em momento algum enfrentou a questão da violação ao sistema de repartição devidamente suscitada, uma vez que não se pode admitir que a entidade sindical primária obtenha 100% da receita de cujo montante só lhe caberia 60%;

– não acolheu a violação dos arts. 47 e 283 do CPC, não obstante tratar-se a demanda de hipótese de litisconsórcio necessário, sendo flagrante a irregularidade do polo passivo, ante a não inclusão do SINDIPETRO-ES – Sindicato dos Petroleiros do Estado do Espírito Santo;

– não apreciou a violação dos arts. 121 e 124 do CTN, uma vez que não seria a Petrobras quem promoveria o recolhimento das contribuições sindicais pleiteadas, mas sim o próprio contribuinte, pois o sujeito passivo da obrigação principal é a pessoa obrigada ao pagamento de tributo; não tendo sido apreciado pelo Tribunal Regional o fato de que serão solidariamente obrigadas as pessoas que tenham interesse em comum na situação que constitua fato gerador da obrigação principal;

– contrariou a Súmula n. 374 do TST, tendo em vista que não enfrentou o fato de que o integrante da categoria profissional diferenciada não tem o dircito de haver de seu empregador vantagens previstas em instrumento coletivo no qual a empresa não foi representada pelo órgão de classe de sua categoria;

Razão não lhe assiste, contudo.

De plano, registre-se a agravante, ao alegar que o juízo de prelibação do recurso de revista extrapolou os limites de sua competência, afrontou a garantia constitucional do duplo grau de jurisdição e incorreu em negativa de prestação jurisdicional, adota conduta que tangencia a litigância de má-fé, ao, solenemente, ignorar a regra do § 1º do art. 896 da CLT, dispositivo que autoriza a Presidência ou Vice-Presidência do Tribunal Regional do Trabalho acolher ou denegar seguimento a recurso de revista, com exame ou não da questão meritória, em decisão precária e não vinculante, cujo controle de legalidade será exercido pelo TST via agravo de instrumento. Em face desse tipo de tese, que pode tipificar conduta vedada pelo art. 17, I, do CPC, a parte agravante tem sofrido penalidades no TST.

Referendam esse posicionamento os seguintes precedentes:

"AGRAVO DE INSTRUMENTO. RECURSO DE REVISTA. JUÍZO PRIMEIRO DE ADMISSIBILIDADE. ACESSO AO PODER JUDICIÁRIO. A alegação de que o juízo de prelibação do recurso de revista ofende a garantia constitucional de acesso ao Poder Judiciário constitui conduta que se aproxima da litigância de má-fé, porque contrária a texto legal expresso (CPC, art. 17, I). O § 1º do art. 896 da CLT atribui competência decisória à Presidência do Tribunal Regional do Trabalho para, mediante decisão concisa, precária e não vinculante, acolher ou denegar seguimento ao recurso de revista com exame ou não de pressuposto intrínseco, cabendo ao TST exercer o controle de sua juridicidade na via do agravo de instrumento. Agravo de instrumento a que se nega provimento." (TST-AIRR-642-67.2013.5.22.0102, Relator Ministro Walmir Oliveira da Costa, 1ª Turma, DEJT 20.03.2015).

"AGRAVO DE INSTRUMENTO EM RECURSO DE REVISTA. PRELIMINAR DE INCOMPETÊNCIA DO JUÍZO DE ADMISSIBILIDADE REGIONAL QUANTO AO ENFRENTAMENTO DO MÉRITO. Nos termos do art. 896, § 1º, da CLT, os Tribunais Regionais do Trabalho possuem competência para negar ou dar seguimento ao Recurso de Revista, fundamentando a decisão, cabendo-lhes o exame tanto dos pressupostos extrínsecos quanto intrínsecos de admissibilidade. Assevere-se, ademais, que o juízo prévio realizado pelo Tribunal não traz nenhum prejuízo à parte, visto que a admissibilidade do Recurso está sujeita a duplo exame. Traçadas tais premissas, o entendimento que se consolidou nesta Quarta Turma é de que a alegação de incompetência dos Tribunais Regionais do Trabalho para denegar seguimento ao Recurso de Revista com base no mérito da decisão recorrida configura litigância de má-fé, nos termos dos incisos I e VII do art. 17 do CPC, que tratam da pretensão contrária a texto expresso de lei e de recurso com intuito manifestamente protelatório, respectivamente. Impõe-se, portanto, a condenação da Agravante à multa por litigância de má-fé, nos termos do art. 18, *caput*, do CPC." (TST-RR-205-32.2013.5.22.0003, Relatora Ministra Maria de Assis Calsing, 4ª Turma, DEJT 05.12.2014).

"AGRAVO DE INSTRUMENTO. RECURSO DE REVISTA. DECISÃO EM QUE SE DENEGOU SEGUIMENTO AO RECURSO DE REVISTA. NULIDADE POR NEGATIVA DE PRESTAÇÃO JURISDICIONAL. USURPAÇÃO DE COMPETÊNCIA. Alegar a incompetência do Presidente do Tribunal Regional para negar seguimento a recurso de revista com fundamento na análise de pressupostos intrínsecos é deduzir pretensão contra texto expresso de lei (art. 896, § 1º, da CLT), conduta tipificada como litigância de má-fé (art. 17, I – deduzir pretensão ou defesa contra texto expresso de lei – e VII – interpuser recurso com intuito manifestamente protelatório –, do CPC). Aplicação da multa prevista no *caput* do art. 18 do CPC, em benefício da parte contrária. Agravo de instrumento a que se nega provimento, com aplicação da multa de 1% sobre o valor da causa corrigido, revertida em benefício do Reclamado, nos termos do art. 18, *caput*, do CPC." (TST-AIRR-18234-48.2010.5.04.0000, Relator Ministro Fernando Eizo Ono, 4ª Turma, DEJT 06.06.2014).

Fica, portanto, a advertência.

Assinale-se, ainda, que serão examinadas apenas as matérias, as alegações e as violações de dispositivos de lei federal e/ou da Constituição da República expressamente devolvidas à apreciação no presente agravo de instrumento, ante a ocorrência de preclusão quanto àquelas veiculadas nas razões do recurso de revista e não renovadas na fundamentação do presente apelo.

Feitas essas considerações, tem-se que o recurso de revista ostenta natureza extraordinária e não constitui terceiro grau de jurisdição. Portanto, essa via não permite cognição ampla, estando à admissibilidade restrita às hipóteses do art. 896 da CLT, não configuradas na espécie, conforme devidamente assentado na decisão agravada.

Acrescente-se aos fundamentos da decisão denegatória, quanto à suscitada *nulidade por negativa de prestação jurisdicional*, que, nos termos da Súmula n. 297, III, do TST, considera-se prequestionada a questão jurídica invocada no recurso principal sobre a qual se omite o Tribunal de pronunciar tese, não obstante interpostos embargos de declaração.

Na hipótese, a Corte Regional, embora tenha negado provimento aos embargos de declaração interpostos pela Petrobras, no julgamento do recurso ordinário interposto pela parte adversa, fixou de forma expressa e satisfatória todos os pressupostos fáticos e jurídicos necessários para o deslinde da controvérsia atinente à contribuição sindical.

De outra parte, sinale-se que as contrarrazões não constituem o meio processual adequado para a parte postular à reforma do julgado quanto às preliminares afastadas pelo Juízo de 1º grau, servido exclusivamente para alertar o Tribunal quanto ao não preenchimento dos pressupostos extrínsecos de admissibilidade do recurso e/ou refutar os argumentos recursais trazidos pela parte adversa, indicando as razões para a manutenção da decisão recorrida.

Ora, não obstante o Processo do Trabalho seja regido pelo princípio da informalidade, não se afigura aceitável, em observância aos princípios do contraditório e da ampla defesa, a pretensão da ora agravante de atribuir às contrarrazões natureza jurídica de recurso. Para obter o pretendido pronunciamento nos capítulos em que foi sucumbente na sentença, cumpria à Petrobras, ante o risco de ver modificada a decisão recorrida, que lhe foi favorável no mérito, em face da interposição de recurso ordinário pela parte contrária, a apresentação de recurso ordinário adesivo, sob pena de preclusão (Súmula n. 297 do TST). Assim, ante a manifesta inadequação da via processual eleita, equivoca-se a agravante ao alegar a ocorrência de omissão, não havendo falar em negativa de prestação jurisdicional.

Consequentemente, não tendo a Corte Regional emitido tese quanto à *inadequação e inutilidade do meio eleito* e à *irre-*

*gularidade do polo passivo*, inviável a análise das matérias à luz dos dispositivos invocados pela parte recorrente. Incidência, na espécie, do óbice da Súmula 297/TST, ante a ausência do necessário prequestionamento.

No mérito, cinge-se a controvérsia em saber para qual entidade sindical devem ser repassadas as contribuições sindicais dos empregados engenheiros da Petrobras.

A Corte Regional, quanto à *contribuição sindical*, deu provimento parcial ao recurso ordinário interposto pelo sindicato-autor, para condenar a Petrobras "a passar a recolher as contribuições sindicais de seus empregados *engenheiros, arquitetos e engenheiros agrônomos ao sindicato Autor, nos períodos dos respectivos e com o envio de comprovantes, nos termos do art. 583 da CLT*". A decisão foi proferida, às fls. 744-746, nos seguintes termos:

"2.3. CONTRIBUIÇÃO SINDICAL

Alega o sindicato-autor, na peça de ingresso, que é o sindicato de classe representante dos engenheiros, arquitetos, agrônomos e profissões similares, do Estado do Espírito Santo. Diz que, apesar de a ré possuir em seus quadros vários empregados daquelas profissões, não lhe é repassado o imposto sindical. Requer, em síntese, a condenação da reclamada ao pagamento do imposto sindical, inclusive dos atrasados.

A ré contesta, argumentando, em suma, que "a contribuição sindical será devida ao sindicato da categoria profissional a que o trabalhador esteja inserido ou, na hipótese de profissional liberal empregado, à entidade sindical que represente a profissão em questão, desde que haja manifestação do trabalhador pela opção, nos termos da lei".

Alega o reclamante, em razões de recurso, que a categoria por ele representada é "diferenciada", invocando a aplicação dos arts. 578 e 579, da CLT.

Assiste razão ao sindicato-autor.

A discussão sob análise exige decidir se engenheiros, arquitetos e engenheiros agrônomos empregados e contratados por empresa petrolífera constituem ou não categoria diferenciada, implicando o recolhimento do imposto sindical em favor do Sindicato dos Engenheiros no Estado do Espírito Santo.

As categorias diferenciadas não seguem o enquadramento pela atividade preponderante, não guardando nenhuma identidade com os demais trabalhadores da empresa.

De acordo com o sistema de enquadramento profissional brasileiro, *categoria profissional diferenciada é a que se forma dos empregados que exerçam profissões ou funções diferenciadas por força de estatuto profissional especial ou em consequência de condições de vida singulares*, conforme dispõe o art. 511, § 3º da Consolidação das Leis do Trabalho.

As profissões de engenheiro, arquiteto e engenheiro agrônomo são regulamentadas pelas Leis ns. 5.194/1966 e 4.950-A/1966, possuindo, pois, estatuto profissional especial, requisito exigido pelo art. 511, § 3º, para caracterização da categoria diferenciada.

Neste sentido decidiu o C. Tribunal Superior do Trabalho:

(...)

Como não bastasse, os engenheiros integram o Grupo da Confederação Nacional das Profissões Liberais, no Quadro de Atividades e Profissões referidos no art. 577 da CLT. Assim, considerando que os respectivos entes sindicais possuem as mesmas prerrogativas dos demais sindicatos das categorias diferenciadas, por força da Lei n. 7.316/1985, correto o enquadramento dos profissionais de engenharia como categoria diferenciada.

(...)

Com base em todo o exposto, não há falar em aplicação dos artigos legais invocados pela ré.

Tendo em vista a natureza extremamente controversa da discussão ora posta, não há falar em condenação *ex tunc* da ré ou no pagamento da multa prevista no art. 600, da CLT.

Também, por inexistir urgência, fundado receio de dano irreparável ou de difícil reparação (art. 273, do CPC), não há falar em antecipação dos efeitos da tutela.

Assim, não devem ser providos os pleitos contidos nas alíneas *a, c, d*, do recurso ordinário (fls. 519/520).

Dou parcial provimento ao apelo e condeno a Reclamada a passar a recolher as contribuições sindicais de seus empregados engenheiros, arquitetos e engenheiros agrônomos ao sindicato Autor, nos períodos respectivos e com o envio de comprovantes, nos termos do art. 583, da CLT, nos termos do pleito contido na alínea *b* do recurso ordinário (fls. 519)."

Consoante se observa do excerto acima transcrito, o Tribunal Regional, reconhecendo o enquadramento dos profissionais de engenharia como categoria diferenciada, condenou a Petrobras ao repasse da contribuição sindical em favor do Sindicato dos Engenheiros no Estado do Espírito Santo.

A decisão, nos termos em que proferida, confere efetividade aos arts. 511, § 3º, e 579 da CLT e ao art. 1º da Lei n. 7.316/1985.

Vejamos.

Como cediço, o Direito do Trabalho elegeu como critério para o enquadramento sindical, a atividade preponderante da empresa, exceção feita aos empregados integrantes de categoria diferenciada, que ostentam essa condição por exercerem profissões ou funções diferenciadas por força de estatuto profissional especial ou em consequência de condições de vida singulares (art. 511, § 3º, da CLT).

O quadro de atividades e profissões a que se refere o art. 577 da CLT não enquadra os engenheiros como categoria profissional diferenciada, mas como profissionais liberais, integrantes da Confederação nacional das Profissões Liberais – Grupo 6º.

Contudo, por força da Lei n. 7.316/1985, que atribuiu às entidades sindicais que integram a Confederação Nacional das Profissões Liberais o mesmo poder de representação dos sindicatos representativos das categorias profissionais diferenciadas, os engenheiros regidos pela Lei n. 4.950-A/1966 – estatuto profissional especial –, equiparam-se à categoria profissional diferenciada.

A referendar o posicionamento de que os engenheiros, regidos por estatuto profissional específico, equiparam-se aos integrantes de categoria diferenciada, destacam-se os seguintes precedentes:

"ENGENHEIRO AGRÔNOMO. EMPREGADO DE BANCO. SINDICATO. SUBSTITUIÇÃO PROCESSUAL. A Lei n. 7.316/1985 atribuiu "às entidades sindicais que integram a Confederação Nacional das Profissões Liberais o mesmo poder de representação dos sindicatos representativos das categorias profissionais diferenciadas nas ações individuais e coletivas de competência da Justiça do Trabalho". Dessa forma, para efeito de representação e enquadramento sindical, os empregados egressos da categoria de profissionais liberais são equiparados aos empregados pertencentes à categoria profissional diferenciada. E, assim, por expressa previsão da lei, atribuiu-se a representação sindical desses empregados ao sindicato dos profissionais liberais respectivo e não à entidade sindical representante da categoria profissional correspondente à atividade preponderante da empresa, qual seja, o sindicato dos bancários. Embargos desprovidos." (TST-E-ED-RR-62540-93.2005.5.14.0002, Relator Ministro Vantuil Abdala, SBDI-1, DJ 26.10.2007)

"AGRAVO DE INSTRUMENTO EM RECURSO DE REVISTA – ENGENHEIRO – EXERCÍCIO DA ATIVIDADE EM ESTABELECIMENTO BANCÁRIO – ENQUADRAMENTO SINDICAL – JORNADA. Sendo os engenheiros regidos pela Lei n. 4.950-A/1966, estatuto específico que regulamenta o exercício dessa profissão, tem-se entendido haver equiparação com os integrantes de categoria diferenciada, nos moldes do art. 511, § 3º, da CLT. Nesse contexto, firmou-se a jurisprudência no sentido de que o engenheiro que exerce atividade em estabelecimento bancário se sujeita a jornada de 8 (oito) horas. Precedentes. Agravo de instrumento não provido." (TST-AIRR– 1923-18.2011.5.03.0018, Relator Desembargador Convocado Valdir Florindo, 2ª Turma, DEJT 19.12.2013)

"ENGENHEIRO – CATEGORIA DIFERENCIADA – ENQUADRAMENTO SINDICAL. Embora a profissão de engenheiro não conste como categoria profissional diferenciada no quadro anexo do art. 577 da Consolidação das Leis do Trabalho, mas sim como profissional liberal, ela merece o tratamento dado pelo art. 511, § 3º, da Consolidação das Leis do Trabalho, por se tratar de profissão regulamentada por norma especial (Lei n. 4950-A/1966). Sendo assim, os engenheiros compõem categoria diferenciada e, conforme dispõe a Súmula n. 374 desta Corte, empregado integrante de categoria profissional diferenciada não tem o direito de haver de seu empregador vantagens previstas em instrumento coletivo no qual a empresa não foi representada por órgão de classe de sua categoria. Recurso de revista conhecido e provido." (TST-RR-32300-32.2007.5.12.0027, Relator Ministro Renato de Lacerda Paiva, 2ª Turma, DEJT 31.08.2012)

"HORAS EXTRAS – ENGENHEIRO EMPREGADO DE INSTITUIÇÃO BANCÁRIA – CATEGORIA DIFERENCIADA – JORNADA REDUZIDA – INADMISSIBILIDADE. 1. Nos termos do art. 511, § 3º, da CLT, para que se configure a categoria profissional diferenciada basta que seja constituída por empregados exercentes de profissões ou funções que se distinguem por força de estatuto profissional especial ou por condições de vida singulares. Irrelevante, portanto, a sua previsão ou não no quadro a que alude o art. 577 da CLT, o qual tão somente fixara o plano básico de enquadramento sindical, em observância ao antigo critério administrativo vigente no período anterior à Carta Magna de 1988.

2. Nesse contexto, sendo os engenheiros regidos pela Lei n. 4.950-A/1966, estatuto específico que regulamenta o exercício da profissão, conclui-se que constituem categoria diferenciada, razão pela qual não há de se falar em aplicação da jornada reduzida de seis horas do art. 224, *caput*, da CLT, que contempla somente a categoria dos bancários, aos engenheiros empregados de instituições bancárias, nos termos da Súmula n. 117 do TST. Precedentes.

Recurso conhecido e provido." (TST-RR-177000-70.2004.5.16.0003, Relator Juiz Convocado Douglas Alencar Rodrigues, 3ª Turma, DEJT 14.08.2009)

"RECURSO DE REVISTA DO RECLAMANTE. PROVIMENTO PARCIAL – ENGENHEIRO – PROFISSIONAL LIBERAL – CATEGORIA DIFERENCIADA – REGULARIDADE DA REPRESENTAÇÃO SINDICAL – HONORÁRIOS ADVOCATÍCIOS. 1. O Reclamante exercia atividade de engenheiro, segundo o acórdão regional e a própria Reclamada. 2. A teor do art. 1º da Lei n. 7.316/1985, os profissionais liberais compõem categoria diferenciada, representada por seus respectivos sindicatos. Assim, equivocou-se o Eg. Tribunal Regional ao negar legitimidade à representação do Reclamante pelo sindicato dos engenheiros." (TST-RR-762649-39.2001.5.03.5555, Relatora Ministra: Maria Cristina Irigoyen Peduzzi, 3ª Turma, DJ 20.08.2004)

"CONTRIBUIÇÃO SINDICAL. ENGENHEIROS, ARQUITETOS E ENGENHEIROS AGRÔNOMOS. CATEGORIA PROFISSIONAL DIFERENCIADA. ENQUADRAMENTO SINDICAL. I. O entendimento que tem prevalecido nesta Corte Superior é no sentido de que as profissões de engenheiro, arquiteto e engenheiro agrônomo possuem estatuto profissional especial e, por isso, formam categoria profissional diferenciada, nos termos do art. 511, § 3º, da CLT. Precedentes. II. Em razão do entendimento sedimentado nesta Corte Superior, está correta a decisão de origem em que se entendeu que o enquadramento sindical dos engenheiros, arquitetos e engenheiros agrônomos empregados da Reclamada não é definido pela atividade econômica preponderante da Recorrente, mas sim pelo exercício de profissões ou funções diferenciadas por força de estatuto profissional especial ou em consequência de condições de vida singulares (art. 511, § 3º, da CLT). Logo, conclui-se que os engenheiros, arquitetos e engenheiros agrônomos empregados da Reclamada são representados pelo Sindicato-Autor (SENGE) e não pelo SINDIMETAL. Portanto, correta a decisão regional em que se reconheceu que a contribuição sindical, de que tratam os arts. 578, e seguintes, da CLT, devida pelos empregados engenheiro, arquiteto e agrônomo, deve ser recolhida ao sindicato representante de suas categorias e não ao representante da categoria dos trabalhadores na atividade específica ou preponderante da empregadora. III. Recurso de revista de que se conhece, por divergência jurisprudencial, e a que se dá parcial provimento." (TST-RR-14500-14.2010.5.17.0005, Relator Ministro Fernando Eizo Ono, 4ª Turma, DEJT 04.04.2014)

"AGRAVO DE INSTRUMENTO EM RECURSO DE REVISTA. ENGENHEIRO. ARQUITETO. ENQUADRAMENTO SINDICAL. CATEGORIA DIFERENCIADA. BANCÁRIO. JORNADA DE TRABALHO. Segundo os precedentes reiterados desta Corte, não é bancário o engenheiro ou o arquiteto, empregado de banco, que efetivamente exerce a sua respectiva profissão. Apesar de se tratar de profissional com regulamento próprio, o engenheiro e o arquiteto integram categoria profissional diferenciada, consoante o art. 511, § 3º, da CLT e, por isso, descabe a jornada de trabalho prevista no art. 224, *caput*, da CLT. Agravo de instrumento a que se nega provimento." (TST-AIRR-742-57.2010.5.09.0015, Relator Ministro Pedro Paulo Manus, 7ª Turma, DEJT 19.04.2013)

"RECURSO DE REVISTA DA CAIXA ECONÔMICA FEDERAL – CEF. ARQUITETO E ENGENHEIRO. PROFISSIONAIS LIBERAIS. ENQUADRAMENTO SINDICAL. CATEGORIA DIFERENCIADA. ESTATUTO PROFISSIONAL PRÓPRIO. PERTINÊNCIA DA SÚMULA N. 117 DESTA CORTE. A SBDI-1 desta Corte, no julgamento do ERR-104/2006-006-05-00, firmou entendimento de que o profissional liberal, cuja atividade encontra-se regulamentada em estatuto profissional próprio, integra categoria profissional diferenciada, a teor do § 3º do art. 511 da CLT, para fins de enquadramento sindical. Nesse contexto, repeliu a ideia de que as categorias diferenciadas são somente aquelas expressamente enumeradas no quadro anexo do art. 577 da CLT, seja porque o § 3º acima mencionado não estabelece essa previsão como condição *sine qua non* para o enquadramento sindical; seja porque o art. 1º da Lei n. 7.361/1985 confere à Confederação das Profissões Liberais o mesmo poder de representação atribuído aos sindicatos representativos das categorias profissionais diferenciadas. Assim é o que ocorre com a situação específica dos engenheiros e arquitetos contratados por instituições bancárias, os quais encontram na Lei n. 4.950-A/1966 seu estatuto profissional próprio. Pertinência da Súmula n. 117 do TST, que há muito consagra o entendimento desta Corte de que as instituições bancárias podem regularmente contratar profissionais integrantes de categorias diferenciadas. Recurso de revista conhecido e provido." (TST-RR-61900-85.2008.5.14.0002, Relatora Ministra Dora Maria da Costa, 8ª Turma, DEJT 30.07.2010).

Logo, sendo os engenheiros equiparados à categoria profissional diferenciada, deve a contribuição sindical ser recolhida em favor da entidade sindical representativa da respectiva categoria profissional, na espécie, o Sindicato dos Engenheiros do Estado.

Nesse sentido, os seguintes julgados que espelham o entendimento de que a contribuição sindical dos integrantes de categoria diferenciada deve ser recolhida em favor do sindicato representativo da respectiva categoria profissional:

"CONTRIBUIÇÃO SINDICAL. CATEGORIA DIFERENCIADA. Sendo incontroverso que no âmbito da reclamada havia empregados pertencentes à categoria diferenciada dos técnicos de segurança do trabalho, afigura-se hialina a responsabilidade da reclamada quanto ao recolhimento da contribuição sindical relativa a esses empregados em favor do sindicato representativo dessa categoria, por força do disposto nos arts. 511, §§ 2º e 3º, 513 e 579 da Consolidação das Leis do Trabalho, no caso, o Sindicato dos Técnicos de Segurança do Trabalho do Estado de Minas Gerais (SINTEST-MG), autor da presente reclamação. Recurso de revista não conhecido." (TST-RR-32300-94.2006.5.03.0131, Relator Ministro Lelio Bentes Corrêa, 1ª Turma, DEJT 26.04.2013)

"AGRAVO DE INSTRUMENTO EM RECURSO DE REVISTA – CONTRIBUIÇÃO SINDICAL – CATEGORIA DIFERENCIADA. Havendo, no âmbito da reclamada, empregados pertencentes à categoria diferenciada, a contribuição sindical relativa a estes deve ser recolhida em favor do sindicato representativo dessa categoria, por força do disposto nos arts. 511, § 2º e § 3º, 513 e 579 da CLT. Agravo de instrumento desprovido." (TST-AIRR-111640-97.2005.5.15.0128, Relator Ministro Luiz Philippe Vieira de Mello Filho, 1ª Turma, DEJT 27.05.2011)

"CONTRIBUIÇÃO SINDICAL DE EMPREGADOS PERTENCENTES À CATEGORIA DIFERENCIADA. O acórdão recorrido foi no sentido de que a contribuição sindical devida pelos técnicos em segurança do trabalho, como categoria diferenciada, na forma do art. 511, § 3º, da CLT, deve ser recolhida em favor do sindicato representativo da aludida categoria dos técnicos em segurança do trabalho. Intacto, assim, o art. 511 da CLT. Divergência jurisprudencial não demonstrada, ante o óbice da Súmula n. 296 do TST. Recurso de revista não conhecido." (TST-RR-30200-29.2007.5.17.0007, Relator Ministro Augusto César Leite de Carvalho, 6ª Turma, DEJT 06.06.2014)

"AGRAVO DE INSTRUMENTO EM RECURSO DE REVISTA. CONTRIBUIÇÃO SINDICAL DO EMPREGADO. CATEGORIA PROFISSIONAL DIFERENCIADA. No âmbito das empresas rés, há empregados que exercem a profissão de técnico de segurança do trabalho, os quais integram uma categoria profissional diferenciada, nos termos do art. 511, § 3º, da CLT, porque tem suas funções diferenciadas por força de estatuto profissional especial (Lei n. 7.410/1985 e Decreto n. 92.530/1986) e da sujeição a condições de vida singulares. Assim, de acordo com os arts. 511, § 3º, 513 e 579 da CLT, a contribuição sindical dos referidos empregados deve ser recolhida em favor da entidade sindical representativa da respectiva categoria diferenciada, no caso, o Sindicato dos Técnicos de Segurança do Trabalho do Estado do Ceará, autor desta ação. Agravo de instrumento conhecido e não provido." (TST-AIRR-1705-15.2011.5.07.0006, Relatora Ministra Dora Maria da Costa, 8ª Turma, DEJT 05.05.2014)

Incólumes, pois, os arts. 580, 585, 586, 589, II, *d*, e 591 da CLT.

Convém esclarecer que a previsão contida no art. 585 da CLT não tem a extensão pretendida pela Petrobras. Trata-se de uma faculdade conferida aos profissionais liberais de optar pelo pagamento da contribuição sindical unicamente à entidade sindical representativa da respectiva profissão, e não uma condição para que o recolhimento da contribuição sindical dos profissionais liberais equiparados à categoria profissional diferenciada, na espécie os engenheiros, seja direcionado ao sindicato da respectiva profissão.

De outra parte, sinale-se que o art. 545 da CLT dispõe expressamente que os empregadores ficam obrigados a descontar dos seus empregados a contribuição sindical, sendo, portanto, inaplicável à espécie os arts. 121 e 124 do Código Tributário Nacional.

Por fim, registre-se que a alegação de contrariedade à Súmula n. 374 do TST revela-se impertinente, à míngua de pertinência temática, porquanto a discussão travada nos autos não é concernente à inaplicabilidade aos empregados integrantes de categoria diferenciada das vantagens previstas em instrumento coletivo no qual a empresa não foi representada por órgão de classe de sua categoria.

Verifica-se, pois, que a parte agravante não consegue infirmar os fundamentos dos acórdãos proferidos pela Corte Regional e da decisão agravada e, consequentemente, demonstrar violação de dispositivo de lei federal, da Constituição da República, divergência jurisprudencial, ou mesmo contrariedade à Súmula do TST, que ensejasse a admissibilidade do recurso de revista, na forma prevista no art. 896, *a* e *c*, da CLT.

Deve, pois, com os devidos acréscimos, ser confirmada a decisão agravada, por seus próprios e jurídicos fundamentos, não desconstituídos pelo agravante.

Ante o exposto, NEGO PROVIMENTO ao agravo de instrumento.

AGRAVO DE INSTRUMENTO INTERPOSTO PELO SINDICATO DOS ENGENHEIROS DO ESTADO DO ESPÍRITO SANTO – SENGE/ES

CONHECIMENTO

O agravo de instrumento é tempestivo (fls. 845 e 847), tem representação regular (procuração à fl. 11) e foi processado nos autos principais, conforme permitido pela Resolução Administrativa n. 1.418/2010. Satisfeitos os pressupostos legais de admissibilidade recursal, CONHEÇO do apelo.

MÉRITO

NULIDADE POR NEGATIVA DE PRESTAÇÃO JURISDICIONAL. CONTRIBUIÇÃO SINDICAL DE EXERCÍCIOS PRETÉRITOS

O juízo de admissibilidade do Tribunal *a quo* denegou seguimento ao recurso de revista interposto pelo sindicato-autor, pronunciando-se, às fls. 836-844, nos seguintes termos:

"DIREITO PROCESSUAL CIVIL E DO TRABALHO / ATOS PROCESSUAIS / NULIDADE / NEGATIVA DE PRESTAÇÃO JURISDICIONAL.

Alegação(ões):

– violação do(s) art(s). 93, IX da CF.

– violação do(s) art(s). 165, 458, II, 515, § 1º, 535, II do CPC; 832 da CLT.

– divergência jurisprudencial.

Sustenta que a decisão deixou de se manifestar sobre as contradições ventiladas pela parte, quanto ao seu direito aos valores das contribuições sindicais passadas.

Inviável o recurso, contudo, porquanto se verifica que as questões oportunamente suscitadas e essenciais à resolução da controvérsia foram analisadas pelo Eg. Regional, de forma motivada, razão por que não se vislumbra, em tese, a apontada afronta aos arts. 832 da CLT, 458 do CPC e 93, IX da CF/1988.

Quanto à alegada violação aos demais preceitos, inviável o recurso, ante o entendimento consubstanciado na Orientação Jurisprudencial n. 115 da SDI-I, do Eg. TST.

Ressalte-se, ainda, que a negativa de oferta jurisdicional há que ser aferida caso a caso, não cabendo ser invocada pela via do dissenso interpretativo, sob pena de incidência da hipótese elencada na Súmula 296/TST.

DIREITO SINDICAL E QUESTÕES ANÁLOGAS / CONTRIBUIÇÃO SINDICAL.

Alegação(ões):

– contrariedade à(s) Súmula(s) 308/TST.

– violação do(s) art(s). 7º, XXIX da CF.

– violação do(s) art(s). 174, 583 da CLT; 219, § 1º do CPC.

– divergência jurisprudencial.

Sustenta a parte que tem direito às contribuições passadas, tendo em vista não ter havido prescrição quanto às mesmas.

Consta do v. acórdão:

'2.3. CONTRIBUIÇÃO SINDICAL

Alega o sindicato-autor, na peça de ingresso, que é o sindicato de classe representante dos engenheiros, arquitetos, agrônomos e profissões similares, do Estado do Espírito Santo. Diz que, apesar de a ré possuir em seus quadros vários empregados daquelas profissões, não lhe é repassado o imposto sindical. Requer, em síntese, a condenação da reclamada ao pagamento do imposto sindical, inclusive dos atrasados.

A ré contesta, argumentando, em suma, que 'a contribuição sindical será devida ao sindicato da categoria profissional a que o trabalhador esteja inserido ou, na hipótese de profissional liberal empregado, à entidade sindical que represente a profissão em questão, desde que haja manifestação do trabalhador pela opção, nos termos da lei'.

Alega o reclamante, em razões de recurso, que a categoria por ele representada é 'diferenciada', invocando a aplicação dos arts. 578 e 579, da CLT.

Assiste razão ao sindicato-autor.

A discussão sob análise exige decidir se engenheiros, arquitetos e engenheiros agrônomos empregados e contratados por empresa petrolífera constituem ou não categoria diferenciada, implicando o recolhimento do imposto sindical em favor do Sindicato dos Engenheiros no Estado do Espírito Santo.

As categorias diferenciadas não seguem o enquadramento pela atividade preponderante, não guardando nenhuma identidade com os demais trabalhadores da empresa.

De acordo com o sistema de enquadramento profissional brasileiro, categoria profissional diferenciada é a que se forma dos empregados que exerçam profissões ou funções diferenciadas por força de estatuto profissional especial ou em consequência de condições de vida singulares, conforme dispõe o art. 511, § 3º da Consolidação das Leis do Trabalho.

As profissões de engenheiro, arquiteto e engenheiro agrônomo são regulamentadas pelas Leis ns. 5.194/1966 e 4.950-A/1966, possuindo, pois, estatuto profissional especial, requisito exigido pelo art. 511, § 3º, para caracterização da categoria diferenciada.

Neste sentido decidiu o C. Tribunal Superior do Trabalho:

Com efeito, como Engenheiro e Arquiteto, respectivamente, os Recorrentes integram categoria profissional diferenciada. Não por estarem tais atividades incluídas no quadro anexo à CLT, a que alude o art. 577 desse diploma, mas porque, nos termos do § 3º, do art. 511, suas profissões se distinguem (...) por força de estatuto profissional especial, qual seja a Lei n. 4.950-A, de 22.04.1966. É que, ao revés do que leva a concluir a Corte regional, não é a inclusão no Quadro de Atividades e Profissões que caracteriza a categoria diferenciada, mas a sua regulamentação legal especial. Até porque a Constituição de 1988, ao vedar a interferência do Estado na organização sindical, afastou o enquadramento sindical oficial, dando lugar ao espontâneo. Logo, desde então referido Quadro serve apenas de modelo, não sendo obrigatório. E sequer pode ser alterado, para a inclusão ou exclusão de categorias, posto inexistir ente competente para tal. (...) (RA 140/1980, DJ 18.12.1980). NÚMERO ÚNICO PROC: RR – 836/2004-030-04-40, PUBLICAÇÃO: DJ – 20.04.2007 – Relator: Juiz Convocado Luiz Carlos Roberto Godoy).

Como não bastasse, os engenheiros integram o Grupo da Confederação Nacional das Profissões Liberais, no Quadro de Atividades e Profissões referidos no art. 577 da CLT. Assim, considerando que os respectivos entes sindicais possuem as mesmas prerrogativas dos demais sindicatos das categorias diferenciadas, por força da Lei n. 7.316/1985, correto o enquadramento dos profissionais de engenharia como categoria diferenciada.

Neste sentido, o Exmo. Desembargador deste Tribunal, Dr. Cláudio Armando Couce de Menezes, quando convocado para o C. Tribunal Superior do Trabalho, assentou:

'HORAS EXTRAS. JORNADA DE BANCÁRIO. ENGENHEIRO. CATEGORIA DIFERENCIADA. Se os engenheiros estão enquadrados como integrantes do Grupo da Confederação Nacional das Profissões Liberais, no Quadro de Atividades e Profissões referidos no art. 577 da CLT, e se os respectivos entes sindicais têm a mesma prerrogativa dos demais sindicatos das categorias diferenciadas, por força da Lei n. 7316/1985, correto o enquadramento dos profissionais de engenharia como categoria diferenciada. Logo, o art. 511, § 3º, da CLT, bem como outras profissões que possuam jornadas específicas na lei, contêm normas que excluem a aplicação da jornada específica do bancário. Ademais, a decisão regional está em sintonia com a jurisprudência interativa e notória desta Corte, consubstanciada na inteligência do Enunciado n. 117, que afasta a jornada de trabalho do bancário para os integrantes de categoria diferenciada. Agravo conhecido e não provido.' (Proc. N. TST-AIRR – 1353/2003-002-03-40.0; Rel. Juiz Convocado Cláudio Armando Couce de Menezes; DJ 3.12.2004).

Também, a 1ª Turma deste TRT, em lide similar, na qual o ora recorrente figurou no polo passivo (RO 0014500-14.2010.5.17.0005), julgou como segue:

'PROFISSIONAIS DE ENGENHARIA. CATEGORIA DIFERENCIADA. As profissões de engenheiro, arquiteto e engenheiro agrônomo são regulamentadas pelas Leis ns. 5.194/1966 e 4.950-A/1966, possuindo, pois, estatuto profissional especial, requisito exigido pelo art. 511, § 3º, para caracterização da categoria diferenciada. Ademais, como os engenheiros estão enquadrados como integrantes do Grupo da Confederação Nacional das Profissões Liberais, no Quadro de Atividades e Profissões referidos no art. 577 da CLT, e tendo em vista que os respectivos entes sindicais possuem as mesmas prerrogativas dos demais sindicatos das categorias diferenciadas, por força da Lei n. 7.316/1985, correto o enquadramento dos profissionais de engenharia como categoria diferenciada.' (Relator: Desembargador Cláudio Armando Couce de Menezes, julgado em 09 de maio de 2011).

Com base em todo o exposto, não há falar em aplicação dos artigos legais invocados pela ré.

Tendo em vista a natureza extremamente controversa da discussão ora posta, não há falar em condenação *ex tunc* da ré ou no pagamento da multa prevista no art. 600, da CLT.

Também, por inexistir urgência, fundado receio de dano irreparável ou de difícil reparação (art. 273, do CPC), não há falar em antecipação dos efeitos da tutela.

Assim, não devem ser providos os pleitos contidos nas alíneas '*a*', '*c*', '*d*', do recurso ordinário (fls. 519/520).

Dou parcial provimento ao apelo e condeno a Reclamada a passar a recolher as contribuições sindicais de seus empregados engenheiros, arquitetos e engenheiros agrônomos ao sindicato Autor, nos períodos respectivos e com o envio de comprovantes, nos termos do art. 583, da CLT, nos termos do pleito contido na alínea *b* do recurso ordinário (fls. 519).'

Contudo, a matéria não foi analisada à luz dos fundamentos recursais, o que obsta o apelo, por ausência de prequestionamento.

CONCLUSÃO

DENEGO seguimento ao recurso de revista."

Nas razões do agravo de instrumento, o sindicato-autor postula a reforma da decisão denegatória, ao argumento de que o recurso de revista preenchia os pressupostos necessários à sua admissão.

Relativamente à suscitada nulidade por negativa de prestação jurisdicional, reitera a alegação de que o acórdão regional careceu de fundamentação quanto ao indeferimento do pedido de condenação da Petrobras ao pagamento dos valores referentes ao imposto sindical dos períodos pretéritos não atingidos pela prescrição. Frisa que "*os presentes autos versam sobre matéria de ordem pública, sendo uma exigência legal que condiciona o recolhimento da contribuição sindical, ou seja, reconhecido o direito deve retroagir ao período prescricional e que, portanto, deveria ter sido analisada de ofício pelo julgador, havendo flagrante negativa de prestação jurisdicional*". Renova a violação dos arts. 832 da CLT, 165, 458, II, 515, § 1º, e 535 do CPC.

Quanto à contribuição sindical de exercícios pretéritos, aduz que a decisão agravada merece reforma, tendo em vista que os arts. 583 da CLT, 219, § 1º, 7º, XXIX, da Constituição e 174 do CTN, bem como a Súmula n. 308 do TST, foram devidamente prequestionados. De outra parte, sustenta que a matéria para ser submetida à apreciação por esta Corte Superior não possui a obrigatoriedade de ter sido prequestionada pelo Tribunal Regional.

Razão não lhe assiste, contudo.

De início, registre-se que a análise do recurso de revista restringe-se às violações legais e constitucionais e aos arestos expressamente devolvidos à apreciação no respectivo agravo de instrumento, ante a ocorrência de preclusão quanto àquelas veiculadas no recurso denegado e não reiteradas no presente apelo.

De outra parte, frise-se que o conhecimento do recurso de revista, em relação à preliminar de *nulidade por negativa da prestação jurisdicional*, restringe-se à observância da Súmula n. 459 desta Corte, ou seja, indicação de violação dos arts. 832 da CLT, 458 do CPC ou 93, IX, da Carta Magna. Assim, afasta-se, de plano, o conhecimento do apelo por outros dispositivos normativos.

Acrescente-se aos fundamentos da decisão denegatória, quanto à suscitada nulidade por negativa de prestação jurisdicional, que o Tribunal Regional, ao contrário do que argumenta a agravante, fixou de forma expressa e fundamentada, os motivos pelo qual não deferiu o pleito de pagamento das contribuições sindicais de exercícios pretéritos e da multa prevista no art. 600 da CLT.

Com efeito, a Corte Regional, no julgamento dos embargos de declaração interpostos pelo sindicato-autor, relativamente à alegada contradição, pronunciou-se, à fl. 780, nos seguintes termos:

"CONTRADIÇÃO

O reclamante aduz contradição no v. acórdão, pois diz que foi reconhecido o seu direito de ser legítimo titular de receber os valores impostos, mas foi indeferido o pleito de alínea 'c' e 'd' do apelo ordinário.

Requer manifestação acerca do seu direito ao recebimento dos valores referentes ao Imposto Sindical devido pelo Reclamante desde o ano de 2005.

Sem razão.

Não há contradição no julgado ao não deferir os pleitos de alínea 'c' e 'd' do apelo ordinário, uma vez que o acórdão foi claro ao assentar que a natureza extremamente controversa da discussão obsta a condenação *ex tunc* da ré.

Assim, basta uma leitura dos presentes embargos declaratórios para se constatar que são utilizados com o único intuito de prequestionar matérias devidamente claras e fundamentadas no decisório regional.

Não há, pois, os vícios a que se refere o art. 535 do CPC, sendo inapropriada a via dos embargos de declaração para o fim almejado.

Diante do exposto, nego provimento aos embargos do reclamante."

Depreende-se dos fundamentos acima reproduzidos que a Turma Julgadora adotou tese explícita e fundamentada e coerente, acerca do motivo pelo qual indeferiu os pedidos de pagamento das contribuições sindicais de exercícios pretéritos e da multa prevista no art. 600 da CLT, qual seja a natureza controversa da discussão, pelo que não há falar em negativa de prestação jurisdicional, mas, tão somente, em decisão contrária aos interesses da parte recorrente.

Nessa perspectiva, incólumes os arts. 832 da CLT, 458 do CPC e 93, IX, da Constituição Federal, únicos dispositivos suscetíveis de ofensa quanto à preliminar de nulidade por negativa de prestação jurisdicional.

No tocante às *contribuições sindicais de exercícios pretéritos*, a agravante limita-se a alegar que houve o devido prequestionamento da matéria, à luz dos arts. 583 da CLT, 219, § 1º, do CPC, 174 do CTN e 7º, XXIX, da Constituição Federal e da Súmula n. 308 do TST, não devolvendo, contudo, a argumentação recursal quanto ao tema, o que, ante os princípios processuais da delimitação recursal, dialeticidade e da preclusão, torna juridicamente inviável o exame do recurso no aspecto.

Ademais, a alegação no sentido de que a matéria para ser submetida à apreciação por esta Corte Superior não possui a obrigatoriedade de ter sido prequestionada pelo Tribunal Regional, contraria a jurisprudência desta Corte Superior, consubstanciada na Súmula n. 297 do TST.

Constata-se, pois, que a parte agravante não consegue infirmar os fundamentos dos acórdãos proferidos pela Corte Regional e da decisão agravada e, consequentemente, demonstrar violação de dispositivo de lei federal, da Constituição da República, divergência jurisprudencial, ou mesmo contrariedade à Súmula do TST, que ensejasse a admissibilidade do recurso de revista, na forma prevista no art. 896, *a* e *c*, da CLT.

Ante o exposto, NEGO PROVIMENTO ao agravo de instrumento.

---

# ERRO DE FATO. HONORÁRIOS ADVOCATÍCIOS

EMBARGOS DE DECLARAÇÃO EM RECURSO DE REVISTA. ERRO DE FATO QUANTO À PREMISSA ADOTADA NO JULGAMENTO DO RECURSO DE REVISTA. EFEITO MODIFICATIVO. HONORÁRIOS ADVOCATÍCIOS. AÇÃO DE INDENIZAÇÃO POR DANOS MORAIS E MATERIAIS DECORRENTES DE ACIDENTE DE TRABALHO. AJUIZAMENTO PERANTE A JUSTIÇA COMUM ANTES DA PROMULGAÇÃO DA EMENDA CONSTITUCIONAL N. 45/2004. POSTERIOR REMESSA DOS AUTOS À JUSTIÇA DO TRABALHO. ART. 20 DO CPC. INCIDÊNCIA.

*I – A jurisprudência do STF, do STJ e do TST tem admitido embargos de declaração em que a parte aponta erro de fato quanto à premissa adotada no julgamento do recurso interposto, espécie de omissão de ponto sobre o qual devia pronunciar-se o Tribunal (art. 535, II, do CPC e art. 897-A da CLT).*

*II – Na hipótese, a omissão reside na desconsideração da premissa fática de que a presente ação de indenização por danos morais e materiais decorrentes de acidente de trabalho fora ajuizada na Justiça Comum antes da Emenda Constitucional n. 45/2004, o que permite a condenação em honorários advocatícios, por mera sucumbência, nos termos do art. 20 do CPC.*

*III – Nessa perspectiva, forçosa se torna a aplicação da Orientação Jurisprudencial n. 421 da SBDI-1 desta Corte, o que implica no não conhecimento do recurso de revista interposto pela reclamada quanto ao tema "Honorários Advocatícios", por incidência do § 7º do art. 896 da CLT.*

*Embargos de declaração a que se dá provimento para, imprimindo efeito modificativo no julgado, não conhecer do recurso de revista.*

*(Processo n. TST-ED-RR-9950300-49.2006.5.09.0663 – Ac. 1ª Turma – DeJT: 13/11/2015)*

VOTO

CONHECIMENTO

CONHEÇO dos embargos de declaração porque tempestivos (fls. 1.393 e 1.395) e regular a representação processual (fl. 24).

MÉRITO

EMBARGOS DE DECLARAÇÃO. ERRO DE FATO QUANTO À PREMISSA ADOTADA NO JULGAMENTO DO RECURSO DE REVISTA. EFEITO MODIFICATIVO. HONORÁRIOS ADVOCATÍCIOS. AÇÃO DE INDENIZAÇÃO POR DANOS MORAIS E MATERIAIS DECORRENTES DE ACIDENTE DE TRABALHO. AJUIZAMENTO PERANTE A JUSTIÇA COMUM ANTES DA PROMULGAÇÃO DA EMENDA CONSTITUCIONAL N. 45/2004. POSTERIOR REMESSA DOS AUTOS À JUSTIÇA DO TRABALHO. ART. 20 DO CPC. INCIDÊNCIA

Irresignado com o acórdão proferido, o reclamante interpõe embargos declaratórios alegando omissão na análise das contrarrazões do recurso de revista, no sentido de que são devidos honorários advocatícios em razão do ajuizamento da ação, originalmente, na Justiça Comum, posto que anterior à Emenda Constitucional n. 45/2004.

Afirma que o autor não detinha o *jus postulandi* para a propositura da ação, diferentemente do que ocorre perante a Justiça do Trabalho e que, portanto, são devidos os honorários advocatícios sucumbenciais, nos exatos termos dos arts. 20 e 21 do Código de Processo Civil e dos arts. 22 e seguintes da Lei n. 8.906/1994.

Nesse sentido, sustenta que o recurso de revista, no tema, não mereça conhecimento e provimento.

Razão assiste ao embargante.

De plano, não se acolhe a alegação da embargada, no sentido de que o tema trazido nos embargos de declaração não poderia ser revisto por este Tribunal Superior, pois, além de a matéria ter sido julgada pelo Tribunal Regional, é pacífica a jurisprudência no sentido de que a Turma pode examinar a presença dos requisitos necessários ao deferimento dos honorários advocatícios.

A jurisprudência do STF, do STJ e do TST tem admitido embargos de declaração em que a parte aponta erro de fato quanto à premissa adotada no julgamento do recurso interposto, espécie de omissão de ponto sobre o qual devia pronunciar-se o Tribunal (art. 535, II, do CPC e art. 897-A da CLT).

Nesse sentido são os precedentes desta 1ª Turma:

"EMBARGOS DE DECLARAÇÃO INTERPOSTOS PELO BANCO DO BRASIL. ERRO DE PREMISSA NO JULGADO. EFEITO MODIFICATIVO. PRESCRIÇÃO. PROTESTO INTERRUPTIVO AJUIZADO NO CURSO DO CONTRATO DE TRABALHO. RECLAMAÇÃO TRABALHISTA PROPOSTA APÓS O PRAZO PRESCRICIONAL DE CINCO ANOS. 1. A jurisprudência tem admitido os embargos de declaração em que a parte aponta erro de premissa no julgado, espécie de omissão de ponto sobre o qual devia pronunciar-se o Tribunal (art. 535, II, do CPC). 2. Na hipótese vertente, a omissão reside na desconsideração da premissa fática, revelada no acórdão regional, acerca da propositura da reclamação trabalhista mais de cinco anos após o ajuizamento do protesto judicial. 3. De acordo com Súmula n. 278 deste Tribunal: "A natureza da omissão suprida pelo julgamento dos embargos de declaração pode ocasionar efeito modificativo no julgado". 4. "*In casu*", a segunda ementa transcrita nas razões recursais demonstra divergência jurisprudencial em torno da questão debatida – ineficácia do protesto interruptivo da prescrição ajuizado no curso do contrato de trabalho, quando a reclamação trabalhista é proposta após cinco anos da notificação judicial – viabilizando o conhecimento do recurso de revista pelo pressuposto da alínea *a* do art. 896 da CLT. 5. A jurisprudência desta Corte é firme no sentido de que o protesto interruptivo da prescrição ajuizado pelo sindicato da categoria profissional, no curso do contrato de trabalho, somente tem eficácia quando proposta a reclamação trabalhista no prazo de cinco anos contados do protesto. 6. Assim, devem ser providos os embargos declaratórios para, sanando omissão, no aspecto, conhecer e dar provimento ao recurso de revista. Embargos de declaração a que se dá provimento para, imprimindo efeito modificativo no julgado, conhecer parcialmente do recurso de revista interposto pelo primeiro reclamado e, no mérito, dar-lhe provimento." (ED-RR – 11400-80.2005.5.04.0751, Relator Ministro: Walmir Oliveira da Costa, Data de Julgamento: 15.04.2015, 1ª Turma, Data de Publicação: DEJT 17.04.2015).

"EMBARGOS DE DECLARAÇÃO EM RECURSO DE REVISTA. ERRO DE PREMISSA NO JULGADO. EFEITO MODIFICATIVO. DESVIO DE FUNÇÃO. DIFERENÇAS SALARIAIS. AUSÊNCIA DE PEDIDO EXPRESSO NO ROL. INÉPCIA DA PETIÇÃO INICIAL. 1. A jurisprudência tem admitido os embargos de declaração em que a parte aponta erro de premissa no julgado, espécie de omissão de ponto sobre o qual devia pronunciar-se o Tribunal (art. 535, II, do CPC). 2. Na hipótese vertente, a omissão reside na existência de indicação, à fl. 467, da fonte oficial em que foi publicada a ementa paradigma, o que afasta a incidência do item III da

Súmula n. 337 do TST, incorretamente invocado na decisão embargada. 3. De acordo com Súmula n. 278 deste Tribunal: "A natureza da omissão suprida pelo julgamento dos embargos de declaração pode ocasionar efeito modificativo no julgado". 4. No caso vertente, a ementa transcrita nas razões recursais demonstrava divergência jurisprudencial em torno da questão debatida – inépcia da petição inicial – viabilizando o conhecimento do recurso de revista pelo pressuposto da alínea *a* do art. 896 da CLT. 5. No mérito, a jurisprudência deste Tribunal Superior é iterativa em proclamar, quanto aos requisitos de validade da petição inicial no Processo do Trabalho, a prevalência do princípio da simplicidade inscrito no art. 840, § 1º, da CLT, segundo o qual basta ao autor inserir na petição inicial uma breve exposição dos fatos de que resulte o dissídio, sendo, inclusive, desnecessária a indicação dos fundamentos jurídicos que justifiquem o pedido, como acontece no processo comum (art. 282, III, do Código de Processo Civil). Demonstrado o atendimento ao referido princípio, no tocante à postulação de diferenças salariais, em face do desvio de função, considerando-se, ainda, que o reclamado não apontou vício na exordial, afasta-se a inépcia da petição inicial, declarada de ofício pelo Tribunal de origem. 5. Assim, devem ser providos os embargos declaratórios para, sanando omissão, conhecer e dar provimento ao recurso de revista. Embargos de declaração a que se dá provimento para, imprimindo efeito modificativo no julgado, conhecer e dar provimento ao recurso de revista." (ED-RR – 145100-55.2006.5.01.0023, Relator Ministro: Walmir Oliveira da Costa, Data de Julgamento: 21.05.2014, 1ª Turma, Data de Publicação: DEJT 23.05.2014)

"EMBARGOS DE DECLARAÇÃO EM RECURSO DE REVISTA. ERRO DE PREMISSA NO JULGADO. EFEITO MODIFICATIVO. SABESP. RESPONSABILIDADE SUBSIDIÁRIA. AUSÊNCIA DE RECURSO ORDINÁRIO. PRECLUSÃO DA MATÉRIA. COISA JULGADA. 1. A jurisprudência tem admitido os embargos de declaração em que a parte aponta de erro de premissa no julgado, espécie de omissão de ponto sobre o qual devia pronunciar-se o Tribunal (art. 535, II, do CPC). 2. Na hipótese vertente, a omissão reside na desconsideração da premissa fática, revelada no acórdão regional, acerca da inexistência de recurso ordinário interposto pela reclamada objetivando a absolvição da responsabilidade subsidiária determinada na sentença, o que impede o conhecimento do recurso de revista, tendo em vista que a pretensão recursal volta-se contra a coisa julgada. 3. De acordo com Súmula n. 278 deste Tribunal: "A natureza da omissão suprida pelo julgamento dos embargos de declaração pode ocasionar efeito modificativo no julgado". 4. Assim, devem ser providos os embargos declaratórios para, sanando omissão, não conhecer do recurso de revista. Embargos de declaração a que se dá provimento para, imprimindo efeito modificativo no julgado, não conhecer do recurso de revista." (ED-RR – 143500-81.2006.5.02.0019, Relator Ministro: Walmir Oliveira da Costa, Data de Julgamento: 21.05.2014, 1ª Turma, Data de Publicação: DEJT 23.05.2014)

"EMBARGOS DE DECLARAÇÃO. PRESCRIÇÃO. PRETENSÃO FUNDADA EM CONTRATO DE SEGURO DE VIDA. VIGÊNCIA APÓS A RESCISÃO DO CONTRATO DE TRABALHO. ERRO DE PREMISSA DE FATO. MARCO INICIAL DA PRESCRIÇÃO. PRAZO PRESCRICIONAL APLICÁVEL. OMISSÃO. ACOLHIMENTO. 1. A controvérsia devolvida para apreciação desta Corte Superior diz respeito ao prazo prescricional aplicável à pretensão de pagamento de indenização prevista em apólice de seguro de vida em grupo para o caso de aposentadoria por invalidez. 2. Os embargos de declaração merecem ser acolhidos, a fim de aperfeiçoar a prestação jurisdicional, pois o acórdão recorrido, a par de embasar-se em premissa equivocada, de que teria sido adotado, pelo TRT, como marco inicial da prescrição, a data da extinção do contrato de trabalho, em 05.01.2001, também comporta esclarecimento acerca do prazo prescricional aplicável, se bienal ou quinquenal, considerando que o benefício da aposentadoria por invalidez foi restabelecido após a extinção do contrato de trabalho. 3. Sanando a omissão, não há de se emprestar efeito modificativo ao julgado, haja vista que prevalece nesta Corte Superior o entendimento de que a aposentadoria por invalidez suspende o contrato de trabalho, de modo a afastar a incidência da prescrição bienal. Assim, restabelecido o benefício previdenciário, com efeitos retroativos a 06.01.2001, tem-se por íntegro o liame empregatício, o qual, contudo, permanece suspenso. 4. De outro lado, ciente a reclamante do restabelecimento do benefício previdenciário, em 13.06.2005, data considerada pelo TRT como marco inicial do prazo prescricional, bem como ajuizada a reclamatória em 10.6.2010, antes, portanto, de se consumar o prazo quinquenal à que alude o art. 7º, XXIX, da CF. 5. Por essa razão, afastada a prescrição total pronunciada no âmbito do Tribunal Regional. Embargos de declaração parcialmente acolhidos, sem a concessão de efeito modificativo." (ED-RR – 1228-14.2010.5.18.0008, Relator Ministro: Hugo Carlos Scheuermann, Data de Julgamento: 21.05.2014, 1ª Turma, Data de Publicação: DEJT 30.05.2014)

Referido entendimento é seguido pela jurisprudência do Superior Tribunal de Justiça:

"RECURSO ESPECIAL. CONTRATO DE OPÇÃO DE COMPRA. EMBARGOS DE DECLARAÇÃO. DESVIO DE FINALIDADE. NÃO OCORRÊNCIA. ERRO DE PREMISSA RECONHECIDO. NEGATIVA DE PRESTAÇÃO JURISDICIONAL NÃO VERIFICADA. ILEGITIMIDADE DE PARTE. JULGAMENTO *EXTRA PETITA* AFASTADO. NATUREZA INTEGRATIVA DOS DECLARATÓRIOS. MATÉRIA DE ORDEM PÚBLICA. VIOLAÇÃO DO ART. 50 DO CÓDIGO CIVIL. CONFUSÃO PATRIMONIAL NÃO RECONHECIDA NA ORIGEM. SÚMULA N. 7/STJ. OBRIGAÇÃO DO DEPÓSITO PRÉVIO DO VALOR DA COMPRA. INCIDÊNCIA DO ART. 491 DO CÓDIGO CIVIL. ARTS. 187 E 884 DO CÓDIGO CIVIL. FALTA DE PREQUESTIONAMENTO. DIVERGÊNCIA JURISPRUDENCIAL NÃO DEMONSTRADA. 1. É possível o acolhimento de embargos de declaração com efeitos infringentes quando o acórdão embargado tiver firmado sua convicção em premissa fática equivocada. 2. O exame e delineamento das circunstâncias fáticas da causa devem ser exauridos no âmbito das instâncias ordinárias, pois sua revisão em recurso especial encontra óbice sumular. Assim, pode e deve a parte apontar omissão do julgado da Corte de origem sobre elemento fático que se mostre relevante para o deslinde da controvérsia, não ficando o Tribunal, ao suprir a omissão, impedido de reconhecer eventual erro de premissa adotado pela conclusão anterior. 3. Afasta-se a negativa de entrega da plena prestação jurisdicional se o Tribunal *a quo* examinou e decidiu, de forma motivada e suficiente, as questões que delimitaram a controvérsia. 4. Ante a natureza integrativa dos embargos de declaração, é possível o exame, de ofício, de matérias de ordem pública na oportunidade de seu julgamento. 5. Aplica-se a Súmula n. 7 do STJ na hipótese em que o acolhimento da tese defendida no recurso especial reclamar a análise dos elementos probatórios produzidos ao longo da demanda. 6. Embora as obrigações do vendedor e do comprador possam ocorrer de forma simultânea na venda à vista, caso não haja previsão específica no contrato nem acordo entre os contratantes, é certo que o legislador pátrio optou por assegurar ao vendedor garantia mais ampla que ao comprador, conferindo-lhe, no art. 491 do Código Civil, direito de retenção enquanto não pago o preço. 7. Incidem as Súmulas ns. 282 do STF e 211 do STJ quando as questões suscitadas no recurso especial não tenham sido debatidas no acórdão recorrido. 8. Não se conhece de recurso especial fundado em dissídio jurisprudencial quando não realizado o cotejo analítico entre os arestos confrontados. 9. Recurso especial parcialmente conhecido e desprovido." (REsp 1493068/BA – Relator Ministro JOÃO OTÁVIO DE NORONHA – TERCEIRA TURMA – DJe 27.03.2015. STJ – EDcl no AgRg no REsp 1232189/SC – EMBARGOS DE DECLARAÇÃO NO AGRAVO REGIMENTAL NO RECURSO ESPECIAL 2011/0015717-2 – Relator Ministro HUMBERTO MARTINS – SEGUNDA TURMA – DJe 08.02.2013)

De igual modo, o Supremo Tribunal Federal admite embargos de declaração contendo alegação de "erro de fato quanto à premissa adotada no julgamento proferido", de que é exemplo o precedente colacionado a seguir:

"Ementa: EMBARGOS DE DECLARAÇÃO NO AGRAVO REGIMENTAL NO RECURSO EXTRAORDINÁRIO COM AGRAVO. ERRO DE FATO QUANTO À PREMISSA ADOTADA NO JULGAMENTO DO AGRAVO REGIMENTAL. EMBARGOS DE DECLARAÇÃO ACOLHIDOS. I – Impossível aferir a veracidade da premissa adotada no julgamento do agravo regimental no ponto em que se indeferiu pedido de devolução dos autos ao STJ para julgamento de arguição de nulidade de intimação realizada por aquela Corte. II – Impõe-se, na espécie, a devolução dos autos ao STJ para que o tribunal decida sobre a nulidade da comunicação por ele realizada. Mantida, quanto à parte não embargada, a decisão proferida no julgamento do agravo regimental. III – Embargos de declaração acolhidos." (ARE 641007 AgR-ED, Relator(a): Min. RICARDO LEWANDOWSKI, Segunda Turma, julgado em 27.09.2011, PROCESSO ELETRÔNICO, DJe-195 DIVULG. 10-10-2011 PUBLIC. 11.10.2011)

Na hipótese, a omissão reside na desconsideração da premissa fática de que a presente ação de indenização por danos morais e materiais decorrentes de acidente de trabalho fora ajuizada na Justiça Comum antes da Emenda Constitucional n. 45/2004, o que permite a condenação em honorários advocatícios, por mera sucumbência, nos termos do art. 20 do CPC.

Esses foram os argumentos lançados tanto no recurso ordinário adesivo interposto pelo reclamante, ao qual o Tribunal Regional deu provimento, como também nas contrarrazões do recurso de revista.

Ainda em abono à tese do embargante, incide a Orientação Jurisprudencial n. 421 da SBDI-1 desta Corte que dispõe, *verbis*:

"HONORÁRIOS ADVOCATÍCIOS. AÇÃO DE INDENIZAÇÃO POR DANOS MORAIS E MATERIAIS DECORRENTES DE ACIDENTE DE TRABALHO OU DE DOENÇA PROFISSIONAL. AJUIZAMENTO PERANTE A JUSTIÇA COMUM ANTES DA PROMULGAÇÃO DA EMENDA CONSTITUCIONAL N. 45/2004. POSTERIOR REMESSA DOS AUTOS À JUSTIÇA DO TRABALHO. ART. 20 DO CPC. INCIDÊNCIA. (DEJT divulgado em 01, 04 e 05.02.2013)

A condenação em honorários advocatícios nos autos de ação de indenização por danos morais e materiais decorrentes de acidente de trabalho ou de doença profissional, remetida à Justiça do Trabalho após ajuizamento na Justiça comum, antes da vigência da Emenda Constitucional n. 45/2004, decorre da mera sucumbência, nos termos do art. 20 do CPC, não se sujeitando aos requisitos da Lei n. 5.584/1970."

Nessa perspectiva, forçosa se torna a aplicação da referida Orientação Jurisprudencial, o que implica no *não conhecimento do recurso de revista interposto pela reclamada quanto ao tema "Honorários Advocatícios"*, por incidência do § 7º do art. 896 da CLT.

Em conclusão, dá-se provimento aos embargos declaratórios para, imprimindo efeitos modificativos no julgado, não conhecer do recurso de revista.

Ante o exposto, DOU PROVIMENTO aos embargos de declaração para, sanando omissão e imprimindo efeito modificativo no julgado, não conhecer do recurso de revista também quanto aos honorários advocatícios.

# HONORÁRIOS DE CORRETAGEM. DESISTÊNCIA DA TRANSAÇÃO

*RECURSO DE REVISTA. HONORÁRIOS DE CORRETAGEM. AUSÊNCIA DE CONCRETIZAÇÃO DO NEGÓCIO OU DE CONSENSO ENTRE AS PARTES. DESISTÊNCIA DA TRANSAÇÃO.*

A comissão de corretagem é devida nos casos em que houver concretização do negócio por intermédio do corretor ou nas hipóteses abarcadas na segunda parte do art. 725 do Código Civil, bem como nos arts. 726 e 727, daquele Diploma legal. Sendo assim, o esforço empregado pelo reclamante, no sentido de consolidar a transação, bem como a desistência da reclamada, não geram o direito à percepção da citada comissão. A uma, porque o esforço e as providências tomadas pelo autor devem ser entendidos como *atividades inerentes à própria mediação, que ainda encerra em si uma obrigação de resultado, a despeito das exceções estabelecidas pelo Código Civil de 2002. A duas, porque o Tribunal Regional delineou quadro-fático no sentido de que houve mera aproximação das partes, sem se referir expressamente a algum documento ou evento que leve à conclusão de que tenha existido ao menos o consenso das partes quanto ao negócio. Assim, "in casu", não se fala em arrependimento, mas em desistência da transação, restando incólume o art. 725 do CCB. Precedentes do STJ.*

*CORRETOR AUTÔNOMO. SUCUMBÊNCIA. HONORÁRIOS DE ADVOGADO. CONCESSÃO DO BENEFÍCIO DA ASSISTÊNCIA JUDICIÁRIA (LEI N. 1.060/1950). SUSPENSÃO DE EXIGIBILIDADE.*

*A teor do item III da Súmula n. 219 do TST e do art. 5º da Instrução Normativa/TST n. 27, de 2005, exceto nas lides decorrentes da relação de emprego, os honorários advocatícios, na Justiça do Trabalho, são devidos pela mera sucumbência. Contudo, na hipótese vertente, ao autor foram concedidos os benefícios da assistência judiciária (Lei n. 1.060/1950). Assim, a exigibilidade do pagamento dos honorários de advogado, no importe de 10% sobre o valor da causa, deve ficar suspensa, em face do que dispõe o art. 12 daquele Diploma legal. Precedentes do STJ.*

*Recurso de revista parcialmente conhecido e parcialmente provido.*

(Processo n. TST-RR-116000-69.2008.5.03.0107 – Ac. 1ª Turma – DeJT: 05.09.2014)

VOTO

CONHECIMENTO

O recurso é tempestivo (fls. 235 e 237) e tem representação regular (fl. 63), sendo dispensado do preparo (fl. 215). Atendidos os pressupostos extrínsecos de admissibilidade, passa-se ao exame dos intrínsecos do recurso de revista.

HONORÁRIOS DE CORRETAGEM. AUSÊNCIA DE CONCRETIZAÇÃO DO NEGÓCIO OU DE CONSENSO ENTRE AS PARTES. DESISTÊNCIA DA TRANSAÇÃO

O Tribunal Regional deu provimento ao recurso ordinário interposto pela ré, nos seguintes termos, *in verbis*:

"O julgador de origem julgou procedente a pretensão de pagamento de honorários de corretagem, por entender que 'o reclamante exerceu a atividade de corretagem e envidou todos os esforços para que o negócio se concretizasse, o que fez, inclusive, com o consentimento da reclamada' (f. 70).

Inconformada, a reclamada alega que, não obstante o autor tenha intermediado o contrato entre a recorrente e a empresa Arco Engenharia, restou provado que tal contrato não se concretizou, o que inviabiliza a pretensão obreira de recebimento de honorários de corretagem.

Examina-se.

A comissão de corretagem encontra-se regulada nos arts. 722 a 729. No caso em comento, os arts. 725, 726 e 727 elucidam a questão debatida nos autos:

Art. 725. *A remuneração é devida ao corretor uma vez que tenha conseguido o resultado previsto no contrato de mediação, ou ainda que este não se efetive em virtude de arrependimento das partes.*

Art. 726. *Iniciado e concluído o negócio diretamente entre as partes*, nenhuma remuneração será devida ao corretor; mas se, por escrito, for ajustada a corretagem com exclusividade, terá o corretor direito à remuneração integral, ainda que realizado o negócio sem a sua mediação, salvo se comprovada sua inércia ou ociosidade.

Art. 727. Se, por não haver prazo determinado, o dono do negócio dispensar o corretor, e *o negócio se realizar posteriormente*, como fruto da sua mediação, a corretagem lhe será devida; igual solução se adotará se o negócio se realizar após a decorrência do prazo contratual, mas por efeito dos trabalhos do corretor.

Nos termos de tais dispositivos, a comissão de corretagem é devida ao vendedor quando ocorre a consolidação do negócio. Caso a venda do imóvel se realize posteriormente, como fruto da sua mediação, a corretagem lhe será devida.

Na espécie, entende-se que não são devidos os honorários de corretagem, porquanto não houve a conclusão do negócio.

A testemunha indicada pelo autor, Waldecy Eustáquio do Prado, disse que 'conhece o reclamante e a reclamada do mercado; o depoente trabalhava na Arco Engenharia de 2000 a abril de 2008; o depoente era gerente de novos negócios e recebia propostas de terrenos para desenvolvimento de novos empreendimentos; *o corretor Francisco levou a oferta de terreno do bairro Havaí, pertencente à reclamada*; salvo engano, esse terreno foi levado de meados a final de 2007; todo negócio é montado em um dossiê e o depoente foi ao terreno com o corretor, tiraram fotografias, fizeram levantamentos de solo, sondagem de terreno *e exigia exclusividade no qual a proprietária não pode desistir do negócio, mas a empresa pode, por razões de ordem técnica ou comercial; o empreendimento não foi realizado: não houve realização do negócio porque a reclamada não quis continuar com o negócio e o advogado da empresa fez uma minuta de distrato*; o presidente da empresa à época, Alexandre Toledo, recusou-se a assinar o distrato e disse que iria notificá-la de que queria ficar com o terreno; o depoente esteve na casa da reclamada, na Sena, e negociaram e acertaram tudo para que o negócio acontecesse; então mandaram fazer o estudo do terreno e o projeto arquitetônico; *no fim da exclusividade, a reclamada desistiu do negócio*; na época não sabe se foi o Francisco ou a reclamada que entraram em contato com o advogado da empresa para fazer o destrato, que chegou até a ser feito; pelo presidente da empresa, na época, pelo que teve conhecimento, não teve assinatura, porque ele cobrou isso, porque queria a realização do negócio; *depois ficou sabendo que a reclamada teria negociado os terrenos para outra construtora por um preço bem maior; ficou sabendo isso através do mercado*; não sabe qual foi a empresa que adquiriu o terreno' (f. 64/65).

Neste mesmo sentido, Simone Duarte Barbosa, testemunha trazida pela reclamada, declarou que 'o primeiro contato mantido com o reclamante foi quando começaram as negociações para vender imóvel; não se recorda quando tal fato ocorreu e não está certa referente ao ano; o Francisco havia ligado várias vezes; o Francisco havia ligado para dizer sobre a venda do terreno; o terreno ficava no bairro Havaí; o reclamante disse que estava vendendo o terreno para a Arco Engenharia; *a Sra. Elisabete autorizou que o reclamante continuasse a negociação, porque ele estava intermediando a venda; a venda não se concretizou, porque houve um distrato e a Arco Engenharia não fez mais o negócio; a Arco comunicou que não tinha mais interesse na compra do imóvel*; não tem certeza, mas acha que a Arco comunicou por escrito; pelo que tem conhecimento, o terreno não foi vendido para outra construtora; a depoente ainda trabalha para a reclamada; não houve empreendimento feito nesse terreno, pelo que tem conhecimento' (f. 64/65).

A teor da prova oral, restou incontroverso que a aproximação feita pelo corretor entre a reclamada e a eventual compradora (Arco Engenharia) não resultou útil, porquanto não houve a consolidação da venda dos imóveis da reclamada. Ademais, a suposta consumação do negócio, posteriormente, como relata a testemunha obreira, não teve a participação do corretor, de modo que não são devidos os honorários de corretagem.

Desta forma, dou provimento ao apelo, para excluir da condenação a determinação de pagamento de honorários de corretagem e, por corolário, a condenação ao pagamento de honorários de advogado." (fls. 209-215 – grifos no original)

O autor, nas razões de recurso de revista, afirma que prestou à reclamada serviço de intermediação imobiliária, tendo encontrado empresa (denominada "Arco Engenharia") interessada na compra de um imóvel seu, localizado no "bairro Havaí, Belo Horizonte/MG" (fl. 239). Alega que a recorrida e a citada empresa "celebraram promessa de compra e venda" (fl. 239), mas aquela posteriormente recebeu proposta melhor, pelo que não alienou o bem à Arco Engenharia. Assevera que a empresa "insistiu em dar continuidade ao negócio, tendo havido inclusive uma notificação sua", mas a recorrida acabou por vender o imóvel a outro interessado (fl. 239). Alega que faz jus à remuneração pelo serviço prestado e pelos esforços empregados para que o negócio fosse concretizado, como de resto entendeu o Juízo de origem. Aponta ofensa aos arts. 171, I, e 725 do Código Civil, bem como divergência jurisprudencial.

Ao exame.

Nas palavras de Arnaldo Rizzardo, corretagem é o "contrato através do qual uma pessoa se obriga, mediante remuneração, a intermediar, ou agenciar, negócios para outra, sem agir em virtude de mandato, de prestação de serviços ou de qualquer relação de dependência". Seus requisitos são os seguintes:

"a) Cometimento a uma pessoa de conseguir interessado para certo negócio;

b) Aproximação, feita pelo corretor, entre o terceiro e comitente;

c) Conclusão do negócio entre o comitente e o terceiro, graças à atividade do corretor." (RIZZARDO, Arnaldo. *Contratos – Lei n. 10.406, de 10.01.2002*, 9ª ed. Rio de Janeiro: Ed. Forense, 2009, p. 775).

A corretagem, insta salientar, possui natureza aleatória, ou seja, possui risco inerente, na medida em que o corretor emprega energias e efetua despesas que têm por escopo a concretização do negócio, correndo o risco de não ser remunerado, se não alcança essa consolidação.

Em outras palavras, a atividade do corretor encerra em si uma "obrigação de resultado": ele está obrigado a alcançar um objetivo determinado, que é a consolidação do objetivo previsto no contrato de corretagem.

Penso que esse estado de coisas não se modificou fundamentalmente com a edição do Código Civil de 2002. Por evidente, cada caso concreto trará peculiaridades (e cada contrato de corretagem trará cláusulas) que acentuarão ou minimizarão o risco a que está sujeito o corretor, mas a possibilidade do insucesso continua uma das notas definidoras de sua atividade.

Observe-se, quanto a essa afirmação, o que diz a primeira parte do art. 725 do Código Civil:

"Art. 725. *A remuneração é devida ao corretor uma vez que tenha conseguido o resultado previsto no contrato de mediação, ou ainda que este não se efetive em virtude de arrependimento das partes.*"

Tem-se, portanto, que a remuneração do corretor continua condicionada à consecução do resultado previsto no contrato de mediação – e essa condição pode ou não ser atendida.

Mas é verdade que o Código Civil de 2002 trouxe novidades sobre a matéria, à luz da segunda parte do art. 725 e dos arts. 726 e 727. Nesses dispositivos observa-se que, além da hipótese fundamental de consolidação do negócio por seu intermédio, há ainda quatro outras possibilidades de o corretor receber a comissão devida: 1) no caso de "arrependimento das partes" (segunda parte do art. 725 do Código Civil); 2) no caso em que o negócio for realizado sem sua mediação, embora tenha sido ajustada, por escrito, a "corretagem com exclusividade" (art. 726 do Código Civil); 3) no caso em que o "dono do negócio dispensar o corretor, e o negócio se realizar posteriormente, como fruto de sua mediação" (art. 727) e 4) se o negócio se realizar "após a decorrência do prazo contratual, mas por efeito dos trabalhos do corretor". *In verbis*:

"Art. 725. *A remuneração é devida ao corretor uma vez que tenha conseguido o resultado previsto no contrato de mediação, ou ainda que este não se efetive em virtude de arrependimento das partes.*

Art. 726. *Iniciado e concluído o negócio diretamente entre as partes*, nenhuma remuneração será devida ao corretor; mas *se, por escrito, for ajustada a corretagem com exclusividade*, terá o corretor direito à remuneração integral, ainda que realizado o negócio sem a sua mediação, salvo se comprovada sua inércia ou ociosidade.

Art. 727. Se, por não haver prazo determinado, o dono do negócio dispensar o corretor, e *o negócio se realizar posteriormente, como fruto da sua mediação*, a corretagem lhe será devida; igual solução se adotará se o negócio se realizar após a decorrência do prazo contratual, mas por efeito dos trabalhos do corretor."

Sem dúvida, o deslinde da presente controvérsia implica aferir se o caso concreto amolda-se a qualquer uma das quatro hipóteses estabelecidas nos dispositivos acima transcritos.

Pois bem, o quadro-fático delineado pela Corte de origem foi no sentido de que "a aproximação feita pelo corretor entre a reclamada e a eventual compradora (Arco Engenharia) não resultou útil, porquanto não houve a consolidação da venda dos imóveis da reclamada. Além do mais, a suposta consumação do negócio, posteriormente, como relata a testemunha obreira, não teve a participação do corretor, de modo que não são devidos os honorários de corretagem".

Saliente-se, portanto, que o Tribunal Regional afirmou expressamente que: 1) a intermediação realizada pelo reclamante não resultou na concretização do negócio e 2) a consumação de negócio posterior entre a reclamada e outra pessoa não teve seu envolvimento, não resultou de sua mediação.

Cabe referir, *quanto à suposta existência de contrato de exclusividade de venda assinado pela recorrida*, que a Corte de origem *não se pronunciou expressamente acerca de tal ponto*. O recorrente também não alegou, nas razões do recurso de revista, a negativa de prestação jurisdicional, incidindo, no aspecto, o item I da Súmula n. 297 do TST.

De todo modo, ante o que restou expressamente afirmado pelo Tribunal Regional, conclui-se que a hipótese amolda-se à primeira parte do art. 725 do Código Civil, inexistindo direito à percepção de comissão de corretagem. Cabe ressaltar que a testemunha obreira, ao mencionar, conforme transcrito no acórdão regional, que o corretor "levou a oferta de terreno do bairro Havaí" à Arco Engenharia e que houve elaboração de dossiê, "levantamentos de solo" e "sondagem de terreno", não modifica essa conclusão.

A uma, porque todas as atividades encetadas pelo autor podem ser entendidas como típicas da própria atividade de mediação, o que, como visto, não implica, por si só, a obrigação de pagamento da comissão – que tem como fundamento a concretização do negócio ou, ao menos, um *consenso* das partes acerca dele.

A duas, porque a segunda parte do art. 725 do Código Civil dispõe que a comissão também é cabível caso "não se efetive em virtude de *arrependimento* das partes". Analisando-se a jurisprudência do STJ sobre a matéria, percebe-se, quando da interpretação desse dispositivo, em alguns julgados, a distinção entre "desistência" do negócio e "arrependimento" das partes.

Pode-se dizer que a desistência em geral ocorre durante as tratativas iniciais, ou seja, no início do processo que tem por escopo a conclusão do negócio. Por exemplo, em uma compra e venda de bem imóvel, o comprador, após análise de documentação, pode desistir da transação ao se deparar com alguma irregularidade. Inclusive terá a seu favor o contido no art. 723 do Código Civil, não havendo falar em direito à comissão.

Já o arrependimento configura-se após a consolidação do negócio ou quando *ações mais efetivas, que denotem ao menos um consenso quanto a seus termos, forem tomadas de modo a consolidá-lo* (assinatura de contrato de promessa de compra e venda, depósito de sinal etc.).

Referendam esse entendimento os seguintes arestos do Superior Tribunal de Justiça:

"CIVIL. CORRETAGEM. COMISSÃO. COMPRA E VENDA DE IMÓVEL. NEGÓCIO NÃO CONCLUÍDO. *RESULTADO ÚTIL. INEXISTÊNCIA. DESISTÊNCIA DO COMPRADOR. COMISSÃO INDEVIDA. HIPÓTESE DIVERSA DO ARREPENDIMENTO.* 1. No regime anterior ao do CC/02, a jurisprudência do STJ se consolidou em reputar de resultado a obrigação assumida pelos corretores, de modo que a não concretização do negócio jurídico iniciado com sua participação não lhe dá direito à remuneração. 2. Após o CC/02, a disposição contida em seu art. 725, segunda parte, dá novos contornos à discussão, visto que, nas hipóteses de arrependimento das partes, a comissão por corretagem permanece devida. Há, inclusive, precedente do STJ determinando o pagamento de comissão em hipótese de arrependimento. 3. Pelo novo regime, deve-se refletir sobre o que pode ser considerado resultado útil, a partir do trabalho de mediação do corretor. *A mera aproximação das partes, para que se inicie o processo de negociação no sentido da compra de determinado bem, não justifica o pagamento de comissão. A desistência, portanto, antes de concretizado o negócio, permanece possível. 4. Num contrato de compra e venda de imóveis é natural que, após o pagamento de pequeno sinal, as partes requisitem certidões umas das outras a fim de verificar a conveniência de efetivamente levarem a efeito o negócio jurídico, tendo em vista os riscos de inadimplemento, de inadequação do imóvel ou mesmo de evicção. Essas providências se encontram no campo das tratativas, e a não realização do negócio por força do conteúdo de uma dessas certidões implica mera desistência, não arrependimento, sendo, assim, inexigível a comissão por corretagem.* 5. Recurso especial não provido." (REsp 1183324 / SP. RECURSO ESPECIAL 2010/0035848-4. Relatora: Ministra Nacy Andrighi, Terceira Turma. Data da Publicação: Dje, 10/11/2011 – grifos apostos)

"CIVIL E PROCESSUAL CIVIL – AGRAVO REGIMENTAL NO AGRAVO EM RECURSO ESPECIAL – AÇÃO DE COBRANÇA – COMISSÃO DE CORRETAGEM – VIOLAÇÃO DO ART. 535, DO CPC – INEXISTÊNCIA – MATÉRIA CONSTITUCIONAL – COMPETÊNCIA DO STF – COMPRA E VENDA DE IMÓVEL – *NEGÓCIO NÃO CONCLUÍDO – RESULTADO ÚTIL – INEXISTÊNCIA – DESISTÊNCIA DO COMPRADOR – COMISSÃO INDEVIDA* – SÚMULA N. 83/STJ – DECISÃO MANTIDA – AGRAVO IMPROVIDO. 1. Não há violação do art. 535 do CPC quando o acórdão recorrido, integrado por julgado proferido em embargos de declaração, dirime, de forma expressa e suficiente as questões suscitadas nas razões recursais. 2. Refoge à competência do Superior Tribunal de Justiça apreciar suposta ofensa a dispositivos constitucionais, sob pena de invasão da competência do Supremo Tribunal Federal. 3. *É incabível comissão de corretagem no contrato de compra e venda de imóveis, quando o negócio não foi concluído por desistência das partes, não atingindo assim o seu o resultado útil*. Precedentes. Incidência da Súmula n. 83/STJ. 4. Agravo Regimental improvido." (AgRg no AREsp 390656 / PR. Agravo Regimental No Agravo Em Recurso Especial 2013/0293998-2, Ministro Sidnei Beneti (1137) T3 – Terceira Turma. Dje 13/11/2013 – grifos apostos)

Percebe-se que, no caso em apreço, o Tribunal Regional concluiu no sentido da mera existência de aproximação das partes, *sem se aprofundar quanto à existência de documento ou fato que pudesse levar à conclusão de que tivesse existido efetivo consenso* entre elas quanto ao negócio.

A respeito do consenso, vale ainda mencionar a lição de Cláudio Luiz Bueno de Godoy:

"O artigo presente, de relevante conteúdo, enfrenta controvérsia que há muito se estabelece acerca do pressuposto para que o corretor faça jus ao recebimento de sua comissão. Em diversos termos, cuida-se de aferir mediante quais circunstâncias e condições o trabalho do corretor deverá ser remunerado, em especial se de alguma forma se frustra o negócio por ele intermediado.

(...)

Decerto que quando o negócio principal, por mediação do corretor, tiver sido consumado, normal e definitivamente, a aproximação haverá alcançado resultado útil. Ocorre, e aí a discussão, que, para muitos, apenas nesse caso o resultado da corretagem terá se produzido de maneira eficiente (...).

Já para uma posição mais liberal, o resultado útil da corretagem está na contribuição do corretor à obtenção de um consenso das partes por ele aproximadas, porém mesmo que não levado a um documento suficiente para aperfeiçoamento do negócio intermediado, suficiente à respectiva exigência. *Assim, por exemplo, na corretagem imobiliária, ter-se-á evidenciado o proveito da aproximação sempre que as partes tiverem firmado, se não a escritura de venda e compra, uma promessa ou, simplesmente, um recibo de sinal ou equivalente.*

(...)

É certo, porém, que, qualquer que seja o instante em que a aproximação se tenha revelado útil, consoante a tese esposada, não se furtando a explicitar adesão à última dentre aquelas expostas, expressou o novo CC que o arrependimento de qualquer das partes, por motivos que lhe sejam alheios, não retira do corretor o direito à percepção da comissão. E, defendendo-se que os resultados se terão atingido pela *prova (...) do consenso* a que chegaram as partes aproximadas pelo corretor, mesmo a ulterior desistência – destarte não arrependimento em sentido técnico, pressupondo negócio formalizado – de qualquer delas não obviará a remuneração do trabalho por ele desempenhado." (PELUSO, Cezar – coordenador. *Código Civil comentado: doutrina e jurisprudência*, 6ª ed. São Paulo: Ed. Manole, 2012, págs. 739/740)

Dessa forma, inexistindo, no acórdão regional, qualquer menção a consenso das partes quanto ao negócio e tendo havido mera desistência da vendedora, forçoso concluir que não há falar em ofensa ao art. 725 do Código Civil.

Por outro lado, não prospera a alegação de ofensa ao art. 171, I, do Código Civil, pois o Tribunal Regional não tratou do tema à luz da existência ou não de "vício resultante de erro, dolo, coação, estado de perigo, lesão ou fraude contra credores". Também não foi a isso instado por meio dos embargos de declaração às fls. 219-223, razão por que incidente a Súmula n. 297 do TST.

Quanto à comprovação de divergência jurisprudencial, essa não prospera, pois os arestos de fls. 243 e 245-247 são oriundos do mesmo Tribunal Regional prolator do acórdão objurgado, o que desatende aos termos da alínea *a* do art. 896 da CLT.

NÃO CONHEÇO do recurso de revista.

CORRETOR AUTÔNOMO. SUCUMBÊNCIA. HONORÁRIOS DE ADVOGADO. CONCESSÃO DOS BENEFÍCIOS DA ASSISTÊNCIA JUDICIÁRIA (LEI N. 1.060/1950). SUSPENSÃO DE EXIGIBILIDADE

O Tribunal Regional deu provimento ao recurso ordinário interposto pela reclamada, nos seguintes termos, *verbis*:

"Em vista do decidido, o autor arcará com os ônus da sucumbência quanto às custas processuais (R$750,00), do que, todavia, fica dispensado em face da declaração de pobreza de f. 31. Condeno o reclamante ao pagamento dos honorários de advogado, no importe de 10% sobre o valor da causa, conforme preconiza a Instrução Normativa n. 27/05 do C. TST, a favor da reclamada.

CONCLUSÃO

Conheço o recurso interposto, dou-lhe provimento, para excluir da condenação a determinação de pagamento de honorários de corretagem e, por corolário, a condenação ao pagamento de honorários de advogado. Inverto os ônus da sucumbência, condenando o autor ao pagamento das custas processuais (R$750,00), ficando, todavia, isento, em face da gratuidade judiciária. Condeno o reclamante ao pagamento dos honorários de advogado, no importe de 10% sobre o valor da causa, a favor da reclamada." (fls. 213-215)

O reclamante, nas razões de recurso de revista, afirma que, "apesar de ter sido concedida assistência gratuita (...), isentando-o de custas, houve condenação ao pagamento de honorários advocatícios em favor da parte contrária" (fl. 249). Aponta ofensa ao art. 3º, V, da Lei n. 1060/1950.

Ao exame.

O item III da Súmula n. 219 do TST dispõe que: "São devidos os honorários advocatícios nas causas em que o ente sindical figure como substituto processual *e nas lides que não derivem da relação de emprego*". Já o art. 5º da Instrução Normativa n. 27/2005 do TST dispõe que: "Exceto nas lides decorrentes da relação de emprego, os honorários advocatícios são devidos pela mera sucumbência".

No caso em apreço, a relação estabelecida entre o autor e a reclamada foi a da prestação autônoma de serviços (corretagem), sendo que, a princípio, devidos os honorários de sucumbência.

Contudo, ao reclamante foi concedida a gratuidade judiciária, "em face da declaração de pobreza de f. 31".

Cabe salientar o que preceituam os arts. 2º, 3º e 4º da Lei n. 1.060/1950:

"Art. 2º. Gozarão dos benefícios desta Lei os nacionais ou estrangeiros residentes no país, que necessitarem recorrer à Justiça penal, civil, militar ou do trabalho.

Parágrafo único. Considera-se necessitado, para os fins legais, todo aquele cuja situação econômica não lhe permita pagar as custas do processo e os honorários de advogado, sem prejuízo do sustento próprio ou da família.

Art. 3º A assistência judiciária compreende as seguintes isenções:

I – das taxas judiciárias e dos selos;

II – dos emolumentos e custas devidos aos Juízes, órgãos do Ministério Público e serventuários da justiça;

III – das despesas com as publicações indispensáveis no jornal encarregado da divulgação dos atos oficiais;

IV – das indenizações devidas às testemunhas que, quando empregados, receberão do empregador salário integral, como se em serviço estivessem, ressalvado o direito regressivo contra o poder público federal, no Distrito Federal e nos Territórios; ou contra o poder público estadual, nos Estados;

V – dos honorários de advogado e peritos.

(...)

Art. 4º A parte gozará dos benefícios da assistência judiciária, mediante simples afirmação, na própria petição inicial, de que não está em condições de pagar as custas do processo e os honorários de advogado, sem prejuízo próprio ou de sua família."

Ressalte-se ainda que, no entanto, o citado art. 3º, V, da Lei n. 1.060/1950, deve ser interpretado à luz do art. 12 daquele Diploma legal, segundo o qual:

"Art. 12. A parte beneficiada pela isenção do pagamento das custas ficará obrigada a pagá-las, desde que possa fazê-lo, sem prejuízo do sustento próprio ou da família, se dentro de cinco anos, a contar da sentença final, o assistido não puder satisfazer tal pagamento, a obrigação ficará prescrita."

Tem-se, portanto, que a concessão da gratuidade judiciária não isenta o reclamante do pagamento das verbas de sucumbência, apenas dá a ele o direito à suspensão desse pagamento – que ficará prescrito após cinco anos decorridos da sentença final.

Nesse sentido, os seguintes julgados do STJ:

"PROCESSUAL CIVIL. JUSTIÇA GRATUITA. HONORÁRIOS ADVOCATÍCIOS. CONDENAÇÃO DO BENEFICIÁRIO. CABIMENTO. OBRIGAÇÃO SOBRESTADA. ART. 12 DA LEI N. 1.060/1950. 1. A parte beneficiada pela Assistência Judiciária, quando sucumbente, pode ser condenada em honorários advocatícios, situação em que resta suspensa a prestação enquanto perdurar o estado de carência que justificou a concessão da justiça gratuita, prescrevendo a dívida cinco anos após a sentença final, nos termos do art. 12 da Lei n. 1.060/1950. 2. É que: "O beneficiário da justiça gratuita não faz jus à isenção da condenação nas verbas de sucumbência. A lei assegura-lhe apenas a suspensão do pagamento pelo prazo de cinco anos se persistir a situação de pobreza." (REsp. 743.149/MS, DJU 24.10.05). Precedentes: REsp. 874.681/BA, DJU 12.06.08; EDcl nos EDcl no REsp. 984.653/RS, DJU 02.06.08; REsp 728.133/BA, DJU 30.10.06; AgRg no Ag 725.605/RJ, DJU 27.03.06; REsp. 602.511/PR, DJU 18.04.05; EDcl no REsp 518.026/DF, DJU 01.02.05 e REsp. 594.131/SP, DJU 09.08.04. 3. Recurso especial a que se dá provimento" (REsp 1082376 / RN. Rel. Min. Luiz Fux, 1ª Turma, DJ 17.02.2009).

"AGRAVO REGIMENTAL NO AGRAVO DE INSTRUMENTO – AÇÃO DE COBRANÇA – SEGURO DE VIDA – PRAZO PRESCRICIONAL – TERMO INICIAL – CIÊNCIA INEQUÍVOCA DA INVALIDEZ – PEDIDO ADMINISTRATIVO – SUSPENSÃO DA CONTAGEM QUE SE REINICIA COM A RESPOSTA NEGATIVA POR PARTE DA SEGURADORA – ASSISTÊNCIA JUDICIÁRIA GRATUITA – ÔNUS DE SUCUMBÊNCIA – CONDENAÇÃO – POSSIBILIDADE, DESDE QUE OBSERVADO O PRAZO DE SUSPENSÃO DE EXIGIBILIDADE – RECURSO IMPROVIDO." (AgRg no Ag 1036773 / RJ AGRAVO REGIMENTAL NO AGRAVO DE INSTRUMENTO 2008/0076059-0. Ministro MASSAMI UYEDA, T3 – TERCEIRA TURMA, DJe 12.05.2009).

"PROCESSUAL CIVIL. MATÉRIA CONSTITUCIONAL. INVIABILIDADE DE ANÁLISE EM SEDE DE RECURSO ESPECIAL. BENEFICIÁRIO DA JUSTIÇA GRATUITA. CONDENAÇÃO AO PAGAMENTO DE HONORÁRIOS ADVOCATÍCIOS. POSSIBILIDADE. 1. A discussão acerca da recepção dos arts. 11, § 2º, e 12 da Lei n. 1.060/1950, pela atual Constituição Federal, é matéria que refoge ao âmbito do recurso especial. 2. Ademais, nos processos em que as partes litigam sob o pálio da justiça gratuita, deve haver condenação em honorários advocatícios sucumbenciais cuja cobrança, todavia, ficará suspensa por até cinco anos, enquanto perdurarem as condições materiais que permitiram a concessão do benefício da gratuidade da justiça. Agravo regimental improvido." (AgRg no AREsp 384163 / SP AGRAVO REGIMENTAL NO AGRAVO EM RECURSO ESPECIAL 2013/0270710-0. Relator: Ministro HUMBERTO MARTINS, T2 – SEGUNDA TURMA, DJe 25.10.2013)

"AGRAVO REGIMENTAL EM AGRAVO DE INSTRUMENTO. HONORÁRIOS ADVOCATÍCIOS. FIXAÇÃO EM VALOR IRRISÓRIO. MAJORAÇÃO. ASSISTÊNCIA JUDICIÁRIA. ÔNUS DA SUCUMBÊNCIA. CABIMENTO. SUSPENSÃO. 1. A verba honorária poderá ser excepcionalmente revista quando for fixada em patamar exagerado ou irrisório, pois a apreciação da efetiva observância, pelo acórdão recorrido, dos critérios legais previstos pelo art. 20 do CPC afasta o óbice da Súmula n. 7/STJ. 2. A gratuidade de justiça não impede a condenação em honorários advocatícios, apenas suspende a sua exigibilidade (Lei n. 1.060/1950, art. 12). 3. Agravo regimental não provido." (AgRg no Ag 911836 / RJ AGRAVO REGIMENTAL NO AGRAVO DE INSTRUMENTO 2007/0153549-8. Ministro RICARDO VILLAS BÔAS CUEVA, T3 – TERCEIRA TURMA, DJe 25/11/2013).

CONHEÇO do recurso de revista, por ofensa ao art. 3º, V, da Lei n. 1.060/1950.

MÉRITO

CORRETOR AUTÔNOMO. SUCUMBÊNCIA. HONORÁRIOS DE ADVOGADO. CONCESSÃO DOS BENEFÍCIOS DA ASSISTÊNCIA JUDICIÁRIA (LEI N. 1.060/1950). SUSPENSÃO DE EXIGIBILIDADE

Como decorrência lógica do conhecimento do recurso de revista por ofensa ao art. 3º, V, da Lei n. 1.060/1950, dou-lhe parcial provimento para declarar suspensa a exigibilidade do pagamento de honorários advocatícios no importe de 10% sobre o valor da causa, por ser o autor beneficiário da justiça gratuita.

# IMPENHORABILIDADE. BEM DE FAMÍLIA

*RECURSO DE REVISTA. BEM DE FAMÍLIA. CLÁUSULA DE IMPENHORABILIDADE. DIREITO SOCIAL À MORADIA. ÔNUS DA PROVA.*

*I – Trata-se de hipótese em que o TRT da 15ª Região reputou "incontroverso a utilização do imóvel penhorado como residência própria da família" da sócia da executada; no entanto, houve por bem manter a penhora, entendendo que "deveria a agravante ter demonstrado que o bem não somente era utilizado para residência da família, mas também era o único imóvel destinado a esse fim".*

*II – O acórdão recorrido, nos moldes em que proferido, violou o direito de defesa da parte ao inverter, indevidamente, o ônus da prova e, consequentemente, afrontou a garantia de impenhorabilidade do bem de família.*

*III – Acerca dessa temática é firme o entendimento desta Corte de uniformização no sentido de que o imóvel que serve de residência ao devedor, ou a seus familiares, é coberto para cláusula de impenhorabilidade constante do art. 1º da Lei n. 8.009/1990, pena de negativa de vigência aos arts. 5º, XXII, e 6º, da Constituição Federal, que asseguram o direito à propriedade e à moradia. A Lei n. 8.009/1990 – inalterada pelo novo Código Civil – exige apenas que imóvel sirva de residência da família, e não que o possuidor faça prova dessa condição mediante registro no cartório imobiliário ou que possua outro imóvel, pena de tornar inócua a proteção legal.*

*Recurso de revista conhecido e provido.*

(Processo n. TST-RR-2600-08.1995.5.15.0040 – Ac. 1ª Turma – DeJT: 12.12.2014)

VOTO

AGRAVO DE INSTRUMENTO

CONHECIMENTO

Presentes os pressupostos genéricos de admissibilidade, CONHEÇO do agravo de instrumento.

MÉRITO

A Presidência do TRT da 15ª Região negou seguimento ao recurso de revista na execução de sentença trabalhista, mediante os fundamentos a seguir reproduzidos:

"DIREITO PROCESSUAL CIVIL E DO TRABALHO / FORMAÇÃO, SUSPENSÃO E EXTINÇÃO DO PROCESSO / LEGITIMIDADE PARA A CAUSA.

EXCLUSÃO DO POLO PASSIVO

A ANÁLISE DO RECURSO, NESTE TÓPICO, RESTA PREJUDICADA, EM RAZÃO DO V. ACÓRDÃO NÃO TER TRATADO DAS MATÉRIAS.

DIREITO PROCESSUAL CIVIL E DO TRABALHO / LIQUIDAÇÃO / CUMPRIMENTO / EXECUÇÃO / CONSTRIÇÃO / PENHORA / AVALIAÇÃO / INDISPONIBILIDADE DE BENS / IMPENHORABILIDADE / BEM DE FAMÍLIA.

Constatou o v. acórdão a utilização do imóvel penhorado como residência própria da família, asseverando, porém, não ser isso suficiente para lhe impingir a condição de impenhorabilidade. Deveria a agravante ter demonstrado, também, que o bem era o único imóvel destinado a esse fim.

Assim, à míngua de outras provas nos autos, não está o imóvel acobertado pela impenhorabilidade do bem de família, instituído pela Lei n. 8.009/1990.

A decisão não viola os dispositivos constitucionais invocados. A afronta, se caracterizada, é de forma reflexa, não preenchendo, assim, os requisitos do art. 896, § 2º, da CLT e da Súmula n. 266 do C. TST.

DIREITO PROCESSUAL CIVIL E DO TRABALHO / LIQUIDAÇÃO / CUMPRIMENTO / EXECUÇÃO / CONSTRIÇÃO / PENHORA / AVALIAÇÃO / INDISPONIBILIDADE DE BENS.

Asseverou o v. julgado que a cláusula de indisponibilidade opera apenas em face do proprietário do bem e não em face de terceiro (credores), ressaltando que a indisponibilidade não se confunde com a cláusula de impenhorabilidade, nem sequer uma importando na existência da outra.

Ademais o Processo do Trabalho, na fase de execução, pauta-se subsidiariamente da Lei de Execução Fiscal (Lei n. 6.830/1980), com isso, a cláusula de impenhorabilidade e de inalienabilidade não constituem óbice à penhora do bem, consoante dispõe art. 30 da referida lei.

A decisão não viola os dispositivos constitucionais invocados. A afronta, se caracterizada, é de forma reflexa, não preenchendo, assim, os requisitos do art. 896, § 2º, da CLT e da Súmula n. 266 do C. TST.

DIREITO PROCESSUAL CIVIL E DO TRABALHO / LIQUIDAÇÃO / CUMPRIMENTO / EXECUÇÃO / CONSTRIÇÃO / PENHORA / AVALIAÇÃO / INDISPONIBILIDADE DE BENS / SUBSTITUIÇÃO DE PENHORA.

EXECUÇÃO PREJUDICIAL

SUBSTITUIÇÃO DO BEM

ESTATUTO DO IDOSO – PROTEÇÃO

Consignou o v. acórdão que o prosseguimento da execução nos termos do art. 620 do CPC somente opera quando nomeado bens em plenas condições de satisfazer o crédito do credor. No caso dos autos, os bens nomeados não se encontram livres e desembaraçados, mas, ao contrário, são objetos de outras penhoras e sofrem a deterioração do tempo e da falta de conservação.

No tocante à idade avançada da agravante, ressaltou que o Estatuto do Idoso não é óbice à penhora do referido imóvel, tampouco à satisfação dos créditos trabalhistas que possuem natureza alimentar.

A decisão não viola os dispositivos constitucionais invocados. A afronta, se caracterizada, é de forma reflexa, não preenchendo, assim, os requisitos do art. 896, § 2º, da CLT e da Súmula n. 266 do C. TST.

DIREITO PROCESSUAL CIVIL E DO TRABALHO / LIQUIDAÇÃO / CUMPRIMENTO / EXECUÇÃO / CONSTRIÇÃO / PENHORA / AVALIAÇÃO / INDISPONIBILIDADE DE BENS / EXCESSO DE PENHORA.

DIREITO PROCESSUAL CIVIL E DO TRABALHO / LIQUIDAÇÃO / CUMPRIMENTO / EXECUÇÃO / CONSTRI-

ÇÃO / PENHORA / AVALIAÇÃO / INDISPONIBILIDADE DE BENS / AVALIAÇÃO / REAVALIAÇÃO.

Asseverou o v. acórdão que, de fato o valor do imóvel é superior ao crédito dos agravantes. Todavia, os demais bens informados nos autos não se prestam à satisfação do referido crédito, uma vez que não estão livres e desembaraçados, não havendo que falar em aplicação do art. 685, I, do CPC. Havendo diferença da alienação do bem, este será restituído em favor da agravante.

Quanto ao inconformismo acerca do valor apurado, não juntou a agravante nenhum documento que justificasse sua pretensão, como, por exemplo, um laudo apontando valor superior. Também não houve a demonstração pelo agravante de nenhum erro ou dolo do avaliador na elaboração da avaliação, razão pela qual, mantida a referida avaliação (inexistente qualquer hipótese do art. 683 do CPC).

A decisão não viola os dispositivos constitucionais invocados. A afronta, se caracterizada, é de forma reflexa, não preenchendo, assim, os requisitos do art. 896, § 2º, da CLT e da Súmula n. 266 do C. TST.

CONCLUSÃO

DENEGO seguimento ao recurso de revista."

Na minuta do presente agravo, a sócia da executada requer o processamento do recurso denegado, em face da violação do art. 5º, II e LV, da Carta Magna e a natureza da matéria debatida, qual seja a impenhorabilidade do bem de família.

Razão lhe assiste por resultar potencializada a violação do art. 5º, LV, da Constituição da República, considerando a jurisprudência iterativa, notória e atual desta Corte Superior em sentido contrário ao entendimento adotado na Corte local.

Do exposto, dá-se provimento ao agravo de instrumento para julgamento do recurso de revista, devendo ser observada a sistemática estabelecida na Resolução Administrativa n. 928/2003 deste Tribunal Superior.

RECURSO DE REVISTA

CONHECIMENTO

Presentes os pressupostos extrínsecos de admissibilidade, analiso os específicos de cabimento do recurso de revista.

BEM DE FAMÍLIA. CLÁUSULA DE IMPENHORABILIDADE. DIREITO SOCIAL À MORADIA. ÔNUS DA PROVA

O TRT da 15ª Região negou provimento ao agravo de petição interposto pela sócia da executada, mantendo a penhora sobre o imóvel apreendido na execução trabalhista, mediante os seguintes fundamentos:

"DO BEM DE FAMÍLIA

Insurge-se a agravante contra a r. decisão de origem que manteve a penhora sobre o imóvel residencial. Argumenta, em síntese, que o imóvel é destinado à moradia da família, sendo, portanto, impenhorável, a teor da Lei n. 8.009/1990; que nele reside a mais de 50 anos (junta documentos às fls. 1221/1241) e que é pessoa idosa, não podendo ter seu imóvel penhorado em observância do Estatuto do Idoso. Nesse sentido, pretende a reforma do julgado, cancelando a constrição judicial do bem.

Pois bem.

O imóvel foi penhorado, conforme consta no auto de penhora e avaliação juntado aos autos pelo Oficial de Justiça (fls. 1154/1155).

Analisando os documentos juntados pela agravante, reputo incontroversa a utilização do imóvel penhorado como residência própria da família.

Todavia, isso, por si só, não é suficiente para impingir a impenhorabilidade sobre o referido bem. Deveria a agravante ter demonstrado que o bem não somente era utilizada para residência da família, mas também era o único imóvel destinado a esse fim.

À mingua de outras provas nos autos, não está o imóvel acobertado pela impenhorabilidade do bem de família, instituído pela Lei n. 8.009/1990."

A recorrente argumenta, em síntese, que, com seus mais de 89 anos não deve ser privada de seu bem imóvel residencial, local onde a mesma reside há mais de 50 anos, residência adquirida junto de seu falecido esposo, seio e cerne de sua família, devendo tal imóvel ser liberado de quaisquer ônus e gravames advindos do presente feito, garantindo-lhe a dignidade de sua velhice nos moldes da Lei n. 10.741/2003. Invoca ainda em sua defesa, além da garantia de impenhorabilidade do bem de família prevista na Lei n. 8.009/1990, a existência de declaração de indisponibilidade dos bens averbada no registro imobiliário, o que gera nulidade da penhora por força do disposto na Lei n. 6.024/1974. Alega existir excesso de penhora em execução gravosa e pugna pela reavaliação do bem ou a substituição da penhora. Nesse sentido aponta como violados os arts. 1º, IV, 5º, II, LIV, LV, LII, e 170, III e VIII, da Carta Magna. Transcreve julgados.

O recurso alcança conhecimento.

Cumpre registrar, preambularmente, que o recurso de revista interposto na fase de execução de sentença somente é cabível por violação frontal de dispositivo da Constituição Federal, *ex vi* do disposto no art. 896, § 2º, da CLT e na Súmula n. 266 do TST.

Na hipótese vertente, conforme se infere dos fundamentos do acórdão regional, acima transcritos, o TRT da 15ª Região reputou "incontroverso a utilização do imóvel penhorado como residência própria da família" da sócia da executada; no entanto, houve por bem manter a penhora, entendendo que "deveria a agravante ter demonstrado que o bem não somente era utilizado para residência da família, mas também era o único imóvel destinado a esse fim".

O acórdão recorrido, nos moldes em que proferido, violou o direito de defesa da parte ao inverter, indevidamente, o ônus da prova e, consequentemente, afrontou a garantia de impenhorabilidade do bem de família.

Isso porque, havendo cabal demonstração que o imóvel penhorado serve de moradia ao devedor ou à sua família, é o quanto basta para incidir a cláusula legal da impenhorabilidade, de tal modo a produzir efeitos na execução trabalhista. Logo, preenchidos os pressupostos da Lei n. 8.009/1990, impõe-se ao credor o ônus de demonstrar o contrário, sendo descabido exigir-se do devedor a prova de fato negativo de direito seu.

Acerca dessa temática é firme o entendimento desta Corte de uniformização no sentido de que o imóvel que serve de residência ao devedor, ou a seus familiares, é coberto para cláusula de impenhorabilidade constante do art. 1º da Lei n. 8.009/1990, pena de negativa de vigência aos arts. 5º, XXII, e 6º, da Constituição Federal, que asseguram o direito à propriedade e à moradia. A Lei n. 8.009/1990 – inalterada pelo novo Código Civil – exige apenas que imóvel sirva de residência da família, e não que o possuidor faça prova dessa condição mediante registro no cartório imobiliário ou que possua outro imóvel, pena de tornar inócua a proteção legal.

Nesse sentido:

"RECURSO DE REVISTA. EMBARGOS À PENHORA. AGRAVO DE PETIÇÃO. BEM DE FAMÍLIA. IMPENHORABILIDADE. DIREITO SOCIAL À MORADIA. Na hipótese vertente, resulta incontroverso que, mediante certidão, o Oficial de Justiça do Juízo da Execução declarou que o imóvel penhorado serve de residência aos executados. Em tal contexto, o bem de família goza da garantia de impenhorabilidade da Lei n. 8.009/1990, assim como o art. 6º da Constituição da República assegura o direito social à moradia, prevalecendo sobre o interesse individual do credor trabalhista. Precedentes. Recurso de revista conhecido, no particular, e provido." Processo: RR – 23200-83.1992.5.02.0471, Data de Julgamento: 25.06.2014, Relator Ministro: Walmir Oliveira da Costa, 1ª Turma, Data de Publicação: DEJT 1º.07.2014.

"RECURSO DE REVISTA. EXECUÇÃO. BEM DE FAMÍLIA. IMPENHORABILIDADE. VALOR DO IMÓVEL. DIREITO À MORADIA. VIOLAÇÃO DO ART. 6º DA CONSTITUIÇÃO DA REPÚBLICA. CARACTERIZADA. 1. A garantia de impenhorabilidade do imóvel que serve de moradia à família não foi mitigada considerando o valor do bem imóvel. 2. Assim, independentemente do valor em que foi avaliado o imóvel, no caso concreto em R$ 800.000,00, não se pode perder de vista que essa variável econômica não abala a circunstância preponderante que atrai a proteção concebida pelo legislador: o imóvel é utilizado para habitação da família, consoante premissa fática registrada na decisão recorrida. É o bastante para assegurar a garantia da impenhorabilidade preconizada na Lei n. 8.009, de 1990. 3. Nesse contexto, a manutenção da penhora de bem imóvel, comprovadamente utilizado como residência da família do executado, importa violação do direito social à moradia, constitucionalmente assegurado pelo art. 6º da Constituição da República. Precedentes. Recurso de revista conhecido e provido." Processo: RR – 224300-51.2007.5.02.0055, Data de Julgamento: 20/11/2013, Relator Ministro: Hugo Carlos Scheuermann, 1ª Turma, Data de Publicação: DEJT 06.12.2013.

"RECURSO DE REVISTA. AGRAVO DE PETIÇÃO. PENHORA. BEM DE FAMÍLIA. É firme o entendimento desta Corte Superior no sentido de que o imóvel que serve de residência ao devedor, ou a seus familiares, é coberto para cláusula de impenhorabilidade constante do art. 1º da Lei n. 8.009/1990, pena de negativa de vigência aos arts. 5º, XXII, e 6º, da Constituição Federal, que asseguram o direito à propriedade e à moradia. A Lei n. 8.009/1990 – inalterada pelo novo Código Civil – exige apenas que imóvel sirva de residência da família, e não que o possuidor faça prova dessa condição mediante registro no cartório imobiliário. Recurso de revista conhecido e provido." Processo: RR – 206500-30.2000.5.15.0043, Data de Julgamento: 20/11/2013, Relator Ministro: Walmir Oliveira da Costa, 1ª Turma, Data de Publicação: DEJT 29/11/2013.

"RECURSO ORDINÁRIO. AÇÃO RESCISÓRIA. PENHORA. IMÓVEL DESTINADO À MORADIA DA FAMÍLIA DO DEVEDOR. BEM DE FAMÍLIA. ARTS. 1º E 5º DA LEI N. 8.009/1990. VIOLAÇÃO. PROVIMENTO. 1. Trata-se de ação rescisória ajuizada pelo ora recorrente, em que se busca a desconstituição do acórdão regional proferido em agravo de petição, por meio do qual foi declarada subsistente a penhora incidente sobre 50% (cinquenta por cento) do imóvel pertencente ao autor, sob o fundamento de ter ficado comprovado nos autos que o sócio executado era proprietário de outros bens imóveis. Consignou-se, também, na ocasião, que o referido imóvel não foi registrado no Cartório de Registro de Imóveis como bem de família, bem como que a Lei n. 8.009/1990 não teria aplicabilidade no âmbito da Justiça do Trabalho. 2. A proteção conferida ao bem de família pela Lei n. 8.009/1990 decorre do direito social à moradia, previsto no art. 6º, *caput*, da Constituição Federal. Desse modo, trata-se de princípio de ordem pública, oponível em qualquer processo de execução, razão pela qual não admite renúncia do seu proprietário, já que somente nas hipóteses previstas no seu art. 3º é possível ser afastada sua condição. 3. Registre-se que os autos originários versam sobre reclamação trabalhista em que, na fase de execução, foi desconsiderada a personalidade jurídica da primeira empresa reclamada – Alvalux Comércio e Serviços Ltda., determinando-se a inclusão dos seus sócios, inclusive do ora autor, a ensejar a penhora do bem em discussão. 4. No caso vertente, da leitura do acórdão rescindendo é possível depreender que o Tribunal *a quo* não afastou, em momento algum, a condição de imóvel residencial que fora alegada pelo então agravante. Apenas concluiu, substancialmente, que o fato de o sócio executado possuir outros bens imóveis de sua propriedade seria o bastante para descaracterizá-lo como bem de família. 5. Sucede que, sobre a referida questão, o Superior Tribunal de Justiça já firmou jurisprudência no sentido de que, para efeito de caracterização do bem de família a que alude a Lei n. 8.009/1990, mostra-se suficiente que o imóvel objeto da constrição judicial seja destinado à residência da família, restando desnecessário, desta forma, a produção de prova pela parte executada quanto à inexistência de outros bens imóveis de sua propriedade. Igualmente irrelevante, para tal fim, a circunstância de o imóvel não haver sido registrado como bem de família no Cartório de Registro de Imóveis. 6. Ademais, ao contrário do que entendeu o Tribunal Regional, a referida Lei n. 8.009/1990 mostra-se plenamente aplicável nesta Justiça Especializada, tendo em vista tratar-se de regramento especial e nela se encontrarem as disposições acerca da impenhorabilidade do bem de família. 7. Patente, pois, a ofensa perpetrada pelo acórdão rescindendo aos arts. 1º e 5º da Lei n. 8.009/1990, de modo que o provimento do recurso ordinário é medida que se impõe para desconstituir a penhora realizada nos autos originários sobre a fração ideal do imóvel pertencente ao ora recorrente. 8. Recurso ordinário conhecido e provido para julgar procedente a pretensão rescisória do autor." Processo: RO – 2584-78.2011.5.02.0000, Data de Julgamento: 1º.10.2013, Relator Ministro: Guilherme Augusto Caputo Bastos, Subseção II Especializada em Dissídios Individuais, Data de Publicação: DEJT 11.10.2013.

"RECURSO DE REVISTA. EXECUÇÃO. EMBARGOS DE TERCEIRO. PENHORA. BEM DE FAMÍLIA. INDIVISIBILIDADE. VAGAS DE GARAGEM. MATRÍCULA PRÓPRIA NO REGISTRO DE IMÓVEIS. SÚMULA N. 449 DO STJ. 1. Para os efeitos da impenhorabilidade de que trata a Lei n. 8.009/1990, exige-se que o bem indicado à penhora seja o único imóvel utilizado pelo casal ou pela entidade familiar para moradia permanente. 2. Logrando a parte demonstrar o preenchimento de tais requisitos, incide a proteção legal, cujos efeitos são imediatos. A circunstância de o bem gravado como de família, por seu valor e dimensões, revelar a desproporcionalidade existente entre a condição social e econômica do executado e a do exequente não permite, por si só, que dele se retire a mencionada proteção legal, importando a penhora sobre o único bem imóvel do executado em afronta à literalidade dos arts. 5º, XXII, e 6º, cabeça, da Constituição da República. 3. Nos termos da Súmula n. 449 do Superior Tribunal de Justiça, a impenhorabilidade do bem de família não alcança, no entanto, a vaga de garagem quando possuir matrícula própria no registro de imóveis. Assim, basta – como ocorre nos autos – que a vaga de garagem possua tal característica para que se autorize a sua penhora, sem qualquer gravame ao bem de família propriamente dito. 4. Recurso de revista conhecido e provido em parte." Processo: RR – 211240-30.2002.5.02.0073, Data de Julgamento: 25.09.2013, Redator Ministro: Lelio Bentes Corrêa, 1ª Turma, Data de Publicação: DEJT 04.10.2013.

"RECURSO DE REVISTA. EXECUÇÃO. BEM DE FAMÍLIA. CARACTERIZAÇÃO. IMPENHORABILIDADE. 1. Segundo o disposto no art. 1º, da Lei n. 8.009/1990, "o imóvel residencial próprio do casal, ou da entidade familiar é impenhorável por qualquer tipo de dívida civil, comercial, fiscal, previdenciária ou de outra natureza, contraída pelos cônjuges ou pelos pais ou filhos que sejam seus proprietários e nele residam, salvo nas hipóteses previstas nesta lei". A norma em questão visa, precipuamente, proteger o imóvel familiar e os bens que lá se encontram, resguardando a dignidade humana dos membros da família. 2. No caso dos autos, o Tribunal de origem negou provimento ao agravo de petição da ora agravante, ao fundamento de que não há prova da condição de bem de família do imóvel penhorado (...), porque não demonstrado que (...) o imóvel penhorado serve à residência da agravante (Lei n. 8.009/1990), bem como que não é o único imóvel de sua propriedade. 3. Entretanto, os fatos registrados no v. acórdão regional (existência de contas de telefone fixo, celular e plano de saúde, bem como faturas de Universidade e cartões de crédito em nome da agravante e filha, indicando o imóvel como seu endereço e comprovantes de citação/intimação judicial no propalado endereço) levam à conclusão de que o referido bem servia de moradia à agravante, a seus pais e à sua filha. 4. Violação do art. 6º da Constituição Federal caracterizada. Recurso de revista conhecido e provido." Processo: RR – 22600-04.2003.5.02.0010, Data de Julgamento: 05.06.2013, Relator Ministro: Hugo Carlos Scheuermann, 1ª Turma, Data de Publicação: DEJT 21.06.2013.

"RECURSO DE REVISTA. EXECUÇÃO TRABALHISTA. BEM DE FAMÍLIA. OFERECIMENTO EM HIPOTECA. RENÚNCIA À IMPENHORABILIDADE. Em regra, são impenhoráveis os bens de família, ressalvados os imóveis dados em garantia hipotecária da dívida exequenda (art. 3º, V, da Lei n. 8.009/1990). Assim, o oferecimento do imóvel residencial em hipoteca para garantia de dívidas da empresa não configura hipótese legal de renúncia do proprietário, em virtude da interpretação restritiva da lei especial, de ordem pública, que tem por escopo dar segurança à família. Dessa orientação divergiu o acórdão regional, em afronta aos arts. 5º, XXII, e 6º, da Constituição Federal. Precedentes do TST e STJ. Recurso de revista conhecido e provido." Processo: RR – 126040-15.1999.5.10.0016, Data de Julgamento: 07/11/2012, Relator Ministro: Walmir Oliveira da Costa, 1ª Turma, Data de Publicação: DEJT 09/11/2012.

"RECURSO DE REVISTA EM EXECUÇÃO. BEM DE FAMÍLIA. IMPENHORABILIDADE. LEI N. 8.009/1990. É assente na jurisprudência desta Corte Superior o entendimento segundo o qual o único imóvel residencial do devedor não é passível de penhora, de acordo com o art. 1º da Lei n. 8.009/1990, sob pena de negar-se vigência aos arts. 5º, XXII, e 6º da Constituição Federal, que asseguram o direito à propriedade e à moradia. A Lei n. 8.009/1990 – inalterada pelo novo Código Civil – exige apenas que imóvel penhorado sirva de residência do casal, e não que o proprietário faça prova dessa condição mediante registro no cartório imobiliário. Dessa orientação dissentiu o acórdão recorrido, devendo ser acolhida a pretensão recursal de reforma. Recurso de revista parcialmente conhecido e provido." Processo: RR – 11900-57.2006.5.08.0119, Data de Julgamento: 27.04.2011, Relator Ministro: Walmir Oliveira da Costa, 1ª Turma, Data de Publicação: DEJT 06.05.2011.

"RECURSO DE REVISTA. BEM DE FAMÍLIA. IMPENHORABILIDADE. LEI N. 8.009/1990. É assente na jurisprudência que o único imóvel residencial, ainda que não sirva de residência ao devedor, não é passível de penhora, de acordo com o art. 1º da Lei n. 8.009/1990, sob pena de negar-se vigência ao art. 5º, XXII, da CF, que assegura o direito de propriedade. Dissentido, a decisão regional, dessa orientação, deve ser acolhida a pretensão recursal de reforma. Recurso de revista parcialmente conhecido, e provido." Processo: RR – 1471040-67.1997.5.09.0008, Data de Julgamento: 09.04.2008, Relator Ministro: Walmir Oliveira da Costa, 1ª Turma, Data de Publicação: DJ 25.04.2008.

"RECURSO DE REVISTA. EXECUÇÃO DE SENTENÇA. BEM DE FAMÍLIA. IMÓVEL RESIDENCIAL. IMPENHORABILIDADE. I – Nos termos do art. 1º da Lei n. 8.009, de 29.03.90, o imóvel residencial próprio do casal, ou da entidade familiar, é impenhorável e não responderá por qualquer tipo de dívida civil, comercial, fiscal, previdenciária ou de outra natureza, contraída pelos cônjuges ou pelos pais ou filhos que sejam seus proprietários e nele residam, salvo nas hipóteses previstas na referida Lei. II – Para os efeitos de impenhorabilidade de que trata a Lei n. 8.009/1990, considera-se residência um único imóvel utilizado pelo casal ou pela entidade familiar para moradia permanente (art. 5º). III – No caso dos autos, segundo se registra no acórdão recorrido, ficou comprovado que o recorrente reside no imóvel penhorado para pagamento do débito trabalhista da sociedade executada, e, mesmo assim, manteve-se a apreensão do imóvel residencial de seu sócio. Entendeu o Tribunal Regional do Trabalho, que o coexecutado não produziu prova quanto a possuir apenas o imóvel objeto da penhora, por meio de certidão do registro imobiliário. IV – Todavia, ao contrário desse entendimento, estando preenchidos os pressupostos da Lei n. 8.009/1990, impõe-se ao credor o ônus de demonstrar o contrário, sendo descabido exigir-se do devedor a prova de fato negativo de direito seu. V – A decisão recorrida foi proferida em desacordo com o princípio da legalidade, por ser defeso a qualquer juiz ou tribunal criar pressuposto, requisito ou condição não previstos em lei, ou obrigar a parte a fazer ou deixar de fazer alguma coisa sem previsão legal, substituindo-se, indevidamente, ao legislador. VI – Não obstante o entendimento firmado na Súmula n. 636, a jurisprudência do Supremo Tribunal Federal vem admitindo que, caso a caso, na análise de recurso de natureza extraordinária, é possível exercer o crivo sobre matéria relativa aos princípios da legalidade e do devido processo legal direcionada ao exame da legislação comum, distinguindo os recursos protelatórios daqueles em que versada, com procedência, a transgressão a texto constitucional, muito embora torne-se necessário, até mesmo, partir-se do que previsto na legislação comum. Entendimento diverso implica relegar à inocuidade dois princípios básicos em um Estado Democrático de Direito: o da legalidade e do devido processo legal, com a garantia da ampla defesa, sempre a pressuporem a consideração de normas estritamente legais (AI 272528/PR – PARANÁ – Relator Ministro MARCO AURÉLIO, DJ 10.08.2000). VII – Configurada, no caso, a ofensa ao princípio da legalidade (art. 5º, II, da CF/1988), deve ser acolhida a pretensão recursal, para determinar a liberação do bem de família indevidamente penhorado. Recurso de revista de que se conhece e a que se dá provimento." (Processo: RR – 6038400-55.2002.5.09.0900, Data de Julgamento: 24.05.2006, Relator Juiz Convocado: Walmir Oliveira da Costa, 5ª Turma, Data de Publicação: DJ 09.06.2006)

Em tal contexto, forçoso é reconhecer que o bem de família goza da garantia de impenhorabilidade da Lei n. 8.009/1990, assim como o art. 6º da Constituição da República assegura o direito social à moradia, prevalecendo sobre o interesse individual do credor trabalhista.

Portanto, ao manter a penhora do imóvel residencial coberto pela cláusula de impenhorabilidade, a Corte Regional dissentiu da jurisprudência pacífica deste Tribunal de uniformização, violando, em consequência, o art. 5º, LV, da Constituição da República.

Com apoio nesses fundamentos, CONHEÇO do recurso de revista, na forma do art. 896, § 2º, da CLT.

MÉRITO

No mérito, conhecido o recurso de revista por violação do art. 5º, LV, da Constituição Federal, DOU-LHE PROVIMENTO para, reformando o acórdão recorrido, determinar o levantamento da penhora sobre o imóvel pertencente à recorrente, resultando prejudicados os temas recursais remanescentes.

# IMPENHORABILIDADE. BEM DE FAMÍLIA. EFICÁCIA PRECLUSIVA

*RECURSO DE REVISTA. EMBARGOS DE TERCEIRO. BEM DE FAMÍLIA. IMPENHORABILIDADE. EFICÁCIA PRECLUSIVA DA COISA JULGADA.*

*1. É pacífico entre os estudiosos do Direito Processual Civil o entendimento de que a eficácia preclusiva transcende os limites do processo em que foi proferida a sentença coberta pela coisa julgada (eficácia panprocessual), sendo distintas a eficácia, dita natural, da sentença, que a todos atinge em maior ou menor grau, e a autoridade de coisa julgada, que é restrita às partes.*

*2. A coisa julgada, enquanto instituto jurídico, tutela o princípio da segurança em sua dimensão objetiva, deixando claro que as decisões judiciais são definitivas e imodificáveis.*

*3. Assim, havendo sentença de mérito, proferida em outro processo, já transitada em julgado, na qual se declarou a inexistência de fraude à execução e a impenhorabilidade do imóvel utilizado como residência do recorrente, a eficácia da sentença também atinge o exequente deste processo.*

*4. Nesse contexto, forçoso é reconhecer que a Corte Regional violou o art. 5º, XXXVI, da Constituição Federal, quando deixou de reconhecer a eficácia preclusiva da coisa julgada acerca da impenhorabilidade do bem de família.*

*Recurso de revista parcialmente conhecido e provido.*
*(Processo n. TST-RR-84300-20.2009.5.04.0008 – Ac. 1ª Turma – DeJT: 22.05.2015)*

VOTO

CONHECIMENTO

Presentes os pressupostos extrínsecos de admissibilidade, analiso os específicos de cabimento do recurso de revista.

NULIDADE. NEGATIVA DE PRESTAÇÃO JURISDICIONAL

Considerando a possibilidade de a decisão de mérito ser favorável ao recorrente, aplica-se a regra do art. 249, § 2º, do Código de Processo Civil, em relação à arguição de nulidade do acórdão recorrido por negativa de prestação jurisdicional.

EMBARGOS DE TERCEIRO. BEM DE FAMÍLIA. IMPENHORABILIDADE. EFICÁCIA PRECLUSIVA DA COISA JULGADA

O Tribunal Regional do Trabalho da 4ª Região negou provimento ao agravo de petição interposto pelo terceiro embargante, mantendo a penhora sobre o bem imóvel que ele afirma lhe pertencer, mediante os seguintes fundamentos, na fração de interesse:

"Não socorre o terceiro agravante o fato de o bem imóvel em questão ter sido declarado bem de família em outro feito, como sugere o acórdão das fls. 122-3 – Processo Trabalhista n. 00926-2001-008-04-00-3AP, tampouco o fato de ser inviável o redirecionamento da execução contra o ex-sócio minoritário, como comprova o acórdão das fls. 40-2 – Processo Trabalhista n. 01408-1998-026-04-00-2AP, porquanto aquelas decisões não possuem efeito vinculante em relação à decisão a ser dada na presente demanda.

Também não beneficia o adquirente do imóvel sua alegada boa-fé ou inexistência de restrição no Registro de Imóveis, pois a eficácia do negócio jurídico pelo qual o bem foi alienado se restringe às pessoas contratantes, não podendo ser oposta a terceiros e não se sobrepondo ao direito do exequente, cumprindo ressaltar que o reconhecimento da fraude à execução produz efeitos para todos aqueles que adquiriram o imóvel atingindo, pois, o agravante. Resta ao terceiro de boa-fé a possibilidade de reparação, na esfera cível, por quem lhe transferiu o bem."

Os embargos de declaração interpostos pelo terceiro embargante foram desprovidos pela Corte Regional, por inexistentes os vícios apontados.

Nas razões do recurso de revista, o terceiro embargante sustenta, em suma, que o acórdão recorrido afrontou expressamente a coisa julgada, uma vez que não poderia haver a penhora de seu imóvel por dívidas do alienante, quando teve o mesmo imóvel declarado impenhorável em outra demanda, por ser bem de família. Aponta violação do art. 5º, XXXVI, da Constituição Federal.

Razão lhe assiste.

O Tribunal Regional do Trabalho da 4ª Região, analisando o agravo de petição interposto pelo terceiro embargante, decidiu manter a penhora, por considerar irrelevante "o fato de o imóvel em questão ter sido declarado bem de família em outro feito", porque a transferência de propriedade ocorrera em fraude à execução.

Ocorre, entretanto, que a coisa julgada, assim considerada "a eficácia que torna imutável e indiscutível a sentença" (CPC, art. 467), não obstante produzir efeitos restritos "às partes entre as quais é dada" (CPC, art. 472), não impede que a sentença produza, como todo provimento estatal, efeitos naturais de amplitude subjetiva mais alargada, dentro do processo em que foi prolatada e, também, efeitos que se projetam para fora desse mesmo processo.

Com efeito, é pacífico entre os estudiosos do Direito Processual Civil o entendimento de que a eficácia preclusiva transcende os limites do processo em que foi proferida a sentença coberta pela coisa julgada (*eficácia panprocessual*). Ou seja, a eficácia preclusiva da coisa julgada possui efeitos dentro (endoprocessual) e fora do processo (extraprocessual) que vinculam as partes e o juiz de qualquer processo que lhe seguir. São distintas a eficácia, dita natural, da sentença, que a todos atinge em maior ou menor grau, e a autoridade de coisa julgada, que é restrita às partes. Fosse a coisa julgada restrita às partes, não haveria razão para os institutos da intervenção de terceiros e da assistência, para o recurso do terceiro prejudicado, tampouco haveria razão para a legitimação de terceiro para a propositura de ação rescisória. O elemento negativo da coisa julgada consiste na proibição de renovação da mesma ação (mesmas partes, mesmo pedido, mesma causa de pedir); o elemento positivo da coisa julgada proíbe a "ação contrária", ou seja, a ação destinada a subtrair do autor ou do réu o bem da vida recebido pela sentença transita em julgado. A coisa julgada, enquanto instituto jurídico, tutela o princípio da segurança em sua dimensão objetiva, deixando claro que as decisões judiciais são definitivas e imodificáveis. A coisa julgada expressa a necessidade de estabilidade das decisões judiciais, garantindo ao cidadão que nenhum outro ato estatal poderá modificar ou violar a decisão que definiu o litígio (Barbosa Moreira, Nelson Nery Junior, José Maria Tesheiner, Luiz Guilherme Marinoni, Heitor Sica etc.).

Assim, havendo sentença de mérito, proferida em outro feito, já transitada em julgado, na qual se declarou a inexistência de fraude à execução e a impenhorabilidade do imóvel utilizado como residência do recorrente, a eficácia da sentença também atinge o exequente deste processo, em face de a sentença transitada em julgado ter decidido, em definitivo, a relação de direito material deduzida nesta demanda, abrangendo as questões de fatos e de direito que poderiam ter sido alegadas pelas partes ou interessados.

Relativamente à eficácia preclusiva da coisa julgada prevista no art. 474 do Código de Processo Civil, convergem com o entendimento acima exposto os julgados do c. Superior Tribunal de Justiça, transcritos a seguir:

"PROCESSUAL CIVIL. AGRAVO REGIMENTAL. OMISSÃO, CONTRADIÇÃO, OBSCURIDADE. INEXISTÊNCIA. REDISCUSSÃO, EM SEDE DE CUMPRIMENTO DE SENTENÇA, DE DECISÃO SOB O MANTO DA COISA JULGADA MATERIAL. INVIABILIDADE. "O art. 474 do CPC reflete a denominada eficácia preclusiva da coisa julgada, pela qual todas as questões deduzidas que poderiam sê-lo e não o foram encontram-se sob o manto da coisa julgada, não podendo constituir novo fundamento para discussão da mesma causa, mesmo que em ação diversa". (REsp 1264894/PR, Rel. Ministro HUMBERTO MARTINS, SEGUNDA TURMA, julgado em 01.09.2011, DJe 09.09.2011). Agravo regimental não provido, com aplicação de multa." (AgRg no AREsp 212042/SC – Relator Ministro LUIS FELIPE SALOMÃO – QUARTA TURMA – DJe 12/11/2012)

"PROCESSUAL CIVIL. RECURSO ESPECIAL. AÇÃO ORDINÁRIA VISANDO O MESMO RESULTADO DENEGADO EM MANDADO DE SEGURANÇA. COISA JULGADA. 1. A *ratio essendi* da coisa julgada interdita à parte que promova duas ações visando o mesmo resultado o que, em regra, ocorre quando o autor formula, em face da mesma parte, o mesmo pedido fundado na mesma *causa petendi*. 2. Consectariamente, por força da mesma é possível afirmar-se que há coisa julgada quando duas ou mais ações conduzem ao "mesmo resultado"; por isso: *electa una via altera non datur*. (...). 5. A coisa julgada atinge o pedido e a sua causa de pedir. Destarte, a eficácia preclusiva da coisa julgada (art. 474, do CPC) impede que se infirme o resultado a que se chegou em processo anterior com decisão trânsita, ainda que a ação repetida seja outra, mas que por via oblíqua desrespeita o julgado anterior. 6. Deveras, a lei nova é irretroativa, mercê de respeitar a coisa julgada, garantia pétrea prevista no art. 5º, inciso XXXVI, da Constituição Federal. 7. Nesse sentido, também é a posição do magistério de Teresa Arruda Alvim Wambier: "Não se deve, portanto, superestimar a proteção constitucional à coisa julgada, tendo sempre presente que o texto protege a situação concreta da decisão transitada em julgado contra a possibilidade de incidência de nova lei. Não se trata de proteção ao instituto da coisa julgada, (em tese) de molde a torná-la inatingível, mas de resguardo de situações em que se operou a coisa julgada, da aplicabilidade de lei superveniente". 8. Recurso especial desprovido." (REsp 1152174/RS – Relator Ministro LUIZ FUX – PRIMEIRA TURMA – DJe 22.02.2011)

Nesse contexto, forçoso é reconhecer que a Corte Regional violou o art. 5º, XXXVI, da Constituição Federal, quando deixou de reconhecer a eficácia preclusiva da coisa julgada acerca da impenhorabilidade do bem de família.

Com apoio nesses fundamentos, CONHEÇO do recurso de revista, na forma do art. 896, § 2º, da CLT.

MÉRITO

EMBARGOS DE TERCEIRO. BEM DE FAMÍLIA. IMPENHORABILIDADE. EFICÁCIA PRECLUSIVA DA COISA JULGADA

No mérito, conhecido o recurso de revista por violação do art. 5º, XXXVI, da Constituição da República, em razão da existência de coisa julgada material acerca da impenhorabilidade do bem de família, DOU-LHE PROVIMENTO para determinar o levantamento da penhora que recaiu sobre o imóvel de propriedade do recorrente.

---

# INDENIZAÇÃO. MORTE DE EMPREGADO. CRIME PASSIONAL

*AGRAVO DE INSTRUMENTO. RECURSO DE REVISTA. DANO MORAL. INDENIZAÇÃO. MORTE DO EMPREGADO. CRIME PASSIONAL. CASO FORTUITO.*

*O espólio agravante não consegue desconstituir os fundamentos da decisão monocrática que denegou seguimento ao recurso de revista, à míngua dos requisitos constantes do art. 896 da CLT. O Tribunal Regional entendeu que "não há como incutir à municipalidade a responsabilidade por ação de terceiro", tampouco vislumbrou "qualquer nexo causal entre a conduta estatal e o dano sofrido pelo de cujus", mas, sim, que a morte do empregado decorreu de ato fortuito, vítima de crime passional, em que "toda a ação foi premeditada em razão dos encontros amorosos entre o 'de cujus' e a esposa do agressor", de forma a não visualizar qualquer responsabilidade do Município no evento ilícito. Da moldura fática delineada no acórdão regional não se demonstra violação literal e direta aos arts. 19 e 21, II, c, da Lei n. 8.213/1991, 5º, X, XXII, XXXV, e 37, § 6º, da Constituição Federal, e ao art. 927, parágrafo único, do Código Civil, tanto por falta de pertinência temática como pela ausência de responsabilidade subjetiva/objetiva do empregador na morte do empregado.*

*Agravo de instrumento a que se nega provimento.*

(Processo n. TST-AIRR-11240-26.2005.5.15.0015 – Ac. 1ª Turma – DeJT: 23.05.2013)

Como visto, o Tribunal Regional entendeu que "não há como incutir à municipalidade a responsabilidade por ação de terceiro", tampouco vislumbrou "qualquer nexo causal entre a conduta estatal e o dano sofrido pelo *de cujus*", mas, sim, que a morte do empregado decorreu de ato fortuito, vítima de crime passional, em que "toda a ação foi premeditada em razão dos 'encontros amorosos entre o *de cujus* e a esposa do agressor", de forma a não visualizar qualquer responsabilidade do Município no evento ilícito.

Da moldura fática delineada no acórdão regional não se demonstra violação literal e direta aos arts. 19 e 21, II, *c*, da Lei n. 8.213/1991, 5º, X, XXII, XXXV, e 37, § 6º, da Constituição Federal, e art. 927, parágrafo único, do Código Civil, tanto por falta de pertinência temática como pela ausência de responsabilidade subjetiva do empregador na morte do empregado.

Não é demasia assinalar que, nos moldes do parágrafo único do art. 393 do Código Civil, o caso fortuito ou de força maior verifica-se no fato necessário, cujos efeitos não eram possíveis evitar ou impedir. A diferença entre ambos é dada pela doutrina.

Para Sérgio Cavalieri Filho (*Programa de responsabilidade civil*, Ed. Malheiros, 6ª edição), está-se diante de caso fortuito quando se trata de evento imprevisível e, por isso, inevitável, o que o diferencia da força maior, que compreende evento inevitável, ainda que previsível. O citado autor assinala que, em alguns casos, o fato de terceiro equipara-se à força maior ou a caso fortuito, por ser uma causa estranha à conduta do agente aparente, sendo imprevisível e inevitável.

Nessa linha de raciocínio, ausentes o nexo de causalidade e a culpa do empregador, não há falar em responsabilidade subjetiva a ensejar o pagamento de indenização por dano moral ou material.

Note-se que os dispositivos da legislação previdenciária indicados na revista denegada (arts. 19 e 21, II, *c*, da Lei n. 8.213/1991) não possibilitam o enquadramento jurídico pretendido, na medida em que nao se discute a caracterização de acidente de trabalho para fins de percepção de benefício previdenciário, mas a possibilidade de responsabilização trabalhista do empregador, para efeito de condenação por danos, por ato praticado por terceiro (crime por motivo passional), sem nexo de causalidade com o contrato de trabalho.

Pelas mesmas razões, não se divisa violação dos arts. 5º, X, XXII e XXXV, da Constituição Federal, e 927, parágrafo único, do Código Civil. O inciso X do art. 5º da CF dispõe genericamente sobre o direito à indenização por dano moral, ao passo que o inciso XXI regula o direito de propriedade e o inciso XXXV assegura o livre acesso à jurisdição, portanto sem qualquer correspondência com a matéria em debate. O parágrafo único do art. 927 do Código Civil rege a responsabilidade civil objetiva pelo risco profissional, o que não ficou evidenciado na espécie.

De igual modo, o art. 37, § 6º, da Carta Magna, ao regular a responsabilidade objetiva do Estado pelos danos que seus agentes, nessa qualidade, causarem a terceiros, não tem incidência ao caso vertente, porquanto disciplina unicamente a teoria do risco administrativo, e não a responsabilidade trabalhista por ato de terceiro sem nexo de causalidade com o contrato empregatício.

O apelo denegado também não se viabilizaria na forma do art. 896, a, da CLT, porquanto o paradigma foi transcrito sem indicar a respectiva fonte de publicação oficial, em inobservância à Súmula n. 337, I, do TST.

Ante o exposto, NEGO PROVIMENTO ao agravo de instrumento.

# NEGATIVA DE PRESTAÇÃO JURISDICIONAL. INTERVALO INTRAJORNADA

*AGRAVO. AGRAVO DE INSTRUMENTO. RECURSO DE REVISTA REGIDO PELA LEI N. 13.015/14. PRELIMINAR DE NULIDADE POR NEGATIVA DE PRESTAÇÃO JURISDICIONAL. INTERVALO INTRAJORNADA. REDUÇÃO. INTERVALO DO ART. 384 DA CLT. SUPRESSÃO. EFEITOS.*

*I – A parte agravante não apresenta argumentos novos capazes de desconstituir a juridicidade da decisão agravada, no sentido de que o recurso de revista não observou pressuposto intrínseco previsto no art. 896 da CLT. A prestação jurisdicional foi entregue na medida da pretensão deduzida e em estrita observância ao art. 93, IX, da Constituição Federal, ao decidir a Corte de origem que são devidas as horas extras decorrentes da redução do intervalo intrajornada e da supressão do intervalo previsto no art. 384 da CLT, matéria pacificada pelo Tribunal Pleno do TST.*

*II – Contexto fático no qual não há cogitar de negativa de prestação jurisdicional, tampouco de ofensa inequívoca ao art. 93, IX, da Constituição da República, pois o Tribunal Regional inequivocamente prestou a jurisdição, em extensão e em profundidade, não obstante a decisão seja contrária aos interesses da parte, que não diligenciou corretamente na juntada de cartões de ponto válidos.*

*III – Especificamente sobre a nulidade de acórdão proferido por Tribunal Regional do Trabalho, por negativa de prestação jurisdicional, "O Supremo Tribunal Federal já assentou a ausência de repercussão geral da questão discutida (RE 598.365, Rel. Min. Ayres Britto), relativa ao cabimento de recursos da competência de outros Tribunais, por restringir-se a tema infraconstitucional" (ARE 656403 AgR/PA, DJe 18.12.2013). Salientou, ainda, a Corte Suprema, em diversos precedentes, que o art. 93, IX, da CRFB/1988, exige que o órgão jurisdicional explicite as razões do seu convencimento, dispensando o exame detalhado de cada argumento suscitado pelas partes.*

*IV. Na hipótese, o Tribunal Regional, valorando fatos e provas, firmou convicção de que o intervalo intrajornada não era integralmente usufruído, fazendo jus a reclamante às horas extras pela redução desse direito, na forma da Súmula n. 437, I, do TST, bem como às horas extras pela supressão do intervalo previsto no art. 384 da CLT, porquanto recepcionado pela Constituição Federal de 1988.*

*Agravo a que se nega provimento.*

*(Processo n. TST-Ag-AIRR-227-67.2013.5.04.0302 – Ac. 1ª Turma – DeJT: 09.10.2015)*

VOTO

CONHECIMENTO

Satisfeitos os pressupostos legais de admissibilidade recursal pertinentes à tempestividade (fls. 706 e 712) e à representação processual (fl. 50), CONHEÇO do agravo.

MÉRITO

Mediante decisão monocrática, foi negado seguimento ao agravo de instrumento da reclamada, com amparo no art. 557, *caput*, do CPC, e na Súmula n. 435 do TST, de acordo com os seguintes fundamentos, *verbis*:

"A Presidência do Tribunal Regional do Trabalho denegou seguimento ao recurso de revista interposto pela reclamada, nos seguintes termos:

DIREITO PROCESSUAL CIVIL E DO TRABALHO / ATOS PROCESSUAIS / NULIDADE / NEGATIVA DE PRESTAÇÃO JURISDICIONAL.

DURAÇÃO DO TRABALHO / INTERVALO INTRAJORNADA / INTERVALO 15 MINUTOS / MULHER.

DURAÇÃO DO TRABALHO / INTERVALO INTRAJORNADA / JORNADA CONTRATUAL DE 6 HORAS – PRORROGAÇÃO.

Alegação(ões):

– contrariedade à(s) Súmula(s) 297 do Tribunal Superior do Trabalho.

– violação do(s) art(s). 5º, I, II, LIV e LV, e 93, IX, da Constituição Federal.

– violação do(s) art(s). 126, 300, 302, 384 e 458, II, do CPC; 71, 384, 401, 794 e 832 da CLT; 884 do CCB.

– divergência jurisprudencial.

A Turma determinou *sejam acrescidos aos horários consignados nos cartões-ponto 10 minutos após a anotação de final do expediente decorrentes do período despendido para troca do uniforme; e de diferenças de adicional noturno, considerada a hora reduzida noturna, a ser apurada com base nos registros de horário, acrescidas do adicional normativo e acrescidas de reflexos* (...). Outrossim, deu parcial provimento ao recurso da reclamada para reconhecer a validade dos registros de horário e limitar *em parte a condenação ao pagamento de uma hora extra por dia a título de intervalo intrajornada para que, nos dias em que registrado o intervalo nos cartões-ponto, seja devida somente quando anotada fruição inferior a uma hora. Assim fundamentou: RECURSO ORDINÁRIO DA RECLAMADA E DA RECLAMANTE. ANÁLISE CONJUNTA DA MATÉRIA EM COMUM. HORAS EXTRAS. VALIDADE DOS REGISTROS DE HORÁRIO. INTERVALOS. DOMINGOS E FERIADOS EM DOBRO. (...) Entendo que o lapso temporal despendido para a troca de uniforme integra a totalidade dos procedimentos necessários e inerentes ao empreendimento econômico da reclamada, ônus que não pode ser transferido ao empregado, sob pena de violação das garantias mínimas asseguradas por lei, conforme o preceituado no art. 4º da CLT. A reclamante logrou êxito em demonstrar que o tempo despendido para a troca de uniforme não era anotado nos cartões-ponto, correspondendo a 10 minutos na entrada e 10 minutos na saída (...) Quanto aos intervalos para repouso e alimentação, mantenho a sentença que condenou ao pagamento de uma hora extra por dia trabalhado, pois considerando o período destinado à troca do uniforme, foi excedida a jornada de seis horas. Nos dias em que a jornada praticada já era superior a seis horas, havia anotação do intervalo de uma hora para repouso e alimentação. No entanto, nem sempre este era integralmente fruído, como por exemplo, nos dias 27-10-2009, 04-01-2010 e 03-02-2010 (fls. 116, 130, 131). Revendo posicionamento anteriormente adotado, entendo devido o pagamento do período integral do intervalo para repouso e alimentação, mesmo quando fruída alguma parcela deste, em atenção à recente edição da Súmula n. 437, item I, do TST (...) DESEMBARGADORA DENISE PACHECO: RECURSO ORDINÁRIO DA RECLAMANTE. HORAS EXTRAS. VALIDADE DOS REGISTROS DE HORÁRIO. INTERVALOS. DOMINGOS E FERIADOS EM DOBRO. Peço vênia ao Exmo. Relator para divergir parcialmente em relação ao tempo de troca de uniforme, pois entendo que a autora não se desincumbiu do encargo de demonstrar que tal período não estivesse anotado nos cartões-ponto em relação ao início da jornada. (...) Como se denota, em relação ao início da jornada, a testemunha confirmou que chegavam para trabalhar às 12h45min, horário previsto para o início da jornada e acolhido na sentença, e somente depois se dirigiam ao intervalo para colocar o uniforme, ou seja, o tempo despendido era anotado nos cartões-ponto. Por conseguinte, dou provimento parcial ao apelo da reclamante, no particular, para que sejam acrescidos aos horários consignados nos cartões-ponto 10 minutos apenas após a anotação final do expediente. JUIZ CONVOCADO MANUEL CID JARDON: Acompanho a divergência pelos mesmos fundamentos.*

*Os embargos declaratórios foram rejeitados: A embargante aponta obscuridade na decisão especialmente quanto à análise dos intervalos para repousos e alimentação e intervalo de 15 minutos previsto no art. 384 da CLT. Sustenta que esta Turma deu provimento parcial ao apelo para limitar as horas extras decorrentes do tempo despendido com a troca do uniforme a dez minutos acrescidos ao final da jornada anotada, mas manteve a condenação ao pagamento de uma hora extra relativa aos intervalos trabalhados. Entende obscura a decisão que mantém a condenação ao pagamento de uma hora extra por dia trabalhado apenas em virtude do cômputo do período destinado à troca de uniforme de 10 minutos, sem desprezar os 15 minutos de intervalo não computados na jornada por força de lei. Ainda, considerando que no acórdão houve o reconhecimento da validade dos registros de horário, deixando de existir a condenação ao pagamento da forma como prevista na letra a do dispositivo da sentença, mas apenas dos dez minutos posteriores à anotação do horário final da jornada, entende obscura a decisão que mantém a condenação ao pagamento do intervalo de 15 minutos previsto no art. 384 da CLT. Sem razão. O acórdão, de forma clara, aborda as matérias trazidas a Juízo no tópico recursal acima citado e a argumentação da embargante demonstra inconformidade e não caracteriza qualquer vício a ser sanado mediante a oposição de embargos de declaração, verificando-se que a parte busca, em verdade, a reforma do julgado, o que é inviável em sede de embargos de declaração. Inicialmente, no que tange aos intervalos para repouso e alimentação, além de ser superado o limite legal de seis horas pela consideração dos dez minutos destinados à troca do uniforme, o que atrai a incidência do caput do art. 71 da CLT, conforme consta do acórdão, os intervalos eram concedidos em parte em algumas ocasiões, não havendo obscuridade no julgado quanto ao particular. Da mesma forma, a decisão que reconhece a validade dos registros de horário não prejudica a incidência do art. 384 da CLT, no qual previsto o intervalo de quinze minutos antes da prestação de horas extras. Consta, dentre as jornadas anotadas, a prestação de serviços em turnos dobrados (fl. 129 por exemplo). Logo, não obstante tenha havido alteração da sentença, sendo acolhidos os cartões-ponto para fins de prova da jornada efetivamente desenvolvida, houve prestação de horas extras e é devido o intervalo de quinze minutos que antecede ao trabalho extraordinário. Assim, inexistentes os vícios apontados, bem como ausentes quaisquer dos vícios sanáveis mediante oposição de embargos de declaração, na forma do art. 897-A da CLT. Nego provimento.* (Relator: Emílio Papaléo Zin).

Em relação à arguição de nulidade do julgado, por negativa de prestação jurisdicional, não há como receber o recurso. As questões suscitadas foram enfrentadas pelo Tribunal, que adotou tese explícita a respeito, não verificada afronta ao art. 93, inciso IX, da Constituição Federal, art. 458 do CPC e art. 832 da CLT. Dispensa análise a alegação de violação aos demais dispositivos invocados, na esteira do entendimento traçado na Orientação Jurisprudencial n. 115 da SDI-I do TST. De outra parte, inespecífico, à luz da Súmula n. 296 do TST, aresto que aborde situação fática diferente da enfrentada na decisão atacada. Aresto proveniente de órgão julgador não mencionado na alínea a do art. 896 da CLT não serve para confronto. Não constato contrariedade à Súmula n. 297 do TST.

De resto, não há afronta direta e literal aos preceitos da Constituição Federal indicados, tampouco violação literal aos dispositivos de lei invocados, circunstância que obsta a admissão do recurso pelo critério previsto na alínea c do art. 896 da CLT.

Por fim, coincide com a iterativa, notória e atual jurisprudência do TST o entendimento de que o art. 384 da CLT, que trata do intervalo da empregada mulher, não viola o princípio da isonomia, tendo sido recepcionado pela Constituição Federal/1988. Do mesmo modo, o descumprimento do referido intervalo enseja o pagamento de horas extras correspondentes àquele período, tendo em vista tratar-se de medida de higiene, saúde e segurança da trabalhadora *(E-ED-RR– 112900-25.2007.5.04.0007, Relator Ministro Aloysio Corrêa da Veiga, Subseção I Especializada em Dissídios Individuais, 18.05.2012; TST-IIN-RR-1540/2005-046-12-00, Tribunal Pleno, Relator Ministro Ives Gandra Martins Filho, DJ 13/2/2009; E-RR-688500-25.2008.5.09.0652, Relator Ministro Horácio Raymundo de Senna Pires, Subseção I Especializada em Dissídios Individuais, DEJT 24.06.2011; E-RR-46500-41.2003.5.09.0068, Relatora Ministra Maria Cristina Irigoyen Peduzzi, Subseção I Especializada em Dissídios Individuais, DEJT 12.03.2010; E-ED-RR-235600-68.2008.5.02.0089, Relator Aloysio Corrêa da Veiga, Subseção I Especializada em Dissídios Individuais, DEJT 26.03.2013).* Incide, pois, ao caso, o óbice do art. 896, § 7º, da CLT (inserido pela Lei n. 13015/14), e da Súmula n. 333 do TST.

CONCLUSÃO

Nego seguimento.

A reclamada reitera os argumentos expendidos no recurso de revista e alega ter observado os pressupostos de admissibilidade do apelo extremo.

Na hipótese, verifica-se que a reclamada, nas razões de agravo de instrumento, não consegue infirmar as razões da decisão agravada, que encontra seu fundamento de validade no art. 896, § 1º, da CLT, dispositivo que autoriza o juízo primeiro de admissibilidade a mandar processar ou negar seguimento ao recurso de revista que não observa pressuposto extrínseco, formal ou intrínseco de cabimento.

Deve, pois, ser confirmada a decisão agravada, por seus próprios e jurídicos fundamentos, não desconstituídos pela parte agravante.

Cumpre destacar que a adoção dos fundamentos constantes da decisão agravada como expressa razão de decidir atende à exigência legal e constitucional da motivação das decisões proferidas pelo Poder Judiciário (fundamentos *per relationem*), conforme entendimento sedimentado pelo STF no MS-27350/DF, Rel. Ministro Celso de Mello, DJ de 04.06.08; AG-REG-ARE-753481, Rel. Ministro Celso de Mello, 2ª Turma, DJe de 28.10.2013 e ARE-791637, Rel. Ministro Ricardo Lewandowski, 2ª Turma, DJe de 12.03.2014, revelando-se legítima e plenamente compatível com preceitos da Constituição Federal e da legislação infraconstitucional (arts. 93, inciso IX, da Constituição Federal, 458, inciso II, do CPC e 832 da CLT) o julgamento *per relationem*, consubstanciado na remissão aos fundamentos de fato e/ou de direito que deram suporte à decisão anterior, bem como a outros atos, manifestações ou peças processuais constantes dos autos.

A jurisprudência da SBDI-1 desta Corte orienta-se no sentido de conferir plena validade à referida técnica de julgamento, conforme os seguintes precedentes: TST-E-Ed-AIRR-10307-04.2010.5.05.0000, Rel. Ministro Augusto César Leite de Carvalho, DEJT de 03.04.2012; TST-E-ED-AIRR-129900-34.2009.5.15.0016, Rel. Ministra Dora Maria da Costa, DEJT de 11.05.2012; TST-Ag-E-ED-AgR-AIRR-92640-31.2005.03.0004, Rel. Ministro Ives Gandra Martins Filho, DEJT de 11.05.2012."

A reclamada alega ter comprovado que o acórdão regional teria incorrido em negativa de prestação jurisdicional, mesmo após a interposição de embargos de declaração com o intuito de demonstrar obscuridade no julgado. Alega ter se insurgido contra a decisão que a condenou ao pagamento de horas extras intervalares e dos quinze minutos, de que trata o art. 384 da CLT. Indica ofensa a diversos dispositivos da Constituição Federal e de lei infraconstitucional em defesa de seus argumentos.

Razão não lhe assiste, contudo.

O Tribunal Regional, mediante decisão complementar (fl. 624), expendeu fundamentação de forma clara, em extensão e profundidade, afastando a alegação de obscuridade no acórdão primígeno e, consequentemente, não se há falar em negativa de tutela jurisdicional, conforme se denota dos seguintes excertos:

"Inicialmente, no que tange aos intervalos para repouso e alimentação, além de ser superado o limite legal de seis horas pela consideração" dos dez minutos destinados à troca do uniforme, o que atrai a incidência do *caput* do art. 71 da CLT, conforme consta do acórdão, os intervalos eram concedidos em parte em algumas ocasiões, não havendo obscuridade no julgado quanto ao particular."

Da mesma forma, a decisão que reconhece a validade dos registros de horário não prejudica a incidência do art. 384 da CLT, no qual está previsto o intervalo de quinze minutos antes da prestação de horas extras. Consta, dentre as jornadas anotadas, a prestação de serviços em turnos dobrados (fl. 129, por exemplo). Logo, não obstante tenha havido alteração da sentença, sendo acolhidos os cartões-ponto para fins de prova da jornada efetivamente desenvolvida, houve prestação de horas extras e é devido o intervalo de quinze minutos que antecede ao trabalho extraordinário."

Ressalte-se que o vício da obscuridade, a ensejar a interposição de embargos de declaração, não foi contemplado pelo art. 897-A da CLT, com a redação dada pela Lei n. 13.015/14.

No mais, o Tribunal Regional, valorando fatos e provas, firmou convicção de que o intervalo intrajornada não era integralmente usufruído, fazendo jus a reclamante às horas extras pela redução desse direito, na forma da Súmula n. 437, I, do TST, bem como às horas extras pela supressão do intervalo previsto no art. 384 da CLT, porquanto recepcionado pela Constituição Federal de 1988.

A decisão agravada está em consonância com a jurisprudência desta Corte Superior em torno das matérias suscitadas nas razões do recurso de revista.

Sob essa ótica, os argumentos da reclamada apresentados no recurso não desconstituem os sólidos fundamentos da decisão agravada, tornando-se inviável aferir ofensa aos arts. 5º, II, LIV e LV, 93, IX, da Constituição Federal, 71, *caput* e §§ 1º e 2º, 384, 401, 794 e 832 da CLT, 126, 300, 302 e 458, II, do CPC, ante o caráter fático da controvérsia e o óbice da Súmula n. 126 do TST.

Deve, pois, ser mantida a decisão agravada em todos os seus fundamentos.

Ante o exposto, NEGO PROVIMENTO ao agravo.

# PORTUÁRIO. CURSO DE QUALIFICAÇÃO E HABILITAÇÃO PROFISSIONAL. DESNECESSIDADE DE CERTIFICAÇÃO PELA MARINHA DO BRASIL

*RECURSO DE REVISTA. TRABALHADOR PORTUÁRIO COM VÍNCULO DE EMPREGO. QUALIFICAÇÃO E HABILITAÇÃO PROFISSIONAL. REGULARIDADE DO CURSO MINISTRADO POR ENTIDADE INDICADA PELO ÓRGÃO DE GESTÃO DE MÃO DE OBRA DO TRABALHO PORTUÁRIO. DESNECESSIDADE DE CERTIFICAÇÃO PELA MARINHA DO BRASIL.*

*1. O Sindicato Profissional, na petição inicial da ação de obrigação de não fazer, solicitou provimento jurisdicional para que a ré não utilize seus empregados na atividade de capatazia, uma vez que não possuem habilidade técnica necessária para essa atividade, sob pena de pagamento de multa diária. Para tanto, sustentou a validade apenas dos certificados de habilitação emitidos "por entidade devidamente indicada pelo OGMO, fiscalizada e supervisionada pela Diretoria de Portos e Costa/Comando da Marinha".*

*2. O Tribunal Regional do Trabalho da 8ª Região deferiu o pedido inicial, entendendo que somente as entidades autorizadas pela Marinha do Brasil ou pela Capitania dos Portos poderiam ministrar cursos objetivando o treinamento e habilitação do trabalhador portuário.*

*3. A Lei n. 8.630/1993, conhecida como Lei de Modernização dos Portos, impôs mudanças profundas tanto na administração dos portos, como na administração da mão de obra portuária, antes caracterizadas, respectivamente, pelo forte intervencionismo estatal e o monopólio sindical.*

*4. O art. 18 da Lei n. 8.630/1993 expressamente atribuiu ao Órgão Gestor da Mão de Obra – OGMO competência para não só administrar o fornecimento da mão de obra (inciso I), como, também, manter o cadastro/registro (inciso II) do trabalhador portuário, cabendo-lhe, para tanto, promover o treinamento necessário para sua habilitação (inciso III). Esse treinamento deverá ser realizado por entidade indicada pelo OGMO, conforme dispõe o § 1º do art. 27 da Lei dos Portos.*

*5. A Lei n. 7.573/1986, invocada como fundamento no acórdão recorrido, dispõe sobre o Ensino Profissional Marítimo (EPM), voltado para a qualificação e habilitação do pessoal da Marinha Mercante. De forma supletiva, o Ensino Profissional Marítimo pode beneficiar outras categorias profissionais, como prevê o art. 1º do Decreto n. 94.536/1987, a exemplo de outros profissionais aquaviários e dos portuários.*

*6. Essa convicção é reforçada pela Lei n. 12.815/2013, novo marco legislativo para o trabalho e a exploração das atividades portuárias. Os arts. 32, III, e 33, II, a e b, dessa lei atribuem ao OGMO a obrigação de treinar e habilitar o trabalhador portuário, bem como promover a formação multifuncional do trabalhador portuário, adaptada aos modernos processos de movimentação de cargas e de operação de aparelhos e equipamentos portuários. O Decreto n. 8.033/2013, por sua vez, determinou a criação do Fórum Nacional Permanente para Qualificação do Trabalhador Portuário, com a finalidade de discutir questões afetas à formação, qualificação e certificação do trabalhador portuário.*

*7. Nesse contexto, forçoso reconhecer que, nos termos da Lei dos Portos, o OGMO poderá utilizar livremente instituição privada para promover o treinamento dos trabalhadores interessados em inscrever-se no cadastro/registro dos trabalhadores portuários, visto que legalmente lhe compete administrar a mão de obra portuária, aí incluída a habilitação dessa categoria profissional. Também poderá, para esse fim, utilizar, mediante convênio, os cursos profissionalizantes realizados pela Marinha do Brasil, por meio da Diretoria de Portos e Costas (DPC).*

*8. Dessa orientação divergiu o acórdão recorrido ao julgar a ação em inobservância à legislação federal de regência.*

*Recurso de revista conhecido e provido, nesse particular.*

*(Processo n. TST-RR-306-24.2011.5.08.0005 – Ac. 1ª Turma – DeJT: 21/11/2014)*

VOTO

CONHECIMENTO

Satisfeitos os pressupostos de admissibilidade pertinentes à tempestividade (fls. 292 e 294), à representação processual (fl. 166), e encontrando-se devidamente instruído, com o traslado das peças essenciais, CONHEÇO do agravo de instrumento.

MÉRITO

TRABALHADOR PORTUÁRIO COM VÍNCULO DE EMPREGO. QUALIFICAÇÃO E HABILITAÇÃO PROFISSIONAL. REGULARIDADE DO CURSO MINISTRADO POR ENTIDADE INDICADA PELO ÓRGÃO DE GESTÃO DE MÃO DE OBRA DO TRABALHO PORTUÁRIO. DESNECESSIDADE DE CERTIFICAÇÃO PELA MARINHA DO BRASIL

O juízo primeiro de admissibilidade denegou seguimento ao recurso de revista interposto pelo réu com fundamento na Orientação Jurisprudencial n. 115 da SBDI-1 e nas Súmulas ns. 126 e 333, todas do TST.

Nas razões de agravo de instrumento, são reiterados os argumentos expendidos no recurso de revista quanto à violação dos arts. 5º, II, XXXV, 7º, XXXIV, e 93, IX, da Constituição da República, 16 da Lei n. 7.573/1986, 18, III, e parágrafo único, da Lei n. 8.630/1993, 25 da Lei n. 11.279/2006 e 1º, e, do Decreto n. 94.536/1987.

O presente agravo de instrumento merece ser provido para melhor exame do recurso de revista quanto ao tema afeto à validade e regularidade da habilitação, visando ao cadastro e registro do trabalhador portuário, mediante administração de curso por empresa que, embora indicada pelo OGMO, não ostenta autorização/certificação da Marinha do Brasil, de forma a prevenir violação do art. 18, III, da Lei n. 8.630/1993.

Do exposto, configurada a hipótese prevista na alínea *c* do art. 896 da CLT, DOU PROVIMENTO ao agravo de instrumento para determinar o julgamento do recurso de revista, observado o procedimento estabelecido na Resolução Administrativa n. 928/2003 do Tribunal Superior do Trabalho.

RECURSO DE REVISTA

CONHECIMENTO

Presentes os pressupostos extrínsecos de admissibilidade, analiso os específicos de cabimento do recurso de revista.

NULIDADE. NEGATIVA DE PRESTAÇÃO JURISDICIONAL

Deixo de analisar a preliminar arguida pela recorrente, pois a decisão de mérito lhe será favorável, nos termos do art. 249, § 2º, do CPC, cuja aplicação subsidiária ao processo do trabalho é permitida pelo art. 769 da CLT.

RECURSO ORDINÁRIO. INOVAÇÃO RECURSAL

A recorrente argumenta que o sindicato autor incorreu em inequívoca inovação recursal quando, no recurso ordinário, alegou que os cursos ministrados pela INCATEP, por indicação do OGMO/BEL, não observou o previsto no art. 16 do Capítulo IV, da Lei n. 7.573/1986, porquanto "os limites da lide estavam adstritos ao fato de os cursos ministrados pela INCATEP terem ou não sido indicados pelo OGMO de Belém e se o conteúdo programático dos referidos cursos atendiam as necessidades das operações portuárias" (fl. 260), em afronta aos princípios da ampla defesa e do contraditório e ao art. 5º, XXXV, da Constituição da República.

Inicialmente, esclareço que a alegada inovação recursal fora suscitada em contrarrazões (fls. 214-216). Ante a omissão do acórdão regional acerca da preliminar, o réu interpôs embargos de declaração instando o Tribunal de origem a enfrentar a questão (fls. 237-240); não obstante a Corte Regional recusou-se a sanar a omissão, limitando-se a aludir, quanto às contrarrazões, à fl. 243, o seguinte:

"Primeiramente, insta pontuar que contrarrazões não possuem efeitos infringentes, salvo quando arguidas preliminares ou nulidades."

Sem embargo da ressalva que faço ao entendimento adotado pelo Tribunal de origem, entendo que se trata de questão de estrito direito e, assim, considero prequestionada a matéria, nos termos do item III da Súmula n. 297 do TST.

Todavia, além da incidência do art. 249, § 2º, do CPC, também quanto ao tema, o recurso de revista, no particular, não alcança conhecimento.

Na hipótese, as garantias invocadas pelo recorrente, constante dos incisos XXXV e LV do art. 5º da Constituição Federal, além de não abordarem a matéria ora discutida, dependem da interpretação dos dispositivos infraconstitucionais de regência, na espécie, dentre outros, os arts. 128, 303, 460 e 515, do CPC, os quais dispõem acerca dos limites da lide e do recurso. Desse modo, a violação de norma constitucional, se existente, seria apenas indireta ou reflexa, não ensejando a admissibilidade da revista, nos termos do art. 896, *c*, da CLT.

De qualquer sorte, cumpre salientar que na petição inicial o autor questionou a validade do curso ministrado pela INCATEP, entre outros motivos, porque não houve fiscalização e supervisão da Diretoria de Portos e Costas do Comando da Marinha. Consta na petição inicial, à fl. 7, *verbis*:

"Dessa forma, a presente ação tem como objetivo obrigar a Reclamada a não utilizar tais trabalhadores até que comprove que possuem habilidade técnica absoluta para realizarem os trabalhos de capatazia e que tais certificados sejam emitidos por entidade devidamente indicada pelo OGMO, fiscalizadas e supervisionadas pela Diretoria de Portos e Costa/Comando da Marinha."

Portanto, ainda que não mencionasse expressamente a Lei n. 7.573/1986, era claro a impugnação da qualificação técnica da INCATEP em decorrência de alegada ausência de fiscalização e supervisão do órgão apontado como competente.

Finalmente, a generalidade das teses adotadas nos julgados transcritos não configura hipótese de divergência jurisprudencial, nos moldes preconizados na Súmula n. 296, I, do TST.

Com apoio em tais fundamentos, NÃO CONHEÇO, no tópico.

TRABALHADOR PORTUÁRIO COM VÍNCULO DE EMPREGO. QUALIFICAÇÃO E HABILITAÇÃO PROFISSIONAL. REGULARIDADE DO CURSO MINISTRADO POR ENTIDADE INDICADA PELO ÓRGÃO DE GESTÃO DE MÃO DE OBRA DO TRABALHO PORTUÁRIO. DESNECESSIDADE DE CERTIFICAÇÃO PELA MARINHA DO BRASIL

O Tribunal Regional do Trabalho da 8ª Região, mediante o acórdão proferido às fls. 228-234, complementado às fls. 242-245, deu provimento ao recurso ordinário interposto pelo sindicato-autor para determinar que o réu não contrate ou utilize nas operações portuárias de capatazia trabalhadores com vínculo de emprego que não ostentem regular habilitação/capacitação profissional, assim entendida as emitidas ou certificadas pela Marinha do Brasil, Capitania dos Portos e/ou CIABA, sob pena de multa de R$ 1.000,00 (um mil reais) por trabalhador irregularmente contratado.

O acórdão recorrido assenta os seguintes fundamentos, às fls. 230-233, *verbis*:

"Analiso.

A pretensão da reclamada é evitar que a empresa reclamada contrate diretamente, com vínculo de emprego, mão de obra que não tenha a habilitação necessária para exercer o cargo.

Pois bem, conforme se depreende do V. Acórdão TRT/3ª Turma 0000216-98.2011.5.08.0010, julgado no dia 27.04.2011, cuja Relatoria coube à Excelentíssima Desembargadora Federal do Trabalho Francisca Oliveira Formigosa, em que figuram como partes as mesmas destes autos, ficou esclarecido que, interpretando o art. 26 da Lei n. 8.630/1993, a contratação de trabalhadores com vínculo empregatício somente poderá ser feita dando-se prioridade aos registrados ou cadastrados no OGMO (portuários avulsos) e, respeitada a qualificação do trabalhador a ser recrutado, na hipótese de remanescer vagas das ofertadas, fica facultado recrutar fora do sistema do OGMO (TST-DC-174.611/2006-000-00-00.5).

Assim, após ofertada as vagas prioritariamente aos integrantes do OGMO, em não havendo interesse por parte destes, poderá a empresa contratar diretamente, desde que respeite a qualificação necessária do trabalhador contratado.

Restou inconteste nos autos que as vagas foram oferecidas prioritariamente ao sindicato e que houve recusa devido ao salário que constou no edital ser inferior à remuneração mensal da categoria. Diante disso a empresa reclamada contratou trabalhadores externos.

A controvérsia existente, portanto, versa sobre a possibilidade de a empresa indicada pelo OGMO (denominada IN-

CATEP) ministrar os cursos de capacitação, já que não possui autorização, certificação da Marinha do Brasil, único órgão com atribuição legal para certificar a mão de obra portuária.

Neste sentido, verifica-se que o documento emitido pelo OGMO indicando empresa para realizar treinamento, foi juntado tanto pelo sindicato reclamante (fl. 41), quanto pela empresa reclamada (fl. 141). Assim, diferentemente do que consta na r. sentença, não havia necessidade de sua impugnação específica pela parte autora em audiência, acrescentando que o documento de fl. 52 demonstra que o sindicato autor oficiou à Marinha/CIABA para que se pronunciasse acerca dos cursos ministrados pela empresa INCATEP, indicada pelo OGMO.

Em decorrência, o ofício de fl. 60 da Marinha/CIABA e o Decreto n. 94.536/1987, que regulamenta a Lei n. 7.573/1986, o qual dispõe sobre o ensino profissional marítimo, incluindo os trabalhadores avulsos da orla portuária (fl. 61), estabelecem que *'somente estabelecimentos e organizações da Marinha que ministram cursos de Ensino Profissional Marítimo – EPM, possuem atribuições legais para certificar a mão de obra portuária'*.

Compulsando detidamente os autos, verifico que dentre os documentos juntados da empresa INCATEP – Instituto de Capacitação Técnica Profissional (fls. 42-51 e 104-137), na qual os trabalhadores contratados diretamente pela reclamada realizaram cursos de capacitação profissional, não consta o necessário registro, averbação e autorização da Marinha do Brasil ou Capitania dos Portos para ministrá-los.

Assim, considerando a necessidade de se contratar trabalhadores com regular qualificação profissional (TST-DC-174.611/2006-000-00-00.5) e que a reclamada não comprovou a regular certificação da empresa INCATEP que emitiu os certificados dos trabalhadores contratados, é que ouso discordar do MM Juízo de primeiro grau para, reformando a r. sentença, dar provimento ao recurso ordinário para determinar que a reclamada não contrate ou utilize trabalhadores com vínculo de emprego na operação portuária de capatazia, que não possuam regular habilitação/capacitação profissional, assim entendida as emitidas ou certificadas pela Marinha do Brasil e/ou Capitania dos Portos e/ou CIABA, sob pena de multa de R$ 1.000,00 por trabalhador encontrado de forma irregular.

Fica invertido o ônus da sucumbência, estando prejudicadas as demais questões recursais.

Desde já, considero prequestionados todos os dispositivos indicados pelas partes, com o deliberado propósito de evitar embargos de declaração, não se vislumbrando que a presente decisão importe em vulneração de quaisquer deles, seja no plano constitucional ou infraconstitucional.

Ante o exposto, conheço do recurso ordinário, eis que preenchidos os requisitos de admissibilidade; no mérito, dou-lhe provimento para determinar que a reclamada não contrate ou utilize trabalhadores com vínculo de emprego na operação portuária de capatazia, que não possuam regular habilitação/capacitação profissional, assim entendida as emitidas ou certificadas pela Marinha do Brasil, Capitania dos Portos e/ou CIABA, sob pena de multa de R$ 1.000,00 por trabalhador encontrado de forma irregular. Invertido o ônus da sucumbência, tudo conforme os fundamentos."

O recorrente sustenta que o OGMO recebeu "expressa competência normativa" para gerenciar o trabalho e treinar o trabalhador portuário avulso, podendo fazê-lo através de entidades por ele credenciadas; no caso do trabalhador portuário com vínculo de emprego, cabe ao empregador financiar o treinamento ou reembolsar o OGMO pelos custos despendidos. Assegura que a Marinha do Brasil está expressamente proibida de treinar empregados para empresas privadas. Argumenta que o Ensino Profissional Marítimo referido na Lei n. 7.573/1986 destina-se unicamente a habilitar e a qualificar o pessoal da Marinha Mercante, sendo que o art. 16 dessa lei equipara os diplomas expedidos pelas organizações da Marinha às habilitações emitidas por cursos civis, a exemplo da INCATEP; também as previsões do Decreto n. 94.536/1987 referem-se às atividades da Marinha Mercante ou aos trabalhadores portuários avulsos. Aduz que a Lei n. 11.279/06 restringiu a competência da Marinha a treinar e habilitar os militares "ou o pessoal civil que pode ser aproveitado pela Instituição e em seu prol" (fl. 263). Aponta violação dos arts. 5º, II, XXXV, 7º, XXXIV, 93, IX, da Constituição da República, 16 da Lei n. 7.573/1986, 18, III, e parágrafo único, da Lei n. 8.630/1993, 25 da Lei n. 11.279/2006 e 1º, *e*, do Decreto n. 94.536/1987.

À análise.

Inicialmente, assinale-se que não há como reconhecer afronta literal e direta ao art. 5º, II, da Constituição Federal, como exige a alínea *c* do art. 896 da CLT, uma vez que o princípio da legalidade estrita se mostra como norma geral do ordenamento jurídico, sendo necessária a análise de violação de norma infraconstitucional para que se reconheça, somente de maneira indireta ou reflexa, a afronta ao seu texto, em face da subjetividade do preceito nele contido. Nesse sentido, a Súmula n. 636 do Supremo Tribunal Federal.

Também a indicação de ofensa a decreto não se presta a permitir o conhecimento do recurso de revista, ante os termos expressos na alínea *c* do art. 896 da CLT.

Passa-se, então, à análise dos demais dispositivos apontados como violados.

O art. 16 da Lei n. 7.573/1986 estatui, *in litteris*:

"Art. 16. Os diplomas e certificados expedidos pelos estabelecimentos e organizações da Marinha que ministram cursos do Ensino Profissional Marítimo, registrados na forma da legislação federal específica, terão validade nacional e internacional, com a respectiva equivalência ou equiparação a cursos civis."

Da leitura do texto desse dispositivo, não guarda pertinência com a discussão travada nos autos, porquanto apenas equipara o diploma e certificado emitido pelo Ensino Profissional Marítimo aos cursos civis. Na hipótese, a tese recursal parece pretender a equiparação da certificação emitida por entidade civil à expedida pelos estabelecimentos e organizações da Marinha do Brasil, que não se contém, textualmente, no dispositivo de lei apontado.

Por sua vez, a Lei n. 11.279/2006 dispõe sobre o ensino voltado "a prover ao pessoal da Marinha o conhecimento básico, profissional e militar-naval necessário ao cumprimento de sua missão constitucional" (art. 1º). Portanto, voltado a capacitar o pessoal civil e militar para o desempenho das funções dessa instituição militar por meio do Sistema de Ensino Naval (SEN). O art. 25, citado pela recorrente, apenas esclarece e distingue o Sistema de Ensino Naval (SEN) do Ensino Profissional Marítimo (EPM), destinado ao preparo técnico-profissional do pessoal empregado na Marinha Mercante e atividades correlatas, de responsabilidade igualmente da Marinha do Brasil, conforme legislação específica (Lei n. 7.573/1986).

Resta, pois, analisar o art. 18, III, da Lei n. 8.630/1993, invocado nas razões recursais e devidamente prequestionado (fl. 244 dos autos digitalizados), que assim dispõe, *verbis*:

"Art. 18. Os operadores portuários, devem constituir, em cada porto organizado, um órgão de gestão de mão de obra do trabalho portuário, tendo como finalidade:

(...)

III – promover o treinamento e a habilitação profissional do trabalhador portuário, inscrevendo-o no cadastro."

O sindicato profissional, na petição inicial da ação de obrigação de não fazer, solicitou provimento jurisdicional a fim de que a empresa ré não utilize seus empregados na operação portuária de capatazia, uma vez que não possuem habilidade técnica necessária para essa atividade, sob pena de pagamento de multa diária. Para tanto, sustentou a validade apenas dos certificados de habilitação emitidos "por entidade devidamente indicada pelo OGMO, fiscalizada e supervisionada pela Diretoria de Portos e Costa/Comando da Marinha".

O Tribunal Regional do Trabalho da 8ª Região deferiu o pedido inicial, entendendo que somente as entidades autorizadas pela Marinha do Brasil ou pela Capitania dos Portos poderiam ministrar cursos, objetivando o treinamento e habilitação do trabalhador portuário.

Nesse aspecto é que, a meu juízo, a Corte Regional negou vigência à lei federal e, portanto, violou-a na forma do art. 896, *c*, da CLT, em ordem a autorizar o conhecimento da revista.

A Lei n. 8.630/1993 impôs mudanças profundas tanto na administração dos portos, como na administração da mão de obra portuária, antes caracterizadas, respectivamente, pelo forte intervencionismo estatal e pelo monopólio sindical.

O fornecimento e controle da mão de obra, antes da alçada dos sindicatos profissionais, passaram a ser efetivado por uma nova instituição denominada Órgão de Gestão de Mão de Obra do Trabalho Portuário – OGMO.

Também a qualificação e habilitação dos trabalhadores portuários foi objeto da nova lei, como se verifica do dispositivo supratranscrito, que passou a ter regulação própria.

Por motivos históricos, portuários e marítimos sempre foram atividades próximas. No Brasil, até 1989 eram consideradas atividades conexas. Com efeito, até essa data tanto a matrícula dos marítimos quanto dos portuários eram mantidas pelas Capitanias dos Portos. A organização da matrícula e a fiscalização do trabalho portuário eram da alçada das Delegacias do Trabalho Marítimo (DTM), criadas em 1933. A fixação da remuneração e a composição dos ternos, por sua vez, deviam contar com a concordância da Comissão da Marinha Mercante e, após 1969, da Superintendência Nacional de Marinha Mercante (Sunamam), cujas normas ainda são costumeiramente adotadas em alguns portos. Em 1975 foi criada a Portobrás, cujo objetivo era o de administrar e explorar os portos brasileiros (extinta nos anos 90). Em 1989, entretanto, no vácuo decorrente da extinção das Delegacias do Trabalho Marítimo (DTM), os sindicatos passaram a atuar mais fortemente na administração e fornecimento da mão de obra, escalando trabalhadores portadores das antigas matrículas fornecidas pela DTM como aqueles que eram apenas filiados à entidade de classe.

Dessa apertada síntese, revela-se a necessidade de diferenciação entre trabalhadores marítimo e portuário. Para tanto, sirvo-me da lição do Professor e Auditor Fiscal do Trabalho Francisco Edivar Carvalho, *verbis*:

"Os trabalhadores marítimos têm regramento em normas legais para o desempenho de sua atividade. São espécies do gênero aquaviário. Executam, a bordo, os serviços necessários à navegação e mantêm vínculo empregatício com o armador ou com o afretador delas por força do art. 7º, parágrafo único da Lei n. 9.537/1997 (Lei de Segurança do Tráfego Aquaviário). Excepcionalmente, movimentam carga. Quando o navio está atracado no cais, os estivadores operam os equipamentos de bordo (guindastes) no lugar da tripulação.

A Lei n. 9.537/1997 define os aquaviários da seguinte forma: "Aquaviário – todo aquele com habilitação certificada pela autoridade marítima para operar embarcações em caráter profissional".

O Decreto n. 2.596/1998, a regulamentar a Lei n. 9.537/1997, classifica os aquaviários nos seguintes grupos: Marítimos, Fluviários, Pescadores, Mergulhadores, Práticos, Agentes de manobra e docagem.

(...)

Os Trabalhadores Portuários Avulsos (de agora em diante chamados TPA) executam movimentação de mercadorias provenientes do transporte aquaviário ou a ele destinada, dentro das instalações portuárias de uso público ou de uso privado situadas nos limites da área do porto organizado, na "faixa do cais", nos armazéns, nos "conveses", nos "porões" ou no "costado do navio" com a intermediação obrigatória do Órgão Gestor de Mão de Obra (OGMO).

Há espécie de reserva de mercado para os trabalhadores portuários, de forma a executarem, com exclusividade, serviços nas operações portuárias realizadas na área dos portos organizados. Tal reserva de mercado é decorrente da restrição legal na realização de serviços portuários somente por aqueles que estiverem enquadrados como trabalhador portuário nas atividades definidas no art. 57, § 3º, da Lei n. 8.630/1998, quais sejam, *capatazia, estiva, conferência de carga, conserto de carga, vigilância de embarcações e bloco*. (In: *Trabalho Portuário Avulso Antes e Depois da Lei de Modernização dos Portos*, São Paulo, LTr, 2005, p. 17-19)

Conclui-se, assim, que o marítimo executa atividades de navegação e de manutenção das embarcações, enquanto os portuários executam a movimentação das cargas das embarcações nas instalações públicas ou privadas situadas na área do porto organizado.

A partir da mencionada lei, o trabalho portuário nos terminais privativos passou a ser executado por trabalhadores avulsos ou contratados com vínculo empregatício.

O art. 56 da Lei dos Portos facultou aos operadores portuários de terminais privativos a contratação de trabalhadores avulsos ou com vínculo empregatício.

Todavia, os arts. 26 e 27 da Lei dos Portos e a Convenção n. 137 da OIT, ratificada pelo Brasil, mediante o Decreto n. 1.574/1995, obrigam o operador portuário de terminal privativo a dar preferência aos trabalhadores registrados ao contratar com vínculo permanente. Assim, o operador portuário de terminal privativo deve requisitar do OGMO trabalhador registrado antes de contratar com vínculo de emprego, pois indispensável para efetivar a preferência do trabalhador registrado como, inclusive, exige a referida Convenção da OIT, já integrada ao arcabouço legislativo nacional. A contratação fora do sistema OGMO, assim, somente poderá ocorrer quando remanescerem vagas.

Na hipótese vertente, incontroverso que o recorrente, como operador portuário, optou por utilizar trabalhadores com vínculo empregatício, como faculta a Lei dos Portos, tendo requisitado ao OGMO a indicação desses trabalhadores. Esse direito, aliás, é reconhecido na petição inicial da ação, em face de a ré estar cumprindo decisão da SDC/TST.

Em vista de expressa disposição da Lei dos Portos, fez-se necessário qualificar esses trabalhadores, porquanto é o registro ou cadastro que irá indicar se o trabalhador está apto ou não a exercer as atividades portuárias, decorrendo o conflito em definir a validade do treinamento a que foram submetidos os trabalhadores contratados pelo réu fora do sistema.

Por tudo o que foi explanado, resta claro que toda a legislação que enfeixava os trabalhadores marítimos e portuários como categorias profissionais afins ou conexas foi definitivamente revogada pela Lei n. 8.630/1993.

O art. 18 da referida Lei expressamente atribuiu exclusividade ao OGMO a competência para, não só administrar o fornecimento da mão de obra (inciso I), como, também, manter o cadastro/registro (inciso II) do trabalhador portuário, cabendo-lhe, para tanto, promover o treinamento necessário para sua habilitação (inciso III). Esse treinamento deverá ser realizado por entidade indicada pelo OGMO, conforme dispõe o § 1º do art. 27 da Lei dos Portos. Vejamos:

"Art. 27. O órgão de gestão de mão de obra:

(...)

§ 1º A inscrição no cadastro do trabalhador portuário dependerá, exclusivamente, de prévia habilitação profissional do trabalhador interessado, mediante treinamento realizado em entidade indicada pelo órgão de gestão de mão de obra."

Portanto, o OGMO poderá utilizar livremente qualquer instituição, pública ou privada, para promover o treinamento dos trabalhadores interessados em inscrever-se no cadastro/registro dos trabalhadores portuários, visto que lhe compete habilitar esse profissional.

Assim, ao contrário do que entendeu o Tribunal de origem, esse treinamento deve ser realizado por entidade reconhecida pelo OGMO, não se fazendo necessário o reconhecimento pela Marinha do Brasil, pois a esse órgão não foi outorgada pela Lei dos Portos "atribuição legal para certificar a mão de obra portuária" (ementa, fl. 228).

No entanto, o OGMO, mediante convênio, pode utilizar, para o treinamento e habilitação do trabalhador portuário, os cursos profissionalizantes realizados pela Marinha do Brasil, por meio da Diretoria de Portos e Costas (DPC).

Aliás, consoante o Regulamento do DPC, esse órgão tem como propósito "contribuir para habilitar e qualificar pessoal para a Marinha Mercante e atividades correlatas" (art. 2º, VI), bem como elaborar normas para "habilitação e cadastro de aquaviário e amadores" (art. 2º, I, 'a'). Ou seja, embora o Ensino Profissional Marítimo (EPM) administrado pelo DPC vise precipuamente à habilitação dos futuros integrantes da marinha mercante, também pode contribuir para a qualificação de atividades correlatas, a exemplo dos demais profissionais aquaviários e dos portuários, estes historicamente ligados aos marítimos.

Valho-me, mais uma vez, da lição de Francisco Edivar Carvalho (obra citada, fl. 52):

"Uma das finalidades do OGMO é promover o treinamento e a habilitação profissional do TPA para conferir-lhe habilitação e qualificação para seu exercício profissional. Para isso, poderá utilizar os cursos profissionalizantes de diversas instituições que formam mão de obra. Uma delas é a Marinha do Brasil por meio da Diretoria de Portos e Costas (DPC) que administra o Ensino Profissional Marítimo (EPM) e tem o TPA como beneficiário desse ensino.

Os cursos de qualificação dos TPA são planejados pelo OGMO de acordo com a necessidade das fainas em cada porto. Aqueles que o OGMO pretender realizar por meio do EPM deverão ser objeto de convênio firmado com a DPC."

A Lei n. 7.573/1986, invocada como fundamento no acórdão recorrido, dispõe sobre o Ensino Profissional Marítimo (EPM), voltada para a qualificação e habilitação do pessoal da Marinha Mercante, como se depreende do respectivo art. 1º, *litteris*:

"Art. 1º O Ensino Profissional Marítimo, de responsabilidade do Ministério da Marinha, nos termos do Parágrafo único do art. 3º da Lei n. 6.540, de 28 de junho de 1978, tem por objetivo habilitar pessoal para a Marinha Mercante e atividades correlatas, bem como desenvolver o conhecimento no domínio da Tecnologia e das Ciências Náuticas."

O art. 2º dessa Lei remeteu à regulamentação posterior à definição das categorias que poderiam se beneficiar desse ensino profissionalizante, *verbis*:

"Art. 2º A regulamentação desta lei especificará as categorias profissionais beneficiárias do Ensino Profissional Marítimo."

De sorte que esse disciplinamento não pode ser invocado como requisito para a qualificação do portuário, uma vez que incumbe à Marinha promover a profissionalização, com exclusividade, apenas dos trabalhadores da Marinha Mercante, especialmente a partir da vigência da Lei n. 8.630/1993.

De forma supletiva, o Ensino Profissional Marítimo pode beneficiar outras categorias profissionais, como prevê o art. 1º do Decreto n. 94.536/1987, a exemplo dos demais profissionais aquaviários e dos portuários; estes poderiam ser enquadrados na alínea *e* que menciona os "Trabalhadores Avulsos da Orla Portuária".

Assim, em face das atividades desempenhadas pelos portuários e os entrelaçamentos históricos com os marítimos, os trabalhadores portuários também podem se beneficiar dos cursos promovidos pela Marinha do Brasil, e pelos órgãos e entidades públicas e privadas por ela reconhecida, desde que existente convênio com o OGMO, ao qual foi atribuída a competência de treinar e habilitar o portuário.

Do exposto, tem-se que o acórdão recorrido divergiu dessa orientação ao julgar procedente a ação, em inobservância à legislação federal de regência.

Impende ainda salientar que essa convicção foi reforçada pela publicação da Lei n. 12.815/2013, que instituiu novo marco regulatório para a exploração das instalações portuárias e para o trabalho portuário.

Com efeito, o inciso III do art. 32 da recente Lei de forma taxativa obriga o OGMO a "treinar e habilitar profissionalmente o trabalhador portuário, inscrevendo-o no cadastro". Ou seja, a antiga lei já deixava clara a atribuição do OGMO para promover o treinamento do trabalhador portuário; porém, ao possibilitar que esse treinamento fosse realizado por entidade indicada pelo órgão de gestão de mão de obra, deixava margem à discussão quanto à necessidade de a formação dos trabalhadores portuários permanecer vinculada ao ensino profissional marítimo, como a que estabelece nos presentes autos. A nova legislação reforça a atribuição já designada na antiga, ao esclarecer que cabe ao OGMO treinar e habilitar o trabalhador portuário.

O art. 33, II, *a* e *b* da novel lei também dita a competência do OGMO para promover a formação do trabalhador portuário aos modernos processos de movimentação de cargas e de operação de aparelhos e equipamentos portuários, bem como o treinamento multifuncional do trabalhador portuário.

Por sua vez o Decreto n. 8.033/2013, ao regulamentar a Lei n. 12.815/2013, instituiu o Fórum Nacional Permanente para Qualificação do Trabalhador Portuário, com a finalidade de discutir questões afetas à formação, qualificação e certificação do trabalhador portuário, avulso ou com vínculo de emprego, especialmente no que tange à adequação aos modernos processos de movimentação de cargas e de operação de aparelhos e equipamentos portuários e ao treinamento multifuncional do trabalhador portuário. Esse Fórum, coordenado pelo Ministério do Trabalho e Emprego, conta com representantes da Secretaria dos Portos da Presidência da República, dos Ministérios do Planejamento e da Educação, da Secretaria-Geral da Presidência da República, do Comando da Marinha, além de representantes de entidades empresariais e dos trabalhadores portuários (art. 39).

O caráter multifacetado e multilateral do Fórum evidencia que a formação profissional do trabalhador portuário, voltada aos novos métodos de movimentação de cargas e à multifuncionalidade, está desvinculada do ensino profissional marítimo, embora também deva ser considerado, em face da complexidade das atividades e das relações do trabalho portuário, tanto que conta com um representante do Comando da Marinha.

Esse decreto também estabeleceu o Sine-Porto no âmbito do Sistema Nacional de Emprego – Sine, com o objetivo de organizar e identificar a oferta de mão de obra qualificada no setor portuário, determinando a preferência dos trabalhadores portuários inscritos no OGMO no acesso a programas de formação e qualificação profissional oferecidos pelo Sine e pelo Programa Nacional de Acesso ao Ensino Técnico e Emprego – Pronatec (art. 40).

Portanto, como já ressaltado, embora os trabalhadores portuários, dadas as peculiaridades das atividades exercidas, também possam se beneficiar dos cursos promovidos pela Marinha do Brasil, e pelos órgãos e entidades públicas e privadas por ela reconhecida, a legislação vigente desde a Lei n. 8.630/1993 atribuiu ao OGMO a competência de treinar e habilitar o portuário.

Com respaldo nesses fundamentos, CONHEÇO do recurso de revista pelo pressuposto contido na alínea *c* do art. 896 da CLT, reconhecendo violação do art. 18, III, da Lei n. 8.630/1993.

MÉRITO

TRABALHADOR PORTUÁRIO COM VÍNCULO DE EMPREGO. QUALIFICAÇÃO E HABILITAÇÃO PROFISSIONAL. REGULARIDADE DO CURSO MINISTRADO POR ENTIDADE INDICADA PELO ÓRGÃO DE GESTÃO DE MÃO DE OBRA DO TRABALHO PORTUÁRIO. DESNECESSIDADE DE CERTIFICAÇÃO PELA MARINHA DO BRASIL

No mérito, conhecido o recurso de revista por violação do art. 18, III, da Lei n. 8.630/1993, DOU-LHE PROVIMENTO para restabelecer a sentença às fls. 156-161, pela qual foram julgados improcedentes os pedidos deduzidos na petição inicial. Invertido o ônus da sucumbência, inclusive quanto às custas e aos honorários advocatícios, nos termos da parte final da Súmula n. 219, III, deste Tribunal Superior.

---

# RECURSO DE REVISTA. CONSTITUIÇÃO DE CAPITAL

*RECURSO DE REVISTA. CONSTITUIÇÃO DE CAPITAL.*

*A jurisprudência desta Corte, ante o disposto no art. 475-Q do CPC e na Súmula n. 313 do STJ, tem se firmado no sentido de que deve ser determinada a constituição de capital para garantir o pagamento da pensão mensal vitalícia deferida. Precedentes.*

*Recurso de revista parcialmente conhecido e provido.*

(Processo n. TST-RR-9956400-81.2005.5.09.0654 – Ac. 1ª Turma – DeJT: 14.04.2014)

CONHECIMENTO

A Corte Regional manteve o indeferimento do pedido de constituição de capital, sob os seguintes fundamentos:

"CONSTITUIÇÃO DE CAPITAL

Ante a condenação solidária e tendo em vista a notória capacidade econômica da Petrobrás, o MMº Juízo de Primeiro Grau não vislumbrou necessidade de constituição de capital no atual momento – fl. 788.

O Autor alega que o art. 602 do CPC é imperativo ao anunciar que o Juiz deve determinar a constituição de capital, '*pois a disposição legal se insere na proteção do risco econômico, já que as empresas, incluindo as estatais, não estão imunes às intempéries do mercado especulativo e da crise financeira do petróleo*' – fl. 822.

Não lhe assiste razão.

Esta Turma entende que, quando o pagamento da indenização por perda ou redução de capacidade laborativa ocorre mensalmente, é necessária a prévia constituição de capital que assegure o integral cumprimento da obrigação, independentemente da natureza das parcelas, conforme previa o revogado art. 602 do CPC, por aplicação dos parágrafos 1º e 2º do art. 475-Q do CPC e do entendimento consolidado na Súmula n. 313 do STJ, *in verbis*:

"Em ação de indenização, procedente o pedido, é necessária a constituição de capital ou caução fidejussória para a garantia de pagamento da pensão, independentemente da situação financeira do demandado"

Mas este Colegiado também entende ser DESNECESSÁRIA a constituição de Capital, quando a condenação recair sobre a Fazenda Pública, ou sobre empresa de sólido porte econômico-financeiro, como é o caso da Petrobras.

Assim sendo, MANTENHO a sentença."

Nas razões do recurso de revista, o reclamante sustenta a necessidade de constituição de capital que assegure o cumprimento da obrigação em relação às parcelas vincendas correspondentes à pensão mensal vitalícia deferida. Indica violação do art. 475-Q, contrariedade à Súmula n. 313 do STJ e divergência jurisprudencial.

O aresto apresentado para confronto de teses à fl. 997, oriundo do TRT da 15ª Região, contrapondo-se à decisão recorrida, preconiza o entendimento no sentido de que para garantir a eficácia do pagamento de pensão ao longo dos anos, impõe-se a constituição de capital, sendo irrelevante a condição financeira do demandado.

CONHEÇO do recurso de revista, no tema, por divergência jurisprudencial.

MÉRITO

A jurisprudência desta Corte, ante o disposto no art. 475-Q do CPC e na esteira do entendimento consubstanciado na Súmula n. 313 do STJ, tem se firmado no sentido de que deve ser determinada a constituição de capital para garantir o pagamento de pensão mensal vitalícia deferida, conforme evidenciam os seguintes julgados:

"AGRAVO DE INSTRUMENTO EM RECURSO DE REVISTA. INDENIZAÇÃO POR DANOS MORAIS DECORRENTES DE ACIDENTE DO TRABALHO. MATÉRIA FÁTICA. SÚMULA N. 126. (...) PENSÃO MENSAL. CONSTITUIÇÃO DE CAPITAL. 1. Os arestos transcritos aleatoriamente são imprestáveis a comprovar a divergência jurisprudencial, por vício de origem, visto que provenientes de órgãos que não constam do permissivo da alínea *a*. 2. A questão da constituição de capital foi decidida à luz da Súmula n. 313 do STJ, segundo a qual: "Em ação de indenização, procedente o pedido, é necessária a constituição de capital ou caução fidejussória para a garantia de pagamento da pensão, independentemente da situação financeira do demandado". Assim, não há falar em violação literal do art. 475-Q do CPC, mormente quando da redação do próprio dispositivo se depreende que a determinação de constituição de capital é uma faculdade do magistrado, inclusive como alternativa ao pagamento da indenização de uma só vez. Agravo de instrumento conhecido e não provido." (AIRR-250000-05.2008.5.02.0472, Relator Ministro Hugo Carlos Scheuermann, 1ª Turma, DEJT: 08/11/2013)

"RECURSO DE REVISTA. ACIDENTE DE TRABALHO. DANOS MORAIS E MATERIAIS. RESPONSABILIDADE DO EMPREGADOR. (...) CONSTITUIÇÃO DE CAPITAL. A constituição de capital encontra-se atualmente disciplinada pelo art. 475-Q do CPC, acrescentado pela Lei n. 11.232/05, de inequívoca aplicação subsidiária no processo do trabalho. Ademais, o Regional considera, em linha com a Súmula n. 313 do STJ, que, em ação de indenização, procedente o pedido, é necessária a constituição de capital ou caução fidejussória para a garantia de pagamento da pensão, independentemente da situação financeira do demandado. Bem assim, a substituição da constituição do capital está submetida ao poder discricionário do julgador após análise do caso e suas peculiaridades. Precedentes. Não conhecido." (RR-142100-53.2009.5.04.0251, Relator Ministro Emmanoel Pereira, 5ª Turma, DEJT: 08.03.2013)

"1. RECURSO DE REVISTA – NULIDADE POR NEGATIVA DE PRESTAÇÃO JURISDICIONAL. (...) 5. CONSTITUIÇÃO DE CAPITAL. O objetivo da constituição de capital prevista no *caput* do art. 475-Q do CPC é garantir o cumprimento da decisão em que foi deferido o pagamento de prestações periódicas, acobertando o empregado de variações econômicas que podem ocasionar a falência ou encerramento das atividades da empresa devedora. A pretensão das empresas privadas de garantir a pensão pela simples inclusão na folha de pagamento mensal deve ser apreciada com bastante prudência e com análise cuidadosa de todas as variáveis do caso concreto. Em primeiro lugar porque a determinação do juiz para que o devedor constitua capital, conforme previsto agora no art. 475-Q do CPC, tem fundamento jurídico inquestionável já sedimentado na jurisprudência, desde os revogados arts. 911 e 912 do CPC de 1939. Por outro enfoque, ninguém desconhece que ocorrem falências inesperadas, mesmo em grandes corporações. Além disso, o pensionamento pode ter duração prolongada por várias décadas, pelo que qualquer previsão sobre a solidez econômica do devedor é arriscada e precária. Por causa de tais receios e das lições da experiência, o entendimento no âmbito do STJ é o de que a constituição de capital para as empresas privadas não deve ser dispensada. Com a pacificação desse posicionamento, o STJ, em 2005, adotou a Súmula n. 313, com o seguinte enunciado: "Em ação de indenização, procedente o pedido, é necessária a constituição de capital ou caução fidejussória para a garantia de pagamento da pensão, independentemente da situação financeira do demandado". Diante do exposto, considero prudente a determinação de constituição de capital pelo Tribunal de origem. Recurso de Revista não conhecido." (RR-44400-08.2007.5.15.0036, Relatora Juíza Convocada Maria Laura Franco Lima de Faria, 8ª Turma, DEJT: 31.08.2012) – (grifei)

Conhecido o recurso de revista neste tema por divergência jurisprudencial, no mérito, DOU-LHE PROVIMENTO para, reformando o acórdão recorrido, tendo em vista o disposto no art. 475-Q do CPC e na Súmula n. 313 do STJ, e considerando a jurisprudência uníssona desta Corte, determinar que seja constituído capital, em montante a ser apurado em liquidação, para garantir o pagamento da pensão mensal vitalícia deferida.

## REGULARIDADE DE REPRESENTAÇÃO. CONTRARRAZÕES AO RECURSO ORDINÁRIO. NULIDADE

*RECURSO DE REVISTA. REGULARIDADE DE REPRESENTAÇÃO. PROCURAÇÃO. IDENTIFICAÇÃO DA ENTIDADE OUTORGANTE E DO SIGNATÁRIO DO INSTRUMENTO DE MANDATO. CONTRARRAZÕES AO RECURSO ORDINÁRIO. NÃO CONHECIMENTO. NULIDADE.*

*1. É válido o instrumento de mandato firmado em nome de pessoa jurídica que contém, pelo menos, o nome da entidade outorgante e do signatário da procuração, na forma da Súmula n. 456 desta Corte.*

*2. O Superior Tribunal de Justiça firmou tese em Recurso Especial Repetitivo (art. 543-C, do CPC) no sentido de que a intimação para a apresentação de contrarrazões é condição de validade da decisão que causa prejuízo à parte, o que impede a aplicação da regra "mater" da instrumentalidade (REsp 1148296/SP, Relator Ministro LUIZ FUX, Corte Especial, DJe 28.09.2010).*

*3. Na hipótese dos autos, impõe-se a aplicação de idêntica "ratio decidendi", uma vez que o não conhecimento das contrarrazões da reclamada, com fundamento em irregularidade de representação, não configurada, causou prejuízo processual à parte.*

*Recurso de revista conhecido e provido.*

*(Processo n. TST-RR-405-52.2010.5.03.0042 – Ac. 1ª Turma – DeJT: 04.12.2015)*

VOTO

CONHECIMENTO

O recurso é tempestivo (fls. 247 e 249), tem representação regular (fl. 105) e encontra-se devidamente preparado (fls. 172, 173). Presentes os pressupostos extrínsecos de admissibilidade, analiso os específicos de cabimento do recurso de revista.

NEGATIVA DE PRESTAÇÃO JURISDICIONAL. NULIDADE

A recorrente suscita, preliminarmente, a nulidade do acórdão regional por negativa de prestação jurisdicional, ao argumento de que o Tribunal Regional, mesmo instado por meio de embargos de declaração, deixou de se manifestar, dentre outros aspectos, sobre a regularidade de representação, para efeito de conhecimento das contrarrazões, porquanto a procuração de fl. 97 outorgou poderes ao assinante da peça, validando a representação processual, nos termos da Orientação Jurisprudencial n. 373 da SBDI-1 desta Corte.

Em decorrência do articulado, indica violação dos arts. 832 da CLT, 5º, XXXV e LV, e 93, IX, da Constituição da República e 458, II, do CPC.

Considerando a possibilidade de o mérito ser decidido a favor da parte recorrente, deixa-se de pronunciar eventual nulidade por negativa de prestação jurisdicional, na forma prevista no art. 249, § 2º, do CPC.

REGULARIDADE DE REPRESENTAÇÃO. PROCURAÇÃO. IDENTIFICAÇÃO DA ENTIDADE OUTORGANTE E DO SIGNATÁRIO DO INSTRUMENTO DE MANDATO. CONTRARRAZÕES AO RECURSO ORDINÁRIO. NÃO CONHECIMENTO. NULIDADE

A Corte Regional não conheceu das contrarrazões da reclamada, por irregularidade de representação, mediante os fundamentos adiante reproduzidos, fl. 219, *verbis*:

"Não conheço, porém, das contrarrazões oferecidas pela reclamada ao recurso do reclamante, por defeito de representação, posto que subscritas digitalmente por advogado que não tem poderes para tanto, Dra. Silmara Fernandes Parreiras.

Destaco que consta do contrato social juntado às fls. 148/153, em sua cláusula 3.2 (f. 150), que a sociedade será administrada pelo sócio Luiz Humberto Dorça, que poderá outorgar procuração. Usando dessa prerrogativa, o referido sócio outorgou à Silvana Cordeiro Alves os poderes constantes do instrumento de fl. 96.

Ocorre, porém, que não é possível saber quem subscreve o mandato de fl. 97, pois se trata de assinatura ilegível, sem a respectiva qualificação exigida por lei para a outorga de mandatos em geral. O fato de constar que é um representante legal de Luiz Humberto Dorça, não induz que seja aquela descrita no mandato de fl. 96, uma vez que a pessoa pode ter mais de um representante legal, como, por exemplo, o Sr. Carlos Viola, citado como tal no curso da instrução, caracterizando-se como "eminência parda" do reclamado.

A representação da recorrente quanto ao apelo só não está eivada de vício insanável considerando o mandato tácito previsto na Súmula n. 164 do Col. TST, *in verbis*:

'O não cumprimento das determinações dos §§ 1º e 2º do art. 5º da Lei n. 8.906, de 04.07.1994 e do art. 37, parágrafo único, do Código de Processo Civil, importa o não conhecimento de recurso, por inexistente, exceto na hipótese de mandato tácito'."

Inconformada, a reclamada interpõe recurso de revista sustentando que, "na hipótese dos autos, não há como negar que o Tribunal Regional se equivocou ao analisar a procuração de fl. 97 e não atentou para o fato de constar expressamente no instrumento de mandato que o documento estava sendo assinado pelo 'representante legal abaixo assinado, Sr. Luiz Humberto Dorça'" (fl. 261). Aduz que o não conhecimento das contrarrazões implicou-lhe em prejuízo evidente, pois o Tribunal Regional não se atentou para a confissão existente no depoimento pessoal da reclamante no sentido de que "era a própria depoente quem controlava as suas jornadas", bem como de que era a responsável pelo departamento financeiro. Alega que o Colegiado *a quo* também não considerou os depoimentos testemunhais que confirmavam que a reclamante exercia cargo de confiança. Aponta ofensa ao art. 5º, LV, da Constituição da República e contrariedade à Orientação Jurisprudencial n. 373 da SBDI-1 desta Corte.

Com fundamento na Súmula n. 456 desta Corte (ex-OJ n. 373 da SBDI-1), conclui-se pela validade do instrumento de mandato firmado em nome de pessoa jurídica que contém, pelo menos, o nome da entidade outorgante e do signatário da procuração.

Com efeito, da procuração à fl. 105 extrai-se que a pessoa jurídica INSTITUTO EDUCACIONAL GUILHERME DORÇA S/C LTDA. estava representada pelo Sr. Luiz Humberto Dorça, signatário do referido instrumento de mandato, que outorgou poderes à Dra. Silmara Fernandes Parreira, que vem a ser a advogada subscritora das contrarrazões (fl. 200).

Assim, satisfeitos os pressupostos legais que evidenciam a regularidade de representação da advogada subscritora das contrarrazões, depreende-se que o Tribunal Regional, ao não conhecer da resposta ao recurso ordinário, por suposta irregularidade de representação, contrariou a Súmula n. 456.

A propósito do tema, não constitui demasia ressaltar que o c. Superior Tribunal de Justiça firmou tese em Recurso Especial Repetitivo (art. 543-C, do CPC) no sentido de que a intimação para a apresentação de contrarrazões é condição de validade da decisão que causa prejuízo à parte, o que impede a aplicação da regra *mater* da instrumentalidade (REsp 1148296/SP, Relator Ministro LUIZ FUX, Corte Especial, DJe 28.09.2010 – (Precedentes: REsp 1187639/MS, Rel. Ministra ELIANA CALMON, SEGUNDA TURMA, julgado em 20.05.2010, DJe 31.05.2010; AgRg nos EDcl no REsp 1101336/RS, Rel. Ministro HERMAN BENJAMIN, SEGUNDA TURMA, julgado em 02.02.2010, DJe 02.03.2010; REsp 1158154/RS, Rel. Ministro CASTRO MEIRA, SEGUNDA TURMA, julgado em 19/11/2009, DJe 27/11/2009; EREsp 882.119/RS, Rel. Ministro HUMBERTO MARTINS, PRIMEIRA SEÇÃO, julgado em 13.05.2009, DJe 25.05.2009; EREsp 1038844/PR, Rel. Ministro TEORI ALBINO ZAVASCKI, PRIMEIRA SEÇÃO, julgado em 08.10.2008, DJe 20.10.2008).

Esta Primeira Turma também já decidiu essa temática:

"RECURSO DE REVISTA. NEGATIVA DE PRESTAÇÃO JURISDICIONAL. Ante a possibilidade de julgamento de mérito em favor da parte a quem aproveitaria a decretação de nulidade do acórdão por negativa de prestação jurisdicional, deixa-se de apreciá-la, forte no § 2º do art. 249 do CPC. REGULARIDADE DE REPRESENTAÇÃO. SUBSTABELECIMENTO QUE NÃO IDENTIFICA A PARTE REPRESENTADA. VALIDADE. 1. Hipótese em que o e. TRT não conheceu do recurso ordinário e das contrarrazões do reclamado, porquanto assinados por advogado, cujos poderes foram outorgados em substabelecimento do qual não consta o nome da parte representada. 2. O entendimento prevalecente nesta e. Corte é o de que basta que a parte outorgante seja identificada na procuração, sendo, portanto, válido o substabelecimento assinado por advogado com poderes nos autos, ainda que nele não esteja identificada a parte do processo que se pretende representar. Inteligência da Súmula 456/TST. Violação do art. 5º, LV, da Lei Maior que se reconhece. Recurso de revista conhecido e provido, no tema. ( RR – 1100-77.2007.5.15.0009, Relator Ministro: Hugo Carlos Scheuermann, Data de Julgamento: 16.09.2015, 1ª Turma, Data de Publicação: DEJT 18.09.2015)

RECURSO DE REVISTA. NULIDADE. NEGATIVA DE PRESTAÇÃO JURISDICIONAL. A Corte *a quo* consignou expressamente as razões do seu convencimento, não havendo cogitar de negativa de prestação jurisdicional. Invioladas os arts. 458 do CPC, 832 da CLT e 93, IX, da Lei Maior. Recurso de revista não conhecido, no tema. RECURSO ORDINÁRIO ADESIVO. CONTRARRAZÕES. NÃO CONHECIMENTO. DATA DO PROTOCOLO. EQUÍVOCO. INTEMPESTIVIDADE AFASTADA. 1. O Tribunal de origem não conheceu do recurso ordinário adesivo do reclamante, tampouco das contrarrazões ao recurso ordinário da reclamada, por intempestividade. Registrou que a contagem do prazo teve início em 14/11/2007 (quarta-feira), com término previsto para 21/11/2007 (quarta-feira), e que o recurso ordinário adesivo foi interposto no dia 22/11/2007, mesma data em que as contrarrazões foram protocoladas. 2. Tendo em mira que o reclamante, ao opor embargos de declaração contra o acórdão regional, juntou contrafé do recurso ordinário adesivo interposto e das contrarrazões apresentadas, que receberam carimbo protocolizador com a data de 21/11/2007, e diante das informações prestadas pelo Juízo de origem, em resposta à diligência determinada, no sentido de que o procedimento no recebimento de petições é o seguinte: ao receber a petição, o servidor designado naquele horário para atendimento no balcão apõe o carimbo de recebimento na cópia da parte e, posteriormente, naquela oportunidade, registra o protocolo no sistema processual, de que, por um equívoco, ao protocolar as referidas petições, não foi observada a data da devolução dos autos (21/11/2008), e de que a assinatura contida na contrafé juntada pelo ora recorrente pertence ao serventuário responsável pelo recebimento das petições; conclui-se restar demonstrada a incorreção alegada pelo autor. 3. Observado pelo reclamante, ao interpor recurso ordinário adesivo e apresentar contrarrazões, o octídio legal, a par de não se constatar nos autos vício imputável à parte, merece ser afastada a intempestividade declarada pelo Colegiado de origem. Recurso de revista conhecido e provido, no tema." (RR – 72100-87.2007.5.05.0342, Relator Ministro: Hugo Carlos Scheuermann, Data de Julgamento: 06/11/2013, 1ª Turma, Data de Publicação: DEJT 14/11/2013)

Na hipótese dos autos, impõe-se a aplicação de idêntica *ratio decidendi*, uma vez que o não conhecimento das contrarrazões da reclamada, fundada em irregularidade de representação, não caracterizada, causou prejuízo processual à parte.

Ante o exposto, CONHEÇO do recurso de revista por contrariedade à Súmula n. 456 deste Tribunal Superior.

MÉRITO

REGULARIDADE DE REPRESENTAÇÃO. PROCURAÇÃO. IDENTIFICAÇÃO DA ENTIDADE OUTORGANTE E DO SIGNATÁRIO DO INSTRUMENTO DE MANDATO. CONTRARRAZÕES AO RECURSO ORDINÁRIO. NÃO CONHECIMENTO. NULIDADE

No mérito, conhecido o recurso de revista por contrariedade à Súmula n. 456 desta Corte, impõe-se o seu PROVIMENTO para afastar o óbice da irregularidade de representação, decretar a nulidade da decisão e determinar o retorno dos autos ao Tribunal Regional do Trabalho de origem para que examine as contrarrazões apresentadas pela reclamada e prossiga no julgamento do recurso ordinário interposto pela reclamante, como entender de direito.

# REPRESENTAÇÃO SINDICAL. DESMEMBRAMENTO

*RECURSO DE REVISTA. REPRESENTAÇÃO SINDICAL. DESMEMBRAMENTO. REQUISITOS. LEGITIMIDADE.*

*Não afronta o princípio da unicidade sindical, insculpido no art. 8º, II, da Constituição Federal, o acórdão regional que reputa válido o desmembramento de sindicato para formação de entidade sindical representante de categoria profissional mais específica e em base territorial diversa definida pelos trabalhadores. Precedentes.*

*Recurso de revista de que não se conhece.*

*(Processo n. TST-RR-701000-19.2007.5.09.0019 – Ac. 1ª Turma – DeJT: 20.02.2015)*

VOTO

CONHECIMENTO

Satisfeitos os pressupostos extrínsecos de admissibilidade, passa-se ao exame dos intrínsecos do recurso de revista.

REPRESENTAÇÃO SINDICAL. DESMEMBRAMENTO. REQUISITOS. LEGITIMIDADE

A Corte Regional negou provimento ao recurso ordinário interposto pelo autor, mediante a seguinte fundamentação, *verbis*:

"REPRESENTAÇÃO SINDICAL – DESMEMBRAMENTO – REQUISITOS – LEGITIMIDADE

O Sindicato dos Empregados no Comércio de Londrina propôs Ação de Nulidade de Ato Jurídico cumulada com Ação Declaratória de Legitimidade de Representação e Abstenção de Ato contra a Comissão Pró Constituição do Sindicato dos Empregados no Comércio de Produtos para a Construção Civil do Norte do Paraná. Requereu a antecipação dos efeitos da tutela para suspensão e declaração de nulidade da ata de convocação e assembleia pró-constituição do Sindicato específico da categoria, designada para o dia 30.08.2007, o que restou deferido às fls. 205/206. Ao final, requereu a declaração de nulidade do ato de convocação da assembleia para o mesmo fim e para desmembramento da categoria, com o reconhecimento do Sindicato-autor como único e legítimo representante da categoria profissional dos comerciários na sua base territorial.

Os pedidos foram julgados improcedentes pela julgadora de primeiro grau, sob o fundamento de que não há óbice jurídico à formação regular de sindicato que represente a categoria específica em questão, desde que observados os preceitos legais e constitucionais, especialmente a vontade manifesta da categoria profissional a ser representada legitimamente, o que estaria caracterizado no caso dos autos.

O Sindicato-autor recorre da decisão. Alega que a ré tenta constituir uma entidade sindical de forma a desmembrá-lo. Afirma estar mais do que legitimado para representar a categoria dos trabalhadores e que não haveria qualquer interesse da categoria no desmembramento. Requer a reforma da sentença para que seja declarado o único e legítimo representante dos empregados no Comércio de Produtos para Construção Civil do Norte do Paraná.

Não lhe assiste razão.

Ao assegurar que é livre a associação sindical, desde que observe o disposto nos incisos, essencialmente, com respeito à unicidade sindical, à sindicalização por categoria e, ainda, à base territorial mínima, o art. 8º da Constituição Federal revela a impossibilidade de barrar a criação de ente sindical. Não vislumbro a necessidade de alterar esse entendimento conforme se trate de criação ou desmembramento do sindicato, seja geográfico, seja por categorias. O princípio da unicidade sindical não impede que sindicato que representa integrantes de determinada categoria profissional seja desmembrado para a criação de outro sindicato, desde que respeitados os limites impostos na Constituição.

Sobre as espécies de desdobramento sindical, explica a doutrina:

'O desmembramento tanto pode ser geográfico, pela divisão da ocupação de espaço, capilarizando-se a presença sindical, criando-se nova(s) entidade(s) para atuar especificamente em parte do território que antes estava coberto por uma entidade-matriz, com jurisdição em múltiplos municípios, quanto pode ser categorial, pela valorização do critério da especialização e da especificidade, fazendo-se com que de um sindicato, antes congregando duas categorias, surjam, pela vontade dos próprios interessados, duas entidades, cada uma tratando dos interesses peculiares de uma só delas'. (CHIARELLI, Carlos Alberto Gomes. *Trabalho na constituição*. Vol. II, São Paulo: LTr, 1990, p. 35).

Se não existem exigências para a criação do ente sindical, parece não fazer sentido que se dê tratamento diverso à hipótese de desmembramento. Na verdade, o procedimento é o mesmo, seja para criação de um sindicato novo, seja para desmembramento que resulte apenas em base territorial mais restrita, ou mesmo por categorias mais específicas.

Edson Trindade (Liberdade de Associação Sindical no Direito Brasileiro. Síntese trabalhista 154 – BR/2002, p. 54.) observa que, no regime consolidado (art. 516), estabelecida a base territorial do sindicato, tolhia-se, automaticamente, 'em toda extensão dela, a atuação de qualquer outro sindicato, da mesma categoria. A Constituição, contudo, só proíbe a existência de dois sindicatos, de igual categoria, na mesma base territorial'. Daí resulta que 'só ficou defesa a coincidência de limites territoriais, o que exclui a possibilidade de dois sindicatos de igual categoria na mesma base territorial, nada impedindo, contudo, a coexistência deles, se possuírem bases territoriais diferentes, o primeiro estadual e o segundo municipal'.

Essa forma de pensar reveste-se de razoabilidade, pois se o que o constituinte deixou expresso foi o veto à superposição dos entes sindicais, há que se considerar que com o próprio desmembramento, desaparece a superposição, pois o sindicato preexistente perde parcela de representatividade que corresponde, exatamente, à base territorial do novo ente, criado por desmembramento.

A SDC, do TST, já se pronunciou 'no sentido de admitir a fundação de sindicato por desmembramento, desde que respeitados os requisitos legais de sua constituição (convocação da categoria e deliberação, registro civil no AESB-MTB, inexistência de disputa judicial pela representatividade da categoria), observando-se o princípio constitucional da unicidade na base territorial'. (TST, SDC, RODC 239.943/1996, Ac. N. 809, Rel. Min. MOACYR ROBERTO TESCH AUERSVALD, J. 16.06.1997, DJ 08.08.1997, p. 35.848).

No mesmo sentido, cito recente decisão proferida pelo C. STF:

'I. SINDICATO: UNICIDADE E DESMEMBRAMENTO – 1. O princípio da unicidade sindical (CF, art. 8º, II, da Constituição) não garante por si só ao sindicato a intangibilidade de sua base territorial: Ao contrário, a jurisprudência do STF está consolidada no sentido da legitimidade constitucional do desmembramento territorial de um sindicato para constituir outro, por deliberação dos partícipes da fundação deste, desde que o território de ambos não se reduza à área inferior à de um município (V. G., MS 21.080, Rezek, DJ 1º10.93; RE 191.231, Pertence, DJ 06.08.99; RE 153.534; Velloso, DJ 11.06.99; AgRgRE 207.910, Maurício, DJ 4.12.98; RE 207.780, Galvão, DJ 17.10.97; RE 180222, Galvão, DJ 29.08.00). 2. No caso, o Tribunal a quo assentou que não houve superposição sindical total, mas apenas um desmembramento que originou novas organizações sindicais regionais cuja área de atuação é menor do que a do agravante, o que não ofende a garantia constitucional da unicidade. II. Recurso extraordinário: Descabimento: Ausência de prequestionamento do art. 5º, XXXVI, da Constituição Federal: Incidência das Súmulas ns. 282 e 356'. (STF – RE-AgR 154250 – SP – 1ª T. – Rel. Min. Sepúlveda Pertence – DJU 08.06.2007 – p. 00035)

A criação de um novo sindicato, para acobertar parte da representação de um outro sindicato (da mesma categoria) já existente, por redução da base territorial do sindicato mais antigo, respeitado o limite municipal, não é, portanto, ilícita, pois fundamentada no direito de livre associação sindical (CF, art. 8º), cabendo exclusivamente aos interessados na criação de um novo sindicato a análise da conveniência e oportunidade da medida (TRINDADE, Edson Silva. *Liberdade de Associação Sindical no Direito Brasileiro*. Síntese Trabalhista 154 – ABR/2002, p. 54.).

Na hipótese, o Sindicato dos Empregados no Comércio de Produtos para a Construção Civil do Norte do Paraná representaria, especificamente, a categoria dos empregados no comércio de produtos da construção civil. Tal gênero englobaria diversas espécies, e uma delas seria a categoria dos comerciários em construção civil, a qual é mais específica e possui interesses particulares. Portanto, nos termos do art. 511, § 4º, da CLT, não há impedimento ao desmembramento pretendido.

A esse respeito, cito decisão proferida pelo Plenário do STF:

'EMENTA: MANDADO DE SEGURANÇA. DECRETO N. 96.469, DE 04.08.88 – VALIDADE. CONFEDERAÇÃO NACIONAL DOS TRABALHADORES METALÚRGICOS – RECONHECIMENTO, COMO ÓRGÃO SINDICAL DE GRAU SUPERIOR, COMPATÍVEL COM A CONSTITUIÇÃO EM VIGOR. A LEI JÁ NÃO PODE MAIS OBSTAR O SURGIMENTO DE ENTIDADES SINDICAIS DE QUALQUER GRAU, SENÃO QUANDO OFENSIVO DO PRINCÍPIO DA UNICIDADE, NA MESMA BASE TERRITORIAL. A PRETENDIDA ILEGALIDADE DA CRIAÇÃO DA CONFEDERAÇÃO DOS METALÚRGICOS, PORQUE NÃO PREVISTA NO ART. 535. PARÁGRAFOS 1 E 2 DA CLT, NÃO PODE SUBSISTIR EM FACE DA NORMA CONSTITUCIONAL ASSECURATÓRIA DE AMPLA LIBERDADE DE ASSOCIAÇÃO LABORAL, SUJEITA, EXCLUSIVAMENTE, A UNICIDADE DE REPRESENTAÇÃO SINDICAL. MS NÃO CONHECIDO QUANTO À 2ª IMPETRANTE: FEDERAÇÃO NACIONAL DOS TRABALHADORES NAS INDÚSTRIAS URBANAS, POR FALTA DE LEGITIMIDADE, E NO MÉRITO DENEGADA A SEGURANÇA IMPETRADA' (MS 20.829-5/DF, Rel. Min. CÉLIO BORJA, j. 03.05.1989, DJ 23.06.1989).

Com essas considerações, o que se pretende afirmar é que em respeito à liberdade de organização das entidades sindicais, não se pode impedir que um grupo de empregados, por conveniência ou por pretender melhor representatividade, venha a se dissociar de determinada entidade sindical para formar nova entidade, desde que, é claro, observadas as deliberações necessárias. Não vislumbro embasamento legal para atender a pretensão do autor de que se declare a impossibilidade, mesmo da ré, de se abster de praticar atos de convocação visando à criação de novo sindicato. A liberdade concedida pelo legislador constituinte deve ser assegurada em toda e qualquer situação, pois de nada serviria atribuir autonomia aos entes sindicais e manter uma espécie de reserva de atitudes paternalistas que venham em seu socorro quando façam mau uso da liberdade conferida. As pretensões do autor, portanto, não merecem acolhida.

Mantenho."

Nas razões do recurso de revista, às fls. 911-919, o sindicato-autor postula o reconhecimento de sua legitimidade para representar a categoria profissional, bem como a declaração de invalidade da fundação do sindicato-réu.

Argumenta que a categoria, tanto profissional quanto econômica, constitui a unidade social que compõe o quadro ativo das entidades sindicais, conforme enumeradas de forma abrangente e definitiva no sistema confederativo brasileiro, o qual teria sido recepcionado pelo texto constitucional.

Afirma que somente podem ser criados sindicatos de acordo com as categorias já existentes, sendo que os empregados no comércio constam na estrutura da confederação nacional dos trabalhadores no comércio, subdividida de acordo com o enfoque empresarial, mas sempre no mesmo agrupamento do ponto de vista dos trabalhadores. Contesta a possibilidade de repartição da categoria por meio de novas nomenclaturas e profissões fora dos quadros preexistentes definidos em lei. Defende o respeito ao princípio da unicidade sindical.

Aduz que a dissociação da categoria representada deve partir da própria entidade sindical já atuante, precedida de assembleia própria, transparente e específica.

Indica ofensa aos arts. 8º, II e IV, da Constituição Federal e 577 da CLT. Transcreve arestos para o confronto de teses.

O recurso não alcança conhecimento.

Trata-se de conflito quanto à representação sindical, no qual o Sindicato dos Empregados no Comércio de Londrina questiona a legitimidade da Comissão Pró Constituição do Sindicato dos Empregados no Comércio de Produtos para a Construção Civil do Norte do Paraná, tanto do ponto de vista do desmembramento da representação na base territorial, quanto da dissociação da categoria profissional específica.

A Constituição de 1988, por um lado, consagrou a autonomia e a liberdade sindical, eliminando a intervenção estatal na organização sindical; por outro lado, manteve o princípio da unicidade sindical e a organização por categorias econômica e profissional.

Tal sistema sindical em vigor no Brasil comporta a livre possibilidade de dissociação e de desmembramento das categorias, por meio dos quais são criados sindicatos para representar categorias mais específicas, antes contempladas por entidade mais abrangente, e ainda que em exceção à regra da correspondência entre as entidades de representação de trabalhadores e empregadores (art. 511 da CLT); bem como para representar categoria em base territorial mais reduzida, desde que observado o parâmetro da abrangência mínima municipal (art. 571 da CLT).

Esses fenômenos não implicam desrespeito ao princípio da unicidade sindical, porquanto tão somente significam que o sindicato mais amplo e com base territorial mais extensa pode sofrer alterações na representatividade. Desde que observados os requisitos formais para a manifestação legítima da própria categoria, e uma vez concretizada a obtenção de registro sindical, impõe-se reconhecer legitimidade de representação à nova entidade.

Dessarte, não afronta o princípio da unicidade sindical, insculpido no art. 8º, II, da Constituição Federal, o acórdão regional que reputa válido o desmembramento de sindicato para formação de entidade sindical representante de categoria profissional mais específica e em base territorial diversa definida pelos trabalhadores.

Nesse sentido é pacífica a jurisprudência do Supremo Tribunal Federal:

"EMENTA: AGRAVO REGIMENTAL EM RECURSO EXTRAORDINÁRIO. SINDICATO. DESMEMBRAMENTO. ALEGAÇÃO DE AFRONTA AO PRINCÍPIO DA UNICIDADE SINDICAL. IMPROCEDÊNCIA. Caso em que determinada categoria profissional – até então filiada a sindicato que representava diversas categorias, em bases territoriais diferentes – forma organização sindical específica, em base territorial de menor abrangência. Ausência de violação ao princípio da unicidade sindical. Precedente. Agravo regimental desprovido." (STF-RE-433195, Rel. Min. Carlos Britto, 1ª Turma, DJE-177 19.09.08).

"SINDICATO: UNICIDADE E DESMEMBRAMENTO. 1. O princípio da unicidade sindical (CF, art. 8º, II, da Constituição) não garante por si só ao sindicato a intangibilidade de sua base territorial: ao contrário, a jurisprudência do STF está consolidada no sentido da legitimidade constitucional do desmembramento territorial de um sindicato para constituir outro, por deliberação dos partícipes da fundação deste, desde que o território de ambos não se reduza a área inferior à de um município (v.g., MS 21.080, Rezek, DJ 1º.10.93; RE 191.231, Pertence, DJ 06.08.1999; RE 153.534; Velloso, DJ 11.06.99; AgRgRE 207.910, Maurício, DJ 04.12.1998; RE 207.780, Galvão, DJ 17.10.97; RE 180222, Galvão, DJ 29.08.00). 2. No caso, o Tribunal *a quo* assentou que não houve superposição sindical total, mas apenas um desmembramento que originou novas organizações sindicais regionais cuja área de atuação é menor do que a do agravante, o que não ofende a garantia constitucional da unicidade." (RE 154250 AgR/SP, AG.REG. NO RECURSO EXTRAORDINÁRIO, Rel. Min. SEPÚLVEDA PERTENCE, Primeira Turma, DJ 08-06-2007)

"UNICIDADE SINDICAL MITIGADA – CATEGORIA – SEGMENTOS AGRUPADOS – DESMEMBRAMENTO – VIABILIDADE – ARTS. 5º, INCISO XVII, 8º, INCISO II, DA CONSTITUIÇÃO FEDERAL, 570, PARÁGRAFO ÚNICO, E 571 DA CONSOLIDAÇÃO DAS LEIS DO TRABALHO – RECEPÇÃO. A liberdade de associação, observada, relativamente às entidades sindicais, a base territorial mínima – a área de um município –, é predicado do Estado Democrático de Direito. Recepção da Consolidação das Leis do Trabalho pela Carta da República de 1988, no que viabilizados o agrupamento de atividades profissionais e a dissociação, visando a formar sindicato específico." (RMS 24069/DF, RECURSO EM MANDADO DE SEGURANÇA, Rel. Min. MARCO AURÉLIO, Primeira Turma, DJ 24.06.2005)

Referido entendimento também é seguido pela Seção Especializada em Dissídios Coletivos deste Tribunal Superior:

"RECURSO ORDINÁRIO EM DISSÍDIO COLETIVO. DISPUTA DE REPRESENTATIVIDADE SINDICAL. DISSOCIAÇÃO E DESMEMBRAMENTO DE SINDICATO. À luz do art. 8º, da Constituição Federal, que consagra a liberdade sindical e a organização por categorias, o sistema sindical brasileiro comporta a possibilidade de dissociação e de desmembramento, conceitos relativos à criação de sindicato para representar categoria mais específica antes contemplada em sindicato mais abrangente bem como para representar categoria em base territorial mais reduzida, observado o módulo municipal, nos termos do art. 571 da CLT. Tais fenômenos não implicam desrespeito ao princípio da unicidade sindical, pois conduzem à conclusão de que o sindicato mais amplo e com base territorial mais extensa pode sofrer alterações na representatividade. Confirmada a obtenção de registro sindical para representar categoria profissional específica em um único Município, impõe-se conferir legitimidade passiva *ad causam* à nova entidade. Aplicação da Súmula n. 677 do STF e OJ n. 15 da SDC/TST. Recurso Ordinário a que se nega provimento." (TST-RO– 534-53.2010.5.15.0000, Rel. Min. Márcio Eurico Vitral Amaro, Data de Julgamento: 10.06.2013, Seção Especializada em Dissídios Coletivos, Data de Publicação: DEJT 21.06.2013)

"RECURSO ORDINÁRIO EM DISSÍDIO COLETIVO. REPRESENTATIVIDADE. SECURITÁRIOS DO MUNICÍPIO DE RIBEIRÃO PRETO. CRIAÇÃO DE SINDICATO COM REDUÇÃO DE BASE TERRITORIAL. LEGITIMIDADE. REGISTRO SINDICAL. O Sindicato dos Empregados em Empresas de Seguros Privados, de Agentes Autônomos de Seguros Privados e de Crédito e em Empresas de Previdência Privada no Estado de São Paulo, alegando ser o legítimo representante dos securitários de Ribeirão Preto, ofereceu oposição, requerendo a extinção do dissídio coletivo ajuizado pelo Sindicato da mesma categoria profissional, porém com base territorial estritamente municipal. Embora, após a EC n. 45/2004, a questão da disputa intersindical de representatividade seja da competência da Vara do Trabalho, pode esta Corte, nos processos de dissídio coletivo, de forma incidental, pronunciar-se sobre o conflito. Nesse contexto, verifica-se que, *in casu*, trata-se o suscitante de sindicato novo, representante da mesma categoria profissional do oponente, porém com redução em sua base territorial, o que é permitido pelo art. 571 da CLT. Desse modo, com base no registro sindical apresentado, e não se verificando contraposição ao princípio da unicidade sindical, previsto no inciso II do art. 8º da Lei Maior, mantenho a decisão regional que, entendendo ser possível o desmembramento, desde que respeitada a base territorial de um município, declarou a legitimidade do Sindicato suscitante para ajuizar o dissídio coletivo. Nega-se, portanto, provimento ao recurso ordinário. Recursos ordinários não providos." (TST-RODC-13600-08.2007.5.15.0000, Rel. Min. Dora Maria da Costa, Seção Especializada em Dissídios Coletivos, DEJT 25.09.2009. )

"DISSÍDIO COLETIVO. LEGITIMIDADE ATIVA. SINDICATO. DISSOCIAÇÃO. 1. Sindicato profissional que representa diversos segmentos de trabalhadores na indústria de alimentação. Superveniência de novo sindicato, representativo de um segmento dos trabalhadores do antigo sindicato (trabalhadores nas indústrias de beneficiamento de castanha de caju e amêndoas vegetais). 2. Se sobrevém novo sindicato, que logra obter registro sindical, sem impugnação, no Ministério do Trabalho, para representar categoria profissional mais específica (art. 8º, inciso II, da CF/1988) e, além disso, ultimamente vem celebrando convenções coletivas de trabalho com a categoria econômica, não há por que não lhe reconhecer, com exclusividade, a representatividade da categoria dissociada. 3. Recurso ordinário a que se nega provimento." (TST-RODC-179340-16.2002.5.07.0000, Rel. Min. João Oreste Dalazen, Seção Especializada em Dissídios Coletivos, DJ 01.04.2005)

Ainda, nesse mesmo sentido, colhem-se julgados de Turmas desta Corte Superior:

"SINDICATO. CRIAÇÃO POR DESMEMBRAMENTO. BASE TERRITORIAL. LIMITE MÍNIMO. UNICIDADE SINDICAL. 1. É sabido que o princípio da liberdade sindical assegurado pela Constituição da República na cabeça do seu art. 8º é mitigado pelo princípio da unicidade sindical consagrado no inciso II do mesmo dispositivo. Esse princípio, por sua vez, não afasta a possibilidade de que ocorra o desmembramento de determinado sindicato, que passa a abranger base territorial reduzida em virtude da criação de novo ente sindical, limitando-se o comando constitucional a vedar que a abrangência dos novos sindicatos seja inferior à área de um município. Precedentes do Supremo Tribunal Federal, bem como do Tribunal Superior do Trabalho. 2. À vista de tais considerações e do registro feito pela Corte de origem, no sentido de que foram preenchidos os requisitos exigidos para o desmembramento – premissa fática intangível, a teor da Súmula n. 126 deste Tribunal Superior –, não se caracteriza a alegada violação do art. 8º, II, da Constituição da República. 3. Agravo de instrumento a que se nega provimento." (TST-AIRR-102-03.2011.5.15.0096, Rel. Min. Lelio Bentes Corrêa, 1ª Turma, DEJT 29.08.2014)

"AGRAVO DE INSTRUMENTO EM RECURSO DE REVISTA – DESMEMBRAMENTO – REGISTRO DE ENTIDADE SINDICAL. Não há falar em violação do art. 8º, II, da Constituição Federal, uma vez que o Tribunal Regional deixou expresso que a dissociação dos trabalhadores abrangidos pela base territorial representada pelo Sindicato-autor, criando um novo sindicato, não violou o princípio constitucional da unicidade sindical, porque, no caso dos autos, se trata de desmembramento, e não criação de base sindical de mesmo grau na mesma base territorial. Agravo de instrumento a que se nega provimento." (TST-AIRR-152-67.2010.5.03.0041, Rel. Des. Conv. Maria das Graças Silvany Dourado Laranjeira, 2ª Turma, Data de Publicação: DEJT 26.03.2013)

"REPRESENTAÇÃO SINDICAL. SINTRHORESP E SINDFAST. PRINCÍPIO DA ESPECIFICIDADE. ART. 571 DA CLT. PRECEDENTES DO SUPREMO TRIBUNAL FEDERAL E DA SUBSEÇÃO DE DISSÍDIOS COLETIVOS/TST. Com fundamento no art. 571 da CLT, combinado com o princípio da unicidade sindical, se a representação sindical é estadual, é possível formar sindicato de menor base territorial em âmbito municipal (e nesse sentido, específico). Como a especificidade é a regra, quando a categoria econômica é formada não apenas por atividades idênticas, mas também por atividades similares e conexas, admite-se o desmembramento ou formação de sindicatos especificamente representativos e de sindicatos profissionais correlatos, que se tornarão específicos e deixarão de ser categorias similares ou conexas. Por esses fundamentos é que se adota o entendimento de que o desmembramento das atividades similares e conexas em sindicatos mais específicos é admitido pelo art. 571 da CLT. E que do mesmo dispositivo, combinado com o "princípio da unicidade sindical na mesma base territorial", extrai-se a conclusão de que também é possível a formação de sindicato menos abrangente numa base municipal, em relação a sindicato mais abrangente a nível estadual. Diante da especificidade, conclui-se que o Sindicato dos Trabalhadores nas Empresas de Refeições Rápidas (*FAST-FOOD*) de São Paulo ostenta legitimidade para representar os empregados da empresa. Precedentes. Agravo de instrumento conhecido e desprovido." (TST-AIRR– 2604-69.2012.5.02.0021, Rel. Min. Alexandre de Souza Agra Belmonte, 3ª Turma, DEJT 19.12.2014)

"RECURSO DE REVISTA – ENTIDADE SINDICAL GENÉRICA – DESMEMBRAMENTO – CRIAÇÃO DE ENTIDADE SINDICAL ESPECÍFICA – POSSIBILIDADE – PRINCÍPIO DA UNICIDADE – VIOLAÇÃO – AUSÊNCIA. É garantia individual assegurada constitucionalmente o direito à liberdade de pensamento, à reunião pacífica, à liberdade associativa e à criação de associações de qualquer natureza, em conformidade com o disposto no art. 5º, IV, XVI, XVII, XVIII e XX, da Constituição da República. Além disso, o próprio art. 8º, *caput*, da Carta Magna, assegura a livre associação profissional e sindical. Partindo desse ponto, o princípio da unicidade sindical, estabelecido no art. 8º, II, da Carta Magna, não é absoluto e não resguarda, incondicionalmente, a intangibilidade do sindicato mais antigo, sendo permitida a criação de novos sindicados por desmembramento da base territorial ou da categoria mais específica, nos termos dos arts. 570 e 571 da CLT. Dessa forma, é absolutamente legítima a criação de novo ente sindical representativo da categoria profissional mais específica em sua base territorial. Recurso de revista conhecido e provido." (TST-RR-204800-95.2009.5.08.0205, Rel. Min. Luiz Philippe Vieira de Mello Filho, 4ª Turma, 09/11/2012).

"RECURSO DE REVISTA. 1. ENQUADRAMENTO SINDICAL. NORMAS COLETIVAS APLICÁVEIS. DESMEMBRAMENTO DE SINDICATO. CATEGORIA ESPECÍFICA. Nos termos do art. 570, § 1º, da CLT, é possível a dissociação de categoria eventualmente associada a outras similares em um único sindicato por algum motivo justificante, mas que mantenham sua identidade específica pela criação de um sindicato que cuide apenas de seus interesses, como ocorreu nos presentes autos. Recurso de revista de que se conhece e a que se dá provimento." (TST-RR-157700-51.2007.5.02.0054, Rel. Min. Guilherme Augusto Caputo Bastos, 5ª Turma, DEJT 14.06.2013)

"RECURSO DE REVISTA. ENQUADRAMENTO SINDICAL. CONTRIBUIÇÃO SINDICAL. Verifica-se que a representatividade do sindicato autor (SINTHORESP) inclui a categoria profissional dos empregados de hospedaria em geral e de restaurantes, churrascarias, cantinas, pizzarias, bares, lanchonetes, sorveterias, confeitarias, docerias, *buffets*, *fast foods* e assemelhados. Abrange, portanto, diversos tipos de atividades, de forma que o desmembramento da categoria relativa aos empregados que exercem atividades no ramo de empresas de *fast food* é plenamente possível, não ensejando violação do princípio da unicidade sindical. Assim, não constatado no caso concreto nenhum choque de representatividade, não há como falar que a decisão da Corte Regional afrontou o art. 8º, II, da Constituição Federal. Recurso de revista não conhecido." (TST-RR-2480-94.2011.5.02.0062, Red. Min. Aloysio Corrêa da Veiga, 6ª Turma, DEJT 05.09.2014)

"DESMEMBRAMENTO SINDICAL EM BASE TERRITORIAL MENOR. REGISTRO ENTIDADE SINDICAL. A Constituição Federal de 1988 adotou o modelo que observa a autonomia estrutural relativa, em que a sindicalização se dá por categorias ou por profissões, mas respeitado o princípio da unicidade sindical que, conforme consta no seu art. 8º, II, proíbe a criação de mais de um sindicato na mesma base territorial, a qual não poderá ser inferior à área de um município. O acórdão do Tribunal Regional registra que foram preenchidos os requisitos exigidos para o desmembramento sindical, conforme documentação carreada aos autos. Ilesos os arts. 8º, II, e 84, VI, parágrafo único, da Constituição Federal e 571 da CLT. Agravo a que se nega provimento." (Ag-AIRR-1133700-73.2008.5. 09.0010, Rel. Min. Cláudio Mascarenhas Brandão, 7ª Turma, DEJT 21.02.2014)

"RECURSO DE REVISTA. AÇÃO DECLARATÓRIA DE DEFINIÇÃO DE BASE TERRITORIAL. PREEXISTÊNCIA DE SINDICATO GENÉRICO REPRESENTANDO A CATEGORIA DOS SERVIDORES PÚBLICOS MUNICIPAIS. CRIAÇÃO DE SINDICATO ESPECÍFICO DOS PROFESSORES MUNICIPAIS. DESMEMBRAMENTO VÁLIDO. OBSERVÂNCIA DO PRINCÍPIO DA UNICIDADE SINDICAL. A preexistência de sindicato que representa a categoria geral dos servidores públicos de determinado município não impede a criação de sindicato específico dos professores públicos do mesmo município pois nosso ordenamento jurídico contempla a possibilidade de criação de sindicatos de categoria profissional diferenciada por desmembramento de categoria, inclusive. Não se identifica violação do princípio constitucional da unicidade sindical (CF, art. 8º, II), pois os professores integram categoria profissional diferenciada (CLT, art. 511, § 3º). Recurso de Revista a que se nega provimento." (TST-RR-373/2007-102– 06-00.3, Rel. Min. Márcio Eurico, 8ª Turma, DEJT 24.04.2009).

Convém anotar que o acórdão recorrido não registra a ocorrência de irregularidades no preenchimento dos requisitos exigidos para o desmembramento e dissociação sindical, elemento fático insuscetível de reexame por esta Corte Superior, nos termos da Súmula n. 126 do TST.

Reafirma-se, portanto, que resulta incólume o art. 8º, II, da Constituição Federal, uma vez que a Comissão-ré não está pretendendo criar outra organização sindical na <u>mesma base territorial</u> em que atua o Sindicato-autor, ora recorrente, mas, em verdade, pretende justamente desdobrar a representação, de forma que não haverá coexistência da atuação nas mesmas localidades, em conformidade com o comando do art. 571 da CLT.

Registre-se que o inciso IV do art. 8º da Constituição Federal versa sobre a competência da assembleia geral dos trabalhadores para fixar a contribuição para custeio do sindicato, matéria alheia à presente controvérsia, o que impede aferir a ofensa direta e literal, nos termos do ar. 896, *c*, da CLT.

Quanto ao art. 577 da CLT, não logra a necessária pertinência temática, uma vez não estar em debate o tema relativo a enquadramento sindical.

Por fim, o recurso não prospera pela hipótese da alínea *a* do art. 896 da CLT. O primeiro julgado, oriundo do TRT da 2ª Região (fl. 915), ao versar apenas sobre entidades sindicais "na mesma base territorial", sem conter posicionamento expresso sobre desmembramento e dissociação, revela-se inespecífico, nos termos da Súmula n. 296, I, do TST. Da mesma forma, carece de especificidade o segundo aresto (fls. 915-917), originário do mesmo da 2ª TRT, pois trata da controvérsia pelo prisma da necessidade do apoio de "*contingente expressivo*" dos interessados, aspecto não examinado no acórdão recorrido. Os demais julgados, à fl. 917, foram proferidos pela SDC deste Tribunal Superior, hipótese não prevista no art. 896, *a* da CLT.

NÃO CONHEÇO do recurso de revista, no tema.

HONORÁRIOS ADVOCATÍCIOS

O Tribunal Regional deslindou a controvérsia mediante a seguinte fundamentação, *in litteris*:

"HONORÁRIOS ADVOCATÍCIOS

O Juízo de Origem condenou o Sindicato-autor ao pagamento de honorários advocatícios ao procurador da ré à razão de 10% sobre o valor dado à causa, por se tratar de ação de declaração de representatividade sindical, distinta da que envolve discussão sobre relação de emprego.

Inconformado, insiste o recorrente na reforma do "*decisum*" para que seja excluído da condenação o pagamento de honorários advocatícios, por entender que a ré teria sido '*sucumbente em um dos aspectos da ação*', a ela cabendo o pagamento de honorários advocatícios. Sucessivamente, requer seja levada em conta a sucumbência recíproca, para que os valores a título de honorários advocatícios sejam rateados entre as partes.

Sem razão.

Como visto, todos os pedidos do recorrente foram julgados improcedentes, de modo que são devidos os honorários advocatícios em favor da recorrida, nos termos do parágrafo 4º do art. 20 do CPC.

Não há que se falar em sucumbência recíproca, pois o autor foi sucumbente na integralidade da pretensão. O fato de se ter concedido a antecipação dos efeitos da tutela não configura sucumbência recíproca, visto que, ao final, os pedidos foram julgados improcedentes.

Ainda que se considerasse ter ocorrido sucumbência por parte da recorrida, esta seria mínima, não caracterizando sucumbência recíproca. Nesse sentido já decidiu o E. STJ: '*O Superior Tribunal de Justiça entende que o litigante que sucumbiu na parte mínima do pedido não deve suportar com as despesas e honorários processuais. Sendo a parte vencedora na parte mais importante de sua pretensão, é inaplicável o art. 21 do CPC, e sim o seu parágrafo único*' (AgRg no REsp 967972/ES, 2ª Turma, Rel. Min. Castro Meira, j. em 18.09.2008).

Assim, restando correta a fixação de honorários advocatícios no presente caso, impositiva a manutenção do julgado.

Mantenho."

No recurso de revista, às fls. 919-921, o sindicato autor pede a exclusão da condenação ao pagamento dos honorários advocatícios. Aponta contrariedade à Orientação Jurisprudencial n. 305 da SBDI-1 e às Súmulas ns. 219 e 329, todas do TST.

Analiso.

De plano, verifica-se que a exigência do preenchimento dos requisitos previstos na Lei n. 5.584/1970 não foi objeto de pronunciamento expresso pela Corte Regional de origem, que se limitou a apreciar a matéria pelo prisma da sucumbência, nos termos do art. 20, § 4º do CPC.

Nesse passo, e não tendo sido interposto embargos de declaração, incidente o óbice da Súmula n. 297, I e II, do TST, em razão da ausência do necessário prequestionamento da matéria, a inviabilizar o reconhecimento de conflito pretoriano.

Ante o exposto, NÃO CONHEÇO do recurso de revista.

---

# SERVIDOR PÚBLICO. ADMISSÃO. CLT

*RECURSO DE REVISTA. SERVIDOR PÚBLICO DO DISTRITO FEDERAL ADMITIDO SOB O REGIME DA CONSOLIDAÇÃO DAS LEIS DO TRABALHO – CLT. PRETENSÕES DEDUZIDAS COM APOIO NA LEGISLAÇÃO DISTRITAL. COMPETÊNCIA DA JUSTIÇA DO TRABALHO.*

*Nos termos do art. 114, I, da Constituição da República, compete à Justiça do Trabalho processar e julgar as ações oriundas das relações de trabalho (sentido amplo), abrangidos os entes de direito público externo e da administração pública direta e indireta da União, dos Estados, do Distrito Federal e dos Municípios. Na hipótese vertente, resultando inconteste a existência de vínculo jurídico trabalhista entre as partes, inequívoca a competência da Justiça do Trabalho para julgar a reclamação trabalhista, sendo irrelevante à definição da competência jurisdicional se os títulos postulados têm origem em legislação distrital. Precedentes do STJ em conflito de competência.*

*Recurso de revista conhecido e provido.*

(Processo n. TST-RR-1277-73.2012.5.10.0019 – Ac. 1ª Turma – DeJT: 30.04.2014)

Relativamente à preliminar de nulidade do acórdão regional por negativa de prestação jurisdicional, além de não reconhecer a existência de vício de procedimento a macular a decisão, aplico o disposto no art. 249, § 2º, do Código de Processo Civil, haja vista a possibilidade de o mérito ser julgado a favor da recorrente.

No tocante à competência da Justiça do Trabalho, procedem as alegações da recorrente.

Em primeiro plano, causa perplexidade, *permissa venia*, constatar que o ilustre Desembargador Relator do TRT da 10ª Região, no exame do recurso interposto pela reclamante, haja declarado, "de ofício" (sic), a incompetência material, quando a sentença já rejeitara a preliminar suscitada pelo reclamado, declarando a competência da Justiça do Trabalho para julgar a presente reclamação trabalhista, invocando, inclusive, precedentes do Superior Tribunal de Justiça – STJ, em hipóteses análogas.

Como se sabe, o art. 267, § 3º, do CPC, dispõe que o juiz *conhecerá de ofício*, em qualquer tempo e grau de jurisdição, *enquanto não proferida a sentença de mérito*, das questões prévias, de ordem pública, em relação às quais não ocorre preclusão *pro judicato*.

Em outras palavras, o magistrado poderá *conhecer de ofício* de questão prévia, sendo vedado *rever de ofício matéria já preclusa pela existência de sentença de mérito*.

No exame dessa temática, procuro distinguir a expressão "conhecer" de questões prévias, de ordem pública, da expressão "reexame" de ofício dessas mesmas questões pelo Tribunal Regional, quando já superada (incompetência absoluta) na sentença, sem recurso. Além de Barbosa Moreira, é idêntica a doutrina de Fred Didier Jr. (Pressupostos Processuais e Condições da Ação – o juízo de admissibilidade do processo), o qual, com apoio em B. Moreira, Calmon de Passos, Chiovenda, Liebman, Frederico Marques, ensina:

"Parece haver uma confusão entre a possibilidade de conhecimento *ex officio* de tais questões, fato indiscutível, com a possibilidade de decidir de novo questões já decididas, mesmo as que poderiam ter sido conhecidas de ofício. São coisas diversas: a cognoscibilidade *ex officio* de tais questões significa, tão-somente, que elas podem ser examinadas pelo Judiciário sem a provocação das partes, o que torna irrelevante o momento em que são apreciadas. Não há preclusão para o exame das questões, enquanto pendente o processo, mas há preclusão para o reexame", salvo fato superveniente." (obra citada, p. 84-89, Editora Saraiva, 2005).

Nesse sentido:

"RECURSO DE REVISTA. LEGITIMIDADE ATIVA – *AD CAUSAM*– DA ASSOCIAÇÃO AUTORA DA AÇÃO CIVIL PÚBLICA RECONHECIDA NA SENTENÇA. INEXISTÊNCIA DE RECURSO DO RÉU. PRECLUSÃO JUDICIAL. COISA JULGADA. O efeito devolutivo do recurso ordinário, previsto no art. 515 do CPC, não permite ao Tribunal Regional reexaminar, de ofício, questão prévia pertinente à admissibilidade do processo, ainda que de ordem pública. Se a sentença rejeita questão preliminar, sem recurso do vencido, não é permitido ao Tribunal rever questão anteriormente decidida, mesmo as processuais, e em relação à qual se operou a preclusão. O que o art. 267, § 3º, do CPC, permite ao Tribunal – *a quo* – é conhecer, mesmo sem provocação das partes, das questões relativas à admissibilidade do processo, respeitada, porém, a preclusão. Nesse contexto, é defeso ao Tribunal Regional, em autêntico *reformatio in pejus*, rever a sentença que já reconhecera, em definitivo, a legitimação ativa para a causa, de forma a violar o art. 5º, XXXVI, da Constituição Federal. Recurso de revista parcialmente conhecido e provido." Processo: RR – 250640-70.2003.5.02.0023, Data de Julgamento: 16.05.2012, Relator Ministro: Walmir Oliveira da Costa, 1ª Turma, Data de Publicação: DEJT 18.05.2012.

"RECURSO DE REVISTA. EFEITO DEVOLUTIVO DO RECURSO ORDINÁRIO. PRESCRIÇÃO TOTAL. "*REFORMATIO IN PEJUS*". Trata-se de hipótese em que a sentença rejeitou a prejudicial de prescrição total arguida na defesa e pronunciou a prescrição parcial, mas julgou improcedente o pedido de diferenças pela supressão da gratificação de função. Interposto recurso ordinário pela reclamante, a Corte Regional, invocando o art. 515, § 2º, do CPC, pronunciou a prescrição total da pretensão. Ocorre, todavia, não ser permitido que o Tribunal Regional, no julgamento do recurso ordinário, reveja questão que já fora anteriormente decidida, mesmo as processuais, e em relação à qual se operou a preclusão. O que se permite ao Tribunal é conhecer, mesmo sem a provocação das partes, das questões relativas à admissibilidade do processo, respeitada, porém, a preclusão. Configurou-se, na espécie, "*reformatio in pejus*" alegado pela recorrente, ante a extensão indevida que a Corte de origem emprestou ao efeito devolutivo do recurso ordinário, violando o art. 515, *caput*, do CPC. Recurso de revista conhecido e provido." Processo: RR – 19640-55.2006.5.03.0006, Data de Julgamento: 09.06.2010, Relator Ministro: Walmir Oliveira da Costa, 1ª Turma, Data de Publicação: DEJT 18.06.2010.

De igual modo, também não andou bem a Corte Regional ao declarar a incompetência da Justiça do Trabalho para julgar a causa – *na qual não resta qualquer sombra de dúvida quanto à existência de liame trabalhista entre as partes processuais* – o que poderia ensejar, em tese, conflito negativo de competência entre a Justiça do Distrito Federal e a Justiça do Trabalho.

Nos termos do art. 114, I, da Constituição da República, compete à Justiça do Trabalho processar e julgar as ações oriundas das relações de trabalho (sentido amplo), abrangidos os entes de direito público externo e da administração pública direta e indireta da União, dos Estados, do Distrito Federal e dos Municípios.

Na hipótese vertente, resultando inconteste a existência de vínculo jurídico trabalhista entre as partes, inequívoca a competência da Justiça do Trabalho para julgar a reclamação trabalhista, sendo irrelevante à definição da competência jurisdicional se os títulos postulados têm origem em legislação distrital.

Em igual sentido tem se posicionado o c. Superior Tribunal de Justiça – STJ no julgamento de conflitos de competência, valendo destacar os seguintes precedentes:

"PROCESSUAL CIVIL. AGRAVO REGIMENTAL NO CONFLITO NEGATIVO DE COMPETÊNCIA. AGENTE COMUNITÁRIO DE SAÚDE. CONTRATO DE TRABALHO PREVENDO REGIME JURÍDICO DA CONSOLIDAÇÃO DAS LEIS DO TRABALHO. COMPETÊNCIA DA JUSTIÇA LABORAL. 1. Analisa-se no presente feito qual o Juízo competente para julgar demanda em que a reclamante, contratada como agente comunitário de saúde, objetiva o recebimento de verbas trabalhistas. 2. Considerando a juntada aos autos de contrato de trabalho onde se estabelece que a relação jurídico-trabalhista seria regido pela CLT, afasta-se a competência do Juízo Comum, atraindo a competência do Juízo Laboral para o julgamento da lide. Incide, na espécie, o art. 8º da Lei

n. 11.350/2006: "Os Agentes Comunitários de Saúde e os Agentes de Combate às Endemias admitidos pelos gestores locais do SUS e pela Fundação Nacional de Saúde – FUNASA, na forma do disposto no § 4º do art. 198 da Constituição, submetem-se ao regime jurídico estabelecido pela Consolidação das Leis do Trabalho – CLT". 3. Agravo regimental não provido." AgRg no CC 127849/RS – AGRAVO REGIMENTAL NO CONFLITO DE COMPETÊNCIA 2013/0115211-3 – Relator Ministro BENEDITO GONÇALVES – PRIMEIRA SEÇÃO – DJe 21.06.2013.

"CONFLITO DE COMPETÊNCIA. AGENTE COMUNITÁRIO DE SAÚDE. RECLAMAÇÃO TRABALHISTA. REGIME CELETISTA. LEI N. 11.350/06. COMPETÊNCIA DA JUSTIÇA DO TRABALHO. 1. O Supremo Tribunal Federal, no julgamento da ADI n. 3.395-6/DF, suspendeu toda e qualquer interpretação dada ao inciso I, do art. 114 da CF, na redação dada pela EC 45/2004, que inclua na competência da Justiça do Trabalho a "apreciação de causas que sejam instauradas entre o Poder Público e seus servidores, a ele vinculados por típica relação de ordem estatutária ou de caráter jurídico-administrativo", vale dizer, apenas as causas que envolvam relação estatutária entre a Administração Pública e os seus servidores permanecem na competência da Justiça Comum. 2. *In casu*, a autora, após participar de processo seletivo, foi contratada pelo ente municipal sob o regime celetista, para atender as necessidades do Programa de Saúde da Família (art. 8º da Lei Federal n. 11.350/06). 3. Conforme entende esta Egrégia Terceira Seção, "a despeito da natureza administrativa do contrato temporário, se o vínculo formado é índole eminentemente trabalhista, devem ser observadas as disposições da Consolidação das Leis do Trabalho, excluindo-se, portanto, a competência da Justiça Comum." (CC 94.627/RS, Rel. Ministra LAURITA VAZ, TERCEIRA SEÇÃO, julgado em 14.05.2008, DJe 03.06.2008). 4. Prevalece, portanto, a competência da justiça laboral para decidir sobre reclamações oriundas da relação de trabalho, fixada pela Constituição Federal, no seu art. 114, I, com redação conferida pela EC n. 45/04. 5. Precedentes: CC 94.627/RS, Rel. Ministra LAURITA VAZ, TERCEIRA SEÇÃO, julgado em 14.05.2008, DJe 03.06.2008; AgRg no CC 116.065/PE, Rel. Ministro CASTRO MEIRA, PRIMEIRA SEÇÃO, julgado em 08.02.2012, DJe 17.02.2012; AgRg no CC 109.271/SP, Rel. Ministro LUIZ FUX, PRIMEIRA SEÇÃO, julgado em 23.06.2010, DJe 1º.07.2010. 6. Agravo regimental desprovido para manter a competência do Juízo da 1ª Vara do Trabalho de Catanduva/SP." AgRg no CC 110034/SP – AGRAVO REGIMENTAL NO CONFLITO DE COMPETÊNCIA 2010/0008450-0 – Relatora Ministra ALDERITA RAMOS DE OLIVEIRA (DESEMBARGADORA CONVOCADA DO TJ/PE) – TERCEIRA SEÇÃO – DJe 18.09.2012.

Como se observa, o Tribunal Regional do Trabalho de origem dissentiu dessa orientação, violando, consequentemente, o art. 114, I, da Constituição Federal, por ser inequívoca a competência da Justiça do Trabalho para julgar reclamação trabalhista proposta por agente comunitário de saúde vinculado ao empregador por meio de contrato de trabalho regido pela Consolidação das Leis do Trabalho.

CONHEÇO, pois, do recurso de revista, na forma da alínea *c* do art. 896 da CLT.

MÉRITO

SERVIDOR PÚBLICO DO DISTRITO FEDERAL ADMITIDO SOB REGIME DA CONSOLIDAÇÃO DAS LEIS DO TRABALHO – CLT. PRETENSÕES DEDUZIDAS COM APOIO NA LEGISLAÇÃO DISTRITAL. COMPETÊNCIA DA JUSTIÇA DO TRABALHO

No mérito, conhecido o recurso de revista por violação do art. 114, I, da Constituição Federal, DOU-LHE PROVIMENTO para, reformando o acórdão recorrido, declarar a competência da Justiça do Trabalho para julgar a reclamação trabalhista, determinando o retorno dos autos ao Tribunal Regional do Trabalho de origem para que prossiga no exame do recurso ordinário interposto pela reclamante, conforme entender de direito.

---

# SINDICATO. COMPETÊNCIA EM RAZÃO DO LUGAR

*RECURSO DE REVISTA. SINDICATO. SUBSTITUIÇÃO PROCESSUAL. AÇÃO TRABALHISTA AJUIZADA EM LOCAL DIVERSO AO DA PRESTAÇÃO DE SERVIÇOS DOS SUBSTITUÍDOS. COMPETÊNCIA EM RAZÃO DO LUGAR.*

*1. Na hipótese vertente, a ação foi ajuizada pelo sindicato para a defesa de direitos individuais e homogêneos dos substituídos, pois as parcelas vindicadas, verbas rescisórias e horas extras, decorrem de origem comum, qual seja o labor, como vigilantes, em jornada de trabalho superior a seis horas, bem como a dispensa sem justa causa e respectivo pagamento de verbas rescisórias.*

*2. A CLT não rege o processo coletivo, razão pela qual, nos termos do art. 8º, parágrafo único, do diploma consolidado, deve-se utilizar o direito comum como fonte subsidiária.*

*3. No ordenamento jurídico vigente, o exame da demanda coletiva tem como parâmetro os seguintes diplomas que regem a tutela dos direitos transindividuais: Código de Defesa do Consumidor (Lei n. 8.078/1990), Lei n. 7.347/1985 (Ação civil pública) e Lei n. 4.717/1965 (Ação popular).*

*4. Quanto ao foro competente, o CDC prevê critérios de definição segundo a extensão do prejuízo, no sentido de que será competente o foro do lugar onde ocorreu – ou possa ocorrer – o dano, se este for apenas de âmbito local (art. 93, I). Por outro lado, na hipótese de o prejuízo tomar dimensões maiores – dano regional ou nacional –, serão competentes, respectivamente, os foros da capital do Estado ou do Distrito Federal (art. 93, II).*

*5. Desse modo, considerando que a atuação do sindicato-reclamante é de abrangência estadual, deve ser fixado como foro com-*

*petente para processar e julgar a presente ação trabalhista a Vara do Trabalho de Salvador – BA, local da sede do ente sindical.*

6. *Nos termos da jurisprudência desta Corte Superior (RR-176440-90.2002.5.03.0026, DJ 05.02.2010), bem como do STF (RE– 210.089/RS), na ação coletiva, a sentença será, necessariamente, genérica, fazendo juízo de certeza sobre a relação jurídica controvertida, e a individualização do direito far-se-á por meio de ação individual (de cumprimento) pelo titular do direito subjetivo violado na demanda cognitiva.*

*Recurso de revista conhecido e provido.*

*(Processo n. TST-RR-117600-30.2007.5.05.0035 – Ac. 1ª Turma – DeJT: 12.06.2015)*

VOTO

CONHECIMENTO

O recurso de revista é tempestivo (fls. 665 e 669), está subscrito por advogado habilitado (fl. 19) e sendo dispensado o preparo (fl. 541), passa-se ao exame dos requisitos específicos de cabimento do recurso de revista.

SINDICATO. SUBSTITUIÇÃO PROCESSUAL. AÇÃO TRABALHISTA AJUIZADA EM LOCAL DIVERSO AO DA PRESTAÇÃO DE SERVIÇOS DOS SUBSTITUÍDOS. COMPETÊNCIA EM RAZÃO DO LUGAR

A Corte Regional negou provimento ao recurso ordinário interposto pelo sindicato-reclamante, mediante os fundamentos adiante reproduzidos, fls. 601-603, *verbis*:

"Primeiro, afaste-se a última das alegações recursais, haja vista que restou incontroverso nos autos que todos os cinco substituídos não laboraram em Salvador, sendo certo que as cidades em que prestaram serviços foram Itajuípe, Gandu, Barreiras, Campo Formoso e Jacobina (fls. 84/88).

A substituição processual, expressão cunhada por Chiovenda, é o fenômeno pelo qual há uma legitimação de terceiro para defender em seu próprio nome direito alheio, o que se configura extraordinariamente, porque segundo o art. 6º do digesto processual civil "ninguém poderá pleitear, em nome próprio, direito alheio, salvo quando autorizado por lei". Assim, pode o sindicato, mormente após a promulgação da novel Carta Magna (art. 8º, III), ter ampla margem de substituição dos seus liderados – embora cizânia doutrinária e jurisprudencial hodierna ainda discuta se de forma ampla, geral e irrestrita ou se de modo acanhado, somente em algumas questões.

A pretensão discutida em juízo, porém, nunca lhe pertence, quando nessa condição de substituto processual. Tanto assim que não pode o sindicato praticar atos de disposição do direito material sem expressa anuência dos substituídos. Por isto mesmo, embora atuando em nome próprio – defendendo direito de outrem –, o sindicato não possui, por assim dizer, "vida independente", a ponto de ser considerado tal qual uma parte que postulasse realmente os seus próprios direitos. É legitimação *extraordinária*, repita-se.

Tal introito é para buscar dizer que o sindicato, atuando como substituto processual, deve ser sempre olhado como o anteparo sob o qual os substituídos, estes sim, devem ser reconhecidos como os efetivos *titulares* da pretensão posta em juízo, devendo assim ser formal e materialmente considerados. Portanto, não há que se alegar a observância do local onde está sediado o sindicato como fixador da competência do Juízo.

Por seu turno, o art. 651, CLT, é matéria processual, portanto, norma cogente, que não deve ser relativizada ao bel-prazer das partes. Ali está descrita a regra geral segundo a qual a competência das Varas do Trabalho é determinada pela localidade onde o empregado, reclamante ou reclamado, prestar serviços ao empregador. Ora, "*in casu*", nenhum dos substituídos laborou na capital baiana, nem estão inseridos nas exceções previstas nas normas consolidadas, logo ali a seguir. Portanto, oposta a exceção de incompetência "*ratione loci*", cujo interesse jurídico de opor detém todos os legitimados passivos e não só os arrolados como devedores principais, não poderia ser outra a decisão do d. Juízo "*a quo*" senão acolhê-la ou, na hipótese de impossibilidade de desmembramento, extinguir o processo sem julgamento do mérito para que os autores intentem a ação nos locais onde prestaram serviços.

A regra prevista no art. 651, CLT, foi construída para que, por um lado, se facilitasse o acesso do empregado – não do sindicato – ao Judiciário e, por outro lado, para que as provas pudessem ser produzidas no local em que os fatos relativos ao liame empregatício aconteceram. Pois este é mais um motivo pelo qual não carece a sentença de nenhum retoque: não há só vindicação de parcelas rescisórias, como alega o recorrente, mas também de parcela que versa sobre matéria fática, como hora extra, cuja instrução restaria prejudicada por terem laborado os substituídos em locais completamente diversos uns dos outros.

Poder-se-ia, como gizado, acolher o recurso para determinar-se o desmembramento do processo, o que seria a decisão mais acertada na primeira instância, "*data venia*". É que, por analogia, aplicar-se-ia o disposto no art. 46, parágrafo único, do digesto processual civil, segundo o qual "o juiz poderá limitar o litisconsórcio facultativo quanto ao número de litigantes, quando este comprometer a rápida solução do litígio ou dificultar a defesa". É certo que não há litisconsórcio facultativo na presente ação, mas rol de substituídos processualmente, portanto parte singular no polo ativo. Mas, por analogia, repita-se, ordenar-se-ia o desmembramento do processo em tantos quantos fossem os juízos competentes, para que, em cada um deles, o sindicato pudesse, então, processar o seu feito.

Todavia, em face do princípio do *tantum apellatum quantum devolutum*, tal não é possível, haja vista que o recorrente isto não requereu em seu apelo."

Inconformado, o sindicato-reclamante interpõe recurso de revista, sustentando que "sendo o caso de substituição processual seria competente o foro onde está sediada a entidade sindical (Salvador, Bahia), pouco importando o lugar da prestação de serviços de cada um dos empregados substituídos, uma vez que o sindicato tem abrangência estadual e base territorial em todo o Estado da Bahia" (fl. 673). Alega que a regra do art. 651 da CLT não se aplica à hipótese de substituição processual, devendo ser compatibilizada com a Constituição Federal, "assegurando a defesa dos interesses dos substituídos dentro da base territorial do sindicato" (fl. 675). Aponta ofensa aos arts. 651 da CLT e 8º, III, da Constituição da República, bem como colaciona arestos.

O recurso alcança conhecimento.

O aresto acostado à fl. 677, proveniente do Tribunal Regional do Trabalho da 12ª Região, apresenta tese oposta à adotada pela decisão recorrida.

Consta da ementa do referido aresto:

"SUBSTITUIÇÃO PROCESSUAL. COMPETÊNCIA 'RATIONE LOCI'. Quando o sindicato-autor da ação, na condição de substituto processual da categoria, possui base territorial de abrangência estadual, a competência em razão do lugar será do Juízo em cuja jurisdição estiver localizada a sede da entidade sindical, inclusive quanto aos empregados substituídos que prestam serviços em outras localidades."

Logo, CONHEÇO do recurso de revista, por divergência jurisprudencial, na forma prevista no art. 896, *a*, da CLT.

MÉRITO

Trata-se de ação trabalhista ajuizada, em Salvador – BA, pelo Sindicato de Vigilantes Empregados de Empresas de Segurança e Vigilância do Estado da Bahia – Sindivigilantes, na qualidade de substituto processual, postulando verbas rescisórias e horas extras.

O Tribunal Regional da 5ª Região, sob o fundamento de que os cinco substituídos da ação não prestaram serviços em Salvador-BA, mas nos municípios baianos de Itajuípe, Gandu, Barreiras, Campo Formoso e Jacobina, manteve a sentença que acolheu a exceção de incompetência em razão do lugar arguida pelo tomador de serviços, Banco Bradesco, responsável subsidiário, e extinguiu o processo sem julgamento do mérito. Asseverou que, nos termos do art. 651 da CLT, a competência das Varas do Trabalho é determinada pela localidade onde o empregado presta serviços ao empregador.

Com efeito, em determinadas circunstâncias, pessoas ou entes, desde que autorizados por lei, podem figurar no processo em nome próprio, porém defendendo direito alheio, é a denominada "legitimação extraordinária", prevista no art. 6º do CPC, *verbis*:

"Art. 6º Ninguém poderá pleitear, em nome próprio, direito alheio, salvo quando autorizado por lei."

O Plenário do Supremo Tribunal Federal, no julgamento do RE n. 193503/SP – SÃO PAULO, firmou jurisprudência no sentido de que o art. 8º, III, da Constituição Federal, estabelece a legitimidade extraordinária dos sindicatos para defender em juízo os direitos e interesses coletivos ou individuais dos integrantes da categoria que representam. Essa legitimidade extraordinária é ampla, abrangendo a liquidação e a execução dos créditos reconhecidos aos trabalhadores.

A legitimidade extraordinária conferida aos sindicatos (art. 8º da Constituição Federal) visa, dentre outros objetivos, a economia processual e molecularização de ações em que o interesse é de natureza supraindividual.

Cinge-se a presente controvérsia, em definir qual o foro competente para processar ação trabalhista ajuizada por sindicato da categoria, na qualidade de substituto processual, quando a sede do ente sindical localiza-se em lugar diverso ao da prestação de serviços dos substituídos.

Na hipótese vertente, a ação foi ajuizada pelo sindicato para a defesa de direitos individuais e homogêneos dos substituídos, pois os direitos vindicados, verbas rescisórias e horas extras, decorrem de origem comum, qual seja, o labor dos substituídos como vigilantes em jornada de trabalho superior a seis horas, bem como a dispensa sem justa causa e respectivo pagamento de verbas rescisórias.

A CLT não rege o processo coletivo, razão pela qual, nos termos do art. 8º, parágrafo único, do diploma consolidado, deve-se utilizar o direito comum como fonte subsidiária da lei trabalhista.

No ordenamento jurídico vigente, o exame de demanda coletiva deve ter como parâmetro três diplomas que regem a tutela dos direitos transindividuais, quais sejam o Código de Defesa do Consumidor (Lei n. 8.078/1990), a Lei n. 7.347/1985 (Ação civil pública) e a Lei n. 4.717/1965 (Ação popular).

Quanto aos legitimados para o ajuizamento da ação coletiva, os arts. 5º da Lei n. 7.347/1985 e 82, IV, do CDC, dispõem, respectivamente, o seguinte:

"Art. 5º Têm legitimidade para propor a ação principal e a ação cautelar:

(...)

V – a associação que, concomitantemente:

a) esteja constituída há pelo menos 1 (um) ano nos termos da lei civil;

Art. 82. Para os fins do art. 81, parágrafo único, são legitimados concorrentemente:

(...)

IV – as associações legalmente constituídas há pelo menos um ano e que incluam entre seus fins institucionais a defesa dos interesses e direitos protegidos por este código, dispensada a autorização assemblear."

Logo, a legitimidade sindical prevista no art. 8º, III, da Constituição da República, alcança os direitos coletivos em sentido amplo (direitos difusos, direitos coletivos "*stricto sensu*" e individuais homogêneos) e os direitos individuais subjetivos dos trabalhadores integrantes da categoria.

O sindicato, figurando na ação coletiva como substituto processual, age em nome próprio, sendo parte no processo, de modo que, nessa hipótese, o titular do direito de ação é o próprio sindicato, permanecendo com os substituídos a titularidade apenas do direito material.

Registre-se que a discussão sobre direitos que variem de acordo com situações específicas individualmente consideradas, de origem comum, não é suficiente para, por si só, alterar a natureza jurídica da demanda, uma vez que a homogeneidade do direito decorre da titularidade em potencial da pretensão, e não de sua quantificação.

Assim, na hipótese, resulta evidenciada a homogeneidade necessária para a legítima substituição processual, nos termos dos arts. 83 do CDC e 8º, III, da Constituição da República.

Quanto ao foro competente, o CDC prevê critérios de definição segundo a extensão do prejuízo, no sentido de que, será competente o foro do lugar onde ocorreu – ou possa ocorrer – o dano, se este for apenas de âmbito local (art. 93, I). Por outro lado, na hipótese de o prejuízo tomar dimensões maiores – dano regional ou nacional –, serão competentes, respectivamente, os foros da capital do Estado ou do Distrito Federal (art. 93, II).

"Art. 93. Ressalvada a competência da Justiça Federal, é competente para a causa a justiça local:

(...)

II – no foro da Capital do Estado ou no do Distrito Federal, para os danos de âmbito nacional ou regional, aplicando-se as regras do Código de Processo Civil aos casos de competência concorrente."

Por outro lado, o Código Civil, no art. 75, IV, preconiza:

"Art. 75. Quanto às pessoas jurídicas, o domicílio é:

(...)

IV – das demais pessoas jurídicas, o lugar onde funcionarem as respectivas diretorias e administrações, ou onde elegerem domicílio especial no seu estatuto ou atos constitutivos."

Desse modo, pela leitura dos citados dispositivos e considerando a abrangência estadual do sindicato-reclamante, deve ser fixado como foro competente para processar e julgar a presente ação trabalhista à Vara do Trabalho de Salvador – BA, local da sede do ente sindical.

Assinale-se que, nos termos da jurisprudência desta Corte Superior (RR-176440-90.2002.5.03.0026, DJ 05.02.2010), bem como do STF (RE-210.089/RS), na ação coletiva, a sentença será, necessariamente, genérica, fazendo juízo de certeza sobre a relação jurídica controvertida, e a individualização do direito far-se-á por meio de ação individual (de cumprimento) pelo titular do direito subjetivo violado na demanda cognitiva.

Nesse sentido, os seguintes precedentes desta Corte:

"AGRAVO DE INSTRUMENTO. RECURSO DE REVISTA. EXECUÇÃO PROMOVIDA PELO TITULAR DO DIREITO MATERIAL RECONHECIDO POR SENTENÇA EM AÇÃO COLETIVA PROPOSTA PELO SINDICATO COMO SUBSTITUTO PROCESSUAL.

1. A admissibilidade do recurso de revista contra acórdão proferido em execução de sentença depende de demonstração inequívoca de violação literal e direta à Constituição Federal (art. 896, § 2º, da CLT e Súmula n. 266 do TST).

2. No caso vertente, o Tribunal Regional, com base no disposto nos arts. 98 da Lei n. 8.078/1990, 96 a 99 e 103 da Lei n. 7.347/1985, determinou o prosseguimento da execução individual do título constituído por sentença proferida em ação coletiva.

3. Nos termos da jurisprudência desta Corte Superior e do STF (RE – 210.089/RS), na ação coletiva, a sentença será, necessariamente, genérica, fazendo juízo de certeza sobre a relação jurídica controvertida, e a individualização do direito far-se-á por meio de ação individual (de cumprimento) pelo titular do direito subjetivo violado na demanda cognitiva.

4. Nesse cenário, não se visualiza violação literal e direta do art. 5º, XXXVI, LIV e LV, da Constituição Federal, a ensejar a cognição da revista, corretamente denegada na origem, sobretudo em face da natureza infraconstitucional da controvérsia." (AIRR – 545-07.2010.5.09.0661, 1ª Turma, Walmir Oliveira da Costa, DEJT 10.08.2012).

"AGRAVO DE INSTRUMENTO EM RECURSO DE REVISTA. EXECUÇÃO INDIVIDUAL DE SENTENÇA PROLATADA EM AÇÃO COLETIVA. ÓBICE DA SÚMULA N. 266 DO TST E DO ART. 896, § 2º, DO CPC. A executada busca debater, em processo de execução, a possibilidade de execução individual de sentença proferida em sede de ação coletiva. Ora, o deslinde da controvérsia em debate prescinde de ofensa a norma infraconstitucional, de modo que não se divisa violação literal e direta dos incisos XXXVI, LIV e LV do art. 5º da CF, pois dispõem acerca de princípios-normas constitucionais. Assim sendo, incide sobre a hipótese a orientação fixada na Súmula n. 266 do TST, no sentido de que a admissibilidade do recurso de revista interposto a acórdão proferido em agravo de petição, na liquidação de sentença ou em processo incidente na execução, inclusive os embargos de terceiro, depende de demonstração inequívoca de violência direta à Constituição Federal, bem como a diretriz do § 2º do art. 896 da CLT, segundo o qual, das decisões proferidas pelos Tribunais Regionais do Trabalho ou por suas Turmas, em execução de sentença, não caberá recurso de revista, salvo na hipótese de ofensa direta e literal à norma da Constituição Federal, hipótese não configurada nos autos. Precedentes desta Corte Superior. Agravo de instrumento conhecido e não provido." (AIRR – 786-52.2010.5.09.0023, 8ª Turma, Dora Maria da Costa, DEJT 09.03.2012).

Ademais, visando racionalizar o acesso à Justiça, o legislador, mediante os arts. 103, § 3º, e 104 da Lei n. 8.078/1990, possibilitou o aproveitamento da sentença proferida na ação coletiva pelos litigantes individuais – procedimento referido pela doutrina como transporte *in utilibus* da coisa julgada –, desde que postulem a suspensão de suas ações, no prazo de 30 dias contados da data da ciência do trânsito da ação coletiva.

Confirmando esse entendimento, o seguinte precedente do STJ, *verbis*:

"PROCESSUAL CIVIL. CONFLITO NEGATIVO DE COMPETÊNCIA. SERVIDOR PÚBLICO FEDERAL. AÇÃO COLETIVA. EXECUÇÃO INDIVIDUAL NO DOMICÍLIO DO AUTOR. FORO DIVERSO DO FORO DO PROCESSO DE CONHECIMENTO. POSSIBILIDADE. INCIDÊNCIA DAS LEIS NS. 8.078/1990 E 7.347/1985. CONFLITO CONHECIDO. COMPETÊNCIA DA JUSTIÇA FEDERAL DO ESTADO DO AMAZONAS.

1. As ações coletivas *lato sensu* – ação civil pública ou ação coletiva ordinária – visam proteger o interesse público e buscar a realização dos objetivos da sociedade, tendo, como elementos essenciais de sua formação, o acesso à Justiça e à economia processual e, em segundo plano, mas não de somenos importância, a redução dos custos, a uniformização dos julgados e a segurança jurídica.

2. A sentença coletiva (condenação genérica, art. 95 do CDC), ao revés da sentença que é exarada em uma demanda individualizada de interesses (liquidez e certeza, art. 460

do CPC), unicamente determina que as vítimas de certo fato sejam indenizadas pelo seu agente, devendo, porém, ser ajuizadas demandas individuais a fim de se comprovar que realmente é vítima, que sofreu prejuízo e qual o seu valor.

3. O art. 98, I, do CDC, permitiu expressamente que a liquidação e execução de sentença sejam feitas no domicílio do autor, em perfeita sintonia com o disposto no art. 101, I, do mesmo código, que tem como objetivo garantir o acesso à Justiça.

4. Não se pode determinar que os beneficiários de sentença coletiva sejam obrigados a liquidá-la e executá-la no foro em que a ação coletiva fora processada e julgada, sob pena de lhes inviabilizar a tutela dos direitos individuais, bem como congestionar o órgão jurisdicional.

5. Conflito de competência conhecido para declarar competente o Juízo Federal da 2ª Vara da Seção Judiciária do Estado do Amazonas/AM, o suscitado."

Ante o exposto, DOU PROVIMENTO ao recurso de revista para, reformando o acórdão recorrido, rejeitar a exceção de incompetência em razão do lugar, e determinar o retorno dos autos à Vara de origem para que prossiga no julgamento da ação trabalhista, conforme entender de direito.

# DIREITO COLETIVO

# AÇÃO ANULATÓRIA. CONVENÇÃO COLETIVA. MINISTÉRIO PÚBLICO DO TRABALHO

*RECURSO ORDINÁRIO. AÇÃO ANULATÓRIA DE CONVENÇÃO COLETIVA DE TRABALHO PROPOSTA PELO MINISTÉRIO PÚBLICO DO TRABALHO. DEFESA DE INTERESSE DE EMPRESA. INADEQUAÇÃO DA VIA ELEITA. ARGUIÇÃO DE OFÍCIO.*

*1. O Ministério Público do Trabalho propôs a ação anulatória com apoio no art. 8º, V, da Constituição Federal, segundo o qual "ninguém será obrigado a filiar-se ou a manter-se filiado a sindicato".*

*2. Nos termos do art. 83, IV, da Lei Complementar n. 75/1993, compete ao Ministério Público do Trabalho propor as ações cabíveis para declaração de nulidade de acordo coletivo ou convenção coletiva de trabalho que viole as liberdades individuais ou coletivas ou os direitos indisponíveis dos trabalhadores.*

*3. Em tal contexto, a ação anulatória de convenção coletiva de trabalho não constitui a via processual adequada para o Ministério Público do Trabalho promover a defesa de interesse da empresa, não sindicalizada, que se afirmou prejudicada pela negociação coletiva entre os sindicatos patronal e profissional, sob pretexto de que teria sido violado o princípio constitucional da liberdade de filiação ou associação sindical.*

*Processo extinto, sem resolução de mérito, nos termos do art. 267, IV, do Código de Processo Civil.*

(Processo n. TST-RO-801-56.2011.5.09.0000 – Ac. SDC – DeJT: 20.06.2013)

VOTO

O Ministério Público do Trabalho amparou o pedido de declaração de nulidade das cláusulas da Convenção Coletiva de Trabalho 2011/2012, firmada entre os réus, no art. 8º, V, da Constituição da República, porquanto teria sido majorado excessivamente o "salário dos estivadores em 400% apenas nas fainas do *shiploader*" (fl. 629) operadas unicamente pela empresa Marcon, no Porto de Paranaguá, "mesmo não existindo proposta do sindicato profissional para alteração dos valores" (idem). Segundo argumentado na petição inicial, o objetivo da alteração dos valores das fainas com *shiploader* "visou impedir a utilização do equipamento por parte da denunciante, o que tem ocasionado diversos prejuízos" (*ibidem*).

Também foram apontadas irregularidades nas previsões normativas que tratam do operador de *joystick* nas fainas do *shiploader*, das operações de cabotagem/Mercosul e do embarque de açúcar com utilização do *shiploader* com barrete, todas prejudiciais à empresa denunciante, única que operaria com o equipamento.

Asseverou que "a longo prazo" os trabalhadores "sofrerão prejuízos com a fuga de clientes para portos mais estáveis, bem como a utilização de outros métodos de carga e descarga, que não o *shiploader*, que se tornará oneroso demais para os operadores portuários" (fl. 643).

Esclareceu que o Sindop, "ao não conseguir obter o competente registro do 5º Termo Aditivo no Ministério do Trabalho e Emprego, mudou o instrumento para Convenção Coletiva de Trabalho 2011/2012, conservando o mesmo conteúdo" (fl. 631).

De ofício, declaro a inadequação da via processual eleita, conducente à extinção do processo, sem resolução de mérito, por ausência de pressuposto processual (CPC, art. 267, IV).

Como visto, o Ministério Público do Trabalho propôs a ação anulatória com apoio no art. 8º, V, da Constituição Federal, segundo o qual "ninguém será obrigado a filiar-se ou a manter-se filiado a sindicato".

Ocorre, todavia, que, nos termos do art. 83, IV, da Lei Complementar n. 75/1993, compete ao Ministério Público do Trabalho propor as ações cabíveis para declaração de nulidade de acordo coletivo ou convenção coletiva de trabalho que viole as liberdades individuais ou coletivas ou os direitos indisponíveis dos trabalhadores.

Em tal contexto, a ação anulatória de convenção coletiva de trabalho não constitui a via processual adequada para o Ministério Público do Trabalho promover a defesa de interesse da empresa, não sindicalizada, que se afirmou prejudicada pela negociação coletiva entre os sindicatos patronal e profissional, sob pretexto de que teria sido violado o princípio constitucional da liberdade de filiação ou associação sindical.

De acordo com a jurisprudência desta Seção de Dissídios Coletivos, não detendo à empresa legitimidade para propor ação anulatória de norma coletiva perante os Tribunais do Trabalho, poderá, na condição de terceiro prejudicado, utilizar a ação declaratória de inexistência de obrigação estabelecida em instrumento coletivo autônomo, consoante o precedente transcrito a seguir:

"RECURSO ORDINÁRIO. AÇÃO DECLARATÓRIA. INEXISTÊNCIA DE OBRIGAÇÃO CONTRAÍDA EM CONVENÇÃO COLETIVA DE TRABALHO. LEGITIMIDADE DA REPRESENTAÇÃO DO SINDICATO DA CATEGORIA ECONÔMICA CONVENENTE. COMPETÊNCIA FUNCIONAL DA VARA DO TRABALHO. Compete à Vara do Trabalho, e não ao Tribunal Regional do Trabalho, instruir e julgar ação declaratória de inexistência de obrigação contraída em Convenção Coletiva de Trabalho, conforme dispõe a Lei n. 8.984/1995, sobretudo quando se controverte o reconhecimento da legitimidade ativa do sindicato patronal signatário da norma coletiva. Recurso ordinário a que se dá provimento." Processo: RO – 997-71.2010.5.05.0000, Data de Julgamento: 11.03.2013, Redator Ministro: Walmir Oliveira da Costa, Seção Especializada em Dissídios Coletivos, Data de Publicação: DEJT 12.04.2013.

A propósito dos limites da ação anulatória titularizada pelo Ministério Público do Trabalho, orienta-se a doutrina especializada no sentido de que "é o conteúdo do contrato que vai determinar a atuação do MPT, pois é a violação a direito que ensejará a propositura da ação anulatória" (*O Ministério Público do Trabalho e a Ação Anulatória de Cláusulas Convencionais*, BRITO FILHO, José Cláudio Monteiro de. São Paulo, LTR, 1998, p. 72).

Na hipótese, a pretensão deduzida na ação é o reconhecimento de nulidade de cláusulas convencionais que, não obstante assegurem para alguns trabalhadores da estiva substancial reajuste salarial, aparentemente representaria prejuízo para determinada empresa não filiada ao sindicato da categoria econômica dos operadores portuários, signatário da norma coletiva impugnada. Ou seja, postula-se em favor de interesse de integrante de categoria econômica, em detrimento do direito coletivo dos trabalhadores, portanto em desacordo com o art. 127 da Constituição Federal e com a Lei Complementar n. 75/1993.

Assim, a alegação de ofensa ao art. 8º, V, da Constituição da República, em face das alterações promovidas na norma coletiva, não justifica a pretensão anulatória, na medida em que o inciso VI impõe a obrigatoriedade da participação dos sindicatos nas negociações coletivas. Acrescente-se que a negociação dos valores salariais está no cerne da própria negociação coletiva.

Não é demais relembrar que o art. 29 da Lei n. 8.630/1993, então vigente, remetia à negociação entre as entidades representativas dos trabalhadores portuários avulsos e dos operadores portuários a definição das funções, a composição dos termos e as demais condições de trabalho portuário avulso.

Portanto, a negociação de novos valores para a remuneração do trabalho prestado ou de alterações nas composições das equipes se faz em observância aos referidos mandamentos constitucionais e da lei ordinária.

Dessa forma, a simples alteração da composição das equipes de trabalho ou o reajustamento da remuneração de um segmento de trabalhadores em patamar superior a de outros segmentos, não autorizam, de *per si*, concluir pelo desrespeito ao princípio da livre associação sindical, pois inerentes à negociação coletiva entre os representantes das categorias econômica e profissional, conforme, inclusive, previsão de lei específica das atividades portuárias.

Frise-se, ainda, que o pedido de declaração de nulidade das normas convencionais, conquanto formalmente indicado o art. 8º, V, da Constituição Federal, ampara-se na assertiva de que *as condições ajustadas resultariam prejudiciais à empresa denunciante*.

Todavia, segundo o próprio relato da petição inicial, apenas algumas taxas e profissionais auferiram reajustes consideráveis: o operador de *joysticks*, profissional altamente especializado, teve aumento salarial na ordem de 50% (fl. 641, último parágrafo) e de 375% (quando atuar nas funções descritas nos itens 1.5 e 1.6 do Anexo I) (fl. 643); a taxa do item 1.5 sofreu reajuste de 50% (fl. 641, 3º parágrafo); e as demais taxas e trabalhadores se beneficiaram com reajuste de 10% a 17%.

Acresce que, se verdadeira a assertiva de que o sindicato patronal pretenderia "prejudicar empresa não associada" (fl. 645), forçoso reconhecer que o conflito é restrito ao âmbito dos autores sociais envolvidos, sendo inadmissível a intervenção do Ministério Público do Trabalho nas relações entre a entidade sindical e os integrantes da categoria que representa. A exposição de motivos da petição inicial já evidencia a natureza conflituosa das relações entre a empresa Marcon e o sindicato da categoria econômica.

Também a alegação de irregularidade na convocação da assembleia deliberativa não tem o condão de legitimar a atuação ministerial, em face de evidente ausência de interesse processual.

Note-se que a irregularidade apontada consistiria na ausência de convocação específica para discutir as cláusulas impugnadas.

Não há indicação de nulidade total da convocação, embora a negociação coletiva e a Convenção Coletiva de Trabalho celebrada tenham abrangido outros segmentos da categoria econômica e da correspondente categoria profissional.

Portanto, mais uma vez a discussão pretendida diz respeito às relações e interesses conflituosos entre a empresa e a entidade sindical correspondente à sua categoria econômica, porquanto admitida implicitamente a validade da convocação em relação aos demais membros da categoria, para autorizar a negociação coletiva com os sindicatos profissionais.

Por fim, o Ministério Público do Trabalho também não possui interesse em discutir a validade da ata da assembleia deliberativa. A pretensão está baseada no apontamento de dissonância entre a minuta da ata da assembleia e aquela por fim ratificada pelas assembleias posteriores. Como se verifica, o debate está circunscrito à economia interna e às relações entre a entidade sindical e seus associados.

Em conclusão, do quanto alegado na petição inicial, não se infere pretensão de resguardo de liberdades individuais ou coletivas, capaz de autorizar a intervenção do Ministério Público do Trabalho, conforme delimitado no art. 83, IV, da Lei Complementar n. 75/1993.

Ao contrário, a atuação do Ministério Público do Trabalho na ação anulatória investe contra interesse e direitos dos trabalhadores portuários, pois visa a suspender reajuste salarial previsto em Convenção Coletiva de Trabalho celebrada pelos sindicatos profissional e patronal, sob o fundamento de que resultaria prejudicial a determinado membro da categoria econômica.

Nesse contexto, CONHEÇO do recurso e, de ofício, declaro inadequada a via processual eleita, extinguindo o processo, sem resolução de mérito, na forma do art. 267, IV, do CPC.

# AÇÃO DECLARATÓRIA. INEXISTÊNCIA DE OBRIGAÇÃO CONTRAÍDA EM CONVENÇÃO COLETIVA DE TRABALHO

*RECURSO ORDINÁRIO. AÇÃO DECLARATÓRIA. INEXISTÊNCIA DE OBRIGAÇÃO CONTRAÍDA EM CONVENÇÃO COLETIVA DE TRABALHO. LEGITIMIDADE DA REPRESENTAÇÃO DO SINDICATO DA CATEGORIA ECONÔMICA CONVENENTE. COMPETÊNCIA FUNCIONAL DA VARA DO TRABALHO.*

*Compete à Vara do Trabalho, e não ao Tribunal Regional do Trabalho, instruir e julgar ação declaratória de inexistência de obrigação contraída em Convenção Coletiva de Trabalho, conforme dispõe a Lei n. 8.984/1995, sobretudo quando se controverte o reconhecimento da legitimidade ativa do sindicato patronal signatário da norma coletiva.*

*Recurso ordinário a que se dá provimento.*

(Processo n. TST-RO-997-71.2010.5.05.0000 – Ac. SDC – DeJT: 11.04.2013)

### Mérito

A Exma. Ministra Maria de Assis Calsing, Relatora de sorteio, votou no seguinte sentido, *in litteris*:

O Tribunal Regional do Trabalho da 5ª Região julgou procedente o pedido para declarar que os Autores não estão obrigados ao cumprimento das cláusulas pactuadas na Convenção Coletiva de Trabalho 96/97, firmada entre os Suplicados. Ao apreciar os Embargos de Declaração interpostos pela ora Recorrente, fundamentou a rejeição acerca da preliminar de incompetência funcional da SDC/TRT 5ª, nos seguintes termos:

Inicialmente, aponta o Sindicato embargante omissão do acórdão, na medida em que deixa de fundamentar a rejeição à preliminar de incompetência funcional desta SEDC.

Tem razão.

Ocorre que o voto que esta Relatora elaborou não continha a preliminar, a qual foi suscitada, nos autos, pelos Exmos. Desembargadores Dalila Andrade e Cláudio Brandão, em Votos Divergentes que se encontram às fls. 240/241 e 248/252, respectivamente.

A divergência foi afastada em votação, por maioria e mercê de voto de qualidade da Exma. Desembargadora Maria Adna Aguiar (certidão à fl. 235), todavia, ao ser elaborado o acórdão, a conclusão do voto (fl. 246v., *fine*) permaneceu como originariamente redigida – sem a preliminar de incompetência –, embora, no *decisum* (que efetivamente faz 'coisa julgada'), esteja registrada sua rejeição (fl. 247).

Cabe, pois, complementando o voto, incluir, nele, a fundamentação quanto à preliminar, o que faço nos seguintes termos:

PRELIMINAR DE INCOMPETÊNCIA FUNCIONAL DE SEÇÃO ESPECIALIZADA EM DISSÍDIOS COLETIVOS

Suscitada pelos Excelentíssimos Desembargadores Dalila Andrade e Cláudio Brandão, ao fundamento de que não se trata, *in casu*, de ação anulatória ou declaratória de nulidade, mas de ação que visa seja declarada a inexistência de obrigações estabelecidas em Convenção Coletiva, com base no art. 4º, I, do CPC (fl.240 e verso), pelo que, com base, ainda, nas Orientações Jurisprudenciais ns. 9 e 7 da SDC do TST e art. 35 do Regimento Interno deste Quinto Regional, entendem Suas Excelências que não há como subsistir a competência funcional desta SEDC (fl. 250).

Improspera a preliminar.

Para fundamentar este entendimento, louvo-me no próprio Voto de Convergência proferido pela Exma. Desembargadora Maria Adna Aguiar (às fls. 2236/239) no desempate daquele julgamento, o qual, inclusive, acompanhei na oportunidade daquela votação.

Sua Excelência, que, à fl. 203,1, já havia despachado nos seguintes termos:

'Conforme jurisprudência reiterada da Corte Superior Trabalhista, acolho a competência funcional da Seção Especializada em Dissídios Coletivos deste TRT5 para apreciar a presente Ação Declaratória de nulidade de Convenção Coletiva de Trabalho, em face da semelhança com a ação de dissídio coletivo', ao proferir seu Voto Convergente, assim desenvolveu o raciocínio acima, derredor da preliminar em questão:

'Vislumbro, por derradeiro, que o dissídio coletivo de natureza jurídica é a via processual que mais se afigura adequada para a discussão do caso *sub judice*, em que se busca uma sentença coletiva de natureza declaratória.

A via declaratória ordinária eleita, a princípio, poderia ser tida como um defeito formal. Contudo, há de se considerar que em nada prejudica o direito e a prestação jurisdicional objetivada pelos Autores, caso em que deve ser considerada plenamente válida.

Nesse sentido, é importante consignar que com o advento da Emenda Constitucional n. 45/2004 e com a chegada de dez novos ministros ao TST, os pressupostos de constituição e desenvolvimento válido, em sede coletiva, têm experimentado uma flexibilização quanto à necessidade de serem rigorosamente observados.

A título de ilustração, no acórdão do julgamento do Recurso Ordinário do Dissídio Coletivo n. 163/2007-000-04-00.5, entenderam os doutos Ministros da Seção Especializada em Dissídios Coletivos do TST que: 'esta Justiça Especializada tem-se mostrado mais flexível em relação a certos requisitos formais, especificamente em relação ao quórum exigido nas assembleias destinadas a legitimarem o Sindicato para o ajuizamento do dissídio coletivo' (negritos do original).

*In casu*, admitir o processamento da pretensão dos Autores pela via declaratória atende ao princípio da celeridade processual que norteia o processo do trabalho e se coaduna com o rápido e eficiente oferecimento da prestação jurisdicional' (às fls. 238/239).

PROVEJO, pois, os embargos neste tópico para declarar que, adotando os fundamentos acima como parte integrante deste Voto, REJEITO a preliminar.

Observo que este provimento em nada modifica os termos da conclusão do acórdão embargado. Ao contrário, é dado, apenas, para adequar seus fundamentos à conclusão do *decisum*."

Instado por novos Embargos de Declaração, o Tribunal Regional reproduziu os fundamentos já lançados quanto à preliminar de nulidade, para demonstrar ausência de omissão.

O Sindicato dos Empregados no Comércio da Cidade de Salvador destaca, nas razões do Recurso Ordinário, que: "O caso não é de ação anulatória de cláusula normativa, mas de declaração sobre quem detinha a representação sindical patronal na época da data-base" (às fls. 1.454). E prossegue afirmando que: "Tratando-se de ação declaratória de inexigibilidade do cumprimento de cláusulas coletivas — ajuizada por empresas e Sindicato Patronal contra outro sindicato patronal e a entidade sindical obreira —, através da qual questionam a obrigatoriedade de cumprimento de cláusula normativa, a natureza da demanda será de dissídio individual, uma vez que incidentalmente deverá ser dirimida qual a representação sindical legítima à época para representar os supermercados". Reitera, nessa perspectiva, a importância da compreensão depositada nos votos divergentes (às fls. 1.212/1.215 e 1.216/1.220).

À análise.

Os Autores ajuizaram a presente Ação com o escopo de obter declaração de inexistência das obrigações contraídas pelos Réus.

O argumento em que se apoia tal pretensão reside no fato de que, em fevereiro de 1996, as empresas autoras, entre outras, constituíram entidade sindical voltada especificamente para a atividade de supermercado, denominada Sindicato dos Supermercados e Atacados de Auto Serviço do Estado da Bahia, também Autor. Tal fato teria ensejado a alteração da representação sindical da categoria econômica, antes ligada ao Sindicato do Comércio Varejista de Gêneros Alimentícios da Cidade de Salvador, primeiro Suscitado. Não obstante isso, os Réus teriam celebrado Convenção Coletiva de Trabalho, obrigando as Empresas autoras com cláusulas, em parte, altamente contrárias a seus interesses e em desprezo à nova entidade sindical. Além do fato de o Sindicato patronal não deter a representação da categoria patronal à época, os Autores alegam ausência de realização de Assembleia Geral para aprovação das cláusulas e condições estipuladas na Convenção Coletiva de Trabalho.

Daí o pedido de declaração de inexistência das obrigações contraídas pelos Suplicados, formulado com base no art. 4º, I, do CPC.

O Ministério Público do Trabalho, na esteira da argumentação recursal, manifestou-se nos seguintes termos:

"Com razão o Recorrente.

O Eg. 5º Regional não poderia apreciar, originariamente, a presente ação declaratória, porque nem de longe se assemelha a dissídio coletivo de natureza jurídica. É que, em última análise, o que se discute nestes autos é, de fato, matéria inerente à representação sindical, estranha, portanto, de se entabular, pela via do dissídio coletivo.

A competência para apreciar e julgar a presente ação encontra-se no Juízo singular de primeiro grau e não no Eg. Colegiado.

*Ex positis*, opino pela declaração de nulidade da decisão colegiada, com remessa dos autos a MM. Vara do Trabalho, como requerido pela Recorrente, sob pena de supressão de instância."

Verifica-se que a controvérsia acerca da competência funcional está intimamente ligada não apenas à natureza da Ação, mas ao seu próprio conteúdo.

Impõe-se, nessa perspectiva, reconhecer que a presente demanda guarda similitude com a Ação Anulatória de instrumento coletivo, de cuja competência são excluídas as Varas de Trabalho.

Esta Seção reconhece a pertinência da Ação Anulatória para invalidar instrumento coletivo por falta de legitimidade de entidade sindical, como se vê do seguinte precedente:

"RECURSO ORDINÁRIO. AÇÃO ANULATÓRIA. CONVENÇÃO COLETIVA DE TRABALHO. SIMPI – SINDICATO DA MICRO E PEQUENA INDÚSTRIA DO TIPO ARTESANAL DO ESTADO DE SÃO PAULO. TITULARIDADE DA REPRESENTAÇÃO SINDICAL DE SEGMENTO PATRONAL. Acórdão regional em que se julgou procedente ação anulatória ajuizada pelo Sindicato da Indústria da Construção Civil de Grandes Estruturas no Estado de São Paulo – SINDUSCON, em que pugnava a declaração de nulidade de duas convenções coletivas de trabalho celebradas entre o Sindicato da Micro e Pequena Indústria do Tipo Artesanal do Estado de São Paulo – SIMPI e o Sindicato dos Trabalhadores na Construção Civil do Município de Mococa, ante a falta de legitimidade do Sindicato da Micro e Pequena Indústria do Tipo Artesanal do Estado de São Paulo – SIMPI para representar as empresas da construção civil e de montagem industrial, com até cinquenta empregados, localizadas na base territorial abrangida pelo Sindicato dos Trabalhadores nas Indústrias da Construção, Mobiliário e Montagem Industrial de Mococa. Decisão regional em conformidade com a jurisprudência desta Seção Especializada que, conforme a Orientação Jurisprudencial n. 23, assinala a falta de representatividade do SIMPI, em relação às micro e pequenas indústrias que possuem até 50 (cinquenta) empregados, por considerar que a representação sindical alcança toda a categoria, afrontando o princípio da unicidade sindical à divisão da categoria econômica em função do porte das empresas. Recurso ordinário a que se nega provimento." (Processo: RO – 14198-54.2010.5.15.0000, Data de Julgamento: 13.08.2012, Relator: Ministro Fernando Eizo Ono, Seção Especializada em Dissídios Coletivos, Data de Publicação: DEJT 24.08.2012.)

É certo que não pretendem os Autores anular a Convenção Coletiva de Trabalho 1996/1997, mas apenas limitar a sua abrangência sob o aspecto subjetivo, por meio de declaração de inexistência das obrigações ali entabuladas. Faz sentido, inclusive, o encaminhamento da matéria sob o viés apresentado, pois não se busca aqui a ilegitimidade da entidade sindical representativa da categoria econômica para daí reconhecer a nulidade do instrumento. Parte-se da premissa da validade da norma, porém sem a abrangência subjetiva com que outrora ocorria. A resolução de tal impasse, caso procedente, não desnaturaria em nada o conteúdo e a forma daquela norma coletiva.

Trata-se, portanto, de instrumento legal válido para se afirmar a existência ou inexistência de determinada relação jurídica, exatamente como dispõe o art. 4º, I, do CPC, de indiscutível aplicação na Justiça do Trabalho. O conteúdo da Ação é que vai definir a competência do Órgão julgador.

Sob essa ótica, em que se afasta, desde já, a inadequação da via eleita, que se reconhece a competência funcional do Tribunal Regional do Trabalho, prolator da decisão recorrida, para dirimir questão relativa às relações coletivas de trabalho.

Note-se, a propósito, que a controvérsia não diz respeito a enquadramento sindical, cujo exame envolve interpretação de normas de natureza genérica, mais precisamente do art. 570 e seguintes da CLT, o que remeteria a discussão às vias ordinárias, como preconiza a Orientação Jurisprudencial n. 9 desta SDC. Trata-se de questionamento acerca da abrangência subjetiva do instrumento coletivo já existente, no que toca especificamente à representação, o que denota o caráter coletivo da demanda em detrimento do individual.

Vale dizer, nessa seara, que a decisão a ser proferida afeta diretamente as relações coletivas de trabalho, porque aí considerados não apenas a parte autora, como também os empregados abrangidos e representados pela entidade sindical alegadamente constituída. Cabe, portanto, ao Tribunal Regional do Trabalho o julgamento da matéria, tanto quanto seria, em tese, para anular o instrumento coletivo em discussão.

Com esses fundamentos, nego provimento, no particular."

Não obstante os judiciosos fundamentos adotados pela Ministra Relatora de sorteio, entendo que a questão em debate somente poderá ser dirimida por meio da ação declaratória, inserida na competência funcional das Varas do Trabalho.

O art. 4º do CPC dispõe, *verbis*:

"Art. 4º. O interesse do autor pode limitar-se à declaração:

I – da existência ou da inexistência de relação jurídica;

II – da autenticidade ou falsidade de documento.

Parágrafo único. É admissível a ação declaratória, ainda que tenha ocorrido a violação do direito."

Consoante o entendimento assente nesta Corte, a ação declaratória de nulidade total ou parcial de norma coletiva de trabalho identifica-se com a ação coletiva trabalhista, por afetar as relações coletivas das categorias econômica e profissional, sendo aplicável, por analogia, a previsão do art. 678, I, *a*, da CLT, reconhecendo-se, assim, a competência funcional originária dos Tribunais Regionais do Trabalho para examinar e julgar ação objetivando a desconstituição de norma coletiva de trabalho. A propósito, cito os seguintes precedentes: RO-2643-24.2010.5.12.0000, Rel. Min. Kátia Magalhães Arruda, SDC, DEJT de 24.08.2012; ROAA-24/2003-000-08-00.6, Rel. Min. Moura França, SDC, DJ de 08.09.2006.

No caso concreto, todavia, a pretensão não é de declaração de nulidade da Convenção Coletiva de Trabalho, mas de declaração de inexistência de obrigação contraída em Convenção Coletiva de Trabalho.

Sobreleva anotar, ainda, que a postulação ampara-se na alegação de ilegitimidade do Sindicato do Comércio Varejista de Gêneros Alimentícios da Cidade de Salvador para representar o segmento empresarial dos supermercados e atacados de autosserviço no Estado da Bahia.

Assim, não resta dúvida que a competência para o julgamento é, *permissa venia*, da Vara do Trabalho, onde, aliás, a ação foi proposta.

Isso porque, a partir da Emenda Constitucional n. 45/2004, foi atribuída à Justiça do Trabalho competência para julgar as ações sobre representatividade sindical (inciso III do art. 114 da Constituição Federal). E, tendo em vista tratar-se de conflito entre sindicatos, a questão poderá ser dirimida por meio da *ação declaratória*, inserida na competência funcional das Varas do Trabalho, conforme dispõe a Lei n. 8.984/1995.

Destarte, pedindo *máxima venia* à d. Ministra Relatora, DOU PROVIMENTO ao recurso ordinário interposto pelo réu, nos termos da fundamentação supra, para, declarando a incompetência do Tribunal Regional do Trabalho da 5ª Região, na forma do art. 795, § 2º, da CLT, decretar a nulidade dos atos processuais e determinar o retorno dos autos à Vara de Trabalho de origem, para que prossiga no exame da lide, como entender de direito. Consequentemente resta prejudicado o exame dos demais temas recursais.

---

# AÇÃO DECLARATÓRIA DE NULIDADE DE CONVENÇÃO COLETIVA DE TRABALHO. IRREGULARIDADE NOS EDITAIS DE CONVOCAÇÃO E DAS ASSEMBLEIAS. COMPETÊNCIA DA JUSTIÇA DO TRABALHO

*RECURSO ORDINÁRIO. AÇÃO DECLARATÓRIA DE NULIDADE DE CONVENÇÃO COLETIVA DE TRABALHO. IRREGULARIDADE NOS EDITAIS DE CONVOCAÇÃO E DAS ASSEMBLEIAS. COMPETÊNCIA FUNCIONAL ORIGINÁRIA DE TRIBUNAL REGIONAL DO TRABALHO.*

*1. Nos termos da jurisprudência iterativa, notória e atual da Seção de dissídios Coletivos desta Corte Superior, em face da inexistência de regramento legal específico, atribui-se aos Tribunais Regionais do Trabalho a competência funcional para julgar ação declaratória de nulidade de convenção coletiva de trabalho, dada a similitude com a ação de dissídio coletivo de trabalho, cuja competência originária dos Tribunais trabalhistas é fixada no art. 678, I, a, da CLT e na Lei n. 7.701/1988.*

2. Na espécie, o objeto da ação anulatória não condiz com a defesa dos interesses individuais da empresa autora, e sim com o pedido de anulação da convenção coletiva de trabalho, de forma ampla e abstrata, sem aplicação a qualquer caso concreto, consoante bem aprendido pelo acórdão recorrido, o que evidencia a natureza coletiva do conflito e o submete ao crivo originário do Tribunal Regional do Trabalho para julgamento originário, em ordem a afastar a competência funcional da Vara do Trabalho.

Recurso ordinário a que se nega provimento.

RECURSO ORDINÁRIO ADESIVO INTERPOSTO PELO SINDICATO DOS CURSOS LIVRES DE IDIOMAS DO ESTADO DE MINAS GERAIS. HONORÁRIOS ADVOCATÍCIOS. SÚMULA N. 219, III, DO TST.

Consoante a jurisprudência do TST, sedimentada no item III da Súmula n. 219, são devidos os honorários advocatícios para o sindicato nas demandas que não derivem da relação de emprego, a exemplo da ação anulatória de norma coletiva. Precedentes da SDC.

Recurso ordinário adesivo conhecido e provido.

(Processo n. TST-RO-178000-04.2009.5.03.0000 – Ac. SDC – DeJT: 15.12.2011)

VOTO

Os argumentos da recorrente não conseguem desconstituir os fundamentos da decisão recorrida.

Cumpre ressaltar, *prima facie*, que a jurisprudência desta Corte Normativa é unânime em proclamar a legitimação do Ministério Público do Trabalho, conforme expressamente previsto no art. 83, IV, da Lei Complementar n. 75/1993, e, excepcionalmente, dos sindicatos representativos das categorias profissional e econômica, para ajuizar ação anulatória objetivando a declaração de nulidade total ou parcial de Acordo ou Convenção Coletiva de Trabalho. Também é admitida a legitimidade da empresa signatária de acordo coletivo de trabalho para buscar a declaração de nulidade da norma quando demonstrado vício na manifestação de vontade.

Assim, regra geral, não se reconhece legitimidade processual de membro da categoria econômica ou profissional para ajuizar ação anulatória de instrumento coletivo do qual não foi signatário, mesmo sob o fundamento de invalidade formal da norma.

Isso porque, não é possível admitir-se que a vontade individual de um membro da categoria econômica ou profissional possa prevalecer sobre a vontade coletiva, considerando-se, ainda, que a atuação dos sindicatos na negociação coletiva é ditada pelos limites impostos pela assembleia dos membros da respectiva categoria.

No caso vertente, tem-se a incidência dessa excludente. Com efeito, nos termos da jurisprudência iterativa, notória e atual da Seção de Dissídios Coletivos desta Corte Superior, em face da inexistência de regramento legal específico, atribui-se aos Tribunais Regionais do Trabalho a competência funcional para julgar ação declaratória de nulidade de Convenção Coletiva de Trabalho, dada a similitude com a ação de dissídio coletivo de trabalho, cuja competência originária dos tribunais trabalhistas é fixada no art. 678, I, *a*, da CLT e na Lei n. 7.701/1988.

Nesse sentido os seguintes precedentes da SDC:

"RECURSO ORDINÁRIO EM CAUTELAR PREPARATÓRIA. INEFICÁCIA DOS EFEITOS DE CONVENÇÃO COLETIVA. ILEGITIMIDADE ATIVA. PRINCÍPIOS DA UTILIDADE E ECONOMIA PROCESSUAL. ARGUIÇÃO DE OFÍCIO. EXTINÇÃO DO FEITO. A questão da competência originária e funcional para o julgamento de ação anulatória ou declaratória de nulidade de parte ou da totalidade de acordo ou convenção coletiva de trabalho encontra-se pacificada nesta Corte no sentido de que, por se referir a condições coletivas de trabalho, é do Tribunal Regional do Trabalho, em face da aplicação analógica do art. 678, alínea *a*, da CLT. Ocorre que no entendimento desta SDC membro da categoria econômica ou profissional que se sinta prejudicado ou atingido em sua esfera jurídica por norma de acordo ou convenção coletiva de trabalho não detém legitimidade ativa *ad causam* para propor ação anulatória ou declaratória que vise a invalidar total ou parcial o instrumento negocial do qual evidentemente não foi signatário. Desse modo considerando que a cautelar preparatória segue a sorte do processo principal e que as partes requerentes desta ação não detêm legitimidade ativa para o ajuizamento da ação anulatória, e em observância aos princípios informadores do processo do trabalho – da utilidade da economia e celeridade do processo – impõe-se declarar de ofício, a ilegitimidade ativa *ad causam*, extinguindo-se o processo, sem resolução de mérito, nos termos do art. 267, VI, e § 3º do CPC. Processo extinto, sem resolução de mérito." RO 1209-06.2010.5.01.0000 – Min. Dora Maria da Costa DEJT 25.03.2011 – Decisão unânime.

"RECURSO ORDINÁRIO EM AÇÃO ANULATÓRIA. INCOMPETÊNCIA FUNCIONAL DO TRT. Aplica-se por analogia o disposto no art. 678, I, alínea *a* da CLT, às ações anulatórias de convenções e acordos coletivos, sendo, portanto, os Tribunais Regionais competentes originariamente para apreciar tais ações, salvo hipóteses do art. 702, I, *b*, da CLT. Recurso a que se nega provimento." ROAA 280/2005-000-06-00.6 – Min. Márcio Eurico Vitral Amaro, DJ 23.05.2008 – Decisão unânime.

"RECURSO ORDINÁRIO. AÇÃO ANULATÓRIA. COMPETÊNCIA FUNCIONAL DO TRT.

Conforme a Jurisprudência reiterada desta Corte, ante a inexistência de dispositivo específico que a defina, atribui-se aos Tribunais Regionais a competência funcional para conhecer e julgar a ação anulatória que objetiva a declaração de nulidade de cláusula coletiva, em face da semelhança com a ação de dissídio coletivo. Recurso ordinário a que se nega provimento." ROAA 115/2006-000-24-00.7 – Min. Walmir Oliveira da Costa – DJ 20.06.2008 – Decisão unânime.

Precedentes: RO 926800-45.2008.5.07.0000 – Min. Maurício Godinho Delgado – DEJT 28.10.2010 – Decisão unânime – ROAA 676000-31.2007.5.07.0000 – Min. Maurício Godinho Delgado – DEJT 26.02.2010 – Decisão unânime ROAA 90/2004-000-15-00.9 – Min. Maria Cristina Irigoyen Peduzzi – DJ 30.11.2007 – Decisão unânime – ROAA 265/2005-000-06-00.8 – Min. Barros Levenhagen – DJ 16.02.2007 – Decisão unânime – ROAA 151689/2005-900-02-00.5 – Min. João Oreste Dalazen – DJ 03.02.2006 – Decisão por maioria – ROAA 522/2003-000-08-00.9 – Min. José Luciano de Castilho Pereira – DJ 01.07.2005 – Decisão unânime – ROAA 421/2003-000-08-00.8 – Min. João Oreste Dalazen – DJ 24.06.2005 – Decisão unânime – ROAA 1 899/2003-000-03-00.2 – Min. Gelson de Azevedo – DJ 20.05.2005 – Decisão por maioria.

Na espécie, o objeto da ação anulatória não condiz com a defesa dos interesses individuais da empresa autora, e sim com o pedido de anulação da convenção coletiva de trabalho, de forma ampla e abstrata, sem aplicação a qualquer caso concreto, consoante bem aprendido pelo acórdão recorrido, que evidencia a natureza coletiva do conflito e o submete ao crivo originário do Tribunal Regional do Trabalho para julgamento inicial, em ordem a afastar a competência funcional da Vara do Trabalho, restrita aos dissídios individuais típicos (simples e plúrimos, ação civil pública etc.).

Nada mais resta a ser dito, sendo refutadas, por incompatibilidade jurídica e lógica todas as assertivas recursais em contrário ao entendimento acima exposto.

Portanto, NEGO PROVIMENTO ao recurso ordinário.

## AÇÃO RESCISÓRIA. INÉPCIA DA INICIAL. ART. 295, PARÁGRAFO ÚNICO, II, DO CPC

*AÇÃO RESCISÓRIA. INÉPCIA DA PETIÇÃO INICIAL. ART. 295, PARÁGRAFO ÚNICO, II, DO CPC.*

*Conforme o disposto no art. 295, parágrafo único, II, do Código de Processo Civil, considera-se inepta a petição inicial quando da narração dos fatos não decorrer logicamente a conclusão. No caso vertente, o pedido de corte rescisório é direcionado ao acórdão proferido em recurso ordinário por esta Seção Normativa, no qual, todavia, o debate ficou circunscrito à possibilidade da concessão de efeito modificativo aos embargos de declaração julgados pelo Tribunal Regional do Trabalho, ao passo que os fatos e os fundamentos jurídicos narrados na petição inicial da rescisória são inteiramente direcionados ao acórdão proferido pelo Tribunal Regional de origem, no qual houve a homologação do acordo em dissídio coletivo. Em contexto de absoluta falta de conclusão lógica entre a causa de pedir e o pedido, considera-se inepta a petição inicial, extinguindo-se o processo sem resolução do mérito (CPC, art. 267, I).*

*Processo extinto, sem resolução de mérito.*

*(Processo n. TST– AR-10021-93-2012-5-00-0000 – Ac. SDC – DeJT: 20.02.2014)*

Como se verifica, não obstante a pretensão deduzida ser a desconstituição do acórdão proferido por esta Seção Normativa em recurso ordinário, a argumentação expendida para justificar o corte rescisório dirige-se à sentença normativa homologatória do acordo coletivo, proferida pelo Tribunal Regional de origem. A única menção feita pelo autor à decisão proferida pela SDC do TST foi de que "se pretende com a presente proposta ministerial é apenas buscar a desconstituição de v. acórdão que, direta ou indiretamente, homologou acordo efetivado em dissídio coletivo". Entretanto, nenhuma argumentação foi apresentada para justificar essa assertiva ou indicado dispositivo de lei ou da Constituição Federal que tivesse sido afrontado pela decisão que se pretendeu desconstituir, porquanto a causa de rescindibilidade apontada foi a violação literal de lei referido no inciso V do art. 485 do CPC, e a causa de pedir e a postulação constantes da petição inicial mostram-se dissociada da decisão proferida por esta Corte Normativa e a qual se pretende desconstituir, uma vez que nela o debate se limitou à legalidade do efeito modificativo ao julgado conferido pela Corte Regional em embargos de declaração.

Essa percepção se robustece ao se constatar a invocação ao art. 831 da CLT como fundamento para o ajuizamento da presente ação rescisória, sabendo-se que esse dispositivo limita-se a declarar a irrecorribilidade do termo de conciliação judicial. De igual modo, os dispositivos apontados como violados para justificar o corte rescisório, arts. 5º, *caput*, 7º, XXX, 170, IV, da Constituição da República, 461 e 766 da CLT, não guardam pertinência com a matéria discutida e julgada no aresto rescindendo, mas com os termos do acordo judicial, objeto de homologação pelo Tribunal Regional da 18ª Região.

Registre-se que, no acórdão que se pretende rescindir, foi reputada imprópria a pretensão sucessiva do sindicato profissional, então recorrente, de alteração do pactuado entre as partes, para se fixar piso salarial único para toda a categoria. Vejamos, à fl. 629, *verbis*:

De outra parte, a partir dos fundamentos expendidos a propósito da irrecorribilidade das decisões homologatórias de acordo, salvo pelo Ministério Público do Trabalho, mostra-se imprópria a pretensão sucessiva, agora manifestada nas razões recursais em exame, de alteração daquilo que já fora pactuado entre as partes, com a extensão do piso salarial previsto na referida cláusula 5ª aos demais empregados que trabalham nas grandes redes econômicas da cidade de Goiânia, descritas na petição inicial, na forma dos arts. 868 e seguintes da CLT.

Na realidade, a petição inicial desta ação rescisória reproduz a quase totalidade da petição inicial da ação rescisória anteriormente ajuizada pelo Ministério Público do Trabalho perante o TRT da 18ª Região. Desse modo, embora o pedido de rescisão dirigir-se especificamente à decisão proferida por esta Corte Normativa, os fatos e os fundamentos jurídicos são inteiramente voltados ao acórdão proferido pelo Tribunal Regional de origem, pelo qual foi homologado o acordo coletivo formalizado no curso do dissídio coletivo.

Nesse contexto, tem-se por inepta a petição inicial, por ser inegável que da narração dos fatos na petição inicial não decorre logicamente a conclusão.

A propósito, trago a colação os seguintes precedentes da SBDI-2 do TST em situação análoga:

"AÇÃO RESCISÓRIA. RECURSO ORDINÁRIO. Inviável o êxito do pedido de rescisão quando os fundamentos lançados pelo autor guardam pertinência com a sentença normativa e não com o acórdão rescindendo proferido em ação de cumprimento.

Recurso Voluntário da Autora desprovido, e não conhecido o Recurso Adesivo do Sindicato. Processo: ROAR-735245-23.2001.5.17.5555, Data de Julgamento: 27.11.2001, Relator Ministro: José Luciano de Castilho Pereira, Subseção II Especializada em Dissídios Individuais, Data de Publicação: DJ 22.02.2002.

AÇÃO RESCISÓRIA. IPC DE JUNHO DE 1987. DESCOMPASSO ENTRE A CAUSA DE PEDIR DA RESCISÓRIA E AS RAZÕES DA DECISÃO RESCINDENDA. INÉPCIA DA INICIAL. É flagrante o descompasso entre a causa de pedir da rescisória invocada a partir da tese de inexistência de direito adquirido ao reajuste salarial decorrente do IPC de junho/1987 e as razões da decisão rescindenda, que concluiu pelo reconhecimento do direito ao reajuste pretendido na reclamatória referente ao Plano cruzado assinalando a sua intangibilidade na esteira do acordo firmado em sede de dissídio coletivo. Tamanho divórcio entre a pretensão rescindente e a fundamentação do acórdão rescindendo equivale à ausência da causa de pedir do parágrafo único, inciso I, do art. 295 do CPC, indutora da inépcia da inicial. Esta, por sua vez, acarreta a extinção do processo sem julgamento do mérito, na forma do art. 267, I, do CPC. Processo: ED-AR – 678094-77.2000.5.55.5555, Data de Julgamento: 06.11.2001, Relator Ministro: Antônio José de Barros Levenhagen, Subseção II Especializada em Dissídios Individuais, Data de Publicação: DJ 14.12.2001.

Ante o exposto, julgo EXTINTO o processo, sem resolução de mérito, na forma do art. 295, parágrafo único, II, do CPC.

# COMPETÊNCIA DA JUSTIÇA DO TRABALHO. DISSÍDIO COLETIVO DE GREVE

*AGRAVO. DISSÍDIO COLETIVO DE GREVE. COMPETÊNCIA FUNCIONAL E TERRITORIAL. CONFLITO COLETIVO CIRCUNSCRITO À ÁREA DE JURISDIÇÃO DO TRIBUNAL REGIONAL DO TRABALHO DA 5ª REGIÃO.*

*1. A decisão do TRT da 5ª Região que declinou de sua competência funcional e determinou a remessa dos autos ao Tribunal Superior do Trabalho é equivalente, na prática, à arguição de conflito de competência.*

*2. Todavia, de forma reiterada, o Supremo Tribunal Federal tem decidido ser incabível o conflito de competência entre tribunais organizados hierarquicamente.*

*3. Acerca da delimitação da competência jurisdicional, dispõe o art. 677 da Consolidação das Leis do Trabalho que, no caso de dissídio coletivo, a competência dos Tribunais Regionais do Trabalho é determinada pelo local onde este ocorrer.*

*4. Nos termos do art. 2º, a, da Lei n. 7.701/1988, a competência funcional originária da Seção de Dissídios Coletivos do Tribunal Superior do Trabalho será exercida somente e quando o dissídio coletivo, de natureza econômica ou de greve, for de âmbito suprarregional ou nacional, em ordem a extrapolar a jurisdição dos Tribunais Regionais do Trabalho.*

*5. No caso vertente, incontroverso que se trata de greve de empregados de uma empresa, portanto o conflito é de âmbito local, e o sindicato agravante é de base territorial estadual, o que reforça a conclusão de que a competência funcional e territorial para julgamento do dissídio coletivo de greve é do Tribunal Regional do Trabalho da 5ª Região.*

*6. Assim, não tem procedência a alegação de que o caráter suprarregional ou nacional da negociação coletiva atrairia a competência do TST para julgar o dissídio coletivo de greve. A negociação coletiva é atividade que precede o exercício da jurisdição; e, se frustrada a negociação, é facultada a cessação coletiva do trabalho (art. 3º, caput, da Lei n. 7.783/1989), sendo competente o Tribunal onde ocorrer o conflito.*

*Agravo a que se nega provimento.*
(Processo n. AgRO-1179-57-2010-5-05-0000 – Ac. SDC – DeJT: 14.06.2012)

Dessa decisão, o sindicato suscitado interpõe o presente agravo. Requer a reforma, alegando, em suma, que o caráter suprarregional da negociação coletiva atrairia a competência originária do TST para julgar o dissídio coletivo de greve. Invoca os arts. 702, *b*, da CLT e 70, *h*, do RITST.

Os argumentos do agravante não consegue desconstituir os fundamentos da decisão monocrática agravada.

Na hipótese em apreciação, o Tribunal Regional do Trabalho da 5ª Região acolheu preliminar de incompetência funcional para julgar o dissídio coletivo de greve instaurado pela empresa suscitante, ao fundamento de que a empregadora tradicionalmente firmava acordos coletivos com sindicatos profissionais de diversos Estados da Federação.

Insatisfeita, a empresa suscitante interpôs recurso ordinário, pugnando o reconhecimento da competência funcional do TRT de origem para a apreciação do dissídio coletivo.

Analisando a matéria, convenci-me de que a Corte Regional não decidiu com o costumeiro acerto.

Cumpre assinalar, em primeiro lugar, que, ao declinar de sua competência funcional e determinar a remessa dos autos ao Tribunal Superior do Trabalho, a conduta adotada pelo TRT da 5ª Região é equivalente, na prática, à arguição de conflito de competência.

Todavia, reiteradamente o Supremo Tribunal Federal tem decidido ser incabível o conflito de competência entre tribunais organizados hierarquicamente, como acontece entre o STJ e os TRFs, entre o TST e os TRTs, entre o TSE e os TREs (CC 6.963-STF, Plenário, rel. Min. MAURÍCIO CORRÊA, DJU 17.04.1998).

Acerca da delimitação da competência jurisdicional, dispõe o art. 677 da Consolidação das Leis do Trabalho que, no caso de dissídio coletivo, a competência dos Tribunais Regionais do Trabalho é determinada pelo local onde este ocorrer.

Nos termos do art. 2º, *a*, da Lei n. 7.701/1988, a competência funcional originária da Seção de Dissídios Coletivos do Tribunal Superior do Trabalho será exercida somente e quando o dissídio coletivo, de natureza econômica ou de greve, for de âmbito suprarregional ou nacional, em ordem a extrapolar a jurisdição dos Tribunais Regionais do Trabalho.

Prelecionando sobre a competência para julgamento de dissídio coletivo de greve, o Procurador Regional do Trabalho da 15ª Região, Raimundo Simão de Melo, assinala que: "A competência para julgamento dos Dissídios Coletivos, *qualquer que seja a espécie*, é dos Tribunais Regionais do Trabalho e do Tribunal Superior do Trabalho, *a qual é distribuída com base no critério da extensão territorial do conflito*" (*A Greve no Direito Brasileiro* – 2. ed. – São Paulo: LTR, 2009, pg. 122) [destaquei].

No mesmo sentido o entendimento do Ministro deste Tribunal, Ives Gandra Martins Filho, para quem: "A ação coletiva é, pois, ajuizada ordinariamente, num tribunal. A competência hierárquica varia conforme o âmbito do dissídio" (destaque do original).

No caso vertente, incontroverso que se trata de greve de empregados de uma empresa, portanto o conflito é de âmbito local, e o sindicato suscitado, ora agravante, é de base territorial estadual, o que reforça a conclusão de que a competência funcional e territorial para julgamento do dissídio coletivo de greve é do Tribunal Regional do Trabalho da 5ª Região.

Assim, não tem procedência a alegação de que o caráter nacional da negociação coletiva atrairia a competência do TST para julgar o dissídio coletivo de greve.

A negociação coletiva é atividade que precede o exercício da jurisdição; e, se frustrada a negociação, é facultada a cessação coletiva do trabalho (art. 3º, *caput*, da Lei n. 7.783/1989), sendo competente o Tribunal onde ocorrer o conflito.

Dúvida não resta, portanto, de que a competência hierárquica e territorial para julgar o dissídio coletivo de greve é atribuída em lei ao TRT da 5ª Região.

Ante o exposto, NEGO PROVIMENTO ao agravo.

## COMPETÊNCIAS FUNCIONAL E TERRITORIAL. TRT

*AGRAVO REGIMENTAL. DISSÍDIO COLETIVO DE GREVE. COMPETÊNCIA FUNCIONAL E TERRITORIAL. CONFLITO COLETIVO CIRCUNSCRITO À ÁREA DE JURISDIÇÃO DO TRIBUNAL REGIONAL DO TRABALHO DA 5ª REGIÃO.*

*1. A decisão do TRT da 5ª Região que declinou de sua competência funcional e determinou a remessa dos autos ao Tribunal Superior do Trabalho é equivalente, na prática, à arguição de conflito de competência.*

*2. Todavia, de forma reiterada, tem decidido o Supremo Tribunal Federal ser incabível o conflito de competência entre tribunais organizados hierarquicamente.*

*3. Acerca da delimitação da competência jurisdicional, dispõe o art. 677 da Consolidação das Leis do Trabalho que, no caso de dissídio coletivo, a competência dos Tribunais Regionais do Trabalho é determinada pelo local onde este ocorrer.*

*4. Nos termos do art. 2º, a, da Lei n. 7.701/1988, a competência funcional originária da Seção de Dissídios Coletivos do Tribunal Superior do Trabalho será exercida somente e quando o dissídio coletivo, de natureza econômica ou de greve, for de âmbito suprarregional ou nacional, em ordem a extrapolar a jurisdição dos Tribunais Regionais do Trabalho.*

*5. No caso vertente, incontroverso que se trata de greve de empregados de uma empresa, portanto o conflito é de âmbito local, e o sindicato agravante é de base territorial estadual, o que reforça a conclusão de que a competência funcional e territorial para julgamento do dissídio coletivo de greve é do Tribunal Regional do Trabalho da 5ª Região.*

*6. Assim, não tem procedência a alegação de que o caráter suprarregional ou nacional da negociação coletiva atrairia a competência do TST para julgar o dissídio coletivo de greve. A negociação coletiva é atividade que precede o exercício da jurisdição; e, se frustrada a negociação, é facultada a cessação coletiva do trabalho (art. 3º,* caput, *da Lei n. 7.783/1989), sendo competente o Tribunal onde ocorrer o conflito.*

*Agravo regimental a que se nega provimento.*

*(Processo n. AIRO-1180-42-2010-5-05-000 – Ac. SDC – DeJT: 24.05.2012)*

Dessa decisão, o sindicato suscitado interpõe o presente agravo regimental. Requer a reforma, alegando, em suma, que o caráter nacional da negociação coletiva atrairia a competência originária do TST para julgar o dissídio coletivo de greve. Invoca os arts. 702, *b*, da CLT e 70, *h*, do RITST.

Os argumentos do agravante não consegue desconstituir os fundamentos da decisão monocrática agravada.

Na hipótese em apreciação, o Tribunal do Trabalho da 5ª Região acolheu preliminar de incompetência funcional para julgar o dissídio coletivo de greve instaurado pela empresa suscitante, ao fundamento de que a empregadora tradicionalmente firmava acordos coletivos com sindicatos profissionais de diversos Estados da Federação.

Insatisfeita, a empresa suscitante interpôs recurso ordinário, denegado na origem, e, em seguida, pugnou a reforma pela via de agravo de instrumento.

Analisando a matéria, convenci-me de que a Corte Regional não decidiu com o costumeiro acerto.

Cumpre assinalar, em primeiro lugar, que, ao declinar de sua competência funcional e determinar a remessa dos autos ao Tribunal Superior do Trabalho, a conduta adotada pelo TRT da 5ª Região é equivalente, na prática, à arguição de conflito de competência.

Todavia, reiteradamente tem decidido o Supremo Tribunal Federal ser incabível o conflito de competência entre tribunais organizados hierarquicamente, como acontece entre o STJ e os TRFs, entre o TST e os TRTs, entre o TSE e os TREs (CC 6.963-STF, Plenário, rel. Min. MAURÍCIO CORRÊA, DJU 17.04.1998).

Acerca da delimitação da competência jurisdicional, dispõe o art. 677 da Consolidação das Leis do Trabalho que, no caso de dissídio coletivo, a competência dos Tribunais Regionais do Trabalho é determinada pelo local onde este ocorrer.

Nos termos do art. 2º, *a*, da Lei n. 7.701/1988, a competência funcional originária da Seção de Dissídios Coletivos do Tribunal Superior do Trabalho será exercida somente e quando o dissídio coletivo, de natureza econômica ou de greve, for de âmbito suprarregional ou nacional, em ordem a extrapolar a jurisdição dos Tribunais Regionais do Trabalho.

Prelecionando sobre a competência para julgamento de dissídio coletivo de greve, o Procurador Regional do Trabalho da 15ª Região, Raimundo Simão de Melo, assinala que: "A competência para julgamento dos Dissídios Coletivos, *qualquer que seja a espécie*, é dos Tribunais Regionais do Trabalho e do Tribunal Superior do Trabalho, *a qual é distribuída com base no critério da extensão territorial do conflito*" (*A Greve no Direito Brasileiro* – 2. ed. – São Paulo: LTR, 2009, p. 122) [destaquei].

No mesmo sentido o entendimento do Ministro deste Tribunal, Ives Gandra Martins Filho, para quem: "A ação coletiva é, pois, ajuizada ordinariamente, num tribunal. A competência hierárquica varia conforme o âmbito do dissídio" (destaque do original).

No caso vertente, incontroverso que se trata de greve de empregados de uma empresa, portanto o conflito é de âmbito local, e o sindicato suscitado, ora agravante, é de base territorial estadual, o que reforça a conclusão de que a competência funcional e territorial para julgamento do dissídio coletivo de greve é do Tribunal Regional do Trabalho da 5ª Região. Tanto assim é que a Presidência daquela Corte deferiu o pedido de liminar formulado na ação coletiva.

Assim, não tem procedência a alegação de que o caráter nacional da negociação coletiva atrairia a competência do TST para julgar o dissídio coletivo de greve.

A negociação coletiva é atividade que precede o exercício da jurisdição; e, se frustrada a negociação, é facultada a cessação coletiva do trabalho (art. 3º, *caput*, da Lei n. 7.783/1989), sendo competente o Tribunal onde ocorrer o conflito.

Dúvida não resta, portanto, de que a competência hierárquica e territorial para julgar o dissídio coletivo de greve é atribuída em lei ao TRT da 5ª Região.

Ante o exposto, NEGO PROVIMENTO ao agravo regimental.

---

# DISPENSA COLETIVA. ENCERRAMENTO DA UNIDADE

*DISSÍDIO COLETIVO DE NATUREZA JURÍDICA. DISPENSA COLETIVA. ENCERRAMENTO DA UNIDADE FABRIL. NEGOCIAÇÃO COLETIVA.*

*1. Ao interpretar o sistema constitucional vigente, como também as Convenções da OIT, firmou-se a jurisprudência desta Seção de Dissídios Coletivos no sentido de que a dispensa coletiva não constitui mero direito potestativo do empregador, uma vez que, para sua ocorrência e a definição de seus termos, tem de ser objeto de negociação com o correspondente sindicato de trabalhadores.*

*2. Na hipótese vertente, a empresa suscitada encerrou suas atividades no município de Aratu-BA, procedendo à dispensa de todos os empregados dessa unidade industrial, alegando questões de estratégia empresarial e redução dos custos de produção.*

*3. Nesse contexto, a negociação coletiva prévia com a entidade sindical dos trabalhadores fazia-se ainda mais necessária, tendo em vista que não se tratava de mera redução de pessoal, mas de dispensa da totalidade dos empregados do estabelecimento, com consequências mais graves para os trabalhadores desempregados.*

*4. Impõe-se, portanto, a manutenção da decisão recorrida que declarou a ineficácia da dispensa coletiva, e suas consequências jurídicas no âmbito das relações trabalhistas dos empregados envolvidos.*

*Recurso ordinário a que se nega provimento.*

*(Processo n. TST-RO-6-61.2011.5.05.0000 – Ac. SDC – DeJT: 21.02.2013)*

Mérito

VOTO

O art. 7º, I, da Constituição Federal estabelece, como um dos direito dos trabalhadores, *verbis*:

"I – relação de emprego protegida contra a dispensa arbitrária ou sem justa causa, nos termos de lei complementar, que preverá indenização compensatória, dentre outros direitos."

Como se percebe, a norma constitucional limita-se a dispor sobre a proteção da relação de emprego contra a dispensa arbitrária, não distinguindo, todavia, entre despedida individual ou coletiva.

Ao interpretar o sistema constitucional vigente, firmou-se a jurisprudência desta Seção de Dissídios Coletivos no sentido de que a dispensa coletiva não constitui mero direito potestativo do empregador, uma vez que, para sua ocorrência e a definição de seus termos, tem de ser objeto de negociação com o correspondente sindicato de trabalhadores.

A exigência de prévia negociação coletiva para a dispensa em massa de trabalhadores constitui requisito de eficácia do ato empresarial, tendo em vista as repercussões econômicas e sociais que extrapolam os limites da relação empregatícia, atingindo a coletividade dos empregados, bem como a comunidade em que ela se insere.

Considere-se, para tanto, que a Constituição da República firmou como postulados e objetivos fundamentais os princípios da dignidade da pessoa humana, dos valores sociais do trabalho e da livre iniciativa (art. 1º, III e IV) e a busca por uma sociedade livre, justa e solidária, além da erradicação da pobreza e da marginalização e redução das desigualdades sociais e regionais (art. 3º, I e III). Visando manter equilíbrio nas relações entre o capital e o trabalho, o legislador constitucional reconheceu as convenções e os acordos coletivos de trabalho (art. 7º, XXVI) e conferiu ao sindicato a defesa dos direitos e interesses individuais e coletivos da categoria profissional (art. 8º, III), além de assegurar a ordem econômica, fundada na valorização do trabalho humano e da livre iniciativa, tendo por fim a existência digna (art. 170, *caput*), submetida, porém, aos princípios da função social da propriedade (art. 170, III), da redução das desigualdades sociais (art. 170, VII) e da busca do pleno emprego (art. 170, VIII).

Acrescente-se, ainda, que o Brasil é signatário das Convenções ns. 98, 135 e 154 da OIT, que tratam, respectivamente, sobre o Direito de Sindicalização e de Negociação Coletiva, sobre a Proteção de Representantes de Trabalhadores e sobre o Fomento à Negociação Coletiva.

Nesse sentido são os seguintes precedentes:

"RECURSO ORDINÁRIO EM DISSÍDIO COLETIVO DE GREVE. DISPENSA TRABALHISTA COLETIVA. IMPERATIVA INTERVENIÊNCIA SINDICAL. ORDEM CONSTITUCIONAL. PROIBIÇÃO DE DESCONTO DOS DIAS PARADOS. INCIDÊNCIA DAS REGRAS ORIUNDAS DAS CONVENÇÕES DA OIT NS. 11, 98, 135, 141 E 151; E DA CONSTITUIÇÃO FEDERAL BRASILEIRA DE 1988 – ARTS. 1º, III, 5º, XXIII, 7º, I, 8º, III E VI, 170, III E VIII. A dispensa coletiva é questão grupal, massiva, comunitária, inerente aos poderes da negociação coletiva trabalhista, a qual exige, pela Constituição Federal, em seu art. 8º, III e VI, a necessária participação do Sindicato. Trata-se de princípio e regra constitucionais trabalhistas, e, portanto, critério normativo integrante do Direito do Trabalho (art. 8º, III e VI, CF). Por ser matéria afeta ao direito coletivo trabalhista, a atuação obreira na questão está fundamentalmente restrita às entidades sindicais, que devem representar os trabalhadores, defendendo os seus interesses perante a empresa, de modo que a situação se resolva de maneira menos gravosa para os trabalhadores, que são, claramente, a parte menos privilegiada da relação trabalhista. As dispensas coletivas de trabalhadores, substantiva e proporcionalmente distintas das dispensas individuais, não podem ser exercitadas de modo unilateral e potestativo pelo empregador, sendo matéria de Direito Coletivo do Trabalho, devendo ser submetidas à prévia negociação coletiva trabalhista ou, sendo inviável, ao processo judicial de dissídio coletivo, que irá lhe regular os termos e efeitos pertinentes. É que a negociação coletiva ou a sentença normativa fixarão as condutas para o enfrentamento da crise econômica empresarial, atenuando o impacto da dispensa coletiva, com a adoção de certas medidas ao conjunto dos trabalhadores ou a uma parcela deles, seja pela adoção da suspensão do contrato de trabalho para participação do empregado em curso ou programa de qualificação profissional oferecido pelo empregador (art. 476-a da CLT), seja pela criação de Programas de Demissão Voluntária (PDVs), seja pela observação de outras fórmulas atenuantes instituídas pelas partes coletivas negociadas. Além disso, para os casos em que a dispensa seja inevitável, critérios de preferência social devem ser eleitos pela negociação coletiva, tais como a despedida dos mais jovens em benefício dos mais velhos, dos que não tenham encargos familiares em benefício dos que tenham, e assim sucessivamente. Evidentemente que os trabalhadores protegidos por garantias de emprego, tais como licença previdenciária, ou com debilidades físicas reconhecidas, portadores de necessidades especiais, gestantes, dirigentes sindicais e diretores eleitos de CIPAs, além de outros casos, se houver, deverão ser excluídos do rol dos passíveis de desligamento. Inclusive esta Seção de Dissídios Coletivos, no julgamento do recurso ordinário interposto no dissídio coletivo ajuizado pelo Sindicato dos Metalúrgicos de São José dos Campos e Região e outros em face da Empresa Brasileira de Aeronáutica – EMBRAER S/A e outra (processo n. TST-RODC-30900-12.2009.5.15.0000), em que também se discutiu os efeitos jurídicos da dispensa coletiva, fixou a premissa, para casos futuros de que a negociação coletiva é imprescindível para a dispensa em massa de trabalhadores. No caso concreto – em que a empresa comunicou aos trabalhadores que promoveria a dispensa de 200 empregados, equivalente a 20% da mão de obra contratada –, a atuação do Sindicato foi decisiva para que fosse minimizado o impacto da dispensa coletiva. A interferência da entidade sindical propiciou aos desligados um implemento das condições normais da dispensa, com o estabelecimento de diversos direitos de inquestionável efeito atenuante ao abalo provocado pela perda do emprego, entre eles, a instituição de um PDV. Nesse contexto, a greve foi realizada pelos empregados dentro dos limites da lei, inexistindo razão para que a classe trabalhadora seja prejudicada em razão do exercício de uma prerrogativa constitucional. Reafirme-se: o direito constitucional de greve foi exercido para tentar regulamentar a dispensa massiva, fato coletivo que exige a participação do Sindicato. Destaque-se a circunstância de que, conforme foi esclarecido na decisão dos embargos de declaração, a Suscitante já iniciara o processo de despedida de alguns empregados, prática cuja continuidade foi obstada pela pronta intervenção do Sindicato. Considera-se, por isso, que a situação especial que ensejou a greve autoriza o enquadramento da paralisação laboral como mera interrupção do contrato de trabalho, sendo devido o pagamento dos dias não laborados, nos termos da decisão regional. Recurso ordinário desprovido." Processo: RO – 173-

02.2011.5.15.0000, Data de Julgamento: 13.08.2012, Relator Ministro: Mauricio Godinho Delgado, Seção Especializada em Dissídios Coletivos, Data de Publicação: DEJT 31.08.2012.

"DISPENSA COLETIVA. NEGOCIAÇÃO COLETIVA. A despedida individual é regida pelo Direito Individual do Trabalho, que possibilita à empresa não motivar nem justificar o ato, bastando homologar a rescisão e pagar as verbas rescisórias. Todavia, quando se trata de despedida coletiva, que atinge um grande número de trabalhadores, devem ser observados os princípios e regras do Direito Coletivo do Trabalho, que seguem determinados procedimentos, tais como a negociação coletiva. Não há proibição de despedida coletiva, principalmente em casos em que não há mais condições de trabalho na empresa. No entanto, devem ser observados os princípios previstos na Constituição Federal, da dignidade da pessoa humana, do valor social do trabalho e da função social da empresa, previstos nos arts. 1º, III e IV, e 170, *caput* e III, da CF; da democracia na relação trabalho capital e da negociação coletiva para solução dos conflitos coletivos, ( arts. 7º, XXVI, 8º, III e VI, e 10 e 11 da CF), bem como as Convenções Internacionais da OIT, ratificadas pelo Brasil, nas Recomendações ns. 98, 135 e 154, e, finalmente, o princípio do direito à informação previsto na Recomendação n. 163, da OIT, e no art. 5º, XIV, da CF. No caso dos autos, a empresa, além de dispensar os empregados de forma arbitrária, não pagou as verbas rescisórias, deixando de observar os princípios básicos que devem nortear as relações de trabalho. A negociação coletiva entre as partes é essencial nestes casos, a fim de que a dispensa coletiva traga menos impacto social, atendendo às necessidades dos trabalhadores, considerados hipossuficientes. Precedente. Todavia, não há fundamento para deferimento de licença remunerada pelo prazo de sessenta dias, principalmente porque a empresa encontra-se em processo de recuperação judicial. Recurso ordinário a que se dá provimento parcial." Processo: RODC – 2004700-91.2009.5.02.0000, Data de Julgamento: 14.11.2011, Relatora Ministra: Kátia Magalhães Arruda, Seção Especializada em Dissídios Coletivos, Data de Publicação: DEJT 16.12.2011.

"RECURSO ORDINÁRIO EM DISSÍDIO COLETIVO. DISPENSAS TRABALHISTAS COLETIVAS. MATÉRIA DE DIREITO COLETIVO. IMPERATIVA INTERVENIÊNCIA SINDICAL. RESTRIÇÕES JURÍDICAS ÀS DISPENSAS COLETIVAS. ORDEM CONSTITUCIONAL E INFRACONSTITUCIONAL DEMOCRÁTICA EXISTENTE DESDE 1988. A sociedade produzida pelo sistema capitalista é, essencialmente, uma sociedade de massas. A lógica de funcionamento do sistema econômico-social induz a concentração e centralização não apenas de riquezas, mas também de comunidades, dinâmicas socioeconômicas e de problemas destas resultantes. A massificação das dinâmicas e dos problemas das pessoas e grupos sociais nas comunidades humanas, hoje, impacta de modo frontal a estrutura e o funcionamento operacional do próprio Direito. Parte significativa dos danos mais relevantes na presente sociedade e das correspondentes pretensões jurídicas tem natureza massiva. O caráter massivo de tais danos e pretensões obriga o Direito a se adequar, deslocando-se da matriz individualista de enfoque, compreensão e enfrentamento dos problemas a que tradicionalmente perfilou-se. A construção de uma matriz jurídica adequada à massividade dos danos e pretensões característicos de uma sociedade contemporânea – sem prejuízo da preservação da matriz individualista, apta a tratar os danos e pretensões de natureza estritamente atomizada – é, talvez, o desafio mais moderno proposto ao universo jurídico, e é sob esse aspecto que a questão aqui proposta será analisada. As dispensas coletivas realizadas de maneira maciça e avassaladora, somente seriam juridicamente possíveis em um campo normativo hiperindividualista, sem qualquer regulamentação social, instigador da existência de mercado hobbesiano na vida econômica, inclusive entre empresas e trabalhadores, tal como, por exemplo, respaldado por Carta Constitucional como a de 1891, já há mais de um século superada no país. Na vigência da Constituição de 1988, das convenções internacionais da OIT ratificadas pelo Brasil relativas a direitos humanos e, por consequência, direitos trabalhistas, e em face da leitura atualizada da legislação infraconstitucional do país, é inevitável concluir-se pela presença de um Estado Democrático de Direito no Brasil, de um regime de império da norma jurídica (e não do poder incontrastável privado), de uma sociedade civilizada, de uma cultura de bem-estar social e respeito à dignidade dos seres humanos, tudo repelindo, imperativamente, dispensas massivas de pessoas, abalando empresa, cidade e toda uma importante região. Em consequência, fica fixada, por interpretação da ordem jurídica, a premissa de que "a negociação coletiva é imprescindível para a dispensa em massa de trabalhadores". DISPENSAS COLETIVAS TRABALHISTAS. EFEITOS JURÍDICOS. A ordem constitucional e infraconstitucional democrática brasileira, desde a Constituição de 1988 e diplomas internacionais ratificados (Convenções OIT ns. 11, 87, 98, 135, 141 e 151, ilustrativamente), não permite o manejo meramente unilateral e potestativista das dispensas trabalhistas coletivas, por se tratar de ato/fato coletivo, inerente ao Direito Coletivo do Trabalho, e não Direito Individual, exigindo, por consequência, a participação do(s) respectivo(s) sindicato(s) profissional(is) obreiro(s). Regras e princípios constitucionais que determinam o respeito à dignidade da pessoa humana (art. 1º, III, CF), a valorização do trabalho e especialmente do emprego (arts. 1º, IV, 6º e 170, VIII, CF), a subordinação da propriedade à sua função socioambiental (arts. 5º, XXIII e 170, III, CF) e a intervenção sindical nas questões coletivas trabalhistas (art. 8º, III e VI, CF), tudo impõe que se reconheça distinção normativa entre as dispensas meramente tópicas e individuais e as dispensas massivas, coletivas, as quais são social, econômica, familiar e comunitariamente impactantes. Nesta linha, seria inválida a dispensa coletiva enquanto não negociada com o sindicato de trabalhadores, espontaneamente ou no plano do processo judicial coletivo. A d. Maioria, contudo, decidiu apenas fixar a premissa, *para casos futuros*, de que "a negociação coletiva é imprescindível para a dispensa em massa de trabalhadores", observados os fundamentos supra. Recurso ordinário a que se dá provimento parcial." Processo: ED-RODC – 30900-12.2009.5.15.0000, Data de Julgamento: 10.08.2009, Relator Ministro: Mauricio Godinho Delgado, Seção Especializada em Dissídios Coletivos, Data de Publicação: DEJT 04.09.2009.

Na hipótese vertente, a empresa recorrente encerrou suas atividades no município de Aratu-BA, procedendo à dispensa de todos os empregados dessa unidade industrial, alegando questões de estratégia empresarial e redução dos custos de produção.

O fato de, no caso concreto, a despedida coletiva resultar do fechamento da unidade industrial não é suficiente para distingui-lo das hipóteses versadas nos precedentes jurisprudenciais citados. A obrigatoriedade de o empregador buscar a negociação com o representante sindical da classe profissional tem como premissa encontrar soluções negociadas que minimizem os impactos e prejuízos econômicos e sociais que essa medida extrema acarretará para os trabalhadores, em primeiro plano, e para a comunidade, em plano mais amplo.

Aliás, o encerramento da unidade fabril mostra-se bem mais prejudicial que o simples corte massivo dos postos de trabalho, pois atinge de forma mais drástica não apenas os trabalhadores envolvidos como, também, a comunidade local.

Note-se que a suscitada tinha pleno conhecimento dos reflexos danosos da dispensa massiva sobre a coletividade dos trabalhadores e a comunidade local e até mesmo na economia estadual, pois, conforme admite, o seu próprio Presidente comunicou ao Governo do Estado da Bahia o fechamento da unidade industrial, com a dispensa de todos os empregados, bem como, espontaneamente, concedeu alguns benefícios aos empregados despedidos.

Acresce salientar que o encerramento da unidade industrial de Aratu-BA se deu, como esclarece a recorrente, por questões de estratégia empresarial, ou seja, a empresa não deixou de existir, todavia entendeu conveniente transferir e centrar a produção em outra(s) unidade(s) e, assim, encerrar o estabelecimento localizado em Aratu-BA, como forma de reduzir os seus custos de produção.

Nesse contexto, a negociação coletiva prévia tanto se fazia mais necessária, tendo em vista que não se tratava de mera redução de pessoal, mas de dispensa da totalidade dos empregados do estabelecimento, com consequências mais graves para os trabalhadores e para a comunidade local.

Como alegado pela suscitada-recorrente, a decisão empresarial decorreria dos efeitos da crise econômica mundial; sendo assim, eram evidentes as dificuldades que os trabalhadores encontrariam em obterem novos postos de trabalho, sendo, ainda, indiscutível que mesmo nos mercados de trabalho mais robustos resultaria difícil à absorção de cerca de 400 trabalhadores em busca de novo emprego.

Impõe-se, portanto, a manutenção da decisão recorrida que declarou a ineficácia da dispensa coletiva, e suas consequências jurídicas no âmbito das relações trabalhistas dos empregados envolvidos, sendo que os efeitos concretos da decisão recorrida devem ser objeto de ação própria, de competência da Vara do Trabalho.

Por outro lado, deve ser mantida a decisão recorrida quanto ao indeferimento do pedido da suscitada de dedução ou compensação das vantagens espontaneamente concedidas aos empregados despedidos. A declaração do direito dos empregados aos benefícios conferidos justifica-se, considerando que empregadora não buscou previamente a negociação coletiva com o objetivo de fixar condições para minimizar os impactos negativos da dispensa em massa.

Ante o exposto, NEGO PROVIMENTO ao recurso ordinário.

## DISSÍDIO COLETIVO DE GREVE. MEDIDA CAUTELAR

*RECURSO ORDINÁRIO. DISSÍDIO COLETIVO DE GREVE. MEDIDA CAUTELAR. FIXAÇÃO DE ASTREINTES. CELEBRAÇÃO DE ACORDO. EXTINÇÃO DO DISSÍDIO COLETIVO E DA MEDIDA CAUTELAR. PERMANÊNCIA DA MULTA. DESCUMPRIMENTO DE ORDEM JUDICIAL. PREJUÍZO DA COMUNIDADE USUÁRIA DO TRANSPORTE PÚBLICO.*

*1. A recusa ou protelação do cumprimento de decisões judiciais fundamentadas justifica a introdução, em nosso ordenamento jurídico, de instrumentos mais eficazes a conferir efetividade ao provimento jurisdicional de natureza mandamental, a exemplo do "contempt of court" da "Common Law", estabelecido no art. 14, V, e parágrafo único, do CPC, cuja aplicabilidade não é restrita às partes do processo, mas a todos aqueles que de qualquer forma participam do processo.*

*2. No caso vertente, houve suspensão total das atividades pelos trabalhadores, não obstante a decisão liminar fixando os percentuais mínimos de funcionamento da frota visando ao atendimento das necessidades indispensáveis e inadiáveis da comunidade usuária do transporte público metroviário.*

*3. Nesse contexto, ainda que as partes envolvidas no conflito coletivo tenham logrado conciliação quanto às reivindicações que ensejaram a greve, deve ser mantida a cominação da multa pelo descumprimento da decisão liminar, a fim de desestimular o abuso no exercício do direito de greve e tornar efetivo o cumprimento da ordem judicial.*

*Recurso ordinário conhecido e parcialmente provido.*

(Processo n. TST-RO-4752-19.2012.5.02.0000 – Ac. SDC – DeJT: 14.11.2013)

VOTO

Esclareça-se, inicialmente, que a aplicação da multa em decorrência do descumprimento da ordem liminar limita-se ao Sindicato dos Trabalhadores em Empresas de Transportes Metroviários e em Empresas Operadoras de Veículos Leves sobre Trilhos do Estado de São Paulo, visto que os empregados da recorrente representados pela outra entidade sindical suscitada, Sindicato dos Engenheiros no Estado de São Paulo, não paralisaram as atividades.

Depreende dos autos e da decisão recorrida que, não obstante a determinação judicial de manutenção de frota mínima do transporte metroviário, não houve, por parte do Sindicato dos Metroviários, esforço algum para garantir, ao menos parcialmente, o atendimento das necessidades da comunidade, conforme exige o art. 11 da Lei de Greve, porquanto ocorreu suspensão total das atividades pelos trabalhadores.

Registro que, a teor dos arts. 9º e 11 da Lei n. 7.783/1989, cabe ao sindicato profissional, mediante acordo com a categoria econômica ou diretamente com o empregador, manter em atividades equipes de trabalhadores com o propósito de assegurar os serviços e atividades.

Por outro lado, o art. 10, V, da Lei de Greve, considera como serviço ou atividade essencial o transporte coletivo, do qual o transporte metroviário, sem dúvida, é espécie.

Sem embargo disso, e ao contrário do que sustenta o sindicato recorrido, a paralisação completa das atividades causou sério "gravame" para a população. Ora, repugna ao bom senso se ignorar que a população em geral depende dos transportes coletivos para sua locomoção, sendo que o transporte metroviário em todo o mundo, e na cidade de São Paulo, em particular, é cada vez mais utilizado em face da agilidade e da grande capacidade de transporte, não constituindo mero auxiliar do transporte urbano, mas ativo e importante participante do sistema viário público. A suspensão, mesmo que ocorresse de forma parcial, das atividades no setor gera transtornos à população, sendo notória a incapacidade da frota de ônibus para atender aos usuários de forma eficiente e digna.

Portanto, em que pese a conciliação efetivada para por fim ao conflito coletivo entre a empregadora e a entidade sindical, a manutenção da multa fixada na decisão liminar deve ser mantida.

Considere-se, para tanto, primeiramente, os prejuízos causados à população usuária do transporte público em decorrência da paralisação efetivada.

Acrescente-se que a imposição de multa não visa apenas a desestimular o abuso no exercício do direito de greve, mas, também, tornar efetivo o cumprimento da ordem judicial liminar.

Cito, a propósito, os seguintes precedentes desta SDC a respeito do tema:

"DISSÍDIO COLETIVO DE GREVE. RECURSO ORDINÁRIO INTERPOSTO PELO SITETUPERON. TRANSPORTE COLETIVO. DESCUMPRIMENTO DE DECISÃO LIMINAR QUE FIXAVA, SOB PENA DE MULTA DIÁRIA, PERCENTUAL MÍNIMO PARA MANUTENÇÃO DOS SERVIÇOS ESSENCIAIS. SUPERVENIENTE EXTINÇÃO DO FEITO, SEM RESOLUÇÃO DO MÉRITO, PELA DESISTÊNCIA DA AÇÃO. MULTA DEVIDA. MONTANTE FIXADO. PRINCÍPIO DA PROPORCIONALIDADE. A decisão liminar expedida pelo Judiciário Trabalhista foi no sentido de resguardar, durante a greve, os interesses da sociedade, mediante o atendimento básico das necessidades inadiáveis dos usuários do serviço de transporte público local, fixando-se a obrigação da prestação dos serviços indispensáveis de transporte coletivo com, pelo menos, setenta por cento da frota nos horários de pico e quarenta por cento nos demais horários, sob pena de multa diária. Contudo, a prova dos autos demonstra o descumprimento da determinação judicial no lapso de 05.07.2011 a 11.07.2011, inclusive com paralisação total dos serviços em parcela do período. O demonstrado descumprimento do mínimo necessário para manutenção dos serviços essenciais faz incidir, assim, a multa fixada pelo Juízo. A superveniente extinção do feito, sem resolução do mérito, pela homologação da desistência da ação, não afasta a aplicação da multa pelo descumprimento da ordem concedida liminarmente. Isso porque a multa fixada decorre da atuação do Estado-juiz para garantia da efetividade de sua decisão, no caso, voltada para a manutenção das atividades da empresa. O que importa para a efetivação da multa cominada, portanto, é o descumprimento da ordem estabelecida pelo Juízo. Na hipótese, antes de as partes alcançarem uma solução consensual ao litígio, que culminou no pedido de desistência, a multa já havia se consolidado pelo desrespeito à ordem emanada do Poder Judiciário. Por isso, não há como se elidir a decisão da Corte Regional que determinou o pagamento de multa por dia de paralisação em que não foi resguardada a quota mínima estabelecida. No tocante ao montante da multa diária pelo descumprimento da obrigação, contudo, compreende-se ser necessário reduzir o valor de R$ 60.000,00 (sessenta mil reais) para R$ 20.000,00 (vinte mil reais), obedecendo aos princípios da razoabilidade e da proporcionalidade, para melhor atender ao critério da capacidade econômica do sindicato dos trabalhadores. Sendo 07 (sete) os dias abrangidos pela multa, atingirá o montante de R$ 140.000,00 (cento e quarenta mil reais), ao invés dos R$ 420.000,00 (quatrocentos e vinte mil reais) originalmente fixados. Recurso ordinário a que se dá parcial provimento." Processo: RO – 1369-34.2011.5.14.0000, Data de Julgamento: 11.12.2012, Relator Ministro: Mauricio Godinho Delgado, Seção Especializada em Dissídios Coletivos, Data de Publicação: DEJT 15.02.2013.

Com efeito, a teor do que dispõe o art. 14, V, parágrafo único, do Código de Processo Civil, são deveres das partes e de todos aqueles que de qualquer forma participam do processo – cumprir com exatidão os provimentos mandamentais e não criar embaraços à efetivação de provimentos judiciais, de natureza antecipatória ou final.

Ressalvados os advogados que se sujeitam exclusivamente aos estatutos da OAB, a violação do disposto no inciso V constitui ato atentatório ao exercício da jurisdição, podendo o juiz, sem prejuízo das sanções criminais, civis e processuais cabíveis, aplicar ao responsável multa em montante a ser fixado de acordo com a gravidade da conduta e não superior a vinte por cento do valor da causa; não sendo paga no prazo estabelecido, contado do trânsito em julgado da decisão final da causa, a multa será inscrita sempre como dívida ativa da União ou do Estado.

A recusa ou a protelação do cumprimento de decisões judiciais fundamentadas justifica a introdução, em nosso ordenamento jurídico, de instrumentos mais eficazes a conferir efetividade ao provimento jurisdicional de natureza mandamental, a exemplo do *contempt of court* da *Common Law*, estabelecido no art. 14, V, e parágrafo único, do CPC, cuja aplicabilidade não é restrita às partes do processo, mas a todos aqueles que de qualquer forma participam do processo.

Nessa esteira, foi proferido o seguinte precedente desta Seção Normativa:

"RECURSO ORDINÁRIO. DISSÍDIO COLETIVO DE GREVE. FIXAÇÃO DE ASTREINTES. CELEBRAÇÃO DE ACORDO. DESTINAÇÃO DA MULTA. *CONTEMPT OF COURT*.

1. A recusa ou protelação do cumprimento de decisões judiciais fundamentadas justifica a introdução, em nosso ordenamento jurídico, de instrumentos mais eficazes a conferir efetividade ao provimento jurisdicional de natureza mandamental, a exemplo do *contempt of court* da *Common Law*, estabelecido no art. 14, V, e parágrafo único, do CPC, cuja aplicabilidade não é restrita às partes do processo, mas a todos aqueles que de qualquer forma participam do processo.

2. No caso vertente, indispensáveis ao atendimento das necessidades inadiáveis da comunidade. Portanto, aquele que suportou os prejuízos do descumprimento da ordem judicial não foi o empregador, mas a comunidade, pois privada de serviço essencial, no caso, transporte público coletivo. Inaplicável, nesse contexto, o disposto no art. 461 do CPC, por não se tratar de descumprimento de obrigação de fazer ou não fazer. Recurso ordinário a que se nega provimento." Processo: RO – 859-57.2012.5.15.0000, Data de Julgamento: 11.03.2013, Redator Ministro: Walmir Oliveira da Costa, Seção Especializada em Dissídios Coletivos, Data de Publicação: DEJT 30.08.2013.

Quanto ao montante fixado a título de multa cominatória, observe-se que, em obediência aos princípios da proporcionalidade e da razoabilidade, a multa por descumprimento de ordem judicial (astreintes) deverá ser fixada pelo magistrado em consonância com as peculiaridades de cada caso, tendo em conta a capacidade econômica das partes, sob pena de torná-la excessiva, implicando enriquecimento sem causa.

No caso vertente, foi fixada multa no valor de R$ 100.000,00 (cem mil reais) por dia não trabalhado (fl. 42).

Consoante se extrai da decisão recorrida, a paralisação ocorreu em parte do dia 23.05.2012, tendo sido normalizado o transporte metroviário por volta das 18h.

Dessa forma, justifica-se a redução da multa para o valor de 30.000,00 (trinta mil reais), considerando os princípios da proporcionalidade e da razoabilidade, como acima exposto, bem como as particularidades do caso concreto.

Em outras oportunidades, esta Corte Normativa, em obediência ao princípio da razoabilidade, tem entendido que, na fixação do valor da multa por descumprimento de ordem judicial, devem ser consideradas as circunstâncias e o porte do sindicato profissional.

Nesse sentido, cito os seguintes precedentes desta Corte Normativa proferidos em situação análoga:

"RECURSOS ORDINÁRIOS INTERPOSTOS PELAS PARTES. EXAME CONJUNTO. IDENTIDADE DE MATÉRIA. DISSÍDIO COLETIVO DE GREVE. ABUSIVIDADE. DESCUMPRIMENTO DE ORDEM JUDICIAL. MULTA. INDENIZAÇÃO POR PERDAS E DANOS.

1. Trata-se de hipótese em que, de um lado, o sindicato profissional pugna pela exclusão, ou redução, do valor da multa cominatória, e, de outro, a empresa suscitante requer a majoração do valor fixado a esse título, bem como a condenação da entidade sindical ao pagamento de indenização por perdas e danos.

2. Em obediência aos princípios da proporcionalidade e da razoabilidade, a multa por descumprimento de ordem judicial (astreintes) deverá ser fixada pelo magistrado em consonância com as peculiaridades de cada caso, tendo em conta a capacidade econômica das partes, sob pena de torná-la excessiva, implicando enriquecimento sem causa.

3. No caso vertente, o exame da prova documental revela que a renda mensal da entidade sindical gira em torno de R$ 200.000,00 (duzentos mil reais), o que torna excessiva a multa cominatória aplicada R$ 200.000,00 (duzentos mil reais), justificando, assim, a redução do valor para R$ 50.000,00 (cinquenta mil reais), na forma do que dispõe o art. 461, § 6º, do Código de Processo Civil e dos precedentes desta Corte Superior.

4. Quanto ao recurso da empresa suscitante, não logra ser provido, dada a impropriedade do pedido de condenação por perdas e danos em dissídio coletivo de greve.

Recurso ordinário interposto pelo sindicato suscitado parcialmente provido e desprovido o recurso ordinário interposto pela empresa suscitante." Processo: RO-1115-09.2010.5.10.0000, Data de Julgamento: 12.03.2012, Relator Ministro: Walmir Oliveira da Costa, Seção Especializada em Dissídios Coletivos, Data de Publicação: DEJT 20.04.2012.

"DECISÃO LIMINAR. DESCUMPRIMENTO. MULTA. Decisão liminar proferida em processo cautelar preparatório, em que se impôs, como forma de garantia da prestação dos serviços indispensáveis ao atendimento das necessidades inadiáveis da população, o funcionamento entre 100% (cem por cento) e 80% (oitenta por cento) das linhas de metrô durante movimento grevista, de curto e determinado período de duração (vinte e quatro horas), sob pena de pagamento de multa no valor de R$ 100.000,00 (cem mil reais). Falta de razoabilidade do comando judicial liminar, em que se impôs, como limites operacionais mínimos para atendimento das necessidades inadiáveis da comunidade, percentuais evidentemente inalcançáveis em qualquer movimento grevista cuja tônica é a paralisação das atividades por período determinado de 24 (vinte e quatro) horas, a estimular o seu descumprimento. Hipótese, todavia, em que não se constata qualquer tipo de iniciativa do sindicato profissional suscitado em atender, ainda que dentro de limites aceitáveis, a decisão judicial liminar proferida com a finalidade de assegurar aquilo que na lei já se estabelece, de antemão, como obrigação de todos os envolvidos para o exercício do direito de greve nas atividades classificadas como essenciais: garantia, durante a greve, da prestação dos serviços indispensáveis ao atendimento das necessidades inadiáveis da comunidade (Lei n. 7783/1989, art. 11). Valor fixado a título de multa por descumprimento de decisão judicial que, nesse contexto, se afigura aplicável, porém em limite mais razoável, considerando as circunstâncias e o porte do Sindicato profissional. Recurso ordinário a que se dá provimento parcial, a fim de se reduzir para R$ 50.000,00 (cinquenta mil reais) o valor fixado a título de multa por descumprimento da determinação judicial liminar." Processo: RODC-2025800-10.2006.5.02.0000, Data de Julgamento: 10.10.2011, Relator Ministro: Fernando Eizo Ono, Seção Especializada em Dissídios Coletivos, Data de Publicação: DEJT 04.11.2011.

Ante o exposto, DOU PARCIAL PROVIMENTO ao recurso ordinário interposto pela empresa empregadora para, reformando o acórdão recorrido, determinar o pagamento da multa por descumprimento da ordem judicial liminar, reduzido, no entanto, o valor para R$ 30.000,00 (trinta mil reais).

# DISSÍDIO COLETIVO DE NATUREZA ECONÔMICA. AUSÊNCIA DE COMUM ACORDO

*RECURSO ORDINÁRIO. DISSÍDIO COLETIVO DE NATUREZA ECONÔMICA. AUSÊNCIA DE COMUM ACORDO. PRESSUPOSTO PROCESSUAL. CONCILIAÇÃO PARCIAL NO CURSO DA DEMANDA. CONCORDÂNCIA TÁCITA NÃO CONFIGURADA. EXTINÇÃO DO PROCESSO.*

*1. É pacífico o entendimento desta Corte Superior, segundo o qual, em face do disposto no § 2º do art. 114 da Constituição da República, introduzido pela Emenda Constitucional n. 45/2004, o requisito do "comum acordo" constitui pressuposto de constituição e de desenvolvimento válido e regular do dissídio coletivo de natureza econômica.*

*2. Todavia, adotando interpretação flexível do referido art. 114, § 2º, da Constituição Federal, a jurisprudência deste Tribunal Superior tem admitido a hipótese de concordância tácita com o ajuizamento do dissídio coletivo, consubstanciada na não oposição do suscitado à instauração da instância, exprimida até a apresentação das bases de conciliação.*

*3. No caso concreto, a suscitada manifestou, oportunamente, discordância com o ajuizamento do dissídio coletivo. Posterior conciliação parcial não demonstra concordância tácita, mas apenas a disposição da suscitada em persistir na negociação com o objetivo de por fim ao conflito coletivo.*

*4. Precedente da SDC. Preliminar acolhida. Processo extinto, sem resolução de mérito.*

*Recurso ordinário a que se dá provimento.*

(Processo n. TST-RO-304-29.2012.5.19.0000 – Ac. SDC – DeJT: 20.03.2014)

Mérito

VOTO

Razão assiste à recorrente.

A exigência do requisito do "comum acordo" foi expressamente arguida pela suscitada, desde a contestação, às fls. 197-202.

A propósito do tema, é pacífico o entendimento desta Corte Superior, segundo o qual, em face do disposto no § 2º do art. 114 da Constituição da República, introduzido pela Emenda Constitucional n. 45/2004, o requisito do "comum acordo" constitui pressuposto de constituição e de desenvolvimento válido e regular do dissídio coletivo de natureza econômica.

Por conseguinte, verificada a ausência do pressuposto do comum acordo, a extinção do processo, sem resolução de mérito, é medida que se impõe, ante os termos do art. 267, IV, do CPC.

Entretanto, adotando-se interpretação flexível do referido art. 114, § 2º, da Constituição Federal, a jurisprudência do Tribunal Superior do Trabalho tem admitido a hipótese de concordância tácita com o ajuizamento do dissídio coletivo, consubstanciada na não oposição do suscitado à instauração da instância, exprimida até a apresentação das bases de conciliação na audiência de instrução e conciliação.

No caso vertente, todavia, como já explicitado, a suscitada taxativamente discordou do ajuizamento do dissídio coletivo. Nesse contexto, a conciliação parcial ocorrida no curso da demanda, na audiência, em prosseguimento, de instrução e conciliação não demonstra que a suscitada tenha posteriormente admitido o ajuizamento da ação, mas sua disposição em persistir na negociação com o objetivo de por fim ao conflito coletivo.

Nesse sentido foi proferido o seguinte precedente desta SDC:

"2. AJUIZAMENTO. COMUM ACORDO. NOVA REDAÇÃO DO § 2º DO ART. 114 DA CONSTITUIÇÃO ATUAL APÓS A PROMULGAÇÃO DA EMENDA CONSTITUCIONAL N. 45/2004. INEXISTÊNCIA DE COMUM ACORDO TÁCITO. A Seção Especializada em Dissídios Coletivos deste Tribunal Superior do Trabalho firmou jurisprudência no sentido de que a nova redação do § 2º do art. 114 da Constituição Federal estabeleceu o pressuposto processual intransponível do *mútuo consenso* das partes para o ajuizamento do dissídio coletivo de natureza econômica. A EC n. 45/2004, incorporando críticas a esse processo especial coletivo, por traduzir excessiva intervenção estatal em matéria própria à criação de normas, o que seria inadequado ao efetivo Estado Democrático de Direito instituído pela Constituição (de modo a preservar com os sindicatos, pela via da negociação coletiva, a geração de novos institutos e regras trabalhistas, e não com o Judiciário), fixou o pressuposto processual restritivo do § 2º do art. 114, em sua nova redação. Nesse novo quadro jurídico, apenas havendo mútuo acordo ou em casos de greve, é que o dissídio de natureza econômica pode ser tramitado na Justiça do Trabalho. *Na hipótese dos autos, o Sindicato dos Trabalhadores Rurais de Costa Rica arguiu a preliminar de ausência de mútuo consenso para o ajuizamento do dissídio coletivo, expressamente, às fls. 144-148, em conformidade com a jurisprudência majoritária desta Corte.* Ressalta-se que não houve concordância tácita em razão de o Suscitado ter comparecido à audiência que buscava a conciliação entre as partes, engajando esforços para a solução negociada. Os atos processuais conciliatórios praticados pelas partes não podem ser equiparados à concordância tácita com o ajuizamento do dissídio coletivo, sob pena de se instigar os litigantes a rejeitarem qualquer convocação do Judiciário para tentarem o caminho da conciliação e paz. As negociações prévias, inclusive as audiências de conciliação realizadas pelo TRT, buscavam um consenso entre os envolvidos para o estabelecimento de normas coletivas. Diferente disso tudo é o requisito processual do comum acordo para que a Justiça do Trabalho, em substituição à vontade das partes, profira sentença normativa. Por isso, repita-se, não são atos ou omissões equivalentes. Não se pode olvidar que esta Seção aceita o comum acordo tácito. Porém, ele se configura caso a parte, em juízo, deixe de manifestar, expressamente, sua não concordância com a instauração do dissídio, seja em defesa, seja não reiterando a preliminar em recurso ordinário, situações estas que, como visto, não ocorreram na presente hipótese. Enfatize-se que, no presente caso, o Sindicato obreiro insurgiu-se explicitamente *em diversas oportunidades* contra a propositura da ação de dissídio, apenas comparecendo a Juízo e participando do diálogo conciliatório como manifestação de lealdade processual e colaboração com o Poder Judiciário. Porém, em todos os momentos, deixou inquestionável sua vontade contrária ao ajuizamento do dissídio e a inexistência de acordo em relação às horas *in itinere*. Trata-se, evidentemente, do mero exercício processual do *princípio da eventualidade*, clássico no processo, sob pena de haver futura preclusão em relação a essas questões. Fica bastante claro, também, que a recusa ao comum acordo já havia sido enfaticamente manifestada nos autos, não sendo inovação processual, mas somente devolução de fato processual já consumado. Recurso ordinário provido." Processo: RO-394-33.2011.5.24.0000, Data de Julgamento: 11.03.2013, Relator Ministro: Mauricio Godinho Delgado, Seção Especializada em Dissídios Coletivos, Data de Publicação: DEJT 17.05.2013.

Importa salientar, contudo, que a exigência de comum acordo não viola o inciso XXXV do art. 5º da Constituição da República, haja vista que, em dissídio coletivo de natureza econômica, não se examina a ocorrência de lesão ou ameaça a direito, mas profere-se decisão normativa que deverá traduzir a justa composição do conflito de interesses das partes.

Nesse sentido foram proferidos os seguintes julgados: RO-423900-33.2008.5.04.0000, Data de Julgamento: 12.12.2011, Relator Ministro: Márcio Eurico Vitral Amaro, Seção Especializada em Dissídios Coletivos, Data de Publicação: DEJT de 03.02.2012; RO-863-44.2010.5.05.0000, Data de Julgamento: 12.12.2011, Relator Ministro: Maurício Godinho Delgado, Seção Especializada em Dissídios Coletivos, Data de Publicação: DEJT de 03.02.2012; RO-2027200-88.2008.5.02.0000, Data de Julgamento: 12.12.2011, Relator Ministro: Walmir Oliveira da Costa, Seção Especializada em Dissídios Coletivos, Data de Publicação: DEJT de 03.02.2012; RO-343000-63.2008.5.04.0000, Data de Julgamento: 14.11.2011, Relatora Ministra: Dora Maria da Costa, Seção Especializada em Dissídios Coletivos, Data de Publicação: DEJT de 25.11.2011; RO-2021600-86.2008.5.02.0000, Data de Julgamento: 14.11.2011, Relatora Ministra: Kátia Magalhães Arruda, Seção Especializada em Dissídios Coletivos, Data de Publicação: DEJT de 25.11.2011; RO-4340-86.2010.5.01.0000, Data de Julgamento: 12.09.2011, Relator Ministro: Fernando Eizo Ono, Seção Especializada em Dissídios Coletivos, Data de Publicação: DEJT de 23.09.2011.

Diante do exposto, à falta do pressuposto processual do comum acordo, DOU PROVIMENTO ao recurso ordinário interposto para extinguir o processo, sem resolução do mérito, nos termos dos arts. 114, § 2º, da Constituição Federal e 267, IV, do CPC, ressalvadas, contudo, as situações fáticas já constituídas, a teor do art. 6º, § 3º, da Lei n. 4.725/65, restando prejudicada a análise dos demais temas recursais. Invertido o ônus da sucumbência.

---

# GREVE. ABUSIVIDADE. MULTA

*REEXAME NECESSÁRIO. RECURSO ORDINÁRIO. EXAME CONJUNTO. GREVE. ABUSIVIDADE. COMPENSAÇÃO DOS DIAS NÃO TRABALHADOS.*

*1. A participação em greve suspende o contrato de trabalho, razão pela qual não é devido o pagamento dos dias não trabalhados, salvo em situações excepcionais. Inteligência do art. 7º da Lei n. 7.783/1989.*

*2. Na hipótese vertente, a greve foi deflagrada por servidores públicos municipais nas áreas da saúde e da educação (escolas e creches). Nesse contexto, a necessidade de compensação dos dias não trabalhados afigura-se indiscutível e única forma, por exemplo, de possibilitar a reposição das horas aulas perdidas pelos alunos das escolas públicas municipais e a atualização do calendário de vacinação nos postos de saúde.*

*3. Tendo em vista, todavia, a multiplicidade das atividades e dos serviços prestados, a compensação deve submeter-se ao interesse público, devendo ser autorizado o desconto dos dias não trabalhados nos casos em que, motivadamente, não se justifique o labor compensatório.*

*Reexame necessário e recurso ordinário a que se dá parcial provimento.*

*RECURSO ORDINÁRIO INTERPOSTO PELO SINDICATO PROFISSIONAL. DISSÍDIO COLETIVO DE GREVE. ABUSIVIDADE. DESCUMPRIMENTO DE ORDEM JUDICIAL. MULTA.*

*1. A recusa ou protelação do cumprimento de decisões judiciais fundamentadas justifica a introdução, em nosso ordenamento jurídico, de instrumentos mais eficazes a conferir efetividade ao provimento jurisdicional de natureza mandamental, a exemplo do "contempt of court" da "Common Law", estabelecido no art. 14, V, e parágrafo único, do CPC, cuja aplicabilidade não é restrita às partes do processo, mas a todos aqueles que, de qualquer forma, participam do processo.*

*2. No caso vertente, não obstante a ordem judicial fixar os percentuais mínimos de trabalhadores em atividade visando ao atendimento das necessidades indispensáveis e inadiáveis da comunidade usuária, ocorreu a suspensão total ou substancial das atividades em muitas unidades de educação e de saúde.*

*3. Nesse contexto, deve ser mantida a cominação da multa pelo descumprimento da decisão liminar, a fim de desestimular o abuso no exercício do direito de greve e tornar efetivo o cumprimento da ordem judicial. Todavia, considerando as peculiaridades do caso e os princípios da proporcionalidade e da razoabilidade, justifica-se a redução do valor da multa para R$ 20.000,00 (vinte* *mil reais), na forma do que dispõe o art. 461, § 6º, do Código de Processo Civil e dos precedentes desta Corte Superior.*

*Recurso ordinário conhecido e parcialmente provido.*

*I – Reexame necessário. Recurso ordinário interposto pelo município de Salto. Exame conjunto*

*2.1 – Município. Greve. Abusividade da paralisação. Compensação dos dias não trabalhados*

VOTO

A jurisprudência desta Seção de Dissídios Coletivos, tendo em vista o preceituado no art. 7º da Lei n. 7.783/1989, é firme no sentido de que, salvo em situações excepcionais, a participação em greve suspende o contrato de trabalho, razão pela qual não é devido o pagamento dos dias não trabalhados.

Nesse sentido os seguintes precedentes: Proc. TST-RODC-20244/2005-000-02-00, Rel. Min. Maurício Godinho Delgado, DEJT de 07.08.2009; Proc. TST-RODC-20326/2007-000-02-00, Rel. Min. Márcio Eurico Vitral Amaro, DEJT de 20.03.2009; Proc. TST-RODC-24002/2004-909-09-00.8, Rel. Min. Ives Gandra Martins Filho, DJ de 19.10.2007.

Todavia, a hipótese dos autos trata acerca de greve deflagrada por servidores públicos municipais nas áreas da saúde e da educação (escolas e creches), entre outras.

Nesse contexto, o simples desconto dos dias não trabalhados poderá, em alguns casos, agravar a situação da comunidade dependente dos serviços públicos, porquanto impossibilitaria, por exemplo, a reposição das horas aulas perdidas pelos alunos das escolas públicas municipais e a atualização do calendário de vacinação nos postos de saúde.

Portanto, *prima facie*, a necessidade de compensação dos dias paralisados afigura-se indiscutível e única forma possível, inclusive, de cumprimento das obrigações impostas pela Constituição da República à municipalidade nas áreas, por exemplo, da educação e da saúde (arts. 23, *caput*, II, V, 196, 197, 198, 205, 208, IV, e 211, § 2º).

Tendo em vista a ausência do desejável acordo entre as partes litigantes e, ainda, considerando a competência da Justiça do Trabalho para fixar as relações obrigacionais dos atores sociais durante a paralisação, esta Corte Normativa em outras oportunidades já determinou a compensação dos dias não trabalhados, assinalando prazo razoável para a sua realização, como se verifica dos seguintes precedentes, proferidos em razão de greves promovidas pelos servidores da Empresa de Correios e Telégrafos – ECT: DC – 6535-37.2011.5.00.0000, Data de Julgamento: 11.10.2011, Relator Ministro: Mauricio Godinho Delgado, Seção Especializada em Dissídios Coletivos, Data de Publicação: DEJT de 17.10.2011; DC – 8981-76.2012.5.00.0000, Data de Julgamento: 27.09.2012, Relatora Ministra: Kátia Magalhães Arruda, Seção Especializada em Dissídios Coletivos, Data de Publicação: DEJT de 05.10.2012.

No entanto, notadamente no primeiro precedente citado, a compensação ficou submetida à necessidade da empregadora. Com efeito, a compensação, em casos como o dos autos, se justifica, não só para o fim de propiciar a regularização dos serviços acumulados no período de paralisação, mas, principalmente, para atender o interesse público e a comunidade usuária que havia sido privada de serviço público indispensável.

Sendo assim, a determinação de compensação dos dias não trabalhados, ao invés dos descontos salariais desse período, como postulado pelo suscitante na representação e nas manifestações feitas nos autos antes do julgamento do dissídio coletivo, alinha-se à jurisprudência desta SDC apenas parcialmente, porquanto não considerou o interese público e a multiplicidade das situações envolvendo os serviços prestados nas áreas funcionais atingidas pela paralisação.

Na hipótese, conquanto o Tribunal de origem, ao fixar os critérios para a compensação, mencione que se deveria atender, cumulativamente, ao requisito da "real necessidade do serviço" (fl. 1.556), somente autorizou o desconto dos dias não trabalhados "em caso de recusa na execução de trabalho extraordinário". Vale dizer, se não houvesse "real necessidade do serviço" para justificar o labor compensatório, ainda assim a Administração Municipal não poderia efetuar o desconto dos dias não trabalhados.

Considere-se, no entanto, que o recorrente, por um lado, admitiu estar promovendo a compensação nos moldes fixados na decisão recorrida e, por outro lado, postula seja autorizado os descontos salariais apenas nas situações em que, motivadamente, não se justificaria o labor compensatório.

Dessa forma, a decisão a ser proferida por esta Instância Superior talvez não surta nenhum resultado prático, justificando-se, todavia, como forma pedagógica para orientar os jurisdicionados em casos futuros.

Assim, entende-se que *deve ser mantida a compensação* dos dias não trabalhados, nos moldes delineados na decisão recorrida, *conforme a necessidade da Administração Pública Municipal*, no prazo máximo de cento e oitenta dias contados a partir do retorno dos servidores ao trabalho, *ficando autorizado o desconto* dos dias não trabalhados nos casos em que, *motivadamente, não se justifique o labor compensatório*.

Ante o exposto, DOU PARCIAL PROVIMENTO ao reexame necessário e ao recurso ordinário, quanto ao tema, para determinar a compensação dos dias não trabalhados, nos moldes delineados na decisão recorrida, conforme a necessidade da Administração Pública Municipal, no prazo máximo de cento e oitenta dias contados a partir do retorno dos servidores ao trabalho, ficando autorizado o desconto dos dias não trabalhados nos casos em que, motivadamente, não se justifique o labor compensatório.

*II – Recurso ordinário interposto pelo sindicado profissional*

*2.2 – Greve. Abusividade. Servidores públicos municipais submetidos ao regime da CLT. Descumprimento da ordem judicial*

VOTO

A greve é "a suspensão coletiva, temporária e pacífica, total ou parcial, de prestação pessoal de serviços ao empregador", nos exatos termos do art. 2º da Lei n. 7.783/1989. Assim, mesmo quando espontaneamente deflagrada pelos trabalhadores, o exercício do direito de greve deve subordinar-se aos requisitos previstos em lei, consoante mandamento inscrito no art. 9º, §§ 1º e 2º, da Constituição da República.

No caso vertente, não foi observada a exigência contida no art. 13 da Lei n. 7.783/1989 quanto à comunicação da paralisação ao empregador e aos usuários com 72 (setenta e duas horas) de antecedência, visto que a greve abrangeu atividade considerada essencial à comunidade – assistência médica e hospitalar – nos termos do art. 10, II, da referida lei.

Com efeito, embora seja discutível se o rol contido no art. 10 da Lei n. 7.783/1989 seja apenas exemplificativa e, assim, que a educação pública, especialmente a infantil, possa ser considerada serviço e atividade essencial, é incontroversa a paralisação dos servidores nas unidades de saúde, sendo, pois, inequívoca a obrigatoriedade de comunicação prévia com, no mínimo, 72 (setenta e duas) horas.

Como se verifica à fl. 25, a Municipalidade foi comunicada no dia 09.03.2012, em horário ignorado, acerca da paralisação dos servidores a partir do dia 12/03, sem designação do horário do efetivo início. Por outro lado, a comunidade foi comunicada por meio da mídia impressa sobre a paralisação das atividades a partir da 0h00 do dia 12/03 também no dia 09.03.2012.

Esclareça-se que o dia da comunicação foi uma sexta-feira e a paralisação foi marcada para começar em uma segunda--feira. Ou seja, além de não observar o prazo mínimo de 72 (setenta e duas) horas, entre a comunicação e o início da paralisação ocorreram os dias de fim de semana, em que tradicionalmente não há expediente nas repartições públicas, fato que inviabilizava, ou ao menos dificultava, a Administração Pública tomar as medidas necessárias para minimizar os efeitos da greve junto à população usuária.

Anote-se, ainda, para a irregularidade da assembleia deliberativa uma vez que, embora aprovada a proposta de "possível instalação de Greve" (fl. 339), não constou na respectiva ata o dia de início da deflagração do movimento.

Portanto, correta a decisão recorrida quando reputou abusiva a greve.

Quanto à desproporcionalidade dos percentuais de servidores em atividade para o atendimento das necessidades da comunidade, depreende-se dos autos e da decisão recorrida que, não obstante a ordem judicial, ocorreu a suspensão total ou substancial das atividades em muitas unidades de educação e de saúde.

Desse modo, ainda que se pudesse reconhecer como desarrazoado o percentual fixado na decisão liminar (70% na área da saúde e 50% na área da educação e demais atividades), é certo que não houve esforço, por parte do sindicato profissional, para atender as necessidades inadiáveis da comunidade, como determina o art. 11 da Lei n. 7.783/1989, considerando que houve paralisação completa em postos de saúde, bem como em escolas públicas.

A título exemplificativo, destaco que os Oficiais de Justiça constataram, nos dias 23, 26 e 27 de março, a total ausência de servidores no Posto de Saúde do Jardim Marília (fls. 1.024-1.028), no Posto de Saúde do Bairro Cecap (fls. 1.030-1.034), no Posto de Saúde Salto de São José (fl. 1.122) e no Posto de Saúde do Jardim Donalísio (fl. 1.136). Também encontraram fechadas as seguintes unidades de educação, nos mesmos dias: Educação Infantil II e III – Santa Cruz I (fls. 1.052-1.056), Educação Infantil II e III – Jardim Marechal Rondon (fl. 1.126). Além disso, foi constatada a presença ínfima de servidores em outras unidades (p. ex., apenas uma merendeira na Escola Hilário Ferrari, um auxiliar de desenvolvimento infantil no período da tarde na unidade de Educação Infantil I – Jardim Independência).

Ora, a teor dos arts. 9º e 11 da Lei n. 7.783/1989, cabe ao sindicato profissional, mediante acordo com a categoria econômica ou diretamente com o empregador, manter em atividade equipes de trabalhadores com o propósito de assegurar os serviços, assim como a prestação das atividades indispensáveis ao atendimento das necessidades inadiáveis da comunidade.

Por outro lado, repita-se, o art. 10, II, da Lei de Greve, considera como serviço ou atividade essencial a assistência médica e hospitalar.

Sem embargo disso, e ao contrário do que sustenta o sindicato recorrido, mesmo que ocorresse de forma parcial, a suspensão das atividades nos serviços públicos, especificamente nas áreas da saúde e da educação infantil, gera transtornos à população dependente da prestação desses serviços indispensáveis.

Portanto, a determinação da multa fixada na decisão liminar deve ser mantida.

Considere-se, para tanto, primeiramente, os prejuízos causados à população usuária dos serviços dos postos e clínicas médicas e das unidades de educação infantil, inclusive creches, em decorrência da paralisação efetivada.

Acrescente-se que a imposição de multa não visa apenas a desestimular o abuso no exercício do direito de greve, mas, também, tornar efetivo o cumprimento da ordem judicial liminar.

Cito, a propósito, os seguintes precedentes desta SDC a respeito do tema:

"DISSÍDIO COLETIVO DE GREVE. RECURSO ORDINÁRIO INTERPOSTO PELO SITETUPERON. TRANSPORTE COLETIVO. DESCUMPRIMENTO DE DECISÃO LIMINAR QUE FIXAVA, SOB PENA DE MULTA DIÁRIA, PERCENTUAL MÍNIMO PARA MANUTENÇÃO DOS SERVIÇOS ESSENCIAIS. SUPERVENIENTE EXTINÇÃO DO FEITO, SEM RESOLUÇÃO DO MÉRITO, PELA DESISTÊNCIA DA AÇÃO. MULTA DEVIDA. MONTANTE FIXADO. PRINCÍPIO DA PROPORCIONALIDADE. A decisão liminar expedida pelo Judiciário Trabalhista foi no sentido de resguardar, durante a greve, os interesses da sociedade, mediante o atendimento básico das necessidades inadiáveis dos usuários do serviço de transporte público local, fixando-se a obrigação da prestação dos serviços indispensáveis de transporte coletivo com, pelo menos, setenta por cento da frota nos horários de pico e quarenta por cento nos demais horários, sob pena de multa diária. Contudo, a prova dos autos demonstra o descumprimento da determinação judicial no lapso de 05.07.2011 a 11.07.2011, inclusive com paralisação total dos serviços em parcela do período. O demonstrado descumprimento do mínimo necessário para manutenção dos serviços essenciais faz incidir, assim, a multa fixada pelo Juízo. A superveniente extinção do feito, sem resolução do mérito, pela homologação da desistência da ação, não afasta a aplicação da multa pelo descumprimento da ordem concedida liminarmente. Isso porque a multa fixada decorre da atuação do Estado-juiz para garantia da efetividade de sua decisão, no caso, voltada para a manutenção das atividades da empresa. O que importa para a efetivação da multa cominada, portanto, é o descumprimento da ordem estabelecida pelo Juízo. Na hipótese, antes de as partes alcançarem uma solução consensual ao litígio, que culminou no pedido de desistência, a multa já havia se consolidado pelo desrespeito à ordem emanada do Poder Judiciário. Por isso, não há como se elidir a decisão da Corte Regional que determinou o pagamento de multa por dia de paralisação em que não foi resguardada a quota mínima estabelecida. No tocante ao montante da multa diária pelo descumprimento da obrigação, contudo, compreende-se ser necessário reduzir o valor de R$ 60.000,00 (sessenta mil reais) para R$ 20.000,00 (vinte mil reais), obedecendo aos princípios da razoabilidade e da proporcionalidade, para melhor atender ao critério da capacidade econômica do sindicato dos trabalhadores. Sendo 07 (sete) os dias abrangidos pela multa, atingirá o montante de R$ 140.000,00 (cento e quarenta mil reais), ao invés dos R$ 420.000,00 (quatrocentos e vinte mil reais) originalmente fixados. Recurso ordinário a que se dá parcial provimento." Processo: RO – 1369-34.2011.5.14.0000, Data de Julgamento: 11.12.2012, Relator Ministro: Mauricio Godinho Delgado, Seção Especializada em Dissídios Coletivos, Data de Publicação: DEJT 15.02.2013.

Com efeito, a teor do que dispõe o art. 14, V, parágrafo único, do Código de Processo Civil, são deveres das partes e de todos aqueles que de qualquer forma participam do processo – cumprir com exatidão os provimentos mandamentais e não criar embaraços à efetivação de provimentos judiciais, de natureza antecipatória ou final.

Ressalvados os advogados que se sujeitam exclusivamente aos estatutos da OAB, a violação do disposto no inciso V constitui ato atentatório ao exercício da jurisdição, podendo o juiz, sem prejuízo das sanções criminais, civis e processuais cabíveis, aplicar ao responsável multa em montante a ser fixado de acordo com a gravidade da conduta e não superior a vinte por cento do valor da causa; não sendo paga no prazo estabelecido, contado do trânsito em julgado da decisão final da causa, a multa será inscrita sempre como dívida ativa da União ou do Estado.

A recusa ou a protelação do cumprimento de decisões judiciais fundamentadas justifica a introdução, em nosso ordenamento jurídico, de instrumentos mais eficazes a conferir efetividade ao provimento jurisdicional de natureza mandamental, a exemplo do *contempt of court* da *Common Law*, estabelecido no art. 14, V, e parágrafo único, do CPC, cuja aplicabilidade não é restrita às partes do processo, mas a todos aqueles que de qualquer forma participam do processo.

Nessa esteira, foi proferido o seguinte precedente desta Seção Normativa:

"RECURSO ORDINÁRIO. DISSÍDIO COLETIVO DE GREVE. FIXAÇÃO DE ASTREINTES. CELEBRAÇÃO DE ACORDO. DESTINAÇÃO DA MULTA. *CONTEMPT OF COURT*.

1. A recusa ou protelação do cumprimento de decisões judiciais fundamentadas justifica a introdução, em nosso ordenamento jurídico, de instrumentos mais eficazes a conferir efetividade ao provimento jurisdicional de natureza mandamental, a exemplo do *contempt of court* da *Common Law*, estabelecido no art. 14, V, e parágrafo único, do CPC, cuja aplicabilidade não é restrita às partes do processo, mas a todos aqueles que de qualquer forma participam do processo.

2. No caso vertente, indispensáveis ao atendimento das necessidades inadiáveis da comunidade. Portanto, aquele que suportou os prejuízos do descumprimento da ordem judicial não foi o empregador, mas a comunidade, pois privada de serviço essencial, no caso, transporte público coletivo. Inaplicável, nesse contexto, o disposto no art. 461 do CPC, por não se tratar de descumprimento de obrigação de fazer ou não fazer. Recurso ordinário a que se nega provimento." Processo: RO – 859-57.2012.5.15.0000, Data de Julgamento: 11.03.2013, Redator Ministro: Walmir Oliveira da Costa, Seção Especializada em Dissídios Coletivos, Data de Publicação: DEJT 30.08.2013.

Quanto ao montante fixado a título de multa cominatória, observe-se que, em obediência aos princípios da proporcionalidade e da razoabilidade, a multa por descumprimento de ordem judicial (astreintes) deverá ser fixada pelo magistrado em consonância com as peculiaridades de cada caso, tendo em conta a capacidade econômica das partes, sob pena de torná-la excessiva, implicando enriquecimento sem causa.

No caso vertente, na decisão liminar foi fixada multa diária de R$ 10.000,00 (dez mil reais), valor que foi reduzido na decisão recorrida para R$ 2.000,00 (dois mil reais).

Considerando que foram *58 dias de paralisação* (a greve teve início em 12.03.2012 e perdurou até o dia 09.05.2012, como admitido pelo sindicato recorrente), *o total da multa será de R$ 116.000,00* (cento e dezesseis mil reais); por outro lado, segundo consta na decisão recorrida a *entidade sindical conta com menos de 1.500 (mil e quinhentos) associados*. Assim, em rápido cálculo, constata-se que cada associado arcaria com mais de R$ 700,00 (setecentos reais), valor excessivo tendo em vista que, segundo registrado no acórdão regional, *um Professor de Educação Básica 2 (R10) percebia, à época, R$ 8,38 (oito reais e trinta e oito centavos) por hora trabalhada*, enquanto um cirurgião dentista percebia R$ 12,48 (doze reais e quarenta e oito centavos) por hora trabalhada e um médico R$ 30,26 (trinta reais e vinte e seis centavos) também por hora trabalhada.

Dessa forma, justifica-se a *redução da multa para o valor de R$ 20.000,00* (vinte mil reais), considerando os princípios da proporcionalidade e da razoabilidade, como acima exposto, bem como as particularidades do caso concreto.

Em outras oportunidades, esta Corte Normativa, em obediência ao princípio da razoabilidade, tem entendido que, na fixação do valor da multa por descumprimento de ordem judicial, devem ser considerados as circunstâncias e o porte do sindicato profissional.

Nesse sentido, cito os seguintes precedentes desta Corte Normativa proferidos em situação análoga:

"RECURSOS ORDINÁRIOS INTERPOSTOS PELAS PARTES. EXAME CONJUNTO. IDENTIDADE DE MATÉRIA. DISSÍDIO COLETIVO DE GREVE. ABUSIVIDADE. DESCUMPRIMENTO DE ORDEM JUDICIAL. MULTA. INDENIZAÇÃO POR PERDAS E DANOS.

1. Trata-se de hipótese em que, de um lado, o sindicato profissional pugna pela exclusão, ou redução, do valor da multa cominatória, e, de outro, a empresa suscitante requer a majoração do valor fixado a esse título, bem como a condenação da entidade sindical ao pagamento de indenização por perdas e danos.

2. Em obediência aos princípios da proporcionalidade e da razoabilidade, a multa por descumprimento de ordem judicial (astreintes) deverá ser fixada pelo magistrado em consonância com as peculiaridades de cada caso, tendo em conta a capacidade econômica das partes, sob pena de torná-la excessiva, implicando enriquecimento sem causa.

3. No caso vertente, o exame da prova documental revela que a renda mensal da entidade sindical gira em torno de R$ 200.000,00 (duzentos mil reais), o que torna excessiva a multa cominatória aplicada R$ 200.000,00 (duzentos mil reais), justificando, assim, a redução do valor para R$ 50.000,00 (cinquenta mil reais), na forma do que dispõe o art. 461, § 6º, do Código de Processo Civil e dos precedentes desta Corte Superior.

4. Quanto ao recurso da empresa suscitante, não logra ser provido, dada a impropriedade do pedido de condenação por perdas e danos em dissídio coletivo de greve.

Recurso ordinário interposto pelo sindicato suscitado parcialmente provido e desprovido o recurso ordinário interposto pela empresa suscitante. Processo: RO – 1115-09.2010.5.10.0000, Data de Julgamento: 12.03.2012, Relator Ministro: Walmir Oliveira da Costa, Seção Especializada em Dissídios Coletivos, Data de Publicação: DEJT 20.04.2012.

DECISÃO LIMINAR. DESCUMPRIMENTO. MULTA. Decisão liminar proferida em processo cautelar preparatório, em que se impôs, como forma de garantia da prestação dos serviços indispensáveis ao atendimento das necessidades inadiáveis da população, o funcionamento entre 100% (cem por cento) e 80% (oitenta por cento) das linhas de metrô durante movimento grevista, de curto e determinado período de duração (vinte e quatro horas), sob pena de pagamento de multa no valor de R$ 100.000,00 (cem mil reais). Falta de razoabilidade do comando judicial liminar, em que se impôs, como limites operacionais mínimos para atendimento das necessidades inadiáveis da comunidade, percentuais evidentemente inalcançáveis em qualquer movimento grevista cuja tônica é a paralisação das atividades por período determinado de 24 (vinte e quatro) horas, a estimular o seu descumprimento. Hipótese, todavia, em que não se constata qualquer tipo de iniciativa do sindicato profissional suscitado em atender, ainda que dentro de limites aceitáveis, a decisão judicial liminar proferida com a finalidade de assegurar aquilo que na lei já se estabelece, de antemão, como obrigação de todos os envolvidos para o exercício do direito de greve nas atividades classificadas como essenciais: garantia, durante a greve, da prestação dos serviços indispensáveis ao atendimento das necessidades inadiáveis da comunidade (Lei n. 7783/1989, art. 11). Valor fixado a título de multa por descumprimento de decisão judicial que, nesse contexto, se afigura aplicável, porém em limite mais razoável, considerando as circunstâncias e o porte do Sindicato profissional. Recurso ordinário a que se dá provimento parcial, a fim de se reduzir para R$ 50.000,00 (cinquenta mil reais) o valor fixado a título de multa por descumprimento da determinação judicial liminar." Processo: RODC – 2025800-10.2006.5.02.0000, Data de Julgamento: 10.10.2011, Relator Ministro: Fernando Eizo Ono, Seção Especializada em Dissídios Coletivos, Data de Publicação: DEJT 04.11.2011.

Logo, revela-se excessiva a multa cominatória aplicada ao sindicato recorrente, justificando, assim, a redução do valor para R$ 20.000,00 (vinte mil reais), na forma do que dispõe o art. 461, § 6º, do Código de Processo Civil.

Ante o exposto, DOU PARCIAL PROVIMENTO ao recurso ordinário interposto pelo sindicato profissional para, reformando o acórdão recorrido, reduzir para R$ 20.000,00 (vinte mil reais) o valor estabelecido para a multa por descumprimento da ordem judicial liminar.

# GREVE. NÃO CORRESPONDÊNCIA ENTRE AS ATIVIDADES EXERCIDAS PELA EMPREGADORA E A CATEGORIA PROFISSIONAL REPRESENTADA PELO SINDICATO PROMOTOR DO MOVIMENTO

*RECURSO ORDINÁRIO EM DISSÍDIO COLETIVO DE GREVE. REPRESENTAÇÃO DE EMPREGADOS DE EMPRESA PRESTADORA DE SERVIÇOS. INEXISTÊNCIA DE CORRESPONDÊNCIA ENTRE AS ATIVIDADES EXERCIDAS PELA EMPREGADORA E A CATEGORIA PROFISSIONAL REPRESENTADA PELO SINDICATO QUE PROMOVEU A GREVE. ABUSIVIDADE DO DIREITO DE GREVE. AUSÊNCIA DE PRÉVIA DELIBERAÇÃO DA ASSEMBLEIA DOS EMPREGADOS.*

*1. O inciso II do art. 8º da Constituição da República manteve o enquadramento sindical por categoria econômica e profissional que, assim, segue definido por lei, não podendo ser alterado apenas pela vontade dos autores sociais. Assim, o requisito de simetria sindical é essencial para a definição da representação da categoria profissional, conforme a diretriz da Orientação Jurisprudencial n. 22 da SDC.*

2. *No caso concreto, o sindicato dos trabalhadores petroleiros e petroquímicos, que patrocinou a greve, não representa os empregados da suscitante, empresa de engenharia e de construção civil, prestadora de serviços de manutenção de equipamentos e de instalações da Petrobras.*

3. *Todavia, considerando, inclusive, a existência de controvérsia quanto à representação sindical dos trabalhadores terceirizados, objeto, inclusive, de discussão no Congresso Nacional, embora convocada/patrocinada por sindicato ilegítimo, a greve não necessariamente será abusiva, porquanto é direito assegurado aos trabalhadores e não ao sindicato. No entanto, restou incontroversa na hipótese vertente à inobservância das exigências contidas no art. 9º, caput, da Constituição da República e nos arts. 1º, 3º e 4º da Lei de Greve, em particular no tocante à ausência de assembleia – que poderá ser realizada mesmo sem o patrocínio da entidade sindical (§ 2º do art. 4º). A única deliberação dos trabalhadores sobre a paralisação ocorreu 28 (vinte e oito) dias antes da eclosão do movimento e sem demarcação da data para o seu efetivo início.*

*Recurso ordinário a que se dá provimento.*

(Processo n. TST-RO-245-48.2011.5.20.0000 – Ac. SDC – DeJT: 17.10.2013)

### Mérito

*Recurso ordinário em dissídio coletivo de greve. Representação de empregados de empresas prestadoras de serviços. Inexistência de correspondência entre as atividades exercidas pela empregadora e a categoria profissional representada pelo sindicato que promoveu a greve. Abusividade do direito de greve. Ausência de prévia deliberação da assembleia dos empregados*

### VOTO

Observa-se que a discussão gira em torno da abusividade ou não de movimento grevista patrocinado por entidade sindical que não representaria a categoria profissional envolvida no conflito coletivo.

A primeira questão a ser dirimida nos presentes autos trata da legitimidade processual do recorrente, Sindicato Unificado dos Trabalhadores Petroleiros, Petroquímicos e Plásticos nos Estados de Alagoas e Sergipe – Sindipetro, para exercer a representação sindical dos empregados da suscitada empresa cujas atividades compreendem a prestação de serviços de manutenção de equipamentos e instalações da Petrobrás.

Segundo a empresa suscitante, seus empregados são representados pelo Sintracon – Sindicato dos Trabalhadores da Construção Civil, uma vez que a atividade empresarial situa-se no ramo da construção civil. Esclarece que o contrato celebrado com a Petrobras objetiva, à fl. 9, *verbis*:

"[…] manutenção de tanques e armazenamento de fluidos, vasos de pressão, geradores de vapor, caldeiras, sistemas de tratamento d'água, tubulações, de soldagem, aplicação de revestimentos e pintura industrial dos equipamentos, instalações e fornecimento de materiais, e de apoio à inspeção e manutenção dos dutos terrestres e faixas de domínio de dutos."

O sindicato suscitado, segundo o art. 1º do Estatuto Social, transcrito na contestação, à fl. 301, foi instituído como representante da "categoria e trabalhadores da ativa, aposentados e pensionistas, efetivos, contratados e subcontratados direta e indiretamente em companhias, suas coligadas e subsidiárias, indústrias, empresas contratadas pelo sistema Petrobras (…)" (*sic*).

Todavia, ainda que se possa admitir a existência de previsão estatutária acerca dos trabalhadores contratados e subcontratados, direta e indiretamente, e às empresas contratadas pelo "sistema Petrobras", esse fato, por si só, não conduz ao reconhecimento do sindicato suscitado como representante dos empregados da empresa suscitante.

O primeiro ponto a ser salientado é a generalidade da previsão, uma vez que menciona os trabalhadores que prestam serviços indiretamente à Petrobras, sem, ao menos, esclarecer se a prestação dos serviços ocorre na área meio ou fim do empreendimento empresarial. De qualquer sorte, a partir da transcrição integral, na representação inicial, do mencionado art. 1º dos estatutos sindicais (não impugnado pelo suscitado), verifica-se que a representação sindical compreende os empregados "vinculados às atividades" desempenhadas pela "I – Indústria da Extração, Exploração, Perfuração, Produção, Refino, Destilação, Distribuição, Armazenagem e Transporte de Petróleo Bruto, Gás Natural e seus Derivados através de Dutavias e Áreas Administrativas" (fl. 10). Ora, incontroverso que a empregadora ativa-se na área de engenharia e construção civil, não configurando empreendimento industrial da extração, exploração, perfuração, produção, refino, destilação, distribuição, armazenagem e transporte de petróleo bruto, gás natural e seus derivados.

Como segundo ponto, destaca-se que a legitimidade em disputa se vincula à natureza das atividades econômicas desenvolvidas pela empregadora, uma vez que o requisito de simetria sindical é essencial para a definição da representação da categoria profissional nas negociações coletivas.

Nesse sentido, inclusive, a Orientação Jurisprudencial n. 22 da SDC, *verbis*:

"22. LEGITIMIDADE *AD CAUSAM* DO SINDICATO. CORRESPONDÊNCIA ENTRE AS ATIVIDADES EXERCIDAS PELOS SETORES PROFISSIONAL E ECONÔMICO ENVOLVIDOS NO CONFLITO. NECESSIDADE. (inserido dispositivo) – DEJT divulgado em 16, 17 e 18.11.2010

É necessária a correspondência entre as atividades exercidas pelos setores profissional e econômico, a fim de legitimar os envolvidos no conflito a ser solucionado pela via do dissídio coletivo."

Como se sabe, a Constituição de 1988, por um lado, consagrou a autonomia e a liberdade sindical, eliminando intervenção estatal na organização sindical; por outro lado, manteve o princípio da unicidade sindical e a organização por categorias econômica e profissional.

Com efeito, o inciso II do art. 8º da Constituição da República manteve o enquadramento sindical por categoria econômica e profissional que, assim, segue definido por lei, não podendo ser alterado apenas pela vontade dos autores sociais, porquanto esse dispositivo constitucional apenas outorgou aos trabalhadores interessados a definição da conveniência da criação e da base territorial do sindicato.

Assim, embora o atual estágio de liberdade que usufrui o sindicalismo brasileiro permita a criação de sindicatos representativos de segmentos das categorias profissional e econômica, o enquadramento sindical permanece, tendo em vista o disposto nos arts. 511, 570 e seguintes da CLT.

Com efeito, sobre a associação sindical, assim dispõe o art. 511 da CLT, *verbis*:

"Art. 511. É lícita a associação para fins de estudo, defesa e coordenação dos seus interesses econômicos ou profissionais de todos os que, como empregadores, empregados, agentes ou trabalhadores autônomos ou profissionais liberais exerçam, respectivamente, a mesma atividade ou profissão ou atividades ou profissões similares ou conexas.

§ 1º. A solidariedade de interesses econômicos dos que empreendem atividades idênticas, similares ou conexas, constitui o vínculo social básico que se denomina categoria econômica.

§ 2º. A similitude de condições de vida oriunda da profissão ou trabalho em comum, em situação de emprego na mesma atividade econômica ou em atividades econômicas similares ou conexas, compõe a expressão social elementar compreendida como categoria profissional.

§ 3º. Categoria profissional diferenciada é a que se forma dos empregados que exerçam profissões ou funções diferenciadas por força de estatuto profissional especial ou em consequência de condições de vida singulares.

§ 4º. Os limites de identidade, similaridade ou conexidade fixam as dimensões dentro das quais a categoria econômica ou profissional é homogênea e a associação é natural."

Portanto, nos termos do art. 511, § 3º, bem como dos arts. 570 a 572, todos da Consolidação das Leis do Trabalho, é correto afirmar que o enquadramento sindical do empregado ocorre, regra geral, em função da atividade preponderante do empregador, à exceção das profissões ou funções consideradas como categoria diferenciada, que não ocorre na hipótese vertente.

Observa-se que as dificuldades encontradas para se definir o correto enquadramento sindical dos empregados envolvidos no conflito coletivo sob exame decorrem do fato de prestarem serviços terceirizados à Petrobras.

A terceirização, típico fenômeno advindo dos avanços tecnológicos – que aperfeiçoam e permitem novas formas de produção –, bem como das profundas alterações econômicas e do processo de globalização experimentados nas últimas décadas pelo mundo, e pelo Brasil, em particular, marca as novas relações entre capital e trabalho. De um lado, permite à classe econômica alternativas de redução de custos, com ênfase para os encargos sociais e trabalhistas, que oneram em maior proporção a folha de pagamento; de outro lado, precariza a relação de emprego e colabora com a perda ou redução de melhores condições de trabalho anteriormente alcançadas pelos trabalhadores.

Todavia, trata-se de modalidade inarredável de relação de trabalho. Nessa perspectiva, a legislação disciplinou a intermediação de mão de obra nas hipóteses de trabalho temporário e de serviços de vigilância e de conservação e limpeza, que não esgotam, contudo, as possibilidades de terceirização.

A Súmula n. 331 do TST, objetivando evitar abuso e fraudes à legislação trabalhista, vedada pelo art. 9º da CLT, admite a validade de intermediação de mão de obra nos serviços especializados ligados à atividade meio do tomador dos serviços, desde que inexistente a pessoalidade e a subordinação direta. Atualmente, todavia, a diferenciação entre atividade meio e atividade fim recebe severa crítica da doutrina, porquanto, na prática, essa distinção nem sempre se possa fazer com segurança, como ocorre na hipótese vertente.

Como visto, o sindicato suscitado representa os empregados de indústrias, empresas ou unidades de produção, exploração, destilação e refinação de petróleo, indústrias de material plástico ou de petroquímica. Ou seja, o âmbito de sua representação limita-se aos empregados das indústrias petroleiras e petroquímicas, inserindo-se no 10º Grupo – Trabalhadores nas Indústrias Químicas e Farmacêuticas, do Quadro a que se refere o art. 577 da CLT.

Por sua vez, a empresa suscitada, incontroversamente, ativa-se, por força do contrato celebrado com a Petrobras, na manutenção de tanques e armazenamento de fluidos, vasos de pressão, geradores de vapor, caldeiras, sistemas de tratamento d'água, tubulações, de soldagem, aplicação de revestimentos e pintura industrial dos equipamentos, instalações e fornecimento de materiais, e de apoio à inspeção e manutenção dos dutos terrestres e faixas de domínio de dutos. Portanto, embora não atue diretamente no ramo industrial petroleiro ou petroquímico, presta serviços indispensáveis à produção petroleira e petroquímica desenvolvida pela Petrobras.

Dentro do modelo sindical brasileiro delineado pelo art. 8º da Constituição Federal e pela legislação infraconstitucional, anterior à explosão do fenômeno da terceirização, baseado no paralelismo entre as categorias econômicas e profissionais, o fato de a prestação dos serviços terceirizados em atividade meio, porém indispensável à consecução dos objetivos empresariais da tomadora dos serviços, não tem o condão de atrair a representação sindical, porquanto, como exaustivamente explicitado, a sindicalização é feita tendo em conta a atividade preponderante da empresa ou, excepcionalmente, a profissão do trabalhador, quando for considerada categoria diferenciada, nos termos do art. 511, § 3º, bem como dos arts. 570 a 572, todos da CLT.

Não obstante, essa questão ainda se encontra longe de ser apaziguada, como se observa das acessas discussões promovidas em face da possibilidade de votação pelo Congresso Nacional de lei disciplinando a terceirização, inclusive quanto ao enquadramento sindical dos empregados das empresas prestadoras de serviços.

Acrescente-se, ainda, que não se verifica a existência de decisão definitiva reconhecendo a legitimidade do Sindipetro para representar os empregados da Cemon Engenharia e Construção Ltda., visto que aquela mencionada pelas partes foi proferida *na reclamação trabalhista, tombada sob o n. 0000563-95.2011.5.20.0011, ajuizada pelo sindicato profissional, objetivava compelir a empresa empregadora a descontar dos empregados que prestam serviços à Petrobras as contribuições sindicais devidamente autorizadas*, na forma do art. 545 da CLT (fls. 325-327). Note-se que, consoante a sentença, o sindicato postulava os "descontos em folha das mensalidades associativas" (fl. 325).

O reconhecimento da possibilidade de descontos das mensalidades associativas não importa em reconhecimento da representação sindical, devendo ser destacado, mais uma vez, a intensa controvérsia em torno da regulamentação da terceirização e do enquadramento sindical dos empregados de empresas prestadoras de serviços.

A propósito, em outras ocasiões esta Corte Normativa teve oportunidade de examinar a representação sindical de empregados de empresas terceirizadas, do ramo da construção e engenharia civil, prestadoras de serviços a empresas integrantes de segmentos econômicos diversos, inclusive à Petrobras, como se verifica dos seguintes precedentes:

"RECURSO ORDINÁRIO EM DISSÍDIO COLETIVO. LEGITIMIDADE *AD PROCESSUM*. INEXISTÊNCIA DE CORRESPONDÊNCIA ENTRE AS ATIVIDADES EXERCIDAS PELAS CATEGORIAS ECONÔMICA E PROFISSIONAL ENVOLVIDAS NO CONFLITO. ORIENTAÇÃO JURISPRUDENCIAL N. 22 DA SDC.

1. O inciso II do art. 8º da Constituição da República manteve o enquadramento sindical por categoria econômica e profissional que, assim, segue definido por lei, não podendo ser alterado apenas pela vontade dos autores sociais, porquanto esse dispositivo constitucional apenas outorgou aos trabalhadores interessados a definição da conveniência da criação e fixação da base territorial do sindicato.

2. Nos termos dos arts. 511, § 3º, e 570 a 572, da Consolidação das Leis do Trabalho, é correto afirmar que o enquadramento sindical do empregado ocorre, regra geral, em função da atividade preponderante do empregador, à exceção das profissões ou funções consideradas como categoria diferenciada. Assim, o requisito de simetria sindical é essencial para a definição da representação da categoria profissional nas negociações coletivas, conforme a diretriz da Orientação Jurisprudencial n. 22 da SDC.

3. No caso concreto, a empresa suscitada, incontroversamente, ativa-se na manutenção de rede de energia elétrica e de subestações das empresas do grupo econômico e, de forma secundária, na construção de estações e de redes de distribuição de energia elétrica. Portanto, não atua no ramo industrial de produção, geração, distribuição, comercialização, transformação ou transmissão de energia elétrica.

4. Assim, carece de legitimidade *ad processum* o sindicato suscitante, que apenas representa os empregados de empresas ou unidades de produção, geração, distribuição, comercialização, transformação ou transmissão de energia. Precedente da SDC.

Recurso ordinário conhecido e desprovido.

Processo: RO – 10987-10.2010.5.15.0000, Data de Julgamento: 09.10.2012, Relator Ministro: Walmir Oliveira da Costa, Seção Especializada em Dissídios Coletivos, Data de Publicação: DEJT 15.10.2012.

RECURSOS ORDINÁRIOS. DISSÍDIO COLETIVO. SINDIMINA. REPRESENTAÇÃO DE EMPREGADOS DE EMPRESAS TERCEIRIZADAS. PRESTAÇÃO DE SERVIÇOS NO ÂMBITO DA COMPANHIA VALE DO RIO DOCE – CVRD. ILEGITIMIDADE ATIVA *AD CAUSAM*.

1. Nos termos do art. 511, §§ 1º e 2º, da CLT, a determinação da categoria econômica se dá em virtude de identidade, semelhança ou conexidade das atividades desenvolvidas pelo empregador, enquanto a categoria profissional é determinada em razão da similitude das condições de vida resultantes da profissão ou do trabalho comum. Em função, pois, da categoria econômica, determina-se a categoria profissional correspondente. A exceção a essa regra está prevista no § 3º desse artigo de lei, em que se dispõe a respeito das denominadas categorias diferenciadas, que são compostas por trabalhadores de certas profissões, independentemente da natureza das atividades econômicas desenvolvidas por seus empregadores.

2. Conquanto tormentosa a questão do enquadramento sindical dos empregados das empresas prestadoras de serviço, diante da legislação sindical infraconstitucional, anterior ao surgimento do fenômeno da terceirização, porém recepcionada pelo atual texto constitucional, conforme jurisprudência do Supremo Tribunal Federal, o enquadramento sindical dos empregados terceirizados segue a regra geral aplicável aos demais empregados, já que não se inserem na exceção prevista no § 3º do art. 511 da CLT. Portanto, a definição ocorre a partir da atividade preponderante desenvolvida pelo empregador, na hipótese, as empresas prestadoras de serviço, e não a tomadora dos serviços.

3. Constatado que as cinco empresas prestadoras de serviço suscitadas (D Service Ltda., Diefra Engenharia e Consultoria Ltda., JP Manutenção Industrial, MCE Engenharia Ltda., SHAFT Engenharia e Serviços Ltda.) atuam, de forma preponderante, nos ramos da construção civil, da metalurgia, da engenharia civil e da construção pesada, e não da mineração, e que os empregados das referidas empresas terceirizadas já são representados por outros sindicatos profissionais que, inclusive, celebraram instrumentos coletivos com os sindicatos representantes das correspondentes categorias econômicas, para reger as relações individuais de trabalho no período abrangido pelo presente dissídio coletivo (2004/2005), inviável reconhecer a legitimidade do Sindicato dos Trabalhadores nas Indústrias de Prospecção, Pesquisa, Extração e Beneficiamento de Minérios dos Estados de Sergipe, Alagoas, Pernambuco e Piauí – SINDIMINA para atuar na qualidade de representante dos empregados das referidas empresas terceirizadas, prestadoras de serviços diversos à Companhia Vale do Rio Doce – CVRD, vinculados a seus objetos sociais, no complexo industrial Taquari-Vassouras, em Rosário do Catete-SE.

4. Falta do necessário paralelismo entre a categoria profissional que se pretendeu representar e a categoria econômica a que pertencem as empresas suscitadas. Inobservância do princípio da unicidade sindical.

5. Recursos ordinários a que se dá provimento, a fim de se decretar a extinção do processo sem resolução do mérito, na forma do art. 267, VI, do CPC, por ilegitimidade ativa *ad causam*."

Processo: RODC – 38800-81.2004.5.20.0000, Data de Julgamento: 10.10.2011, Relator Ministro: Fernando Eizo Ono, Seção Especializada em Dissídios Coletivos, Data de Publicação: DEJT 25.11.2011.

Esclarece-se, ainda, que a disputa de titularidade da representação sindical somente é examinada e julgada no processo de dissídio coletivo de forma incidental, visto que a questão da representação sindical é própria para reclamação trabalhista ordinária, ajuizada na instância competente.

A jurisprudência segue nessa direção, conforme externa a Orientação Jurisprudencial n. 9 da SDC do TST:

"O dissídio coletivo não é meio próprio para o Sindicato vir a obter o reconhecimento de que a categoria que representa é diferenciada, pois esta matéria – enquadramento sindical – envolve a interpretação de norma genérica, notadamente do art. 577 da CLT."

Portanto, reconhece-se a ilegitimidade do Sindipetro para representar os trabalhadores envolvidos no conflito coletivo, empregados de empresas prestadoras de serviços para as indústrias petroleiras e petroquímicas.

Porém, o fato de a greve haver sido promovida por sindicato ilegítimo não torna o movimento, automaticamente, abusivo.

O art. 9º da Constituição da República assegura o direito de greve aos trabalhadores, aos quais compete decidir sobre a oportunidade de exercê-lo e sobre os interesses que devam por meio dele defender. Observa-se que esse dispositivo constitucional não dispõe sobre a forma e o meio de deliberação dos trabalhadores.

No vazio constitucional, a Lei n. 7.783/1989 dispôs que a decisão sobre a greve seja tomada pelos trabalhadores reunidos em assembleia convocada pelo sindicato de classe (art. 4º). O § 2º desse dispositivo, entretanto, admite que, na falta de entidade sindical, a assembleia dos trabalhadores interessados delibere sobre a greve, constituindo uma comissão de negociação.

Nesse contexto, a SDC do TST tem admitido a validade de reunião informal e espontânea dos trabalhadores para deliberarem sobre a greve, inclusive sem a intervenção do sindicato de classe, a chamada assembleia no portão da fábrica. Apenas não se admite a deflagração de greve sem prévia reunião de deliberação dos empregados.

Com efeito, a jurisprudência desta Corte Normativa tem entendido que os requisitos formais impostos pela Lei de Greve podem ser sopesados e mitigados em face das peculiaridades que conduziram os trabalhadores à paralisação do trabalho. São exemplos desse posicionamento os seguintes precedentes:

"RECURSO ORDINÁRIO EM DISSÍDIO COLETIVO DE GREVE. ABUSIVIDADE DA GREVE. CONFIGURAÇÃO. O exercício do direito de greve, meio de pressão máximo para obter do empregador a satisfação das reivindicações da categoria profissional, submete-se aos limites descritos na lei para que não se configure abusivo, conforme dispõe o art. 9º, *caput* e § 2º, da Constituição Federal. Se a greve é deflagrada sem que se esgote a negociação coletiva e sem a comunicação da empresa com antecedência mínima de quarenta e oito horas da paralisação, nem se realiza assembleia com os trabalhadores para deliberar sobre as reivindicações e sobre a paralisação coletiva antes da efetiva deflagração, restam desrespeitados os arts. 3º, parágrafo único, 4º e 14º, parágrafo único, da Lei n. 7.783/1989, a ensejar a abusividade da greve. Recurso Ordinário a que se nega provimento, no particular.

Processo: RO-847-07.2011.5.14.0000, Data de Julgamento: 10.06.2013, Relator Ministro: Márcio Eurico Vitral Amaro, Seção Especializada em Dissídios Coletivos, Data de Publicação: DEJT 21.06.2013.

RECURSO ORDINÁRIO. DISSÍDIO COLETIVO. GREVE. NÃO ABUSIVIDADE. ASSEMBLEIA. CONVOCAÇÃO DOS EMPREGADOS PARA RELATAR AS NEGOCIAÇÕES COLETIVAS. DELIBERAÇÃO ESPONTÂNEA SOBRE A GREVE. AUSÊNCIA DE IRREGULARIDADE.

1. O exercício do direito de greve subordina-se aos requisitos previstos em lei, consoante mandamento inscrito no art. 9º, §§ 1º e 2º, da Constituição da República. Todavia, os requisitos formais impostos na Lei n. 7.783/1989 podem ser sopesados e mitigados em face das peculiaridades que conduziram os trabalhadores à paralisação das atividades.

2. Na hipótese vertente, o sindicato profissional convocou os trabalhadores com o intento de relatar o andamento das negociações coletivas. No entanto, na assembleia ficou patente a animosidade dos empregados com a proposta da empregadora de alteração dos turnos de trabalho. Assim, compreende-se a deliberação espontânea sobre a eclosão da greve, configurando exacerbado rigor entender-se pela irregularidade da assembleia, apenas porque a paralisação não constou como tema inicial de discussão, razão pela qual se declara a não abusividade da greve.

Recurso ordinário a que se dá provimento para declarar a não abusividade da greve.

Processo: RO-10167-44.2011.5.01.0000, Data de Julgamento: 15.04.2013, Relator Ministro: Walmir Oliveira da Costa, Seção Especializada em Dissídios Coletivos, Data de Publicação: DEJT 03.05.2013.

RECURSO ORDINÁRIO EM DISSÍDIO COLETIVO DE GREVE. NÃO ABUSIVIDADE DO MOVIMENTO PAREDISTA. DIREITO FUNDAMENTAL COLETIVO INSCRITO NO ART. 9º DA CF. ARTS. 3º E 4º DA LEI N. 7.783/1989. A Constituição reconhece a greve como um direito fundamental de caráter coletivo, resultante da autonomia privada coletiva inerente às sociedades democráticas. Não se considera abusivo o movimento paredista se observados os requisitos estabelecidos pela ordem jurídica para sua validade: tentativa de negociação; aprovação da respectiva assembleia de trabalhadores; aviso-prévio à parte adversa. Embora se reconheça que o direito de greve se submete às condições estabelecidas pelos arts. 3º e 4º da Lei n. 7.783/1989, em casos concretos – revestidos de peculiaridades que demonstrem o justo exercício, pelos trabalhadores, da prerrogativa de pressionar a classe patronal para obtenção de melhores condições de trabalho –, não se pode interpretar a Lei com rigor exagerado, compreendendo um preceito legal de forma isolada, sem integrá-lo ao sistema jurídico. A regulamentação do instituto da greve não pode traduzir um estreitamento ao direito de deflagração do movimento, sobretudo porque a Constituição Federal – que implementou o mais relevante avanço democrático no Direito Coletivo brasileiro –, em seu art. 9º, *caput*, conferiu larga amplitude a esse direito: – *É assegurado o direito de greve, competindo aos trabalhadores decidir sobre a oportunidade de exercê-lo e sobre os interesses que devam por meio dele defender.* Dessa forma, a aprovação por assembleia não pode – em situações especiais em que a greve foi realizada com razoabilidade, aprovação e adesão dos obreiros – exprimir uma formalidade intransponível a cercear o legítimo exercício do direito de greve. Dessa forma, a despeito da inexistência de prova escrita de assembleia-geral regular, se os elementos dos autos permitem a convicção de ter havido aprovação da greve pela parcela de empregados envolvidos, considera-se superado o requisito formal estabelecido pelo art. 4º da Lei n. 7.783/1989."

RODC – 2017400-02.2009.5.02.0000, Data de Julgamento: 12.03.2012, Relator Ministro: Mauricio Godinho Delgado, Seção Especializada em Dissídios Coletivos, Data de Publicação: DEJT 30.03.2012.

Portanto, a greve é direito assegurado aos trabalhadores e não ao sindicato. A atuação do sindicato decorre do fato de lhe incumbir a defesa dos interesses coletivos dos trabalhadores.

Desse modo, *embora convocada/patrocinada por sindicato ilegítimo, a greve não necessariamente será abusiva.*

Deliberada pelos trabalhadores – ainda que em assembleia irregularmente convocada –, feitas as comunicações devidas (ao empregador e à comunidade, quando for o caso) – mesmo que mediante sindicato ilegítimo – e não configuradas nenhuma das hipóteses previstas no art. 14 da Lei de Greve, não há impedimento para se reconhecer o movimento não abusivo. A declaração de abusividade não implicará, necessariamente, dano ao sindicato ilegítimo, mas poderá causar prejuízos ao trabalhador grevista, como a possibilidade da perda do emprego, além, claro, dos descontos dos dias parados.

Considere-se, ainda, que:

1 – a questão quanto à representação sindical dos trabalhadores envolvidos no conflito, como já explicitado, é tormentosa, havendo fundamentação doutrinária-teórica defendendo a sindicalização tendo em vista a atividade exercida pelo trabalhador; ressalte-se, inclusive, que a jurisprudência nos dissídios individuais, consoante se denota da Orientação Jurisprudencial n. 383 da SBDI-1 do TST, tem reconhecido a isonomia de condições de trabalho (até mesmo coletivas) entre o empregado da empresa tomadora dos serviços e o terceirizado, quando comprovada terceirização ilícita;

2 – no plano social e no Congresso Nacional existe acesa discussão quanto à regulamentação da terceirização, inclusive no que tange à sindicalização desses trabalhadores; a lide sob exame bem externa os conflitos de representatividade sindical que estão ocorrendo no meio das classes econômica e profissional;

3 – e, principalmente, os trabalhadores envolvidos no conflito demonstraram preferir que a negociação coletiva e a greve tivesse a direção do sindicato dos petroleiros, não obstante a discussão em torno da legítima representatividade sindical dos terceirizados, conforme comprova a maciça presença nas assembleias realizadas (fls. 343-346 e 402-404). Certamente os trabalhadores consideraram diversos fatores, como, por exemplo, a maior estrutura e força política desse sindicato. Aliás, a empresa suscitante na petição inicial noticiou a filiação de 146 empregados ao Sindipetro (fl. 7) e destacou a "*situação sui generis*" decorrente da disputa da titularidade da representação, inclusive em face da "apatia do comportamento do Sindicato da categoria a que pertencem os empregados da Suscitante, o SINTRACON, que cruzou os braços diante do avanço injustificado do Suscitante sobre os trabalhadores" (fl. 8).

No caso vertente, à fl. 343-346, constata-se que os empregados reuniram-se em assembleia no dia 15.09.2011 para deliberarem a paralisação das atividades e aprovarem pauta contendo quatorze reivindicações. A ata dessa assembleia, contudo, não registra a data em que ocorreria a deflagração do movimento.

Às fls. 354-355, consta correspondência enviada pelo Sindipetro à empregadora em 29.09.2011 solicitando agendamento de reunião e apresentando a pauta de reivindicações dos empregados.

Às fls. 357-358, consta nova correspondência do sindicato à empresa, enviada em 07.10.2011, comunicando que, em face da recusa empresarial "em abrir negociação", seria dado "cumprimento à resolução da Assembleia realizada pelos trabalhadores no dia 19.09.2011 (*sic*), de iniciar pelo (*sic*) movimento paredista a partir desta quinta-feira 13/10, por tempo determinado".

Verifica-se, ainda, às fls. 402-404, que a ata de assembleia realizada no dia 13.10.2011, data do início da paralisação, apenas registra a pauta de reivindicações, acrescidas de duas novas postulações (6 – Melhoria do transporte; e, 12 – Licença-paternidade de 30 dias).

Do exposto, conclui-se que *não foi trazida aos autos a prova da prévia deliberação dos trabalhadores acerca do início da paralisação. A assembleia realizada dia 15.09.2011 não supre esse requisito, seja porque ocorrida 28 dias antes da eclosão do movimento ou, principalmente, porque nela não foi demarcada a data do início da paralisação,* evidenciando, assim, que a decisão quanto à oportunidade da deflagração da greve foi tomada pela entidade sindical.

Portanto, resta incontroversa a inobservância das exigências contidas no art. 9º, *caput*, da Constituição da República e nos arts. 1º, 3º e 4º, da Lei de Greve, em particular no tocante à ausência de assembleia – que poderá ser realizada mesmo sem o patrocínio da entidade sindical (§ 2º do art. 4º).

Ante o exposto, DOU PROVIMENTO ao recurso ordinário, no particular, para declarar abusiva a greve, não existindo pedido de não pagamento dos dias de paralisação.

# ILEGITIMIDADE *AD PROCESSUM* DO SINDICATO SUSCITANTE

*RECURSO ORDINÁRIO INTERPOSTO PELO MINISTÉRIO PÚBLICO DO TRABALHO. AÇÃO ANULATÓRIA. INTERESSE PROCESSUAL. CONVENÇÃO COLETIVA DE TRABALHO. PRAZO DE VIGÊNCIA EXPIRADO. PERDA DE OBJETO NÃO CONFIGURADA.*

*1. A expiração do prazo de vigência do instrumento coletivo, por si só, não faz desaparecer os efeitos da norma, uma vez que perdura, no plano normativo, período pretérito em que as cláusulas impugnadas produziram efeitos nos contratos individuais de trabalho dos empregados integrantes da categoria profissional e em relação aos quais elas podem servir de anteparo jurídico para contestar o eventual descumprimento dos termos da Convenção Coletiva de Trabalho.*

*2. Sendo assim, permanece o interesse de agir do Ministério Público do Trabalho em ação que tem por objeto a declaração de nulidade de cláusulas coletivas, mesmo após o decurso do prazo de vigência da Convenção Coletiva de Trabalho, não se justificando a conclusão de extinção do processo sem resolução do mérito por ausência de interesse processual, consoante consignado no acórdão recorrido.*

*3. Em consequência do afastamento do óbice contido na decisão do Tribunal Regional, prossegue-se no julgamento da ação anulatória, na forma preconizada no art. 515, § 3º, do Código de Processo Civil, ainda que não tenha havido impugnação específica nem pronunciamento judicial quanto às matérias de fundo. Precedente da SDC.*

*REGIME DE COMPENSAÇÃO 12X36 E 2X1. PREJUÍZO À SAÚDE DO TRABALHADOR. INVALIDADE PARCIAL DA CLÁUSULA.*

*1. A SDC do TST reconhece a validade de cláusula coletiva que estipula a adoção do regime de doze horas de trabalho por trinta e seis horas de descanso (12x36), porque fruto de livre negociação entre as partes e por considerar inexistir prejuízo à saúde do trabalhador, plenamente ciente a categoria das condições específicas em que se desenvolvem as relações laborais.*

*2. Idêntico raciocínio não se aplica, todavia, relativamente à previsão coletiva de regime de "2x1", ou seja, dois dias de trabalho com jornada de 12 horas, seguidos de 24 horas de descanso. Nesse regime, as jornadas laboradas implicarão carga de trabalho excessivamente elevada e, consequentemente em desgaste físico e mental do trabalhador, pois impõe o cumprimento de 48 horas a 60 horas semanais, superando, em muito, o limite de 44 horas imposto no art. 7º, XIII, da Constituição Federal. Precedentes da SDC.*

*Recurso ordinário conhecido e parcialmente provido.*

(Processo n. TST-RO-25400-73.2009.5.11.0000 – Ac. SDC – DeJT: 20.10.2011)

VOTO

A jurisprudência desta Seção de Dissídios Coletivos tem reconhecido a permanência do interesse de agir do Ministério Público do Trabalho em ação que tem por objeto a declaração de nulidade de cláusulas coletivas, mesmo após o decurso do prazo de vigência da Convenção Coletiva de Trabalho, conforme os seguintes julgados:

"RECURSO ORDINÁRIO. AÇÃO ANULATÓRIA. ACORDO COLETIVO DE TRABALHO. PRAZO DE VIGÊNCIA EXPIRADO. INTERESSE DE AGIR. Ainda que expirado o prazo de vigência do instrumento coletivo, persiste o interesse de agir do Ministério Público do Trabalho em obter a declaração de nulidade de cláusulas ali insertas, em descompasso com a ordem jurídica, visto que essas normas geraram direitos e obrigações para as partes convenentes, integrando os contratos de trabalho da categoria representada, no período em que vigoraram. Além disso, a declaração de nulidade de cláusula prevista em instrumento coletivo tem eficácia retroativa, portanto, o transcurso do prazo de vigência da norma coletiva impugnada em ação anulatória não configura perda de objeto, em face do interesse processual em resguardar o direito de ação individual das partes envolvidas quanto às situações pretéritas. Precedentes desta Seção Normativa." Processo: ROAA – 2800300-97.2006.5.09.0909, Data de Julgamento: 11.05.2009, Relator Ministro: Fernando Eizo Ono, Seção Especializada em Dissídios Coletivos, Data de Publicação: DEJT 05.06.2009.

"AÇÃO ANULATÓRIA. INTERESSE PROCESSUAL. ALTERAÇÃO OU REVOGAÇÃO NÃO COMPROVADAS. PERDA DE OBJETO. NÃO CONFIGURADA. JULGAMENTO DO MÉRITO.

Mesmo que a Empresa Ré tivesse logrado comprovar a efetiva alteração da norma coletiva impugnada, o que não ocorreu, a jurisprudência da SDC do TST adota o entendimento de que o objeto da ação anulatória não se extingue pelo encerramento precoce da vigência das cláusulas coletivas impugnadas, porque, ainda que por período limitado, integraram os contratos individuais dos empregados membros da categoria profissional. No caso, não havendo controvérsia quanto à matéria fática, o julgamento do mérito se mostra cabível, a teor do art. 515, § 3º, do CPC." Processo: ROAA – 12200-41.2006.5.24.0000, Data de Julgamento: 14.08.2008, Relator Ministro: Walmir Oliveira da Costa, Seção Especializada em Dissídios Coletivos, Data de Publicação: DJ 22.08.2008.

"AÇÃO ANULATÓRIA. INTERESSE PROCESSUAL. REVOGAÇÃO DAS CLÁUSULAS IMPUGNADAS. PERDA DE OBJETO. NÃO CONFIGURADA.

Conforme a jurisprudência da SDC do TST, ainda que a Convenção Coletiva impugnada já tenha sido alterada por Termo Aditivo, o interesse processual do Ministério Público do Trabalho na análise do mérito da ação anulatória não se extingue com o encerramento da vigência das cláusulas coletivas impugnadas, cuja integração nos contratos individuais de todos os membros da categoria profissional, posto que por período limitado, continua passível de análise retroativa. Assim, merece reforma a decisão regional que extinguiu o processo sem resolução do mérito, por perda de objeto. No caso, não estando em debate matéria fática, mostra-se cabível o julgamento do mérito, conforme o art. 515, § 3º, do CPC." ROAA – 22200-37.2005.5.24.0000, Data de Julgamento: 13.03.2008, Relator Ministro: Walmir Oliveira da Costa, Seção Especializada em Dissídios Coletivos, Data de Publicação: DJ 11.04.2008.

"RECURSO ORDINÁRIO EM AÇÃO ANULATÓRIA – INSTRUMENTO NORMATIVO AUTÔNOMO – VIGÊNCIA EXPIRADA – PERDA DE OBJETO NÃO CONFIGURADA. É inquestionável a possibilidade de se impugnarem as normas constantes em instrumento normativo autônomo e, se for o caso, declará-las nulas, na hipótese de malferirem a legislação em vigor, não obstante já ter expirado a sua vigência, porquanto as condições de trabalho fixadas no documento integraram os contratos da categoria representada e geraram direitos e obrigações para as partes envolvidas. Recurso ordinário provido." ROAA – 3600-87.2005.5.16.0000, Data de Julgamento: 14.08.2008, Relator Ministro: Mauricio Godinho Delgado, Seção Especializada em Dissídios Coletivos, Data de Publicação: DJ 29.08.2008.

"PRELIMINAR DE IMPOSSIBILIDADE JURÍDICA DO PEDIDO PELA PERDA DE OBJETO. I – A preliminar de impossibilidade jurídica do pedido não decorre de eventual perda de objeto. Ela diz respeito à vedação por lei à pretensão deduzida em juízo. II – A circunstância de ter expirado o prazo de vigência do instrumento normativo não implica perda de objeto ou falta de interesse processual superveniente. É que enquanto esteve em vigor produziu efeitos relativamente às cláusulas objeto da ação anulatória, cuja decisão que acolher a sua nulidade tem efeito retroativo, contemporâneo à celebração daquele instrumento. Preliminar rejeitada." (TST-ROAA-269/2006-000-08-00.6, Rel. Min. Barros Levenhagen, DJ de 26.10.2007).

"RECURSO ORDINÁRIO EM AÇÃO ANULATÓRIA. VIGÊNCIA DA CONVENÇÃO COLETIVA. DA FALTA DE INTERESSE DE AGIR. Mesmo não estando mais em vigor a convenção coletiva, permanece o interesse de agir do *Parquet* que, ao propor a anulação de cláusulas convencionais via ação anulatória, não busca somente interromper seus efeitos presentes e futuros, objetiva também resguardar o direito dos trabalhadores de buscar no Poder Judiciário o que lhes foi incorretamente imposto pelas cláusulas impugnadas na presente ação anulatória." (TST-ROAA-815.783/2001.3, Rel. Min. Vieira De Mello Filho, DJ de 02.03.2007).

"AÇÃO ANULATÓRIA. CLÁUSULA DE CONVENÇÃO COLETIVA DE TRABALHO. PERDA DE OBJETO – O entendimento da Seção Especializada em Dissídios Coletivos desta Corte, em relação à matéria, pacificou-se no sentido de que, não obstante tenha se exaurido o período de vigência do Acordo Coletivo, o Tribunal deve manifestar-se sobre o pedido, ou seja, acerca da nulidade da cláusula constante no ajuste coletivo, pois a conclusão possibilitará, em caso de procedência do pleito, que os empregados atingidos pelo cumprimento do acordado possam pleitear a restituição dos valores relativos aos descontos efetuados em seus salários a tal título. Recurso conhecido e provido." (TST-ROAA-735.256/2001.0, Rel. Min. José Luciano de Castilho Pereira, DJ de 06.09.2001).

Idêntica a hipótese dos autos, uma vez que a Convenção Coletiva de Trabalho questionada teve vigência entre 1º.04.2009 e 31.03.2010.

A expiração do prazo de vigência, por si só, não faz desaparecer os efeitos da norma, uma vez que perdura, no plano normativo, período pretérito em que as cláusulas impugnadas produziram efeitos nos contratos individuais de trabalho dos empregados integrantes da categoria profissional e em relação aos quais elas podem servir de anteparo jurídico para contestar o eventual descumprimento dos termos da CCT.

Assevere-se, por oportuno, que possível não inclusão das cláusulas ora impugnadas em normas coletivas ulteriores, não obsta o pronunciamento de nulidade na presente ação anulatória, porque, repita-se, dotada de efeito declaratório--desconstitutivo retroativo.

Desse modo, o interesse processual do Ministério Público do Trabalho na análise do mérito da ação anulatória não se extingue com o encerramento da vigência das cláusulas coletivas impugnadas, cuja integração nos contratos individuais de trabalho dos membros da categoria profissional, ainda que por período limitado, continua passível de análise retroativa, consoante a jurisprudência iterativa, notória e atual desta Corte Superior, acima citada.

Diante disso, não se justifica a conclusão de extinção do processo sem resolução do mérito por ausência de interesse processual, consoante consignado no acórdão recorrido.

Em consequência do afastamento do óbice contido na decisão do Tribunal Regional, prossigo no julgamento da ação anulatória, na forma preconizada no art. 515, § 3º, do Código de Processo Civil, ainda que não tenha havido impugnação específica nem pronunciamento judicial quanto às matérias de fundo.

*Ação anulatória. Convenção coletiva de trabalho. Regime de compensação 12x36. Prejuízo à saúde do trabalhador. Invalidade parcial da cláusula*

VOTO

No tocante à validade da previsão do regime de 12x36, sem o pagamento de horas extras, a liberdade da negociação coletiva está prevista no art. 7º, XIII e XIV, da Constituição Federal:

"Art. 7º São direitos dos trabalhadores urbanos e rurais, além de outros que visem à melhoria de sua condição social:

(...)

XIII – duração do trabalho normal não superior a oito horas diárias e quarenta e quatro semanais, facultada a compensação de horários e a redução da jornada, mediante acordo ou convenção coletiva de trabalho;

XIV – jornada de seis horas para o trabalho realizado em turnos ininterruptos de revezamento, salvo negociação coletiva."

Nessa linha, privilegiando a manifestação da vontade coletiva, e por considerar inexistir prejuízo à saúde do trabalhador (art. 7º, XXII, da Constituição Federal), especialmente em face da carga semanal média de 42h, inferior ao limite máximo constitucional de 44h, esta Subseção adota o entendimento pacífico de que é válida a cláusula normativa que estipula a adoção do regime de doze horas de trabalho por trinta e seis horas de descanso, porque fruto de livre negociação entre as partes, plenamente ciente a categoria das condições laborais específicas em que se desenvolvem as relações laborais.

A propósito, colhem-se os seguintes julgados desta SDC, validando negociação coletiva em torno do regime 12x36:

"AÇÃO ANULATÓRIA. CONVENÇÃO COLETIVA DE TRABALHO. A) RECURSO ORDINÁRIO INTERPOSTO PELO MINISTÉRIO PÚBLICO DO TRABALHO. NULIDADE DA CLÁUSULA 32 – ESCALA DE REVEZAMENTO. JORNADA 12X36. POSSIBILIDADE. O entendimento atual desta Corte é no sentido de considerar a validade de cláusulas de acordo ou convenção coletiva de trabalho que estabeleçam turnos de revezamento de 12 horas de labor por 36 horas de descanso, para determinadas categorias, em face das peculiaridades das atividades desenvolvidas. Contudo, necessário sejam atendidos certos requisitos, como o revezamento de cargas semanais de 36 horas com 48 horas, que as jornadas sejam exercidas sempre em um mesmo turno e que o intervalo interjornada compreenda, necessariamente, todo um dia de descanso. *In casu*, a cláusula 32 da CCT 2008/2009 preenche os referidos requisitos, e, na medida em que não suprime ou reduz o intervalo intrajornada, não apresenta prejuízos à saúde física e mental dos trabalhadores em restaurantes, bares, hotéis e similares do Estado do Espírito Santo. Restando, pois, incólume o art. 7º, XXVI, da CF, e não se vislumbrando as violações legais e constitucionais apontadas pelo *Parquet*, tampouco contrariedade a dispositivos jurisprudenciais, mantém-se a decisão regional, que declarou a validade da proposta convencionada, e nega-se provimento ao recurso. Recurso ordinário não provido." Processo: RO-43100-31.2008.5.17.0000, Data de Julgamento: 18.10.2010, Relatora Ministra: Dora Maria da Costa, Seção Especializada em Dissídios Coletivos, Data de Publicação: DEJT 28.10.2010.

"RECURSO ORDINÁRIO. AÇÃO ANULATÓRIA. ACORDO COLETIVO DE TRABALHO. PROFISSIONAIS DA ÁREA DE ENFERMAGEM. CLÁUSULA 23ª: JORNADA 12X36. É válida cláusula, prevista em instrumento coletivo, em que se estipula a adoção do regime de doze horas de trabalho por trinta e seis de descanso, em relação a profissionais de enfermagem que atuam no âmbito da atividade hospitalar. Observância do disposto no art. 7º, XIII, da Constituição Federal e do princípio da autonomia privada coletiva dos sindicatos e da flexibilização das normas legais trabalhistas. Precedentes desta Seção Normativa. Recurso ordinário a que se nega provimento." Processo: ROAA-2500-70.2008.5.24.0000, Data de Julgamento: 09.12.2008, Relator Ministro: Fernando Eizo Ono, Seção Especializada em Dissídios Coletivos, Data de Publicação: DEJT 06.02.2009.

"PREVISÃO DE JORNADAS LABORAIS. REGIME DE 12X36. PLANTÃO DE 12 HORAS EM FINS DE SEMANA. ART. 59, § 2º, DA CLT. ART. 7º, XIII E XIV, DA CONSTITUIÇÃO FEDERAL. LIBERDADE DE NEGOCIAÇÃO COLETIVA. INEXISTÊNCIA DE PREJUÍZO À SAÚDE. VALIDADE. Conforme a jurisprudência da SDC, não viola a regra do § 2º do art. 59 da CLT a fixação de jornada de seis horas de segunda a sexta-feira e doze horas aos sábados ou domingos, bem como a previsão de labor em regime de doze horas de trabalho e trinta e seis de descanso, porque decorrentes da livre negociação entre as partes, nos termos do art. 7º, XIII e XIV, da Constituição Federal, e não prejudiciais à saúde do trabalhador, inclusive em face da jornada semanal de 42h (na média, no caso do regime 12x36), inferior ao limite constitucional. Recurso ordinário conhecido e parcialmente provido." Processo: ROAA-16700-19.2007.5.24.0000, Data de Julgamento: 14.08.2008, Relator Ministro: Walmir Oliveira da Costa, Seção Especializada em Dissídios Coletivos, Data de Publicação: DJ 22.08.2008.

"RECURSO ORDINÁRIO EM AÇÃO ANULATÓRIA. JORNADA DE 12X36. PACTUAÇÃO EM CONVENÇÃO COLETIVA. VALIDADE. INTELIGÊNCIA DOS INCISOS XIII E XXVI DO ART. 7º DA CONSTITUIÇÃO. I – Diferentemente do art. 59 da CLT, a norma do inciso XIII do art. 7º da Carta Magna não impõe limites ao excedimento da jornada legal de oito horas, deixando a critério dos protagonistas das relações coletivas de trabalho estabelecerem regime especial de compensação que melhor consulte as peculiaridades das respectivas atividades profissional e econômica, tal como se verifica no âmbito da atividade hospitalar, em que a adoção do regime de 12 por 36 horas se identifica como regime padrão e histórico. II – Efetivamente, enquanto o art. 59 da CLT cuida de acordo de compensação firmado entre o empregado e o empregador, caso em que a jornada diária não pode exceder a 10 horas, o inciso XIII do art. 7º da Constituição cuida de regime especial de compensação, em que essa pode eventualmente exceder aquele limite diário, desde que, ao fim e ao cabo, não seja ultrapassada a duração semanal de quarenta e quatro horas, tendo por norte a norma do inciso XXVI daquele artigo, pela qual o Constituinte de 88 elevou a patamar constitucional a supremacia da vontade coletiva privada. III – Nesse mesmo sentido precedentes da SBDI-I desta Corte. Recurso desprovido." Processo: ROAA-23400-79.2005.5.24.0000, Data de Julgamento: 14.12.2006, Relator Ministro: Antônio José de Barros Levenhagen, Seção Especializada em Dissídios Coletivos, Data de Publicação: DJ 16.02.2007.

Nesse giro, não padecem de nulidade os parágrafos 1º e 2º da norma impugnada. Igualmente o parágrafo 4º na parte em que cogita do regime 12x36.

Idêntico raciocínio não se aplica, todavia, relativamente à previsão de regime de "2x1", ou seja, dois dias de trabalho com jornada de 12 horas, seguidos de 24 horas de descanso.

Como visto, o texto constitucional traça limites para a autonomia das partes na pactuação coletiva das condições de trabalho, garantindo aos empregados a duração máxima do labor de 8h diárias e 44h semanais, a qual pode sofrer compensação ou redução, desde que prevista em norma coletiva e que esta não atente contra direitos indisponíveis dos trabalhadores ou não preservem sua higidez.

No caso do regime em tela, as jornadas trabalhadas implicarão o cumprimento de 48 horas ou 60 horas semanais, superando, em muito, o limite de 44 horas imposto no art. 7º, XIII, da Constituição Federal. Note-se que o parágrafo terceiro prevê o pagamento de horas extraordinárias na adoção desse regime e o Anexo II da Convenção Coletiva de Trabalho (fl. 79) projeta o pagamento de 50/70 horas extraordinárias mensais para os empregados que trabalham nos turnos diurno e noturno, respectivamente.

A norma coletiva, portanto, mostra-se em descompasso com os limites demarcados para a jornada de trabalho previstas na Constituição Federal e na CLT, impondo a prestação de carga de trabalho excessivamente elevada, o que, certamente, implicará em desgaste físico e mental do trabalhador.

Também a jurisprudência desta Corte não tem reconhecido validade à cláusula convencional que estipula duração semanal de trabalho superior a 44 horas, consoante se depreende dos seguintes precedentes:

"AÇÃO ANULATÓRIA. ACORDO COLETIVO DE TRABALHO. TRABALHADORES NA INDÚSTRIA DA CONSTRUÇÃO E DO MOBILIÁRIO DE JARI. 1) RECURSO ORDINÁRIO INTERPOSTO PELA EMPRESA MARK S ENGENHARIA LTDA. TRABALHO POR ESCALA DE REVEZAMENTO. Mantém-se a decisão regional que considerou inválida cláusula prevista em acordo coletivo de trabalho, na qual se estipula a adoção de regime de doze horas diárias de labor, por dois dias consecutivos, e 24 horas de descanso, a título de revezamento, por implicar período superior àquele definido pela Constituição Federal, acarretando prejuízos à higidez física e mental dos trabalhadores." Processo: ROAA – 276/2006-000-08-00, Data de Julgamento: 13.04.2009/2008, Relatora Ministra: Dora Maria da Costa, Seção Especializada em Dissídios Coletivos, Data de Publicação: DJ 30.04.2009.

"AÇÃO ANULATÓRIA. ACORDO COLETIVO DE TRABALHO. EMPREGADOS EM SERVIÇOS FUNERÁRIOS. TURNOS ININTERRUPTOS DE REVEZAMENTO. REGIME 12X24. INVALIDADE.

É inválida cláusula de acordo coletivo prevendo jornada em turnos ininterruptos de revezamento de 12 horas de trabalho por 24 horas de descanso, porque implica labor em período sempre superior ao limite de 44h semanais definido pela Constituição Federal, em prejuízo da higidez física e mental do trabalhador e de seu convívio social. Precedentes. Recurso ordinário a que se dá provimento." Processo: ROAA – 117/2006-000-24-00, Data de Julgamento: 10.04.2008, Relator Ministro: Walmir Oliveira da Costa, Seção Especializada em Dissídios Coletivos, Data de Publicação: DJ 18.04.2008.

"AÇÃO ANULATÓRIA. CONVENÇÃO COLETIVA DE TRABALHO. VIGILANTES. TURNOS ININTERRUPTOS DE REVEZAMENTO. ESCALA 12X24. NULIDADE.

1. Inválida cláusula de convenção coletiva de trabalho que prevê jornada de 12 horas de labor por 24 horas de descanso, mediante o pagamento apenas de horas extras excedentes a 44 (quarenta e quatro) horas semanais, se o empregado é submetido a turnos ininterruptos de revezamento.

2. Sob tal sistema, o empregado cumpre jornadas semanais de 48 horas ou de 60 horas. A jornada normal de labor do empregado sujeito a turnos de revezamento, conquanto passível de negociação coletiva, não pode ultrapassar oito horas diárias (Súmula n. 423 do TST). Precedente RODC-78/2005-000-24-00.6, DJ 26.10.2007.

3. Recurso ordinário interposto pelo Ministério Público do Trabalho a que se dá provimento, no particular." Processo: ROAA – 281/2004-000-24-00, Data de Julgamento: 08.11.2007, Relator Ministro: João Oreste Dalazen, Seção Especializada em Dissídios Coletivos, Data de Publicação: DJ 08.02.2008.

"GARANTIAS LEGAIS MÍNIMAS DE PROTEÇÃO AO TRABALHADOR – CLÁUSULA DE ACORDO COLETIVO DE TRABALHO QUE ELEVA O LIMITE MÁXIMO SEMANAL DA JORNADA DE TRABALHO ASSEGURADA NO ART. 7º, XIII, DA CONSTITUIÇÃO FEDERAL – IMPOSSIBILIDADE – ORIENTAÇÃO JURISPRUDENCIAL N. 31 DA SDC. À luz dos princípios que regem a hierarquia das fontes de Direito do Trabalho, as normas coletivas, salvo os casos constitucionalmente previstos, não podem dispor de forma contrária às garantias mínimas de proteção ao trabalhador asseguradas na legislação, que funciona como um elemento limitador da autonomia da vontade das partes no âmbito da negociação coletiva, mormente quando alçada ao nível constitucional (art. 7º da CF/1988). É nula a cláusula convencional que fixa jornada de trabalho superior ao limite estabelecido no ordenamento jurídico constitucional, que, objetivando precipuamente a tutela da saúde do trabalhador, expressamente veda a extrapolação da jornada de trabalho para além da 8ª hora/diária ou 44ª semanal (art. 7º, XIII, da Constituição Federal). Recurso ordinário não provido." Processo: ROAA – 765180/2001, Data de Julgamento: 14.03.2002, Relator Ministro: Milton de Moura França, Seção Especializada em Dissídios Coletivos, Data de Publicação: DJ 12.04.2002.

Ante o exposto, DOU PROVIMENTO PARCIAL ao recurso ordinário para declarar a nulidade integral do *caput* e parágrafos terceiro, sétimo e oitavo e nulidade parcial do parágrafo quarto (no pertinente ao regime 2x1) da Cláusula 5ª – DA JORNADA DE TRABALHO, da Convenção Coletiva de Trabalho 2009/2010, celebrada entre sindicato dos Empregados em Empresas de Vigilância e Segurança de Manaus – SINDVAM e Sindicato das Empresas de Vigilância, Segurança, Transporte de Valores e Cursos de Formação, do Estado do Amazonas – SINDESP/AM.

*Ação anulatória. Convenção coletiva de trabalho. Intervalo intrajornada. Invalidade da cláusula*

VOTO

Nos termos do art. 71 da CLT:

"(...) em qualquer trabalho contínuo, cuja duração exceda de seis horas, é obrigatória a concessão de um intervalo para repouso ou alimentação, o qual será, no mínimo, de uma hora e, salvo acordo escrito ou contrato coletivo em contrário, não poderá exceder de duas horas."

O parágrafo quarto desse dispositivo prescreve:

"(...) quando o intervalo para repouso e alimentação, previsto neste artigo, não for concedido pelo empregador, este ficará obrigado a remunerar o período correspondente com um acréscimo de no mínimo 50% (cinquenta por cento) sobre o valor da remuneração da hora normal de trabalho."

A Orientação Jurisprudencial n. 307 da SDI-1 do TST, interpretando o alcance do art. 71, 4º, da CLT, firmou o entendimento de que após a edição da Lei n. 8.923/1994 a não concessão total ou parcial do intervalo intrajornada mínimo, para repouso e alimentação, implica o pagamento total do período correspondente, com o acréscimo de, no mínimo 50% (cinquenta por cento), sobre o valor da remuneração da hora normal de trabalho.

A Orientação Jurisprudencial n. 342 da SDI-1 do TST, por seu turno, proclama o entendimento que não se reveste de validade cláusula convencional contemplando a supressão ou redução do intervalo intrajornada porque este constitui medida de higiene, saúde e segurança do trabalho, garantido por norma de ordem pública.

De outra parte, as peculiaridades da atividade desempenhada pela categoria profissional e o fato de se reconhecer a validade do ajuste coletivo estabelecendo o regime 12x36, como visto no tópico precedente, não afastam o direito de os empregados terem remunerada a hora extra integralmente, relativamente ao intervalo intrajornada suprimido, porque se trata de período a ser fruído no curso da jornada de trabalho, que não foi regularmente concedido pelo empregador.

Assim, a previsão convencional de pagamento correspondente a uma hora não se mostra suficiente para chancelar validade à norma impugnada.

Acresce que a cláusula em debate confere natureza indenizatória à remuneração do intervalo intrajornada suprimido, contrariando a jurisprudência do TST consagrada na Orientação Jurisprudencial n. 354 da SBDI-1 do TST, que assim dispõe:

"INTERVALO INTRAJORNADA. ART. 71, § 4º, DA CLT. NÃO CONCESSÃO OU REDUÇÃO. NATUREZA JURÍDICA SALARIAL (DJ 14.03.2008)

Possui natureza salarial a parcela prevista no art. 71, § 4º, da CLT, com redação introduzida pela Lei n. 8.923, de 27 de julho de 1994, quando não concedido ou reduzido pelo empregador o intervalo mínimo intrajornada para repouso e alimentação, repercutindo, assim, no cálculo de outras parcelas salariais.

Na mesma trilha, a jurisprudência desta Corte Normativa não tem admitido a validade da cláusula normativa que autoriza a redução ou supressão do intervalo intrajornada, mesmo em relação aos trabalhadores submetidos a regimes de duração de trabalho diferenciados, como na hipótese de regime 12x36, como se verifica dos seguintes precedentes:

"DISSÍDIO COLETIVO. RECURSO ORDINÁRIO INTERPOSTO PELA CONCESSIONÁRIA. LINHA 4 DO METRÔ DE SÃO PAULO. ACORDO COLETIVO DE TRABALHO 2007/2008. HOMOLOGAÇÃO PARCIAL. CLÁUSULA 30 – § 7º. INTERVALO INTRAJORNADA. REDUÇÃO.

Embora a natureza das atividades dos trabalhadores das empresas concessionárias no ramo de rodovias e estradas em geral de São Paulo possa apresentar características próprias com relação à jornada laboral – escalas de revezamento –, torna-se inválida cláusula constante do Acordo Coletivo de Trabalho que reduz o intervalo intrajornada, conforme dispõe a Orientação Jurisprudencial n. 342 da SBDI-1 do TST. Isso porque o referido instituto constitui medida de higiene, saúde e segurança do trabalhador e é garantido por norma de ordem pública, constante dos arts. 7º, XXII, da CF e 71 da CLT, não podendo ser objeto de renúncia, pelo trabalhador, nem sequer de flexibilização, pelas partes. Portanto, mantém-se a decisão regional que não homologou § 7º da cláusula 30 do ACT 2007/2008, que dispõe sobre o intervalo intrajornada, e nega-se provimento ao recurso ordinário, no tópico. Recurso ordinário parcialmente provido." Processo: RODC – 2013600-34.2007.5.02.000, Data de Julgamento: 15.12.2009, Relatora Ministra: Dora Maria da Costa, Seção Especializada em Dissídios Coletivos, Data de Publicação: DJ 05.02.2010.

"RECURSO ORDINÁRIO EM DISSÍDIO COLETIVO. ACORDO JUDICIAL. INTERVALO INTRAJORNADA. SUPRESSÃO. INVALIDADE. NÃO HOMOLOGAÇÃO. Não se homologa cláusula que suprime o intervalo intrajornada de vigilantes submetidos à jornada 12x36. Incidência da Orientação Jurisprudencial n. 342 da SDI-1 do TST: Intervalo intrajornada para repouso e alimentação. Não concessão ou redução. Previsão em norma coletiva. Validade. É inválida cláusula de acordo ou convenção coletiva de trabalho contemplando a supressão ou redução do intervalo intrajornada porque este constitui medida de higiene, saúde e segurança do trabalho, garantido por norma de ordem pública (art. 71 da CLT e art. 7º, inciso XXII, da CF/1988), infenso à negociação coletiva. Recurso a que se nega provimento." Processo: RODC – 265/2007-000-08-00, Data de Julgamento: 14.09.2009, Relator Ministro: Márcio Eurico Vitral Amaro, Seção Especializada em Dissídios Coletivos, Data de Publicação: DJ 25.09.2009.

"AÇÃO ANULATÓRIA. RECURSO ORDINÁRIO INTERPOSTO PELO SINDICATO DAS EMPRESAS DE SEGURANÇA PRIVADA DO PARANÁ. NULIDADE PARCIAL DA CLÁUSULA 33. JORNADA 12x36 DA CONVENÇÃO COLETIVA DE TRABALHO 2007/2009. INTERVALO INTRAJORNADA. O entendimento atual desta Corte é no sentido de considerar a validade de cláusulas de acordo ou convenção coletiva de trabalho que estabeleçam turnos de revezamento de 12 horas de labor por 36 horas de descanso, para determinadas categorias, incluindo-se a dos trabalhadores em empresas de vigilância e segurança, sem que seja devido o adicional de horas extras. Por sua vez, a Orientação Jurisprudencial n. 342 da SBDI-1 do TST estabelece que é inválida a norma coletiva que suprime ou reduz o intervalo intrajornada, porque este constitui medida de higiene, saúde e segurança do trabalho, garantida pelos arts. 71 da CLT e 7º, XXII, da CF. *In casu*, a alínea 'c' da cláusula 33 da CCT 2007/2009, que dispõe sobre a jornada especial de 12X36 horas, prevê a possibilidade da supressão do intervalo intrajornada mediante pagamento do adicional da hora suprimida. Considerando que o item convencionado apresenta prejuízos à saúde dos vigilantes paranaenses e fere direitos fundamentais do trabalhador, que recebe proteção mediante norma jurídica de ordem pública, a teor do inciso XXII do art. 7º da Constituição Federal, mantém-se a decisão regional que, julgando procedente a ação anulatória intentada pelo Ministério Público do Trabalho, declarou a nulidade da alínea c da cláusula 33 do instrumento pactuado. Recurso ordinário não provido." Processo: ROAA – 526/2008-909-09-00, Data de Julgamento: 10.08.2009, Relatora Ministra: Dora Maria da Costa, Seção Especializada em Dissídios Coletivos, Data de Publicação: DJ 21.08.2009.

Ante o exposto, DOU PROVIMENTO ao recurso no particular, para declarar a nulidade da Cláusula 7ª – DO INTERVALO INTRAJORNADA, da Convenção Coletiva de Trabalho 2009/2010, celebrada entre sindicato dos Empregados em Empresas de Vigilância e Segurança de Manaus – SINDVAM e Sindicato das Empresas de Vigilância, Segurança, Transporte de Valores e Cursos de Formação, do Estado do Amazonas – SINDESP/AM.

# INSTAURAÇÃO DA INSTÂNCIA PELO SINDICATO. ILEGITIMIDADE. ARGUIÇÃO DE OFÍCIO

*RECURSO ORDINÁRIO INTERPOSTO PELO SUSCITANTE. DISSÍDIO COLETIVO DE NATUREZA ECONÔMICA. INSTAURAÇÃO DA INSTÂNCIA PELO SINDICATO REPRESENTANTE DA CATEGORIA ECONÔMICA. ILEGITIMIDADE. ARGUIÇÃO DE OFÍCIO.*

*Prevalece nesta Seção Especializada o entendimento de que o sindicato patronal carece de legitimidade para suscitar dissídio coletivo de natureza econômica, porquanto os empregadores não necessitam de autorização do Poder Judiciário, tampouco de negociação coletiva, para concederem espontaneamente vantagens aos seus empregados. Acresce que constitui prerrogativa do sindicato profissional a defesa dos interesses coletivos dos trabalhadores, sendo o dissídio coletivo de natureza econômica um dos meios disponíveis para se alcançar melhores condições de trabalho para a categoria profissional. Extinção de ofício do processo, sem resolução de mérito, nos termos do art. 267, IV e VI, § 3º, do CPC, restando prejudicada a análise do apelo.*

*Processo extinto sem resolução de mérito.*

(Processo n. TST-RO-20400-54.2009.5.16.0000 – Ac. SDC – DeJT: 19.04.2012)

O Sindicato das Indústrias Metalúrgicas, Mecânicas e de Material Elétrico de São Luís suscitou o dissídio coletivo de natureza econômica argumentando que, mesmo após nove rodadas de negociação, o sindicato profissional recusava-se aceitar a proposta de fixação de abono ou reajuste salarial variável para os trabalhadores, insistindo na cumulação de abono e reajuste salarial. Aduzia que a instauração da instância coletiva objetivava trazer "tranquilidade ao setor nas relações empresa verso trabalhador". Asseverava que a categoria econômica foi fortemente impactada pela crise financeira e consequente desaceleração da economia mundial, registrando queda na demanda das indústrias de até 61%, comparada com o melhor valor de 2008. Amparado nesses argumentos, ofereceu como proposta, em linhas gerais, a concessão de abono salarial e a manutenção das cláusulas sociais fixadas no instrumento normativo anterior.

Contudo, prevalece nesta Seção Especializada o entendimento de que o sindicato patronal carece de legitimidade para suscitar dissídio coletivo de natureza econômica, porquanto os empregadores não necessitam de autorização do Poder Judiciário, tampouco de negociação coletiva, para concederem espontaneamente vantagens aos seus empregados. Acresce que constitui prerrogativa do sindicato profissional a defesa dos interesses coletivos dos trabalhadores, sendo o dissídio coletivo de natureza econômica um dos meios disponíveis para se alcançar melhores condições de trabalho para a categoria profissional.

Nesse sentido, colhem-se os seguintes julgados da SDC desta Corte:

"RECURSO ORDINÁRIO. DISSÍDIO COLETIVO AJUIZADO PELO SINDICATO PATRONAL. PEDIDO DE EXTENSÃO, AOS SINDICATOS SUSCITADOS, DE CLÁUSULAS PACTUADAS COM OUTROS SINDICATOS PROFISSIONAIS. DECLARAÇÃO DE LEGITIMIDADE DE REPRESENTAÇÃO. REGISTRO SINDICAL. ILEGITIMIDADE *AD PROCESSUM*. INADEQUAÇÃO DA VIA PROCESSUAL ELEITA. EXTINÇÃO DO FEITO. 1. A comprovação da legitimidade *ad processum* da entidade sindical faz-se por meio de seu registro no órgão competente do Ministério do Trabalho e Emprego, mesmo após a promulgação da Constituição Federal de 1988 (Orientação Jurisprudencial n. 15-SDC/TST). Se, ao tempo do ajuizamento do dissídio coletivo, o sindicato ainda não tiver obtido registro sindical no Ministério do Trabalho e Emprego, ressente-se de capacidade processual para instaurar dissídio coletivo, o que autoriza a extinção do processo, sem exame de mérito. 2. O Sindicato representante da categoria patronal carece de legitimação ativa *ad causam* para ajuizar dissídio coletivo de natureza econômica em face de sindicatos de categoria profissional, mediante oferta de cláusulas, mormente quando manifesto que o dissídio coletivo é apenas um expediente para alcançar, por via oblíqua, o reconhecimento de representatividade da categoria econômica. 3. A medida processual intentada não comporta a pretensão deduzida, já que se mostra inviável a utilização do dissídio coletivo, com o objetivo específico de se obter a declaração de representatividade sindical ou a nulidade de acordos coletivos de trabalho, firmados pelos sindicatos profissionais suscitados com outra entidade representativa do segmento econômico. A análise da questão da disputa de representatividade sindical, nos processos de dissídio coletivo, é admitida por esta Seção Especializada somente sob a forma incidental. Não sendo essa a hipótese e considerando-se a inadequação da via processual eleita, mantém-se a decisão regional que extinguiu o feito, sem resolução de mérito, nos termos do art. 267, VI, do CPC. Recurso ordinário não provido." (Processo: RO – 187000-29.2008.5.15.0000, Data de Julgamento: 08.11.2010, Relatora Ministra: Dora Maria da Costa, Seção Especializada em Dissídios Coletivos, Data de Publicação: DEJT 19.11.2010)

"RECURSO ORDINÁRIO EM DISSÍDIO COLETIVO. AJUIZAMENTO PELO SINDICATO REPRESENTANTE DA CATEGORIA ECONÔMICA. EXTINÇÃO DE OFÍCIO DO PROCESSO POR AUSÊNCIA DE INTERESSE DE AGIR. Esta Seção Especializada firmou o entendimento de que carece de interesse de agir o sindicato de categoria patronal em dissídio coletivo de natureza econômica mediante oferta de cláusulas. Fortalece essa conclusão a circunstância de que, no caso concreto, o dissídio coletivo desvirtuou-se completamente da finalidade prevista em lei, de estipular condições de trabalho para reger as relações de trabalho entre as categorias envolvidas, porquanto se discute exclusivamente a representatividade da categoria econômica. Processo extinto, sem julgamento do mérito, nos termos do art. 267, VI, do CPC." (Processo: RODC – 191600-98.2005.5.15.0000, Data de Julgamento: 10.08.2009, Relator Ministro: Márcio Eurico Vitral Amaro, Seção Especializada em Dissídios Coletivos, Data de Publicação: DEJT 28.08.2009)

"DISSÍDIO COLETIVO. NATUREZA ECONÔMICA. SINDICATO PATRONAL. INTERESSE DE AGIR.

1. Sindicato representante da categoria patronal, segundo a jurisprudência da Eg. Seção de Dissídios Coletivos do Tribunal Superior do Trabalho, carece de interesse de agir para o ajuizamento de dissídio coletivo de natureza econômica em face de sindicatos de categoria profissional, mediante oferta de cláusulas. Prende-se tal diretriz à circunstância de que a categoria econômica não depende de autorização em convenção ou acordo coletivos, tampouco em sentença normativa, para conceder, espontaneamente, benefícios a seus empregados. Ressalva de posição em contrário do Relator.

2. Impõe-se, assim, suscitar de ofício preliminar de carência de ação e declarar a extinção do processo de dissídio coletivo patronal, sem julgamento do mérito, com fulcro no art. 267, inciso VI, do Código de Processo Civil." (Processo: RODC – 25900-50.2004.5.17.0000, Data de Julgamento: 12.04.2007, Relator Ministro: João Oreste Dalazen, Seção Especializada em Dissídios Coletivos, Data de Publicação: DJ 01.06.2007)

"DISSÍDIO COLETIVO AJUIZADO POR SINDICATO PATRONAL. FALTA DE LEGITIMIDADE E DE INTERESSE PROCESSUAL.

No ordenamento jurídico não existe norma determinando que as relações coletivas de trabalho sejam obrigatoriamente disciplinadas por instrumento normativo ou sentença normativa. Portanto, celebrar convenções ou acordos coletivos de trabalho não constitui obrigação imposta aos sindicatos profissionais, nem às empresas ou sindicatos da categoria econômica. No vazio normativo, ou seja, na ausência de instrumento negociado ou de sentença normativa, aplicam-se às relações de trabalho as regras contidas na legislação. Neste caso, as condições trazidas pelo Suscitante ao exame da Justiça do Trabalho dependem tão somente da liberalidade da categoria econômica e poderiam ser implementadas de imediato.

Recurso Ordinário a que se nega provimento, mantendo a extinção do processo sem julgamento do mérito." (Processo: RODC – 9076700-93.2003.5.02.0900, Data de Julgamento: 09.10.2003, Relator Ministro: Rider de Brito, Seção Especializada em Dissídios Coletivos, Data de Publicação: DJ 28.11.2003)

"AÇÃO COLETIVA AJUIZADA PELO SINDICATO DAS EMPRESAS DE TRANSPORTES URBANOS DE PASSAGEIROS DE TERESINA. LEGITIMIDADE *AD CAUSAM*. INTERESSE DE AGIR. EXTINÇÃO DO PROCESSO SEM JULGAMENTO DO MÉRITO. Ausência de interesse processual de o sindicato da categoria econômica ajuizar ação coletiva de natureza econômica. Extinção do processo sem julgamento do mérito que se decreta". (Processo: RODC-1008500-36.2002.5.22.0000, Data de Julgamento: 08.05.2003, Relator Ministro: Gelson de Azevedo, Seção Especializada em Dissídios Coletivos, Data de Publicação: DJ 30.05.2003).

Ante o exposto, *extingo de ofício o processo, sem resolução de mérito*, na forma do art. 267, VI, § 3º, do CPC, restando prejudicada a análise do apelo.

# INTERDITO PROIBITÓRIO COM PEDIDO DE LIMINAR DE MANUTENÇÃO DE POSSE

*INTERDITO PROIBITÓRIO COM PEDIDO DE LIMINAR DE MANUTENÇÃO DE POSSE. COMPETÊNCIA FUNCIONAL DAS VARAS DO TRABALHO. AÇÃO CIVIL LIGADA À DEFESA DA POSSE.*

*1. Nos termos do art. 114, II, da Constituição Federal e da Súmula Vinculante n. 23 do STF, inscreve-se na competência originária das Varas do Trabalho julgar interdito proibitório cuja causa de pedir decorra de movimento grevista, ou seja, com o fim de garantir o livre acesso de funcionários e clientes a agências bancárias durante período de greve, na medida em que se trata de ação civil de natureza possessória, e não de dissídio coletivo de natureza econômica ou de greve, em que a Justiça do Trabalho exerce o Poder Normativo.*

*2. O acórdão regional divergiu dessa orientação ao declinar de sua competência recursal e determinar a remessa dos autos à Seção de Dissídios Coletivos do TST, órgão jurisdicional ao qual não foi outorgada constitucionalmente a competência originária para julgar ação possessória.*

*Determinação de retorno dos autos ao TRT da 10ª Região para prosseguir no julgamento do recurso ordinário interposto pela entidade sindical.*

*(Processo n. TST-Pet-5473-59-2011-5-00-000 – Ac. SDC – DeJT: 29.09.2011)*

Analiso.

Trata-se de interdito proibitório ajuizado pelo Banco do Brasil S.A. em face do Sindicato dos Empregados em Estabelecimentos Bancários de Brasília.

A MM. 8ª Vara do Trabalho de Brasília confirmou o provimento liminar e, no mérito, assegurou o direito do autor à manutenção livre e desembaraçada da sua posse (fls. 126-127).

Dessa decisão o Sindicato interpôs recurso ordinário perante o TRT da 10ª Região, sendo que a 2ª Turma daquela Corte acolheu questão de ordem para, declarando a incompetência funcional da MM. 8ª Vara do Trabalho de Brasília/DF, declinar da competência para a SDC do TST, em face da amplitude nacional do movimento paredista.

Todavia, a meu juízo, o Tribunal Regional do Trabalho da 10ª Região não decidiu com o costumeiro acerto.

A propósito da ampliação da competência da Justiça do Trabalho pela Emenda Constitucional n. 45/04, dispõe o art. 114, II, da Constituição Federal, *verbis*:

"Art. 114. Compete à Justiça do Trabalho processar e julgar:

II – as ações que envolvam exercício do direito de greve."

No que se refere à definição da competência da Justiça do Trabalho para processar e julgar ação possessória em decorrência do exercício do direito de greve, a controvérsia então existente acerca da matéria restou pacificada pela Súmula Vinculante n. 23 do STF, assim redigida, *verbis*:

"A Justiça do Trabalho é competente para processar e julgar ação possessória ajuizada em decorrência do exercício do direito de greve pelos trabalhadores da iniciativa privada."

De outra parte, a competência funcional, originária e recursal da Seção de Dissídios Coletivos do Tribunal Superior do Trabalho, está delimitada no art. 2º da Lei n. 7.701, de 21.12.1988, bem como no Regimento Interno do TST (art. 219 e segs.).

Como se observa do sistema normativo posto, a competência originária da SDC/TST se restringe à conciliação e ao julgamento dos dissídios coletivos que excedam à jurisdição dos Tribunais Regionais do Trabalho e à extensão ou revisão de suas próprias sentenças normativas, nos casos previstos em lei, e, ainda, se estende aos dissídios coletivos de declaração sobre a paralisação do trabalho decorrente de greve.

Nesse cenário, não existe disposição legal atribuindo competência originária à SDC/TST para julgamento de interdito proibitório cuja causa de pedir tenha origem em movimento grevista, quer em face da natureza possessória da ação, quer porque o conflito coletivo que poderia gerar a turbação na posse é de âmbito local, ante o reconhecimento expresso do TRT de origem de que a discussão possessória está, na presente demanda, limitada ao Distrito Federal.

Ora, na presente ação possessória não se reclama o exercício do Poder Normativo da Justiça do Trabalho, mas, ao contrário, o que se busca é solucionar um conflito decorrente do exercício considerado irregular da greve, cuja competência funcional só pode ser da primeira instância, ou seja, das Varas do Trabalho, nas palavras do Procurador do Trabalho Raimundo Simão de Melo (cfr. "A Greve no Direito Brasileiro", LTR, 2ª Ed., 2009, pág. 164).

Diverso não poderia ser o entendimento, *permissa* vênia, haja vista a natureza civil possessória do interdito proibitório regulamentado pelo art. 932 e segs. do CPC, ou seja, trata-se de ação civil ligada à defesa da posse, sem abrangência coletiva, à semelhança dos embargos de terceiro ajuizados na execução trabalhista, cuja competência para julgamento é, inequivocamente, da Vara do Trabalho.

Não é dado ao intérprete e aplicador da lei olvidar que as causas, normalmente, têm origem, são propostas perante órgão judiciário de primeiro grau de jurisdição, como forma de assegurar o duplo grau de jurisdição.

Nesse diapasão é que se encontra delimitada a competência da Justiça do Trabalho pelo art. 114 da Constituição Federal, incluindo-se na competência das Varas do Trabalho o julgamento das ações possessórias que têm na causa de pedir uma relação de trabalho, cabendo aos Tribunais Trabalhistas a competência recursal.

Ressalte-se que, ao julgar o AgRg no Conflito de Competência n. 88.512 – SP, versando sobre competência para julgamento de interdito proibitório em que se buscou garantir o livre acesso de funcionários e clientes a agências bancárias sob o risco de serem interditadas em decorrência de movimento grevista, o Superior Tribunal de Justiça conheceu do conflito e declarou competente a Vara do Trabalho, suscitante, com fundamento nas disposições do art. 114, II, da CF e na Súmula Vinculante n. 23 do STF.

Fixadas tais premissas, concluo que se inscreve na competência originária das Varas do Trabalho julgar interdito proibitório cuja causa de pedir decorra de movimento grevista, ou seja, com o fim de garantir o livre acesso de funcionários e clientes a agências bancárias durante período de greve, na medida em que se trata de ação civil de natureza possessória, e não de dissídio coletivo de natureza econômica ou de greve, em que a Justiça do Trabalho exerce o Poder Normativo.

Dessa forma, tem-se que o acórdão recorrido divergiu dessa orientação ao declinar de sua competência recursal e determinar a remessa dos autos à Seção de Dissídios Coletivos do TST, órgão jurisdicional ao qual, como acima exposto, não foi outorgada constitucionalmente a competência originária para julgar ação possessória.

Ante o exposto, declaro a incompetência funcional da Seção de Dissídios Coletivos do Tribunal Superior do Trabalho para julgar ação de interdito proibitório e, em consequência, determino o retorno dos autos ao Tribunal Regional do Trabalho da 10ª Região, a fim de que prossiga no julgamento do recurso ordinário interposto pelo Sindicato dos Empregados em Estabelecimentos Bancários de Brasília, como entender de direito.

---

# LIMITAÇÃO DO TRABALHO AUTORIZADO EM DOMINGOS. PRETENSÃO DE DECLARAÇÃO DE INEFICÁCIA DE CLÁUSULAS CONVENCIONAIS

*RECURSO ORDINÁRIO. DISSÍDIO COLETIVO DE NATUREZA JURÍDICA. CONVENÇÃO COLETIVA DE TRABALHO. LIMITAÇÃO DO TRABALHO AUTORIZADO EM DOMINGOS. PRETENSÃO DE DECLARAÇÃO DE INEFICÁCIA DE CLÁUSULAS CONVENCIONAIS. INADEQUAÇÃO DA VIA PROCESSUAL ELEITA. EXTINÇÃO DO PROCESSO. ARGUIÇÃO DE OFÍCIO.*

*1. O dissídio coletivo de natureza jurídica tem como finalidade específica interpretar e declarar o alcance de cláusulas de sentenças normativas, de instrumentos de negociação coletiva, acordos e convenções coletivas, de disposições legais atinentes à categoria profissional ou econômica e de atos normativos. Assim, a sentença proferida nesse tipo de dissídio coletivo apresenta natureza eminentemente declaratória quanto ao sentido e ao alcance da norma examinada, não sendo cabível formular pretensão de índole constitutiva (positiva ou negativa), condenatória, cautelar ou tutela antecipada, ante a natureza jurídica "sui generis" e respectiva finalidade do dissídio coletivo de direito.*

*2. Na hipótese, a ação utilizada não se mostra adequada ao acolhimento da postulação deduzida, pois não se pretende a mera interpretação da Convenção Coletiva de Trabalho, mas, sim, questionar a validade e a juridicidade da previsão normativa autorizando a prestação de trabalho em apenas dois domingos ao mês, o que se mostra incompatível com a natureza e a finalidade desse tipo de ação. Precedentes da SDC.*

*Processo extinto, sem resolução de mérito, por inadequação da ação, na forma do art. 267, IV, do CPC.*

(Processo n. TST-RO-51398-87.2012.5.02.0000 – Ac. SDC – DeJT: 20.03.2014)

*Dissídio coletivo de natureza jurídica. Convenção coletiva de trabalho. Limitação do trabalho autorizado em domingos. Pretensão de declaração de ineficácia de cláusulas convencionais. Inadequação da via processual eleita. Extinção do processo. Arguição de ofício*

As empresas suscitantes ajuizaram dissídio coletivo de natureza jurídica objetivando fosse declarada ineficácia da cláusula 56ª da Convenção Coletiva de Trabalho firmada pelos suscitados, pela qual se restringiu a prestação de trabalho dos empregados das empresas concessionárias e distribuidoras de veículos a apenas dois domingos por mês.

Para justificar o ajuizamento do dissídio coletivo de natureza jurídica, argumentam que a Lei n. 10.101/2000, bem como a Lei Municipal n. 14.776/2008, não autoriza as entidades sindicais de proibirem o trabalho aos domingos ou limitarem o funcionamento das atividades do comércio.

Invocam o direito à livre inciativa, à propriedade privada, à livre concorrência e à busca do pleno emprego (arts. 1º, IV, 170, II, IV e VII, da Constituição da República).

Propugnam que seja conferida interpretação às cláusulas convencionais no sentido de possibilitar a abertura do comércio em todos os domingos, assegurada, no entanto, folga aos empregados em dois domingos por mês de forma escalonada.

À análise.

Consoante a jurisprudência pacifica desta SDC, é cabível o ajuizamento de dissídio coletivo de natureza jurídica, resultante de disputa ou discussão quanto à interpretação de cláusula de sentença normativa, de instrumento de negociação coletiva, acordo e convenção coletiva, de disposição de lei atinente à categoria profissional ou econômica e de ato normativo, o qual provoque a configuração de conflito coletivo, cuja solução exija pronunciamento judicial por meio de ação de conteúdo declaratório, quanto ao sentido e ao alcance da norma questionada, e seus efeitos concretos nas relações de trabalho.

O dissídio coletivo de natureza jurídica, embora reconhecido plenamente pela doutrina e jurisprudência trabalhista, não conta com previsão expressa no art. 114 da Constituição da República, que somente menciona os dissídios coletivos de natureza econômica (§ 2º).

Porém, a Lei n. 7.701/1988, expressamente, menciona o dissídio coletivo de natureza jurídica, embora não defina nenhum conceito, ao delimitar a competência da Seção Especializada em Dissídios Coletivos do TST (arts. 2º, I, a, e 10).

A lacuna quanto à definição do dissídio coletivo de natureza jurídica veio a ser suprida pelo art. 220, II, do Regimento Interno do TST, *verbis*:

"Art. 220. Os dissídios coletivos podem ser:

II – de natureza jurídica, para interpretação de cláusulas de sentenças normativas, de instrumentos de negociação coletiva, acordos e convenções coletivas, de disposições legais particulares de categoria profissional ou econômica e de atos normativos."

Especificamente em relação à hipótese vertente, esta Seção Normativa recentemente firmou entendimento no sentido da inadequação do dissídio coletivo de natureza jurídica para alcançar o objetivo pretendido pelas empresas, conforme se depreende dos seguintes exemplos jurisprudenciais, *verbis*:

"RECURSOS ORDINÁRIOS. DISSÍDIO COLETIVO DE NATUREZA JURÍDICA. PRETENSÃO DE MEMBROS DA CATEGORIA ECONÔMICA DE DECLARAÇÃO DE INEFICÁCIA EM RELAÇÃO A SI DE NORMA INSERTA EM CONVENÇÃO COLETIVA DE TRABALHO. INADEQUAÇÃO DA VIA ELEITA.

1. Dissídio coletivo de natureza jurídica ajuizado por Etoile Distribuidora de Veículos Ltda. e outras 04 (quatro) empresas do mesmo ramo, perante o Sindicato dos Empregados no Comércio de Santo André, o Sindicato dos Empregados no Comércio de Guarulhos, o Sindicato dos Concessionários e Distribuidores de Veículos no Estado de São Paulo – Sincodiv e a Federação dos Empregados no Comércio do Estado de São Paulo, com a finalidade de obter a declaração de ineficácia, em relação a si, do disposto na cláusula 6ª da convenção coletiva de trabalho (2012) celebrada entre as entidades sindicais suscitadas, em que se estabelece a limitação do funcionamento dos respectivos estabelecimentos a 2 (dois) domingos mensais, sob o fundamento de violação de dispositivos de leis federais e municipais e do Texto Constitucional.

2. A pretensão de membros pertencentes à categoria econômica de declaração judicial de ineficácia, em relação a si, de norma inserta em convenção coletiva de trabalho, por pretensa ilegalidade, não se ajusta a dissídio coletivo, de competência originária dos Tribunais Regionais do Trabalho, cujo provimento jurisdicional alcança uniformemente todos os integrantes das categorias profissional e econômica representados pelas entidades sindicais convenentes, mas a dissídio individual plúrimo, de competência da Vara do Trabalho, do qual resulta decisão com efeitos *inter partes*.

3. O dissídio coletivo de natureza jurídica, em específico, não se presta à declaração de invalidade de norma inserta em

convenção coletiva de trabalho, mas à resolução de conflito de interpretação sobre o alcance de norma coletiva. Da narrativa dos fatos e dos fundamentos jurídicos presentes na representação, alusivos à ilegalidade da cláusula 6ª da convenção coletiva de trabalho (2012) celebrada entre as suscitadas, não se deduz conflito de interpretação sobre o sentido dessa norma coletiva, mas insurgência direta contra o seu conteúdo, por invalidade.

4. Incompatibilidade entre a tutela jurisdicional pretendida pelas empresas suscitantes (declaração judicial de ineficácia de norma coletiva, em relação a si, por ilegalidade), e a ação ajuizada (dissídio coletivo de natureza jurídica), a acarretar a extinção do processo sem resolução do mérito, por inadequação da via processual eleita.

5. Recursos ordinários a que se dá provimento, a fim de se decretar a extinção do processo sem resolução do mérito, na forma do art. 267, VI, do CPC." Processo: RO – 3012-26.2012.5.02.0000, Data de Julgamento: 11.11.2013, Relator Ministro: Fernando Eizo Ono, Seção Especializada em Dissídios Coletivos, Data de Publicação: DEJT 29.11.2013.

"RECURSO ORDINÁRIO INTERPOSTO PELO SINDICATO DOS COMERCIÁRIOS DE SÃO PAULO. DISSÍDIO COLETIVO DE NATUREZA JURÍDICA. CLÁUSULA QUE LIMITA O FUNCIONAMENTO DAS EMPRESAS A DOIS DOMINGOS POR MÊS. IMPROPRIEDADE DA VIA ELEITA. 1. Dissídio Coletivo de Natureza Jurídica que tem por objeto a análise acerca da "inconstitucionalidade, ilegalidade e ineficácia" da cláusula de Convenção Coletiva de Trabalho que fixa o funcionamento dos estabelecimentos comerciais em apenas 2 domingos mensais. 2. A declaração de não conformidade da cláusula ao arcabouço jurídico, todavia, não se insere no escopo do Dissídio Coletivo de Natureza Jurídica. Note-se, ainda, que, em última análise, o efeito prático aqui almejado é a alteração do teor da norma em convergência com o interesse das Suscitantes. Por mais legítimo ou razoável que seja esse interesse, bem delineado, inclusive, na proposta para negociação formulada no bojo da representação, não é aqui o meio adequado para alcançá-lo. 3. O Dissídio Coletivo de Natureza Jurídica está vocacionado a apurar o sentido e/ou alcance da norma, solvendo o ponto dúbio, obscuro ou contraditório que compromete a sua compreensão e sua plena eficácia. No caso, o que move as Suscitadas é a certeza jurídica sobre a restrição do alegado direito, prevista na cláusula acordada pela entidade sindical que as representa, e que vai de encontro aos seus interesses. Processo extinto, sem resolução de mérito, por inadequação da via eleita. Recurso Ordinário a que se dá provimento." RO – 285-94.2012.5.02.0000, Data de Julgamento: 09.09.2013, Relatora Ministra Maria de Assis Calsing, Seção Especializada em Dissídios Coletivos, Data de Publicação: DEJT 20.09.2013.

Com efeito, é manifesta a inadequação da via processual eleita pelos suscitantes, por não ser cabível dissídio coletivo de natureza jurídica contendo pedido de provimento jurisdicional de caráter (des) constitutivo e condenatório, como o que ora se examina, portanto, à margem dos limites impostos pelo art. 220, II, do Regimento Interno do Tribunal Superior do Trabalho.

Nesse sentido, o entendimento de José Carlos Arouca (Cf. *Curso Básico de Direito Sindical,* São Paulo: LTR, 2006, pág. 376), de Guilherme Mastrichi Basso (*Dissídio Coletivo de Natureza Jurídica,* http://www.planalto.gov.br/ccivil) e de Raimundo Simão de Melo (*A Greve no Direito Brasileiro,* Editora LTR, São Paulo), dentre outros juslaboristas.

Como explicitado, o dissídio coletivo de natureza jurídica, pois, tem como finalidade específica interpretar e declarar o alcance de cláusulas de sentenças normativas, de instrumentos de negociação coletiva, acordos e convenções coletivas, de disposições legais atinentes à categoria profissional ou econômica e de atos normativos.

Assim, é cabível o ajuizamento de dissídio coletivo de natureza jurídica resultante de disputa ou discussão quanto à interpretação de sentença normativa, a qual provoque a configuração de conflito coletivo cuja solução exija pronunciamento judicial, por meio de ação de conteúdo declaratório quanto ao sentido e ao alcance da decisão questionada, e seus efeitos concretos nas relações de trabalho. A sentença proferida no dissídio coletivo jurídico ostenta natureza declaratória, não se admitindo, por essa via, pretensões de cunho constitutivo, condenatório, cautelar ou de tutela antecipada, ante sua natureza jurídica e a respectiva finalidade. Aplicável, analogicamente, a Orientação Jurisprudencial n. 3 desta SDC.

Na hipótese vertente, embora textualmente formulada com o fim de obter pronunciamento judicial quanto ao sentido e ao alcance de Convenção Coletiva de Trabalho, os suscitantes requerem provimentos de natureza constitutiva-negativa (reconhecimento da ineficácia da norma coletiva) e condenatória (reconhecimento da possibilidade de abertura do comércio nos domingos e do direito dos empregados a duas folgas mensais nos domingos de forma escalonada).

É, pois, evidente que os suscitantes não buscam, por meio do dissídio coletivo de natureza jurídica, a mera interpretação da Convenção Coletiva de Trabalho, mas, discutir a validade e a juridicidade das condições de trabalho estabelecidas, o que não se compatibiliza com a natureza e os limites do dissídio coletivo de natureza jurídica que, como sobejamente explicitado, somente comporta provimento declaratório, se e quando for o caso, o que não se alinha à pretensão deduzida na petição inicial.

Dessa forma, verifica-se a inadequação da via processual eleita, uma vez que o dissídio coletivo de natureza jurídica, repita-se, não se presta a atender pretensão constitutiva (negativa) ou condenatória.

Ante o exposto, de ofício, DECLARO EXTINTO O PROCESSO, sem resolução de mérito, por inadequação da ação, na forma do art. 267, IV, do CPC.

# RECURSO ORDINÁRIO. DISSÍDIO DE GREVE. NOMEAÇÃO PARA REITOR DA PUC/SP. CANDIDATA MENOS VOTADA EM LISTA TRÍPLICE

*RECURSO ORDINÁRIO. DISSÍDIO DE GREVE. NOMEAÇÃO PARA REITOR DA PONTIFÍCIA UNIVERSIDADE CATÓLICA DE SÃO PAULO – PUC. CANDIDATA MENOS VOTADA EM LISTA TRÍPLICE. OBSERVÂNCIA DO REGULAMENTO. PROTESTO COM MOTIVAÇÃO POLÍTICA. ABUSIVIDADE DA PARALISAÇÃO.*

*1. A Constituição da República de 1988, em seu art. 9º, assegura o direito de greve, competindo aos trabalhadores decidir sobre a oportunidade de exercê-lo e os interesses que devam por meio dele defender.*

*2. Todavia, embora o direito de greve não seja condicionado à previsão em lei, a própria Constituição (art. 114, § 1º) e a Lei n. 7.783/1989 (art. 3º) fixaram requisitos para o exercício do direito de greve (formais e materiais), sendo que a inobservância de tais requisitos constitui abuso do direito de greve (art. 14 da Lei n. 7.783).*

*3. Em um tal contexto, os interesses suscetíveis de serem defendidos por meio da greve dizem respeito a condições contratuais e ambientais de trabalho, ainda que já estipuladas, mas não cumpridas; em outras palavras, o objeto da greve está limitado a postulações capazes de serem atendidas por convenção ou acordo coletivo, laudo arbitral ou sentença normativa da Justiça do Trabalho, conforme lição do saudoso Ministro Arnaldo Süssekind, em conhecida obra.*

*4. Na hipótese vertente, os professores e os auxiliares administrativos da PUC se utilizaram da greve como meio de protesto pela não nomeação para o cargo de reitor do candidato que figurou no topo da lista tríplice, embora admitam que a escolha do candidato menos votado observou as normas regulamentares. Portanto, a greve não teve por objeto a criação de normas ou condições contratuais ou ambientais de trabalho, mas se tratou de movimento de protesto, com caráter político, extrapolando o âmbito laboral e denotando a abusividade material da paralisação.*

*Recurso ordinário conhecido e provido, no tema.*

*(Processo n. TST-RO-51534-84.2012.5.02.0000 – Ac. SDC – DeJT: 18.06.2014)*

Mérito

*Dissídio de greve. Nomeação para reitor da Pontifícia Universidade Católica de São Paulo – PUC. Candidata menos votada em lista tríplice. Observância do regulamento. Protesto com motivação política. Abusividade da paralisação*

VOTO

Inicialmente, não procede a alegação dos suscitados, trazida em contrarrazões, no sentido de que não haveria efetiva greve, porquanto infirmada pelas conclusões do Tribunal Regional, no sentido de que a paralisação das atividades se enquadra na definição do art. 2º da Lei de Greve.

Nesse sentido:

"RECURSO ORDINÁRIO. DISSÍDIO COLETIVO. PARALISAÇÃO ESPONTÂNEA DOS TRABALHADORES. GREVE. CONFIGURAÇÃO. 1. Nos termos do art. 2º da Lei n. 7.783/1989, configura greve toda 'suspensão coletiva, temporária e pacífica, total ou parcial, de prestação pessoal de serviços ao empregador'. Assim, o fato de o sindicato profissional não haver deflagrado, patrocinado ou participado do movimento não é suficiente para descaracterizar a greve. Como se sabe, o fenômeno da paralisação da prestação laboral como mecanismo de autotutela de interesses dos trabalhadores antecedeu à formação dos sindicatos, não sendo raro esse fenômeno, mesmo nos dias atuais. 2. No caso concreto, ao contrário do entendimento adotado na decisão recorrida, incontroversa a existência da greve, não podendo ser considerada a negativa vaga, genérica e contraditória apresentada pelo sindicato profissional na defesa escrita, uma vez que admitira, nas audiências de instrução e conciliação, ter conhecimento da paralisação espontânea dos empregados da empresa suscitante, tendo, inclusive, discutido com os trabalhadores a proposta judicial quanto à compensação dos dias parados. Recurso ordinário a que se dá provimento." (TST-RO-440-50.2011.5.05.0000, Rel. Min. Walmir Oliveira da Costa, Seção Especializada em Dissídios Coletivos, DEJT 26.03.2013)

A seguir, analiso a controvérsia.

O direito de greve é assegurado aos trabalhadores, expressamente, no art. 9º da Constituição Federal de 1988, *verbis*:

"Art. 9º É assegurado o direito de greve, competindo aos trabalhadores decidir sobre a oportunidade de exercê-lo e sobre os interesses que devam por meio dele defender.

§ 1º – A lei definirá os serviços ou atividades essenciais e disporá sobre o atendimento das necessidades inadiáveis da comunidade.

§ 2º – Os abusos cometidos sujeitam os responsáveis às penas da lei."

Portanto, a Constituição da República de 1988, em seu art. 9º, assegura o direito de greve, de forma ampla.

Todavia, embora o direito de greve não seja condicionado à previsão em lei, a própria Constituição (art. 114, § 1º) e a Lei n. 7.783/1989 (art. 3º) fixaram requisitos para o exercício do direito de greve (formais e materiais), dentre os quais a exigência de negociação coletiva, a convocação por assembleia geral e a prévia comunicação aos empregadores e aos usuários, sendo que a inobservância de tais requisitos constitui abuso do direito de greve (art. 14 da Lei n. 7.783).

Em um tal contexto, forçoso é reconhecer que os interesses suscetíveis de serem defendidos por meio da greve dizem respeito a condições próprias de trabalho profissional ou de normas de higiene, saúde e segurança no ambiente de trabalho. Nesse universo podem ser incluídas as discussões sobre remuneração, jornada de trabalho, garantia de emprego, redução de riscos, higiene, medicina e segurança do trabalho, condições contratuais e ambientais de trabalho, ainda que já estipuladas, mas não cumpridas.

Em outras palavras, o objeto da greve está limitado a postulações capazes de serem atendidas por convenção ou acordo coletivo, laudo arbitral ou sentença normativa da Justiça do Trabalho, conforme lições do saudoso Ministro Arnaldo

Süssekind (cf. *Curso de Direito do Trabalho*, Rio de Janeiro: Renovar, 2002, p. 595-596):

"*Objeto e greves impróprias* – A interpretação sistemática de normas da Lei Maior sobre os direitos sociais e a Justiça do Trabalho e, bem assim, da Lei n. 7.783, nos revela, de forma inquestionável, que *os interesses suscetíveis de serem defendidos por meio desse procedimento conflituoso concernem a condições contratuais e ambientais de trabalho, ainda que já estipuladas, mas não cumpridas.*

Com efeito se a greve só pode ser deflagrada depois de frustrada a negociação coletiva e verificada a impossibilidade de submissão do conflito coletivo à arbitragem (art. 3º da lei cit.); se a negociação coletiva há de versar sobre postulações que possam ser atendidas por convenção coletiva de trabalho, celebrada entre o sindicato dos trabalhadores e o sindicato patronal da respectiva categoria, ou acordo coletivo de trabalho firmado entre aquele sindicato e a empresa ou empresas interessadas (art. 611 da CLT e art. 8º, VI, da CF); se a conciliação das partes do curso da greve formaliza-se através dos precitados instrumentos normativos; se, malogrando a negociação coletiva no curso da greve e não havendo arbitragem, o conflito deve ser submetido à Justiça do Trabalho, cuja competência para estabelecer normas e condições em dissídios coletivos concerne ao campo das obrigações que podem ser impostas aos empregadores (art. 114, §§ 1º e 2º, da CF) — cumpre concluir que *o objeto da greve está limitado a postulações capazes de ser atendidas por convenções ou acordo coletivo, laudo arbitral ou sentença normativa de tribunal do trabalho* [No mesmo sentido Eduardo Gabriel Saad ("A nova lei de greve", *Suplemento Trabalhista LTr*, n. 76, SP, 1989, pág. 391) e Luiz Inácio B. Carvalho (*Relações Coletivas do Trabalho — Homenagem a Arnaldo Süssekind*. São Paulo: LTr, 1989, p. 500).

Por sua vez, o art. 14 da Lei n. 7.783/1989 estabelece que: "*Constitui abuso do direito de greve a inobservância das normas contidas na presente Lei*".

Ora, a greve de cunho eminentemente político (e não de política trabalhista) não conta com garantia expressa nas normas da Organização Internacional do Trabalho (OIT). Conforme explica Raimundo Simão de Melo: "*Quanto à greve política, a OIT entende que esta não está abrangida pelos princípios da liberdade sindical – Convenção n. 87, art. 10-*" (*A greve no direito brasileiro*, 2ª edição, São Paulo: LTR, 2009, p. 45).

Na hipótese vertente, os professores e os auxiliares administrativos da PUC se utilizaram da greve como meio de protesto pela não nomeação para o cargo de reitor do candidato que figurou no topo da lista tríplice, embora admitam que a escolha do candidato menos votado observou as normas regulamentares.

Dessarte, a greve não teve por objeto a criação de normas ou condições contratuais ou ambientais de trabalho, mas se tratou de movimento de protesto, com caráter claramente político, extrapolando o âmbito laboral e denotando a abusividade material da paralisação.

Com efeito, resta incontroverso que a nomeação, ainda que observasse a tradição institucional de refletir automaticamente a vontade da comunidade acadêmica, atendeu devidamente a todas as regras próprias, tendo sido escolhido para ocupar o cargo de reitor um dos nomes constantes da lista tríplice formada a partir da consulta a estudantes, professores e demais empregados. Os sindicatos suscitados, aliás, em suas manifestações nos autos, admitem expressamente ter sido respeitado pela instituição o rigor formal dos procedimentos previstos nas normas internas, contexto no qual não subsiste fundamento apto a justificar o movimento grevista, nos limites em que articulada a paralisação.

Nesse sentido:

"I – RECURSO ORDINÁRIO INTERPOSTO POR THERMOID S/A MATERIAIS DE FRICÇÃO. DISSÍDIO COLETIVO. GREVE DE SOLIDARIEDADE. PROTESTO CONTRA ATO DE DEMISSÃO DE ATIVISTA SINDICAL. ABUSIVIDADE. A teor do art. 14 da Lei n. 7.783/1989, a inobservância dos requisitos previstos nessa lei constitui fator que caracteriza o abuso do direito de greve. Tal preceito, aplica-se a qualquer movimento grevista, independentemente da sua motivação, uma vez que não excetua nenhuma situação. Em consequência, a constatação, ou não, quanto à abusividade da greve prende-se à avaliação, em cada hipótese, da observância dos requisitos mínimos para o exercício desse direito, previstos na Lei n. 7.783/1989, independentemente dos motivos ensejadores da eclosão do movimento. A falta de qualquer um deles conduz inexoravelmente à declaração de abusividade do movimento grevista. Hipótese em que se constata o descumprimento dos requisitos insertos nos arts. 3º, *caput*, e parágrafo único, e 4º, *caput*, e § 1º, da Lei n. 7.783/1989. Greve abusiva, sob o aspecto formal. Recurso ordinário a que se dá provimento, a fim de se declarar a abusividade da greve, patrocinada pelo Sindicato dos Trabalhadores nas Indústrias Metalúrgicas, Mecânicas e de Material Elétrico de Salto, no período de 03.11.2009 a 08.11.2009." (TST-RO-212400-11.2009.5.15.0000, Rel. Min. Fernando Eizo Ono, Seção Especializada em Dissídios Coletivos, DEJT 15.02.2013)

Ressalte-se, ainda, que a modalidade de escolha do reitor não constitui condição de trabalho de interesse profissional, nos moldes da lei de greve, tampouco legitima a paralisação, o descumprimento do compromisso individual assumido pela reitora nomeada, enquanto candidata em campanha, de que se recusaria a tomar posse caso não figurasse no primeiro lugar da lista tríplice. Trata-se apenas de declaração política, vinculado aos costumes da Instituição e levada a cabo no curso do processo de disputa do cargo, mas que não se convola em cláusula trabalhista de respeito obrigatório.

Convém notar que as reivindicações não abordam, por exemplo, a exigência de que houvesse alteração das normas específicas que disciplinam as regras para a nomeação de reitor, mas apenas a contraposição à escolha efetuada pela Instituição, exigindo-se respeito à ordem da lista tríplice que não é garantido por norma escrita.

Desse modo, configurada a abusividade material da greve, torna-se irrelevante analisar os aspectos formais da greve, questionados pela recorrente, uma vez que não teriam o condão de superar a conclusão de que o ordenamento jurídico nacional não comporta o exercício do direito de greve para o fim almejado pelas categorias profissionais.

Ante o exposto, DOU PROVIMENTO ao recurso ordinário, no tema, para declarar a abusividade material da greve.

# RECURSO ORDINÁRIO INTERPOSTO PELO MPT. AÇÃO ANULATÓRIA. INTERESSE PROCESSUAL

*RECURSO ORDINÁRIO. AÇÃO ANULATÓRIA. CONVENÇÃO COLETIVA DE TRABALHO. REGIME DE 12X36. LIBERDADE DE NEGOCIAÇÃO COLETIVA. INEXISTÊNCIA DE PREJUÍZO À SAÚDE DO TRABALHADOR. VALIDADE DA CLÁUSULA.*

*De acordo com a jurisprudência sedimentada por esta Seção de Dissídios Coletivos, é válida a cláusula de convenção coletiva de trabalho que fixa a jornada no sistema de doze horas de trabalho por trinta e seis horas de descanso, haja vista a ressalva à negociação coletiva constante do art. 7º, XIII e XIV, da Constituição da República, e o novo regime não causar prejuízo à saúde do empregado, inclusive em face de a carga semanal média de 42 horas ser inferior ao limite constitucional. Divergindo, o acórdão recorrido, dessa orientação, deve ser provido o recurso interposto pelo sindicato patronal, a fim de se declarar a validade da cláusula convencional que estabelece a jornada 12X36.*

*CONTRIBUIÇÃO PATRONAL PARA MELHORIA DOS SERVIÇOS MÉDICO E ODONTOLÓGICO PRESTADOS PELO SINDICATO PROFISSIONAL. ATO DE INGERÊNCIA NA ORGANIZAÇÃO SINDICAL NÃO CONFIGURADO.*

*1. O Tribunal Regional de origem acolheu postulação do Ministério Público do Trabalho, decretando a nulidade da cláusula convencional que estipula contribuição da categoria patronal visando à melhoria dos serviços médico e odontológico prestados pelo sindicato profissional aos trabalhadores. O pedido de nulidade fundamentou-se na alegação de que a cláusula implicava ato de ingerência na organização sindical dos trabalhadores.*

*2. Consideram-se atos de ingerência, repelidos pelo art. 2º da Convenção n. 98 da OIT, aqueles que impliquem intervenção direta ou indireta na administração e desenvolvimento do sindicato e que lhe retire a independência de atuação.*

*3. Não se verifica, na cláusula impugnada, a alegada prática de ato de ingerência ou antissindical, hipótese vedada pelo art. 2º da norma internacional, uma vez que a assistência financeira patronal não se destina a manter a organização sindical dos trabalhadores, mas, exclusivamente, à melhoria dos serviços médico e odontológico prestados pelo sindicato profissional.*

*4. A cláusula em debate concede, ainda que de forma indireta, condição de trabalho benéfica ao trabalhador. Com efeito, o art. 514 da CLT não enumera dentre os deveres do sindicato a manutenção de serviços médico e odontológico, embora seja comum a entidade sindical prestar esse tipo de assistência aos integrantes da categoria. Assim, deixar de validar a cláusula convencional, que traz benefício à categoria profissional, poderá denotar cerceamento da liberdade de negociação e interferência indevida do Poder Judiciário na organização sindical vedada pelo art. 8º, I, da Constituição da República. A previsão convencional não reduziu direito previsto em lei ou conquista da categoria. Ao contrário, prestigia o direito do trabalhador à saúde, promovendo melhoria em sua condição social (arts. 6º e 7º, caput, da Constituição da República).*

*Recurso ordinário conhecido e parcialmente provido.*

*(Processo n. TST-RO-36500-57.2009.5.17.0000 – Ac. SDC – DeJT: 14.06.2012)*

*Convenção coletiva de trabalho. Regime de 12x36. Liberdade de negociação coletiva. Inexistência de prejuízo à saúde do trabalhador. Validade da cláusula*

VOTO

No tocante à validade da previsão do regime de 12x36, sem o pagamento de horas extras, a liberdade da negociação coletiva está prevista no art. 7º, XIII e XIV, da Constituição Federal:

"Art. 7º. São direitos dos trabalhadores urbanos e rurais, além de outros que visem à melhoria de sua condição social:

(...)

XIII – duração do trabalho normal não superior a oito horas diárias e quarenta e quatro semanais, facultada a compensação de horários e a redução da jornada, mediante acordo ou convenção coletiva de trabalho;

XIV – jornada de seis horas para o trabalho realizado em turnos ininterruptos de revezamento, salvo negociação coletiva."

Nessa linha, privilegiando a manifestação da vontade coletiva, e por considerar inexistir prejuízo à saúde do trabalhador (art. 7º, XXII, da Constituição Federal), especialmente em face da carga semanal média de 42 horas, inferior ao limite máximo constitucional de 44 horas, esta Subseção adota o entendimento pacífico de que é válida a cláusula normativa que estipula a adoção do regime de doze horas de trabalho por trinta e seis horas de descanso, porque fruto de livre negociação entre as partes, plenamente cientes das condições laborais específicas em que se desenvolvem as relações laborais.

A propósito, colhem-se os seguintes julgados desta SDC, validando negociação coletiva em torno do regime 12X36:

"AÇÃO ANULATÓRIA. CONVENÇÃO COLETIVA DE TRABALHO. A) RECURSO ORDINÁRIO INTERPOSTO PELO MINISTÉRIO PÚBLICO DO TRABALHO. NULIDADE DA CLÁUSULA 32 – ESCALA DE REVEZAMENTO. JORNADA 12X36. POSSIBILIDADE. O entendimento atual desta Corte é no sentido de considerar a validade de cláusulas de acordo ou convenção coletiva de trabalho que estabeleçam turnos de revezamento de 12 horas de labor por 36 horas de descanso, para determinadas categorias, em face das peculiaridades das atividades desenvolvidas. Contudo, necessário sejam atendidos certos requisitos, como o revezamento de cargas semanais de 36 horas com 48 horas, que as jornadas sejam exercidas sempre em um mesmo turno e que o intervalo interjornada compreenda, necessariamente, todo um dia de descanso. *In casu*, a cláusula 32 da CCT 2008/2009 preenche os referidos requisitos, e, na medida em que não suprime ou reduz o intervalo intrajornada, não apresenta prejuízos à saúde física e mental dos trabalhadores em restaurantes, bares, hotéis e similares do Estado do Espírito Santo. Restando, pois, incólume o art. 7º, XXVI, da CF, e não se vislumbrando as violações legais e constitucionais apontadas pelo *Parquet*, tampouco contrariedade a dispositivos jurisprudenciais, mantém-se a decisão regional, que declarou a validade da proposta convencionada, e nega-se provimento ao recurso. Recurso ordinário não provido." Processo: RO – 43100-31.2008.5.17.0000, Data de Julgamento: 18.10.2010, Relatora Ministra: Dora Maria da Costa, Seção Especializada em Dissídios Coletivos, Data de Publicação: DEJT 28.10.2010.

"RECURSO ORDINÁRIO. AÇÃO ANULATÓRIA. ACORDO COLETIVO DE TRABALHO. PROFISSIONAIS DA ÁREA DE ENFERMAGEM. CLÁUSULA 23ª: JORNADA 12X36. É válida cláusula, prevista em instrumento coletivo, em que se estipula a adoção do regime de doze horas de trabalho por trinta e seis de descanso, em relação a profissionais de enfermagem que atuam no âmbito da atividade hospitalar. Observância do disposto no art. 7º, XIII, da Constituição Federal e do princípio da autonomia privada coletiva dos sindicatos e da flexibilização das normas legais trabalhistas. Precedentes desta Seção Normativa. Recurso ordinário a que se nega provimento." Processo: ROAA – 2500-70.2008.5.24.0000, Data de Julgamento: 09.12.2008, Relator Ministro: Fernando Eizo Ono, Seção Especializada em Dissídios Coletivos, Data de Publicação: DEJT 06.02.2009.

"PREVISÃO DE JORNADAS LABORAIS. REGIME DE 12X36. PLANTÃO DE 12 HORAS EM FINS DE SEMANA. ART. 59, § 2º, DA CLT. ART. 7º, XIII E XIV, DA CONSTITUIÇÃO FEDERAL. LIBERDADE DE NEGOCIAÇÃO COLETIVA. INEXISTÊNCIA DE PREJUÍZO À SAÚDE. VALIDADE. Conforme a jurisprudência da SDC, não viola a regra do § 2º do art. 59 da CLT a fixação de jornada de seis horas de segunda a sexta-feira e doze horas aos sábados ou domingos, bem como a previsão de labor em regime de doze horas de trabalho e trinta e seis de descanso, porque decorrentes da livre negociação entre as partes, nos termos do art. 7º, XIII e XIV, da Constituição Federal, e não prejudiciais à saúde do trabalhador, inclusive em face da jornada semanal de 42h (na média, no caso do regime 12x36), inferior ao limite constitucional. Recurso ordinário conhecido e parcialmente provido." Processo: ROAA – 16700-19.2007.5.24.0000, Data de Julgamento: 14.08.2008, Relator Ministro: Walmir Oliveira da Costa, Seção Especializada em Dissídios Coletivos, Data de Publicação: DJ 22.08.2008.

"RECURSO ORDINÁRIO EM AÇÃO ANULATÓRIA. JORNADA DE 12X36. PACTUAÇÃO EM CONVENÇÃO COLETIVA. VALIDADE. INTELIGÊNCIA DOS INCISOS XIII E XXVI DO ART. 7º DA CONSTITUIÇÃO. I – Diferentemente do art. 59 da CLT, a norma do inciso XIII do art. 7º da Carta Magna não impõe limites ao excedimento da jornada legal de oito horas, deixando a critério dos protagonistas das relações coletivas de trabalho estabelecerem regime especial de compensação que melhor consulte as peculiaridades das respectivas atividades profissional e econômica, tal como se verifica no âmbito da atividade hospitalar, em que a adoção do regime de 12 por 36 horas se identifica como regime padrão e histórico. II – Efetivamente, enquanto o art. 59 da CLT cuida de acordo de compensação firmado entre o empregado e o empregador, caso em que a jornada diária não pode exceder a 10 horas, o inciso XIII do art. 7º da Constituição cuida de regime especial de compensação, em que essa pode eventualmente exceder aquele limite diário, desde que, ao fim e ao cabo, não seja ultrapassada a duração semanal de quarenta e quatro horas, tendo por norte a norma do inciso XXVI daquele artigo, pela qual o Constituinte de 88 elevou a patamar constitucional a supremacia da vontade coletiva privada. III – Nesse mesmo sentido precedentes da SBDI-I desta Corte. Recurso desprovido." Processo: ROAA – 23400-79.2005.5.24.0000, Data de Julgamento: 14.12.2006, Relator Ministro: Antônio José de Barros Levenhagen, Seção Especializada em Dissídios Coletivos, Data de Publicação: DJ 16.02.2007.

Do exposto, DOU PROVIMENTO ao recurso ordinário, no particular, para declarar a validade da CLÁUSULA DÉCIMA SEGUNDA – DA JORNADA DE TRABALHO ESPECIAL 12X36, da Convenção Coletiva de Trabalho 2009/2010, firmada entre os réus.

*Contribuição patronal para melhoria dos serviços médico e odontológico prestados pelo sindicato profissional. Ato de ingerência na organização sindical não configurado*

VOTO

A Convenção n. 98 da OIT dispõe sobre o direito de sindicalização e de negociação coletiva.

Essa norma internacional, segundo Carlos Roberto Husek, ostenta os seguintes aspectos básicos, *in litteris*:

"– os trabalhadores deverão gozar de proteção adequada contra quaisquer atos atentatórios à liberdade sindical em matéria de emprego.

– a proteção se aplica especialmente a atos destinados: a subordinar o emprego de um trabalhador à condição de não se filiar a um sindicato ou deixar de fazer parte de um sindicato, a dispensar um trabalhador ou prejudicá-lo, em virtude de sua filiação sindical ou participação em atividades sindicais, fora das horas de trabalho ou com o consentimento do empregador, durante as mesmas horas." (In *Curso básico de Direito Internacional Público e Privado do Trabalho*. São Paulo: LTr, 2009, p. 203-204)

Consoante essa norma internacional, as organizações de trabalhadores e empregadores devem gozar de adequada proteção contra atos de ingerência uma das outras de qualquer espécie. Nesse sentido, assim dispõe o art. 2º, *verbis*:

"1. As organizações de trabalhadores e de empregadores gozarão de adequada proteção contra atos de ingerência de umas nas outras, ou por agentes ou membros de umas nas outras, na sua constituição, funcionamento e administração.

2. Serão principalmente considerados atos de ingerência, nos termos deste Artigo, promover a constituição de organizações de trabalhadores dominadas por organizações de empregadores ou manter organizações de trabalhadores com recursos financeiros ou de outra espécie, com o objetivo de sujeitar essas organizações ao controle de empregadores ou de organizações de empregadores."

Como se verifica, a Convenção n. 98 da OIT objetiva a proteção da entidade sindical de todo ato que vise a reduzir a liberdade sindical, estimulando a constituição de sindicatos fortes e independentes. Busca proteger a entidade sindical de ingerências externas que possam desviá-la de sua finalidade principal que é a defesa dos direitos e dos interesses da categoria por ela representada.

Consideram-se atos de ingerência aqueles que impliquem intervenção direta ou indireta na administração e desenvolvimento do sindicato e que lhe retire a independência de atuação.

Segundo o Desembargador Cláudio Armando Couce de Menezes: "Em suma, todo procedimento que vise à dominação, ao controle ou à interferência nas organizações obreiras é visto como indevido ou ilícito" (in Proteção Contra Condutas Anti-Sindicais [Atos Anti-Sindicais, Controle Contra Discriminação e Procedimentos Anti-Sindicais], Revista do TST, vol. 71, n. 2, maio/agosto 2005).

Assim, inadmissível o repasse de contribuição financeira patronal para subsidiar as atividades sindicais que impliquem restringir a liberdade e autonomia do sindicato.

Sobre a prática de atos antissindicais, a Prof. Alice Monteiro de Barros assinala que o principal valor a ser protegido é a liberdade sindical. Acerca dos atos de ingerência mencionados na Convenção n. 98 da OIT a insigne mestre pontifica, in litteriris:

"Finalmente há os chamados atos de discriminação antissindicais e atos de ingerência, expressões utilizadas pela Convenção Internacional n. 98 da OIT, ratificada pelo Brasil.

Os atos de discriminação antissindicais dirigem-se a um ou vários trabalhadores, embora reúnam valores individuais ou coletivos, enquanto os atos de ingerência dirigem-se mais diretamente à organização sindical.

Sustenta a doutrina que a expressão 'atos antissindicais' é preferível, porque engloba o foro sindical, os atos de discriminação antissindicais, os atos de ingerência e as práticas desleais, coincidindo com a evolução desses conceitos, cuja tendência é estender seu campo de aplicação a outras condutas, além daquelas originárias, que implicam violação de direitos do dirigente sindical. Ademais, o ato antissindical tem seu alcance ampliado quando se elimina o termo discriminação, o qual pressupõe ruptura com o princípio da igualdade, pois o ato antissindical poderá ir além e abranger, por exemplo, até mesmo tratamento de favor, atribuído pelo empregador a um dirigente, mas com conotação de suborno. (In *Curso de Direito do Trabalho*. 2. ed. São Paulo: LTr, p. 1242-1243)

Assim, nem todo repasse financeiro das empresas ao sindicato profissional configura prática antissindical, mas somente aquele tendente a subordinar a organização e atuação de um sindicato ao desígnio de outra entidade sindical ou de um determinado patrão.

Em artigo intitulado "A Sustentação Financeira dos Sindicatos", publicado em "O Estado de São Paulo, de 20.05.2003, o Prof. José Pastore ressalta que no direito comparado há exemplos de contribuição patronal destinada ao custeio dos sindicatos profissionais, *verbis*:

"O caso da Espanha é eloquente. Além da contribuição de solidariedade ("canon de negociación"), os sindicatos recebem subvenções pela participação em órgãos públicos responsáveis pelo seguro-desemprego, aposentadoria e pensões, saúde e segurança e outros; pela prestação de serviços junto a entidades governamentais que cuidam da formação profissional, supervisão da previdência complementar, convênios de saúde etc. Além disso, incrível (!), recebem recursos das empresas: créditos horários para atividade sindical, ajuda às comissões intraempresariais, atividades educacionais, esportivas, culturais e outras.

(...)

Por força da CLT francesa, '*Code du Travail*', art. 434-8, os empregadores com mais de 50 empregados são obrigados a manter os "comitês de empresa" e ceder local, mobiliário, equipamento, meios de comunicação etc. para o bom funcionamento daquelas unidades. Além disso, eles têm de pagar aos comitês um mínimo de 0,2% da folha de salários, fixado em lei, ou um outro valor, acertado no contrato coletivo de trabalho. Na prática, o percentual tem variado entre 0,5% e 2% – nas grandes empresas, chega a 5% da folha de salários (Patrick Duncombe, *Le Comité d´ Enterprise dans le Cadre Européen*, Paris: Hermesnet, 1998).

Na jurisprudência do TST encontramos os seguintes precedentes reconhecendo a validade de cláusula convencional que estipula contribuição patronal em favor da entidade sindical profissional:

"RECURSO ORDINÁRIO INTERPOSTO PELO SINDICATO PROFISSIONAL. AÇÃO ANULATÓRIA. CONTRIBUIÇÃO PATRONAL PARA CUSTEIO DE FESTA DOS TRABALHADORES. ATO DE INGERÊNCIA NA ORGANIZAÇÃO SINDICAL NÃO CONFIGURADO.

1. O Tribunal Regional de origem acolheu postulação do Ministério Público do Trabalho, decretando a nulidade da cláusula convencional que estipula contribuição da categoria patronal para financiar festa de confraternização de todos os integrantes da categoria profissional, em comemoração ao dia dos empregados em empresas de asseio e conservação. O pedido de nulidade fundamentou-se na alegação de que a cláusula implicava ato de ingerência na organização sindical dos trabalhadores.

2. Consideram-se atos de ingerência, repelido pelo art. 2º da Convenção n. 98 da OIT, aqueles que impliquem intervenção direta ou indireta na administração e desenvolvimento do sindicato e que lhe retire a independência de atuação.

3. Não se verifica, na cláusula impugnada, a alegada prática de ato de ingerência ou antissindical, hipótese tolhida pelo art. 2º da norma internacional, uma vez que, primeiro, o recurso financeiro patronal não se destina a manter a organização sindical dos trabalhadores, mas, exclusivamente, ao custeio de uma festividade específica e tradicional; e, segundo, não há, na hipótese, sinais de que esse custeio implique prejuízo à liberdade sindical, com a vedada sujeição da organização sindical profissional ao controle pela entidade patronal.

Recurso ordinário conhecido e parcialmente provido." Processo: RO – 16600-25.2008.5.17.0000, Data de Julgamento: 09.05.2011, Relator Ministro: Walmir Oliveira da

Costa, Seção Especializada em Dissídios Coletivos, Data de Publicação: DEJT 27.05.2011.

"CONTRIBUIÇÃO CONFEDERATIVA" – OBRIGAÇÃO DA EMPRESA E NÃO DOS EMPREGADOS – VALIDADE – (RECURSO ADESIVO DO MINISTÉRIO PÚBLICO DO TRABALHO). A cláusula instituiu contribuição confederativa a ser calculada sobre os salários, mas não sobre eles incidente, ao dispor expressamente que é a empresa que a recolherá e que "tal pagamento não implica em reconhecimento, pela EMPRESA, DO DIREITO DE COBRAR A CONTRIBUIÇÃO CONFEDERATIVA". Não onerando os salários dos empregados sindicalizados nem os dos não sindicalizados, a cláusula sob exame encontra-se dentro do âmbito da livre disposição dos atores sociais. Não há contrariedade ao Precedente n. 119 da SDC do TST, nem sequer violação dos arts. 5º, XX, e 8º, V, da Constituição da República. Inteligência do art. 7º, XXVI, da Constituição da República. Recurso ordinário adesivo do Ministério Público do Trabalho não provido." Processo: ED-ROAA – 2801700-25.2001.5.09.0909, Data de Julgamento: 29.06.2006, Relator Ministro: Milton de Moura França, Seção Especializada em Dissídios Coletivos, Data de Publicação: DJ 08.09.2006.

"AÇÃO DE CUMPRIMENTO. CLÁUSULA CONVENCIONAL. TAXA DE CONTRIBUIÇÃO PERMANENTE. NULIDADE.

1. Tendo o Tribunal *a quo* registrado que "a reclamada não demonstrou nenhum motivo capaz de ensejar a nulidade do pacto firmado", não há que se cogitar acerca da vulneração do art. 9º, da CLT.

2. Não há que se cogitar acerca do malferimento do art. 444 da CLT – que dispõe sobre a possibilidade de estipulação, pelas partes interessadas, das disposições da relação contratual de trabalho, desde que observadas as disposições de proteção ao trabalho, aos contratos coletivos da categoria e às disposições das autoridades competentes –, na medida em que o feito versa sobre o cumprimento de disposição convencional que obriga exclusivamente os empregadores, hipótese alheia à disposição contida no citado dispositivo legal.

3. Não se vislumbra qualquer mácula ao art. 8º, inc. IV, da CF/1988, porquanto a contribuição ora em exame não se refere àquela prevista no citado dispositivo constitucional. Por outro lado, é de se constatar que a estipulação de cláusula normativa, impondo ao empregador uma contribuição em favor do sindicato obreiro, não fere a literalidade da prerrogativa prevista no art. 513, "*e*", da CLT.

4. A revista não se credencia ao conhecimento, por divergência jurisprudencial, em face da inespecificidade dos arestos trazidos ao cotejo, bem como pela utilização de fontes não autorizadas pelo art. 896, *a*, da CLT. Incidência dos Enunciados ns. 23 e 296 do TST.

5. A ausência de pronunciamento explícito pelo acórdão regional acerca dos arts. 511, 548, 545, 578, 611, 612 e 613 da CLT, 8º, inc. III, da CF, 145, III, do CC, 145, II, da CF, e 80, do CTN, obsta o reconhecimento da violação à literalidade dos citados preceitos legais. Incidência do Enunciado n. 297 do TST.

5. Afasta-se o conhecimento da revista, por contrariedade ao Precedente Normativo n. 74, dado o seu cancelamento, pela SDC, em Sessão realizada em 02.06.1998, homologado através da Res. 82/1998.

6. A questão afeta ao direito de oposição dos empregadores não foi tratada pelo acórdão regional, o que obsta o conhecimento da matéria, nos termos do Enunciado n. 297 do TST.

Revista não conhecida."

Processo: ED-RR – 580142-16.1999.5.09.5555, Data de Julgamento: 13.10.2004, Relator Juiz Convocado: Luiz Antonio Lazarim, 4ª Turma, Data de Publicação: DJ 28.10.2004.

Conquanto seja salutar o diálogo entre empregados e empregadores através de seus respectivos sindicatos, no desenvolvimento histórico do sindicalismo encontramos exemplos de ingerências sociais, políticas e econômicas do Estado ou de grandes corporações econômicas nos sindicatos, especialmente aqueles que representam os trabalhadores. A criação de sindicato de fachada ou "pelegos" é exemplo clássico desse tipo de intervenção.

No nosso sistema constitucional, essa proteção está inscrita no art. 8º da Constituição Federal.

No caso concreto, a cláusula em debate cria a contribuição da categoria patronal visando à melhoria dos serviços médico e odontológico que o sindicato profissional presta aos trabalhadores.

O Ministério Público do Trabalho não indicou na petição a existência de qualquer indício no sentido de que essa verba não se destinava efetivamente à implementação de melhorias na prestação dos serviços médico e odontológico ou qualquer outro sinal que caracterizasse ingerência na organização ou administração do sindicato patronal, fundamentando a pretensão de nulidade da cláusula apenas na invocação do art. 2º da Convenção n. 98 da OIT.

Todavia, não se constata violação à Convenção n. 98 da OIT.

A cláusula concede, ainda que de forma indireta, condição de trabalho benéfica à categoria. Com efeito, o art. 514 da CLT não enumera dentre os deveres do sindicato a manutenção de serviços médico e odontológico, embora seja comum esse tipo de prestação de serviços pelas entidades representantes dos trabalhadores. A contribuição convencionada traduz a cooperação do segmento patronal para a melhoria das condições de saúde dos empregados, em observância, inclusive, do postulado inscrito no *caput* do art. 7º da Constituição Federal.

Como já assinalado, nem todo repasse financeiro do segmento patronal ao sindicato profissional configura prática antissindical. Somente se verifica ingerência indevida, repudiada pela Convenção n. 98 da OIT, quando objetiva submeter a organização e a atuação do sindicato profissional à entidade sindical patronal ou a um determinado patrão.

A contribuição em debate não revela prática de ato antissindical, porquanto a verba não se dirige a custear a atividade sindical, mas se destina exclusivamente à melhoria da prestação dos serviços médicos pela entidade sindical, em benefício da categoria profissional.

Com efeito, não se configura a hipótese vedada pelo art. 2º da norma internacional, uma vez que:

*Primeiro*, o recurso financeiro patronal não se destina a manter a organização sindical dos trabalhadores, mas apenas a auxiliar no custeio dos serviços médico e odontológico prestados aos trabalhadores pelo sindicato profissional;

*Segundo*, não há, na hipótese, sinais de que essa contribuição implique prejuízo à liberdade sindical, com a vedada sujeição da organização sindical ao controle pela entidade patronal;

*Por fim*, não há nos autos nenhum indício de que a verba arrecadada não seja destinada ao fim a que se propõe: melhoria dos serviços médico e odontológico prestados pelo sindicato profissional.

Acresce que as convenções e acordos coletivos de trabalho foram expressamente reconhecidos pelo art. 7º, XXVI, da Constituição da República. Embora não constitua direito absoluto, porquanto a negociação coletiva deve observar as disposições mínimas de proteção ao trabalho, é evidente que somente não se consente cláusula coletiva que suprime ou reduz substancialmente direito do trabalhador.

Por outro lado, o art. 8º, I, da Constituição Federal, veda a intervenção do Poder Público na organização sindical. Assim, deixar de validar a cláusula convencional, que traz benefício para a categoria profissional, poderá denotar cerceamento da liberdade de negociação e interferência indevida na organização sindical, uma vez que a previsão convencional em comento não reduziu direito previsto em lei ou conquista da categoria, ao contrário, favorece o direito do trabalhador à saúde, promovendo melhoria de sua condição social (arts. 6º e 7º, *caput*, da Constituição da República).

Ante o exposto, DOU PROVIMENTO ao recurso ordinário para, reformando a decisão recorrida, declarar a validade da CLÁUSULA TRIGÉSIMA TERCEIRA – CONTRIBUIÇÃO ASSISTENCIAL – EMPRESAS, da Convenção Coletiva de Trabalho 2009/2010, firmada entre os réus.

# RECURSOS ORDINÁRIOS EM DISSÍDIO COLETIVO DE NATUREZA ECONÔMICA. EXAME CONJUNTO. AUSÊNCIA DE ACORDO

*RECURSOS ORDINÁRIOS EM DISSÍDIO COLETIVO DE NATUREZA ECONÔMICA. EXAME CONJUNTO. AUSÊNCIA DE COMUM ACORDO. PRESSUPOSTO PROCESSUAL. EXTINÇÃO DO PROCESSO. EFEITOS.*

*1. É pacífico o entendimento desta Corte Superior, segundo o qual, em face do disposto no § 2º do art. 114 da Constituição da República, introduzido pela Emenda Constitucional n. 45/2004, o requisito do "comum acordo" constitui pressuposto de constituição e de desenvolvimento válido e regular do dissídio coletivo de natureza econômica. Por conseguinte, verificada a ausência do pressuposto do comum acordo, a extinção do processo, sem resolução de mérito, é medida que se impõe, ante os termos do art. 267, IV, do CPC.*

*2. No caso concreto, embora a Corte Regional tenha declarado a extinção do processo, sem resolução de mérito, findou por examinar o mérito do dissídio coletivo ao determinar a correção salarial pelo mesmo índice acordado por outros suscitados, em clara subversão da ordem jurídica.*

*3. Com efeito, a declaração de extinção do processo, por falta de pressuposto de constituição e de desenvolvimento válido e regular do dissídio coletivo de natureza econômica, tem como consequência a impossibilidade de exame de qualquer outra matéria suscitada, especialmente quanto aos pedidos formulados.*

*4. Precedentes da SDC.*

*Recurso ordinário a que se dá provimento.*

(Processo n. TST-RO-6055-68.2012.5.02.0000 – Ac. SDC – DeJT: 14.04.2014)

VOTO

Razão assiste aos recorrentes.

Incialmente, ressalto que a exigência do requisito do "comum acordo" foi expressamente arguida pelos suscitados, desde as contestações apresentadas (Sindifibra, às fls. 2.301-2.302; Sindiceramica, às fls. 2.280-2.281; Sinicesp, às fls. 2.222-2.226; Sindicerv, às fls. 1.753-1.758).

A propósito do tema, é pacífico o entendimento desta Corte Superior, segundo o qual, em face do disposto no § 2º do art. 114 da Constituição da República, introduzido pela Emenda Constitucional n. 45/2004, o requisito do "comum acordo" constitui pressuposto de constituição e de desenvolvimento válido e regular do dissídio coletivo de natureza econômica.

Por conseguinte, verificada a ausência do pressuposto do comum acordo, a extinção do processo, sem resolução de mérito, é medida que se impõe, ante os termos do art. 267, IV, do CPC.

Entretanto, adotando-se interpretação flexível do referido art. 114, § 2º, da Constituição Federal, a jurisprudência do Tribunal Superior do Trabalho tem admitido a hipótese de concordância tácita com o ajuizamento do dissídio coletivo, consubstanciada na não oposição do suscitado à instauração da instância, exprimida até a apresentação das bases de conciliação na audiência de instrução e conciliação.

Importa salientar, contudo, que a exigência de comum acordo não viola o inciso XXXV do art. 5º da Constituição da República, haja vista que, em dissídio coletivo de natureza econômica, não se examina a ocorrência de lesão ou ameaça a direito, mas profere-se decisão normativa que deverá traduzir a justa composição do conflito de interesses das partes.

Nesse sentido foram proferidos os seguintes julgados: RO – 423900-33.2008.5.04.0000, Data de Julgamento: 12.12.2011, Relator Ministro: Márcio Eurico Vitral Amaro, Seção Especializada em Dissídios Coletivos, Data de Publicação: DEJT de 03.02.2012; RO – 863-44.2010.5.05.0000, Data de Julgamento: 12.12.2011, Relator Ministro: Maurício Godinho Delgado, Seção Especializada em Dissídios Coletivos, Data de Publicação: DEJT de 03.02.2012; RO – 2027200-88.2008.5.02.0000, Data de Julgamento: 12.12.2011, Relator Ministro: Walmir Oliveira da Costa, Seção Especializada em Dissídios Coletivos, Data de Publicação: DEJT de 03.02.2012; RO – 343000-63.2008.5.04.0000, Data de Julgamento: 14.11.2011, Relatora Ministra: Dora Maria da Costa, Seção Especializada em Dissídios Coletivos, Data de Publicação: DEJT de 25.11.2011; RO – 2021600-86.2008.5.02.0000, Data de Julgamento: 14.11.2011, Relatora Ministra: Kátia Magalhães Arruda, Seção Especializada em Dissídios Coletivos, Data de Publicação: DEJT de 25.11.2011; RO – 4340-86.2010.5.01.0000, Data de Julgamento: 12.09.2011, Relator Ministro: Fernando Eizo Ono, Seção Especializada em Dissídios Coletivos, Data de Publicação: DEJT de 23.09.2011.

No caso vertente, como já explicitado, os suscitados taxativamente discordaram do ajuizamento do dissídio coletivo. Contudo, embora a Corte Regional tenha declarado a extinção do processo, sem resolução de mérito, findou por examinar o mérito do dissídio coletivo ao determinar a correção salarial pelo mesmo índice acordado por outros suscitados, em clara subversão da ordem jurídica.

Com efeito, a declaração de extinção do processo, por falta de pressuposto de constituição e de desenvolvimento válido e regular do dissídio coletivo de natureza econômica, tem como consequência a impossibilidade de exame de qualquer outra matéria suscitada, especialmente quanto aos pedidos formulados.

A propósito, cito os recentes julgados desta Seção Normativa situações análogas:

"RECURSO ORDINÁRIO. DISSÍDIO COLETIVO DE NATUREZA ECONÔMICA. PRELIMINAR DE FALTA DO PRESSUPOSTO PROCESSUAL DO COMUM ACORDO PREVISTO NO ART. 114, § 2º, DA CONSTITUIÇÃO FEDERAL. ACOLHIMENTO. CONSEQUÊNCIA JURÍDICA.

1. Prevalece nesta Seção Especializada o juízo de que o concurso de vontades para o ajuizamento do dissídio coletivo de natureza econômica, a que se refere o art. 114, § 2º, da Constituição Federal, constitui pressuposto de constituição e de desenvolvimento válido e regular do processo.

2. Por força do disposto no art. 267, IV, do CPC, a consequência jurídica do acolhimento de preliminar respeitante ao não atendimento de pressuposto processual, cujo exame antecede lógica e cronologicamente a apreciação da questão principal, é o decreto de extinção do processo sem resolução do mérito.

3. Hipótese em que a Corte Regional, apesar de ter declarado no acórdão recorrido o acolhimento da preliminar arguida pelo Suscitado, em defesa, de ausência do pressuposto processual do comum acordo para o ajuizamento do presente dissídio coletivo, na forma da "*jurisprudência dominante do Tribunal Superior do Trabalho*", deixou de decretar a extinção do processo sem resolução do mérito, conforme lhe competia, ante o previsto no art. 267, IV, do CPC, e, ainda, avançou sobre o mérito do dissídio coletivo de revisão, determinando, entre outras providências, a vigência de cláusulas sociais constantes de instrumento normativo precedente e, também, de cláusulas econômicas, com a finalidade de realizar recomposição salarial, objeto precípuo de dissídios dessa natureza, subvertendo, assim, a ordem jurídica, em detrimento da desejável celeridade processual.

4. Recurso ordinário a que se dá provimento, a fim de se decretar a extinção do processo sem resolução do mérito, nos termos do art. 267, IV, do Código de Processo Civil, como consequência do acolhimento pela Corte Regional da preliminar, arguida em defesa, de ausência do pressuposto processual do comum acordo para ajuizamento do dissídio coletivo, a que alude o art. 114, § 2º, da Constituição Federal." RO – 2356-06.2011.5.02.0000, Data de Julgamento: 17.03.2014, Relator Ministro: Fernando Eizo Ono, Seção Especializada em Dissídios Coletivos.

"RECURSO ORDINÁRIO. DISSÍDIO COLETIVO DE NATUREZA ECONÔMICA. AUSÊNCIA DE COMUM ACORDO. PRESSUPOSTO PROCESSUAL. CONCILIAÇÃO PARCIAL NO CURSO DA DEMANDA. CONCORDÂNCIA TÁCITA NÃO CONFIGURADA. EXTINÇÃO DO PROCESSO.

1. É pacífico o entendimento desta Corte Superior, segundo o qual, em face do disposto no § 2º do art. 114 da Constituição da República, introduzido pela Emenda Constitucional n. 45/2004, o requisito do "comum acordo" constitui pressuposto de constituição e de desenvolvimento válido e regular do dissídio coletivo de natureza econômica.

2. Todavia, adotando interpretação flexível do referido art. 114, § 2º, da Constituição Federal, a jurisprudência deste Tribunal Superior tem admitido a hipótese de concordância tácita com o ajuizamento do dissídio coletivo, consubstanciada na não oposição do suscitado à instauração da instância, exprimida até a apresentação das bases de conciliação.

3. No caso concreto, a suscitada manifestou, oportunamente, discordância com o ajuizamento do dissídio coletivo. Posterior conciliação parcial não demonstra concordância tácita, mas apenas a disposição da suscitada em

persistir na negociação com o objetivo de por fim ao conflito coletivo.

4. Precedente da SDC. Preliminar acolhida. Processo extinto, sem resolução de mérito.

Recurso ordinário a que se dá provimento." RO – 304-29.2012.5.19.0000, Data de Julgamento: 17.03.2014, Relator Ministro: Walmir Oliveira da Costa, Seção Especializada em Dissídios Coletivos."

Diante do exposto, DOU PROVIMENTO ao recurso ordinário interposto para, em relação aos suscitados-recorrentes, *extinguir o processo*, sem resolução do mérito, nos termos dos arts. 114, § 2º, da Constituição Federal e 267, IV, do CPC, como consequência do acolhimento da arguição dos suscitados de ausência do pressuposto do comum acordo; ressalvadas as situações fáticas já constituídas, a teor do art. 6º, § 3º, da Lei n. 4.725/65; prejudicada a análise dos demais temas recursais.

Pré-impressão, impressão e acabamento

GRÁFICA SANTUÁRIO

grafica@editorasantuario.com.br
www.editorasantuario.com.br

Aparecida-SP